ein Ullstein Buch

ein Ullstein Buch
Nr. 20338
im Verlag Ullstein GmbH,
Frankfurt/M – Berlin – Wien

Ungekürzte Ausgabe
Die Erzählungen *Das wirklich einzig Wahre, Das Tier im Dschungel* und *Das glückliche Eck* sind auch enthalten in UB 20197 *Gespenstergeschichten.*

Umschlagentwurf:
Hansbernd Lindemann

Taschenbuchausgabe mit Genehmigung des Verlags Kiepenheuer & Witsch, Köln

Printed in Germany 1983
Druck und Verarbeitung: Mohndruck
Graphische Betriebe GmbH, Gütersloh
ISBN 3 548 20338 8

Juni 1983

Vom selben Autor
in der Reihe der
Ullstein Bücher:

Bildnis einer Dame (30121)
Gespenstergeschichten (20197)
Die Erbin vom
Washington Square (30134)
Maisie (20289)
Der Amerikaner (20305)

CIP-Kurztitelaufnahme
der Deutschen Bibliothek

**James, Henry:**
Erzählungen / Henry James. [Die Erzählungen dieses Bandes wurden ins Dt. übertr. von Helmut M. Braem]. – Ungekürzte Ausg. – Frankfurt/M; Berlin; Wien: Ullstein, 1983.
(Ullstein-Buch; Nr. 20338)
ISBN 3-548-20338-8

NE: James, Henry: [Sammlung «dt.»]; GT

# Henry James Erzählungen

ein Ullstein Buch

Die Erzählungen dieses Bandes wurden ins Deutsche übertragen von Helmut M. Braem und Elisabeth Kaiser, *Die Lösung* von Oswalt von Nostiz. Die Übersetzungen wurden vorgenommen nach den Texten der New Yorker Gesamtausgabe (1907–1909) bis auf die Erzählungen *Der Autor von Beltraffio, Die Lösung, Das einzig Wahre, Der Baum der Erkenntnis, Das glückliche Eck,* für die frühere Ausgaben herangezogen wurden.

INHALT

# DIE MADONNA DER ZUKUNFT
[1875]

## 1

Wir hatten über jene Meister gesprochen, denen nur ein einziges Meisterwerk gelungen war – über jene Künstler und Dichter, die nur einmal im Leben die göttliche Eingebung erfahren und die Höhe der Vollkommenheit erreicht hatten. Unser Gastgeber hatte uns das bezaubernde kleine Kabinettstück eines Malers gezeigt, dessen Namen wir nie zuvor gehört hatten und der nach diesem einen leidenschaftlichen Werben um den Ruhm wieder in Vergessenheit, ins Mittelmaß zurückgefallen zu sein schien. Wir diskutierten über die Häufigkeit dieses Phänomens, und dabei fiel mir auf, daß H. während dieses Gespräches schweigend dasaß, nachdenklich seine Zigarre rauchte und das Bild betrachtete, das um den Tisch gereicht wurde. »Ich weiß nicht, wie oft so etwas vorkommt«, sagte er schließlich, »aber ich habe es auch schon einmal erlebt. Ich habe einen armen Schlucker gekannt, der ein einziges Meisterwerk gemalt und«, fügte er lächelnd hinzu, »es doch nicht gemalt hat. Er warb um den Ruhm und versagte.« Wir alle schätzten H. als einen gescheiten Mann, der die verschiedensten Menschen und Lebensformen kennengelernt hatte und einen reichen Erfahrungsschatz besaß. Einer von uns hätte gern mehr gewußt, und während ich von meinem Nachbarn abgelenkt wurde, der sich enthusiastisch über das herumgereichte Kleinod ausließ, bestürmte man H., seine Geschichte zu erzählen. Wenn ich im Zweifel wäre, ob ihre Wiedergabe zu rechtfertigen sei, brauchte ich mich bloß daran zu erinnern, wie unsere charmante Gastgeberin, die bereits den Tisch verlassen hatte, in ihrem rosafarbenen, raschelnden Kleid zurückkam und es wenig höflich von uns fand, daß wir sitzenblieben, aber da sie sah, wie gebannt wir waren, trotz dem Zigarrenrauch in einen Sessel sank und der Geschichte mit so viel innerer Anteilnahme lauschte, daß sie, als die Katastrophe den Höhepunkt erreicht hatte, mit Tränen in den schönen Augen zu mir herüberblickte.

Die Geschichte, begann H., spielt in meiner Jugend, in Italien:

beides Kostbarkeiten. Ich war spät abends in Florenz angekommen, und während ich zum Essen meine Flasche Wein trank, sagte ich mir, wenn ich auch ein müder Reisender sei, so müßte ich dieser Stadt doch einen edleren Tribut zollen, als einfach zu Bett zu gehen. Von dem kleinen Platz vor meinem Hotel bog eine dunkle Gasse ab, die aussah, als führte sie ins Herz von Florenz. Ich folgte ihr, und nach zehn Minuten kam ich auf eine große, vom weichen herbstlichen Mondlicht überflutete Piazza. Mir gegenüber erhob sich der Palazzo Vecchio gleich einer riesigen Festung, und sein großer Glockenturm ragte über die Zinnen empor wie eine Bergfichte über den Rand einer Klippe. An seinem Fuße, im breitflächigen, schützenden Schatten, schimmerten matt einige Skulpturen, denen ich mich bewundernd näherte. Eine davon, links vom Eingang des Palastes, war ein herrlicher Koloß, der sich im Dämmer erhob wie eine vom Alarm aufgestörte Schildwache und in dem ich sofort Michelangelos berühmten David erkannte. Fast erleichtert wandte ich mich von seiner heroischen, unheimlichen Kraft an und einer schlanken Bronzegestalt unter der hohen, hellen Loggia zu, die sich mit ihren anmutig geschwungenen Bögen vor dem toten Mauerwerk des Palastes abhob: eine geradezu vollkommene, grazile Gestalt, die beinahe zart wirkt, obwohl sie mit leichtem, sehnigem Arm das Schlangenhaupt der getöteten Gorgo von sich streckt. Der Name dieser Gestalt – die im Gegensatz zu dem berühmtem David auch jetzt noch dort steht – ist Perseus; lesen Sie seine Geschichte nicht in der griechischen Mythologie nach, sondern in den Memoiren von Benvenuto Cellini. Während ich also von einer dieser schönen Skulpturen zur anderen blickte, hatte ich einen offenbar bewundernden Ausruf nicht unterdrücken können; jedenfalls erhob sich, wie durch meine Stimme aufgefordert, ein Mann von den Stufen der Loggia, wo er im Schatten gesessen hatte, und sprach mich in tadellosem Englisch an: ein kleiner, schlanker Mensch, der, soweit ich erkennen konnte, in eine Art schwarzen Samtrock gekleidet war und dessen wilder rötlichbrauner Schopf unter dem kleinen *beretto* des Cinquecento im Mondlicht leuchtete. Im Ton schmeichelhafter Ehrerbietung fragte er mich nach meinen »Eindrücken«. Er wirkte schwärmerisch, phantastisch und unwirklich. Hier, an dieser geheiligten Stätte, hätte er der Genius der ästhetischen Gastfreundschaft sein können – wenn der Genius der ästhetischen Gastfreundschaft nicht meistens ein kläglicher kleiner Kustode wäre, der ein farbiges Kattuntaschentuch schwenkt und offensichtlich etwas gegen einen geteilten Franc hat. Dieser Vergleich lag allein schon darum so nahe, weil der Mann sogleich das Gespräch an sich riß, während ich mich in ein zurückhaltendes Schweigen flüchtete.

»Ich kenne Florenz schon seit langem, Sir, aber so schön wie heute nacht habe ich es noch nie gesehen. Es ist, als wandelte der Geist seiner Vergangenheit durch die menschenleeren Straßen. Die Gegenwart schläft; die Vergangenheit jedoch umgibt uns wie ein sichtbar gewordener Traum. Sehen Sie nicht, wie die alten Florentiner in Paaren daherschreiten, um das Urteil über das letzte Werk von Michelangelo oder Benvenuto zu fällen? Wir kämen um eine kostbare Lektion, würden wir ihre Worte überhören. Selbst der einfachste Bürger in Mütze und Gewand verstand damals etwas von solchen Dingen. Das war die Blütezeit der Kunst, Sir. Hoch stand die Sonne am Himmel, und ihr starkes, gleichmäßiges Licht erhellte die dunkelsten Plätze und die trübsten Augen. Jetzt aber leben wir im Abend der Zeiten. Wir tasten uns im grauen Dämmer dahin und tragen jeder unseren armseligen Kerzenstummel selbstsüchtigen und mühsam erworbenen Wissens, halten ihn hoch vor den erlauchten Vorbildern und den im Dunkel liegenden Ideen und sehen doch nichts als überwältigende Größe und Unergründlichkeit. Die Tage der Erleuchtung sind dahin. Aber finden Sie es nicht auch ungeheuer ermutigend« – er wurde in seiner visionären Glut geradezu vertraulich –, »daß uns das Licht jener Zeit in dieser Stunde wiedergeschenkt worden ist? Noch nie habe ich den David so majestätisch, den Perseus so schön gesehen! Selbst die weniger bedeutenden Werke, wie die des Giovanni da Bologna und Baccio Bandinelli, scheinen den Traum des Künstlers zu verwirklichen. Mir ist, als wäre der Mondschein schwanger von den Geheimnissen der alten Meister und als dürften wir, die wir hier in frommer Hingabe stehen, Zeugen einer – ja, einer Offenbarung werden!« Als er in diesem Augenblick in meinem verwirrten Gesicht eine gewisse Zurückhaltung wahrnahm, hielt dieser bemerkenswerte Rhapsode errötend inne. Dann meinte er mit melancholischem Lächeln: »Ich weiß, Sie halten mich für einen vom Monde trunkenen Scharlatan. Es ist

sonst nicht meine Gewohnheit, auf der Piazza herumzusitzen und mich auf arglose Touristen zu stürzen. Heute nacht jedoch, das gestehe ich gern, bin ich verzaubert. Außerdem scheinen Sie mir gleichfalls ein Künstler zu sein.«
»Leider bin ich, im eigentlichen Sinn dieses Wortes, kein Künstler. Aber warum entschuldigen Sie sich? Auch ich bin verzaubert«, erklärte ich, »und Ihre trefflichen Bemerkungen haben dazu nur noch beigetragen.«
»Wenn Sie kein Künstler sind, dann sind Sie jedenfalls würdig, einer zu sein!« gab er mit schmeichelndem Freimut zurück. »Ein junger Mann, der spät abends in Florenz eintrifft und – anstatt prosaisch ins Bett zu gehen oder in seinem Hotel das Gästebuch durchzuschnüffeln –, ohne Zeit zu verschwenden, hierherkommt und diesen gesegneten Kunstwerken seine Huldigung darbringt – der ist nach meinem Herzen!«
Nun war das Geheimnis gelöst. Mein Gefährte war ein typischer Vertreter meiner Landsleute. Er mußte ja einer von »uns« sein – immerhin waren wir jetzt zu zweit –, mußte unserer ausgehungerten Rasse angehören, wenn er sich die Situation so zu Herzen nehmen konnte. »Und dies hoffentlich nicht weniger«, erwiderte ich, »wenn der junge Mann ein ganz gewöhnlicher New Yorker ist.«
»Die New Yorker waren oft die großzügigsten Mäzene der Künste!« antwortete er gewandt.
Ich erschrak. War seine unbändige Leidenschaft weiter nichts als die Spekulation eines Yankees? War er weiter nichts als ein verzweifelter Farbenkleckser, der sich hier postiert hatte, um einem umherstreifenden Touristen einen Auftrag abzuluchsen? Aber ich brauchte mich nicht zu verteidigen. Da ertönte von der hohen Spitze des Glockenturms ein hallender, eherner Schlag und verkündete die Mitternacht. Mein Begleiter stand auf, entschuldigte sich, mich aufgehalten zu haben, und wollte sich verabschieden. Da ich mir mit Sicherheit eine weitere Unterhaltung von ihm erwarten durfte, wollte ich mich nicht von ihm trennen und schlug ihm deshalb vor, miteinander heimzugehen. Er stimmte herzlich zu, und so kehrten wir der Piazza den Rücken, schritten unter den Arkaden der Uffizien hindurch und gelangten zum Arno. Welchen Weg wir weiter nahmen, vermag ich mich kaum noch zu erinnern, jedenfalls schweiften wir über eine Stunde umher, wobei mein Gefährte

mir im Mondschein eine wahre Vorlesung in Ästhetik hielt. Ich lauschte verwirrt und fasziniert zugleich und fragte mich, wer um alle Welt er wohl sein möge. Er bekannte mit melancholischem, wenn auch respektvollem Kopfschütteln, genau der gleichen Abstammung zu sein wie ich. »Wir sind die Enterbten der Kunst! Wir sind zur Oberflächlichkeit verurteilt. Wir sind aus dem magischen Kreis ausgeschlossen. Der Boden der amerikanischen Ideen ist armselig, karg und künstlich. Wir sind mit der Unvollkommenheit vermählt. Ein Amerikaner muß, will er etwas erreichen, zehnmal soviel lernen wie ein Europäer. Uns fehlt jedes tiefere Verständnis. Wir haben weder Geschmack noch Takt noch Kraft. Woher sollten wir sie auch haben? Unser rauhes und hartes Klima, unsere tote Vergangenheit, unsere betäubende Gegenwart, der stete Druck einer unerfreulichen Umwelt, all dies ist völlig leer von allem, was einen Künstler fördern und beeinflussen und inspirieren könnte – ebenso leer, wie mein trauriges Herz von Bitterkeit leer ist, wenn ich dies sage. Wir armen Aspiranten der Kunst leben in einem immerwährenden Exil.«

»Sie scheinen sich im Exil aber ganz wohlzufühlen«, meinte ich, »und Florenz ist ja auch ein recht angenehmes Sibirien. Aber wissen Sie, ich finde, es ist einfach müßig, über unseren Mangel an inspirierender Luft und nährender Erde, an Gelegenheit und Eingebung und all den Dingen zu reden. Das einzige, was uns davon befreit, ist, etwas Schönes zu vollbringen. Dagegen gibt es in unserer glorreichen Verfassung kein Gesetz. Ersinnen, erschaffen, leisten. Es ist doch gleich, wenn Sie fünfzigmal soviel lernen müssen wie die Leute hier. Wozu sonst sind Sie Künstler? Seien Sie unser Moses«, fügte ich hinzu und legte ihm die Hand auf die Schulter, »und führen Sie uns heraus aus der Knechtschaft!«

»Goldene Worte, goldene Worte, junger Mann!« Mein Freund wurde immer lebhafter. »Ersinnen, erschaffen, leisten. Ja, das ist unsere Aufgabe, ich weiß es wohl. Halten Sie mich um Himmels willen nicht für eines dieser Klageweiber, einen dieser Nörgler, die weder Talent noch Glauben haben! Ich arbeite!« – und er sah sich um und senkte die Stimme, als wäre dies ein Geheimnis. »Ich arbeite Tag und Nacht. Ich habe mein Werk begonnen, glauben Sie es mir. Aber ich bin kein Moses; ich bin nur ein armer, sich abquälender Künstler; es wäre jedoch herrlich, wenn ich einen Strom der Schönheit in unser durstendes Land fließen lassen könnte. Halten Sie mich nicht für ein Ungeheuer an Eitelkeit«, fuhr er fort, als er mich über die Gier, mit der er meine Gedanken aufnahm, lächeln sah. »Zugegeben, ich bin in einer jener Stimmungen, wo einem alles möglich erscheint. Ich habe heute eine meiner inspirierten Nächte – so darf man es wohl nennen. Ich träume im Wachen! Wenn um Mitternacht der Südwind über Florenz streicht, scheint er allem Schönen zu huldigen, das Kirchen und Galerien hier bergen; er dringt mit dem Mondlicht in mein kleines Atelier; er läßt mein Herz klopfen, so daß ich nicht schlafen kann. Sie sehen, meine Phantasien finden kein Ende. Ich weiß, heute nacht könnte ich nicht schlafen, wenn ich nicht mit dem Genius von Buonarrotti gesprochen hätte.«

Offensichtlich kannte er Florenz wie seine Westentasche, und er brauchte mir nicht erst zu versichern, daß er es liebte. Ich merkte bald, daß er ein alter Verehrer dieser Stadt war und sie von Anbeginn an ins Herz geschlossen hatte. »Ich verdanke Florenz einfach alles«, erklärte er, »erst seit ich hier bin, lebe ich wirklich, sowohl im rein geistigen als auch im ästhetischen Sinn. Meine irdischen Wünsche sind einer nach dem andern von mir abgefallen und haben nichts übriggelassen als meinen Bleistift und mein kleines Skizzenbuch« – wobei er beziehungsvoll an seine Brusttasche klopfte – »und die Verehrung der wahren Meister; jener Meister, die groß waren, weil sie naiv waren, und jener, die groß waren, weil sie klug waren!«

»Und sie sind also die ganze Zeit recht produktiv gewesen?« Ich war zu sehr daran interessiert, als daß ich diese Frage hätte unterlassen können.

Er schwieg eine Weile, bevor er antwortete. »Nicht im landläufigen Sinn. Ich habe mich noch nie mit Unvollkommenem zufriedengegeben. Ich habe stets das Gute an einem Werk in die Schöpferkraft zu neuen Werken fließen lassen; das Schlechte dagegen – und davon gibt es immer genug – habe ich gewissenhaft vernichtet. Ich darf zu meiner Ehre sagen, daß ich zu all dem Schund auf der Welt nicht ein Körnchen hinzugefügt habe. Und um Ihnen meine Gewissenhaftigkeit zu beweisen« – er blieb stehen und blickte mich mit rührender Redlichkeit an, so, als müßte mich dieser Beweis einfach überwältigen –: »Ich habe niemals ein Bild verkauft! ›Wenigstens in meinem Herzen keine kaufmännischen Transaktionen!‹ Erinnern Sie sich an diese unsterbliche Zeile Brownings? Mein kleines Atelier ist noch nie durch oberflächlichen, hektischen Broterwerb entweiht worden. Es ist ein Tempel der Arbeit, aber auch der Muße. Die Kunst hat Zeit. Wenn wir für uns arbeiten, müssen wir uns natürlich beeilen. Doch wenn wir für die Kunst arbeiten, müssen wir viele Pausen einlegen. Die Kunst kann warten!«

Damit waren wir an der Tür meines Hotels angekommen – zu meiner Erleichterung, muß ich gestehen, denn ich fühlte mich der Gesellschaft eines derart heroischen Genies nicht recht gewachsen. Ich gab jedoch zum Abschied der Hoffnung Ausdruck, daß wir uns wiedersehen würden. Meine Neugier war auch am nächsten Morgen noch nicht verebbt; gar zu gern hätte ich ihn einmal bei Tageslicht gesehen. Ich rechnete damit, ihn an einer der vielen Kunststätten der daran so reichen Stadt zu finden, und ich hatte mich nicht verrechnet. Ich fand ihn gleich am ersten Morgen in den Uffizien – dieser Schatzkammer der berühmtesten Kunstwerke der Welt. Er hatte den Rücken der Venus von Medici zugewandt und war – die Arme auf eine die Bilder umgebende Barriere gestützt und den Kopf in die Hände gelegt – in die Betrachtung des benachbarten Triptychons von Andrea Mantegna versunken: ein Werk, das weder dic äußere Pracht noch die zwingende Kraft der es umgebenden Bilder besitzt, das jedoch, in der Feinheit liebevoller, geduldiger Arbeit leuchtend, einem dauerhaften Bedürfnis der Seele vielleicht weit eher genügt. Geraume Zeit betrachtete ich über seine Schulter hinweg dieses Bild; als er sich dann mit einem tiefen Seufzer abwandte, begegneten sich unsere Blicke. Er erkannte mich und errötete ob der Erinnerung; vielleicht fand er, daß er sich in der vergangenen Nacht zum Narren gemacht habe. Ich bot ihm jedoch so herzlich die Hand, daß er mich nicht für einen Spötter halten konnte. Er war mir sofort durch seinen roten Haarschopf aufgefallen; sonst aber schien er mir sehr verändert. Seine Mitternachtsstimmung war verweht, und er sah so ausgemergelt aus wie ein Schauspieler bei Tageslicht. Er war viel älter, als ich geglaubt hatte, und wirkte in Aufmachung und Haltung längst nicht mehr so großartig. Wahrhaftig: er war offenbar ganz der arme, sich abquälende Künstler, als den er sich bezeichnet hatte, und die Tatsache, daß er nie ein Bild verkauft hatte, war eher begreiflich als löblich. Sein Samtrock war abgewetzt, und sein niedriger Schlapphut in der Mode vergangener Zeiten war so verschossen, daß man ihn als »echt« erkannte – nicht als eine jener malerischen Imitationen, wie sie die Vertreter seines Metiers zuweilen lieben. Sein Blick war sanft und müde, sein Ausdruck ungemein still und ergeben, was noch durch die Blässe und Magerkeit seines Gesichts betont wurde – eine Magerkeit, von der ich nicht wußte, ob sie dem verzehrenden Feuer des Genies oder der kargen Kost zuzuschreiben war. Ein paar Worte jedoch glätteten seine Stirn und öffneten seinem Redefluß die Schleusen.

»Das ist also Ihr erster Besuch in diesen geheiligten Hallen?« rief er pathetisch. »Glücklicher, dreimal glücklicher junger Mann!« Und damit ergriff er mich am Arm und führte mich von einem der großen Kunstwerke zum anderen und zeigte mir auch das Beste der ganzen Sammlung. Ehe wir jedoch den Mantegna verließen, drückte er meinen Arm und betrachtete das Bild liebevoll. »Er kannte keine Eile«, murmelte er. »Er wußte nichts von der ›Hast, der Halbschwester des Aufschubs‹!« Ob er wirklich ein guter Kritiker war, fragte ich mich damals nicht – ich fand ihn lediglich amüsant; er floß über von Ansichten und Theorien, Sympathien und Abneigungen, von Tiraden und Geschichten und Anekdoten. Er neigte, mehr als ich billigen konnte, zu Gefühlsurteilen, bevorzugte allzusehr überfeinerte Schattierungen und entlarvte gern ausgeklügelte Intentionen und liebte Quintessenzen. Bisweilen stürzte er sich ins Meer der Metaphysik und tummelte sich in Wogen, in denen ich nicht zu schwimmen vermochte. Doch sein umfassendes Wissen und seine oft so treffenden Formulierungen sprachen beredt von langen, aufmerksam verbrachten Stunden in solch verehrungswürdiger Gesellschaft; in seinen systematischen und erschöpfenden Angriffen lag ein Vorwurf gegen mein Zeit verschwendendes Bummeln. »Es gibt zwei Haltungen«, sagte er, »in denen man durch eine Galerie gehen kann: eine kritische und eine idealistische. Sie packen uns, wie es ihnen paßt, und wir können nie sagen, welche gerade an der Reihe ist. Die kritische ist merkwürdigerweise die umgängliche, wohlwollende, herablassende. Sie genießt die hübschen Trivialitäten der Kunst, ihre vulgäre Oberflächlichkeit, ihre effekthaschenden Schnörkel. Sie begrüßt freudig alles, was so aussieht, als hätte der Maler seinen Spaß daran gehabt: die kleinen holländischen Kohlköpfe und Kessel, die dünnen Finger und wehenden Gewänder der Madonnen, die zierlichen klassischen Landschaften mit dem blauen Bogen und den brüchigen Brücken. Und dann wieder Tage wilder, wählerischer Sehnsucht – hohe Feste des Geschmacks oder des Glaubens –, da uns jede armselige Bemühung und jeder kleine Erfolg anwidert und wir alles außer dem Besten, dem Allerbesten verabscheuen. In solchen Stunden sind wir im Geist unnachgiebige Aristokraten. Wir nehmen nicht einmal Michelangelo ohne weiteres hin und wollen auch Raffael nicht ganz schlucken!«

Die Uffizien sind nicht nur reich an Schätzen, sondern haben auch das Glück des architektonischen Zufalls oder Vorzugs, durch den sie – über die ganze Breite des Flusses und der Stadt hinweg – mit dem majestätischen Palazzo Pitti verbunden sind. Der Louvre und der Vatikan vermögen niemals ein solches Gefühl der Umfriedung zu geben wie diese riesigen Galerien, die sich über Straße und Strom erstrecken und eine schirmende Verbindung zwischen den beiden Palästen der Kunst herstellen. Wir gingen durch den hellen tunnelartigen Gang, in dem die kostbaren Zeichnungen berühmter Hände schlicht und grau über dem Quirlen und Murmeln des gelben Arno hängen, und erreichten die fürstlichen Salons des Palastes. Diese Räume sind für Ausstellungen wenig geeignet, denn durch die tiefliegenden Fenster in den dicken Mauernischen dringt nur spärliches Licht herein auf die mit Bildern behangenen Wände. Doch hier hängen die Meisterwerke so dicht nebeneinander, daß man sie sozusagen in ihrem geheimnisvollen, diffusen Eigenlicht bewundern kann. Außerdem bieten die großen Säle mit den herrlichen dunklen Decken, den in angenehmen Schatten liegenden Außenwänden und dem schwermütigem Glühen der farbigen Gemälde und des flimmernden Goldes ein fast ebenso schönes Bild wie die Tizians und Raffaels, die sie so unvollkommen präsentieren. Wir blieben kurz vor diesem oder jenem Raffael und Tizian stehen. Doch ich merkte, daß mein Freund ungeduldig wurde, und so ließ ich mich geradenwegs zum Ziel unserer Wanderung führen: zu der zartesten, schönsten Jungfrau Raffaels: der Madonna del Sedia. Von allen schönen Bildern auf der Welt schien es mir sofort jenes zu sein, das über jede Kritik erhaben ist. Keines verrät größere Leichtigkeit, weniger effektvolle Routine und weniger Diskrepanz zwischen Entwurf und Ergebnis, diese sonst unvermeidliche Diskrepanz, von der selbst die edelsten Werke immer wieder zeugen. Es ist grazil und äußerst menschlich und hat unsere ganze Sympathie – und trotzdem verrät es keinerlei Manier, Methode oder Stil. Es erblüht in solcher Sanftheit und Harmonie, als spräche aus ihm der Genius selbst. Diese Gestalt erfüllt den Beschauer mit einer Demut, von der er kaum weiß, ob sie der himmlischen Reinheit oder dem irdischen Reiz gilt. Er ist berauscht von dem Duft der zartesten Mutterblüte, die je aus der Menschheit erwachsen ist.

»Sehen Sie, das nenne ich ein schönes Bild«, sagte mein Gefährte, nachdem wir es lange wortlos betrachtet hatten. »Ich darf dies wohl sagen, denn ich habe es so oft und so sorgfältig kopiert, daß ich es jetzt mit geschlossenen Augen wiedergeben könnte. Es gibt noch andere Werke von Raffael. Dies aber ist Raffael selbst. Andere kann man loben, beurteilen, erklären: dies hier kann man nur lieben und bewundern. Ich weiß nicht, wie er aussah, als er noch auf Erden weilte und diese göttliche Eingebung in sich trug; jedenfalls konnte er nachher nichts anderes tun als sterben – diese Welt hatte ihn nichts mehr zu lehren. Denken Sie darüber nach, mein Freund, dann werden Sie zugeben, daß ich nicht schwärme. Denken Sie darüber nach, daß er dieses makellose Bild nicht nur einen Augenblick, einen Tag vor sich sah, nicht in einem beglückenden Traum oder einem beängstigenden Fieberanfall, nicht wie ein Dichter in einem Fünf-Minuten-Rausch, der ihm genügt, um seinen Satz festzuhalten, seine unsterbliche Stanze niederzuschreiben; nein, Tag für Tag, während die mühsame Arbeit des Pinsels weiterging, während der Mehltau des Lebens sich darauflegte und die Phantasie vor Spannung schmerzte: strahlend und deutlich fixiert, genauso, wie wir es jetzt hier sehen! Gewiß, welch ein Meister! Aber auch welch ein Seher!«

»Glauben Sie nicht«, fragte ich nüchtern, »daß er ein Modell hatte – irgendeine hübsche junge Frau – «

»Eine so hübsche junge Frau, wie Sie nur wollen! Aber das verringert das Wunder nicht. Natürlich hat er einen Anstoß empfangen, hat vielleicht eine lächelnde junge Frau vor seiner Leinwand gesessen. Doch die Phantasie des Malers trug bereits Flügel. Kein noch so liebliches Geschöpf konnte sie profanieren.

Er sah die schöne Gestalt schon in der Vollkommenheit; mühelos, ohne die Flügel anzustrengen, schwang er sich auf zu seiner Vision; er sprach mit ihr von Angesicht zu Angesicht und verwandelte die sie vervollkommnende Reinheit – so wie der Duft die Rose vervollkommnet – in eine schönere und herrlichere Wahrheit. Das ist es, was man Idealismus nennt; das Wort ist längst abgenützt, was es aber meint, ist gut. Und es ist auch mein Credo. Liebliche Madonna, Modell und Muse zugleich, ich rufe dich zum Zeugen an, daß auch ich ein Idealist bin!«

»Ein Idealist« – ich wollte im Grunde nichts weiter als noch mehr darüber hören – »ist also ein Mann, der zur Natur in Gestalt eines schönen Mädchens sagt: ›Geh, du bist nicht das richtige. Deine Schönheit ist vulgär, dein Glanz trübe, deine Grazie plump. Sieh, so müßtest du sein!‹ Ist da das Glück nicht gegen ihn?«

Er wandte sich aufgebracht um – dann aber sah er, daß ich nur das Falsche gesät hatte, um das Wahre zu ernten. »Sehen Sie dieses Bild an«, sagte er, »und hören Sie mit Ihrer respektlosen Spötterei auf! Das ist Idealismus! Da gibt es nichts zu erklären – man muß die Flamme spüren. Er sagt der Natur oder einem schönen Mädchen nichts, was nicht beide verzeihen könnten. Er sagt einer schönen Frau: ›Laß mich, den Künstler, dein Freund sein, leihe mir dein schönes Gesicht, vertraue mir, hilf mir, und deine Augen werden schon mein halbes Meisterwerk sein.‹ Niemand liebt und achtet den Reichtum der Natur so wie der Künstler, dessen Phantasie ihn immer nur mehrt. Er weiß, was in der Realität stecken kann – ob es Raffael wußte, können Sie am besten an seinem unnachahmlichen Porträt von Tommaso Inghirami dort hinter uns beurteilen –, aber seine Phantasie schwebt darüber wie im Schauspiel Ariel über dem schlafenden Prinzen. Es gibt nur einen Raffael, doch ein Künstler darf immer noch ein Künstler sein. Wie ich gestern abend schon sagte: Die Tage des Lichtes sind dahin und Visionen selten geworden; wir müssen lange Ausschau halten, um sie zu erblicken. Aber in der Meditation vermögen wir das Ideal zu pflegen, abzurunden, zu glätten und zu vollenden. Das Ergebnis, das Ergebnis« – plötzlich versagte seine Stimme, und sein Blick wanderte zu dem Bild hinüber; als er mich dann wieder ansah, standen ihm Tränen in den Augen –, »das Ergebnis mag nicht an dieses hier heranreichen, aber es kann dennoch gut, kann groß sein!« rief er erregt. »Es kann jahrelang in der stattlichsten Gesellschaft hängen und die Erinnerung an den Künstler lebendig erhalten. Stellen Sie sich vor: der Menschheit auf solche Weise bekannt zu sein; Schritt zu halten mit den rastlosen Jahrhunderten und der sich ständig verändernden Welt; weiterzuleben durch die Gaben von Auge und Hand, die längst dem Staub vergangener Zeiten angehören: als Erbauung und Gesetz für ferne Generationen; die Schönheit mehr und mehr zu einer Macht, die Reinheit mehr und mehr zu einem Vorbild zu machen!«

»Der Himmel verhüte«, sagte ich lächelnd, »daß ich Ihnen den Wind aus den Segeln nehme! Aber meinen Sie nicht auch, daß Raffael nicht nur ein Genie, sondern auch glücklich war in einem Glauben, zu dem wir den Zugang verloren haben? Ich weiß, es gibt Leute, die es leugnen, daß diese makellosen Madonnen mehr als hübsche, von Raffaels Hand lediglich idealisierte Blondinen jener Zeit sind, und behaupten, sie seien genauso berechnend und materialistisch gewesen wie alle anderen. Sei dem, wie ihm wolle: die religiöse und die ästhetische Sehnsucht des Menschen gehen Hand in Hand, und man könnte sagen, eine Sehnsucht nach der sichtbaren und anbetungswürdigen Heiligen Jungfrau muß der Hand des Künstlers solche Sicherheit verliehen haben. Ich fürchte, heute gibt es diese Sehnsucht nicht mehr.«

Mein Freund starrte mich an – dann erschauerte er und schüttelte sich unter diesem kalten Guß. Aber er ließ sich nicht beirren. »Es gibt immer eine Sehnsucht – dieser unbeschreibliche Typ gehört zu den unsterblichen Wünschen des menschlichen Herzens; nur fromme Seelen sehnen sich stumm, wenn nicht gar schamhaft danach. Stellen Sie diesen Typ dar – dann wächst Ihr Glaube ins unendliche. Wie jedoch wollen Sie ihn in dieser korrupten Generation darstellen? So etwas läßt sich schließlich nicht befehlen. Wenn allerdings dieser Befehl in Posaunenstößen von den Lippen der Kirche selbst käme und sich an ein Genie richtete, das von Inspirationen überquillt, dann wäre es etwas anderes. So aber kann er nur aus dem Boden leidenschaftlicher Arbeit und großer Kultur erwachsen. Glauben Sie wirklich, daß ein solches Urbild verlorengehen kann, da doch immer wieder ein Mann mit den Gaben künstlerischer Vision in diese Welt hineingeboren wird? Der Mann, der diesen Typ malt, hat alles gemalt. Das Thema erlaubt in jeder Weise Vollkommenheit: in Form, Farbe, Ausdruck und Komposition. Es kann so einfach sein wie nur möglich und doch auch so reich – so groß angelegt und frei und doch auch voll von zarten Einzelheiten. Denken Sie nur an die Darstellung der Haut bei dem nackten, sich kuschelnden Kind, der strahlenden Gottheit; an die Darstellung der Falten des schlichten und wallenden Gewandes seiner Mutter. Denken Sie an die einzigartige Geschichte, die Sie in diesem einfachen Thema verdichten können. Denken Sie vor allem an das Gesicht der Mutter und seine vielsagende Bedeutung, die doppelte Bürde von Freude und Angst, die Zärtlichkeit, die in Verehrung übergeht, und die Verehrung, die in ahnungsvolles Mitleid übergeht. Und dann betrachten Sie das Ganze: die vollkommenen Linien und zarten Farben, den Atem der Wahrheit und Schönheit und Meisterschaft.«

»*Anch'io son pittore!*« sagte ich lachend. »Wenn ich mich nicht irre, sind Sie dabei, ein Meisterwerk zu schaffen. Gelingt es Ihnen, all dies wahrzumachen, dann werden Sie Raffael übertreffen. Lassen Sie es mich wissen, wenn Ihr Bild fertig ist, und wo immer in der weiten Welt ich dann auch gerade sein mag: ich werde umgehend nach Florenz kommen und ihr meine Reverenz erweisen: der Madonna der Zukunft!«

Er errötete und seufzte halb protestierend, halb resignierend. »Ich spreche nicht gern von meinem Bild. Ich hasse diese modische Unsitte vorzeitiger Publizität. Ein großes Werk braucht Schweigen, Stille, Geheimnis. Und die Menschen, wissen Sie, sind so grausam, so frivol – so unfähig, sich vorzustellen, daß ein Mensch heutzutage noch eine Madonna malen möchte; man hat mich schon ausgelacht, tatsächlich ausgelacht, Sir!« Seine verlegene Röte nahm nur noch zu. »Ich weiß gar nicht, was mich veranlaßt hat, zu Ihnen so offen und vertrauensvoll zu sein. Aber Sie sehen aus, als würden Sie mich nicht auslachen. Lieber junger Mann« – er legte die Hand auf meinen Arm –, »ich bin Ihrer Achtung wert. Wo immer auch meine Grenzen liegen mögen – ich meine es ehrlich. An einer so reinen Neigung, an einem Leben, das sich ihr hingibt, ist nichts Groteskes.«

## II

Es war etwas so bewundernswürdig Offenes in seinem Blick und Ton, daß mir weitere Fragen gerade jetzt indiskret erschienen wären. Ich hatte jedoch noch wiederholt Gelegenheit, zu fragen, soviel ich wollte, denn von nun an verbrachten wir so manche Stunde miteinander. Zwei Wochen lang trafen wir uns täglich, damit er mich mit den Schätzen dieser Stadt vertraut mache. Er kannte sich in Florenz gut aus und hatte es mit großer Geduld durchforscht, war in allen großen wie kleinen Ereignissen seiner Geschichte bewandert – kurz: er war ein so zärtlicher und echter Florentiner geworden, daß er den idealen *valet de place* abgab; ich ließ also alle trockenen Abhandlungen daheim und lernte, was mir wissenswert dünkte, von seinen Lippen und seinem Beispiel. Er sprach von Florenz, wie ein ergebener alter Liebhaber von einer unvergleichlichen ehemaligen Geliebten sprechen mag, der die Zeit nichts hat anhaben können; und immer wieder erzählte er, daß er sein Herz auf den ersten Blick an diese Stadt verloren habe. »Es ist zwar üblich, jede Stadt als Femininum zu sehen, aber ich finde, in der Regel ist dies ein gräßlicher Irrtum. Oder besitzt Florenz etwa dasselbe Geschlecht wie New York, wie Chikago, wie London oder Liverpool? Es ist von allen die einzige wirkliche Dame. Man kommt sich dieser Stadt gegenüber vor wie ein empfindsamer, erregter Jüngling vor einer schönen älteren Frau mit ›Vergangenheit‹. Sie treibt einen zu höchst vermessener Galanterie.« Diese selbstlose Leidenschaft schien meinem Freund alle gesellschaftlichen Bindungen zu ersetzen; er führte ein einsames Leben und kümmerte sich um nichts als um seine Arbeit. Ich fühlte mich geschmeichelt, daß er meiner unwissenden Jugend seine Gunst schenkte und seine kostbare Zeit mit mir teilte. Wir verbrachten sie in historischen Straßen und weihevollen Nischen, in Kirchen und Klöstern und Galerien – und vor allem mit dem Studium jener alten Gemälde, an denen Florenz so reich ist, kehrten immer wieder mit unverhohlener Beglückung zu ihnen zurück und fanden in diesen zarten Blüten einen Schmelz und Duft, der viel köstlicher war als das reife Wissen der späteren Epochen. Wie oft saßen wir in der Medicikapelle von San Lorenzo und betrachteten Michelangelos düster dreinblickenden Krieger, der wie der leibhaftige

Zweifel hinter seiner ewigen Maske über die Geheimnisse des Lebens nachsinnt. Mehr als einmal standen wir in den kleinen Zellen, in denen Fra Angelico gemalt, als hätte ihm ein Engel die Hand geführt, und hatten dabei das Gefühl von verstreuten Tautropfen und frühen Vogelrufen, die eine Stunde unter diesen Schätzen zu einem Morgenspaziergang in einem Klostergarten machten. Wir taten dies und anderes, schritten durch dunkle Kapellen, feuchte Höfe und düstere Palastsäle – immer auf der Suche nach Spuren von Fresken und irgendwo lauernden Skulpturen.

Ich war mehr und mehr beeindruckt von der bemerkenswerten Einmaligkeit der Ansichten meines Gefährten. Es gab nichts, das ihn nicht zu hohen Gedankenflügen angeregt hätte. Nichts wurde betrachtet oder erwähnt, das ihn nicht früher oder später zu leidenschaftlichen Äußerungen über das Wahre, das Schöne und das Gute verführt hätte. Wenn mein Freund wahrscheinlich auch kein Genie war, so doch bestimmt ein geborener Rhapsode – wenn nicht nur ein harmloser Irrer; ich fand sein Temperament, seinen Humor und seinen offenen, weltabgewandten Charakter so ungewöhnlich, als wäre er ein Wesen von einem andern Stern. Tatsächlich schien er von dem unsern nicht eben viel zu wissen und lebte ausschließlich in seiner grenzenlosen Provinz der Kunst. Man konnte sich kein Geschöpf vorstellen, das die Zufälle des Lebens weniger verbittert hätten, und manchmal hielt ich es einfach nicht für möglich, daß es eine künstlerische Begabung und reine Ästhetik geben sollte, in der die Erfahrungen des Alltags so geringe Spuren hinterlassen konnten. Es war schwer, ihn als einen von unserem dickschädeligen Schlag anzuerkennen; andererseits aber bewies nichts deutlicher seine amerikanische Abkunft als seine Sucht, aus allem irgendeinen Nutzen zu ziehen. Allein schon seine feurige Verehrung war ein Zeichen der Konversion; jene, die im Bezirk des Tempels geboren worden sind, nehmen ihre Chancen für selbstverständlicher. Außerdem besaß er unser angestammtes Mißtrauen gegen alles Intellektuelle und unser Vergnügen an klangvollen Superlativen. Als Kritiker ignorierte er alle Maßstäbe; wenn er etwas anerkannte, tat er es großzügig und in aller Öffentlichkeit, und wenn er über etwas urteilte, kam dies für ihn einer wahren Entdeckung gleich. Das Kleingeld der Billigung schien ihm nicht die angemessene Münze für

einen Gentleman zu sein; und doch blieb er bei aller Übertreibung von Ansicht und Geste ein Rätsel. Seine Geständnisse waren genaugenommen Masken oder Kulissen, und wenn er auf sich selbst anspielte, wie etwa auf seine dunkle Herkunft, war es etwa so, als schwenkte er eine verrußte Laterne. Er war bescheiden und stolz zugleich und sprach nie über seine häuslichen Angelegenheiten. Offensichtlich war er arm, und doch mußte er eine gewisse Unabhängigkeit besitzen, sonst hätte er nicht so frohgemut erklären können, daß seine Verehrung der idealen Schönheit ihm nie einen Heller eingebracht habe. Ich vermutete, daß er mich wegen dieser Armut nie in seine Wohnung bat, ja, nicht einmal erwähnte, wo sie sich befand. Wir trafen uns entweder in der Stadt oder in meinem Hotel, wo ich ihn so gut wie möglich bewirtete, ohne daß es nach Wohltätigkeit aussah. Meistens machte er einen hungrigen Eindruck, und das war eigentlich sein menschlichster Zug. Ich hatte mir vorgenommen, nie eine bestimmte Grenze zu überschreiten, wagte dann aber doch bei jeder neuen Begegnung eine Andeutung auf sein großes Werk und fragte, wie es voranschreite.
»Wir kommen voran – mit Gottes Hilfe«, sagte er dann mit der ihm eigenen nie erlahmenden Tapferkeit. »Man kann wohl kaum behaupten, wir kämen nicht gut voran. Sehen Sie, ich habe den großen Vorteil, daß ich nie Zeit verliere. Jede Stunde, die ich mit Ihnen verbringe, ist ein reiner Gewinn. Sie schenken mir eine wahre Fülle von Einfällen. So wie der wahrhaft fromme Mensch immer betet, ist der Künstler stets bei der Arbeit. Er nimmt sich, was immer er findet – er lernt von allem unterm Sonnenlicht kostbare Geheimnisse. Wenn Sie wüßten, wie faszinierend es ist, während man sich mit seinem Werk beschäftigt, zu beobachten und sich zu erinnern und zu registrieren! Mit jedem Blick sammle ich Erfahrungen über das Licht, die Farbe, den Stil, und wenn ich heimkomme, schütte ich all diese Schätze meiner Madonna in den Schoß. Nein, ich bin nicht müßig. *Nulla dies sine linea.*«
Inzwischen war ich einer Amerikanerin vorgestellt worden, deren Salon schon seit langem der Treffpunkt für eine angebliche Elite von Ausländern war. Sie wohnte irgendwo im vierten Stock und war keinesfalls reich; doch sie bot ihren Gästen ausgezeichneten Tee, kleine Kuchen in reicher Auswahl und eine nicht zu übertreffende Konversation. Meist ging diese Konver-

sation um ein anspruchsvolles Thema der Ästhetik, denn Mrs. Coventry war berühmt für ihre »musischen« Neigungen. Ihre Wohnung glich einem Miniatur-Palazzo Pitti. Sie besaß Dutzende von »frühen Meistern« – in ihrem Eßzimmer eine Sammlung von Peruginos, in ihrem Boudoir einen Giotto, über dem Kamin im Salon einen Andrea del Sarto. Umgeben von diesen Schätzen und zahllosen Bronzen, Mosaiken, Majolikaschalen und kleinen, wurmstichigen Diptychen mit ungelenken Heiligen auf Goldgrund, genoß sie in der Gesellschaft die Würde einer Hohepriesterin der Kunst. Im Ausschnitt ihres Kleides trug sie stets eine riesige, wenn auch verkleinerte Kopie der Madonna dell Seggiola. Als ich sie eines Abends ungestört sprechen konnte, fragte ich sie, ob sie unter unseren Landsleuten hier den exzentrischen, jedoch reizenden Mr. Theobald kenne.

»Ob ich ihn kenne, den armen Theobald?« Sie sprach so laut, als hätte ich sie zum öffentlichen Ausruf herausgefordert. »Ganz Florenz kennt ihn, seine feuerfarbenen Locken, seinen schwarzen Samtrock, seine endlosen Tiraden über die Schönheit und seine mysteriöse Madonna, die noch kein sterbliches Auge je gesehen und auf die zu warten selbst der geduldigste aller Sterblichen längst aufgegeben hat.«

»Ach«, sagte ich, »Sie glauben also nicht an die geheimnisvolle Madonna?«

»O Sie reizender, junger Idealist«, gab meine boshafte Freundin zurück, »hat er etwa einen Proselyten aus Ihnen gemacht? Wir alle haben einmal an ihn geglaubt; als er seinerzeit nach Florenz kam – und in unsere kleine Kolonie hier –, hat er die Stadt im Sturm gewonnen. Wir glaubten, ein zweiter Raffael – mindestens! – sei uns geboren worden, und unser armes, gutes, barbarisches Land werde durch ihn endlich zu Ansehen kommen. Fiel ihm nicht auch wie Raffael das Haar bis auf die Schultern? Aber leider hat er nur dessen Haar, nicht jedoch dessen Kopf! Aber für uns war es der Große; wir hingen an seinen Lippen und trompeteten in die Welt hinaus, daß er ein Genie sei. Die Frauen sehnten sich danach, ihm für ein Porträt zu sitzen und durch ihn unsterblich zu werden wie Leonardos Mona Lisa! Wir fanden ihn überhaupt wie Leonardo – so ›esoterisch‹, unnachahmlich, faszinierend. Nun, es ist ja auch beim Esoterischen geblieben, und niemand kann beschreiben, was niemand je gesehen hat. Die Monate, die Jahre sind vergangen, und wir warten noch immer auf das Wunder: unser Meister hat sein Meisterwerk nie vollbracht. Er hat unzählige Stunden in Kirchen und Galerien verbracht, hat herumgestanden und gegrübelt und gestaunt; er hat mehr über sein Thema, über jedes Thema geredet, als je ein Mensch über irgend etwas geredet hat, aber nie hat er den Pinsel auf die Leinwand gesetzt. Wir alle hatten sozusagen auf das große Werk subskribiert; doch als dann nie etwas daraus wurde, verlangten die Leute ihr Geld zurück. Ich war eine der Ausdauerndsten seiner Getreuen; ich trieb die Verehrung so weit, ihm für ein Porträt zu sitzen. Wenn Sie das Scheusal gesehen hätten, das er aus mir gemacht hat, würden Sie verstehen, daß sich selbst die Begeisterung einer Frau, deren Eitelkeit sich darauf beschränkt, daß sie ihren Hut geraderückt, abkühlen mußte. Dieser Mann kannte nicht einmal das Einmaleins der Malerei. Seine Stärke sei, wie er mir anvertraute, sein Gefühl; aber wenn einer einen als Vogelscheuche gemalt hat, ist es dann etwa ein Trost, zu wissen, daß er es auch noch mit Vergnügen getan hat? Ich muß gestehen, daß wir einer nach dem andern von ihm abfielen, und Mr. Theobald rührte keinen Finger, um uns zu halten. Schon bei der ersten Andeutung, daß wir des Wartens müde seien und gern Taten sehen würden, ging er auf und davon. ›Große Werke brauchen Zeit, Kontemplation, Muße, Stille. O ihr Kleingläubigen!‹ Wir erwiderten, daß wir ja nicht auf einem großen Werk bestünden; die fünfaktige Tragödie könne aufgeführt werden, wann es ihm beliebe; wir bäten nur um etwas, das uns vom Gähnen abhalte, irgendein kleines leichtes *lever de rideau*. Daraufhin spielte der arme Mann das mißverstandene Genie, den Märtyrer seiner Theorien und verließ uns noch zur selben Stunde. Zweifellos tut er mir die Ehre an, mich als das Haupt jener Verschwörung zu betrachten, die seinen Erfolg in der Knospe erstickt hat – einer Knospe, die sich zum Erblühen zwanzig Jahre Zeit gelassen hat. Fragen Sie ihn, ob er mich kennt, und er wird Ihnen erzählen, daß ich eine schreckliche, häßliche alte Schachtel sei, die ihm nur deshalb Rache geschworen habe, weil sie nicht begreife, daß er sie im Stil von Tizians Flora habe malen wollen. Seit damals hat er wohl nur noch zufällige Anhänger, arglose Touristen wie Sie, die ihm jedes Wort glauben. Der Berg kreißt noch immer; jedenfalls habe ich nicht gehört, daß die Maus inzwischen geboren worden wäre. Ab und zu begegne ich ihm in einer Galerie, und dann blickt er mich mit seinen großen dunklen Augen an, tut so überlegen gleichgültig, als wäre ich die schlechte Kopie eines Sassoferrato. Es ist schon eine Ewigkeit her, seit er mir erzählt hat, er mache Studien für eine Madonna, die alle anderen Madonnen italienischer Schule in sich vereinen solle – wie jene antike Venus, die von der einen die Nase und von der andern den Knöchel lieh. Gewiß, die Idee ist gut. Die einzelnen Teile mögen ja schön sein, aber wenn ich an mein verunglücktes Porträt denke, dann zittere ich um das Ganze. Er hat seine *trouvaille* unter dem Siegel der Verschwiegenheit mindestens fünfzig erwählten Geistern mitgeteilt – jedem, den er auch nur fünf Minuten am Rockaufschlag zu fassen bekam. Ich vermute, er wartet auf einen Auftrag, und das kann man ihm nicht einmal übelnehmen; der Himmel weiß, wovon er lebt. Ich sehe an Ihrem Erröten«, fuhr meine Freundin freimütig fort, »daß er auch Sie ins Vertrauen gezogen hat. Sie brauchen sich nicht zu schämen, mein Lieber; in Ihrem Alter ist eine gewisse Leichtgläubigkeit keine Schande. Erlauben Sie mir nur den einen Rat: lassen Sie diese Leichtgläubigkeit nicht auf Ihre Brieftasche übergreifen! Bezahlen Sie nicht für das Bild, ehe es geliefert ist. Man hat Ihnen doch keinen Blick darauf erlaubt, oder? Genauso ist es Ihren fünfzig vertrauensseligen Vorgängern ergangen. Es gibt Leute, die bezweifeln, daß überhaupt ein Bild vorhanden ist. Es würde mich nicht wundern, wenn man nach seinem Tode nicht mehr fände als in jener schrecklichen kleinen Erzählung von Balzac: eine Wirrnis sinnloser Kritzeleien und Kleckse – einen Haufen vertrockneter Farbe!«

Still verwundert lauschte ich dieser kühnen Charakterisierung. Sie klang so schmerzhaft einleuchtend und bestätigte manches von meinem eigenen leisen Verdacht. Meine Gastgeberin war zwar eine spöttische Natur, doch war sie weder verlogen noch rachsüchtig. Ich beschloß, weitere Ereignisse abzuwarten, bis ich mein Urteil fällte. Vielleicht hatte sie recht – wenn sie jedoch im Unrecht war, dann war ihr Unrecht eine Grausamkeit. Ihre Darstellung der Überspanntheiten meines Freundes weckte in mir die Ungeduld, ihn wiederzusehen und ihn im Licht der öffentlichen Meinung zu betrachten. Bei unserer nächsten Begegnung erkundigte ich mich daher, ob er Mrs. Coventry kenne. Er legte seine Hand auf meinen Arm, und sein Blick war trauriger, aber vielleicht auch durchdringender als je zuvor.

»Hat diese Frau Sie unter die Knute bekommen? Sie ist eine bösartige Person. Sie ist hohl und intrigant, und dabei tut sie so seriös und gütig. Sie plappert über Giottos Epigonentum und Vittoria Colonnas Liaison mit ›Michael‹ – man könnte meinen, Michelangelo wohne ihr gegenüber und werde jeden Augenblick zum Whist erwartet –, aber sie weiß von der Kunst und den schöpferischen Voraussetzungen so wenig wie ich von der Effektenbörse. Sie entweiht die heiligsten Dinge«, erklärte er temperamentvoll, »und sie interessiert sich für Sie lediglich als jemand, der in diesem gräßlichen kleinen Salon mit seinen wertlosen Peruginos, in dem nichts echt ist, die Teetassen herumreichen kann! Wenn man nicht alle drei Tage ein neues Bild hinschmiert und es sie unter ihren Gästen herumgeben läßt, erzählt sie jedem, man sei ein nichtswürdiger Betrüger, von dem man sich ja fernhalten solle.«
Diesen Versuch, Mrs. Coventrys Ansicht über unsern armen Freund zu überprüfen, unternahm ich während eines Nachmittagsspaziergangs zu der stillen alten Kirche San Miniato auf einem jener Hügel, von denen man die Stadt überblicken kann; vom Tor des Kirchhofs führt ein steiniger, von Zypressen gesäumter Weg zu ihr hinauf: der schönste Weg zu einem Heiligtum. Kein Fleckchen Erde eignet sich mehr zum Ausruhen und Nachdenken als die breite Terrasse vor der Kirche, von der aus man, an die Brüstung gelehnt, den Blick über den schwarzen und gelben Marmor der Kirchenfassade – rissig und gespalten von der Zeit und vom Winde besät mit einer ganz eigenen Flora – schweifen lassen kann zu den Domen und schlanken Türmen von Florenz und hinüber zu der blauen Linie des weit geöffneten Kelches der Berge, in dem diese schönsten Beutestücke aller Epochen aufbewahrt werden. Um die unangenehmen Erinnerungen, die durch Mrs. Coventrys Namen geweckt worden waren, auszulöschen, hatte ich Theobald vorgeschlagen, mich am nächsten Abend in die Oper zu begleiten, wo ein selten gespieltes Werk aufgeführt wurde. Er lehnte ab, was ich fast erwartet hatte; es war mir bereits aufgefallen, daß er abends nie frei war und nie erwähnte, wie er die Abende eigentlich verbrachte. »Sie haben mich bereits einmal an den bezaubernden Spruch des Florentiner Malers in Alfred de Mussets *Lorenzaccio* erinnert«, sagte ich. »›Ich tue niemand ein Leides. Ich verbringe meine Tage im Atelier. Sonntags gehe ich

zur Annunziata oder zur Santa Maria; die Mönche finden, ich hätte eine gute Stimme. Sie legen mir ein weißes Gewand und eine rote Mütze an, und dann singe ich im Chor mit; manchmal singe ich auch ein kleines Solo; sonst aber komme ich nie unter Menschen. Abends besuche ich meine Liebste; wenn es eine schöne Nacht ist, verbringen wir sie auf dem Balkon.‹ Ich weiß nicht, ob Sie eine Liebste haben und ob sie einen Balkon besitzt. Sollten Sie jedoch dieses Glück haben, dann ist es zweifellos einer drittklassigen Primadonna vorzuziehen.«

Er antwortete nicht sogleich; schließlich wandte er sich mir feierlich zu. »Bringen Sie es fertig, eine schöne Frau mit ehrfürchtigen Augen zu betrachten?«

»Nun ja,« erwiderte ich, »ich möchte nicht gerade behaupten, daß ich ein Tölpel bin, aber ich halte mich auch nicht für schamlos.« Und dann fragte ich ihn, was um alle Welt er meine. Als ich ihm darauf versichert hatte, daß ich, wenn es darum gehe, etwas Derartiges zu sehen, alle mir auferlegten Bedingungen erfüllen wolle, erklärte er mir mit fast schon religiöser Verzückung, daß es in seiner Macht stehe, mich der schönsten Frau Italiens vorzustellen: »Einer Schönheit mit einer schönen Seele.«

»Ich muß schon sagen«, erwiderte ich, »Sie sind ein glücklicher Mensch. Ich bin es zwar nicht weniger, aber Sie behalten den Trumpf in der Tasche.«

»Die Schönheit dieser Frau«, fuhr er fort, »ist eine Offenbarung, eine Lehre, eine Moral, ein Gedicht! Ich studiere sie täglich.«

Worauf ich natürlich sofort beschloß, ihn, bevor wir uns trennten, an das zu erinnern, was die Form eines Versprechens angenommen hatte. »Ich habe das bedrückende Gefühl«, gestand er, »daß ich die private Sphäre, in der ich Sie immer betrachtet und bewundert habe, dadurch verletze. Wenn ich es dennoch tue – ja, mein Freund, dann aus reiner Freundschaft. Noch nie habe ich jemand von ihrer Existenz erzählt. Aber wenn wir mit den Dingen zu vertraut werden, verlieren wir den rechten Maßstab für ihren Wert, und Sie könnten ihn mir vielleicht doch in einem neuen Licht zeigen und mir neue Aspekte bieten.«

Nachdem wir uns also verabredet hatten, gingen wir zu einem alten Haus im Herzen von Florenz in der Nähe des Mercato Vecchio und kletterten eine dunkle Treppe bis zum obersten Stock hinauf. Theobalds verehrtes Menschenbild schien wirklich so hoch über der Allgemeinheit zu schweben wie sein künstlerisches Ideal über der praktischen Erfahrung. Ohne anzuklopfen trat er in den dunklen Flur einer kleinen Wohnung, wo er eine Tür aufstieß und mich in einen kleinen Salon führte. Das Zimmer wirkte kahl und ärmlich auf mich, wenn ich auch immerhin am offenen Fenster so etwas wie einen weißen Vorhang flattern sah. Am Tisch neben der Lampe saß eine Frau in Schwarz, die an einer Stickerei arbeitete. Bei unserem Eintritt blickte sie mit gelassenem Lächeln auf; als sie dann aber mich sah, machte sie eine überraschte Geste und erhob sich würdevoll. Er trat auf sie zu, nahm ihre Hand und küßte sie mit einem unbeschreiblichen, unvergeßlichen Zeremoniell. Noch während er den Kopf geneigt hatte, sah sie mißtrauisch zu mir herüber und errötete, wie ich fand, auf durchaus menschliche Weise.

»Das ist die göttliche Serafina!« Theobald winkte mich heran und stellte mich vor: »Und dies ist ein Freund und Verehrer der Künste.« Ich empfing ein Lächeln, ein Nicken und die Bitte, mich zu setzen.

Die »schönste Frau Italiens« war ein üppiger italienischer Typ und von auffallend schlichter Haltung. Als sie sich mit ihrer Stickerei wieder vor die Lampe gesetzt hatte, schien sie nichts mehr zu sagen zu haben. Theobald neigte sich ihr in platonischer Ekstase zu und erkundigte sich zärtlich und väterlich nach ihrer Gesundheit, ihrer Stimmung, ihrer Arbeit und dem Fortschreiten ihrer Stickerei, die er aufmerksam betrachtete und auch mich zu bewundern aufforderte. Es war irgendein kirchliches Gewand – elfenbeinfarbene Seide mit einem verschlungenen Muster aus Silber und Gold. Sie antwortete mit einer klangvollen Stimme, aber so kurz, daß ich nicht wußte, ob dies nun auf angeborene Zurückhaltung oder auf eine Hemmung mir gegenüber zurückzuführen sei. Sie sei diesen Morgen zur Beichte gegangen, anschließend auf dem Markt gewesen und habe ein Hühnchen zum Essen gekauft. Doch, doch, sie fühle sich wohl; sie habe nicht zu klagen, es sei denn über die Leute, für die sie das Gewand sticke und die ihr als Material für das Kleid des Herrn, wie man es ja nennen dürfe, einen so schlechten Silberfaden geliefert hätten. Von Zeit zu Zeit hob sie während der bedächtigen Stiche den Blick und sah mich mit einem Ausdruck an, den ich zuerst für reine Neugierde hielt, in dem ich jedoch bald den Versuch zu erkennen glaubte, auf Kosten unseres Gefährten ein geheimes Einverständnis mit mir herzu-

stellen. Inzwischen betrachtete ich die Dame so aufmerksam wie möglich unter dem Blickwinkel jener ehrfürchtigen Komplimente, die Theobald ihr gezollt hatte.
Sie war tatsächlich eine schöne Frau; dies sah ich, sobald ich mich von der Überraschung darüber erholt hatte, daß sie längst bar aller Jugendfrische war. Sie gehörte zu jenem Typ, der durch den Verlust der Jugend wenig von seinem Reiz verliert, da dieser hauptsächlich in Wuchs und Gestalt liegt – in der »Komposition«, wie Theobald es genannt hätte. Sie war breit und füllig, mit niedriger Stirn und dunklen Augen, schwarzem Haar und hellem Teint. Das dichte Haar hing ihr tief ins Gesicht und umschloß es so keusch und steif wie ein Nonnenschleier. Sie hielt den Kopf auffallend ungezwungen und stolz, was um so wirkungsvoller war, als sie diesen Stolz ab und zu durch ein demütiges Senken korrigierte, das bewundernswert mit dem züchtigen Blick ihrer dunklen, stillen Augen harmonierte. Eine körperlich kräftige, heitere Natur mit dem schwerfälligen Temperament, das keine Nerven und Sorgen kennt – dies waren wohl die wesentlichsten Merkmale dieser Dame. Sie trug ein schlichtes schwarzes Kleid, aufgehellt lediglich durch ein dunkelblaues Tuch über dem Busen, das einen Streifen ihres festen Halses bloßlegte. Über diesem Tuch hing ein kleines silbernes Kreuz. Ich bewunderte sie sehr, wenn auch mit einer gewissen Reserve. Ein Hauch sanfter geistiger Apathie bestimmte ihren Teint und ihre Figur und schien deren Rundungen zu formen und zu festigen; doch wenn ich diese bürgerliche Egeria recht sah, dann verriet sie eine ziemlich vulgäre Geistesträgheit. Früher einmal mochte ein schwaches Feuer aus ihrem Blick geleuchtet haben, doch zweifellos war es längst erloschen. Außerdem wurde sie, um es ganz prosaisch auszudrücken, dick. Meine Enttäuschung wuchs sich zu einer grausamen Ernüchterung aus, als Theobald, wie um mir die heimliche Inspektion zu erleichtern, plötzlich erklärte, es sei zu dunkel, und sie werde sich die Augen verderben, worauf er aufstand und vom Kaminsims ein paar Kerzen holte, sie anzündete und auf den Tisch stellte. In diesem helleren Licht sah ich, daß unsere Gastgeberin eine bereits recht angejahrte Person war. Sie war zwar nicht abgehärmt und runzlig und grau, aber fett und plump. Die schöne Seele, die mir mein Freund versprochen hatte, schien wohl kaum soviel Aufhebens wert; sie

äußerte sich nur in einer angeborenen Ruhe und einem mütterlich sanften Zug um Mund und Stirn. Ich war jetzt geneigt, das tugendsame Senken des Kopfes lediglich als die Angewohnheit eines Menschen zu betrachten, der sich ständig über Stickereien beugen muß. Es konnte sogar ein noch hintergründigeres Symptom sein, denn trotz seiner offensichtlichen bewundernswürdigen Schwermut deutete dieser Gegenstand unserer unverhüllten Huldigung an, daß er die Situation längst nicht so ernst nahm wie unser Freund. Als Theobald aufgestanden war, um die Kerzen anzuzünden, hatte sie mit einem schnellen, wachen Lächeln zu mir herübergeblinzelt und sich mit dem Zeigefinger an die Stirn getippt; da ich jedoch in einer plötzlichen Anwandlung von Treue zu dem armen Theobald völlig verständnislos dreinsah, zuckte sie die Achseln und wandte sich wieder ihrer Arbeit zu.

Was für eine Beziehung bestand zwischen diesem einmaligen Paar? War er der feurigste aller Freunde oder der diskreteste aller Liebhaber? Betrachtete sie ihn etwa als einen schwärmerischen Schäfer, dessen unterwürfige Bewunderung ihrer Schönheit sie gern duldete und den sie darüber in ihr kleines Zimmer heraufkommen und von Sommernächten faseln ließ? In ihrem dezenten, strengen Kleid, mit ihrem klaren Ernst und dieser sakralen Stickerei glich sie dem frommen Laienmitglied einer Schwesternschaft, das auf Grund besonderer Erlaubnis außerhalb der Klostermauern wohnen darf. Oder wurde sie etwa von ihrem Verehrer ausgehalten, damit er den ewigen Typ, unberührt vom Existenzkampf, in aller Vollkommenheit vor sich haben könne? Es fiel mir auf, daß ihre schöngeformten Hände sehr glatt und weiß waren; nirgends eine Spur von sogenannter ehrlicher Arbeit.

»Und die Bilder, wie gedeihen sie?« fragte sie Theobald nach langem Schweigen.

»Oh, sie gedeihen auf ihre eigene schöne stille Weise. Mein Freund hier gibt mir mit seiner Zuneigung und Ermutigung neuen Glauben und neue Hoffnung.«

Unsre Gastgeberin wandte sich mir zu und blickte unergründlich zu mir herüber, und dann sagte sie – während sie jene bezeichnende Geste wiederholte, durch die sie auf die Geistesverfassung unseres armen Freundes hinweisen wollte – mit überzeugendem Ernst: »Er ist ein Genie!«

»Ich möchte es annehmen.« Ich war wider Willen belustigt. »Warum lachen Sie?« rief sie. »Wenn Sie mir nicht glauben, dann sehen Sie sich doch den *santo bambino* an!« Sie nahm die Lampe auf und führte mich in die andere Ecke des Zimmers, wo an der Wand über einem Weihwasserbecken in schlichtem schwarzem Rahmen eine große Rötelzeichnung hing. Die Zeichnung stellte ein kleines, nacktes Kind dar, das sich in die Gewandfalten seiner Mutter kuschelte, die Ärmchen jedoch wie segnend ausgestreckt hielt. Es war mit einmaliger Unbekümmertheit und Unmittelbarkeit gezeichnet, verriet jedoch deutlich den bezaubernden Schmelz der frühen Kindheit. Eine gewisse Anmut und Grazie, welche die Bildkraft jedoch nicht verringerte, erinnerte stark an Correggio. »So etwas kann er!« sagte meine Gastgeberin. »Das ist mein lieber kleiner Junge, der mir genommen worden ist. Es ist wirklich sein Abbild, und Signor Theobald, der gütigste Mensch, den ich je gesehen habe, hat es mir geschenkt. Er hat mir auch noch vieles andere geschenkt.«
Lange betrachtete ich die Zeichnung, die zweifellos ihren Reiz hatte. Und als ich mich wieder unserm Freund zuwandte, versicherte ich ihm, daß sie sich, wenn sie unter den Zeichnungen in den Uffizien hinge und mit einem berühmten Namen versehen wäre, durchaus behaupten könnte. Mein Lob beglückte ihn; er drückte mir die Hände, und seine Augen füllten sich mit Tränen. Offenbar beflügelte ich damit seinen Wunsch, sich über die Geschichte der Zeichnung auszulassen, denn er stand auf und verabschiedete sich von unserer Gefährtin, wobei er ihr wie vorhin mit sanfter Inbrunst die Hand küßte. Ich wollte ihr die gleiche Galanterie erweisen, um herauszufinden, was für eine Frau sie eigentlich sei. Als sie jedoch meine Absicht erriet, zog sie die Hand zurück, senkte ernst den Blick und knickste züchtig. Theobald nahm meinen Arm und führte mich eilends hinunter auf die Straße.
»Was halten Sie von der göttlichen Serafina?« rief er begierig.
»Sie ist zweifellos eine schöne Erscheinung«, antwortete ich ohne Umschweife.
Einen Augenblick betrachtete er mich von der Seite, doch dann wurde er vom Strom der Erinnerungen fortgetragen. »Sie hätten Mutter und Kind zusammen sehen sollen – so wie ich sie damals zum erstenmal sah: die Mutter hatte den Kopf in einen

Schal gehüllt und hielt das *bambino* mit göttlicher Trauer an die Brust gepreßt. Sie hätten bestimmt auch gesagt, daß Raffael hier durch einen Zufall sein Ebenbild gefunden habe. Ich kam an einem Sommerabend von einem langen Spaziergang über Land zurück, als ich am Stadttor dieser Erscheinung begegnete. Die Frau streckte die Hand aus, und ich wußte kaum, sollte ich sagen: ›Was wollen Sie?‹ oder sollte ich niederfallen und anbeten. Sie bettelte um ein wenig Geld und nahm das, was ich ihr gab, mit solch heiliger Lieblichkeit entgegen wie die *Santissima Vergine* die Gaben der Gläubigen. Sie war schön und sehr blaß – sie hätte geradenwegs aus dem Stall von Bethlehem kommen können. Ich gab ihr also Geld und war ihr auf dem Weg in die Stadt behilflich. Ich hatte ihre Geschichte richtig erraten. Auch sie war Jungfrau und Mutter, war jedoch mit ihrer Schande in die Welt hinausgejagt worden. Ich spürte mit allen Sinnen, daß sich mein Thema auf geradezu wunderbare Weise realisierte. Ich fühlte mich wie ein Maler-Mönch vergangener Zeiten, der eine überirdische Vision empfangen hat. Ich rettete die armen Wesen, pflegte sie, wachte über sie wie über ein kostbares Kunstwerk, ein herrliches, in einem feuchten Kloster entdecktes Freskenfragment. Nach einem Monat – als sollte all das Traurige und Liebliche überhöht und geheiligt werden – starb das arme Kind. Als sie spürte, daß der Junge verschied, hob sie ihn zehn Minuten lang vor mir empor, um ihn nicht für ewig zu verlieren; und da machte ich diese Zeichnung. Vermutlich haben Sie die fieberhafte Hast in dem Bild erkannt; ich wollte dem armen kleinen sterbenden Wesen die Qual dieser Stellung ersparen. Von da an verehrte ich die Mutter doppelt. Sie ist das einfachste, entzückendste, natürlichste Geschöpf, das je in diesem trefflichen alten Italien erblüht ist. Sie lebt ganz der Erinnerung an ihr Kind, der Dankbarkeit für die bescheidene Güte, die ihr zu erweisen ich in der Lage war, und ihrer einfältigen, naiven, unerschütterlichen Frömmigkeit. Sie weiß nicht einmal, daß sie schön ist; meine Bewunderung hat sie nie zur Eitelkeit verführt; und der Himmel weiß, ich habe aus meinem Herzen keine Mördergrube gemacht. Sicherlich haben Sie bemerkt, wie ungemein klar und rein ihr Blick ist. Hat es je einen so wahrhaft jungfräulichen Blick gegeben, solch eine angeborene, klassische Anmut im Fallen des Haares und in der Wölbung der Stirn? Ich habe sie studiert, und ich darf wohl sagen, daß ich sie kenne. Ich habe sie nach und nach in mich aufgenommen, habe sie mir zu eigen gemacht, mein Geist ist von ihr geprägt und getränkt, und ich habe mich nun auch entschlossen, diesen Eindruck festzuhalten. Ich werde sie endlich bitten, mir Modell zu sitzen.«

»Endlich – endlich?« wiederholte ich tief verwundert. »Wollen Sie damit sagen, daß sie das noch nie getan hat?«

»Ich habe sie seit jenem einen Mal nie mehr gezeichnet«, sagte er mit einem Anflug von Verlegenheit. »Ich habe mir immer wieder Gedanken gemacht und trage nun das ganze Bild klar und deutlich in mir. Darauf kommt es an! Aber ich habe sie niemals den Unbequemlichkeiten unterworfen, die ich von einem Stundenmodell verlangt hätte.«

Wo jetzt mein Feingefühl, mein Takt blieb, weiß ich nicht zu sagen; jedenfalls vermochte ich nicht, einen unbesonnenen Ausruf zu unterdrücken. Ich sollte es bitter bereuen. Wir waren gerade an einer Ecke unter einer Laterne stehengeblieben. »Mein armer Freund«, rief ich und legte ihm die Hand auf die Schulter, »da haben Sie zu lange gezögert! Sie ist eine alte Frau – zu alt wenigstens für eine jungfräuliche Mutter!«

Es war, als hätte ich ihn brutal geschlagen. Nie werde ich den entsetzten Blick des Schmerzes vergessen, mit dem er mich ansah. »Zu lange gezögert? Alt – alt?« stammelte er. »Sie scherzen doch wohl?«

Er holte tief Atem, lehnte sich gegen eine Hauswand und sah mich fragend, protestierend, vorwurfsvoll an. Dann richtete er sich auf und packte mich am Arm: »Antworten Sie mir auf Ehre und Gewissen: finden Sie sie wirklich und wahrhaftig alt? Ist sie etwa runzelig, verblüht – bin ich blind?« fragte er.

Da erst begriff ich die Ungeheuerlichkeit seiner Illusion: daß die Jahre lautlos eines nach dem andern dahingeschwunden waren, während er in sich selbst verzauberndem Nichtstun immer nur gegrübelt, sich ewig auf ein aufgeschobenes Werk vorbereitet hatte. Ich empfand es jetzt fast als barmherzig, ihm die Wahrheit zu sagen. »Ich möchte keineswegs behaupten, daß Sie blind sind«, gab ich zurück, »aber ich glaube doch: Sie haben sich zu ihrem großen Unglück furchtbar getäuscht, haben in untätiger Betrachtung kostbare Zeit verloren. Ihre Freundin ist einmal jung und frisch und jungfräulich gewesen; aber das muß schon viele Jahre her sein. Allerdings: es läßt sich immer noch manch Schönes an ihr finden. Auf alle Fälle muß sie Ihnen Modell sitzen.« Doch dann stockte ich; sein Gesicht war gar zu vorwurfsvoll und verzerrt.

Er nahm den Hut ab und wischte sich mechanisch mit dem Taschentuch über die Stirn. »Noch manch Schönes?« murmelte er. »Wollen Sie damit sagen, daß andere Leute sich ihr Teil genommen – ?«

»Mein Lieber«, erwiderte ich lächelnd, »die Jahre haben sich ihr Teil genommen! Aber sie hat genau das, was die Franzosen *de beaux restes* nennen.«

Er sah mich an, als schlügen Wogen über ihm zusammen! »Ich soll also meine Madonna aus *de beaux restes* schaffen? Und das soll ein Meisterwerk werden? Alt – alt! Alt – alt!« wiederholte er unablässig.

»Denken Sie nicht an ihr Alter«, rief ich, entsetzt über das, was ich angerichtet hatte. »Denken Sie nicht an meinen Eindruck! Sie haben Ihre Erinnerungen – und dazu Ihr Talent. Vollenden Sie das Bild noch im Verlaufe dieses Monats. Ich erkläre es schon im voraus zum Meisterwerk und bin bereit, Ihnen jede Summe zu zahlen, die Sie dafür verlangen.«

Er starrte mich an und schien mich dennoch kaum zu verstehen. »Alt – alt!« wiederholte er monoton. »Wenn sie alt ist – was bin dann ich? Wenn ihre Schönheit verblüht ist – wo bleibt dann meine Kraft? War das Leben ein Traum? Habe ich zu lange verehrt? Habe ich zu sehr geliebt?« Der Zauber war gebrochen. Daß der Faden der Illusion allein durch meine zufällige Berührung hatte reißen können, bewies nur, wie dünn er durch die übergroße Beanspruchung bereits geworden war. Nun wurde der arme Mann von dem Gefühl, Zeit verloren, Gelegenheiten verpaßt zu haben, wie von dunklen Wellen überrannt. Plötzlich senkte er den Kopf und brach in Tränen aus.

Ich brachte ihn mit aller nur denkbaren Behutsamkeit auf den Heimweg, versuchte jedoch weder seinen Kummer zu lindern noch ihm seinen Gleichmut wiederzugeben oder die harte Wahrheit abzuschwächen. Als wir bei meinem Hotel angelangt waren, bat ich ihn, mit mir hereinzukommen. »Wir wollen zusammen ein Glas Wein trinken«, sagte ich lächelnd, »– auf die Vollendung der Madonna!«

Nur mühsam hielt er den Kopf hoch, dachte eine Weile mit schönem, schwermütigem Blick nach und reichte mir dann die

Hand. »Ich werde sie vollenden«, schwor er, »in einem Monat! Nein, in vierzehn Tagen schon! Hier oben ist sie ja bereits fertig.« Dabei tippte er an seine Stirn. »Natürlich ist sie alt. Aber sie kann es sich leisten, daß man ihr dies nachsagt – eine Frau, durch die mir zwanzig Jahre wie ein einziges vergangen sind! Alt – Alt! Warten Sie ab, Sir, sie wird ewig sein, Sir!«

Ich wollte ihn bis zu seiner Wohnung begleiten, er aber winkte ab und schritt pfeifend und den Stock schwingend entschlossen davon. Ich wartete ein wenig, folgte ihm dann in einiger Entfernung und sah, wie er die Santa-Trinità-Brücke überquerte. In der Mitte blieb er plötzlich stehen, als hätten ihn seine Kräfte verlassen, lehnte sich über das Geländer und blickte hinunter in den Arno. Ich behielt ihn gut im Auge, und ich muß gestehen, daß ich zehn angsterfüllte Minuten ausstand. Schließlich aber erholte er sich und ging langsam und mit hängendem Kopf weiter.

Als ich lange nichts mehr von ihm hörte und ihn nirgends mehr sah, glaubte ich zuerst, ich hätte ihn wirklich dazu angeregt, seine endlos aufgespeicherten Vorräte an ästhetischen Erkenntnissen und Erfahrungen auszupacken und zu verwenden; doch als Tag um Tag verging, ohne daß er mich besuchte oder auch nur eine Zeile schickte und ohne daß ich ihn an den gewohnten Orten, in den Galerien oder der Kapelle von San Lorenzo traf oder wenigstens bei einem Spaziergang zwischen Arno und der grünen Hecke, die an der Via delle Casine entlangführt und vor der sich die schönen Insassinnen der offenen Wagen so vorteilhaft abheben – als ich nach einer Woche noch immer keine Nachricht von ihm erhalten und ihn auch nicht gesehen hatte, fürchtete ich schon, ihn ernstlich beleidigt und, anstatt seinem Talent oder zumindest seinem Selbstvertrauen einen Anstoß gegeben, ihn schwer verletzt zu haben. Ich hegte den grausamen Verdacht, er sei durch mich krank geworden. Mein Aufenthalt in Florenz näherte sich dem Ende, und ich wollte vor meiner Weiterreise unbedingt die Wahrheit erfahren. Da Theobald seine Wohnung stets geheimgehalten hatte, wußte ich nicht, wo ich ihn suchen sollte. Das einfachste war, die von ihm verehrte, am Mercato Vecchio wohnende Dame zu fragen, und ich muß gestehen, daß mich zu diesem Entschluß auch eine unbefriedigte Wißbegier hinsichtlich dieser Frau bewog. Womöglich hatte ich ihr unrecht getan, womöglich war sie so unsterblich frisch und schön, wie er sie sah. Jedenfalls war ich begierig darauf, dieser reifen Zauberin wiederzubegegnen, durch die ihm, nach seinen Worten, zwanzig Jahre wie ein einziges vergangen waren. So ging ich eines Morgens zu ihrem Haus, stieg die endlose Treppe hinauf und gelangte zu ihrer Tür, die offenstand. Während ich noch zögerte, einzutreten, kam ein kleines Dienstmädchen mit einem leeren Kochtopf heraus, das zweifellos gerade einen Botengang erledigt hatte. Auch die Innentür stand offen; so ging ich durch den kleinen Flur und fand das Zimmer, in dem ich seinerzeit empfangen worden war. Es sah heute ganz anders aus als an jenem Abend. An der Schmalseite des Tisches war ein Frühstück gedeckt, vor dem ein Herr saß – jedenfalls ein Wesen männlichen Geschlechts –, der ein Steak mit Zwiebeln und eine Flasche Wein genoß. Auffallend dicht neben ihm saß die Dame des Hauses. Ihre Haltung glich in keiner Weise der einer Zauberin. Mit der einen Hand hielt sie eine Schüssel voll dampfender Spaghetti im Schoß, mit der andern, hoch überm Mund, einen baumelnden Faden dieser üppigen Nahrung, den sie gerade genüßlich die Kehle hinuntergleiten lassen wollte. Am andern, nicht gedeckten Ende des Tisches stand ein halbes Dutzend kleiner Figuren aus einem schnupftabakfarbenen Material, das an Terrakotta erinnerte. Der mit dem Messer fuchtelnde Mann war offenbar dabei, sich über ihre Vorzüge auszulassen.

Ich mußte den Eingang verdunkelt haben. Jedenfalls ließ meine Gastgeberin den Happen in den Mund rutschen und erhob sich hastig, mit einem kurzen Ausruf des Staunens und errötetem Gesicht. Ich wußte nun, daß das Geheimnis der göttlichen Serafina noch viel wissenswerter war, als ich vermutet hatte, und daß man, um es zu erfahren, es nur für selbstverständlich zu halten brauchte. Ich raffte mein bestes Italienisch zusammen, lächelte, verbeugte mich und bat um Entschuldigung für die Störung; und ob ich nun die Dame von ihrer Verwirrung befreit haben mochte oder nicht – jedenfalls fiel schon nach Sekunden die Verlegenheit von ihr ab. Ich solle es mir bequem machen, mich setzen. Dies hier sei ein Freund von ihr – ebenfalls ein Künstler, erklärte sie mit charmantem Lächeln. Ihr Gefährte wischte sich den Schnurrbart und verbeugte sich ausnehmend höflich. Ich sah mit einem Blick, daß er der Situation gewachsen war. Vermutlich war er der Schöpfer der Figuren auf dem Tisch und witterte einen generösen *forestiere*. Er war ein untersetzter, lebhafter Mann mit einer keck nach oben gerichteten Nase, stechenden, kleinen schwarzen Augen, die vieles gleichzeitig zu erfassen vermochten, und dem hochgezwirbelten Schnurrbart eines Kavalleristen. Auf seinem Kopf saß schief und übermütig eine weiche Samtmütze, wie sie Bildhauer in feuchten Ateliers tragen, und an seinen Füßen bemerkte ich helle, gewebte Pantoffeln. Als Serafina erwähnte, ich sei ein Freund von Mr. Theobald, brach er in jenes phantastische Französisch aus, mit dem die Italiener so verschwenderisch umzugehen wissen, und versicherte rückhaltlos, Mr. Theobald sei ein Genie.

»Ich muß gestehen, daß ich das nicht beurteilen kann«, sagte ich achselzuckend. »Wenn Sie's mir zu beweisen vermögen, dann haben Sie mir etwas voraus. Ich habe von seiner Hand bisher nichts gesehen außer jenem *bambino* dort, und das ist allerdings sehr schön.«

Er bestätigte, das *bambino* sei ein Meisterwerk – in der *maniere Correggiosca*. Es sei nur ein Jammer, fügte er mit vielsagendem Lachen hinzu, daß es nicht auf eine wurmstichige alte Holzplatte gezeichnet worden sei. Die göttliche Serafina protestierte hierauf, Mr. Theobald sei ein ehrlicher Mensch und würde sich zu so etwas niemals hergeben. »Ich kann sein Talent nicht beurteilen«, sagte sie, »und ich verstehe auch nichts von Bildern. Ich bin nur eine arme, einfache Witwe; aber ich bin sicher, daß *nostro signore* das Herz eines Engels und die Tugend eines Heiligen besitzt. Er ist mein großer Wohltäter«, gestand sie unumwunden. Über ihren Wangen lag noch immer die Röte, mit der sie mich begrüßt hatte und die ihrer Schönheit nicht gerade zugute kam; ich konnte nur sagen: Welch weise Gewohnheit von Theobald, sie nur bei Kerzenlicht zu besuchen. Sie war ein ganz alltägliches Weib – und ihr armer Bewunderer ein Dichter.

»Ich schätze ihn ungemein hoch«, erklärte ich, »und daher beunruhigt es mich, daß ich ihn seit zehn Tagen nicht mehr gesehen habe. War er bei Ihnen auch nicht? Ist er vielleicht krank?«

»Krank? Verhüt' es der Himmel!« rief Serafina mit ursprünglichem Temperament.

Ihr Gefährte stieß einen Fluch aus und schalt sie, daß sie ihn nicht besucht habe. Sie zögerte einen Augenblick, dann jammerte sie und widersprach: »Wenn er mich besucht, ist das keine Schande. Aber wenn ich zu ihm ginge, wäre es nicht dasselbe; schließlich ist er ein Mann, von dem man fast schon sagen kann, daß er ein Leben wie ein Heiliger führt.«

»Er bewundert Sie sehr«, sagte ich. »Er hätte sich durch Ihren Besuch zweifellos geehrt gefühlt.«

Einen Augenblick sah sie mich durchdringend an. »Er bewundert mich mehr, als Sie es tun – geben Sie es doch zu!« Natürlich protestierte ich mit all meiner Beredsamkeit, und da gestand meine rätselhafte Gastgeberin, ich sei ihr bei meinem ersten Besuch nicht gerade sympathisch gewesen, und sie habe, als unser Freund nicht mehr gekommen sei, angenommen, ich hätte ihn gegen sie aufgehetzt. »Damit würden Sie dem armen Mann keinen Dienst erweisen, das sage ich Ihnen«, erklärte sie. »Seit Jahren ist er jeden Abend zu mir gekommen. Es ist eine lange Freundschaft. Niemand kennt ihn so gut wie ich.«

»Ich behaupte nicht, ihn zu kennen oder zu verstehen. Ich kann ihn nur achten und, wie ich wohl sagen darf, gernhaben. Dennoch scheint er mir ein wenig –« Und dabei tippte ich an meine Stirn.

Serafina sah ihren Gefährten hilfesuchend an. Er zuckte aber lediglich die Achseln, während er sein Glas neu füllte. Daraufhin ließ mich die *padrona* an einem Gedankengang teilnehmen, der vernünftiger war, als man von ihrer edlen Unbedarftheit hätte erwarten dürfen. »Aber darum liebe ich ihn ja gerade! Man ist so wenig gütig zu solchen Menschen. Man lacht sie aus, verachtet und betrügt sie. Er ist zu gut für diese böse Welt. Dank seiner gesegneten Phantasie findet er hier oben in meiner armseligen Wohnung sein kleines Paradies. Warum sollte ich ihn nicht bei dem Glauben lassen? Er glaubt nämlich – ich dürfte es Ihnen eigentlich gar nicht erzählen –, ich sähe, Himmel vergib mir, der *Madonna Santissima* ähnlich. Ich lasse ihn bei dem Glauben, solange es ihn glücklich macht. Er war einmal sehr gut zu mir, und ich gehöre nicht zu denen, die eine Wohltat vergessen. So heiße ich ihn also jeden Abend freundlich willkommen, erkundige mich nach seinem Ergehen und lasse mich von dieser und jener Seite betrachten. Und ich darf ohne Eitelkeit sagen, daß es sich einst gelohnt hat, mich anzusehen. Er ist zwar nicht immer sehr unterhaltsam, *poveretto!* Manchmal sitzt er eine volle Stunde da, ohne den Mund aufzumachen, dann wieder redet er ununterbrochen über Kunst und Natur und Schönheit und Verantwortung, über lauter Sachen, die mir alle gleich spanisch vorkommen. Und Sie dürfen mir glauben: er hat nie ein Wort zu mir gesagt, mit dem er meiner Ehre zu nahe getreten wäre. Er mag ein bißchen wunderlich sein, aber er ist ein Heiliger.«

»Ja ja«, rief der Mann, »die Heiligen waren ja alle ein bißchen wunderlich!«

Ich hatte die gute Serafina im Verdacht, daß sie nur einen Teil ihrer Geschichte gestand. Was sie erzählte, machte das, was mir der arme Theobald berichtet hatte, noch rührender, als es mir in seiner Einfalt vorgekommen war. »Was für ein Glück«, fuhr sie fort, »einen solchen Freund wie ihn zu haben – einen Freund, der kein Liebhaber, sondern ein Bruder ist.« Ich sah ihren Gefährten an, der weiterhin geheimnisvoll grinste und zwischen großen Schlucken die Enden seines Schnurrbartes zwirbelte. War auch er kein Liebhaber? »Aber was wollen Sie?« sagte Serafina. »In dieser harten Welt darf man nicht zu viele Fragen stellen; man muß nehmen, was man bekommt, und festhalten, was man hat. Ich habe meinen *amoroso* über zwanzig Jahre festgehalten, und ich hoffe, Signore, daß Sie nicht gekommen sind, um ihn gegen mich aufzubringen.«

Ich versicherte ihr, dies sei wirklich nicht meine Absicht, und ich würde es außerordentlich bedauern, wenn ich Mr. Theobald in seinen Gewohnheiten oder Überzeugungen wankend gemacht hätte. Im Gegenteil, ich machte mir große Sorgen um ihn und wolle ihn sogleich aufsuchen. Sie gab mir seine Adresse und außerdem einen blumigen Bericht über ihren Gram, daß er nicht mehr gekommen sei. Sie habe aus verschiedenen Gründen nicht zu ihm gehen mögen – hauptsächlich weil sie fürchte, ihn zu verärgern, da er mit seiner Wohnung immer so geheimnisvoll tue. »Hätten Sie nicht diesen Herrn da schicken können?« wagte ich einzuwenden.

»Lieber Himmel!« rief der Mann. »Wenn er Madonna Serafina bewundert, so heißt das noch lange nicht, daß er mich bewundert, denn er hält mich gewiß nicht für den heiligen Joseph.« Dann legte er den Finger an die Nase und meinte vertraulich: »Er hat schrecklich strenge Ansichten.«

Ich wollte mich gerade zurückziehen, nachdem ich der Gastgeberin versprochen hatte, ihr über den Zustand unseres Freundes Bescheid zu geben, als sich ihr Gefährte vom Tisch erhob, für einen offensichtlichen Angriff seine Lenden gürtete, mich am Arm nahm und vor seine Statuetten führte. »Ich habe Ihren Worten entnommen, Signore, daß Sie ein Freund der Kunst sind. Erlauben Sie mir daher, Ihre geneigte Aufmerksamkeit auf diese bescheidenen Produkte meiner Phantasie zu lenken. Sie kommen gerade aus meinem Atelier, sind brandneu und noch nie öffentlich ausgestellt worden. Ich habe sie hergebracht, um das Urteil dieser Dame zu hören, die eine gute Kritikerin ist, mag sie auch das Gegenteil behaupten. Ich bin der Erfinder dieser besonderen Art von Statuetten – sowohl was Thema und Stil als auch was Material und alles andere betrifft. Bitte, fassen Sie sie mal an; gehen Sie unbesorgt mit ihnen um – Sie brauchen keine Angst zu haben. So zart sie auch aussehen: es ist unmöglich, daß sie zerbrechen. Mit diesen Schöpfungen habe ich großen Erfolg. Vor allem werden sie von den amerikanischen *conoscenti* geschätzt. Ich habe sie schon nach ganz Europa verschickt – nach London, Paris, Wien. Vielleicht haben Sie in Paris sogar welche gesehen, auf dem großen Boulevard« – er bemühte sich um eine reine Aussprache des französischen Wortes – »in einem Laden, der sie als seine Spezialität führt. Vor dem Schaufenster drängen sich die Leute. Sie sind die ideale Zierde für den Kaminsims eines lebenslustigen Junggesellen, für das Boudoir einer schönen Frau. Sie könnten einem Menschen, dem sie ein witziges Geschenk machen möchten, nichts Hübscheres verehren. Natürlich ist es keine klassische Kunst; aber unter uns, Signore: ist die Klassik nicht manchmal schrecklich langweilig? Die Karikatur, die Burleske, *la charge* – sie blieb bisher dem Papier, blieb Feder und Bleistift vorbehalten. Meine Idee war es, sie auf die Plastik zu übertragen. Zu diesem Zweck habe ich eine ganz bestimmte Tonmasse erfunden, deren Zusammensetzung ich jedoch, mit Ihrer gütigen Erlaubnis, nicht verraten möchte. Sie ist mein Geheimnis, Signore! Wie sie sehen, ist sie so leicht wie Kork und doch so hart wie Alabaster. Ich gestehe gern, daß ich auf meinen Geniestreich im Bereich der Chemie recht stolz bin – genauso aber auch auf meine andere Neuheit: die Typen. Was halten Sie von meinen Typen, Signore? Die Idee ist kühn – aber doch gut, nicht war? Katzen und Affen, Affen und Katzen – da liegt das ganze Menschenleben drin! Das Menschenleben, gesehen natürlich mit den Augen des Satirikers! Skulptur und Satire miteinander zu ver-

einen, Signore, das war mein Ehrgeiz. Und ich darf mir schmeicheln, daß es mir geglückt ist.«
Während dieser rhapsodische »Junggeselle des Kaminsimses« alle Überredungskünste aufbot, hielt er seine Pärchen nacheinander hoch und nahe ans Licht, drehte sie, klopfte mit dem Knöchel daran und betrachtete sie liebevoll mit zur Seite geneigtem Kopf. Jedes Pärchen bestand aus einem Affen und einer Katze, von denen manche auch Kleider trugen und die alle in lächerlich liebesseligen Posen verharrten. Sie stellten alle ungefähr das gleiche dar: illustrierten die verschiedenen Phasen dessen, was man, diskret ausgedrückt, amouröse Annäherung und amouröse Erregung hätte nennen können; sie waren ungemein derb und grotesk, waren einerseits gräßliche kleine Tiere, andererseits durchaus natürliche Männer und Frauen. Und doch muß ich zugeben, daß sie mich nicht zu erheitern vermochten. Ich war einfach nicht in der Stimmung, an so etwas einen Spaß zu haben, und fand sie auch allzu zynisch und vulgär. Ihr nachgeahmtes Liebesglück war einfach abstoßend. Und während ich verstohlen den selbstgefälligen kleinen Künstler betrachtete, der sie zwischen zwei Fingern hin- und herwendete und mit zärtlichem Blick liebkoste, kam er selber mir auch nicht viel besser vor als ein überdurchschnittlich intelligenter Affe. Ich rang mir jedoch ein bewunderndes Lächeln ab, und daraufhin sprudelte er weiter: »Meine Figuren sind dem Leben abgesehen! Ich habe eine kleine Menagerie von Affen, deren Späßen ich stundenlang zusehe. Und die Katzen – nun, da braucht man bloß zum Hinterfenster hinauszublicken. Seit ich diese vielseitigen kleinen Tiere beobachte, habe ich schon manch bedeutsame Entdeckung gemacht. Da ich zu einem Mann mit Phantasie spreche, Signore, darf ich wohl sagen, daß meine Figuren eine ganz eigene Philosophie ausdrücken. Wahrhaftig, oft weiß ich kaum, ob die Katzen und Affen uns imitieren oder wir sie.« Ich beglückwünschte ihn zu dieser Philosophie, und er meinte: »Sie müssen zugeben, daß ich mein Thema mit großer Delikatesse behandelt habe! Anders ging es natürlich nicht, *signore mio*. Und wenn ich auch da und dort ein bißchen kühn war, so doch nie zu kühn – *dica*? Nie mehr als Andeutungen! Sie können so viel oder so wenig hineinsehen, wie sie wollen. Doch diese Pärchen hier geben Ihnen keinen Begriff von dem, was ich kann. Wenn Sie mir die Ehre gäben, mich in meinem

Atelier zu besuchen, würden Sie sicherlich zu dem Urteil kommen, daß ich diese Darstellungen bis ins unendliche variiert habe. Ich führe solche Figuren auch auf Bestellung aus. Sie haben vielleicht ein Thema – ich meine, die Frucht Ihrer Lebenserfahrung, Signore –, das Sie gern dargestellt haben möchten. Ich kann Ihnen versprechen, daß ich es zu Ihrer Zufriedenheit ausführen werde. Ich werde so viele Lichter und Akzente aufsetzen, wie Sie nur wünschen! Darf ich Ihnen meine Karte überreichen und Ihnen auch versichern, daß ich in meinen Preisen höchst bescheiden bin? Solch eine kleine Gruppe kostet nicht mehr als sechzig Francs. Und meine Statuetten sind so haltbar wie Bronzen – *aere perennius, signore* – und, unter uns gesagt, wohl auch amüsanter.«

Als ich seine Karte einsteckte, blickte ich zu Madonna Serafina hinüber und dachte, ob sie wohl ein Gefühl für Kontraste besitze. Sie hatte eine der Statuetten aufgenommen und staubte sie zärtlich mit einem Federwisch ab.

Was ich soeben gesehen und gehört, hatte meine leidenschaftliche Anteilnahme an meinem irregeführten Freund so vertieft, daß ich mich hastig verabschiedete und sofort zu jenem Haus ging, das mir von der seltsamen Frau bezeichnet worden war. Es stand in einem dunklen Winkel am andern Ende der Stadt und wirkte recht düster und armselig. Ein im Tor stehendes verhutzeltes Weib, das ich nach Theobald fragte, murmelte ihren Segen und drückte ihre Freude darüber aus, daß der arme Mann nun doch noch von jemand besucht werde. Offenbar bestand seine Wohnung lediglich aus einem einzigen Zimmer im Dachstock. Da ich auf mein Klopfen keine Antwort erhielt, öffnete ich die Tür, weil ich ihn nicht zu Hause wähnte; ich war daher erschrocken, als ich ihn wider Erwarten antraf, hilflos und stumm zusammengekauert. Sein Stuhl stand an dem einzigen Fenster vor einer Staffelei mit einer riesigen Leinwand. Als ich eintrat, sah Theobald blicklos auf, ohne sich zu rühren, und verharrte auch weiterhin in seiner apathischen, niedergeschlagenen Haltung: mit schlaff verschlungenen Armen, ausgestreckten Beinen, auf die Brust gesenktem Kopf. Beim Nähertreten sah ich, daß sein Gesicht mit dieser Haltung übereinstimmte. Er war fahl, hager und unrasiert, und seine stumpfen, eingefallenen Augen blickten mich ohne einen Funken des Erkennens an. Ich hatte befürchtet, er werde mich mit wilden Vorwürfen empfangen als den Gönner, der so grausam übertrieben und ihm seinen Seelenfrieden in Verbitterung verkehrt habe, und deshalb war ich erleichtert, als ich merkte, daß mein Besuch augenscheinlich keine Ressentiments bei ihm auslöste. »Kennen Sie mich nicht mehr?« Ich streckte die Hand aus. »Haben Sie mich denn schon vergessen?«

Er blieb stumm, verharrte reglos in seiner Stellung, während ich mich im Zimmer umschaute. Der trostlose Raum sprach überdeutlich für sich selbst. Er war ärmlich und verschmutzt und kahl und enthielt außer dem wackligen Bett nur die spärlichsten Dinge für den täglichen Bedarf. Die Kammer war Schlafzimmer und Atelier zugleich – das traurige Gespenst eines Ateliers. Ein paar verstaubte Abgüsse und Drucke an den Wänden, ein paar mit dem Gesicht zur Wand stehende alte Bilder und ein verrosteter Farbkasten bildeten mit der Staffelei am Fenster das ganze Zubehör. Die Szene sprach von entsetzlicher Armut. Der einzige Wertgegenstand war das Bild auf der Staffelei: die berühmte Madonna wahrscheinlich. Da es von der Tür abgekehrt stand, konnte ich es nicht sehen; schließlich aber trat ich, bestürzt ob der Kargheit und des Elends, leise und gespannt hinter Theobald. Ich kann kaum behaupten, daß ich überrascht war über das, was ich da erblickte: eine Leinwand, die nur tote, leere Fläche war, vom Alter rissig und vergilbt. Dies also sollte sein unsterbliches Meisterwerk sein! Wenn ich auch nicht erstaunt war, so war ich doch tief bewegt, und ich glaube, in den nächsten fünf Minuten hätte ich kein Wort hervorgebracht. Dann aber beunruhigte ihn meine stumme Nähe; er regte sich, wandte sich um und stand auf, wobei er mich mit langsam wiederkehrender Vernunft anblickte. Ich murmelte ein paar höfliche, nichtssagende Bemerkungen: er sei wohl krank und bedürfe der Hilfe; doch er schien ganz von dem Bemühen beansprucht, sich zu erinnern, was zuletzt zwischen uns vorgefallen sei. »Sie hatten recht«, sagte er schließlich mit herzzerreißendem Lächeln, »ich bin ein Pfuscher, ein Gescheiterter! Ich werde nichts mehr leisten auf dieser Welt. Sie haben mir die Augen geöffnet, und wenn die Wahrheit auch bitter ist, so trage ich Ihnen doch nichts nach. Amen. Seit einer Woche sitze ich ihr nun schon gegenüber, der grausamen Wahrheit, der unbedeutenden, armseligen, minderwertigen Vergangenheit. Nie wieder werde ich einen Pinsel anrühren! Ich glaube, ich habe seither weder gegessen noch geschlafen. Sehen Sie sich diese Leinwand an!« unterbrach er mich, als ich meiner Rührung Herr wurde und ihn bat, doch mit mir zu kommen und essen zu gehen. »Sie hätte mein Meisterwerk aufnehmen sollen! Ist sie nicht eine vielversprechende Grundlage? Und hier drinnen habe ich alle Voraussetzungen dazu!« Er tippte sich mit jener geheimnistuerischen Vertraulichkeit an die Stirn, die ich an dieser Geste bereits kannte. »Könnte ich diese Voraussetzungen doch nur in ein Hirn übertragen, das auch Hand und Willen besitzt! Seitdem ich hier hocke und meine Geistesgaben überprüfe, bin ich zu der Ansicht gekommen, daß ich das Zeug zu hundert Meisterwerken habe. Aber meine Hand ist jetzt gelähmt, und so werden sie nie gemalt werden. Nicht einmal angefangen habe ich! Um ihrer wert zu sein, habe ich gewartet und gewartet, habe mein Leben mit Vorbereitungen verschwendet. Während ich mir einbildete, mein Werk wachse, ist es in Wirklichkeit verdorrt. Ich habe alles viel zu ernst genommen. Das hat Michelangelo in San Lorenzo nicht getan. Er tat sein Bestes auf gut Glück, und sein Glück war unsterblich. Dies hier aber ist das meine!« Und er deutete mit einer nie zu vergessenden Handbewegung auf die leere Leinwand. »Manchmal denke ich, wir sind im Plan der Vorsehung eine ganz besondere Art von Genies: wir Talente, die nicht handeln können, es nicht vermögen oder nicht wagen. Wir erschöpfen uns im Reden, Studieren, in Plänen und Versprechungen, in Visionen! Unsere Visionen aber, das dürfen Sie mir glauben«, rief er und nickte bestätigend, »überstrahlen alles andere, und ein Mensch, der gesehen hat, was ich gesehen habe, hat nicht vergeblich gelebt. Natürlich werden Sie es nicht glauben, da ich nichts weiter vorweisen kann als diesen Fetzen vergilbten Leinens; und doch brauchte ich, um Sie zu überzeugen, um die Welt zu begeistern und in Staunen zu setzen, nur noch die Hand eines Raffael. Seinen Kopf habe ich bereits. Schade, werden Sie sagen, daß er nicht auch seine Bescheidenheit besitzt. Ach, lassen Sie mich doch prahlen und plappern – mehr ist mir nicht geblieben. Ich bin ein halbes Genie! Wo auf der weiten Erde ist meine andere Hälfte? Womöglich in der Alltagsseele, den geschickten, flinken Fingern eines einfältigen Kopisten oder eines kleinen Handwerkers, dem die Arbeit bewundernswert leicht von der Hand geht und der seine Produkte gleich dutzendweise hervorbringt! Aber ich darf mich nicht über ihn lustig machen. Er tut wenigstens etwas. Er ist kein Bummelant. Wohl mir, wenn ich einfältig und gewitzt und gewissenlos gewesen wäre, wenn ich die Augen geschlossen und den Sprung gewagt hätte.«

Was man dem armen Kerl sagen oder für ihn tun sollte, war schwer zu entscheiden. Ich hatte vor allem das Gefühl, ich müßte den Bann seiner augenblicklichen Lethargie brechen und Theobald von dieser entsetzlichen Atmosphäre des kleinen Zimmers befreien, das ein Atelier zu nennen bitterer Hohn war. Ich brauchte ihn gar nicht erst zu überreden, mit mir zu kommen; er ließ sich einfach wegführen, und als wir im warmen Licht des Tages nebeneinander hergingen, merkte ich erst, wie schwach er war. Und dennoch lebte er ein wenig auf; nach einer Weile flüsterte er sogar, er möchte gern zum Palazzo Pitti. Nie werde ich diesen traurigen Gang durch die riesigen Säle vergessen, an deren Wänden mir jedes Bild geradezu aufreizend neu in seiner Ausstrahlung und Kraft erschien. Die Augen und Lippen der porträtierten Köpfe blickten mitleidvoll und verächtlich zugleich auf diesen niedergeschlagenen Scharlatan, der einmal davon geträumt hatte, mit ihren erfolgreichen Schöpfern in Wettstreit zu treten. Selbst der himmlische Glanz der *Madonna del sedia* verwandelte sich, als wir schweigend vor ihr standen, in das rätselhafte Lächeln der Frauen Leonardos. Wir schwiegen auch weiterhin – es war das Schweigen des Abschieds; denn ich spürte in jedem Nerv, daß Theobald, der sich auf meinen Arm stützte und mühsam die Füße nachzog, dies alles zum letztenmal sah. Als wir wieder draußen standen, war er so erschöpft, daß ich, anstatt ihn zum Essen ins Hotel mitzunehmen, eine Droschke herbeiwinkte und ihn sofort zu seiner jammervollen Behausung fuhr. Er war in völlige Teilnahmslosigkeit versunken; er hatte sich mit geschlossenen Augen und fahl wie der Tod in den Sitz zurückgelehnt, während sein schwacher Atem immer wieder von einem Keuchen unterbrochen wurde, das einem verhaltenen Schluchzen oder einem vergeblichen Sprechversuch glich. Mit Hilfe der alten Frau, die mich vorhin eingelassen hatte und die jetzt aus einem dunklen Hinterhof auftauchte, gelang es mir, ihn die hohe, steile Treppe hinaufzuführen und auf sein wackliges Bett zu legen. Ich übergab ihn ihrer Obhut und wollte davoneilen, um einen Arzt zu holen. Sie folgte mir aus der Kammer und schlug mitleidig die Hände zusammen.

»Der arme gute Herr«, klagte sie, »muß er sterben?«

»Vielleicht. Wie lange geht es ihm schon so schlecht?«

»Seit er an einem Abend vor zehn Tagen ausgegangen war. Am nächsten Morgen bin ich heraufgekommen und wollte sein Bett machen, und da habe ich ihn angezogen vor dieser großen schmutzigen Leinwand gefunden, die er da stehen hat. Der arme, sonderbare Mann, er betet sogar vor ihr! Er war noch gar nicht im Bett gewesen – und seitdem wahrscheinlich überhaupt nicht mehr. Was ist geschehen? Ist er hinter *quella cattiva donna* gekommen?« hechelte sie mit funkelnden Augen und zahnlosem Grinsen.

»Beweisen Sie wenigstens, daß eine alte Frau treu sein kann«, sagte ich, »und passen Sie gut auf ihn auf. Ich komme bald wieder.« Meine Rückkehr verzögerte sich, da der englische Arzt auf Visite war und ich ihn vergeblich von einem Haus zum andern verfolgte, bis ich ihn schließlich einholte. Keine Minute zu früh stand er endlich an Theobalds Bett. Ein heftiges Fieber hatte unseren Patienten ergriffen, und offensichtlich war sein Fall recht ernst. Wenige Stunden später wußte ich, daß es Gehirnhautentzündung war. Von diesem Augenblick an wich ich nicht mehr von seiner Seite; ich möchte seine Krankheit jedoch nicht näher beschreiben. So schmerzlich es war, sie mitzuerleben, dauerte sie zum Glück doch sehr kurz. Sein Leben verbrannte im Delirium. Eine Nacht vor allem, die ich an seinem Bett verbrachte, wobei ich auf seine wirren Worte der Reue, Sehnsucht, Begeisterung und Scheu angesichts der Wahnbilder in seinem Hirn lauschte, ist mir heute noch in Erinnerung wie die allein erhaltene Seite einer verlorengegangenen meisterlichen Tragödie. Nach knapp einer Woche hatten wir ihn bereits auf dem kleinen protestantischen Friedhof an der Straße nach Fiesole begraben. Madonna Serafina, die ich von seinem Zustand hatte benachrichtigen lassen, war, wie man mir sagte, sogleich gekommen, um sich nach seinem Ergehen zu erkundigen. Doch bei seinem Begräbnis war sie nicht anwesend; überhaupt hatten sich nur wenige Leidtragende eingefunden. Ein halbes Dutzend Ausländer jedoch hatten, trotz der Entfremdung, die seinem Tod vorausgegangen war, den Wunsch verspürt, ihm die letzte Ehre zu erweisen. Unter ihnen befand sich auch

meine Freundin Mrs. Coventry, die ich beim Verlassen des Friedhofs in ihrem Wagen am Tor auf mich warten sah.
»Und nun«, sagte sie, nachdem wir uns ernst und feierlich begrüßt hatten, mit maliziösem Lächeln, »was ist nun mit der größten aller Madonnen? Haben Sie sie gesehen?«
»Ich habe sie gesehen«, sagte ich. »Sie gehört mir – laut seinem Vermächtnis. Doch ich werde sie Ihnen niemals zeigen.«
»Und warum nicht?«
»Weil Sie sie nicht verstehen würden.«
Betroffen sah sie mich an. »Sie sind nicht gerade höflich.«
»Verzeihen Sie – aber ich bin nun einmal zu niedergeschlagen und verärgert und verbittert.« Und damit kehrte ich ihr unentschuldbar grob den Rücken und ging. Ich wollte nur noch eines: Florenz verlassen; überall sah ich den zerstörten Geist meines Freundes. Ich hatte bereits den Koffer gepackt, weil ich noch am selben Abend nach Rom fahren wollte, und um meine Unrast zu besänftigen, schweifte ich nun ziellos durch die Straßen. Der Zufall führte mich an San Lorenzo vorbei. Da fiel mir ein, was der arme Theobald über Michelangelo gesagt hatte: – »Er tat sein Bestes auf gut Glück« – und ich trat in die Medicikapelle. Während ich voll Trauer die Trauer dieser unsterblichen Krypta in mich aufnahm, mußte ich mir sagen, daß sie wirklich keines weiteren Kommentars bedurfte als dieser schlichten Worte. Als ich wieder durch die Kirche zurückging, begegnete ich dem Blick einer Frau, die sich gerade von einem Seitenaltar abwandte. Das schwarze Tuch um den Kopf drapierte vorteilhaft das schöne Gesicht von Madonna Serafina. Sie erkannte mich, blieb stehen, und ich merkte, daß sie mit mir sprechen wollte. Ihre Stirn glühte, und ihr voller Busen wogte, so daß ich annehmen mußte, sie beabsichtige, mich mit heftigen Vorwürfen zu überschütten. Doch als sie mein Gesicht sah, besänftigte sich wohl ihr Groll, und dann sprach sie mit mir in einem Ton, dessen Bitterkeit gemildert wurde durch den Dank dafür, daß die Katastrophe sich auf wunderbare Weise so lange hinausgezögert hatte. »Ich weiß, daß Sie es waren, der uns getrennt hat«, sagte sie. »Es ist ein Jammer, daß er sie damals mitgebracht hat. Sie konnten ja gar nicht dasselbe von mir denken wie er. Nun, der Herr hat ihn gegeben, der Herr hat ihn genommen. Ich habe eben eine neuntägige Messe für seine arme Seele bezahlt. Und eines dürfen Sie mir glauben, Signore: Ich habe ihm

nie etwas vorgemacht. Wer hat es ihm in den Kopf gesetzt, ich sei dazu geschaffen, von heiligen Gedanken und schönen Worten zu leben? Allein seine eigene Phantasie! So und nicht anders wollte er mich sehen. – Hat er sehr gelitten?« fragte sie nach einer Weile etwas ruhiger.

»Er hat schwer, aber nur kurz gelitten.«

»Hat er noch von mir gesprochen?« Vor dieser Frage hatte sie gezögert und die Augen gesenkt; doch nun hob sie den Blick und enthüllte in ihrer schwermütigen Gelassenheit ein weibliches Vertrauen, das für Sekunden ihre Schönheit belebte und verjüngte. Der arme Theobald! Welchen Namen er seiner Leidenschaft auch gegeben haben mochte – es waren doch immer ihre schönen Augen gewesen, die ihn verzaubert hatten.

»Seien Sie dessen gewiß, Madame«, antwortete ich ernst.

Wieder senkte sie den Blick und schwieg. Dann seufzte sie tief, raffte ihren Schal und sagte: »Er war ein Genie!«

Ich verbeugte mich zustimmend, dann trennten wir uns.

Als ich durch eine schmale Seitenstraße zu meinem Hotel zurückging, bemerkte ich über der Tür eines Hauses ein Schild, das ich bereits einmal gelesen zu haben glaubte. Und da erinnerte ich mich, daß es derselbe Text war wie der auf einer Visitenkarte, die ich einmal für eine Stunde in meiner Westentasche getragen hatte. Auf der Schwelle stand der einfallsreiche Künstler, der so geschickt an die Gunst des Publikums zu appellieren wußte, rauchte in der Abendluft seine Pfeife und gab dabei einer seiner unnachahmlichen »Darstellungen« mit einem Lappen den letzten Glanz. Ich sah unter seinen Händen zwei ausdrucksvoll geringelte Schwänze. Er erkannte mich, lüftete seine Mütze, verbeugte sich unterwürfig und forderte mich mit einer Handbewegung auf, in sein Atelier zu kommen. Ich erwiderte seinen Gruß und ging, verärgert über diese Begegnung, weiter.

Eine Woche später, als ich zwischen den Ruinen der königlichen Stadt Rom plötzlich besonders eindringlich an Theobalds überirdische Illusionen und sein klägliches Versagen erinnert wurde, glaubte ich die höhnische und zynische Stimme des andern zu hören: »Katzen und Affen, Affen und Katzen – da liegt das ganze Menschenleben drin!«

# DAISY MILLER
[1879]

## I

In der kleinen Stadt Vevey in der Schweiz gibt es ein bemerkenswert freundliches Hotel; natürlich gibt es viele Hotels dort, denn schließlich lebt der Ort vom Fremdenverkehr. Er liegt, wie sich so mancher Reisende erinnern wird, am Ufer eines auffallend blauen Sees – eines Sees, den jeder Tourist gesehen haben muß. Sein Ufer präsentiert eine endlose, ununterbrochene Kette von solcherart gastlichen Gebäuden jeder Kategorie – vom *Grandhotel* neuesten Stils, mit kalkweißer Fassade, hundert Balkonen und einem Dutzend wehender Flaggen auf dem Dach, bis zur kleinen, altväterlichen Schweizer Pension, deren Name in deutschen Buchstaben auf eine rote oder gelbe Wand gemalt ist, mit einer unbequemen, in die Gartenecke gezwängten Laube. Eines der Hotels in Vevey nun ist berühmt, ja geradezu klassisch, weil es sich von vielen seiner sich vornehm gebärdenden Nachbarn durch eine Atmosphäre sowohl des Luxus als auch der Reife unterscheidet. In dieser Gegend sind vornehmlich im Juni die amerikanischen Touristen außerordentlich zahlreich; Vevey nimmt zu dieser Zeit fast den Charakter eines amerikanischen Seebades an. Gewisse Bilder und Laute erwecken Echos, Erinnerungen an Newport und Saratoga. »Fesche« junge Mädchen flattern auf und ab, Musselinvolants rascheln, schon in den frühen Morgenstunden erklingt Tanzmusik, und den ganzen Tag über das Geschnatter hoher Stimmen. Den rechten Eindruck von all dem erhält man in dem ausgezeichneten Gasthof *Trois Couronnes*, den man im Geiste ins *Ocean House* oder in die *Congress Hall* verlegt. Das *Trois Couronnes* – und das soll nicht unerwähnt bleiben – zeichnet sich aber auch noch durch anderes aus: durch seine flinken deutschen Kellner, die wie Legationssekretäre aussehen; durch russische Prinzessinnen, die im Garten sitzen; durch kleine polnische Jungen, die an der Hand ihrer Gouvernanten spazierengeführt werden; durch die Aussicht auf die schneebedeckte Kuppe des Dent du Midi und die malerischen Türme des Schlosses von Chillon.

Schwer zu sagen, ob es die Ähnlichkeiten oder die Unterschiede waren, mit denen sich jener junge Amerikaner beschäftigte, der vor etwa zwei oder drei Jahren im Garten des *Trois Couronnes* saß und in Muße all dies betrachtete. Es war ein schöner Sommermorgen, und wie immer auch der junge Amerikaner die Dinge betrachtet haben mag: sie müssen ihm zauberhaft erschienen sein. Er war am Tag zuvor mit dem kleinen Dampfer von Genf, wo er schon seit vielen Jahren lebte, gekommen, um seine Tante zu besuchen, die hier im Hotel abgestiegen war. Seine Tante jedoch hatte Migräne – seine Tante hatte fast immer Migräne –, und deshalb hatte sie sich in ihr Zimmer eingeschlossen und inhalierte Kampfer, und ihm blieb dadurch genügend Zeit, sich umzusehen. Er war siebenundzwanzig Jahre alt. Sprachen seine Freunde von ihm, so sagten sie gewöhnlich, er »studiere« in Genf. Sprachen seine Feinde von ihm, so sagten sie – doch er hatte keine Feinde: er galt als außerordentlich liebenswert und wurde allgemein geschätzt. Was ich sagen wollte, war lediglich, daß gewisse Leute seinen ausgedehnten Aufenthalt in Genf damit erklärten, daß er einer dort ansässigen Dame tief ergeben sei – einer um etliche Jahre älteren Ausländerin. Nur wenige Amerikaner – in Wahrheit wohl kein einziger – hatten diese Dame je zu Gesicht bekommen, und daher erzählte man sich die sonderbarsten Geschichten von ihr. Wie dem auch sei: Winterbourne hatte eine alte Bindung an die kleine Hauptstadt des Calvinismus; als Junge war er hier zur Schule gegangen und hatte später sogar in der alten, grauen »Akademie« an dem steilen, steinigen Berghang studiert. Alles Umstände, die dazu führten, daß er hier viele Jugendfreundschaften geschlossen hatte. Manche von ihnen hatte er aufrechterhalten, und sie sollten stets eine Quelle reiner Freude für ihn sein.

Als er an der Tür seiner Tante geklopft und vernommen hatte, daß sie indisponiert sei, war er durch die Stadt gebummelt und zum Frühstück zurückgekehrt. Jetzt, nachdem er diese Mahlzeit beendet hatte, genoß er noch eine kleine Tasse Kaffee, die ihm von einem der wie Legationssekretäre aussehenden Kellner auf einem Tischchen im Garten serviert worden war. Als er den Kaffee ausgetrunken hatte, zündete er sich eine Zigarette an. Da kam auf dem Weg ein Junge daher – ein Knirps von neun oder zehn Jahren. Das Kind, das auffallend klein war für sein Alter, wirkte erstaunlich altklug, hatte eine fahle Hautfarbe und frühreife Züge. Es trug Knickerbocker und rote Strümpfe, die so gar nicht zu seinen spillrigen Beinen passen wollten – und obendrein eine leuchtend rote Krawatte. In der Faust hielt er einen großen Bergstock, dessen Metallspitze er in alles hineinstieß, was ihm in die Quere kam – in die Blumenbeete, Gartenbänke und Schleppen der Damenkleider. Kurz vor Winterbourne blieb er stehen und sah ihn mit seinen glänzenden, durchdringenden Augen an.

»Geben Sie mir ein Stück Zucker?« fragte er mit schriller, harter Stimme – einer unreifen und doch unkindlichen Stimme.

Winterbourne blickte über den kleinen Tisch, auf dem noch sein Kaffeeservice stand, und sah, daß ein paar Würfel Zucker übriggeblieben waren. »Du darfst dir eins nehmen«, antwortete er; »ich fürchte nur, zu viel Zucker ist nichts für kleine Jungen.«

Der Junge trat näher und wählte bedächtig drei Würfel des begehrten Zuckers, steckte zwei davon in die Tasche seiner Knickerbocker, während er den dritten ebenso unverzüglich im Mund verschwinden ließ. Er stieß seinen Bergstock wie eine Lanze in Winterbournes Bank und versuchte, den Zucker zu zerbeißen.

»Verdammt – ist der hart!« rief er, wobei er sowohl Vokale als Konsonanten mit tödlicher Sicherheit jedes Wohlklangs beraubte.

Winterbourne hatte sofort begriffen, daß ihm hier die Ehre zuteil geworden war, einem Landsmann zu begegnen. »Paß nur auf, daß du keine Zahnschmerzen bekommst«, sagte er väterlich.

»Ich kann keine Zahnschmerzen mehr bekommen. Meine Zähne sind alle ausgefallen. Ich habe nur noch sieben. Mutter hat sie gestern abend gezählt, und gleich darauf ist wieder einer ausgefallen. Sie hat gesagt, sie haut mich, wenn noch mehr ausfallen. Aber ich kann doch nichts dafür. Das dumme Europa ist daran schuld. Es liegt am Klima, daß sie ausfallen. In Amerika ist keiner ausgefallen. Alles wegen dieser Hotels.«

Winterbourne war höchst erheitert. »Wenn du gleich drei Zuckerstücke auf einmal ißt, wird deine Mutter dich ganz bestimmt hauen«, wagte er einzuwerfen.

»Dann muß sie mir bloß wieder Candy geben«, entgegnete sein kleiner Gesprächspartner. »Hier gibt es keinen Candy – keinen amerikanischen Candy. Amerikanischer Candy ist der beste Candy.«

»Und amerikanische Jungen sind wohl die besten Jungen?« fragte Winterbourne.

»Ich weiß nicht. Ich jedenfalls *bin* ein amerikanischer Junge«, sagte das Kind.

»Verstehe, du bist also einer der besten!« Der junge Mann lachte.

»Und Sie sind ein amerikanischer Mann?« forschte der aufgeweckte Knabe und erklärte auf die zustimmende Antwort seines Freundes überzeugt: »Amerikanische Männer sind die besten.«

Sein Gegenüber dankte ihm für das Kompliment, und das Kind, das sich jetzt rittlings auf seinen Bergstock gesetzt hatte, starrte ihn an, während es abermals ein Stück Zucker in den Mund schob. Winterbourne hätte gern gewußt, ob er als Kind wohl auch so gewesen sei, denn im selben Alter war er bereits nach Europa gebracht worden.

»Da kommt meine Schwester!« rief sein junger Landsmann. »Sie ist ein amerikanisches Mädchen – verstehen Sie?«

Winterbourne blickte den Weg entlang und sah eine schöne junge Dame näher kommen. »Amerikanische Mädchen sind die besten Mädchen«, meinte er daraufhin heiter zu seinem Gast.

»Meine Schwester nicht!« gab das Kind prompt zurück. »Sie mäkelt dauernd an mir herum.«

»Das ist vermutlich deine Schuld, nicht ihre«, sagte Winterbourne. Die junge Dame war inzwischen näher gekommen. Sie trug ein weißes Musselinkleid mit Hunderten von Rüschen und Volants und Schleifchen aus pastellfarbenem Band. Sie ging ohne Hut und balancierte in ihrer Hand einen großen Sonnenschirm mit breiter Spitzenborte. Sie war atemberaubend, bewundernswürdig schön. Wie hübsch sie doch immer sind! dachte unser Freund und straffte sich, bereit, sich im nächsten Augenblick zu erheben.

Die junge Dame blieb vor seiner Bank stehen, nahe am Gartenzaun, von dem man aus den See überblickte. Der kleine Junge benützte seinen Bergstock jetzt als Sprungstab; er sprang damit im Kies herum, daß dieser hoch aufspritzte. »Randolph«, rief sie ungeniert, »was machst du denn da?«

»Ich besteige die Alpen!« antwortete Randolph. »So macht man das!« Und wieder hopste er in die Höhe, und der Kies spritzte Winterbourne um die Ohren.

»Aha, und so kommen sie herunter«, sagte Winterbourne.

»Das ist ein Amerikaner!« rief Randolph mit seiner harten kleinen Stimme.

Die junge Dame schenkte diesem Umstand keine Beachtung, sondern sah ihren Bruder streng an. »Wäre es nicht besser, du würdest das lassen?« meinte sie lakonisch.

Winterbourne fühlte sich jetzt gewissermaßen vorgestellt. Er stand auf und trat langsam auf das bezaubernde Wesen zu, wobei er seine Zigarette wegwarf. »Der kleine Knirps da und ich haben bereits Bekanntschaft geschlossen«, erklärte er betont höflich. Es war ihm wohl bewußt, daß in Genf ein junger Mann niemals eine unverheiratete Dame ansprechen durfte, es sei denn bei ganz bestimmten Gelegenheiten, die sich jedoch höchst selten ergaben; wo aber konnte die Gelegenheit günstiger sein als in Vevey? – schließlich stand hier ein schönes amerikanisches Mädchen vor einem im Garten, und zwar so ungezwungen wie nur möglich. Diese schöne Amerikanerin sah – was immer man daraus schließen durfte – Winterbourne auf seine Bemerkung hin ungeniert an; dann wandte sie den Kopf und blickte über den Zaun und den See hinweg zu den gegenüberliegenden Bergen. Er fragte sich, ob er wohl zu weit gegangen sei, beschloß aber, statt sich zurückzuziehen, einen galanten Angriff zu wagen. Während er noch überlegte, wie er sie anreden könne, hatte sich die junge Dame dem kleinen Jungen zugekehrt und sprach mit ihm, als wären sie unter sich. »Ich möchte bloß wissen, woher du den Stock da hast.«

»Gekauft!« rief Randolph.

»Du willst damit doch hoffentlich nicht sagen, daß du ihn mit nach Italien nehmen wirst!«

»Natürlich nehme ich ihn mit nach Italien!« schrillte das Kind.

Sie sah an sich hinunter und strich ein paar Schleifchen ihres Kleides glatt. Dann widmete sie ihre liebreizenden Augen wieder dem Ausblick. »Es ist wohl besser, du läßt das Ding irgendwo liegen«, bemerkte sie abschließend.

»Sie fahren nach Italien?« fragte Winterbourne respektvoll.

Sie blickte ihn mit charmanter Zurückhaltung an. »Ja, Sir«, antwortete sie nur.

»Denken Sie dabei – äh – an den Simplon?« fuhr er etwas weniger sicher fort.

»Ich weiß es nicht«, sagte sie. »Ich glaube, es war irgendein Berg. Randolph, an welchen Berg dachten wir?«

»Dachten?« – der Junge starrte sie an.
»Na ja, über welchen wir hinüber wollten.«
»Wohin?« fragte er.
»Hinunter nach Italien« – Winterbourne fühlte sich dunkel gedrängt, ihnen nachzueifern.
»Ich weiß es nicht«, sagte Randolph. »Ich will nicht nach Italien. Ich will nach Amerika.«
»In Italien ist es aber sehr schön!« sagte der junge Mann lachend.
»Gibt es dort Candy?« fragte Randolph und kehrte damit zu einem seiner ständigen Echos zurück.
»Hoffentlich nicht«, sagte seine Schwester. »Ich finde, du hast schon genug Candy gefuttert, und Mutter findet es auch.«
»Ich habe so lange keinen mehr bekommen – hundert Wochen lang nicht mehr!« rief der Junge und hopste nach wie vor hin und her.
Die junge Dame begutachtete ihre Schleifchen und strich abermals über ihre Bänder; währenddessen wagte Winterbourne eine Bemerkung über die schöne Aussicht. Er zerbrach sich nun nicht mehr den Kopf über die junge Dame, denn nach und nach war ihm aufgegangen, daß sie sich nicht im geringsten verlegen fühlte. Sie mochte kühl, ja kalt, wenn nicht gar prüde sein; doch offenbar – soweit hatte er bereits verallgemeinert – waren alle amerikanischen Mädchen so: sie kamen und stellten sich genau vor einen hin, nur um zu beweisen, wie uneinnehmbar, unnahbar sie seien. Ihr frisches, hübsches Gesicht war nicht im geringsten gerötet; sie fühlte sich also weder verletzt noch geschmeichelt. Dennoch war sie – auch dies hatte er früher schon erlebt – aus verschiedenen charmanten Einzelheiten zusammengesetzt, die aber nicht recht zusammenpassen wollten und keine Einheit bildeten; und wenn sie bei seinen Worten irgendwohin sah und ihn gar nicht zu hören schien, so war dies lediglich eine Gewohnheit, eben ihre Art, die Folge der Tatsache, daß sie keine blasse Ahnung hatte (woher hätte sie diese auch haben sollen, mit einem solchen Schwätzer wie Randolph als Anhängsel?), was die »Form« in solch einer Situation vorschrieb. Als er ein wenig weiterplauderte und auf einige reizvolle Punkte in der Umgebung deutete, die sie offensichtlich nicht zu kennen schien, schenkte sie ihm mehr und mehr ihre Aufmerksamkeit; und jetzt war nicht einmal ein Schatten von Zurückhaltung zu spüren. Dennoch konnte man das Gehaben,

das sie an den Tag legte, keinesfalls »dreist« nennen, denn ihr Blick war rein und klar wie das hellste Wasser. Ihre Augen hätte man sich nicht schöner denken können, und Winterbourne hatte wahrhaftig seit langem nicht mehr etwas so Bezauberndes gesehen wie alles andere, was an seiner Landsmännin so reizvoll war: ihre Haut, ihre Nase, ihre Ohren, ihre Zähne. Dies alles beschäftigte ihn auch sonst immer sehr, fiel ihm stets sofort auf und wurde von ihm registriert; und so machte er nun auch im Gesicht der jungen Dame unterschiedliche Beobachtungen. Es war nicht im geringsten flach, wiederum aber auch nicht betont – was um alle Welt sollte es auch betonen? – ausdrucksvoll; obwohl es viele Feinheiten und Reize zu bieten hatte, vermißte er im stillen – wenn auch nicht unwillig – eine gewisse Reife. Er hielt nichts für wahrscheinlicher, als daß seine Eigentümerin bereits Erfahrungen mit der Wirkung dieser Reize gemacht und dadurch ihr Selbstbewußtsein erlangt habe; aber selbst wenn dies der Quell all ihrer Vergnügungen sein sollte, so zeigte doch ihr oberflächliches, kleines Gesicht weder Spott noch Ironie. Doch wie dem auch sein mochte: jedenfalls wurde es nur zu bald klar, daß sie nichts gegen eine Unterhaltung einzuwenden hatte. Sie erzählte, sie verbrächten den Winter in Rom – sie, ihre Mutter und Randolph. Sie fragte ihn, ob er ein »waschechter Amerikaner« sei; niemals würde sie ihn für einen gehalten haben; er sehe eher wie ein Deutscher aus – diese Blume pflückte sie aus dem hiesigen großen Feld der Vergleichsmöglichkeiten –, vor allem beim Sprechen. Winterbourne antwortete lachend, er habe schon Deutsche kennengelernt, die wie Amerikaner sprächen, seines Wissens aber noch nie einen Amerikaner mit der von ihr bemerkten Ähnlichkeit. Dann fragte er sie, ob sie es nicht bequemer fände, wenn sie sich auf die Bank setzte, von der er soeben aufgestanden war. Sie antwortete, sie stehe gern ein bißchen, ließ sich aber nach einer Weile dann doch auf die Bank nieder. Sie erzählte, sie stamme aus dem Staate New York – »falls Sie wissen, wo das ist«; unser Freund beschleunigte diesen Redefluß, indem er ihren kleinen, quirligen Bruder einfing und ihn ein paar Minuten an seiner Seite festhielt.

»Sag mir mal deinen vollen Namen, mein Junge«, wagte er sich geschickt vor.

Das Kind sagte daraufhin die ungeschminkte Wahrheit. »Randolph C. Miller. Und ich verrate Ihnen auch ihren Namen.« Dabei deutete er mit dem Bergstock auf seine Schwester.

»Warte besser, bis du gefragt wirst«, sagte die junge Dame kühl.

»Ich würde Ihren Namen aber sehr gern wissen«, erlaubte sich Winterbourne zu antworten.

»Sie heißt Daisy Miller!« rief der Knirps. »Aber das ist nicht ihr richtiger Name – nicht ihr Name auf den Karten.«

»Schade, daß du nicht eine meiner Karten bei dir hast!« meinte Miß Miller ebenso unbekümmert.

»Eigentlich heißt sie nämlich Annie P. Miller«, plapperte der Junge weiter.

Erstaunlicherweise schien sie dies alles amüsant zu finden. »So, und nun frage *ihn*« – und wies auf ihrer beider Freund.

Doch Randolph war offenbar daran nicht interessiert; statt dessen gab er weiterhin Auskünfte über seine Familie. »Mein Vater heißt Ezra B. Miller. Mein Vater ist nicht in Europa – der hat was Besseres als Europa.« Winterbourne glaubte einen Augenblick, aus dieser Formulierung schließen zu müssen, man habe dem Kind auf diese Weise beigebracht, daß Mr. Miller in die himmlischen Gefilde eingegangen sei. Randolph setzte aber sofort hinzu: »Mein Vater ist in Schenectady. Er hat ein großes Geschäft. Mein Vater ist nämlich mächtig reich.«

»Genug!« rief Miß Miller, senkte ihren Sonnenschirm und betrachtete die Spitzenbordüre. Winterbourne ließ den Jungen los, und Randolph sprang davon und schleifte den Bergstock auf dem Weg hinter sich her. »Er mag Europa nicht«, sagte das Mädchen, offensichtlich mit einem Instinkt für die historische Wahrheit begabt. »Er will dauernd zurück.«

»Sie meinen, nach Schenectady?«

»Ja, er will heim. Hier kennt er keine Jungen. Es ist nur ein einziger da, und der läuft immer nur mit seinem Lehrer herum. Man läßt ihn nicht einmal spielen.«

»Ihr Bruder hat keinen Lehrer?« fragte Winterbourne.

Damit stieß er auf eine Quelle der Vertraulichkeit. »Mutter wollte jemand für ihn suchen, der mit uns herumreisen soll. Eine Dame hat ihr von einem sehr guten Lehrer erzählt, eine amerikanische Dame; vielleicht kennen Sie sie – Mrs. Sanders. Ich glaube, sie war aus Boston. Sie hat uns von diesem Lehrer erzählt, und wir dachten daran, daß er mit uns herumreisen könne. Aber Randolph sagt, er will keinen Lehrer, der mit uns herumreist. Er sagt, er will in der Eisenbahn keinen Unterricht haben. Und schließlich sitzen wir doch die halbe Zeit in der Eisenbahn! In der Eisenbahn haben wir auch eine englische Dame kennengelernt, Miß Featherstone; vielleicht kennen Sie sie. Sie wollte wissen, warum nicht ich Randolph unterrichte – ihm, wie sie es nannte, ›Lektionen‹ erteile. Ich glaube, der könnte eher mir Lektionen erteilen als ich ihm. Er ist sehr aufgeweckt.«

»Ja«, sagte Winterbourne, »er macht einen sehr aufgeweckten Eindruck.«

»Mutter will ihm einen Lehrer suchen, sobald wir in Italien sind. Gibt es in Italien gute Lehrer?«

»Bestimmt sehr gute«, beeilte sich Winterbourne zu versichern.

»Sonst müßte sie eben eine Schule für ihn finden. Er muß ja noch etwas lernen, er ist erst neun. Er soll einmal studieren.«

So plauderte Miß Miller über die Angelegenheiten ihrer Familie, aber auch über andere Themen. Sie hatte ihre auffallend schönen Hände, die mit funkelnden Ringen geschmückt waren, im Schoß gefaltet, und ihre ebenso schönen Augen wanderten zwischen Winterbourne und dem Garten, den vorbeigehenden Menschen und der herrlichen Aussicht hin und her. Sie sprach mit ihrem neuen Bekannten, als kennte sie ihn schon lange. Winterbourne fand sie recht unterhaltend. Es war manches Jahr her, seit er ein junges Mädchen so viel hatte reden hören. Man hätte von diesem herumreisenden Mädchen, das einfach dahergekommen war und sich neben ihm auf die Bank gesetzt hatte, sagen können, daß sie schwatze. Zwar saß sie ganz still, bezaubernd, gelassen; aber ihre Lippen und Augen bewegten sich unablässig. Sie hatte eine sanfte, weiche, angenehme Stimme und sprach völlig ungezwungen. Sie gab Winterbourne einen vollständigen Bericht über ihre Reisen und Ziele in Europa, ebenso über die ihrer Mutter und ihres Bruders, und dabei zählte sie die zahlreichen Hotels auf, in denen sie abgestiegen waren. »Diese englische Dame in der Eisenbahn«, sagte sie, »Miß Featherstone, fragte mich, ob wir in Amerika denn nicht in Hotels wohnten. Ich habe ihr gesagt, ich hätte noch nie im Leben so viele Hotels gesehen wie in Europa. Ich habe wirklich noch nie so viele gesehen – Europa ist ein einziges Hotel.« Miß Miller stellte dies jedoch keineswegs nörgelnd fest; sie schien mit allem in bestem Einvernehmen zu stehen. Sie erklärte, die Hotels seien ausgezeichnet, wenn man sich erst einmal an sie gewöhnt habe, und überhaupt, Europa sei »hinreißend«. Sie sei wirklich nicht enttäuscht, kein bißchen. Vielleicht deswegen, weil sie schon vorher so viel davon gehört habe. Sie habe eine Menge gute Freunde, die bereits öfters hier gewesen seien, und so komme sie sich vor wie zu Hause. Und dann habe sie auch schon dauernd viele Kleider und Sachen aus Paris gehabt. Wann immer sie ein Kleid aus Paris anziehe, fühle sie sich wie in Europa.

»Also wie in einem Zaubermantel«, meinte Winterbourne lächelnd.

»Ja«, sagte Miß Miller, ohne auf den Vergleich einzugehen; »ich wünsche mir dann jedesmal, ich wäre hier. Aber wegen der Kleider wäre dies gar nicht nötig gewesen. Ich glaube, sie schicken alle hübschen Sachen nach Amerika; hierzulande sieht man ja bloß das greulichste Zeug. Das einzige, was mir nicht gefällt«, erklärte sie dann, »ist das mit den Gesellschaften. Die gibt es hier einfach nicht – oder gibt es sie etwa doch und ich weiß nur nicht wo? Wissen Sie es? Vielleicht gibt es irgendwo eine Gesellschaft, und ich habe sie bloß noch nicht entdeckt. Ich liebe Gesellschaften doch so und habe immer mitmachen können, soviel ich wollte. Natürlich nicht in Schenectady, aber in New York. Jeden Winter bin ich nach New York gefahren. In New York gibt es Gesellschaften in Hülle und Fülle. Letzten Winter wurden siebzehn Dinners für mich gegeben, allein drei von Herren«, setzte Daisy Miller hinzu. »Ich habe in New York mehr Freunde als in Schenectady – aber auch mehr Freundinnen«, meinte sie gleich darauf. Wieder stockte sie für einen Moment und sah Winterbourne mit ihren schönen, offenen, frischen Augen und ihrem klaren, wenn auch etwas einförmigen Lächeln an. »Ich habe«, sagte sie, »immer viele Herren um mich gehabt.«

Der arme Winterbourne war belustigt und verwirrt zugleich – vor allem aber bezaubert. Nie zuvor hatte er ein junges Mädchen so reden hören; nie – außer in solchen Fällen, da derlei Dinge mit einer ziemlich hintergründigen Bewußtheit ausgesprochen worden waren. Und doch: sollte er Daisy Miller wegen eines tatsächlichen oder potentiellen *arrière-pensée*, wie man es in Genf nannte, anklagen? Er hatte das Gefühl, so lange in Genf gelebt zu haben, daß er jetzt moralisch verpfuscht sei; kurz, er hatte das rechte Empfinden für den Ton der jungen

Amerikaner verloren. Wirklich: noch niemals, seit er alt genug war, um alles bewußt wahrzunehmen, hatte er eine junge Landsmännin von solch »ausgeprägtem« Typ getroffen. Gewiß, sie war bezaubernd, aber wie beängstigend mitteilsam und wie entsetzlich ungezwungen! Sollte sie nichts weiter als ein hübsches Mädchen aus dem Staate New York sein – waren sie alle so, diese hübschen jungen Mädchen, die immer viele Herren um sich hatten? Oder war sie zugleich eine ränkevolle, dreiste – eine erfahrene junge Person? Ach ja, sein Instinkt in solchen Fragen hatte ihn längst verlassen, und seine Vernunft konnte ihn irreführen. Jedenfalls sah Miß Daisy Miller auffallend unschuldig aus. Nun hatten ihm zwar einige Leute gesagt, daß die amerikanischen Mädchen auffallend unschuldig seien, andere dagegen, daß sie es nicht seien. Es war wohl am besten, Miß Daisy Miller als einen Flirt zu betrachten – als einen hübschen amerikanischen Flirt. Noch nie zuvor hatte er Beziehungen zu Vertreterinnen ihrer Kategorie gehabt. Er hatte in Europa ein paar Frauen kennengelernt – viel älter als Daisy Miller und im übrigen, der Ehrbarkeit halber, mit Gatten ausgerüstet –, die große Koketten gewesen waren; gefährliche, aufregende Frauen, bei denen ein leichter Liebeshandel sehr wohl eine ernste Wendung nehmen konnte. Dieses charmante Geschöpf jedoch war nicht im selben Sinne eine Kokette; dafür war sie viel zu natürlich; man konnte sie deshalb lediglich als einen hübschen amerikanischen Flirt betrachten. Winterbourne war dankbar, endlich eine Formel gefunden zu haben, auf die sich Miß Daisy Miller bringen ließ. Er lehnte sich ein wenig zurück und stellte mit Vergnügen fest, daß sie die zarteste kleine Nase besaß, die er je gesehen hatte; und dabei fragte er sich, unter welchen Bedingungen und mit welchen Grenzen wohl so ein hübscher amerikanischer Flirt verlaufen mochte. Es sollte sich jedoch gleich darauf zeigen, daß er bereits zu lernen begann.

»Waren Sie schon einmal auf dem alten Schloß?« fragte das Mädchen und deutete mit ihrem Sonnenschirm zu den fernglänzenden Mauern von Château de Chillon hinüber.

»Ja, früher öfter«, antwortete Winterbourne. »Sie doch sicherlich auch?«

»Nein, wir waren noch nicht dort. Ich möchte schrecklich gern einmal hin. Und ich gehe auch hin. Ich würde hier nicht abreisen, ohne wenigstens das alte Schloß gesehen zu haben.«

»Es ist ein reizvoller Ausflug«, gab der junge Mann zurück, »und sehr bequem zu unternehmen. Man kann entweder mit der Kutsche oder mit dem kleinen Dampfer fahren.«

»Oder man fährt mit der Eisenbahn«, sagte Miß Miller.

»Ja, Sie können natürlich auch mit dem Zug fahren«, stimmte Winterbourne zu.

»Unser Reisemarschall sagt, die Bahn fährt bis vors Schloß«, fuhr sie fort. »Letzte Woche waren wir schon aufgebrochen, aber dann gab es Mutter auf. Sie hat gräßliche Darmstörungen. Sie sagte, daß sie auf keinen Fall weiter könne –!« Dieses von Mrs. Miller entworfene Bild blieb jedoch unvollendet. »Randolph wollte sowieso nicht; er sagt, er macht sich nichts aus alten Schlössern. Aber vielleicht fahren wir diese Woche, falls wir Randolph dazu herumbekommen.«

»Ihr Bruder interessiert sich also nicht für historische Bauten?« fragte Winterbourne nachsichtig.

Jetzt fing er langsam an, sie »auszuholen«, wie sie es vermutlich genannt haben würde. »Nun, jedenfalls sagt er, er macht sich nichts aus alten Schlössern. Aber er ist ja auch erst neun. Er will lieber im Hotel bleiben. Mutter mag ihn nicht gerne allein lassen, und der Reisemarschall mag nicht auf ihn aufpassen – deshalb haben wir noch nicht viel gesehen. Aber es wäre zu schade, wenn wir nicht dort hinauf kämen.« Miß Miller deutete abermals auf das Château de Chillon.

»Ich könnte mir denken, daß sich dies arrangieren ließe«, erkühnte sich Winterbourne zu antworten. »Läßt sich denn wirklich niemand finden, der den Nachmittag über bei Randolph bleibt?«

Miß Miller sah ihn einen Augenblick an und sagte dann heiter und ohne Umschweife: »Könnten *Sie* denn nicht bei ihm bleiben?«

Er tat, als dächte er nach. »Ich würde aber lieber mit Ihnen nach Chillon fahren.«

»Mit mir?« fragte sie ungerührt.

Sie stand keineswegs, wie es ein junges Mädchen in Genf getan haben würde, errötend auf; und doch hielt er es, da er fürchtete, zu weit gegangen zu sein, für möglich, daß sie sich innerlich zurückgezogen hatte. »Und Ihrer Mutter natürlich«, antwortete er respektvoll.

Aber es schien, als wären sowohl Kühnheit als auch Respekt an Miß Miller verschwendet. »Ich glaube kaum, daß Mutter mitkäme – Ihretwegen.« Sie lächelte. »Und überhaupt – es ist ihr gar nicht wichtig, dorthin zu kommen. Sie fährt nachmittags nicht gerne herum.« Doch dann setzte sie vertraulich hinzu: »Haben Sie das im Ernst gemeint, was Sie eben sagten – daß Sie mit mir dorthin wollten?«

»Aber natürlich, ganz im Ernst«, erklärte Winterbourne.

»Dann könnten wir es vielleicht doch noch einrichten. Wenn Mutter bei Randolph bleibt, tut es Eugenio bestimmt auch.«

»Eugenio?« echote der junge Mann.

»Eugenio ist unser Reisemarschall. Er bleibt nicht gern allein bei Randolph – er ist der schwierigste Mann, der mir je begegnet ist. Aber er ist ein ausgezeichneter Reisemarschall. Er bleibt bestimmt mit Randolph zu Hause, wenn auch Mutter daheim bleibt, und dann könnten wir das Schloß besuchen.«

Winterbourne bemühte sich, wenigstens für eine Sekunde so klar wie möglich nachzudenken: »wir«, das konnten nur Miß Miller und er selbst sein. Diese Aussicht schien zu schön, um kein Traum zu sein; am liebsten hätte er jetzt der jungen Dame die Hand geküßt. Vielleicht hätte er es sogar getan – und damit alle seine Chancen verdorben; doch in diesem Augenblick erschien eine weitere Person – vermutlich Eugenio: ein großer, gut aussehender Mann mit gepflegtem Backenbart, samtenem Hausrock und einer riesigen Uhrkette. Er trat auf die junge Dame zu, wobei er ihren Begleiter scharf fixierte. »O Eugenio!« rief sie ihm freundlich entgegen.

Eugenio hatte Winterbourne von Kopf bis Fuß gemustert; jetzt verbeugte er sich gemessen vor Miß Miller. »Ich habe die Ehre, der Mademoiselle zu melden, daß der Lunch serviert ist.«

Mademoiselle schob sich langsam. »Sehen Sie, Eugenio, nun komme ich doch noch auf das alte Schloß.«

»Zum Château de Chillon, Mademoiselle?« fragte der Reisemarschall. »Haben Mademoiselle eine Verabredung getroffen?« fügte er in einer Art hinzu, die Winterbourne nur als impertinent bezeichnen konnte.

Eugenios Ton warf, was nicht einmal Miß Miller verborgen bleiben konnte, einen ironischen Schatten auf ihre Situation. Leicht errötend wandte sie sich Winterbourne zu. »Sie kneifen doch nicht?«

»Ich werde nicht eher glücklich sein«, versicherte er ihr, »bevor wir uns aufgemacht haben.«

»Und Sie bleiben auch hier im Hotel?« fragte sie. »Und Sie sind ganz bestimmt Amerikaner?«

Der Reisemarschall stand immer noch vor ihnen. Seine Haltung war eine einzige Beleidigung für den jungen Mann, der in seinem Auftreten eine stumme Reaktion auf Miß Millers Benehmen und eine Anspielung darauf sah, daß sie Bekannte »auflas«.

»Ich werde die Ehre haben, Ihnen eine Dame vorzustellen, die Ihnen über mich jederlei Auskunft geben kann«, sagte er lächelnd und erwähnte dann seine Tante.

»O ja, und dann fahren wir zum alten Schloß, nicht wahr?« antwortete sie strahlend, lächelte ihm zu und kehrte sich schließlich ab. Sie nahm ihren Sonnenschirm und ging neben Eugenio in den Gasthof zurück. Winterbourne sah ihr nach, und während sie von dannen schritt und ihre Musselinfalbeln hinter sich herschleifte, mußte er wieder denken, was für eine angeborene Eleganz sie doch besitze.

## II

Mit dem Versprechen, seine Tante, Mrs. Costello, Miß Daisy Miller vorzustellen, hatte er jedoch übers Ziel hinausgeschossen. Sobald diese Dame nicht mehr von ihrer Migräne gequält wurde, suchte er sie in ihrem Appartement auf und fragte, nachdem er sich tunlichst nach ihrem Befinden erkundigt hatte, ob ihr im Hotel eine amerikanische Familie aufgefallen sei – Mutter und Tochter und ein recht eigensinniger kleiner Junge.

»Ein eigensinniger kleiner Junge und ein eigensinniger großer Reisemarschall?« fragte Mrs. Costello zurück. »O ja, die sind mir allerdings aufgefallen. Ich habe sie gesehen, habe sie gehört und bin ihnen aus dem Wege gegangen.« Mrs. Costello war eine vermögende Witwe, eine sehr würdige Dame, die nicht oft genug andeuten konnte, daß sie, würde sie nicht stets diesen fatalen Hang zur Migräne gehabt haben, wohl einen tiefen Eindruck auf ihre Zeit hinterlassen hätte. Sie hatte ein schmales, bleiches Gesicht, eine kräftige Nase und eine Fülle außerordentlich schönen weißen Haares, das ihren Kopf in großen Wülsten krönte. Zwei ihrer Söhne waren in New York verheiratet, ein dritter reiste gegenwärtig durch Europa. Dieser junge Mann amüsierte sich in Homburg, und obwohl er ganz seinen Neigungen nachgehen durfte, konnte man ihn nur selten in einer jener Städte zu Besuch sehen, die seine Mutter sich zum Aufenthalt erwählt hatte. Ihr Neffe, der allein ihretwegen nach Vevey gefahren war, erwies sich insofern, wie sie sagte, wesentlich aufmerksamer als ihr eigener Sohn. Er hatte sich in Genf vorgenommen, man müsse in solchen Dingen ohne Tadel sein. Mrs. Costello hatte ihn viele Jahre nicht gesehen und freute sich nun sehr über sein Kommen; sie zeigte ihre Zuneigung dadurch, daß sie ihm allerlei Geheimnisse ihrer gesellschaftlichen Macht anvertraute, die – er spürte, welch großen Gefallen sie daran fand, wenn er die Sache von diesem Blickwinkel aus betrachtete – sie in ihrer Festung in der Zweiundvierzigsten Straße ausübte. Sie gestand, sehr exklusiv zu leben, aber wenn er New York besser kennte, würde er merken, daß einem dort nichts anderes übrigbleibe. Jedenfalls war ihre Darstellung von der Hierarchie *en miniature*, welche die New Yorker Gesellschaft bildete und die sie ihm von den verschiedensten Seiten vorführte, für Winterbournes Phantasie von nachhaltigem Eindruck.

Er hörte aus ihrem Ton sofort heraus, daß Miß Daisy Millers Stellung in der gesellschaftlichen Rangordnung sehr weit unten war. »Ich fürchte, du billigst sie nicht«, meinte er in bezug auf seine neuen Freunde.

»Sie sind entsetzlich ordinär« – das war unmißverständlich. »Sie gehören zu jenen Amerikanern, die zu ignorieren geradezu eine Pflicht ist.«

»Und also ignorierst du sie?« warf der junge Mann ein.

»Mein lieber Frederick, ich kann nicht anders. Ich wollte, ich müßte das nicht, aber ich muß es einfach.«

»Das Mädchen ist sehr hübsch«, meinte er nach einer Weile.

»Natürlich ist sie sehr hübsch. Aber sie ist auch ungeheuerlich dreist.«

»Ich sehe das natürlich alles ein –« gab er nach einer weiteren Pause zu.

»Sie sieht bezaubernd aus, wie sie alle bezaubernd aussehen«, sagte seine Tante nachdenklich. »Ich weiß nicht, wo sie das her haben; außerdem versteht sie es, sich ausgezeichnet anzuziehen – nein, du hast gar keine Ahnung, wie gut sie sich anzieht. Ich weiß wirklich nicht, woher sie den Geschmack haben.«

»Aber liebe Tante, schließlich ist sie ja keine Indianerin vom Stamme der Komantschen!«

»Sie ist eine junge Dame«, sagte Mrs. Costello, »die mit dem Reisemarschall ihrer Mama auf intimem Fuße steht.«
»Auf intimem Fuße?« Das also war es.
»Man kann diese Beziehung wohl kaum anders bezeichnen. Aber die knochige, kleine Mutter ist kein Gran besser! Sie behandeln ihren Reisemarschall wie einen Freund der Familie – wie einen Gentleman und Gelehrten. Es würde mich nicht wundern, wenn er auch mit ihnen äße. Wahrscheinlich haben sie noch nie einen Mann mit so feinen Manieren, so guten Anzügen, noch nie einen solchen Gentleman gesehen – oder Gelehrten. Sicherlich entspricht er der Vorstellung der jungen Dame von einem Grafen. Abends sitzt er mit ihnen im Garten. Bestimmt bläst er ihnen den Rauch ins Gesicht.«
Winterbourne lauschte gespannt diesen Enthüllungen; nach und nach verhalfen sie ihm zu einem Bild von Miß Daisy. Offenbar war sie reichlich verwildert. »Nun ja«, sagte er, »aber ich bin kein Reisemarschall und habe ihr auch nicht den Rauch ins Gesicht geblasen, und trotzdem war sie bezaubernd zu mir.«
»Warum hast du nicht gleich gesagt«, gab Mrs. Costello würdevoll zurück, »daß du ihre geschätzte Bekanntschaft gemacht hast?«
»Wir haben uns lediglich im Garten getroffen und ein bißchen miteinander geplaudert.«
»Ein Rendezvous – nein? Das kommt also noch. Was um alle Welt hast du nur mit ihr geredet?«
»Ich sagte, ich würde mir gern erlauben, sie meiner verehrungswürdigen Tante vorzustellen.«
»Deine verehrungswürdige Tante ist dir sehr verbunden.«
»Das sollte nur für meine Korrektheit bürgen.«
»Und wer, mein Lieber, bürgt für die ihre?«
»Du bist zu grausam!« sagte der junge Mann. »Sie ist ein ganz unschuldiges junges Mädchen.«
»Das klingt aber nicht sehr überzeugend«, entgegnete Mrs. Costello.
»Sie ist natürlich völlig ungebildet«, gab Winterbourne zu, »aber ich finde sie nun einmal hübsch – und überhaupt ist sie reizend. Und um zu beweisen, daß ich davon überzeugt bin, werde ich mit ihr zum Château de Chillon fahren.«
Mrs. Costello machte ein fragendes Gesicht. »Ihr wollt also miteinander losziehen? Meines Erachtens beweist dies genau das

Gegenteil. Wie lange, wenn ich fragen darf, hast du sie gekannt, als ihr diesen bemerkenswerten Plan aushecktet? Du bist doch noch keine vierundzwanzig Stunden hier im Haus.«
»Ich kannte sie gerade eine halbe Stunde«, sagte Winterbourne lächelnd.
»Dann ist sie genau das, was ich vermutet habe.«
»Und was hast du vermutet?«
»Eben, daß sie unmöglich ist.«
Unser junger Mann schwieg ein paar Sekunden. »Du glaubst also wirklich«, begann er, und dann, in dem Wunsch nach zuverlässiger Auskunft, fuhr er fort: »Du glaubst also wirklich –« Doch wiederum stockte er, während seine Tante ihn fragend ansah.
»Ob ich was glaube, mein Herr?«
»Daß sie zu den jungen Damen gehört, die von einem Mann erwarten, daß er sie früher oder später – nun, nennen wir es einmal ›entführt‹?«
»Ich habe keine Ahnung, was solche jungen Damen von einem Mann erwarten. Aber ich bin ernstlich der Meinung, du würdest dich besser nicht mit jungen Amerikanerinnen einlassen, die völlig ungebildet sind, wie du dich vorsichtig auszudrücken beliebtest. Du hast zu lange außer Landes gelebt. Du wirst noch einmal schwer hereinfallen. Du bist zu unschuldig.«
»Das wohl kaum, liebe Tante!« protestierte er lachend, wobei seine Schnurrbartspitzen zitterten.
»Dann bist du eben zu verdorben!«
Winterbourne fuhr geschickt fort, sich in dem bewußten Thema weiterzutasten. »Das arme Ding darf dich also nicht kennenlernen?« fragte er.
»Ist es wirklich wahr, daß sie mit dir zum Château de Chillon will?«
»Ohne Zweifel ist es ihr ernst damit.«
»Dann, mein lieber Frederick«, sagte Mrs. Costello, »muß ich mir die Ehre ihrer Bekanntschaft versagen. Ich bin zwar eine alte Frau, aber – Dank dem Himmel – nicht zu alt, um ehrlich schockiert zu sein!«
»Benehmen sie sich denn nicht alle so – ich meine, die jungen Amerikanerinnen zu Hause?« forschte Winterbourne.
Mrs. Costello starrte ihn an. »Ich möchte nicht erleben, daß sich meine Enkelinnen so aufführen!« gab sie grimmig zurück.

Dies erhellte die Sache ein wenig, denn Winterbourne erinnerte sich, gehört zu haben, daß seine hübschen Cousinen in New York, die Töchter der beiden Töchter dieser Dame, »entsetzliche Koketten« seien. Wenn daher Miß Daisy Miller die Grenzen der diesen jungen Damen erlaubten Freiheiten überschritt, dann ging sie wohl selbst für amerikanische Begriffe ziemlich weit. Winterbourne brannte darauf, sie wiederzusehen, und es reizte, ja beschämte ihn sogar etwas, daß er sie nicht sofort instinktiv richtig erkannt hatte.

Wahrhaftig: er war derartig ungeduldig, sie wiederzusehen, daß er überhaupt nicht wußte, wie er die Weigerung seiner Tante, ihre Bekanntschaft zu machen, begründen sollte; er kam jedoch noch früh genug dahinter, daß man sich bei Miß Daisy Miller keine Mühe zu geben brauchte, auf Zehenspitzen zu gehen. Er fand sie am Abend im Garten, wo sie im Sternenlicht gleich einer müßigen Sylphe umherschweifte und in der milden Luft den größten Fächer schwang, den er je gesehen hatte. Es war zehn Uhr. Er hatte mit seiner Tante gegessen und anschließend bei ihr gesessen und sich dann bis zum nächsten Morgen von ihr verabschiedet. Seine junge Freundin war freimütig bereit, ihrer beider Bekanntschaft zu erneuern; sie behauptete, dies sei der langweiligste Abend, den sie je erlebt habe.

»Waren Sie die ganze Zeit allein?« fragte er, allerdings nicht in der Absicht, ein Epigramm zu verfassen – und sie nahm es auch nicht als ein solches auf.

»Ich bin mit Mutter spazierengegangen. Aber Mutter wird beim Spazierengehen so schnell müde«, erklärte Miß Miller.

»Hat sie sich schon zurückgezogen?«

»Nein, sie geht nicht gern zu Bett. Sie schläft kaum – nie länger als drei Stunden. Sie sagt, sie weiß gar nicht, wieso sie überhaupt noch am Leben ist. Sie ist entsetzlich nervös. Wahrscheinlich schläft sie länger, als sie glaubt. Jetzt sucht sie irgendwo Randolph; sie will ihn überreden, ins Bett zu gehen. Nie will er ins Bett.«

Die unparteiische Sanftheit ihrer Feststellungen, wie Winterbourne es genannt haben würde, war eine Sache für sich; die junge Dame schien bereits eine ungewöhnliche kleine Fatalistin zu sein. »Hoffen wir also, daß sie ihn überreden kann«, meinte er ermutigend.

»Sie wird reden, was ihr gerade einfällt – aber er mag es nicht, wenn sie mit ihm redet« – damit öffnete und schloß Miß Daisy ihren Fächer. »Sie wird versuchen, Eugenio zu bestimmen, daß er mit ihm redet. Aber Randolph hat keinen Respekt vor Eugenio. Eugenio ist ein ausgezeichneter Reisemarschall, auf Randolph jedoch macht er nicht den geringsten Eindruck. Ich glaube kaum, daß sie ihn vor elf ins Bett bekommen.« Ihr völliger Mangel an subjektiver Kritik zu diesem Fall schien ihrem Gefährten höchst ungewöhnlich; und offensichtlich vermochte Randolph tatsächlich seine Nachtwache beträchtlich zu verlängern, denn Winterbourne konnte für geraume Zeit mit ihr umhergehen, ohne daß die Mutter aufgetaucht wäre. »Ich habe mich schon nach der Dame umgesehen, der Sie mich vorstellen wollten«, erzählte sie – »vermutlich Ihre Tante.« Als er dies gestand und sagte, er sei sehr neugierig, wie sie dies herausbekommen habe, antwortete sie, sie habe vom Zimmermädchen alles Wissenswerte über Mrs. Costello erfahren. Sie sei sehr zurückhaltend und sehr *comme il faut*; sie trage weiße Haarrollen; sie spreche mit niemand und esse nie im Speisesaal. Alle zwei Tage habe sie Migräne. »Eine großartige Beschreibung, samt Migräne und allem!« schnatterte Miß Daisy mit ihrer fröhlichen Piepsstimme weiter. »Ich möchte sie gern kennenlernen. Eine Tante von *Ihnen* kann ich mir durchaus vorstellen; ich möchte sie zu gern kennenlernen. Sie ist bestimmt sehr exklusiv. Ich liebe exklusive Damen; ich möchte schrecklich gern selber exklusiv sein. Aber wahrscheinlich sind wir auch exklusiv, Mutter und ich. Wir sprechen mit niemand – vielmehr, man spricht nicht mit uns. Das kommt wohl auf dasselbe heraus. Aber ich würde mich wirklich freuen, Ihre Tante kennenzulernen.«

Winterbourne war verlegen – jetzt mußte er eine Ausflucht ersinnen. »Sie würde sich glücklich schätzen, ich fürchte aber, daß ihr diese entsetzliche Migräne einen Strich durch die Rechnung machen wird.«

Das Mädchen fixierte ihn durch das dünne Gewebe der Nacht. »Aber sie wird doch nicht jeden Tag Migräne haben?«

Er tat, was er konnte. »Sie behauptet, daß es tatsächlich so sei.« Etwas anderes fiel ihm nicht ein.

Miß Miller blieb stehen und schaute ihn an. Nicht einmal das Dunkel konnte ihre Schönheit verbergen; unentwegt schwang sie ihren riesigen Fächer hin und her. »Sie will mich nicht kennenlernen!« rief sie dann leise. »Warum haben Sie das nicht

gleich gesagt? Sie brauchen keine Angst zu haben. Ich habe nie Angst!« Sie kicherte triumphierend.
Dennoch konnte Winterbourne ein falscher Ton in ihren Worten nicht verborgen bleiben: er war gerührt, erschrocken, entsetzt. »Meine Liebe, sie macht überhaupt keine Bekanntschaften. Sie lebt völlig zurückgezogen – alles wegen ihrer schlechten Gesundheit.«
Nachdenklich ging das junge Mädchen ein paar Schritte weiter. »Sie brauchen keine Angst zu haben«, wiederholte sie. »Warum sollte sie mich auch kennenlernen wollen?« Dann hielt sie abermals inne; sie stand jetzt beim Gartenzaun, und vor ihr lag der sternenfunkelnde See. Das Wasser glitzerte, und in der Ferne sah man die dunklen Umrisse der Berge. Daisy Miller blickte hinaus auf die Lichter und Schatten und bewies dann erneut ihre fröhliche Unbekümmertheit. »Entzückend! Sie ist also wirklich exklusiv!« Winterbourne fragte sich, ob sie wohl ernstlich verletzt sei, und für einen Augenblick wünschte er beinahe, sie würde sich schmerzhaft verwundet fühlen und er dadurch die Gelegenheit erhalten, sie zu beruhigen und zu trösten. Er hatte die wohltuende Ahnung, daß sie im Augenblick einer respektvollen Zärtlichkeit nicht abgeneigt wäre. Er war bereit, seine Tante zu opfern – wenigstens in der Konversation –, zuzugeben, daß sie eine stolze, hartherzige Frau sei, klarzustellen, sie gehe sie beide nichts an. Doch bevor er Zeit fand, sich in dieser fragwürdigen Mischung von Galanterie und Pietätlosigkeit zu präsentieren, war die junge Dame bereits weitergeschritten und rief unversehens mit veränderter Stimme: »Dort ist ja Mutter! Sie hat Randolph also noch immer nicht im Bett!«
In der Ferne erschien die Gestalt einer Dame, in der Dunkelheit nur schattenhaft wahrzunehmen; sie kam langsam und zaudernd näher und blieb dann plötzlich stehen.
»Sind Sie sicher, daß es Ihre Mutter ist? Bei dieser Finsternis!« fragte Winterbourne.
»Aber natürlich.« Das Mädchen lachte. »Ich werde doch meine eigene Mutter kennen! Außerdem hat sie meinen Schal um. Dauernd trägt sie meine Sachen.«
Die erwähnte Dame kam nicht mehr näher, sondern verharrte zögernd, wo sie stehengeblieben war.
»Ich fürchte fast, Ihre Mutter erkennt Sie nicht«, sagte Winterbourne. »Oder«, setzte er hinzu – bei Miß Miller hielt er diesen

Scherz für erlaubt –, »sie hat ein schlechtes Gewissen wegen Ihres Schals.«
»Ach, das scheußliche alte Ding«, antwortete seine Begleiterin offenherzig. »Ich habe ihr gesagt, sie kann ihn gern umlegen, wenn sie sich nichts daraus macht, wie eine Vogelscheuche auszusehen. Sie traut sich nur nicht näher, weil sie Sie sieht.«
»Dann«, meinte Winterbourne, »lasse ich Sie wohl besser allein.«
»Nicht doch – kommen Sie«, beharrte das Mädchen.
»Ihrer Mutter ist es sicherlich nicht recht, daß Sie mit mir zusammen sind.«
Sie warf ihm einen, wie er fand, höchst seltsamen Blick zu. »Nicht meinetwegen; Ihretwegen – vielmehr ihretwegen. Ach, ich weiß auch nicht, weswegen. Mutter mag nun einmal meine Freunde nicht. Sie ist entsetzlich schüchtern. Wenn ich ihr einen Herrn vorstelle, ist sie jedesmal völlig durcheinander. Aber ich stelle sie ihr trotzdem vor – wenigstens fast immer. Würde ich meine Freunde meiner Mutter nicht vorstellen«, erklärte Miß Miller mit ihrer hohen, einförmigen Stimme, »dann wäre ich doch unnatürlich.«
»Also, dann stellen Sie mich nur vor«, meinte Winterbourne, »Sie müssen bloß noch meinen Namen wissen.« Und er beeilte sich, ihn ihr zu nennen.
»Himmel, das kann ich nicht alles behalten!« rief seine Begleiterin scherzend. Inzwischen hatten sie Mrs. Miller erreicht, die bei ihrem Näherkommen an den Zaun getreten war, sich jetzt darauf stützte, über den See blickte und ihnen den Rücken zuwandte. »Mutter!« rief das Mädchen hell – worauf sich die Dame umdrehte. »Mr. Frederick Forsyth Winterbourne«, sagte seine junge Freundin, die Lektion von eben wiederholend und ihn ungezwungen und charmant vorstellend. Mochte sie auch »ordinär« sein, wie Mrs. Costello behauptet hatte, so war damit doch nichts über ihre drollige, angeborene Grazie gesagt.
Ihre Mutter war eine kleine, spindeldürre, unscheinbare Person mit unstetem Blick, einer kaum wahrnehmbaren Nase und – wie um dies wettzumachen – einer riesigen Stirn, in die spärliche, krause Löckchen fielen, nur – nach Winterbournes Ansicht – nicht tief genug. Wie ihre Tochter war auch Mrs. Miller bemerkenswert elegant gekleidet; an den Ohren trug sie riesige Diamanten. Soweit der junge Mann wahrnehmen konnte, grüßte sie ihn nicht – vermutlich sah sie ihn nicht einmal an. Daisy

stand neben ihr und zog ihr den Schal zurecht. »Was treibst du bloß hier?« fragte die junge Dame – doch keineswegs so unfreundlich, wie man es den Worten nach annehmen sollte.
»Ach, ich weiß auch nicht.« Die Mutter kehrte sich wieder dem See zu.
»Ich hätte nicht gedacht, daß du im Ernst ausgerechnet diesen Schal umlegst«, fuhr Daisy vertraulich fort.
»Habe ich aber getan!« antwortete ihre Mutter in einem Ton, aus dem Winterbourne sowohl Übermut als Resignation herauszuhören glaubte.
»Hast du Randolph ins Bett bekommen?« fragte Daisy.
»Nein – ich konnte ihn nicht dazu überreden.« Mrs. Miller schien dem gleichen ergebenen Fatalismus zu huldigen wie ihre Tochter. »Er möchte sich noch mit dem Kellner unterhalten. Er unterhält sich zu gern mit diesem Kellner.«
»Ich habe Mr. Winterbourne gerade erst davon erzählt«, sagte das Mädchen, und für den jungen Mann klang dies, als hätte sie seinen Namen schon ein Leben lang ausgesprochen.
»O ja«, pflichtete er bei – »ich habe das Vergnügen, Ihren Sohn bereits zu kennen.«
Randolphs Mama schwieg; sie widmete ihre Aufmerksamkeit ausschließlich dem See. Endlich seufzte sie auf. »Ich verstehe gar nicht, wie er noch am Leben sein kann!«
»Es ist aber nicht mehr so schlimm mit ihm wie in Dover«, tröstete Daisy.
»Was war denn in Dover?« erkundigte sich Winterbourne.
»Da wollte er überhaupt nicht zu Bett gehen. Ich glaube, er ist die ganze Nacht aufgeblieben – unten im Salon. Jedenfalls war er um zwölf noch immer nicht im Bett. Er war einfach nicht von der Stelle zu bewegen.«
»Um halb eins habe ich es dann endlich aufgegeben«, gestand Mrs. Miller mit leidenschaftsloser Ehrlichkeit.
Winterbourne fand dies alles recht interessant. »Schläft er denn tagsüber viel?«
»Ich glaube kaum, daß er viel schläft«, meinte Daisy.
»Wenn er es nur täte!« sagte ihre Mutter. »Er muß den mangelnden Schlaf doch irgendwann einholen.«
»Wahrscheinlich sind wir es, die ihn einholen. Randolph ist manchmal wirklich recht ermüdend.«
Danach herrschte für einige Augenblicke Stille. »Daisy Miller«,

fuhr die ältere Dame sie unerwartet an, »du willst doch hoffentlich nicht im Ernst etwas gegen deinen eigenen Bruder sagen!«
»Aber er *ist* doch recht ermüdend, Mutter«, wiederholte das Mädchen ohne Schärfe.
»Er ist ja auch erst neun«, erklärte Mrs. Miller entschieden.
»Jedenfalls will er nicht mit zum Schloß«, antwortete ihre Tochter ablenkend. »Dann fahre ich eben mit Mr. Winterbourne.«
Auf diese offene Ankündigung blieb Daisys Mutter stumm. Winterbourne war davon überzeugt, daß sie gegen diesen Plan etwas einzuwenden hatte; er sagte sich aber zur gleichen Zeit, daß sie ein leicht umzustimmender Mensch sei und daher ein paar erklärende Worte genügen würden, um sie zu besänftigen.
»Ja«, bestätigte er deshalb, »Ihre Tochter war so gütig, mir zu erlauben, ihr Führer zu sein.«
Mrs. Millers unstete Augen hefteten sich bittend an ihre Gefährtin, die jedoch ein paar Schritte weiterging und leise vor sich hin summte. »Vermutlich wollen Sie mit der Eisenbahn fahren«, bemerkte sie dann schwach.
»Ja, oder mit dem Schiff«, sagte Winterbourne.
»Ach so – ich kenne mich da nicht aus«, gestand Mrs. Miller. »Ich bin noch nie auf dem Schloß gewesen.«
»Schade, daß Sie nicht mitkommen wollen«, meinte er, da er sich ihres Widerspruches ziemlich sicher fühlte. Und dennoch würde er sich nicht gewundert haben, wenn sie ihre Tochter hätte begleiten wollen.
In dieser Hinsicht jedoch sollte sich die Sache sogleich klären.
»Wir haben immer wieder daran gedacht, hinzufahren, aber offenbar soll daraus nichts werden. Daisy natürlich – sie möchte überall hin. Aber eine der Damen hier – ich weiß ihren Namen nicht – meinte, sie solle die Schlösser *hier* lieber nicht besichtigen; sie sagte, wir sollten lieber warten, bis wir nach Italien kämen. Dort gibt es anscheinend sehr viele«, fuhr Mrs. Miller mit zunehmender Sicherheit fort. »Wir möchten selbstverständlich nur die wichtigen sehen. In England haben wir mehrere besichtigt«, fügte sie hinzu.
»Ja, in England gibt es wundervolle Schlösser«, bestätigte Winterbourne. »Aber auch Chillon ist sehenswert.«
»Nun ja, wenn Daisy Lust hat –« sagte Mrs. Miller, die der Last solcher Beweise zu erliegen schien. »Offenbar gibt es nichts, was sie nicht unternehmen möchte.«

»Ich bin überzeugt, es wird ihr viel Spaß machen«, erklärte Winterbourne. Und er wünschte mehr und mehr, sich zu versichern, daß ihn das Glück eines *tête-à-tête* mit dieser jungen Dame erwartete, die noch immer vor ihnen auf- und abging und leise sang. »Sie selbst, Madam«, fragte er, »sind nicht disponiert, diesen reizvollen Ausflug zu unternehmen?«
Daisys Mutter sah ihn einen Augenblick verschüchtert von der Seite her an und machte dann schweigend ein paar Schritte. Kurz darauf sagte sie schlicht: »Ich glaube, es ist besser, sie geht allein.«
Hier hatte er Gelegenheit, einen ganz anderen Muttertyp kennenzulernen, als den der ihm vertrauten wachsamen Matronen, die sich bei allen in der dunklen, alten Stadt am andern Ende des Sees stattfindenden gesellschaftlichen Anlässen in den Vordergrund drängten. Seine Betrachtungen wurden jedoch unterbrochen, als er von Mrs. Millers unbehüteter Tochter seinen Namen deutlich ausgesprochen hörte. »Mr. Winterbourne!« girrte sie aus beträchtlicher Entfernung.
»Mademoiselle!« sagte der junge Mann.
»Wollen Sie nicht mit mir Boot fahren?«
»Jetzt?« fragte er.
»Warum nicht?« gab sie übermütig zurück.
»Aber Annie Miller!« rief ihre Mutter.
»Erlauben Sie Miß Daisy doch, mitzufahren, Madam«, bat er eifrig – so sehr faszinierte ihn vom ersten Moment an die romantische Chance, durch die sommerliche Sternennacht ein Boot, mit einem so urwüchsigen und schönen jungen Mädchen an Bord, zu rudern.
»Es dürfte wohl ratsamer sein, sie bliebe hier«, sagte ihre Mutter.
»Es dürfte wohl ratsamer sein, sie ginge jetzt hinein.«
»Ich bin aber überzeugt, daß Mr. Winterbourne auf den See möchte«, erklärte Daisy. »Er ist doch so schrecklich anhänglich.«
»Ich rudere Sie unter den Sternen nach Chillon hinüber.«
»Das glaube ich nicht!« Daisy lachte hell auf.
»Hör mal!« schnaufte die ältere Dame als Antwort auf so viel Freimut.
»Sie haben schon eine halbe Stunde nicht mehr mit mir gesprochen«, neckte ihre Tochter.
»Ich habe mich dafür reizend mit Ihrer Frau Mutter unterhalten«, antwortete Winterbourne.

»Ach was – ich möchte, daß Sie mit mir auf den See hinausrudern«, fuhr Daisy fort, als hätte er gar nichts gesagt. Mrs. Miller und unser junger Freund waren, als Daisy sich umgewandt hatte und ihren neuen Bekannten ansah, stehengeblieben. Während sie ihren großen Fächer schwang, lag auf ihrem Gesicht ein bezauberndes Lächeln, und ihre schönen Augen glänzten im Dunkel. Nein, dachte er, einfach unmöglich, noch hübscher zu sein.

»Dort unten, an der Anlegestelle, liegen mindestens ein halbes Dutzend Boote.« Er deutete zu den Stufen, die vom Garten zum See hinunterführten. »Wenn Sie mir die Ehre erweisen, mir Ihren Arm zu reichen, dann gehen wir hin und suchen uns eines aus.«

Sie stand lächelnd vor ihm, warf den Kopf zurück und lachte, als fände sie dies alles maßlos komisch. »Ich mag es gern, wenn ein Herr so formell ist.«

»Ich versichere Ihnen, es ist ein formelles Angebot.«

»Ich wußte doch, daß Sie jetzt so etwas sagen würden« – so machte sich Daisy liebevoll über ihn lustig.

»Sie sehen, es ist keineswegs schwierig«, sagte Winterbourne. »Ich fürchte nur, Sie necken mich.«

»Oh, das glaube ich nicht, Sir«, warf Mrs. Miller schüchtern ein.

»Dann lassen Sie uns doch hinausrudern«, wiederholte er hartnäckig, zu Daisy gewandt.

»Wie bezaubernd Sie sich immer wieder auszudrücken verstehen!« rief sie zurück.

»Es wäre noch viel bezaubernder, es zu tun.«

»Ja, es wäre bezaubernd.« Sie machte jedoch keine Anstalten, ihm zu folgen, sondern verharrte weiterhin in der eleganten Haltung leichter Ironie.

»Ist es nicht besser, du siehst einmal nach, wie spät es ist«, schlug ihre Mutter unparteiisch vor.

»Elf Uhr, Madam«, sagte eine Stimme mit fremdem Akzent aus dem Dunkel; Winterbourne drehte sich um und erkannte die dekorative Gestalt, die er bereits in der Ausübung ihres Amtes erlebt hatte. Offenbar war dieser Mann eben erst gekommen.

»Ach, Eugenio«, rief Daisy. »Ich fahre mit Mr. Winterbourne Boot.«

Eugenio verbeugte sich. »Zu dieser Nachtstunde, Mademoiselle?«

»Ich fahre mit Mr. Winterbourne«, wiederholte sie strahlenden Lächelns. »Jetzt, auf der Stelle.«

»Erklären Sie ihr, daß es nicht geht, Eugenio«, sagte Mrs. Miller zu dem Reisemarschall.

»Es ist bestimmt empfehlenswerter, wenn Sie nicht Boot fahren, Mademoiselle«, sagte der Mann.

Winterbourne wünschte verzweifelt, dieses hübsche Mädchen wäre mit seinem Reisemarschall nicht derart vertraulich; er sagte jedoch nichts, und sie schlug sich indessen weiter auf seine Seite. »Sie finden wohl wieder einmal, daß es sich nicht gehört?« jammerte sie gekünstelt. »Eugenio findet bei allem, daß es sich nicht gehört.«

»Ich stehe Ihnen dennoch jederzeit zu Diensten«, beeilte sich Winterbourne zu bemerken.

»Wollte Mademoiselle im Ernst allein fahren?« fragte Eugenio Mrs. Miller.

»Nicht doch, mit diesem Herrn da!« rief Daisys Mutter besänftigend.

»Ich meinte: allein mit diesem Herrn?« Der Reisemarschall blickte Winterbourne einen Augenblick an – und dabei glaubte dieser, in Eugenios Gesicht eine anmaßende Überlegenheit auf Kosten der anderen wahrzunehmen – und fügte dann ernst und mit einer Reverenz hinzu: »Wie Mademoiselle meinen!«

Aber nun wollte Daisy nicht mehr. »Ich hatte mich schon so darauf gefreut, daß Sie sich aufregen würden. Doch jetzt habe ich keinen Spaß mehr daran.«

»Aber *ich* rege mich auf, wenn Sie nicht mitkommen«, erklärte Winterbourne temperamentvoll.

»Mehr wollte ich ja gar nicht – nur ein bißchen Aufregung!« Und wieder lachte sie hell auf.

»Mr. Randolph hat sich bereits zurückgezogen«, verkündete daraufhin der Reisemarschall gewichtig.

»Oh, Daisy, dann können wir ja auch zu Bett gehen!« rief Mrs. Miller.

Ihre Tochter wandte sich, kapriziös wie sie war, von ihrem Freund ab. »Gute Nacht – hoffentlich sind Sie jetzt enttäuscht oder böse oder so was!«

Er blickte sie ernst an und nahm ihre dargebotene Hand. »Ich bin, falls Sie es wissen möchten, lediglich erstaunt«, antwortete er.

»Ich hoffe, Sie können trotzdem schlafen«, sagte sie boshaft. Die beiden Damen gingen unter dem Schutze von Eugenio dem Haus zu.

Winterbourne sah ihnen nach; er war in der Tat recht verwirrt. Noch eine Viertelstunde stand er am See und versuchte, hinter das Wechselspiel der Vertraulichkeiten und Launen Daisys zu kommen. Schließlich gelangte er wieder zu dem Schluß, daß er es von Herzen genießen würde, mit ihr irgendwohin »auszufliegen«.

Zwei Tage später flog er tatsächlich mit ihr aus – zum Schloß von Chillon. Er wartete in der großen Hotelhalle auf sie, wo Reisemarschälle, Dienstboten und ausländische Touristen herumlungerten und glotzten. Es war so gar nicht der Ort, den er sich für ein Stelldichein ausgesucht haben würde, aber sie hatte die Halle arglos vorgeschlagen. Sie kam die Treppe heruntergetrippelt, knöpfte dabei ihre langen Handschuhe zu und preßte den geschlossenen Sonnenschirm gegen ihre zarte Gestalt – genauso gekleidet, wie es seiner Vorstellung nach am besten zu ihrer beider Unternehmen paßte. Er war ein Mann mit Phantasie und, wie unsere Vorfahren zu sagen pflegten, von großer Empfindsamkeit; als er ihre reizende Erscheinung betrachtete und ihrem ungeduldigen, vertraulichen Schritt auf der Treppe lauschte, war ihm, als gäbe eine kleine süße Romanze – nicht laut, aber klar und zart – das Zeichen zum Aufbruch. Er hätte sich beinahe einbilden können, daß er nun wirklich mit ihr »ausflöge«. Er führte sie hinaus durch all die hier versammelten Müßiggänger, die das Mädchen offen und unverschämt musterten: sie hatte zu schnattern begonnen, kaum daß sie zu ihm getreten war. Er hätte es zwar vorgezogen, sich in einem Wagen nach Chillon kutschieren zu lassen, aber sie hatte inständig gebeten, mit dem kleinen Dampfer zu fahren, weil ein leichter Wind über den See wehe und sie auf dem Schiff viele Menschen sehen würden. Die Überfahrt dauerte nicht lange, Winterbournes Begleiterin jedoch fand genügend Zeit für unzählige charakteristische Bemerkungen und für so manches Wort, das nicht selten, was die unnachahmliche Offenheit betraf, leicht verwirrend war. Für den jungen Mann selbst bedeutete dieser Ausflug etwas so köstlich Ungewöhnliches und unverhältnismäßig Intimes, daß er, selbst wenn er die ihr angeborene Ungebundenheit in Rechnung zog, beinahe hoffte, sie sähe alles im gleichen Lichte. Es soll jedoch nicht verschwiegen werden, daß er in diesem Punkt enttäuscht wurde. Miß Miller war zwar sehr lebhaft, aber nur aus guter Laune; jedenfalls zeigte sie sich nicht im geringsten nervös oder erregt – wie sie es eigentlich hätte sein müssen, wenn sie seine Spannung mitempfunden hätte; sie mied weder seinen Blick noch den irgendeines anderen; sie errötete auch nicht verlegen, wenn sie ihn ansah oder wenn sie merkte, daß die Leute sie anschauten. Natürlich erregte sie überall Aufmerksamkeit, und Winterbourne schätzte sich glücklich, daß seine hübsche Gefährtin sich so tadellos aufführte. Im geheimen hatte er gefürchtet, sie würde womöglich überlaut reden und lachen und obendrein im ganzen Schiff herumflattern. Aber seine Ängste hatten sich als unbegründet erwiesen; lächelnd saß sie da und sah ihn an, ohne sich von ihrem Platz zu rühren, und ließ ihn an ihren immer wieder neuen, originellen Beobachtungen teilhaben. Es war die charmanteste, unschuldigste Plauderei, die er je gehört hatte, denn seinen Erfahrungen nach waren derart schlichte junge Gemüter sonst weniger mitteilsam – und wenn, dann waren sie nicht mehr so natürlich. Falls er der Behauptung zugestimmt hätte, daß sie »gewöhnlich« sei: war dies jetzt der Beweis dafür? Oder hatte er sich ganz einfach an ihre Gewöhnlichkeit gewöhnt? Ihr Gespräch kreiste meist um das, was sie um oder über sich sahen, aber dann und wann holte sie auch weiter aus oder überrumpelte ihn kurzerhand.

»Warum sind Sie eigentlich so feierlich?« fragte sie plötzlich und heftete ihre schönen Augen auf ihren Freund.

»Bin ich feierlich?« entgegnete er. »Ich habe eher das Gefühl, ich grinse von einem Ohr zum anderen.«

»Sie machen ein Gesicht, als wollten Sie mich zu einer Betstunde oder einer Beerdigung mitnehmen. Wenn Sie das Grinsen nennen, liegen Ihre Ohren erstaunlich nahe beieinander.«

»Soll ich vielleicht hier einen Solotanz aufs Deck legen?«

»O ja, tun Sie das, und ich gehe mit Ihrem Hut herum. Dann hätten wir die Ausgaben für den Ausflug wieder herein.«

»Nie im Leben habe ich mich besser unterhalten«, erwiderte Winterbourne.

Sie sah ihn einen Augenblick an und zeigte dann von neuem, wie belustigt sie von ihm war. »Ich finde es herrlich, daß Sie solche Sachen sagen. Sie sind ein seltsamer Mensch.«

Auch im Schloß, nach ihrer Landung, konnte nichts die Ungezwungenheit ihres Humors schmälern. Sie trippelte durch die Gewölbe, raschelte mit den Röcken über die Wendeltreppen, hüpfte mit süßem Aufschrei vom Abgrund eines Verlieses zurück und wandte ihr einzigartig geformtes Ohr offen allem zu, was Winterbourne ihr über das Schloß erzählte. Er merkte aber nur zu gut, daß die Geschichte des Mittelalters sie ziemlich langweilte und daß die grimmen Geister von Chillon nur undeutlich für sie sichtbar wurden. Sie hatten das Glück, ohne jede Gesellschaft, allein mit ihrem Führer umhergehen zu können; Winterbourne hatte mit dem Begleiter vereinbart, daß sie nicht eilen wollten, sondern verweilen, wo es ihnen gerade gefalle. Der Mann legte seinen Auftrag recht großzügig aus – allerdings war auch Winterbourne recht großzügig gewesen – und überließ die beiden schließlich sich selbst. Miß Millers Beobachtungen besaßen keinen logischen Ausgangspunkt; mit Sicherheit fand sie für alles, was sie sagen wollte, einen Vorwand. Sogar in den gewundenen Gängen und kantigen Nischen fand sie Vorwände genug, um den jungen Mann über seine Familie, seine Vergangenheit, seine Neigungen, Gewohnheiten und Absichten auszufragen und ihn über die entsprechenden Punkte bei ihr selbst genauestens zu unterrichten. Von ihren eigenen Neigungen, Gewohnheiten und Absichten konnte das reizende Wesen wahrlich einen sehr bestimmten und recht günstigen Bericht geben.

»Was Sie nicht alles wissen!« rief sie, als Winterbourne ihr aus der Geschichte des unseligen Bonnivard erzählt hatte. Die Geschichte des Bonnivard war bei ihr ganz offensichtlich, wie man so sagt, zum einen Ohr hinein und zum andern hinaus gegangen. Dennoch machte ihr seine ungezwungen vorgetragene Gelehrsamkeit großen Eindruck, und es dauerte nicht lange, bis sie meinte, es wäre doch herrlich, wenn Winterbourne mit ihnen reiste und »überall mit hinginge«; dann würde vielleicht auch sie bald dies und jenes wissen. »Wollen Sie nicht mitkommen und Randolph unterrichten?« fragte sie. »Mit einem Gentleman als Lehrer würde er sich bestimmt ganz anders entwickeln.«

Winterbourne verbarg sein Entzücken über diese Aussicht nicht, mußte jedoch gestehen, daß er leider andere Verpflichtungen habe. »Andere Verpflichtungen? Kein Wort glaube ich davon!« protestierte sie. »Was soll denn das nun wieder heißen? Sie sind doch kein Geschäftsmann.« Der junge Mann gab zu, kein Geschäftsmann zu sein, er habe jedoch Verabredungen getroffen, die schon in ein, zwei Tagen seine Rückkehr nach Genf erforderten. »Ach was!« murrte sie. »Das glaube ich nicht!« Und dann begann sie, von etwas anderem zu sprechen. Wenige Augenblicke später jedoch, als er ihr die sehenswerte Form eines alten Kamins zeigte, platzte sie heraus: »Sie wollen doch nicht sagen, daß Sie nach Genf zurückfahren?«

»Es ist traurig, aber unabänderlich, daß ich morgen dort sein muß.«

Darauf antwortete sie mit einem Temperament, das ihm nur schmeicheln konnte: »Mr. Winterbourne, ich finde Sie abscheulich!«

»Schelten Sie mich doch nicht mit solchen Worten«, bat er ernsthaft. »Und das zum Abschied!«

»Zum Abschied?« rief das Mädchen. »Ich nenne es den Anfang! Ich hätte gute Lust, Sie hier stehenzulassen und allein ins Hotel zurückzukehren.« Noch weitere zehn Minuten lang nannte sie ihn immer nur abscheulich. Der arme Winterbourne war verwirrt; nie zuvor hatte ihm eine junge Dame die Ehre erwiesen, sich über seine Pläne derart zu erregen. Von nun an gönnte seine Gefährtin den Sehenswürdigkeiten von Chillon und den Schönheiten des Sees keinen Blick mehr; statt dessen eröffnete sie das Feuer auf jene gewisse Zauberin in Genf, von der sie sofort überzeugt war, daß allein *sie* ihn so schnell zurückholen wollte. Wie aber konnte Miß Daisy Miller von dieser Handlangerin seines Schicksals in Genf überhaupt wissen? Winterbourne, der die Existenz solch einer Person glatt leugnete, fand es nicht heraus; und er war hin- und hergerissen zwischen Erstaunen über ihr rasches Erfassen der Sachlage und Amüsement über ihre unverblümte Kritik. Wieder erschien sie ihm als eine außergewöhnliche Mischung zwischen Unschuld und Grobheit. »Gibt sie Ihnen denn nie länger als drei Tage Urlaub?« erkundigte sich Miß Miller spottend. »Bekommen Sie denn nicht wenigstens Sommerferien? Es gibt doch niemand, mag er noch so schwer arbeiten, der nicht im Sommer seine Vakanz hat. Wenn Sie noch einen Tag länger bleiben, kommt sie wohl gleich mit dem Schiff angefahren? Warten Sie doch noch bis Freitag, dann gehe ich hinunter zum Landesteg und sehe mir an, wie sie aussteigt!« Zu guter Letzt hatte er das Gefühl, daß er sich über die Stimmung der jungen Dame, in der sie in Vevey abgefahren waren, getäuscht habe. Wenn er dort den persönlichen Akzent an ihr vermißt hatte, trat er jetzt voll in Erscheinung. Es klang zum Schluß auch recht deutlich, als sie ihm sagte, sie wolle ihn nicht weiter »aufziehen«, wenn er hoch und heilig verspreche, diesen Winter nach Rom zu kommen.

»Das ist leicht zu versprechen«, beeilte er sich zu versichern. »Meine Tante hat ab Januar ein Appartement in Rom und mich bereits gebeten, sie dort zu besuchen.«

»Ich will nicht, daß Sie wegen Ihrer Tante kommen«, sagte Daisy, »ich will, daß Sie meinetwegen kommen.« Dies war aus Daisys Mund die letzte Anspielung auf seine Ärgernis erregende Verwandte. Er versprach ihr, daß er auf jeden Fall kommen werde, und von da an unterließ sie jegliche Neckerei. Winterbourne nahm einen Wagen, mit dem sie im Dämmer nach Vevey zurückfuhren; das Mädchen an seiner Seite, das sein Temperament ziemlich versprüht hatte, war jetzt geradezu verwirrend passiv. Am Abend erzählte er Mrs. Costello, daß er den Nachmittag mit Miß Daisy Miller in Chillon verbracht hatte.

»Diese Amerikaner – die mit dem Reisemarschall?« fragte die Dame.

»Der Reisemarschall blieb zum Glück daheim.«

»Sie ist allein mit dir gefahren?«

»Ganz allein.«

Mrs. Costello hielt die Nase an ihr Riechfläschchen. »Und dieses entsetzliche Geschöpf«, rief sie, »wolltest du mir vorstellen!«

## III

Winterbourne, der am Tag nach dem Ausflug auf das Schloß von Chillon nach Genf zurückgekehrt war, fuhr Ende Januar nach Rom. Seine Tante wohnte bereits geraume Zeit dort, und er hatte schon etliche ihrer charakteristischen Briefe erhalten. »Diese Leute, denen du im letzten Sommer in Vevey so ergeben warst, sind nun glücklich auch hier aufgetaucht, samt dem Reisemarschall«, schrieb sie. »Sie scheinen etliche Bekanntschaften geschlossen zu haben, der Reisemarschall aber benimmt sich weiterhin recht vertraulich. Recht vertraulich benimmt sich auch die junge Dame, und zwar mit einigen drittklassigen Italienern, mit denen sie sich auf eine Weise amüsiert, die sie erheblich ins Gerede bringt. Besorge mir doch bitte den köstlichen Roman von Cherbuliez, *Paule Méré*, und komme nicht später als am dreiundzwanzigsten.«

Natürlich wollte unser Freund nach seiner Ankunft in Rom sofort bei der amerikanischen Bank nach Mrs. Millers Adresse fragen und dann Miß Daisy seine Aufwartung machen. »Nach dem, was in Vevey geschehen ist, muß ich sie doch aufsuchen«, sagte er zu Mrs. Costello.

»Wenn du nach dem, was geschehen ist – in Vevey oder sonstwo –, die Bekanntschaft aufrechterhalten willst, bitte. Wählerisch bist du ja nicht – aber schließlich darf ein Mann kennen, wen er will. Dieses Privileg ist nun einmal euch Männern vorbehalten.«

»Was ist denn geschehen – hier zum Beispiel?« fragte Winterbourne.

»Das Mädchen zieht mit unglaublich ordinären Ausländern herum. Was dann noch weiter geschieht, mußt du schon irgendwo anders erfragen. Sie hat ein halbes Dutzend von diesen römischen Glücksrittern übelster Sorte aufgelesen und schleppt sie mit in all die Häuser, in die sie ihre Nase hineinstecken darf. Wenn sie zu einer Party geht – eben zu solch einer Party, zu der sie gehen darf –, bringt sie jedesmal einen dieser affektierten, schnurrbärtigen Herren mit.«

»Und wo ist ihre Mutter?«

»Keine Ahnung. Wirklich, entsetzliche Leute.«

Winterbourne betrachtete sie in diesem neuen Licht. »Sie sind erstaunlich unwissend – ziemlich beschränkt und völlig unzivilisiert. Aber sie sind bestimmt nicht ›schlecht‹.«

»Jedenfalls sind sie hoffnungslos vulgär«, sagte Mrs. Costello. »Ob ›hoffnungslos vulgär‹ nun ›schlecht‹ ist oder nicht, mögen die Philosophen entscheiden. Immerhin sind sie so schlecht, daß man darob erröten muß, und das sollte man in diesem schon so kurzen Leben doch wirklich nicht nötig haben.«

Die Neuigkeit, daß seine kleine Freundin, dieses Naturkind vom Ufer des Schweizer Sees, jetzt von einem halben Dutzend der schönsten Schnurrbärte umgeben war, dämpfte Winterbournes Vorsatz, sie sogleich aufzusuchen. Wenn er sich auch nicht gerade geschmeichelt hatte, in ihrem Herzen einen unauslöschlichen Eindruck hinterlassen zu haben, ärgerte es ihn dennoch, von Tatsachen zu hören, die überhaupt nicht mit jenem Bild harmonierten, das in seinen Träumen immer wieder aufgestiegen war: das Bild eines schönen Mädchens, das sehnsüchtig aus einem alten römischen Fenster schaut und sich fragt, wann Mr. Winterbourne wohl endlich komme. Wenn er auch beschloß, noch ein wenig zu warten, ehe er die junge Dame erinnerte, daß er einen gewissen Anspruch auf ihr treues Gedenken habe, so suchte er doch unverzüglich einige Freunde auf. Zu diesen Freunden gehörte eine Amerikanerin, die etliche Winter in Genf verbracht hatte, wo ihre Kinder zur Schule gingen. Sie war eine hochgebildete Dame, die in der Via Gregoriana wohnte. Winterbourne fand sie in dem kleinen karmesinroten Salon einer im dritten Stock gelegenen Wohnung. Der Raum war überflutet vom südlichen Sonnenlicht. Winterbourne war noch keine zehn Minuten hier, als der Diener in der Tür erschien und selbstgefällig verkündete: »Madame Mila!« Unmittelbar darauf trat der kleine Randolph Miller ein, blieb in der Mitte des Zimmers stehen und starrte Winterbourne an. Gleich danach überschritt auch seine schöne Schwester die Schwelle; und dann, in beträchtlichem Abstand, kam langsam die Mutter der jungen Leute.

»Ich glaube, ich kenne Sie!« begann Randolph frei heraus.

»Wen kennst du nicht« – und sein alter Freund hielt ihn erfreut am Arm fest. »Was macht deine Erziehung?«

Daisy unterhielt sich herzlich mit ihrer Gastgeberin, drehte aber, als sie Winterbournes Stimme hörte, sofort den Kopf und rief: »Na so was!« worauf er ihr zulächelte: »Ich habe Ihnen doch gesagt, daß ich komme.«

»Ich habe es aber nicht geglaubt«, antwortete sie.

»Schönsten Dank!« Der junge Mann lachte.

»Warum haben Sie mich dann nicht besucht?« fuhr Daisy fort, als wären sie erst letzte Woche auseinandergegangen.

»Weil ich erst gestern hier angekommen bin.«

»Ich glaube Ihnen kein Wort!« erklärte das Mädchen abermals. Winterbourne wandte sich mit protestierendem Lächeln ihrer Mutter zu. Diese Dame jedoch mied seinen Blick und heftete ihre Augen, während sie sich niederließ, auf ihren Sohn. »Unsere Wohnung ist viel größer als die hier«, platzte Randolph heraus. »Und lauter Gold an den Wänden.«

Mrs. Miller, offenbar fatalistischer denn je, rutschte unbehaglich auf ihrem Stuhl hin und her. »Ich habe es gleich gesagt: wenn

ich dich mitnehme, kannst du wieder nicht den Mund halten«, meinte sie vorsichtshalber, falls es jemand gehört haben könnte.
»*Ich* habe es dir gesagt!« rief Randolph zurück. »Und ich sage es *Ihnen* noch einmal, Sir!« fügte er ausgelassen hinzu und klatschte Winterbourne aufs Knie. »Sie ist wirklich viel größer.«
Da sich Daisy noch immer im Gespräch mit ihrer Gastgeberin befand, hielt Winterbourne es für ratsam, ein paar Worte an ihre Mutter zu richten – wie etwa: »Ich hoffe, es ist Ihnen gut ergangen, seit wir uns in Vevey voneinander verabschiedet haben.«
Jetzt erst sah ihn Mrs. Miller an – wenigstens sein Kinn. »Nicht sehr gut, Sir«, antwortete sie.
»Sie hatte Darmstörungen«, sagte Randolph. »Ich auch. Und auch Vater – ganz schlimm. Aber ich am schlimmsten.«
Diese Verlautbarung, die Mrs. Miller eigentlich hätte entsetzen müssen, schien sie im Gegenteil zu trösten, weil nun endlich von den Dingen die Rede war, mit denen sie sich am liebsten beschäftigte. »Ich habe ein Leberleiden«, klagte sie Winterbourne wohlgefällig ihr Leid. »Es liegt gewiß am Klima – es ist nicht so kräftig wie das in Schenectady, vor allem im Winter. Ich weiß nicht – Sie haben wohl davon gehört, daß wir in Schenectady wohnen. Ich sagte schon zu Daisy, ich kann hier einfach niemand finden wie Dr. Davis – und glaube auch nicht, daß ich je noch so einen finden werde. Er ist in Schenectady bestimmt der beste. Man schätzt Dr. Davis über alles. Immer hat er furchtbar viel zu tun, und doch gibt es nichts, das er für mich nicht täte. Er sagt: er hat noch nie so etwas wie meine Darmstörungen erlebt, aber er will mich um jeden Preis von ihnen kurieren. Ich bin überzeugt, er ließe nichts unversucht, und ich würde auch alles über mich ergehen lassen, wenn es mir nur Erleichterung brächte. Er wollte gerade etwas Neues ausprobieren, und ich war schon so gespannt – da mußten wir abreisen. Mr. Miller wollte unbedingt, daß Daisy Europa kennenlernt. Ich konnte jedoch nicht umhin, ihm neulich zu schreiben, für Daisy sei das alles schön und gut, aber ich wisse wirklich nicht, wie ich noch länger ohne Dr. Davis auskommen solle. Er ist der erste Mann in Schenectady – trotz der vielen Kranken, die es dort gibt. Ich kann kaum noch schlafen.«
So unterhielt sich Winterbourne mit der Patientin von Dr. Davis über Krankheiten, während Daisy unentwegt mit der

Gastgeberin schnatterte. Der junge Mann fragte Mrs. Miller, wie ihr denn Rom gefalle. »Ich muß sagen, ich bin enttäuscht«, gestand sie. »Wir hatten so viel davon gehört – wahrscheinlich zu viel. Aber wir können nichts dafür, wir hatten eigentlich etwas ganz anderes erwartet.«

Winterbourne spielte den Tröster. »Warten Sie nur ein wenig, und Sie werden diese Stadt noch sehr liebgewinnen.«

»Ich hasse sie mit jedem Tag mehr!« schrie Randolph.

»Du bist wie Hannibal als Kind.« Sein Freund lachte.

»Bin ich nicht – überhaupt nicht wie ein Kind«, erklärte Randolph auf gut Glück.

»Das stimmt – das warst du nie«, warf seine Mutter ein. »Jedenfalls haben wir so manche Stadt gesehen«, meinte sie, »die ich Rom bei weitem vorziehe.« Und auf Winterbournes Frage antwortete sie: »Zürich zum Beispiel – die in den Bergen. Ich finde Zürich bezaubernd, und dabei hatten wir nicht halb so viel darüber gehört.«

»Die schönste Stadt war die *City of Richmond*«, sagte Randolph.

»Er meint das Schiff«, erklärte Mrs. Miller. »Mit der sind wir gekommen. Randolph hat sich auf der *City of Richmond* sehr wohlgefühlt.«

»Mir hat sie von allem am besten gefallen«, wiederholte das Kind. »Bloß daß sie in der falschen Richtung fuhr.«

»Eines Tages fährt sie auch wieder in der richtigen Richtung«, sagte Mrs. Miller mit krampfhaftem, wenn auch kraftlosem Optimismus. Winterbourne gab der Hoffnung Ausdruck, daß wenigstens ihrer Tochter die unzähligen Sehenswürdigkeiten Roms gefallen würden, und sie versicherte fast temperamentvoll, Daisy sei einfach hingerissen. »Wegen der Gesellschaften – daran fehlt es wirklich nicht. Immerzu geht sie aus; sie hat schon viele Bekanntschaften geschlossen. Natürlich geht sie mehr aus als ich. Ich muß wirklich sagen, die Leute sind alle reizend und haben sie herzlich in ihren Kreis aufgenommen. Und dann kennt sie auch so viele Herren hier. Für sie geht Rom einfach über alles. Es ist für eine junge Dame natürlich viel amüsanter, wenn sie viele Herren kennt.«

Inzwischen hatte Daisy ihre Aufmerksamkeit Winterbourne geschenkt, wenn auch auf recht freizügige Weise. »Ich habe gerade Mrs. Walker erzählt, wie häßlich Sie sich benommen haben.«

»Und womit haben Sie das zu beweisen versucht?« fragte er ein wenig gereizt, trotz aller Galanterie ein wenig gereizt ob dieses unangemessenen Mangels an Hochschätzung für einen Bewunderer, der auf der Fahrt nach Rom weder in Bologna noch in Florenz haltgemacht hatte – alles nur wegen einer gewissen süßen Neigung seiner zärtlichsten Träumereien, um nicht zu sagen: seiner schönsten Neugier. Er erinnerte sich, daß ihm einst ein zynischer Landsmann erklärt hatte, die Amerikanerinnen – die hübschen, und dies gab dem Wort erst Gewicht – seien nicht nur die anspruchvollsten Frauen in der Welt, sondern auch die, welche am wenigsten ein Gefühl für Verpflichtungen hätten.

»Nun, Sie haben sich in Vevey doch wirklich sehr häßlich benommen«, sagte Daisy. »Alles, aber auch alles haben Sie mir abgeschlagen. Sie wollten nicht einmal, als ich Sie darum bat, länger bleiben.«

»Aber mein liebes Fräulein«, rief Winterbourne lebhaft und übermütig, »glauben Sie etwa, ich bin nach Rom gekommen, um von Ihren silbernen Sporen getreten zu werden?«

»Nun hören Sie sich das wieder an!« Sie drehte entzückt an einer Schleife des Kleides ihrer Gastgeberin. »Haben Sie je etwas so Altmodisches gehört?«

»Etwas so Altmodisches?« echote Mrs. Walter kritisch, im Ton einer Anhängerin Winterbournes.

»Ich – ich weiß nicht.« Das Mädchen fingerte an ihren Bändern herum. »Mrs. Walker, ich möchte Sie etwas fragen.«

»Mutter«, sagte Randolph mit seiner rauhen Betonung der Endsilben, »wir müssen gehen. Sonst schlägt Eugenio Krach.«

»Ich habe keine Angst vor Eugenio«, meinte Daisy, wobei sie den Kopf zurückwarf. »Mrs. Walker«, fuhr sie fort, »Sie wissen doch, daß ich zu Ihrer Party komme.«

»Das freut mich zu hören.«

»Ich habe auch ein süßes Kleid dafür.«

»Davon bin ich überzeugt.«

»Aber ich möchte Sie noch um einen Gefallen bitten: daß Sie mir gestatten, einen Freund mitzubringen.«

»Ich werde mich freuen, einen Ihrer Freunde kennenzulernen«, sagte Mrs. Walker und lächelte Mrs. Miller zu.

»O nein, nein, *meine* Freunde sind das nun wirklich nicht!« entgegnete die Mutter verlegen abwehrend. »Es sieht so aus, als fühlten sie sich zu mir nicht sonderlich hingezogen, jedenfalls habe ich noch nie mit einem von ihnen auch nur ein Wort gesprochen.«

»Es ist ein intimer Freund von mir, Mr. Giovanelli«, erzählte Daisy, ohne daß ihre junge, klare Stimme zitterte und ohne daß ein Schatten über die zarte Blüte ihres Gesichts huschte.

Mrs. Walker warf einen schnellen, abschätzenden Blick auf Winterbourne. Dann meinte sie: »Ich werde mich freuen, Mr. Giovanelli kennenzulernen.«

»Er ist der reizendste aller Italiener«, plauderte Daisy mit bezauberndem Ernst. »Er ist ein sehr guter Freund von mir und obendrein der schönste Mann der Welt – außer Mr. Winterbourne! Er kennt furchtbar viele Italiener, und deshalb möchte er so gerne einmal ein paar Amerikaner kennenlernen. Ich glaube, er ist ganz versessen auf Amerikaner. Er ist schrecklich klug. Und einfach entzückend.«

Es wurde vereinbart, daß dieser Ausbund aller Tugenden zu Mrs. Walkers Party kommen sollte, und danach machte Mrs. Miller Anstalten, sich zu verabschieden. »Wir fahren wohl direkt zurück zum Hotel«, bemerkte sie und bewies damit ihren völligen Mangel an Phantasie.

»Du kannst natürlich zum Hotel zurückfahren, Mutter«, antwortete Daisy, »aber ich gehe noch spazieren.«

»Mit Mr. Giovanelli«, erklärte Randolph skrupellos.

»Auf dem Pincio.« Daisy lächelte versonnen, und die Art, mit der sie solche Einwürfe »verzieh«, brachte Winterbournes Herz fast zum Schmelzen.

»Allein? Jetzt noch?« erkundigte sich Mrs. Walker. Der Nachmittag neigte sich. Es war die Stunde des dichten Verkehrs: der unzähligen Wagen und promenierenden Fußgänger. »Ich halte das nicht für klug, Daisy«, meinte ihre Gastgeberin bestimmt.

»Ich auch nicht«, wagte Mrs. Miller hinzuzufügen. »Du wirst, so wahr du lebst, das Fieber bekommen. Vergiß nicht, was Dr. Davis dir gesagt hat.«

»Gib ihr doch die Medizin, ehe sie geht«, schlug Randolph vor.

Die Gäste hatten sich erhoben; Daisy zeigte ihre hübschen Zähne, beugte sich vor und küßte ihre Gastgeberin. »Sie sind einfach vollkommen, Mrs. Walker«, sagte sie entwaffnend. »Ich gehe ja nicht allein; ich treffe einen Freund.«

»Dein Freund wird dich wohl kaum davon abhalten können,

das Fieber zu bekommen, selbst wenn es ihm zur zweiten Natur geworden sein sollte«, warf Mrs. Miller ein.
»Ist Mr. Giovanelli diese gefährliche Attraktion?« fragte Mrs. Walker ohne Erbarmen.
Winterbourne betrachtete das angeklagte Mädchen, und bei dieser Frage verschärfte sich seine Aufmerksamkeit. Lächelnd stand sie da, glättete ihre Hutbänder und schaute Winterbourne offen an. Dann, noch immer schauend und lächelnd, erklärte sie bestimmt und ohne jedes Zögern: »Mr. Giovanelli – der schöne Giovanelli!«
»Meine liebe, junge Freundin« – Mrs. Walker ergriff bittend ihre Hand –, »Sie können unmöglich zu dieser Stunde auf dem Pincio flanieren, um einen schönen Italiener zu treffen.«
»Er spricht immerhin ein sehr erstklassiges Englisch«, erwähnte Mrs. Miller harmlos.
»Du lieber Himmel! Ich will doch nichts unternehmen«, meinte Daisy, »was meiner Gesundheit oder meinem Charakter schaden könnte. Aber schließlich ließe sich da einiges arrangieren.« Ihr Blick ruhte weiterhin auf Winterbourne. »Der Pincio ist keine hundert Meter von hier, und wenn Mr. Winterbourne wirklich so höflich ist, wie er immer tut, dann bietet er mir jetzt an, mich dorthin zu begleiten.«
Winterbournes Höflichkeit beeilte sich, sich zu entfalten, und das Mädchen gewährte ihm gütigst, sie zu beschützen. Sie gingen vor ihrer Mutter die Treppe hinunter, und vor der Tür sah er Mrs. Millers Wagen mit dem dekorativen Reisemarschall darin, dessen Bekanntschaft er bereits in Vevey gemacht hatte.
»Auf Wiedersehen, Eugenio!« rief Daisy. »Ich gehe spazieren.«
Der Weg von der Via Gregoriana zu dem schönen Garten am andern Ende des Pincio-Hügels ist tatsächlich nur kurz. Da es jedoch ein sonniger Tag war und unzählige Wagen, Fußgänger und Bummler die Straßen blockierten, kamen die jungen Amerikaner nur langsam vorwärts. Winterbourne fand dies höchst angenehm, wenn er sich auch der Einmaligkeit seiner Situation durchaus bewußt war. Die dahinschlendernden, neugierig um sich blickenden Römer und Römerinnen schenkten der auffallend hübschen jungen Dame englischer Abstammung, die mit einiger Mühe an seinem Arm neben ihm herging, eine ausgesprochen starke Aufmerksamkeit; Winterbourne fragte sich, was um alle Welt sich Daisy gedacht haben mochte, als sie sich

schutzlos dieser Aufmerksamkeit hatte aussetzen wollen. Was seine Mission anbetraf, so glaubte sie wohl, er werde sie Mr. Giovanelli anvertrauen; Winterbourne beschloß jedoch, verärgert und begeistert zugleich, dies nicht zu tun.
»Warum haben Sie mir eigentlich keinen Besuch gemacht?« fragte sie. »Darum kommen Sie nicht herum.«
»Ich habe die Ehre, Ihnen zu versichern, daß ich soeben erst aus dem Zug gestiegen bin.«
»Dann müssen Sie aber nach Ankunft des Zuges noch lange in Ihrem Abteil geblieben sein«, entgegnete sie angriffslustig. »Sie haben wohl geschlafen. Jedenfalls hatten Sie Zeit genug, um Mrs. Walker zu besuchen.«
»Ich kenne Mrs. Walker –« begann Winterbourne zu erklären.
»Ich weiß, woher Sie sie kennen. Sie kennen sie aus Genf. Sie hat es mir erzählt. Aber Sie kannten mich doch auch – aus Vevey. Ist das nicht das gleiche? Sie hätten unbedingt kommen müssen.« Sie forschte jedoch nicht weiter, sondern berichtete plappernd von sich selbst. »Wir haben im Hotel ein paar entzückende Zimmer; Eugenio sagt, es seien die besten Zimmer von ganz Rom. Wir bleiben den ganzen Winter – falls wir nicht an diesem Fieber hier sterben; aber dann bleiben wir ja erst recht! Rom ist viel hübscher, als ich gedacht hatte; ich hatte geglaubt, es sei überhaupt nichts los hier – ich dachte wirklich, ich würde mich zu Tode langweilen. Ich sah uns im Geiste schon die ganze Zeit mit einem dieser gräßlichen alten Männer herumlaufen, die Bilder und so was erklären. Aber das haben wir nur eine Woche lang gemacht, und nun genieße ich das Leben. Ich kenne schon furchtbar viele Leute, und sie sind alle einfach reizend. Es ist wirklich eine auserlesene Gesellschaft – eine Gesellschaft aus aller Herren Ländern: Engländer und Deutsche und Italiener. Die Engländer mag ich am liebsten. Ich liebe die Art, wie sie Konversation machen. Aber es sind auch ein paar reizende Amerikaner hier. Ich habe noch niemals eine solche Gastfreundschaft erlebt. Jeden Tag ist etwas los. Getanzt wird zwar nicht oft hier – aber ich muß gestehen: fürs Tanzen habe ich mich nie besonders begeistern können. Ich habe mich immer lieber unterhalten. Bei Mrs. Walker werde ich in dieser Hinsicht bestimmt auf meine Kosten kommen – ihre Zimmer sind so klein.« Als sie das Tor zum Pincio hinter sich hatten, überlegte Miß Miller, wo Mr. Giovanelli wohl warten könne.

»Wir gehen am besten vor bis zu der Aussichtsplatte.«
Doch Winterbourne blieb stehen. »Ich sehe nicht ein, warum ich Ihnen helfen soll, ihn zu finden.«
»Dann finde ich ihn eben ohne Sie«, sagte Daisy temperamentvoll.
»Aber Sie können mich doch nicht einfach stehenlassen!« protestierte er.
Sie brach in das vertraute kurze Lachen aus. »Haben Sie Angst, sich zu verlaufen – oder überfahren zu werden? Aber dort ist ja schon Giovanelli. Er lehnt an einem Baum und fixiert die Frauen in den vorbeifahrenden Wagen. Haben Sie je einen so unverfrorenen Kerl gesehen?«
Winterbourne erkannte in einiger Entfernung eine kleine Gestalt, mit übereinandergeschlagenen Armen und an die Brust gedrücktem Stock. Der Mann hatte ein hübsches Gesicht, einen kunstvoll ausbalancierten Hut, trug ein Einglas und im Knopfloch ein Sträußchen. Daisys Freund betrachtete ihn einen Augenblick und sagte dann: »Haben Sie etwa die Absicht, mit diesem Menschen zu reden?«
»Ob ich mit ihm sprechen will? Ja glauben Sie denn, wir verständigen uns durch Zeichen?«
»Sie werden wohl begreifen«, erwiderte der junge Mann, »daß ich nicht gewillt bin, von Ihrer Seite zu weichen.«
Daisy blieb stehen und sah ihn ungerührt an; ihr Gesicht war leer bis auf die bezaubernden Augen, die bezaubernden Zähne und die süßen Grübchen. Sie kann wahrhaftig allerhand vertragen, dachte er.
»Es gefällt mir nicht, wie Sie das sagen«, erklärte sie. »Es ist mir zu tyrannisch.«
»Verzeihen Sie, wenn ich mich zu hart ausgedrückt habe. Es ging mir nur darum, Ihnen klarzumachen, was ich denke.«
Das Mädchen wurde ein wenig ernster, ihre Augen aber strahlten schöner denn je. »Ich habe noch nie einem Herrn erlaubt, mir etwas vorzuschreiben oder sich in meine Angelegenheiten zu mischen.«
»Machen Sie da nicht einen Fehler?« gab er zurück. »Sie sollten wirklich manchmal auf einen Herrn hören – wenigstens auf den richtigen.«
Nun lachte sie wieder. »Ich tu' ja schon nichts anderes, als auf Herren zu hören! Ist Mr. Giovanelli wenigstens der richtige?«

Der Herr mit dem Sträußchen im Knopfloch hatte inzwischen unsere beiden Freunde entdeckt und eilte Miß Miller unterwürfig entgegen. Er verbeugte sich sowohl vor Winterbourne als vor dessen Landsmännin; auf seine geckenhafte Weise erglühte er geradezu vor Vorfreude und in dem Wunsch, zu gefallen; Winterbourne fand, daß er nicht einmal so schlecht aussehe. Dennoch sagte er zu Daisy: »Er ist nicht der richtige.« Sie hatte offensichtlich eine Gabe dafür, die Leute ungezwungen miteinander bekannt zu machen; höchst graziös nannte sie beider Namen. Dann ging sie zwischen den Herren weiter. Mr. Giovanelli, der bemerkenswert gut Englisch sprach – wie Winterbourne später erfahren sollte, hatte er diese Sprache bereits bei etlichen amerikanischen Erbinnen geübt –, redete eine Menge galanten Unsinn. Er hatte ausgezeichnete Manieren; der schweigsame junge Amerikaner dachte über die Tiefen der italienischen verfeinerten Kultur nach, die in so merkwürdigem Gegensatz zu der angelsächsischen Schlichtheit steht und die Menschen desto aalglatter macht, je mehr sie ernstlich verärgert sind. Giovanelli hatte natürlich mit einer innigeren Intimität gerechnet – jedenfalls nicht mit einem Spaziergang zu dritt; er verbarg jedoch seine Laune hinter einem Verhalten, das weitreichende Absichten verriet. Winterbourne schmeichelte sich, ihn durchschaut zu haben. Er ist alles andere, bloß kein Gentleman, sagte sich der junge Amerikaner; er ist nicht einmal eine gelungene Imitation davon. Er ist entweder Musiklehrer oder ein Schreiberling oder ein drittklassiger Künstler. Mag er auch noch so verdammt selbstsicher auftreten – zum Teufel mit seinen schönen Augen! Mr. Giovanelli hatte ohne Zweifel beachtliche Vorzüge; aber Daisys Freund war tief enttäuscht, daß sie diesen Typ nicht instinktiv erkannte. Giovanelli schnatterte und scherzte und machte sich mit seinen echt römischen Geistesgaben recht beliebt. Wahrhaftig: wenn er eine Imitation war, dann war diese Imitation gut einstudiert. Und trotzdem, sagte sich Winterbourne, ein anständiges Mädchen müßte es merken! Damit war er wieder bei der ihn peinigenden Frage, ob sie denn überhaupt ein anständiges Mädchen sei. Würde ein anständiges Mädchen – selbst wenn man ihr zugestand, daß sie eine kleine kokette Amerikanerin war – zu einem Rendezvous mit einem sichtlich drittklassigen Ausländer gehen? Zwar fand das Rendezvous in diesem Fall bei hellem Tage und auf einem der bevölkertsten Plätze Roms statt. Aber bewies nicht gerade die Wahl dieses Ortes mehr denn je ihre Gewöhnlichkeit? So abwegig es auch sein mochte: Winterbourne verwirrte es, daß das Mädchen bei dieser Zusammenkunft mit ihrem *amoroso* seine eigene Gesellschaft offenbar nicht lästig fand – und gerade dieser Gedanke war es, der ihn verwirrte. Es war unmöglich, sie als makellose Blume zu betrachten – dazu fehlte ihr eine gewisse und unerläßliche Zartheit; es hätte daher die Situation denkbar vereinfacht, sie als das Ziel eines jener Besuche zu sehen, das von den Romanciers »illegale Leidenschaft« genannt wird. Hätte sie versucht, ihn loszuwerden, hätte er frivoler über sie denken können, und wenn er frivoler über sie hätte denken können, würde sie ihn weniger verwirrt haben. Jedenfalls präsentierte sich Daisy als ein unergründliches Mädchen, in dem sich Dreistigkeit und Unschuld vereinten.

Sie promenierte, begleitet von ihren beiden Kavalieren, wobei sie auf die schönen Reden des einen – jedenfalls schien es dem anderen so – kindlich ausgelassen antwortete, schon eine Viertelstunde, als eine Kutsche aus der rund um den Park fahrenden Wagenkette ausscherte und neben ihnen auf dem Weg hielt. Im selben Augenblick bemerkte Winterbourne, daß in der Kutsche seine Freundin Mrs. Walker saß – jene Dame, deren Haus er erst vorhin verlassen hatte – und ihn heranwinkte. Er trennte sich von Miß Miller und gehorchte der Aufforderung – und sah, daß die Dame errötet, erregt und entsetzt war. »Ist es nicht schrecklich?« rief sie flehentlich. »Das Mädchen ist verrückt! Wie kann sie sich nur derart danebenbenehmen! Sie darf hier unmöglich mit Ihnen beiden umhergehen. Mindestens fünfzig Leute haben sie bereits gesehen.«

Winterbourne, bei dem diese Worte eine merkwürdige und genau umgekehrte Wirkung erzielten, zog die Augenbrauen hoch. »Ich finde es unangebracht, sich darüber aufzuregen.«

»Ist es vielleicht unangebracht, daß das Mädchen sich ruiniert?«

»Sie ist doch durch und durch naiv«, widersprach er aus seiner eigenen besorgten Anteilnahme heraus.

»Sie ist leichtsinnig!« entgegnete Mrs. Walker. »Und der Himmel weiß, wohin das, wenn man nicht einschreitet, noch führt. Haben Sie je«, fragte sie ihn, »etwas so offenkundig Idiotisches wie diese Mutter erlebt? Als Sie und die anderen gegangen waren, hielt ich es einfach nicht mehr aus. Ich wollte wenigstens

alles versuchen, sie zu retten. Ich bestellte einen Wagen, setzte den Hut auf und kam so schnell wie möglich hierher. Gottlob habe ich Sie gefunden!«
»Und was haben Sie nun mit uns vor?« Winterbourne lächelte gezwungen.
»Sie soll hier einsteigen, eine halbe Stunde mit mir spazierenfahren, damit die Welt sieht, daß sie nicht völlig verwildert herumläuft, und dann wird sie heimgebracht.«
»Ich halte dies für keine sehr glückliche Lösung«, sagte er nach einigem Nachdenken, »aber Sie können es immerhin versuchen.«
Und also versuchte es Mrs. Walker. Der junge Mann ging der jungen Dame nach, die, als ihre nachmittägliche Gastgeberin im Wagen herangefahren war, lediglich aus der Entfernung genickt und gelächelt hatte und dann mit ihrem Begleiter weitergegangen war. Als sie nun hörte, daß Mrs. Walker ihretwegen hierhergekommen sei, kam sie anmutig zurück; an ihrer Seite Mr. Giovanelli. Sie erklärte, sie sei »entzückt«, ihren Begleiter der guten Freundin vorstellen zu können, und nannte auch sofort seinen Namen; und im gleichen Atemzug meinte sie, als wäre es von genau derselben Bedeutung, sie habe nie im Leben etwas so Bezauberndes gesehen wie die Wagendecke dieser Dame.
»Es freut mich, daß sie Ihnen gefällt«, sagte die arme Verfolgerin lächelnd. »Wollen Sie nicht einsteigen und sich ebenfalls damit zudecken?«
»O nein, danke.« Daisy wußte, was sie wollte. »Ich werde sie lieber jedesmal bewundern, wenn Sie an mir damit vorbeifahren.«
»Steigen Sie doch ein und fahren Sie mit«, bat Mrs. Walker.
»Das wäre wirklich reizend, aber so finde ich es mindestens ebenso schön!« – und das Mädchen warf einen strahlenden Blick auf ihre Kavaliere.
»Es mag durchaus schön sein, mein liebes Kind, aber es ist hier absolut nicht üblich«, drängte die Dame in der Victoria und beugte sich mit bittend gefalteten Händen vor.
»Es sollte aber üblich sein!« Daisy lachte. »Wenn ich nicht mehr laufen könnte, müßte ich sterben!«
»Dann gehen Sie doch wenigstens mit Ihrer Mutter spazieren«, rief Mrs. Walker, die langsam die Geduld verlor.
»Mit meiner Mutter?« echote das Mädchen belustigt. Winter-

bourne spürte, daß sie die Einmischung fühlte. »Meine Mutter ist nie im Leben auch nur zehn Schritte gegangen. Außerdem«, fügte sie unverblümt hinzu, »bin ich ja nicht mehr fünf Jahre alt.«

»Jedenfalls sind Sie alt genug, um vernünftig zu sein. Und überdies, liebe Miß Miller, sind Sie alt genug, daß man über Sie redet.«

Daisy war zutiefst erstaunt. »Redet? Was wollen Sie damit sagen?«

»Steigen Sie ein, dann erzähle ich es Ihnen.«

Daisy blickte mit strahlenden Augen von einem Herrn zum andern. Mr. Giovanelli verbeugte sich wiederholt, streifte seine Handschuhe ab und lachte sinnlos; Winterbourne fand das Ganze eine höchst unerquickliche Szene. »Ich möchte garnicht so gerne wissen, was Sie meinen«, sagte das Mädchen. »Es würde mir sicherlich nicht gefallen.«

Winterbourne wünschte nichts weiter, als daß Mrs. Walker die Wagendecke hinaufzöge und abführe; die Dame jedoch fand, wie sie ihm später anvertraute, sie könne es unmöglich dabei belassen. »Sie wollen also lieber für ein leichtfertiges Geschöpf gehalten werden?« fragte sie.

»Ach Himmel!« rief Daisy. Wieder blickte sie zu Mr. Giovanelli hinüber und wandte sich dann ihrem anderen Begleiter zu. Auf ihre Wangen trat eine zarte Röte; sie sah bezaubernd aus. »Ist Mr. Winterbourne etwa der Meinung«, appellierte sie mit flammendem Blick, »daß ich, um meinen Ruf zu retten, in den Wagen steigen sollte?«

Er war tödlich verlegen; für einen Moment wand er sich geradezu – wie seltsam, aus ihrem Munde das Wort *Ruf* zu hören. Was blieb ihm anderes übrig, als galant zu antworten? Und die schönste Galanterie war, ihr die Wahrheit zu sagen, und die Wahrheit war für unseren jungen Mann, wie es dem Leser durch einige meiner Schilderungen bereits bekannt sein dürfte, daß sie auf die Stimme der kultivierten Gesellschaft hören solle. Noch einmal nahm er ihre außerordentliche Schönheit in sich auf und sagte dann betont: »Ich bin der Meinung, Sie sollten in den Wagen steigen.«

Daisy hielt mit ihrem Erstaunen nicht zurück. »Noch nie habe ich so etwas Verbohrtes gehört! Wenn das unanständig ist, Mrs. Walker«, erklärte sie, »dann bin ich auch sonst unanständig, und es ist wohl am besten, Sie geben mich gleich auf. Auf Wiedersehen. Ich hoffe, Sie haben noch eine angenehme Fahrt!« Und dann wandte sie sich mit Mr. Giovanelli, der triumphierend und zugleich demütig gegrüßt hatte, ab.

Mrs. Walker sah ihr mit Tränen in den Augen nach. »Steigen Sie ein«, sagte sie zu Winterbourne und wies auf den Platz neben sich. Der junge Mann antwortete, er wolle lieber Miß Miller begleiten; worauf die Dame in der Victoria erklärte, wenn er ihr diese Bitte abschlage, werde sie nie wieder ein Wort mit ihm sprechen. Sie war offensichtlich am Ende ihrer Kräfte. Er beeilte sich, Daisy und ihren treueren Verbündeten einzuholen, und während er ihr die Hand reichte, sagte er ihr, daß Mrs. Walker auf seiner Begleitung bestehe. Er hatte eine sehr freie Antwort erwartet, eine Antwort, die für die Widernatürlichkeit, von der die Stimme der Gesellschaft durch den Mund ihrer erregten Freundin sie zu überzeugen versucht hatte, bezeichnend gewesen wäre. Doch sie sah ihn nur flüchtig an und entzog ihre Hand seinem etwas unbeholfenen Griff; Mr. Giovanelli dagegen machte alles nur noch schlimmer, indem er ihm mit übertriebenem Hutschwenken Lebewohl bot.

Winterbourne war nicht gerade guter Laune, als er neben der Urheberin seines Verzichts Platz nahm. »Das war unklug von Ihnen«, gestand er offen, als sich das Fahrzeug wieder in die Schlange der übrigen Wagen einreihte.

»In solch einem Fall«, antwortete seine Begleiterin, »will ich nicht klug handeln, sondern nur ehrlich!«

»Jedenfalls hat Ihre Ehrlichkeit lediglich bewirkt, das merkwürdige kleine Geschöpf zu verletzen – sie in die Flucht zu schlagen.«

»Das war genau das richtige.« Mrs. Walker war von ihrer Ansicht überzeugt. »Wenn sie sich unbedingt kompromittieren will, dann ist es besser, man erfährt es so früh wie möglich – dann kann man sich wenigstens darauf einstellen.«

»Ich glaube kaum«, erwog Winterbourne, »daß sie es böse meint.«

»Das habe ich noch vor einem Monat auch geglaubt. Aber inzwischen ist sie ein bißchen zu weit gegangen.«

»Was hat sie denn getan?«

»Alles, was man hierzulande nicht tut. Sie flirtet mit jedem Mann, der ihr in den Weg kommt; hockt mit zwielichtigen

Italienern in Ecken herum; tanzt einen ganzen Abend lang mit demselben Partner; empfängt um elf Uhr nachts Besuche. Und obendrein zieht sich ihre Mutter, wenn ein solcher Besuch kommt, sofort zurück.«

»Dafür« – Winterbourne lachte – »sitzt ihr Bruder bis zwei Uhr morgens auf.«

»Kein Wunder bei diesem Vorbild. Man hat mir gesagt, daß in ihrem Hotel schon jeder über sie spreche, und die Angestellten grinsten bereits, wenn ein Herr komme und nach Miß Miller frage.«

»Ach, lassen wir doch die Angestellten aus dem Spiel«, rief Winterbourne erregt. »Der einzige Fehler des armen Geschöpfes«, gab er zu bedenken, »ist sein völliger Mangel an Erziehung.«

»Sie hat eben von Natur aus kein Taktgefühl«, räsonierte Mrs. Walker. »Ich möchte Sie bloß an heute erinnern. Wie lange haben Sie sie in Vevey gekannt?«

»Einige Tage.«

»Das ist ja unglaublich! Und da macht sie aus Ihrer Abreise eine Privatangelegenheit!«

Er gab zu, daß Taktgefühl nicht die stärkste Seite der Millers sei, und danach schwieg er für eine Weile, aber doch nur, um schließlich hinzuzufügen: »Ich glaube, Mrs. Walker, Sie und ich haben zu lange in Genf gelebt.« Außerdem bemerkte er, er würde gerne erfahren, aus welchem besonderen Grund sie ihn in ihren Wagen gebeten habe.

»Ich wollte Ihnen lediglich klarmachen, wie unumgänglich es ist, daß Sie Ihre Beziehungen zu Miß Miller abbrechen; nicht mehr mit ihr flirten; ihr keine weitere Gelegenheit geben, sich bloßzustellen; sie, kurz gesagt, in Ruhe lassen.«

»Ich fürchte, daß ich auf diese Bitte nicht eingehen kann«, entgegnete er. »Ich mag sie nämlich aufrichtig gern.«

»Ein Grund mehr, ihr zu helfen, daß es nicht zum Skandal kommt.«

»Meinen Aufmerksamkeiten ihr gegenüber wird nie etwas Skandalöses anhaften«, versprach er immerhin.

»Dafür aber der Art, wie sie diese Aufmerksamkeiten hinnimmt. Jedenfalls habe ich gesagt, was ich sagen mußte«, schloß Mrs. Walker. »Wenn Sie sich der jungen Dame wieder anschließen wollen, setze ich Sie ab. Sie haben die Wahl.«

Der Wagen befand sich jetzt in der Einfahrt zum Pincio, die

über die römische Stadtmauer hinausragt und einen Blick auf die herrliche Villa Borghese erlaubt. Der Weg wird von einem hohen Geländer gesäumt, in dessen Nähe etliche Sitzbänke stehen. Auf einer davon saßen in einiger Entfernung ein Herr und eine Dame, zu denen Mrs. Walker mit dem Kopf hinüberdeutete. Im gleichen Augenblick erhoben sich die beiden und traten ans Geländer. Winterbourne hatte den Kutscher gebeten zu halten; er stieg aus. Seine Begleiterin sah ihn schweigend an und fuhr dann, während er den Hut zog, majestätisch davon. Er blieb an derselben Stelle stehen und betrachtete Daisy und ihren Kavalier. Offensichtlich bemerkten sie niemand. Sie waren zu sehr mit sich selbst beschäftigt. Als sie die niedrige Gartenmauer erreicht hatten, verharrten sie und blickten über die großen, flachhäuptigen Pinien der Villa Borghese hinweg; dann setzte sich der Verehrer des Mädchens ungezwungen auf den breiten Mauersims. Gegenüber im Westen stieß die Sonne ihre stechenden Strahlen durch die Wolkenbündel, worauf der galante Giovanelli Daisy den Sonnenschirm aus der Hand nahm und ihn öffnete. Sie trat auf ihn zu, und er hielt den Schirm über sie; dann ließ er den Schirm so auf ihrer Schulter ruhen, daß sich ihrer beider Köpfe vor Winterbourne versteckten. Dieser blieb nur noch einen Moment stehen und ging dann davon – nicht zu dem unterm Sonnenschirm vereinten Paar, sondern vielmehr zur Wohnung seiner Tante, Mrs. Costello.

Es schmeichelte ihm, am nächsten Tag feststellen zu können, daß zumindest bei ihm kein Angestellter zu lächeln wagte, als er in ihrem Hotel nach Mrs. Miller fragte. Die Dame war jedoch mit ihrer Tochter ausgegangen, und auch am nächsten Tag, als Winterbourne seinen Besuch wiederholte, mußte er unverrichteterdinge umkehren. Am Abend des dritten Tages fand dann Mrs. Walkers Party statt, an der auch unser junger Mann teilnahm – trotz der gewissen Zurückhaltung, die sein letztes Zusammensein mit dieser Gesellschaftskritikerin gekennzeichnet hatte. Mrs. Walker gehörte zu jenen Pilgerinnen aus der Neuen Welt, die es sich, wie sie es nennen, angelegen sein lassen, in ihrer Verbindung zur Alten Welt die europäische Gesellschaft zu studieren; zu diesem Zweck hatte sie einige aus sehr verschiedenen Schichten stammende Exemplare der Gattung Mensch um sich geschart, lauter Leute, die sozusagen als Textbücher dienen konnten. Als Winterbourne eintrat, war die kleine Dame, die er nun endlich hier zu finden hoffte, noch nicht da, doch gleich darauf sah er Mrs. Miller allein und verloren und verlegen hereinkommen. Das Haar über der toten Wüste ihrer Schläfen war noch krauser als sonst. Während sie sich der Gastgeberin näherte, trat Winterbourne auf sie zu.

»Sie sehen, ich bin allein gekommen«, sagte Daisys unbeschützte Mutter. »Ich weiß vor Angst nicht, was ich tun soll; ich bin zum erstenmal allein auf einer Gesellschaft – wenigstens in diesem Land. Ich wollte eigentlich Randolph oder Eugenio oder sonst jemand mitbringen, aber dann hat mich Daisy doch allein geschickt. Ich bin es nicht gewöhnt, allein irgendwo hinzugehen.«

»Beabsichtigt Ihre Tochter denn nicht, uns mit ihrer Anwesenheit zu beglücken?« fragte Mrs. Walker würdevoll.

»Daisy ist bereits angezogen«, bezeugte Mrs. Miller mit dem Akzent eines leidenschaftslosen, ja philosophisch gelassenen Historikers, mit dem sie stets über die laufenden Ereignisse in der Karriere ihrer Tochter berichtete. »Sie hatte sich schon vor dem Dinner umgezogen. Aber nun ist ein Freund von ihr da; dieser Herr – der schönste aller Italiener –, den sie mitbringen wollte. Sie sitzen am Klavier – ich fürchte, sie kommen dort nicht so schnell wieder weg. Mr. Giovanelli singt ausgezeichnet. Ich hoffe jedoch, daß es nicht mehr zu lange dauert«, schloß Mrs. Miller zuversichtlich.

»In diesem Fall täte es mir leid, wenn sie käme«, erlaubte sich Mrs. Walker zu bemerken.

»Ich habe ihr gleich gesagt, daß es sinnlos sei, sich schon vor dem Dinner umzuziehen und dann drei Stunden zu warten«, erklärte Daisys Mutter. »Ich wollte einfach nicht einsehen, wozu sie solch ein Kleid anzieht, wenn sie dann doch nur mit Mr. Giovanelli herumsitzt.«

»Unglaublich!« zischte Mrs. Walker, sich abwendend, Winterbourne zu. »*Elle s'affiche, la malheureuse*. Dies ist ihre Rache dafür, daß ich gewagt habe, mich in ihre Angelegenheiten zu mischen. Ich werde kein Wort mit ihr sprechen, wenn sie kommt.«

Obwohl Daisy erst nach elf Uhr kam, gehörte sie nicht zu denen, die bei solchen Anlässen darauf warten, angesprochen zu werden. Strahlend und lieblich kam sie hereingerauscht, kam lächelnd und schwatzend, mit einem großen Bukett und begleitet von Mr. Giovanelli. Alles verstummte und drehte sich um und sah ihr nach, als sie auf Mrs. Walker zuging. »Sie haben sicherlich geglaubt, ich würde überhaupt nicht mehr kommen; aber ich habe ja Mutter vorausgeschickt, damit sie Ihnen Bescheid sagt. Ich wollte, daß Mr. Giovanelli noch ein paar Stücke übt, bevor wir zu Ihnen kämen; er singt nämlich herrlich, und ich möchte gerne, daß Sie ihn auffordern zu singen. Hier ist Mr. Giovanelli; er ist Ihnen ja bereits vorgestellt; er hat eine wunderschöne Stimme und kennt die reizendsten Lieder. Ich habe sie ihn vorhin alle durchsingen lassen; wir haben im Hotel einen köstlichen Abend miteinander verbracht.« All dies gab Daisy voll süßer, lebhafter, lauter Vertraulichkeit von sich, blickte von der Gastgeberin über den Raum und zupfte dabei am Ausschnitt ihres um die schneeweißen Schultern liegenden Kleides. »Ist jemand hier, den ich kenne?« fragte sie und bewies damit, daß sie nicht zu entmutigen war.

»Dafür kennt jeder Sie!« sagte Mrs. Walker absichtsvoll und majestätisch und grüßte Mr. Giovanelli betont flüchtig. Er hielt sich ausgezeichnet, lächelte und verbeugte sich, zeigte seine weißen Zähne, strich seinen Schnurrbart, rollte die Augen und benahm sich genau so, wie sich ein schöner Italiener bei einer Abendgesellschaft benimmt. Er sang höchst charmant ein halbes Dutzend Lieder, wenn auch Mrs. Walker danach erklärte, es sei ihr einfach unerfindlich, wer ihn darum gebeten habe. Offensichtlich war es nicht Daisy, die ihn dazu ermutigt hatte; sie saß in beträchtlicher Entfernung vom Klavier, und mochte sie sich auch in der Öffentlichkeit als seine Mäzenin und Bürgin ausgegeben haben, so unterhielt sie sich doch laut und lebhaft, während er tremolierte.

»Schade, daß die Zimmer hier so klein sind«, sagte sie zu Winterbourne, als wäre sie noch vor fünf Minuten mit ihm zusammen gewesen. »So können wir nicht tanzen.«

»Das bedaure ich nicht«, gestand er rundheraus. »Ich bringe keinen Schritt zuwege.«

»Natürlich bringen sie keinen Schritt zuwege«, stimmte das Mädchen ihm zu. »Ihre Beine müssen doch völlig steif geworden sein von der langen Fahrt in dieser Victoria.«

»Nun, meine Beine waren vor drei Tagen ziemlich unruhig«, sagte er liebenswürdig lachend; »sie wollten nichts weiter, als in Ihrer Begleitung tanzen.«

»Dafür hat ja mein anderer Freund – mein Freund in der Not – zu mir gehalten; er scheint mit seinen Gliedmaßen besser auszukommen als Sie – dies wenigstens muß ich ihm zugestehen. Aber haben Sie je eine solche Unverschämtheit gehört?« fragte Daisy. »Daß Mrs. Walker verlangte, ich solle zu ihr einsteigen und den armen Mr. Giovanelli stehenlassen – unter dem Vorwand, es gehöre sich so? Was die Leute doch für Ansichten haben! Wäre das nicht furchtbar unhöflich gewesen? Seit zehn Tagen schon hatte er nur immer von diesem Spaziergang geredet.«
»Er hätte überhaupt nicht davon reden sollen«, antwortete Winterbourne. »Einer jungen Dame seines Landes hätte er niemals den Vorschlag gemacht, in den Straßen Roms mit ihm herumzuziehen.«
»In den Straßen?« rief sie und sah ihn groß an. »Welchen Ort sollte er ihr denn sonst vorgeschlagen haben? Außerdem ist der Pincio keine Straße; und ich bin Gott sei Dank keine junge Dame dieses Landes. Die jungen Damen dieses Landes müssen sich ja zu Tode langweilen; ich sehe nicht ein, warum ich meine Gewohnheiten wegen solch alberner Gänse ändern sollte.«
»Ich fürchte, Ihre Gewohnheiten sind die einer ausgekochten Koketten«, sagte Winterbourne mit wohlüberlegter Schärfe.
»Natürlich sind sie das!« Sie hoffte offensichtlich, ihm damit den Wind aus den Segeln zu nehmen. »Natürlich bin ich eine ausgekochte, abgefeimte Kokette. Haben sie je von einem netten Mädchen gehört, das keine gewesen wäre? Aber wahrscheinlich werden Sie mir jetzt sagen, ich sei kein nettes Mädchen.«
Er blieb trotz dem Schock über dieses zynische Geständnis ernst. »Sie sind ein sehr nettes Mädchen, aber ich wünschte, Sie würden nur mit mir flirten, mit mir allein!«
»O danke, vielen Dank! Sie sind wirklich der letzte Mann, mit dem ich flirten würde. Wie ich bereits das Vergnügen hatte, Ihnen mitzuteilen, sind Sie mir zu steif.«
»Sie sagen das zu oft«, bemerkte er verärgert.
Daisy lachte entzückt. »Wenn ich die süße Hoffnung hegen dürfte, daß Sie darüber wütend werden könnten, würde ich es gleich noch einmal sagen.«
»Tun Sie es nicht – wenn ich wütend bin, bin ich steifer denn je. Aber wenn Sie schon nicht mit mir flirten wollen, dann hören Sie wenigstens auf, mit Ihrem Freund am Klavier zu flirten.

Man«, erklärte er wie in vollem Einverständnis mit *man*, »versteht hier so etwas nicht.«
»Ich hätte gedacht, man verstünde hier nichts anderes!« entgegnete Daisy mit erstaunlicher Welterfahrung.
»Ja – aber nicht bei jungen unverheirateten Frauen.«
»Ich finde es bei jungen unverheirateten Frauen weitaus anständiger als bei alten verheirateten«, gab sie zurück.
»Sei dem, wie es will«, erwiderte Winterbourne, »wenn Sie es mit Einheimischen zu tun haben, müssen Sie sich nach den örtlichen Gepflogenheiten richten. Der amerikanische Flirt ist eine rein amerikanische Albernheit; er hat – in seiner abgeschmackten Harmlosigkeit – keinen Platz in den Sitten hier. Wenn Sie sich also mit Mr. Giovanelli allein, ohne Ihre Mutter, in der Öffentlichkeit zeigen –«
»Du liebe Güte! Meine arme Mutter!« Damit gab sie auf charmante Weise zu verstehen, daß sie über dieses Thema nicht zu sprechen wünsche.
Winterbourne fühlte dies sofort, änderte jedoch seine Haltung nicht. »Sie mögen vielleicht flirten – aber nicht Mr. Giovanelli; er meint es anders.«
»Nun, jedenfalls predigt er nicht«, entgegnete sie. »Und wenn Sie es genau wissen wollen, wir flirten beide nicht – denken gar nicht daran. Dafür sind wir viel zu gute Freunde. Wir sind ganz intime Freunde.«
Er fand sie in solchen Augenblicken nach wie vor einzigartig. »Ach so!« meinte er. »Wenn Sie ineinander verliebt sind, dann ist es natürlich etwas anderes.«
Da sie ihn bisher hatte so offen sprechen lassen, war er gar nicht auf den Gedanken gekommen, sie durch zwingende Logik zu schockieren; nun aber stand sie abrupt auf, errötete sichtlich und ließ ihn mit dem Schluß zurück, daß der Name der kleinen amerikanischen Koketten *Inkonsequenz* sei. »Mr. Giovanelli«, antwortete sie und gönnte ihm nur einen einzigen, schmalen, sonderbaren Blick, einen schmaleren, sonderbareren Blick, als er ihn je von ihr erhalten hatte – »Mr. Giovanelli sagt zu mir nie solche abscheulichen Dinge.«
Das wirkte. Er starrte sie an. Der Urheber ihres Zwistes hatte zu singen aufgehört; er verließ das Klavier, und sein Dank für das, was in Würdigung dieses Ereignisses peinlicherweise nicht stattfand, hätte dennoch als das unentwegte Verbeugen eines

Operntenors vor dem Vorhang bezeichnet werden können. Und so verbeugte er sich, bis er Daisy erreicht hatte. »Wollen Sie nicht in das andere Zimmer hinüberkommen und Tee trinken?« fragte er und bot damit Mrs. Walkers dünne, wäßrige Erfrischung so großzügig an, als hätte er alle Königreiche der Erde zu vergeben.

Nun endlich zeigte sich Daisy für Winterbourne in einem natürlicheren und verständlicheren Licht. Dies verwirrte ihn allerdings nur noch mehr, denn Daisys unbegründetes Lächeln erklärte erst recht nichts – es schien lediglich eine Sanftheit und Liebenswürdigkeit zu beweisen, die instinktiv sofort alle Beleidigungen verziehen. »Mr. Winterbourne ist es keine Sekunde eingefallen, mir Tee anzubieten«, sagte sie mit der hauchfeinen Lust am Quälen und Triumphieren.

»Ich habe Ihnen dafür meinen besten Rat angeboten«, grollte der junge Mann.

»Ich ziehe schwachen Tee vor!« rief Daisy und rauschte mit dem schönen Giovanelli davon. Dann saß sie für den Rest des Abends neben diesem in der Fensternische des anstoßenden Zimmers. Am Klavier wurde ein beachtliches Spiel geboten, aber keiner der beiden achtete darauf. Als Daisy sich von Mrs. Walker verabschieden wollte, berichtigte die Hausherrin die Schwäche, deren sie sich bei der Ankunft des jungen Mädchens schuldig gemacht hatte: sie kehrte Miß Miller einfach den Rükken und ließ sie gehen, wie sie es mit ihrer Grazie eben vermochte. Winterbourne stand in der Nähe der Tür und sah alles mit an. Daisy erblaßte und blickte zu ihrer Mutter hinüber, aber Mrs. Miller in ihrer Beschränktheit merkte nichts von irgendeinem Bruch gesellschaftlicher Gesetze oder der Abweichung von irgendeinem Brauch. Vielmehr schien sie sogar den unverständlichen Wunsch zu haben, die Aufmerksamkeit auf ihre eigene, nicht zu übersehende Unscheinbarkeit zu lenken. »Gute Nacht, Mrs. Walker«, sagte sie. »Es war ein reizender Abend. Und Sie sehen, wenn Daisy auch ohne mich zu Parties kommt, so lasse ich sie doch nicht ohne mich weggehen.« Daisy wandte sich ab und blickte blaß und schön – von Kopf bis Fuß vernichtete Grazie – auf die bei der Tür Versammelten. Winterbourne spürte, daß sie im Augenblick viel zu schockiert und verwirrt war, um entrüstet zu sein. Er seinerseits war von dem Auftritt tief betroffen.

»Das war hart«, sagte er dann zu Mrs. Walker.

Aber das Gesicht dieser Dame blieb wie aus Stein. »Sie betritt meinen Salon nie wieder.«

Winterbourne, der sie von nun nicht mehr in Mrs. Walkers Salon treffen konnte, ging so oft wie möglich in Mrs. Millers Hotel. Die Damen waren selten anzutreffen, doch wenn er sie vorfand, war stets auch der ergebene Giovanelli anwesend. Oft saß dieser geschniegelte kleine Römer, der sich, wenn auch nicht über Gebühr, in seinem Erfolg sonnte, mit Daisy in dem überladenen Salon unter Eugenios Aufsicht, wohingegen Mrs. Miller anscheinend der Meinung war, Diskretion sei das erste Gebot der Fürsorge. Winterbourne mußte, zu seinem anfänglichen Erstaunen, feststellen, daß Daisy bei solchen Gelegenheiten ob seines Besuches weder verlegen noch verärgert war; gleichzeitig aber hatte er das Gefühl, daß sie ihn nicht mehr überraschen konnte und daß es ihm eigentlich ganz recht war, nicht zu wissen, worauf sie »hinaus wollte«. Sie zeigte nicht die geringste Mißstimmung, wenn ihr *tête-à-tête* mit Giovanelli unterbrochen wurde; sie konnte mit zwei Herren genauso frisch und frei schnattern wie mit einem, und dieser Redefluß erschien ihrem ehemaligen Freund noch immer anomal, eben weil ihr Geschwätz so frei war, sich seiner Freiheit nicht zu bedienen. Winterbourne meinte, wenn sie an dem Italiener ernstlich interessiert wäre, dann könnte es doch nicht mit rechten Dingen zugehen, daß sie nicht im geringsten versuchte, ihre geheiligten Zusammenkünfte vor Störungen zu bewahren – und er mochte sie wegen ihrer unschuldig wirkenden Gleichgültigkeit und unerschöpflichen Heiterkeit nur noch mehr. Er hätte kaum sagen können, warum, aber er fand, sie sei nun einmal ein junges Ding, das sich den Anstrengungen einer Eifersucht nicht gewachsen fühle. Mag der Leser auch über diese Enthüllung lächeln, so war es doch im Hinblick auf die Damen, die ihn bisher beschäftigt hatten, tatsächlich so, daß Winterbourne unter gewissen Umständen vor solchen Damen Angst hatte, im wahrsten Sinne des Wortes Angst. Es schmeichelte ihm, daß er, selbst unter ganz anderen Umständen und wenn Daisy ihn liebte und er dies wüßte und billigte, doch niemals vor Daisy Angst haben könnte. Es muß hinzugefügt werden, daß diese seine Überzeugung Daisy nicht gerade ehrte; sie bewies nur, daß Daisy nichts weiter war als eine leichtfertige Person.

An Giovanelli hingegen war sie offensichtlich sehr interessiert. Sprach er, so schaute sie ihn unverwandt an, und im übrigen sagte sie ihm unablässig, daß er dies oder das tun solle, und nörgelte und kritisierte dauernd an ihm herum. Sie schien völlig vergessen zu haben, daß ihr zweiter Freund ihr bei Mrs. Walkers Empfang einige unliebsame Dinge vorgeworfen hatte. An einem Sonntagnachmittag, als er mit seiner Tante den Petersdom besichtigte, entdeckte Winterbourne, daß die junge Dame, der Schrecken seiner Tante, unter dem Schutz ihres auf dem Corso aufgelesenen Gecken durch die große Kirche wandelte. Es machte ihm Spaß, nach einer kleinen Auseinandersetzung auf das ungewöhnliche Paar hinzuweisen – wenn er damit auch in Kauf nehmen mußte, daß Mrs. Costello, als sie die beiden durch ihr Lorgnon betrachtet hatte, anzüglich sagte: »Darum also bist du in den letzten Tagen so tiefsinnig.«

»Ich soll tiefsinnig sein?« fragte er zurück.

»Du bist völlig geistesabwesend; ständig denkst du an etwas anderes.«

»Und woran«, meinte er, »denke ich deiner Ansicht nach?«

»An das Verhältnis dieser jungen Dame – Miß Bakers, Miß Chandlers, wie heißt sie doch? Miß Millers, mit diesem kleinen Perückenstock.«

»Nennst du das ein Verhältnis?« fragte er – »eine Affäre, die so in aller Öffentlichkeit vor sich geht?«

»Das ist nur ihre Dummheit«, sagte Mrs. Costello, »nicht ihr Verdienst.«

»Nein«, beharrte er, nun vielleicht doch mit einem Schimmer jener Geistesabwesenheit, auf die seine Tante angespielt hatte, »ich will einfach nicht glauben, daß man hier von einem Verhältnis reden kann.«

»Nun ja« – Mrs. Costello ließ ihr Lorgnon sinken – »ich habe jedenfalls schon etliche Leute darüber reden hören; es heißt, sie sei völlig verschossen in ihn.«

»Gewiß, sie sind unzertrennlich«, gab unser junger Mann verlegen zu.

Nach kurzem Schweigen kam Mrs. Costello auf das Thema zurück; und gerade darin sah Winterbourne einen weiteren Beweis – außer dem seiner eigenen Verfassung – für den Reiz, der von dieser Affäre ausging. »Zweifellos sieht er gut aus. Der Fall liegt ziemlich klar. Sie hält ihn für den elegantesten Mann der

Welt, wahrscheinlich sogar für den Gentleman *par excellence*. So etwas wie ihn hat sie nie zuvor gesehen – er übertrifft noch den Reisemarschall. Womöglich war es sogar der Reisemarschall, der ihn bei ihr eingeführt hat, und wenn es ihm gelingen sollte, die junge Dame zu heiraten, bekommt der Reisemarschall bestimmt eine ansehnliche Provision dafür.«

»Ich glaube nicht, daß sie mit dem Gedanken spielt, ihn zu heiraten«, grübelte Winterbourne. »Und ich glaube auch nicht, daß er sich in der Hoffnung wiegt, sie heiraten zu dürfen.«

»Sei überzeugt, sie spielt mit überhaupt keinem Gedanken. Sie taumelt wie ein Schmetterling von Tag zu Tag, von einer Stunde zur andern – als lebte sie im Goldenen Zeitalter. Ich kann mir nichts Ordinäreres vorstellen«, erklärte Mrs. Costello, die sich höchst selten so drastisch ausdrückte. »Außerdem«, setzte sie hinzu, »rechne stets damit, daß sie dir jeden Augenblick eröffnen kann, sie habe sich ›verlobt‹.«

»Das dürfte mehr sein, als Giovanelli erwartet«, sagte Winterbourne.

»Wer ist Giovanelli?«

»Der geschniegelte, aber, um ihm Gerechtigkeit widerfahren zu lassen, nicht schmierige kleine Römer. Ich habe mich über ihn erkundigt und so einiges erfahren. Offenbar ist er ein durchaus rechtschaffener Mann. In gewisser Weise könnte man ihn wohl einen *cavaliere avvocato* nennen. Allerdings, in den sogenannten ersten Kreisen verkehrt er nicht. Es ist tatsächlich nicht ganz ausgeschlossen, daß ihn der Reisemarschall eingeführt hat. Auf jeden Fall ist er von Miß Miller verzaubert. Und wenn sie ihn für den feinsten Gentleman der ganzen Welt hält, dann hat er seinerseits noch nie zuvor mit jemand gesellschaftlich verkehrt, der solchen Glanz, solche Pracht und Eleganz besaß wie Miß Miller. Sie muß ihm unwahrscheinlich schön und interessant vorkommen. Und gerade deshalb dürfte er nicht den geringsten Grund zu der Hoffnung haben, sie erobern zu können; dies muß ihm einfach als unerreichbares Glück erscheinen. Schließlich hat er doch nichts weiter zu bieten als sein hübsches Frätzchen, und überdies gibt es in dem mysteriösen Land der Dollars und sechsläufigen Revolver bestimmt einen recht nüchtern denkenden und vielleicht sogar explosiven Mister Miller. Außerdem weiß Giovanelli nur zu klar, daß er keinen Titel hat. Wäre er wenigstens ein Graf oder ein Marchese – ja dann! Was um alle Welt also verspricht er sich von der Art, mit der sie ihn aufgenommen haben?«

»Er baut auf sein gutes Aussehen und hält Miß Miller für eine junge Dame, *qui se passe ses fantaisies!*«

»Es stimmt«, meinte Winterbourne, »daß Daisy und ihre Mutter noch nicht jenes Stadium – wie soll ich es nennen? – der Kultur erreicht haben, in dem der Gedanke, einen Grafen oder einen Marchese zu erobern, auch nur möglich wäre. Ich halte sie einer solchen Überlegung einfach für unfähig.«

»Ja, aber der *cavaliere avvocato* glaubt ihnen nicht!« entgegnete Mrs. Costello.

Von dem Gerede über Daisys »Verhältnis« erfuhr Winterbourne an jenem Tag im Petersdom noch einiges mehr. Ein Dutzend in Rom ansässige Amerikaner unterhielten sich mit seiner Tante, die auf einem kleinen Mietstuhl vor einer der großen Säulen saß. Während im nahen Chor unter schönen Gesängen und Orgelklängen der Gottesdienst abgehalten wurde, tauschten Mrs. Costello und ihre Freunde ihre Erfahrungen über die arme kleine Miß Miller aus, von der es hieß, daß sie wirklich »zu weit« gehe. Winterbourne war wenig erbaut von dem, was er zu hören bekam, als er jedoch auf die große Freitreppe des Domes hinaustrat, sah er Daisy, welche die Kirche vor ihm verlassen hatte, gerade mit ihrem Begleiter in eine offene Droschke steigen und durch die schamlos alles enthüllenden Straßen Roms dahinrollen, und nun fand er es äußerst einfach, den Verlauf ihrer weiteren Handlungen zu beurteilen. Er bedauerte dies – aber nicht, weil er etwa glaubte, sie habe jetzt völlig den Verstand verloren, sondern weil es ihn schmerzte, ein solch schönes und schutzloses und natürliches Geschöpf in der Achtung seiner Mitmenschen so tief sinken zu sehen. Deshalb versuchte er, Mrs. Miller einen Wink zu geben. Eines Tages traf er auf dem Corso einen Freund, einen Touristen wie er selbst, der gerade aus dem Palast der Doria kam, wo er die herrliche Galerie besichtigt hatte. Sein Freund sprach geraume Zeit über das großartige Porträt Innozenz' X. von Velasquez, das in einem der Kabinette des Palastes hing, und sagte dann: »Übrigens fand ich in demselben Kabinett noch ein Bild ganz anderer Art: die kleine Amerikanerin, die weit mehr ein Werk der Natur als der Kunst ist und die Sie mir letzte Woche gezeigt haben.« Auf Winterbournes Fragen erzählte er ihm, die kleine Amerikanerin –

hübscher denn je – habe mit ihrem Begleiter in jener abgelegenen Nische gesessen, in welcher der Papst einbalsamiert sei.
»Ganz allein?« hörte sich der junge Mann heuchlerisch fragen.
»Allein mit einem kleinen Italiener, der einen ganzen Blumenstrauß im Knopfloch trug. Das Mädchen ist zweifellos eine bezaubernde Schönheit, aber ich hatte Sie neulich so verstanden, sie sei eine junge Dame *du meilleur monde.*«
»Das ist sie auch!« sagte Winterbourne; und nachdem er sich versichert hatte, daß das saubere Paar erst vor zehn Minuten von seinem Freund dort beobachtet worden war, setzte er sich in eine Droschke und fuhr zu Mrs. Miller. Sie war daheim und entschuldigte sich, ihn in Daisys Abwesenheit empfangen zu müssen.
»Sie ist mit Mr. Giovanelli irgendwo hingegangen. Dauernd fährt sie mit Mr. Giovanelli herum.«
»Jaja, ich habe bereits bemerkt, daß sie recht vertraulich miteinander sind«, erklärte Winterbourne.
»Ja, man möchte fast meinen, sie könnten nicht ohne einander leben«, sagte Mrs. Miller. »Nun, er ist wenigstens ein Gentleman. Ich necke Daisy schon immer damit, daß sie sich jetzt wohl verloben müsse.«
»Und wie nimmt Ihre Tochter diese Neckerei auf?«
»Sagt einfach, sie wolle nicht. Aber sie könnte genausogut verlobt sein«, meinte die fatalistische Mutter. »Jedenfalls benimmt sie sich, als wäre sie es. Ich habe mir aber von Mr. Giovanelli versprechen lassen, daß er es mir sagt, wenn Daisy nicht will. Ich möchte nämlich Mr. Miller von all dem schreiben – täten Sie das nicht auch?«
Winterbourne antwortete, daß er dies bestimmt täte; im übrigen erschien ihm die Haltung von Daisys Mutter in den Annalen elterlicher Wachsamkeit so einmalig, daß er sich zurückzog, ohne den Versuch gemacht zu haben, an ihr Gewissen oder ihre Vernunft zu appellieren.
Seitdem traf er Daisy nie mehr zu Hause an und sah sie auch in den Häusern ihrer gemeinsamen Bekannten nicht mehr, denn diese mißtrauische Gesellschaft war sich, wie ihm schien, darüber einig, wie weit die junge Dame inzwischen gegangen sei. Sie luden sie nicht mehr ein und gaben zu, sie wollten den scharf beobachtenden Europäern klar und deutlich zu verstehen geben, daß Miß Daisy Miller zwar ein schönes amerikanisches Mädchen, ihr Benehmen aber ganz und gar nicht schön sei,

sondern von ihren Landsleuten für geradezu skandalös gehalten werde. Winterbourne hätte zu gerne gewußt, was sie bei all den kalten Schultern, die man ihr zeigte, wohl empfand, und manchmal verdächtigte er sie gereizt, daß sie überhaupt nichts empfinde und merke. Er nannte sie im stillen hoffnungslos kindisch und oberflächlich, die Inkarnation eines Leichtsinns und Unwissens, wie man sie weder zu billigen noch zu ertragen vermöge. Dann wieder brachte er es nicht fertig, daran zu zweifeln, daß in ihrem hübschen, aber verantwortungslosen Köpfchen ein sehr trotziges, leidenschaftliches und wohl wissendes Bewußtsein über den Eindruck, den sie machte, leben müsse. Er fragte sich dann, ob dieser Trotz aus dem Wissen um die Unschuld komme oder daher, daß sie ein junges Geschöpf einer unkultivierten Bildungsschicht sei. Er mußte allerdings zugeben: der Glaube an ihre »Unschuld« wurde ausschließlich zu einer Frage der Galanterie, so daß man nichts mit ihm anfangen konnte. Wie ich bereits Gelegenheit hatte zu berichten, mußte er sich darauf beschränken, logische Gedankengänge mehr oder weniger lustlos zu verfolgen, sich über seine Fehlbarkeit zu ärgern und nach der instinktiven Gewißheit zu sehnen, wieweit ihre Extravaganz ererbt und national bedingt oder wieweit rein individuell sei. Doch wie dem auch sein mochte; sie war ihm durch sein Ungeschick entglitten, und nun war es zu spät. Sie war in Mr. Giovanelli »verschossen«.

Wenige Tage nach dem kurzen Besuch bei ihrer Mutter traf er sie auf jenem höchsten Ort blühender Einöde, welcher der Palast der Cäsaren heißt. Der römische Frühling schwängerte die Luft mit Blütenduft, und das verwitterte Gestein des Palatins war bedeckt mit zartem Grün. Daisy schlenderte zwischen den Ruinen dahin, die gesäumt sind von moosbewachsenem Marmor und gepflastert mit monumentalen Inschriften. Noch nie war ihm Rom so herrlich erschienen. Er genoß die bezaubernde Harmonie der Linien und Farben, die in der Ferne die Stadt umrahmten, atmete die feuchtwarme Luft und fühlte, wie die Frische des Jahres und das Alter dieses Ortes sich untrennbar verwoben. Auch Daisy war seinem Blick noch nie so schön erschienen – aber dies war ein Eindruck, den er bei jeder Begegnung von neuem hatte. Natürlich war Giovanelli bei ihr, und auch Giovanelli erglühte wie nie zuvor im Siegesbewußtsein seiner Rasse.

»Sagen Sie«, rief Daisy und stürzte sich auf den Freund, von dem es einfach lächerlich gewesen wäre, ihn Giovanellis Rivalen zu nennen, »Sie müssen sich doch entsetzlich einsam vorkommen!«
»Einsam?« echote Winterbourne resigniert.
»Immer laufen Sie nur allein herum. Läßt sich denn niemand für Sie finden, der Sie begleitet?«
»Leider«, antwortete er, »habe ich nicht solches Glück wie Ihr Kavalier.«
Giovanelli hatte ihn von Anfang an mit ausgesuchter Höflichkeit behandelt; er lauschte unterwürfig allen seinen Reden, lachte pflichtschuldig zu seinen Späßen und schenkte Miß Millers kühlem Landsmann jede nur mögliche Beachtung. Jedenfalls benahm er sich in keiner Weise wie ein eifersüchtiger Liebhaber. Offensichtlich besaß er ein ausgeprägtes Taktgefühl und nahm es nicht übel, daß jeder einen gewissen Respekt von ihm erwartete. Winterbourne kam es sogar manchmal vor, als sehnte sich Giovanelli aus seinem Wirklichkeitssinn heraus nach einer Möglichkeit, sich vertraulich mitzuteilen, ihm wie jeder andere intelligente Mann zu sagen, daß er durchaus wisse, wie außergewöhnlich die junge Dame sei, und daß er keineswegs die dreiste – zumindest nicht gar zu dreiste und trügerische – Hoffnung auf Ehestand und Dollars hege. Nun schlenderte er einige Schritte von seinem reizenden Schützling beiseite, um einen blühenden Mandelzweig zu brechen, den er umständlich in seinem Knopfloch arrangierte.
»Ich weiß, warum Sie das sagen«, meinte Daisy dann. »Weil Sie finden, daß ich zu viel mit ihm ausgehe!« Und sie nickte ihrem diskreten Beschützer zu.
»Das denkt jeder – falls Sie es interessiert«, war alles, was Winterbourne darauf zu antworten vermochte.
»Natürlich interessiert es mich!« stellte sie betont fest. »Aber ich glaube kein Wort davon. Die tun doch alle nur so, als wären sie schockiert. Im Grunde ist es ihnen völlig gleich, was ich mache. Im übrigen gehe ich gar nicht viel aus.«
»Sie werden schon noch merken, daß sie nicht nur so tun. Sie werden es Ihnen beweisen – auf recht unangenehme Weise beweisen«, erklärte er.
Daisy erwog diese bedeutsame Warnung. »Was heißt unangenehm?«

»Haben Sie noch nichts gemerkt?« fragte er mitfühlend.
»Ich habe Sie bemerkt. Aber Sie sind seit unserer ersten Begegnung genauso steif geblieben wie ein Ladestock.«
»Sie werden schon noch dahinterkommen, daß ich längst nicht so ›steif‹ bin wie manch anderer«, sagte er nachsichtig lächelnd.
»Wie soll ich denn dahinterkommen?«
»Indem Sie den andern einen Besuch machen.«
»Und was werden sie dann tun?«
»Sie werden Ihnen die kalte Schulter zeigen. Wissen Sie, was das bedeutet?«
Daisy betrachtete ihn forschend und errötete. »Sie meinen, so wie Mrs. Walker an jenem Abend?«
»Genauso wie Mrs. Walker an jenem Abend.«
Sie blickte zu Giovanelli hinüber, der sich noch immer mit seinem Mandelzweig herausputzte. Dann widmete sie wieder ihre ganze Aufmerksamkeit dem entscheidenden Thema. »Ich kann mir nicht denken, daß Sie eine solche Unfreundlichkeit zulassen würden.«
»Wie sollte ich es verhindern?«
»Ich hätte gedacht, Sie würden etwas dagegen sagen.«
»Ich würde auch gerne etwas sagen« – Winterbourne stockte einen Augenblick. »Ich würde sagen, daß Ihre Mutter mir erzählt hat, sie glaube, daß Sie sich als verlobt betrachteten.«
»Ja, das glaubt sie wohl«, antwortete Daisy schlicht.
Der junge Mann lachte hell auf. »Glaubt Randolph es auch?«
»Ich glaube kaum, daß Randolph überhaupt etwas glaubt.«
Diese Bestätigung von Randolphs Skeptizismus erregte erneut Winterbournes Heiterkeit. Da sah er Giovanelli zu ihnen zurückkehren. Daisy, die es ebenfalls bemerkt hatte, wandte sich erneut an ihren Landsmann. »Da Sie nun schon einmal davon sprechen – ich bin wirklich verlobt.« Er sah sie durchdringend an; das Lachen war ihm vergangen. »Sie glauben mir wohl nicht?« fügte sie hinzu.
Das fragte er sich selbst, und einen Augenblick war ihm, als fühlte er seinen Puls. Dann sagte er: »Doch, ich glaube es.«
»Nein, Sie glauben es nicht«, entgegnete sie. »Aber selbst wenn Sie es glauben«, folgerte sie ohne jede Logik, »dann glaube ich es nicht!«
Miß Miller und ihr standhafter Begleiter waren auf dem Weg zum Tor der Einfriedung, so daß Winterbourne, der eben erst

gekommen war, sich hier von ihnen verabschiedete. Eine Woche später war er zum Dinner in einer herrlichen Villa auf dem Monte Caelio eingeladen und entließ dort nach seiner Ankunft den gemieteten Wagen. Es war ein schöner Abend, und er freute sich schon jetzt darauf, zu Fuß nach Hause zu gehen, unter dem Konstantinsbogen hindurch und an den schwach erhellten Monumenten des Forums vorbei. Der Halbmond, der durch einen ihn verschleiernden und zugleich vergrößernden dünnen Wolkenvorhang wanderte, gab nicht einmal einen matten Schein. Als sich Winterbourne nach Verlassen der Villa um elf Uhr dem düsteren Rund des Kolosseums näherte, regte sich in ihm sein romantischer Sinn, und er sagte sich, das Innere müsse bei solch einem Licht doch wohl einen Blick wert sein. So schritt er auf einen der Bögen zu, neben dem, wie ihm auffiel, ein offener Wagen – eine der kleinen römischen Straßendroschken – stand. Er ging vorbei, wurde von dem höhlenartigen Schatten des gewaltigen Bauwerks verschluckt und trat dann hinaus in die helle, schweigende Arena. Noch nie hatte ihn dieser Ort so beeindruckt. Die eine Hälfte des gigantischen Zirkus lag in tiefem Schwarz, während die andere im Halbdunkel schlief. Als er dieses Bild in sich aufnahm, sprach er leise Byrons berühmte Zeilen aus *Manfred;* aber noch ehe er das Zitat beendet hatte, erinnerte er sich, daß seine nächtliche Meditation zwar die Frucht einer reichen literarischen Bildung war, daß sie jedoch vom ärztlichen Standpunkt aus nicht gebilligt werden konnte. Wenn ihn auch die Luft vergangener Zeitalter umgab, so blieb sie doch, nüchtern betrachtet, ein bösartiger Krankheitsherd. Winterbourne wollte daher nur noch einen Blick in die Mitte der Arena werfen und sich dann schnell zurückziehen. Das große Kreuz im Zentrum stand völlig im Dunkel; erst als er sich ihm näherte, konnte er es erkennen. Im selben Augenblick bemerkte er auf der untersten Stufe des Sockels zwei Menschen: eine sitzende Frau, neben der ein Mann stand.

Unvermittelt klang die Stimme der Frau in der warmen Nachtluft deutlich an Winterbournes Ohr. »Er schaut uns an, wie die Löwen und Tiger damals die christlichen Märtyrer angeschaut haben mögen!« Die Worte hatten einen schwingenden Akzent, flatterten und ließen sich dann im Dunkel um ihn nieder, gleich weißen Tauben. Es war Miß Daisy Miller, die sie hatte fliegen lassen.

»Hoffen wir nur, daß er nicht zu hungrig ist«, antwortete der höfliche Giovanelli auf ihren Scherz. »Jedenfalls wird er mich zuerst verspeisen müssen; Sie wird er sich zum Nachtisch aufheben.«

Winterbourne durchfuhr lähmender Schrecken – und gleich darauf große Erleichterung. Plötzlich war an die Stelle der Zweideutigkeit dieses jungen Mädchens Klarheit getreten, und das Labyrinth ihrer Widersprüche ließ sich nun mühelos entwirren. Sie war eine junge Dame, über deren Schattenseiten und Verdrehtheiten sich ein närrischer, übertölpelter Gentleman wahrlich nicht länger Kopf oder Herz zu zerbrechen brauchte. Diese einst fragwürdige Gestalt hatte nämlich gar keine Schattenseiten – sie war nur ein kleiner, schwarzer Schmutzfleck. Er stand und schaute zu ihr und ihrem Begleiter hinüber und machte sich dabei gar nicht klar, daß er die beiden zwar nur undeutlich wahrnehmen konnte, sie ihn aber klar erkennen mußten. Er war wütend auf all seine widerstreitenden Gefühle für sie, schämte sich seiner zärtlichen Skrupel und seiner geistlosen Gunstbezeigungen. Er wollte auf die beiden zugehen, hielt sich dann aber zurück: nicht aus Angst, ihr Unrecht zu tun, sondern aus Furcht, er könne sich ob seiner Erleichterung, nicht mehr vorsichtig und kritisch sein zu müssen, von einer unpassenden Heiterkeit hinreißen lassen. Er wandte sich ab und schritt zum Eingang zurück; aber da hörte er erneut Daisys Stimme.

»Mein Gott, das war Mr. Winterbourne! Er hat mich gesehen und getan, als hätte er mich nicht erkannt.«

Wie klug sie doch, dachte er, in ihrer Verworfenheit ist, wie geschickt sie zu manövrieren versteht, wie schnell sie mich auszuspielen weiß: ganz überraschte, verletzte Unschuld! Aber nichts konnte ihn dazu bewegen, sie noch immer zu ignorieren oder sich in ansehnlicher Entfernung von ihrem »bißchen Leben« zu halten. Abermals ging er auf das große Kreuz zu. Daisy war aufgestanden, und Giovanelli hatte den Hut abgenommen. Winterbourne dachte nur noch an den Irrsinn, ein derart zartes junges Geschöpf stundenlang in einem solchen Malarianest zurückzuhalten. Selbst wenn sie die offenkundigste aller Verworfenen war, so durfte dies doch kein Grund sein, sie an Perniciosa sterben zu lassen.

»Wie lange hocken Sie denn schon hier herum?« fragte er bewußt brutal.

Daisy, die in dem jetzt matten Silberschein bezaubernd aussah, nahm ihn, wie er war, samt seiner Brutalität. »Schon den ganzen Abend«, antwortete sie herausfordernd und, wie er auch jetzt merkte, leicht übertrieben. »Ich habe noch nie etwas so Altmodisches gesehen.«
»Ich bin überzeugt«, gab er zurück, »daß Sie einen Anfall von Sumpffieber weniger altmodisch fänden. Hier holen Sie es sich nämlich am schnellsten. Ich bin erstaunt«, setzte er, zu Giovanelli gewandt hinzu, »daß Sie als geborener Römer einen derartigen Leichtsinn noch unterstützen.«
»Ach«, sagte dieser hartgesottene Mensch, »um mich habe ich keine Angst.«
»Ich auch nicht – um Sie nicht!« rief Winterbourne auf französisch. »Ich spreche von der jungen Dame.«
Giovanelli hob die schön geschwungenen Augenbrauen und zeigte seine blitzenden Zähne, nahm die Kritik jedoch gelassen hin. »Ich habe Mademoiselle versichert, sie handle höchst unbesonnen, aber wann war Mademoiselle je vernünftig?«
»Ich war noch nie krank, und ich habe es auch künftig nicht vor!« erklärte Mademoiselle. »Ich sehe zwar nicht gerade stabil aus, aber ich bin trotzdem gesund! Ich *mußte* das Kolosseum bei Mondschein sehen. Vorher wäre ich niemals heimgefahren. Und es war doch ein herrlicher Abend, oder nicht, Mr. Giovanelli? Wenn es hier wirklich so gefährlich war, kann mir Eugenio ja immer noch ein paar Pillen geben. Eugenio hat ausgezeichnete Pillen.«
»Dann würde ich Ihnen raten«, sagte Winterbourne, »so schnell wie möglich nach Hause zu fahren und eine zu nehmen.«
Giovanelli lächelte, als faszinierte ihn diese Idee. »Sehr vernünftig, was Sie da sagen. Ich schaue wohl besser nach dem Wagen.« Und leichtfüßig ging er davon.
Daisy folgte ihm mit Winterbourne. Er wollte sich den nadelfeinen, stechenden Schmerz ersparen, sie anzusehen, aber seine Augen weigerten sich, ihn zu verschonen, und überdies schien sie nicht im geringsten verlegen zu sein. Er sprach kein Wort; Daisy dagegen plapperte über die Schönheit dieses Ortes: »Nun habe ich doch wenigstens das Kolosseum bei Mondschein gesehen – damit kann ich jetzt großtun.« Dann erst bemerkte sie das Schweigen ihres Begleiters und fragte ihn, warum er so steif sei – das war ja schon immer ihr Lieblingswort gewesen.

Wenn er auch nicht antwortete, so verleugnete doch sein Lachen jede Steifheit. Sie gingen unter einem der nachtschwarzen Bögen hindurch; vor ihnen stand Giovanelli neben dem Wagen. Daisy verhielt den Schritt und blickte ihren Landsmann an. »Haben Sie damals eigentlich geglaubt, daß ich verlobt sei?«
»Heute dürfte es wohl nicht mehr von Belang sein, was ich damals geglaubt habe«, erwiderte er entschieden.
Es blieb schwer begreiflich, warum sie nicht zusammenzuckte. »Na schön – und was glauben Sie jetzt?«
»Ich glaube, es macht wenig aus, ob Sie verlobt sind oder nicht.«
Er ahnte, daß ihre hellen Augen das Düster des gewölbten Ganges durchdrangen – als suchte sie eine Brücke zu ihm, die sie bisher nicht gefunden. Doch Giovanelli war, mit charmanter Inkonsequenz, auf einmal für einen hastigen Aufbruch. »Schnell; schnell. Wenn wir vor Mitternacht heimkommen, kann gar nichts passieren.«
Daisy stieg in den Wagen, und der glückliche Italiener setzte sich neben sie. »Und vergessen Sie nicht Eugenios Pillen!« rief Winterbourne ihr nach, wobei er seinen Hut zog.
»Es ist mir ganz egal«, schrie sie zurück, »ob ich das Sumpffieber bekomme oder nicht!« Der Droschkenkutscher knallte mit der Peitsche, und sie rollten über die holprigen Steine des antiken Pflasters davon.
Winterbourne – hierin muß man ihm Gerechtigkeit widerfahren lassen – erwähnte bei keinem Menschen, daß er Miß Miller um Mitternacht mit einem Herrn im Kolosseum ertappt hatte; trotz seiner Diskretion jedoch war diese Tatsache bei den Mitgliedern der kleinen amerikanischen Kolonie schon wenige Tage später samt allen möglichen Details bekannt und wurde entsprechend kommentiert. Winterbourne schloß daraus, daß die Leute im Hotel ermächtigt worden waren, alles zu erzählen, und daß Daisy nach ihrer Rückkehr zweifellos von dem Pförtner und dem Droschkenkutscher durchgehechelt worden war. Im selben Augenblick wurde dem jungen Mann auch klar, daß ihn der Klatsch des Gesindes über diese kleine amerikanische Kokette in keiner Weise mehr aufzuregen vermochte. Aus der gleichen sprudelnden Quelle der Kritik erfuhr man schon bald darauf eine neue Nachricht: die kleine amerikanische Kokette war ernstlich erkrankt, und jetzt beherrschten die Ärzte die Szene. Als Winterbourne davon hörte, suchte er sofort das

Hotel auf. Dort mußte er feststellen, daß ein paar menschenfreundliche Bekannte schon vor ihm gekommen waren und in Mrs. Millers Salon von dem der Situation durchaus gewachsenen Randolph unterhalten wurden.

»Das Herumlaufen bei Nacht war schuld – darum ist sie jetzt krank. Immer läuft sie nachts herum. Ich verstehe gar nicht, was sie daran findet – hier ist es doch überall gräßlich dunkel. Wenn nicht gerade der Mond scheint, sieht man rein gar nichts. In Amerika geht man nicht bei Mondschein spazieren.« Mrs. Miller gab sich inzwischen völlig ihrer Gabe hin, unsichtbar zu bleiben; der Salon bekam sie weniger zu Gesicht denn je, und wahrscheinlich schenkte sie ihrer Tochter nun endlich das Glück ihrer Gesellschaft. Es bestand kein Zweifel darüber, daß Daisy lebensgefährlich krank war.

Winterbourne sprach regelmäßig vor, um Nachrichten aus dem Krankenzimmer zu erhalten; sie gelangten zwar zu ihm, aber mit Besorgnis erregender Indirektheit; das eine Mal konnte er kurz den Arzt des armen Mädchens sprechen, das andere Mal Mrs. Miller, die in ihrer Todesangst so wohltuend lebhaft war, wie er es nie erwartet hätte, und eine völlig lautlose und sehr geschickte Krankenschwester zu sein schien. Wieder und wieder beschwor sie den fernen Schatten des Dr. Davis; trotzdem zollte Winterbourne ihr das Kompliment, sie nicht mehr für eine dumme Gans zu halten. Zu dieser Nachsicht bewegte ihn außerdem etwas, das sie womöglich mit einem gewissen Hintergedanken zu ihm sagte. »Daisy hat gestern so lieb von Ihnen gesprochen. Meistens weiß sie zwar gar nicht, was sie redet, aber ich glaube, da wußte sie es doch. Sie hat mich gebeten, ich solle Ihnen etwas ausrichten. Sie möchten ihr doch glauben, daß sie niemals mit dem schönen Italiener, der dauernd um sie herum war, verlobt gewesen sei. Ehrlich gesagt, bin ich sehr froh darüber; Mr. Giovanelli hat sich, seit sie krank ist, nicht mehr blicken lassen. Ich hatte ihn für einen Gentleman gehalten, aber nun benimmt er sich alles andere als höflich. Eine Dame hat mir erzählt, daß er fürchte, ich könnte wegen seiner häufigen abendlichen Spaziergänge mit Daisy ungehalten sein. Natürlich sind ihre Abende nicht so glücklich ausgelaufen wie die unseren, da uns das Gift nun einmal nichts anhaben konnte. Ich verstehe ihn einfach nicht; er muß doch wissen, daß ich eine Dame bin und jede Szene unter meiner Würde

finde. Nun, wie dem auch sei, sie möchte Ihnen jedenfalls mitteilen, daß sie nicht verlobt ist. Ich weiß nicht, warum ihr das so wichtig ist, aber sie hat mich mindestens dreimal gebeten: ›Vergiß nicht, es Mr. Winterbourne zu sagen‹. Und dann hat sie mich gebeten, ich solle Sie fragen, ob Sie noch wüßten, wie Sie damals in der Schweiz mit ihr zum Schloß gegangen seien. Ich hab' ihr gesagt, so etwas richte ich nicht aus. Aber wenn sie nicht verlobt ist, so muß ich sagen: mir kann das nur recht sein.«
Doch diese Frage besaß, wie Winterbourne sofort vermutet hatte, wenig Wirklichkeitswert. Eine Woche später starb das arme Mädchen; es war tatsächlich ein schwerer Fall von Perniciosa gewesen. Auf dem kleinen protestantischen Friedhof wurde ein Grab für sie ausgesucht, in einer Ecke der römischen Stadtmauer unter Zypressen und üppig blühenden Frühlingsblumen. Winterbourne stand unter den anderen Leidtragenden, von denen weit mehr gekommen waren, als man es nach dem Skandal über den Lebenswandel der jungen Dame hätte erwarten dürfen. In seiner Nähe stand Giovanelli, der später dann auf Winterbourne zukam, noch ehe sich dieser abwenden konnte. Giovanelli, geziemend in Schwarz, war aschfahl; in seinem Knopfloch fehlte der Blumenstrauß, und offensichtlich hatte er etwas Dringliches und ihn Quälendes zu sagen, von dem er nicht wußte, wie er es ausdrücken sollte. Schließlich zwang er sich, blaß und verkrampft, es Winterbourne anzuvertrauen.
»Sie war die schönste junge Dame, die ich je gesehen habe – und die liebenswerteste.« Und gleich darauf fügte er hinzu: »Und – natürlich! – die unschuldigste.«
Winterbourne forschte mit nüchternem, hartem Blick in seinem Gesicht und wiederholte die Worte: »Die unschuldigste?«
»Die unschuldigste!«
Diese Feststellung kam um so vieles zu spät, daß unser Freund kaum zu begreifen vermochte, wie sie überhaupt noch hatte kommen können. »Warum zum Teufel«, fragte er, »haben Sie das Mädchen bloß zu dem Unglücksort geschleppt?«
Giovanelli hob die schmalen Schultern und Brauen, um damit jeden Verdacht abzuwehren. »Meinetwegen brauchte ich keine Angst zu haben; und sie – sie tat ja doch immer, was sie wollte.«
Winterbourne blickte zur Erde. »Sie tat immer nur, was sie wollte.«

Dies entlockte Giovanelli noch eine weitere Vertraulichkeit, ein weiteres Geständnis. »Wäre sie am Leben geblieben, ich hätte nichts davon gehabt. Sie würde mich niemals geheiratet haben.« Mit dieser Offenheit wollte er ehrlich bezeugen, daß er keinerlei Absichten gehegt habe, aber Winterbourne wußte wahrhaftig nicht, was er daraufhin sagen sollte. Schließlich ließ er sich zu einer Antwort herbei, die hinter der Grazie seines Freundes weit zurückstand. »Wohl kaum.«

Giovanelli war aber nicht einmal durch diese Abfuhr zu entmutigen. »Manchmal hoffte ich es ja. Aber nein. Ich weiß es sicher.«

Winterbourne hörte abwesend zu und starrte auf den aufgeworfenen Hügel zwischen den April-Gänseblümchen. Als er wieder aufblickte, war sein Leidensgefährte gegangen.

Kurz darauf verließ Winterbourne Rom, traf jedoch im Sommer seine Tante in Vevey wieder. Mrs. Costello gewann dem bezaubernden alten Hotel immer wieder einen Reiz ab, dessen Geheimnis der Familie Miller verschlossen geblieben war. In all den vergangenen Monaten hatte Winterbourne oft an die interessanteste Gestalt dieses Trios denken müssen – an ihr verwirrendes Auftreten und ihre seltsamen Abenteuer. Eines Tages sprach er mit seiner Tante über sie und sagte dabei, es belaste sein Gewissen, daß er ihr Unrecht getan habe.

»Mag sein – aber ich kann es natürlich nicht beurteilen.« Die alte Dame war vorsichtig. »Wie hat sie deine Ungerechtigkeit denn aufgenommen?«

»Sie hat mir vor ihrem Tod etwas ausrichten lassen, das ich aber damals nicht begriffen habe. Inzwischen jedoch habe ich es begriffen: sie hatte nur den einen Wunsch, einem Hochachtung abzuringen.«

»Dafür hat sie sich aber einen recht merkwürdigen Weg ausgewählt. Willst du damit sagen«, fragte Mrs. Costello, »daß sie deine Zuneigung erwidert haben würde?«

Als er darauf keine Antwort gab, wandte sie sich schließlich, da er nicht in ihrem Blickfeld saß, nach ihm um. Die Wirkung ihrer Worte jedoch verwehrte es ihr, die Frage zu wiederholen. Es währte einige Zeit, bis er endlich sagte: »Du hattest mit deiner Bemerkung im letzten Sommer ganz recht. Mir blieb gar nichts anderes übrig, als einen Fehler zu machen. Ich habe zu lange im Ausland gelebt!« Und diesmal wußte selbst sie nichts zu erwidern.

Dennoch fuhr er bald nach Genf zurück, wo er auch weiterhin zu leben gedachte – und von wo die widersprüchlichsten Berichte über die Beweggründe seines Bleibens herüberdringen. Einmal heißt es, er »studiere« eifrig, dann wieder, er sei ungemein in Anspruch genommen von einer außerordentlich geistreichen Ausländerin.

# DER AUTOR VON »BELTRAFFIO«
[1885]

## I

Sosehr mir auch daran lag, ihn kennenzulernen, so hatte ich doch meinen Empfehlungsbrief über drei Wochen in der Tasche herumgetragen. Ich sah der Begegnung recht nervös und schüchtern entgegen – im Bewußtsein meiner Jugend und Unwissenheit und davon überzeugt, daß er von Fremden, vor allem meinen Landsleuten, ständig belästigt werde, ganz abgesehen von dem naheliegenden Verdacht, er besitze nicht nur die Gaben, sondern auch die Reizbarkeit des Genies. Überdies würde meine Freude, falls es überhaupt soweit käme (denn ich konnte noch immer nicht glauben, daß sie sich schon so bald verwirklichen sollte), so groß sein, daß ich sie mir vorher noch eine Weile ausmalen, in meiner Tasche fühlen und auf keinen Fall vermengen wollte mit oberflächlichen und alltäglichen Vergnügen. In dem kleinen Spiel der Sensationen, das ich erfinderisch immer wieder neu zu variieren wußte, wollte ich meinen Besuch bei dem Autor von *Beltraffio* als Trumpf zurückbehalten. Dieses faszinierende Werk war vor drei Jahren erschienen, und seitdem hatte ich es mehr als fünfmal gelesen, und auch heute, mit reiferem Urteil, bewundere ich es fast noch genauso wie einst. Damit dürfte der Leser darüber orientiert sein, zu welcher Zeit ich meinen ersten Besuch (von unbestimmter Dauer) in England machte; denn den Tumult – um nicht zu sagen: Skandal –, der durch Mark Ambients Meisterwerk entstanden war, dürfte noch kaum jemand vergessen haben. Es war das überzeugendste Buch über das Evangelium der Kunst, das je geschrieben worden war; es war ein ästhetischer Schlachtruf. Natürlich hatten sich die Leute schon immer bemüht, der »Wahrheit« mit dem Schnitt ihrer Anzüge und dem Stil ihres Büfetts näherzukommen; und dennoch hatte es unter den englischen Romanen bisher keinen gegeben, der von solch formaler Schönheit und thematisch so bedeutsam gewesen war. Kurz: von den Vertretern des *l'art pour l'art* war bis dahin noch nichts geleistet worden. Ich darf dabei hinzufügen, daß ich mit Fünfundzwanzig ebenfalls zu ihnen gehört habe; ob sich daran inzwischen etwas geändert hat, möchte ich hier nicht entscheiden – zumal dies der urteilsfähige Leser selbst herausfinden wird. Ich war zu der erwähnten Zeit bereits seit zwölf Monaten in England und hatte erfahren, daß sich Mr. Ambient im Ausland befand; er machte gerade eine große Reise durch den Fernen Osten. So konnte ich nichts weiter tun, als meinen Brief in der Tasche behalten, bis ich wieder nach London käme. Es nützte mir nicht viel, zu hören, daß seine Frau mit ihrem Jungen in England geblieben sei, ihrem einzigen Kind, und während der Abwesenheit ihres Mannes – immerhin etliche Monate – in ihrem kleinen Haus in Surrey wohne. Ihr Londoner Haus hätten sie vermietet. All dies erzählte man mir, überdies auch, daß Mrs. Ambient eine charmante Frau sei (mein Freund, der amerikanische Dichter, von dem ich das Empfehlungsschreiben erhalten, hatte sie nie kennengelernt – er unterhielt zu dem berühmten Mann ausschließlich briefliche Beziehungen); aber da sie, mochte sie auch lange genug im Schatten des Lorbeers gelebt haben, schließlich nicht der Autor von *Beltraffio* war, fuhr ich nicht zu einem Besuch nach Surrey. Ich fuhr vielmehr hinüber auf den Kontinent, verbrachte den Winter in Italien und kehrte erst im Mai nach London zurück. Mein Aufenthalt in Italien hatte mir den Blick für vieles geöffnet – für nichts jedoch mehr als für die Schönheit gewisser Passagen in den Werken von Mark Ambient. Ich trug seine sämtlichen Bücher in meiner Reisetasche – wie der Leser weiß, sind es nicht viele, immerhin aber hat er mit ein paar ausgezeichneten Arbeiten zu *Beltraffio* übergeleitet –, und an den Abenden im Hotel las ich meistens darin. Und dabei sagte ich mir dann, dieser Mann, der solche Charaktere zeichne und solch einen Stil schreibe, verstehe wahrhaftig, was er sehe, und wisse durchaus, was er leiste. Nur deshalb erwähne ich diesen Winter in Italien. Er selbst war in früheren Jahren öfters hier gewesen und besaß, was die Maler einen »Sinn« für dieses klassische Land nennen. Er beschrieb den Zauber der alten Hügelstädte in der Toskana, den Blick über einsame, grasüberwucherte Stätten, die in alter Zeit von Leben pulsiert hatten; er verstand die großen Künstler, er verstand einfach alles. Der Schauplatz eines seiner früheren Romane war Rom, ein anderer spielte in Florenz, und nun ging ich durch diese Städte in Gesellschaft jener Gestalten, die Mark Ambient so fest auf die Füße gestellt hatte. Und darum war ich jetzt noch viel glücklicher als je ob der Aussicht, seine Bekanntschaft machen zu dürfen.

Als ich der Vorfreude lange genug gefrönt hatte, schickte ich ihm das Schreiben des amerikanischen Dichters. Er hatte die Stadt bereits verlassen; da er von dem Trubel der Londoner Saison zurückschreckte, verschwand er stets schon am ersten Juni. Zudem hatte ich gehört, daß er konzentriert an einem neuen Buch arbeite, in das einige seiner Eindrücke aus dem Fernen Osten verwoben werden sollten, weshalb er sehr der Ruhe bedürfe. Obwohl ich dies alles wußte, hinderte mich nichts daran – *cet âge est sans pitié* –, mit dem Brief meines Freundes auch ein paar Zeilen von mir mitzusenden, in denen ich anfragte, ob ich ihn für ein oder zwei Stunden sehen könne, an einem Tag, den er selber bestimmen möge. Ich schloß meine Bitte mit dem offenen Ausdruck meiner Empfindungen, und die Wirkung meines Schreibens war, daß der große Mann mir eine ausnehmend freundliche Einladung sandte. Er werde, so schrieb er, sich sehr freuen, mich zu sehen, vor allem dann, wenn ich am folgenden Samstag kommen und bis Montagmorgen bleiben könne. Wir würden einen Spaziergang durch die Landschaft von Surrey machen, und dabei müsse ich ihm von dem andern großen Mann in Amerika erzählen. Er hatte mir den günstigsten Zug notiert, und man kann sich wohl vorstellen, daß ich am kommenden Samstag pünktlich in Waterloo eintraf. Er ging in seinem Entgegenkommen sogar so weit, mich auf dem kleinen Bahnhof abzuholen, und mein Herz schlug schneller, als ich das schöne, von einem weichen Filzhut beschattete Gesicht erblickte, das mir bereits von der gerahmten Photographie auf meinem Kaminsims her vertraut war und das nun forschend die Wagenfenster des einlaufenden Zuges absuchte. Er erkannte mich ebenso sicher wie ich ihn; offensichtlich wußte er instinktiv, wie ein amerikanischer Jünger der Ästhetik, der zwischen Ungeduld und Zurückhaltung hin- und hergerissen war, aussehen müsse. Er ergriff meine Hand, lächelte und meinte: »Sie können niemand anders als – hm – Sie sein!« Und dann fragte er, ob es mir etwas ausmache, wenn wir zu Fuß gingen, denn es sei nur ein Weg von wenigen Minuten.

Ich weiß noch, wie außerordentlich gütig ich es fand, daß er die Beförderung meines Handkoffers veranlaßte, und ich fühlte mich gelöst und glücklich, ja geradezu wie auf Wolken, als er die Hand um meine Schulter legte und wir aus dem Bahnhof traten. Während wir nebeneinander hergingen, musterte ich ihn von der Seite; ich hatte bereits, hatte sofort gesehen, daß er ein herrlicher Mensch war. Sein Gesicht ist wohl allen gut bekannt, so daß ich es nicht zu beschreiben brauche; für mich sah er wie ein englischer Gentleman aus und zugleich wie ein Genie: eine äußerst glückliche Verbindung. Aber auch der Bohemien in ihm war zu erkennen. Jedenfalls würde jeder sogleich erraten können, daß er zu der Gilde der Künstler, der Schriftsteller gehörte. Er hatte eine Vorliebe für Samtjacken, Zigaretten, offene Hemdkragen und einen etwas saloppen Habitus. Seine feinen, wenn auch nicht regelmäßigen Züge sind in allen Porträts ausgezeichnet getroffen, und doch kenne ich kein Bild, das seinen Ausdruck auch nur annähernd wiedergäbe. Sein Gesicht spiegelte mannigfache, sich ständig widerstreitende Empfindungen. Ich habe manchen gekannt, der kurz hintereinander ernst und dann fröhlich sein konnte; Mark Ambient jedoch war ernst und fröhlich in ein und demselben Augenblick. In seinem etwas blassen und müden Gesicht waren aber noch weitere Gegensätze und Widersprüche sichtbar. Er schien zugleich jung und alt zu sein, lebhaft und gleichgültig. Sicherlich hatte er eine reiche Vergangenheit gehabt, die einen neugierig machen mußte, und doch war es unmöglich, auf seine Zukunft nicht noch neugieriger zu sein. Er übertraf die mittlere Größe gerade um so viel, daß man ihn als groß bezeichnen konnte, und war ziemlich schlank und hochbeinig. Er hatte das entgegenkommendste, offenste Wesen, das man sich denken kann, und doch spürte ich, daß er ein scheuer Mensch war. Als *Beltraffio* erschien, war er achtunddreißig Jahre alt gewesen. Er fragte mich nach seinem Freund in Amerika, wie lange ich in England bleiben wolle, was es in London Neues gebe und wen ich dort kennengelernt hätte; und ich suchte in jeder seiner Fragen die Sprache des Genies – und bildete mir ein, sie auch zu erkennen. Ich liebte seine Stimme.

Als wir schließlich das Haus erreicht hatten, schien mir auch dies etwas Geniales zu haben; die Teppiche und Vorhänge, die Bilder und Bücher und der sich nach hinten erstreckende Garten, dessen alte bräunliche Mauern vom wilden Wein fast erstickt wurden und aussahen, als hätte man sie vom Meisterwerk eines Präraffaeliten kopiert – all dies bewies Phantasie. Übrigens kamen mir damals in England viele Dinge so vor: als wären sie Reproduktionen von Bildern, die es in der Kunst oder Literatur bereits gäbe. Nicht das Gemälde, das Gedicht, die Erzählung schienen mir Kopien zu sein; sie waren vielmehr die Originale, nach denen das Leben glücklicher und angesehener Menschen gestaltet wurde. Mark Ambient nannte sein Heim ein Landhäuschen, und später sah ich auch ein, daß er damit recht hatte; hätte es nämlich kein Landhäuschen sein sollen, müßte man es eine Villa genannt haben, und eine Villa, wenigstens eine englische Villa, war nicht das Heim, in dem man sich ihn vorstellen konnte. In meinen Augen jedoch war es ein glorifiziertes, nur im übertragenen Sinn ein Häuschen: ein Musentempel *en miniature* – ein Stück Alt-England. Es duckte sich unter ein Dach herrlicher Buchen, hatte kreischende Gatterpforten, die sich von oder zu schwebenden Efeumatten öffneten, hatte Giebel und alte rote Ziegel und glich alles in allem einem mit Wasserfarben gemalten Haus, dessen Bewohner das Leben von Romangestalten führten. Die Rasenfläche kam mir besonders ausgedehnt vor, die Gartenmauer unglaublich hoch, die ganze Atmosphäre unsagbar ruhig und still und abgeschlossen. »Meine Frau muß hier irgendwo sein«, sagte Mark Ambient, als wir eintraten. »Wir werden sie schon finden; das Dinner ist ja erst in einer Stunde. Vielleicht ist sie im Garten. Ich zeige Ihnen inzwischen mein kleines Reich.«

Wir gingen durch das Haus, hinaus in die sich nach hinten erstreckenden Anlagen – wie man es hätte nennen können. Sie umfaßten etwa drei bis vier Morgen, waren wie das Haus sehr alt und verwittert, und überall sah man, daß hier schon seit langem Menschen lebten; der Boden war da und dort verschieden hoch und der Höhenunterschied durch kleine bemooste und rissige Stufen ausgeglichen. Die Grenzen des Anwesens waren klugerweise versteckt worden, verbargen sich in dichtem Grün. Diese Hecken bildeten, wenn ich mich recht erinnere, am Ende der Anlagen einen Vorhang, vor dessen Falten wir alsbald eine kleine Gruppe entdeckten. »Ach, da ist sie ja!« rief Mark Ambient. »Und auch der Junge.« Er sagte die letzten Worte in einem merklich anderen Ton als bisher. Ich hörte ihn nicht sofort heraus, aber er blieb mir im Ohr haften; später erst wurde mir alles klar.

»Ihr Sohn?« sagte ich, wobei ich mir dieser nicht gerade geistreichen Frage nur zu bewußt war.
»Ja, mein einziges Kind. Dauernd hängt er seiner Mutter am Rockzipfel. Sie verhätschelt ihn zu sehr.« Auch an den Ton dieser Worte sollte ich mich später erinnern. Sie klangen keineswegs verdrossen – viel eher kalt, mechanisch und ergeben. Wir gingen ein paar Schritte weiter, dann blieb er stehen und rief wiederholt nach dem Jungen.
»Dolcino, komm zu deinem Papa!« Daß er so lange still stand und wartete, ließ mich vermuten, er verfolge eine bestimmte Absicht. Mrs. Ambient hatte den Arm um die Hüfte des Jungen gelegt, und er lehnte sich gegen ihre Knie; obwohl er beim Klang der väterlichen Stimme aufblickte, machte sie keine Anstalten, ihn freizugeben. Neben ihr saß eine Dame, wohl eine Nachbarin, und vor ihnen stand ein Gartentisch mit einem Teegeschirr darauf.
Mark Ambient rief abermals, und Dolcino zappelte in der mütterlichen Umarmung, wurde aber festgehalten, und nach einigen ergebnislosen Versuchen wandte er sich plötzlich um und vergrub den Kopf tief im Schoß seiner Mutter. Die Szene hatte etwas Peinliches; ich fand es recht sonderbar, daß Mrs. Ambient ihrem Gatten so wenig Aufmerksamkeit schenkte. Aber um nichts in der Welt hätte ich meine Gedanken verraten, und so bemerkte ich, es müsse doch hübsch sein, im Garten Tee trinken zu können. »Sie läßt ihn nicht los«, sagte Mark Ambient seufzend. Wir gingen auf die beiden Damen zu. Er stellte mich seiner Frau vor, und dabei fiel mir auf, daß er sie herzlich »Meine Liebe« nannte – ohne jeden grollenden Unterton ob der Gefangenhaltung des Kindes. Dieser schnelle Wechsel weckte in mir den Verdacht, er könne unter dem Pantoffel stehen – ein schockierender Gedanke, den ich sofort verdrängte. Mrs. Ambient war genau die Frau, wie ich sie als seine Gefährtin erwartet hatte: schlank und schön, mit langem Hals und großen Augen und auffallend zart. Sie wirkte etwas kühl und sehr scheu, sonst aber war sie bezaubernd und besaß eine gewisse Rasse – ein Eindruck, der sich, als ich erfuhr, daß sie mit einigen berühmten Familien »zusammenhänge«, rechtfertigte. Ich habe oft erlebt, daß Dichter Frauen heiraten, von denen man sich gar nicht vorstellen kann, wie sie der Phantasie eines Poeten entsprechen können: materiell gesinnte Wesen mit stumpfen Ge-

sichtern, die dennoch ausgezeichnete Ehefrauen waren. Mark Ambients Ehe jedoch wies keine äußere Dissonanz auf. Die zartgliedrige, stille Mrs. Ambient in ihrem weißen Kleid und mit dem schönen Kind an ihrer Seite war eines so hochkultivierten Mannes wie des Autors von *Beltraffio* würdig. Um den Hals trug sie ein schwarzes Samtband, das hinten verschlungen war und ihr lang über den Rücken fiel und an dem vorne ein Medaillon mit der Miniatur ihres kleinen Jungen hing. Ihr glattes, glänzendes Haar wurde von einem Netz zusammengehalten. Sie begrüßte mich liebenswürdig, und Dolcino – wirklich ein bezaubernder Kosename – nahm die Gelegenheit wahr, entglitt ihr und lief zu seinem Vater, der ihn wortlos hochhob und immer wieder küßte. Ich hatte sofort bemerkt, daß das Kind, das höchstens sieben Jahre zählte, außergewöhnlich schön war. Es hatte das Gesicht eines Engels: die Augen, das Haar, den unirdischen Schmelz, das unschuldige Lächeln. Es lag etwas Rührendes, ja fast Erschreckendes in dieser Schönheit, die aus zu edlem und lauterem Stoff gemacht zu sein schien, als daß sie den Stürmen dieser Welt hätte standhalten können. Als ich den Jungen ansprach und er mir die Hand reichte und mich anlächelte, überwältigte mich plötzlich das Mitleid – als wäre er eine Waise oder ein Wechselbalg oder behaftet mit einem gesellschaftlichen Makel. Von all diesen fluchbeladenen Schicksalen konnte niemand weniger geschlagen sein als er, und doch fiel es einem, wenn man ihn küßte, schwer, nicht zu murmeln: »Armer kleiner Teufel!« – obwohl ich gar nicht sagen kann, wie man diesen Namen einem leibhaftigen Cherub geben konnte. Später freilich verstand ich es besser; er war einfach zu zart für dieses Leben. Ich wunderte mich, daß seine Eltern dies offenbar nicht merkten und sich nicht in Gram und Sorge verzehrten. Ich selbst hegte keinerlei Zweifel an seinem baldigen Dahinscheiden, denn ich hatte die Erfahrung gemacht, daß es eine Art von Charme gibt, die einem Todessiegel gleichkommt. Die Dame, die bei Mrs. Ambient gesessen hatte, war eine lustige, rotbackige Person, in Samt gekleidet und von reichlich geknickten Federn gekrönt; unsere Gastgeberin hatte mich ihr nicht vorgestellt, ich nahm aber an, sie müsse die Frau des Pfarrers sein. Sie begann mit Ambient sogleich über Chrysanthemen zu sprechen. Ein wirklich unverfängliches Thema, und doch überraschte es mich, den Autor von *Beltraffio* bei dieser wenn auch oberflächlichen Verbindung mit der Englischen Hochkirche zu ertappen. Seine Arbeiten verrieten eine solche Distanz von dieser Institution und eine derart profane Weltanschauung, einen Standpunkt, der so unabhängig und nicht im mindesten erbaulich war, daß ich bisher gedacht hatte, Ambient sei für alle Pfarrer und ihre Frauen ein wahres Ärgernis – eine Tatsache, für die er sich durch gutmütige, aber treffende Spöttereien schadlos halte. Dies beweist nur, wie wenig ich damals von den Engländern und ihrem außergewöhnlichen Talent, die Form zu wahren, wußte – ebensowenig wie über die Geheimnisse von Mark Ambients Haus und Herd. Später, in seinem Arbeitszimmer, zwischen Lächeln und Zigarrenrauch, fand er köstliche Vergleiche für seine klerikalen Nachbarn; vorerst jedoch waren die Chrysanthemen eine Quelle der Harmonie, denn er und die Pfarrersfrau liebten diese Blumen gleichermaßen, und ich war überrascht, welches Wissen sie über diese interessante Pflanze besaßen. Der Besuch der Dame hatte offensichtlich schon einige Zeit gewährt; jedenfalls erhob sie sich und sagte, daß sie jetzt gehen müsse, und küßte dann Mrs. Ambient. Mark hielt sich bereit, sie bis zum Gartentor zu begleiten, wobei er Dolcino an der Hand nahm.

»Bleib bei mir, Liebling«, sagte Mrs. Ambient zu dem Jungen, der mit seinem Vater gehen wollte.

Mark Ambient schenkte dieser Aufforderung keine Beachtung, Dolcino jedoch wandte sich um und blickte seine Mutter scheu und flehend an.

»Darf ich nicht mit Papa gehen?«

»Nicht, wenn ich dich bitte, hierzubleiben.«

»Dann bitte mich doch – bitte – nicht, Mama«, sagte das Kind mit seiner hellen, klaren Stimme.

»Ich muß dich aber darum bitten. Komm, Liebling.« Mrs. Ambient, die sich wieder gesetzt hatte, streckte die langen, schlanken Hände aus.

Ihr Mann blieb, mit dem Rücken zu ihr, stehen, ohne jedoch das Kind freizugeben. Er sprach weiter mit der Pfarrersfrau, aber die Gute hörte nur noch mit halbem Ohr zu. Sie sah Mrs. Ambient an, dann Dolcino und dann mich, wobei sie verbissen und krampfhaft fröhlich lächelte.

»Papa«, sagte das Kind, »Mama will nicht, daß ich mit dir gehe.«

»Er ist müde – er ist den ganzen Tag herumgelaufen. Er braucht

seine Ruhe, bevor er ins Bett muß. Sonst schläft er nicht.« Ernst und gelassen kam diese Erklärung von Mrs. Ambients Lippen.
Ihr Mann beugte sich, noch immer ohne sich umzuwenden, zu dem Jungen hinunter und sah ihn wortlos an. Die Pfarrersfrau lachte gekünstelt und sinnlos auf und sagte, Dolcino sei einfach ein süßer kleiner Kerl. »Mein lieber Junge, willst du mit mir gehen oder lieber bei deiner Mutter bleiben?«
»Man sollt's nicht glauben!« rief die Pfarrersfrau mit wachsender Heiterkeit.
»Ich habe hier wohl nicht zu wählen«, sagte der Junge leise und vertraulich. »Aber eigentlich war ich heute schon die ganze Zeit bei Mama«, fügte er gleich darauf hinzu.
»Und fast gar nicht bei Papa! Ich finde, damit hast du gewählt.« Und Mark Ambient ging mit seinem Sohn davon, wobei ihm die unartikulierten Kommentare der Besucherin nachhallten.
Seine Frau, die vor mir saß, senkte die Augen zur Erde, und für Sekunden sprach eine solch starke Erregung aus ihr, daß es mir unangebracht schien, jetzt irgendeine Bemerkung zu machen. Mrs. Ambient hatte sich jedoch schnell gefangen und meinte höflich, es habe mir hoffentlich nichts ausgemacht, von der Bahn aus zu Fuß gehen zu müssen. Ich beruhigte sie darüber, worauf sie fortfuhr: »Wir haben zwar einen kleinen Wagen, mit dem wir Sie hätten abholen können, aber mein Mann konnte sich nicht dafür erwärmen.«
»So hatte ich das Vergnügen, mit ihm einen Spaziergang zu machen«, gab ich zurück.
Sie schwieg kurze Zeit und sagte dann: »Die Amerikaner gehen wohl nur selten spazieren?«
»Allerdings – meistens rennen wir«, antwortete ich und lachte. Sie blickte mich nüchtern an, und da entdeckte ich auf einmal eine gewisse Kälte in ihren schönen Augen. »Vermutlich weil die Entfernungen bei Ihnen so groß sind.«
»Und dennoch überspringen wir auch noch unsere Grenzen! Ich kann Ihnen gar nicht sagen, was es für mich bedeutet, hier sein zu dürfen«, setzte ich hinzu. »Ich hege größte Bewunderung für Mr. Ambient.«
»Das wird ihm gut tun. Er hat es gern, wenn man ihn bewundert.«
»Dann muß er ein glücklicher Mensch sein – bei so vielen Verehrern.«

»Jaja – ich habe bereits einige kennengelernt«, sagte Mrs. Ambient und blickte in die Ferne, als sähe sie jeden einzelnen vor sich. Etwas in ihrem Ton deutete an, daß dieses Bild kaum erheiternd sein konnte, und plötzlich wußte ich, daß sie den Autor von *Beltraffio* nicht mochte. Wenn mir dies auch recht sonderbar vorkam, so maß ich ihm in meinem Enthusiasmus doch keine Bedeutung zu; ich hatte nur den einen Wunsch, meinen Enthusiasmus näher zu begründen.

»Für mich«, erklärte ich, »ist er der größte aller lebenden Schriftsteller.«

»Das kann ich nicht beurteilen. Gewiß, er ist sehr klug«, sagte Mrs. Ambient lächelnd.

»Er ist unübertrefflich, Mrs. Ambient! Keines seiner Bücher hat nicht wenigstens ein paar Seiten von solcher Vollkommenheit, daß sie mit den größten Kunstwerken verglichen werden dürfen. Wenn ich jetzt bei ihm sein darf, sehen darf, wie er lebt, und es mir dabei zu erkennen vergönnt ist, daß er als Mensch ebenso wunderbar ist wie als Künstler, dann kann ich Ihnen gar nicht sagen, wie herrlich ich das finde und wie glücklich ich mich darob schätze.« Ich war mir durchaus bewußt, daß ich schwärmte, aber ich konnte einfach nicht anders, und zudem sagte ich immer noch weit weniger, als ich fühlte. Ich war mir keineswegs sicher, ob ich vor Ambient auch nur so viel hätte äußern können; außerdem hatte es für mich etwas Faszinierendes, es wenigstens seiner Frau zu sagen – wobei es mich völlig kalt ließ, daß sie als Ehefrau einen zumindest eigenartigen Eindruck machte. Sie hörte mir mit zusammengepreßten Lippen gleichgültig zu, als bezweifelte sie zwar nicht, daß ihr Mann recht beachtlich sei, dies jedoch schon so oft gehört hätte, daß man bei ihr dafür kein großes Interesse mehr erwarten dürfe. Darüber hinaus deutete sie mit ihrer ganzen Haltung an, daß ich noch recht jung sei und daß sich so etwas im allgemeinen bald lege. »Ich kann Ihnen versichern, daß der heutige Tag für mich auf ewig rot im Kalender steht«, fügte ich hinzu.

Sie gab keine Antwort, und nachdem sie den Blick eine Weile hatte umherschweifen lassen, meinte sie unvermittelt, aber freundlich: »Das Obst macht uns dieses Jahr Sorge.«

Ich blickte hinüber zu der bemoosten und gefleckten Gartenmauer, an deren rostfarbenen Backsteinen wie plattgedrückt aussehende Pflaumen- und Birnbäume Halt fanden, die viel-

armigen gekreuzigten Gestalten glichen. »Sind die Aussichten wirklich so schlecht?« fragte ich.
»Ja – die Bäume sehen ziemlich kläglich aus. Wir hatten mehrmals späten Frost.«
Dann wieder Schweigen. Mrs. Ambient blickte weiterhin zum anderen Ende des Gartens, als wartete sie darauf, daß ihr Gatte mit dem Kind endlich zurückkehre. »Liebt Mr. Ambient die Gartenarbeit?« fragte ich schließlich; ich fühlte mich unwiderstehlich dazu gedrängt, das Gespräch auf ihn zurückzubringen.
»Er ›liebt‹ Pflaumen«, sagte seine Frau.
»Dann kann ich nur hoffen, daß Ihre Ernte besser ausfallen wird, als Sie jetzt befürchten. Ein herrlicher alter Besitz«, fuhr ich fort. »Er atmet die ganze Atmosphäre so mancher Orte, von denen Ihr Gatte erzählt hat. Ihr Haus gleicht einem der Schauplätze seiner Bücher.«
»Ja, es ist ganz hübsch hier. Aber so was gibt es überall.«
»Nein, dies hier hat schon völlig seinen Stil angenommen«, sagte ich lachend, um so hartnäckiger auf meiner Ansicht beharrend, als Mrs. Ambient in meiner Freude an ihrem schlichten Heim ein Zeichen von mangelnder Lebenserfahrung sah.
Offensichtlich war ich zu hartnäckig. »Seinen Stil?« wiederholte sie, wobei sie mir einen schnellen Blick zuwarf und leicht errötete. »Ja, er hat doch einen ganz eigenen Stil, Mrs. Ambient.«
»Allerdings, den hat er. Aber ich muß sagen, daß ich mich keineswegs als eine Gestalt aus seinen Büchern sehe. Darauf würde ich auch nicht den geringsten Wert legen«, setzte sie hinzu, und dabei lächelte sie, was meinen Protest wenigstens bis zu einem gewissen Grade in einen angemessenen Scherz verwandelte. »Ich fürchte, ich bin literarisch nicht sehr interessiert«, sagte Mrs. Ambient. »Und auch nicht künstlerisch.«
»Aber Sie sind doch weder engstirnig noch *bornée*«, wagte ich zu antworten, und gleich darauf hatte ich das Gefühl, einen zu vertraulichen und belehrenden Ton angeschlagen zu haben. Ich tröstete mich jedoch damit, daß nicht ich, sondern sie damit angefangen und das Gespräch mit ihren Ressentiments belastet hatte.
»Wie immer ich auch sein mag: ich bin ganz anders als mein Mann. Wenn Sie ihn mögen, können Sie mich nicht mögen. Sie brauchen gar nichts dazu zu sagen. Es ist ja auch unwichtig, ob Sie mich mögen oder nicht.«

»Fordern Sie mich nicht heraus!« rief ich.

Sie sah mich an, als hätte sie nichts gehört, und das war wohl auch das Beste, was sie tun konnte; so saßen wir schweigend nebeneinander. Mrs. Ambient besaß offenbar die beneidenswerte englische Tugend, schweigen zu können, ohne nervös zu werden. Schließlich aber sprach sie doch; sie fragte mich, ob noch viele Leute in der Stadt seien. Ich antwortete, so gut ich konnte, und wir unterhielten uns ein wenig über London und so manches Bild, das sich einem zu dieser Jahreszeit dort bot. Aber dann kam ich zwangsläufig wieder auf Mark Ambient zurück.

»Wäre er jetzt nicht lieber in der Stadt? Aber er fände dort wohl kaum die richtige Ruhe zum Arbeiten. Man hat das Gefühl, daß seine Bücher vorwiegend an einem sehr stillen Platz geschrieben wurden. Sie strahlen jene Stille aus, die auf den Sturm folgt – finden Sie nicht? Zweifellos ist London, wenn man dort Eindrücke sammeln will, eine großartige Stadt, aber eine Zuflucht auf dem Lande wie diese hier ist zum Verarbeiten dieser Eindrücke wohl wesentlich geeigneter. Glauben Sie, daß er viele seiner Eindrücke in London sammelt?« So pirschte ich mich mit meiner penetranten Fragerei weiter und weiter; meine Gastgeberin, die mich wohl für einen recht aufdringlichen, geschwätzigen jungen Mann hielt, ließ mir dazu genügend Zeit. Wenn ich eine Pause machte – ich habe diese Unterbrechungen vorhin übergangen –, schweifte ihr Blick nach wie vor umher, und ihre langen, schmalen Finger spielten dabei mit dem Medaillon an ihrem Hals. Als ich nun aber verstummte, mußte sie etwas sagen, und sie erklärte, daß sie keine Ahnung habe, wo ihr Mann seine Eindrücke sammle. Einen Augenblick lang war sie mir ausgesprochen widerwärtig, so zart und gesittet und aristokratisch kühl sie auch vor mir sitzen mochte. Dieses Gefühl muß sich jedoch schnell verflüchtigt haben, denn ich weiß noch, daß ich sie gleich darauf fragte, ob Mr. Ambient zur Zeit in guter Arbeitsstimmung sei und wann wir mit dem Erscheinen seines neuen Buches rechnen könnten, jenes Buches, an dem er gegenwärtig schreibe. Ich habe allen Grund, anzunehmen, daß sie mich für einen widerlichen Menschen hielt.

Sie lachte leise und eigenartig auf und sagte: »Offenbar glauben Sie, daß ich über die Arbeit meines Mannes mehr weiß als Sie. In Wahrheit habe ich nicht die geringste Ahnung, was er gerade schreibt«, fügte sie in einem anderen, mehr erklärenden Ton hinzu – so, als erkennte sie bis zu einem gewissen Grad die Ungeheuerlichkeit ihres Geständnisses: »Ich lese nicht, was er schreibt.« Es gelang ihr nicht (und wäre ihr auch nicht gelungen, wenn sie es ernsthaft versucht hätte), das Unglaubliche dieser Tatsache abzuschwächen. Ich sah sie groß an, und sicherlich bin ich dabei errötet. »Aber bewundern Sie denn sein Talent nicht? Bewundern Sie *Beltraffio* nicht?«

Einen Augenblick zauderte sie, und ich fragte mich, was sie jetzt wohl sagen werde. Doch ich sah ihr an, daß sie nicht aussprach, was ihr auf der Zunge lag; sie wiederholte lediglich, was sie bereits erklärt hatte. »Natürlich ist er sehr klug!« Und damit erhob sie sich; ihr Mann und der kleine Junge waren zurückgekommen. Mrs. Ambient ging auf sie zu, blieb stehen und sprach mit ihrem Mann ein paar Worte, die ich nicht verstand; es endete damit, daß sie das Kind bei der Hand nahm und mit ihm ins Haus zurückkehrte. Ihr Mann trat mit selbstbewußtem und doch verlegenem Gesicht auf mich zu und sagte, er möchte mir gern mein Zimmer zeigen. Wenn ich jetzt auf diese ersten Stunden meines Besuches bei ihm zurückblicke, scheint es mir wichtig, dem Irrtum vorzubeugen, ich hätte seine Situation von Anfang an erkannt und bereits Symptome für einen Zustand gefunden, den ich erst viel später durchschaute. Diese spätere Erkenntnis erhellt nachträglich die ganzen Vorfälle und läßt mich vergessen, daß ich, zumindest bei der Szene, von der ich jetzt spreche (ich meine jenen ersten Nachmittag), Mark Ambient für einen glücklichen Mann hielt. So gesehen, mußte ich ihn bei der Rückkehr ins Haus recht schweigsam und zu einem Gespräch wenig geneigt finden. Immerhin ging er, wie ich mich erinnere, auf meine Bemerkung über das Kind ein.

»Sie haben wirklich einen ungewöhnlichen kleinen Jungen«, sagte ich. »Noch nie habe ich solch ein Kind gesehen.«

»Wieso finden Sie ihn ungewöhnlich?«

»Nun – weil er so schön ist, so faszinierend. Er ist ein kleines Kunstwerk.«

Er wandte sich abrupt um und packte mich am Arm. »Sagen Sie das nicht, sagen Sie das nur nicht – sonst –!« Er unterbrach sich und lachte zu meinem Erstaunen hell auf. Aber schon im nächsten Augenblick setzte er hinzu: »Sie würden seine kleine Zukunft damit sehr erschweren.«

Ich erklärte, daß ich mir keinerlei Freiheiten mit seiner kleinen Zukunft herausnehmen würde – sie scheine mir bei seiner Zartheit sowieso schon an einem Faden zu hängen. Es gehe mir höchstens darum, sie zu bewachen.

»Was seid ihr Amerikaner doch für scharfsichtige Burschen«, sagte Mark Ambient. »Ihr bemerkt mehr als wir.«

»Wenn Ihnen Gäste, die sich nicht für Sie interessieren, lieber sind, hätten Sie mich gar nicht erst einladen sollen.«

Er zeigte mir mein Zimmer, eine kleine Klause aus Chintz, mit offenen Fenstern und hereinflutendem grünem Licht, und ehe er mich verließ, sagte er zusammenhangslos: »Um noch einmal auf meinen Jungen zurückzukommen: Wir werden ihn wahrscheinlich, bevor er groß geworden ist, zwischen uns zerrissen haben.« Und er sagte dies so, als wäre es ihm ernst damit; jedenfalls schwang, während er mich mit seinen schönen, kurzsichtigen, ausdrucksvollen Augen offen anblickte, in keinem seiner Worte auch nur irgendein heiterer Ton.

»Sie meinen, durch Ihr Verwöhnen?«

»Nein – durch unseren Kampf um ihn.«

»Wäre es nicht besser, Sie gäben ihn mir, damit ich ihn für Sie behüte?« sagte ich. »Lassen sie mich den Zankapfel entfernen.« Natürlich lachte ich dabei, er aber schien es ernst zu nehmen.

»Das wäre allerdings das Beste, was wir tun könnten. Ich wäre sofort damit einverstanden.«

»Ich danke Ihnen für so viel Vertrauen.«

Mark Ambient blieb, die Hände in den Taschen, unschlüssig stehen. Ich hatte das Gefühl, ich sei ihm in diesen wenigen Augenblicken viel näher gekommen. Müde und grüblerisch blickte er mich an, als gäbe es etwas, das ich für ihn tun könnte. Ich war mir der Grenzen meiner eigenen Fähigkeiten qualvoll bewußt, und dennoch fragte ich mich, welchen Dienst man ihm wohl erweisen könnte, wenn ich auch fühlte, daß ich nichts weiter für ihn tun konnte, als ihn gernzuhaben. Vermutlich erriet er dies und war mir für meine Überlegungen dankbar; denn unmittelbar darauf sagte er: »Ich bin leider kein Amerikaner, aber ich bemerke immerhin auch so einiges, und habe den Eindruck, daß« – er lächelte und legte mir die Hand auf die Schulter – »daß Sie, abgesehen von Ihrer Nationalität, auch noch klug sind. Ich kenne Sie zwar erst eine halbe Stunde, und doch –« Wieder zauderte er. »Sie sind schließlich noch sehr jung.«

»Sie dürfen mich ruhig behandeln, als könnte ich Sie verstehen«, sagte ich; und bevor er mich verließ, um sich zum Dinner umzukleiden, gab er mir das Versprechen, es zu tun.

Als ich pünktlich in den Salon hinunterkam, stellte ich fest, daß bis jetzt weder meine Gastgeberin noch mein Gastgeber da waren. Vom Sofa jedoch erhob sich eine Dame und nickte mir zu, als ich sie überrascht ansah. »Wetten, daß Sie mich nicht kennen?« rief sie mit freimütigem Lachen. »Ich bin Mark Ambients Schwester.« Ich nahm ihre Hand und verbeugte mich tief. Ihr Lachen war, wie gesagt, freimütig – damit meine ich, daß ihre Stimme jenes erregte Vibrieren besaß, dessen sich Leute, die sich in Salons kennenlernen, zur Lüftung gesellschaftlicher Geheimnisse und Gesprächsanbahnung bedienen. Trotzdem wirkte ihre ganze Erscheinung – wie soll ich es nennen? – geradezu mittelalterlich. Sie war blaß und eckig, hatte ein langes, schmales Gesicht mit traurigen, dunklen Augen und schwarzem Haar, in das Goldbänder und eigentümliche Ketten gewunden waren. Sie trug ein verschossenes, eng anliegendes Samtkleid, das jede ihrer Bewegungen betonte und dessen Ausschnitt und Ärmel an die Gewänder der alten Venezianer oder Florentiner erinnerten. Sie verkörperte in ihrer malerischen, melancholischen Art durch und durch einen Typ, den ich in meiner Unwissenheit für ausgestorben gehalten hatte; und so war ich, als sie sich vor mir erhob, genauso erschrocken wie beim Auftauchen eines Gespenstes. Später wurde mir klar, daß Miß Ambient an der von ihr hervorgerufenen Wirkung durchaus Gefallen fand, und darum sank sie wohl auch in ihren Sitz zurück und schlang die langen, mageren, wenn auch grazilen Arme mit archaischer Geste um ihre Knie und heftete die schwermütigen Augen voller Nachdruck auf mich: eine ernste Ankündigung dessen, was sie mir schon bald auferlegen sollten. Sie war ein ungewöhnliches, selbstbewußtes, gekünsteltes Geschöpf, dessen Motive und Geheimnisse ich auch später nur zu einem geringen Teil durchschauen konnte. Eines jedoch bin ich mir sicher: daß diese Motive und Geheimnisse weit weniger außergewöhnlich waren, als man auf den ersten Blick hätte vermuten sollen. Miß Ambient war eine unstete Jungfer mit allen möglichen Sehnsüchten und einer Vorliebe für michelangeleske Posen und mystische Roben; auf jeden Fall besaß sie nicht jene Tiefen unaussprechlicher Gedanken, die einem beim Kennenlernen aus ihren

Augen zu leuchten und ihre gezierten Bewegungen zu lenken schienen. Ihr Blick vor allem war von einer irreführenden Beredsamkeit; er ruhte, verschleiert und von weit her kommend, auf einem wie in verhinderter Sympathie, die keinesfalls immer der Schlüssel zu den Gedanken dieser Frau war; und vermutlich konnte eine junge Dame niemals so entmutigt und desillusioniert sein, wie Miß Ambient aussah, ohne ein Verbrechen begangen zu haben, über das sie sich in Reue verzehrte, oder von einer Hoffnung zerrissen zu sein, die sie mit klarem Kopf niemals nähren konnte. Sicherlich hatte auch sie ganz alltägliche Wünsche: sie wollte auffallen, geheiratet und für originell gehalten werden. Ich spreche nur höchst ungern so unehrbietig von Mark Ambients Schwester; aber ich werde in dieser kleinen Geschichte noch weit unangenehmere Dinge sagen müssen, und überdies will ich gestehen, daß ich allen Grund habe, der jungen Dame zu grollen. Sieht man von dem sonderbaren Eindruck ab, den ihr Gesicht machte, so besaß sie nichts, was für ein künstlerisches Verständnis, geschweige denn eine nennenswerte Intelligenz gesprochen hätte. Ihre Affektiertheit nährte sich ausschließlich vom Ruhm ihres Bruders, und die vielen Leute, die Mark Ambient entschieden ablehnten, wiesen stets auf die Schwester hin, um zu zeigen, wie schlecht sein Einfluß sei. Es war durchaus verständlich, daß manche sie als warnendes Beispiel betrachteten, und so hatte sie ihm in der Öffentlichkeit wenig genützt. Er war das Original, und sie war die unvermeidliche Imitation. Ich glaube aber kaum, daß er etwas von dem Eindruck, den sie hervorrief, wußte; er hatte lediglich eine vage Vorstellung darüber, daß sie sich eigentlich recht gut als Rossetti mache; er war an sie gewöhnt und bemitleidete sie, wünschte, sie würde heiraten, und paßte auf, daß sie es nicht tat. Zweifellos nehme ich sie zu wichtig; sie hat mir schließlich nichts Böses getan – wenn ich auch gestehen muß, daß ich ihr kaum etwas Gutes nachsagen kann. Sie war bei weitem nicht so geheimnisvoll, wie sie aussah, aber doch eine seltsame, zwielichtige, wenig sympatische, verwirrende Frau. Meine Geschichte wird dem Leser einen so einfachen Knoten zu lösen geben, daß ich kaum hoffen darf, seine Neugierde durch Hinausschieben der Erklärung zu erregen, daß Mrs. Ambient ihre Schwägerin haßte. Dies merkte ich freilich erst später, als ich noch manch anderes merkte. Aber ich sage es schon jetzt, denn ich habe doch wohl nicht zuviel von der Vorstellungskraft des Lesers erwartet, wenn ich annehme, daß er es bereits erraten hat.

Mrs. Ambient war eine gewissenhafte Frau, und sie bemühte sich daher, sich ihrer Verwandten gegenüber, die zweimal im Jahr einen Monat bei ihnen verbrachte, untadelig zu verhalten; man brauchte jedoch nicht allzuviel Scharfsinn, um zu erkennen, daß die beiden Damen aus recht verschiedenem Stoff gemacht waren und daß die übliche weibliche Heuchelei sie weit mehr als die übliche Anstrengung kostete.

Mrs. Ambient, glatthaarig, schmallippig und immer gleich frisch, konnte ihren zerknitterten und zerzausten Gast wohl nur als Karikatur betrachten; sie selbst war kein Rossetti, sondern ein Gainsborough oder Lawrence, und ihre Erscheinung hatte nichts Romantischeres aufzuweisen als das kühle Lächeln einer Dame und ein gutgestärktes Musselinkleid. In solch einem Kleid und mit solch einem Gesicht trat sie nun ein, nachdem ich ein paar Worte mit Miß Ambient gewechselt hatte. Ihr Mann folgte ihr auf dem Fuße, und da keine anderen Gäste erwartet wurden, setzten wir uns zu Tisch. Der Eindruck von dieser Mahlzeit ist mir noch heute gegenwärtig. Meine Tischgenossen waren zwar recht sonderbare Menschen, aber auf eine verhaltene, nicht näher zu bestimmende Weise, so daß meine Begeisterung dadurch nicht geschmälert wurde. Vor allem galt diese natürlich Ambients Worten – den brillantesten, interessantesten, die ich je gehört hatte. Ich weiß nicht, ob er sich nur aufspielte, um den übers Meer gekommenen jungen Pilger zu blenden; aber das ist nicht von Belang, da es ihm nicht schwerfiel zu glänzen. Als Redner war er fast noch besser denn als Schreiber – vorausgesetzt, daß die außergewöhnliche Geschliffenheit seiner geschriebenen Prosa wirklich, wie manche Leute fanden, eine Schwäche war. Er war jedoch von solcher Güte, daß es ihn zweifellos nachdenklich stimmte, mich mit offenem Mund dasitzen zu sehen – denn das habe ich wohl getan. Ganz anders die beiden Damen, die nicht nur während der ganzen Mahlzeit so gut wie kein Wort sagten, sondern auch keineswegs den Eindruck erweckten, als wären sie von dieser Darbietung an Witz und Wissen sonderlich berührt.

Die gelassene und geistesabwesende Mrs. Ambient schenkte weder mir noch ihrem Mann auch nur einen Blick; sie widmete sich dem Essen, wachte über die Dienstboten, ordnete die Falten ihres Kleides, wechselte in großen Abständen eine Bemerkung mit ihrer Schwägerin und strich sich zwischendurch über die weißen Hände und sah aus dem Fenster in die einfallende Dämmerung; der lange Juniabend erlaubte es uns, ohne Kerzenlicht zu speisen.

Miß Ambient hörte zwar auch kaum auf die Ausführungen ihres Bruders, war aber ganz damit beschäftigt, deren Wirkung auf mich zu kontrollieren. Ihre glanzlosen Pupillen richteten sich dringlich auf mich, und nur ihr einem anderen Jahrhundert angehörendes Haar hinderte sie daran, penetrant zu erscheinen. Man konnte meinen, sie blicke mich über ganze Zeitalter hinweg an, und gerade durch diese historische Distanz verwischte sich die Realität der Szene. Sie machte den Eindruck, als wüßte sie wenigstens annähernd, daß ihr Bruder ausgezeichnet reden konnte, als wäre sie selbst jedoch so voller Ideen, daß sie es nicht nötig hätte, die seinen aufzugreifen, und könnte sich deshalb ganz der Betrachtung eines jungen Amerikaners widmen, den man solch hohen ästhetischen Temperaturen ausgesetzt hatte. Ohne Zweifel waren die Temperaturen ästhetisch, waren es aber weniger, als ich gewünscht hätte, denn es gelang mir kein einziges Mal, Mark Ambient zu einem Gespräch über sich selbst zu verleiten. Ich versuchte, ihn zu bewegen, von seinen Arbeiten zu sprechen, doch jedesmal entglitt er mir und verschob den Schwerpunkt auf einen seiner Zeitgenossen. Er sprach über Balzac und Browning und über das Geistesleben in anderen Ländern, über seine letzte Reise in den Fernen Osten und die eigentümlichen Lebensformen, die man dort beobachten könne. Ich spürte, daß er seine Gründe hatte, sich jetzt nicht über Literatur auszulassen, und duldete widerspruchslos, daß er sich bestimmten gesellschaftlichen Themen widmete, die er mit köstlichem Humor behandelte und wobei er immer von neuem seine Gabe bewies, ironisch zu porträtieren – eine Gabe, die seine sämtlichen Bücher beherrscht. Er wußte eine Menge über London zu erzählen, über jenes London, dessen typische Eigenheiten vom April bis Juli ihre Hochsaison haben – gesehen durch die Brille eines Beobachters, der sich nicht davor fürchtet, ein Zyniker genannt zu werden. Er brillierte bei der Schilderung der oberflächlichen Vergnügungen und verkrampften Unternehmungen so vieler seiner Landsleute – unter denen es offensichtlich nicht wenige gab, die ihm erheblich mißfielen – mit seinem Talent, das Phantastische real und das Reale phantastisch darzustellen. London langweilte ihn, und daraus machte er sich einen Spaß. Die einzige Anspielung auf sein Werk, an die ich mich erinnere, war, daß er einmal ein riesiges, groteskes Epos über die Londoner Gesellschaft schreiben wolle.

Miß Ambients beharrlicher Blick schien zu sagen: Merken Sie, wie gebildet wir sind? Seien Sie einmal ehrlich: Kann man gebildeter sein als wir? Sie werden doch nicht leugnen wollen, daß wir höchst erstaunliche Leute sind? – Mich irritierte ihr Gebrauch des Plurals; schließlich hatte sie keinerlei Recht, sich mit ihrem Bruder in einem Atemzug zu nennen; und überdies sah ich gar keine Möglichkeit, Mrs. Ambient einzubeziehen. Zweifellos aber waren es erstaunliche Leute, und alles in allem hatte ich noch nie so gebildete Reden gehört. Mark Ambient kam in seiner Konversation auf sämtliche Wissensgebiete und Geschmacksfragen zu sprechen; zumindest hatte ich das Gefühl, dies hier sei wirklich einmal ein richtiges Gespräch voll Vornehmheit, Kultur und Erfahrungsreichtum.

Nachdem die Damen uns verlassen hatten, nahm er mich mit in sein Arbeitszimmer, wo wir rauchten und er endlich ungezwungen über sich plauderte. Ich bemühte mich, ihm zu beweisen, daß ich es wert sei, ihm zuhören zu dürfen, ihm das, was er vor dem Dinner zu mir gesagt hatte, damit zu vergelten, daß ich ihm zeigte, wie gut ich ihn verstand. Es war ihm ein Vergnügen, zu sprechen, ein Vergnügen, seine Anschauungen (die ich gar nicht angriff) zu verteidigen, und wohl auch ein Vergnügen – welch verzeihliche Schwäche! –, das jugendliche Gemüt in Erstaunen zu setzen und seine Bewunderung und Zuneigung zu spüren. Ich will gern zugeben, daß mein jugendliches Gemüt über so manche seiner Ideen wirklich recht erstaunt war; er erschreckte, ja schockierte mich. Er vergaß wohl – oder konnte es gar nicht wissen –, daß ich so gut wie keinen persönlichen Kontakt mit jener »Schule« hatte, deren Meister er war; und nun stellte er mich kurzerhand seinen innersten Geheimnissen gegenüber. Dennoch war ich auf eine durchaus glückliche Weise erregt; ich fühlte mich genauso, wie ich es erhofft hatte, und der einzige Nachteil war, daß alles viel zu schnell verging; denn ich durfte mir einbilden, daß ich im allgemeinen Mark Ambients Anschauungen sehr bald begriffen hatte. Es waren die Anschauungen eines Künstlers, dem jeder

Beweis menschlicher Energie ein erregendes Spektakulum bedeutete und der ständig von dem einzigen Wunsch beseelt war: seine Lebenserfahrung in die literarische Form umzugießen. Über diese Leidenschaft für die Form – das Streben nach Vollkommenheit, das für ihn der Suche nach dem heiligen Gral gleichkam – sagte er viel Interessantes, das mich ungeheuer bewegte. Er zielte dabei mit tausend Anspielungen auf sein eigenes Leben und das Leben derer, die er kannte, auf Geschichte und Literatur und vornehmlich auf die Ereignisse jener Zeit, die ihm von allen Epochen die liebste war: das italienische *Cinquecento*. Langsam ging mir auf, daß er in seinen Büchern bei weitem nicht alles ausgesprochen hatte, was er dachte, und daß das, womit er zurückgehalten hatte – aus Motiven, denen ich erst später auf die Spur kam und auf den Grund ging –, der beste Teil war. Es war sein Schicksal, daß er viele Leute schockieren mußte (ich habe dies, entgegen anderen Stimmen, immer wieder behauptet), obwohl sich in seinen Zeilen nicht die mindeste Prahlerei finden ließ; und im Innern hatte dieser arme Mensch – ein Künstler bis in die Fingerspitzen, der den Mangel an Vollkommenheit für ein Verbrechen hielt – eine entsetzliche Angst vor jedem Skandal. Manche Leute bedauern, daß er, der doch schon so weit gegangen ist, nicht noch weiter ging; ich dagegen vermag nichts zu bedauern (abgesehen von den paar soeben erwähnten Motiven), denn er hat die Vollkommenheit erreicht, und ich wüßte nicht, wie man dann noch weiter gehen könnte. Die in seinem Arbeitszimmer verbrachten Stunden – jene erste und die wenigen, die folgten; so viele waren es ja gar nicht – erglühen in meiner Erinnerung im Ton des braunen, alten, reich ausgestatteten Raums mit den dunklen, vornehmen Einbänden wertvoller Bücher, wo wir bei abgeschirmtem Kerzenlicht saßen und rauchten, und im Ton seiner Stimme, die mit ihrem Kommando ständig neue Bilder weckte und deren Klang ich noch im Ohr habe. Als wir in den Salon zurückkehrten, fanden wir Miß Ambient allein; sie erzählte, ihre Schwägerin sei vor einer Viertelstunde von der Kinderschwester zu Dolcino gerufen worden, der offenbar Fieber habe.

»Fieber! Wie um alle Welt kommt er denn zu Fieber?« fragte Ambient. »Er war heute nachmittag doch noch ganz vergnügt.«

»Beatrice sagt, du seist zu viel mit ihm herumgelaufen – du habest ihn fast umgebracht!«

»Dann kann Beatrice sich ja glücklich schätzen, wieder eine Gelegenheit zum Triumphieren zu haben«, sagte Mark Ambient und lachte mit einem nicht zu überhörenden bitteren Unterton.
»Aber doch bestimmt nicht, wenn das Kind krank ist!« wagte ich einzuwenden, weil ich gern für Mrs. Ambient ein Wort eingelegt hätte.
»Mein lieber Junge, Sie sind nicht verheiratet – Sie kennen die Frauen nicht!« protestierte mein Gastgeber.
»Vielleicht nicht; aber immerhin kenne ich Mütter.«
»Beatrice ist eine vollkommene Mutter«, sagte Miß Ambient tief seufzend, die Hände verschlungen über den mit Spitzen bedeckten Knien.
»Ich werde nach dem Kind sehen«, sagte ihr Bruder. »Glaubst du, daß er schon schläft?«
»Beatrice läßt dich bestimmt nicht hinein, Mark«, sagte die junge Dame und sah dabei mich an, obwohl sie mit ihm sprach.
»Und das nennst du eine vollkommene Mutter?« fragte Ambient.
»Von ihrem Standpunkt aus schon.«
»Zum Teufel mit ihrem Standpunkt!« rief der Autor von *Beltraffio*. Und damit verließ er das Zimmer. Gleich danach hörten wir ihn die Treppe hinaufgehen.
Etwa zehn Minuten saß ich neben Miß Ambient, und natürlich eröffnete ich unser Gespräch damit, daß ich sie fragte, was ihre Schwägerin denn für einen Standpunkt habe.
»Einen recht sonderbaren«, sagte sie. »Aber schließlich sind wir hier ja alle sonderbar. Oder etwa nicht? Wir haben zu viel außer Landes gelebt. Gibt es in Amerika eigentlich auch solche Leute wie uns?«
»Selbstverständlich sind nicht alle Menschen gleich; deshalb verstehe ich auch ihre Frage nicht. Einen Mann wie Ihren Bruder haben wir allerdings in Amerika nicht.«
»Dafür vermutlich mehr von der Art seiner Frau«, meinte Miß Ambient lächelnd.
»Darauf kann ich Ihnen erst antworten, wenn Sie mir ihren Standpunkt erklärt haben.«
»Ja – wie soll ich sagen? Nun, sie mag eben seine Anschauungen nicht, lehnt sie wegen des Jungen ab. Findet sie unpassend.«
Da ich mich erst kurz vorher mit Mark Ambients Geheimnissen beschäftigt hatte, sah ich mich mehr denn je in der Lage, diese

Eröffnung in ihrer ganzen Tragweite zu erfassen. Aber ich brach (nachdem ich Miß Ambient nur groß angesehen hatte) lediglich in Lachen aus, wenn auch bloß kurz, weil ich mich erinnerte, daß im oberen Stock ein krankes Kind lag.

»Was hat denn dieses Kind schon mit Anschauungen zu tun?« fragte ich. »Es kann doch nicht einmal die eine von der andern unterscheiden. Oder hat es etwa die Romane seines Vaters gelesen?«

»Dolcino ist eben sehr zart und sensibel, und seine Mutter findet, daß sie ihn nicht früh genug vor allem bewahren kann.«

Miß Ambient legte den Kopf schief und blickte in die Ferne. Dann plötzlich veränderte sich ihr Gesicht; sie lächelte, und ihr Lächeln war freudloser als ihr Ernst – ein selbstbewußtes, unaufrichtiges Lächeln –, und dann sagte sie: »Wenn man Kinder hat, ist es eben eine besondere Verantwortung, Schriftsteller zu sein.«

»Allerdings, Kinder sind schrecklich kritisch«, antwortete ich. »Ich bin froh, daß ich keine habe.«

»Sie schreiben also auch? Und im gleichen Stil wie mein Bruder? Lieben Sie diesen Stil? Und liebt man ihn in Amerika? Ich schreibe zwar nicht, aber immerhin – fühle ich.« Mit diesen und ähnlichen Fragen traktierte mich die junge Dame, bis wir ihren Bruder durch die Halle kommen hörten und Mark Ambient eintrat. Er hatte ein ernstes, gerötetes Gesicht, so daß ich annehmen mußte, er habe den Zustand des Kindes bedenklich gefunden. Seiner Schwester jedoch kam offensichtlich ein anderer Gedanke; sie sah ihn einen Augenblick an, als wäre er ein in Flammen stehendes Schiff am Horizont, und sagte dann schlicht: »Armer alter Mark!«

»Sie brauchen sich doch hoffentlich keine Sorgen zu machen?« bemerkte ich.

»Nein, nein, ich bin nur verärgert. Sie läßt mich nicht hinein. Sie hat die Tür verschlossen, und ich mag keinen unnötigen Lärm machen.« Man hätte diese Erklärung vielleicht lächerlich finden können, aber ich mochte meinen neuen Freund so gern, daß er für mich in keiner Weise an Würde verlor. »Sie hat mir durch die Tür zugerufen, daß ich es schon erfahren werde, wenn es ihm schlechter gehe.«

»Wie gütig von ihr«, sagte Miß Ambient.

Ich hatte ihm einen Blick zugeworfen, aus dem er gelesen haben mochte, daß mein Mitleid frei von jeder Verachtung war – wenn ich auch nicht weiß, warum ihm daran hätte gelegen sein sollen; und als nun seine Schwester aufstand und die Kerze für ihr Schlafzimmer aufnahm, schlug er mir vor, wieder in sein Arbeitszimmer zu gehen. Dort saßen wir bis nach Mitternacht; er hatte eine alte Samtjoppe und Hausschuhe angezogen, eine altertümliche Pfeife angezündet und sprach nun weit weniger als vorher. Immer wieder entstanden lange Gesprächspausen, und doch hatte ich das Gefühl, daß wir vertrauter miteinander geworden waren. Überdies halfen sie mir, die familiäre Situation meines Freundes zu verstehen und einzusehen, daß hier nicht alles zum besten stand. Selbst in der Ruhe spiegelte sein Gesicht eine unbestimmte Erregung; und dies lehrte mich, daß für ihn das Leben genauso ein Kampf war wie für viele geniale Männer vor ihm. Als ich mich schließlich anschickte, mich zurückzuziehen, gab er mir zu meiner unbeschreiblichen Freude ein paar Druckbogen seines neuesten Buches – es war noch nicht fertig, aber er hatte sich den von sensitiven Schriftstellern so begehrten Luxus geleistet, es von Kapitel zu Kapitel absetzen zu lassen –: gab mir die ersten Seiten (die *prémices*, wie die Franzosen es nennen), die jüngste Frucht seiner Schöpferkraft, daß ich sie mit in mein Zimmer nehme und in Ruhe lese. Ich wollte gerade gehen, als sich lautlos die Tür öffnete und Mrs. Ambient vor uns stand. Sie hielt eine Kerze in der Hand, sah uns einen Augenblick an und sagte dann zu ihrem Mann, sie habe angenommen, er sei noch nicht zu Bett, und wolle ihm daher nur sagen, daß Dolcino ruhiger geworden sei und es ihm morgen früh bestimmt schon besser gehe. Mark Ambient nahm dies wortlos zur Kenntnis, glitt an ihr vorbei und zur Tür hinaus, als befürchtete er, von ihr zurückgehalten zu werden, und hastete dann die Treppe hinauf, um sich selbst von dem Befinden des Kindes zu überzeugen. Mrs. Ambient war sichtlich ungehalten, und für Sekunden sah es so aus, als wollte sie ihrem Mann nachlaufen. Doch dann resignierte sie seufzend und ließ den Blick durch das von der Lampe erhellte und vom Tabakrauch vernebelte Zimmer schweifen; da und dort lagen Bücher, die ich aus den Borden genommen hatte, um darin zu blättern. Ich wünschte ihr gute Nacht und erwähnte ohne böse Absicht – in einer Art Fatalismus, mit der gleichen Inkonsequenz, die mich bereits ungebührlich lange über die Arbeiten ihres Mannes hatte reden

lassen – die kostbaren Druckbogen unter meinem Arm, die mir Ambient anvertraut hatte. »Die ersten Kapitel seines neuen Buches!« sagte ich. »Können Sie sich vorstellen, was es für mich heißt, sie mit in mein Zimmer nehmen zu dürfen?«
Sie wandte sich ab, und ich nahm mir vom Tisch in der Halle eine Kerze, doch ehe wir uns trennten – offenbar sah sie, da ich mit meinem Gastgeber ziemlich intim zu werden drohte, jetzt eine gute Gelegenheit, mir ein für allemal zu erklären, daß es völlig unangebracht sei, in solch einem Fall ihr Verständnis zu heischen –, ehe wir uns also trennten, sagte sie geradeheraus und knapp und doch gewählt, wie es ihre Art war: »Sie verlangen da eine Einstellung von mir, die ich nicht zu teilen vermag. So sehr interessieren mich die Druckbogen meines Mannes nicht. Ich halte seine Schreiberei für höchst anstößig!«

II

Am nächsten Morgen hatte ich eine denkwürdige Unterhaltung mit Miß Ambient, der ich vor dem Frühstück bei einem Gang durch den Garten begegnete. Die ganze Anlage mit ihrem Vogelgezwitscher sah so frisch und sauber aus, als hätten sich erst vor einer Stunde die Hausmädchen mit Kehrschaufel und Besen darauf gestürzt. Ich zögerte sogar, mir eine Zigarette anzuzünden, und erschrak daher doppelt, als ich es dann doch tat und im selben Augenblick die an sich schon gespenstisch wirkende Schwester meines Gastgebers vor mir stand. Man hätte meinen können, sie stehe einem Fotografen Modell: ihr düsterfarbenes Kleid fiel in sich windenden Falten bis auf die Füße; die Hände hatte sie schlaff verschlungen, und ihr Kinn ruhte auf einer Krause aus dem *Cinquecento*. Nachdem ich ihr guten Morgen gewünscht hatte, erkundigte ich mich sogleich nach dem Ergehen ihres kleinen Neffen und gab der Hoffnung Ausdruck, daß er sich besser befinde. Sie vermochte mich in dieser Hoffnung zu bestärken und deutete an, daß wir ihn heute wohl zu sehen bekämen. Nebeneinander wandelten wir zwischen den Büschen dahin, und dabei unterrichtete sie mich eingehend über die *ménage* ihres Bruders, was mir wiederum Gelegenheit gab, von dem Gespräch am Abend vorher zu erzählen, bei dem seine Frau gesagt hatte, daß sie seine Werke für anstößig halte.

»Im allgemeinen rückt sie damit nicht so schnell heraus«, meinte Miß Ambient dazu.

»Die Arme – anscheinend ist sie dahintergekommen, daß ich ein Fanatiker bin.«

»Ja, so ist's, und darum mag sie Sie nicht. Aber das darf Sie nicht grämen; Hauptsache, wir andern mögen Sie. Beatrice vertritt eben die Ansicht, daß ein Kunstwerk ein ›höheres Ziel‹ haben müsse. Aber sonst ist sie eine charmante Frau – finden Sie nicht auch? Sie ist wirklich eine vollendete Lady.«

»Sie ist sehr schön«, entgegnete ich; und dabei dachte ich, daß Mark Ambient zwar nicht die ideale Partnerin habe, seine Schwester aber mindestens ebenso sicher eine falsche Schlange sei. Sie erzählte mir noch, zwischen ihrem Bruder und seiner Frau gebe es keine Spannungen außer eben der einen, daß sie seine Arbeiten für unmoralisch und seinen Einfluß für gefährlich halte. Dies sei nun einmal ihre fixe Idee; sie denke dabei nur an das Kind. Daraufhin machte ich geltend, dies sei aber alles andere als eine Lappalie; man denke nur: eine Frau, die den Geist ihres Mannes für einen vergifteten Brunnen hält! Ob dieser ihr ganz neuen Sicht sah sie höchst erstaunt drein.

»Aber es gibt bei ihnen keine dieser Schwierigkeiten, wie man sie so oft bei Eheleuten findet«, sagte sie. »Sie werden wohl selbst beurteilen können, daß Beatrice alles andere ist als eine – nun ja, wie man es eben nennt, wenn eine Frau sich schlecht aufführt. Und auch Mark macht keine Seitensprünge. Wirklich nicht! Sie vertritt einfach den Standpunkt, mein Bruder könne mit seinen Anschauungen das Kind in seiner Charakterbildung beeinflussen – es ist gerade, als könnte sich ein unmerkliches Gift, eine Ansteckung auf Dolcino übertragen, wenn sein Vater ihn küßt oder auf den Knien hält. Am liebsten würde sie es verhindern, daß Mark ihn überhaupt anrührt. Das weiß hier schon jeder; und die Besucher merken es sofort; ich tue also niemand unrecht, wenn ich mit Ihnen darüber rede. Ist das nicht einfach verrückt? Und alles bloß deswegen, weil Beatrice so religiös und so entsetzlich moralisch ist. Und dann«, erklärte meine Gefährtin unerwartet, »dürfen wir natürlich nicht vergessen, daß manche von Marks Ideen ziemlich – nun ja, ziemlich seltsam sind.«

Als wir ins Haus zurückgingen, wo wir Ambient, der gerade den *Observer* aufschlug, am Frühstückstisch vorfanden, sagte ich mir, daß hier wohl niemand so seltsam sei wie seine Schwester. Mrs. Ambient ließ sich zum Frühstück nicht sehen, da sie von ihrer Nachtwache bei Dolcino müde war. Ihr Mann erwähnte, sie hoffe jedoch, wenigstens zur Kirche gehen zu können. Später erfuhr ich, daß sie tatsächlich gegangen war, möchte aber auch sogleich gestehen, daß er und ich sie nicht begleitet hatten. Während in der Ferne die Kirchenglocke erklang, führte mich der Autor von *Beltraffio* auf jenen Spaziergang, von dem er in seinem Brief gesprochen hatte. Ich will gar nicht erst versuchen, zu beschreiben, wohin wir gingen oder was wir sahen. Wir streiften durch Felder und Unterholz und über Weiden und atmeten dieselbe weiche Luft wie die Esel und grasenden Schafe, deren Wollfell mir in den ersten Tagen meiner Begegnung mit England wie ein Teil dieser eng begrenzten, dicht bewachsenen Landschaft vorkam, einer Landschaft, die den Eindruck erweckte, hier werde das Korn mit der Schurschere geschnitten. Für Mark Ambients Gast redeten alle Dinge eine lebendige Sprache – angefangen von den großen, krummbeinigen Gänsen, deren Weiß in den vielen Schattierungen des Grüns die richtigen Farbtupfen bildete, als wir an einem kleinen, ovalen Teich entlanggingen, hinter dem ein strohgedecktes, weißgetünchtes Gasthaus mit grasbewachsenem Zugangsweg und einem bemalten Schild lag; angefangen von diesen bescheidenen Tieren am Wegrand bis zu den Wipfeln der hohen Wälder, die da oder dort den Blick auf einen Giebel oder Kirchturm freigaben und deren Bäume sogar von der Ferne einer friedlichen, sich ihres individuellen Profiles bewußten Gemeinschaft glichen. Ich bewunderte die Hecken, pflückte fein ziseliertes Heidekraut, und immer wieder blieb ich stehen, um auszurufen, wie bezaubernd ich die fadendünnen Feldwege fände, die wie zarte Adern diagonal von einem Zauntritt zum andern liefen. Mark Ambient war gut aufgelegt und über meine Beobachtungen ebenso erfreut wie ich über seine literarischen Anspielungen auf die Landschaft. Dann und wann hockten wir uns auf ein Gatter und rauchten und hieben Paradoxa in die dezente englische Luft; ein paarmal gingen wir kurz durch einen Park mit hohem Farn, wo mein Gefährte der Frau am Tor zunickte; hier und da raschelndes Rankengestrüpp, dem wir auswichen, bis wir uns schließlich an einem mit Heidekraut überwucherten Berghang ausstreckten; hier war die Sonne nicht zu heiß und der Boden nicht zu kalt, und unter uns lag in waberndem blauem Dunst das weite Land. Natürlich hatte ich Ambient bereits erzählt, was ich von seinem neuesten Roman hielt; ich hatte noch in der Nacht, bevor ich zu Bett ging, jedes Wort des ersten Kapitels gelesen. »Ich hoffe, daß es mein bester wird«, sagte er, als ich erneut auf dieses Thema kam und wir beide den Rücken zum Himmel drehten. »Zumindest werden jene Leute, die meine Prosa nicht mögen – und das sind, glaube ich, sehr viele –, dieses Buch am allerwenigsten mögen.« Zum erstenmal hörte ich ihn von jenen Menschen reden, die ihn nicht gerne lasen – eine Leserschicht, die einem Schriftsteller wohl immer bedrückend gegenwärtig ist. Ein Mann, der so ganz für die Literatur geschaffen war wie Mark Ambient, mußte zumindest das normale Maß von Empfindlichkeit und Reizbarkeit besitzen; das künstlerische Ich, das sich in manchen Fällen ins Riesige auswächst, war in seiner Natur zweifellos hinreichend entwickelt. Ich will daher nicht unbedingt behaupten, er habe nie an seine Gegner gedacht oder sich über die Zahl seiner Bewunderer Illusionen gemacht (er konnte sich niemals so sehr täuschen, sich für populär zu halten); aber ich möchte wenigstens versichern, daß eine ablehnende Kritik, wie ich später beobachten konnte, ihn zwar sichtlich, aber doch nicht allzusehr ärgerte und daß er es für selbstverständlich hielt, auf viele Gemüter aufreizend zu wirken, und daß er nur selten über Zeitungen sprach – die, nebenbei bemerkt, den Autor von *Beltraffio* immer recht kurzsichtig beurteilten. Natürlich mag er Tag und Nacht an sie, die Zeitungen, gedacht haben; ich will auch nur betonen, daß er es nicht merken ließ; wiederum machte er nicht den Eindruck eines Mannes, der sich in acht nimmt. Ich möchte außerdem erwähnen, daß seine Hoffnung, das neue Buch würde sein bestes werden, sich nur zum Teil erfüllte. Dieser Rang gebührt unbestreitbar *Beltraffio*, trotz manch herrlicher Partien seines nachfolgenden Werkes. Ich bin jedoch davon überzeugt, daß er in dem Augenblick, von dem ich spreche, nicht im geringsten an sich zweifelte; er war in sein Thema verliebt, das ja auch einmalig war, und wenn für ihn, wie wohl für jeden Künstler, die eigentliche Arbeit mindestens ebensoviel Qual wie Freude mit sich brachte, sah er sein Werk doch Tag für Tag wachsen und den gewaltigsten Entwurf verwirklichen, den er je konzipiert hatte. »Ich möchte aufrichtiger sein als je«, sagte er und legte sich auf den Rücken, wobei er die Arme unterm Kopf kreuzte; »ich möchte das Leben selbst darstellen. Sie können sagen, was Sie wollen: ich habe bisher zu viel hingebogen, geglättet, abgerundet und verhüllt – all das getan, was das Leben nicht tut. Ich war Sklave eines alten Zopfes.«

»Sie ein Sklave, lieber Ambient? Sie haben doch die freieste Phantasie unserer Zeit!«

»Um so schlimmer, daß ich bisher so geschrieben habe! Die Versöhnung der beiden Frauen in *Ginistrella* zum Beispiel – sie hätte in Wahrheit nie stattfinden können. So etwas ist unehrlich; ich schäme mich, wenn ich bloß daran denke. Dieses neue Buch aber soll ein goldenes Gefäß sein, gefüllt mit dem Destillat reinster Wirklichkeit; aber was für Mühe mich das kostet – dieses Formen der Schale, das Hämmern des Metalls! Ich muß so zart, so vorsichtig hämmern und komme jeden Tag nur ein winziges Stück vorwärts. Und obendrein muß ich aufpassen, daß ich ja keinen Tropfen des Inhalts verschütte. Wenn ich sehe, wie das Leben mit allem verfährt, verzweifle ich an der Aufgabe, je seine Tricks einzufangen. Wie dreist das Leben doch ist! Könnte man nur einen Bruchteil dessen riskieren, was das Leben an Effekten riskiert! Aber bis man dies einsieht, braucht man eine Ewigkeit. Sie wissen noch gar nichts, mein Junge. Man muß mindestens vierzig werden, bis man auch nur halbwegs begreift, worauf das Leben hinauswill. Folglich müssen alle früheren Werke entsetzlich viel Unsinn enthalten. Und wenn man nun auf der einen Seite dazu herausgefordert wird, realistisch zu sein, und auf der andern Seite sich die *bonnes gens* über den Zynismus von unsereinem entrüsten, dann ist dies einfach eine lächerliche Situation, die der Künstler wohl weitaus besser zu beurteilen vermag als jeder andere. Natürlich sollte man sich um die *bonnes gens* gar nicht erst kümmern«, fuhr Mark Ambient fort, während ich unwillkürlich an seine so damenhafte Frau denken mußte und wie sie von seiner kauzigen Schwester interpretiert worden war.

»Das Lot tief hinabsenken – die Glasscheibe, durch welche die Leute sehen wollen, blank reiben, das ist Ihre Aufgabe«, bemerkte ich.

»Jaja, das Blankreiben der Glasscheibe – genau das ist die qualvolle Ausführung des Themas!« rief er, schnellte hoch und setzte sich aufrecht. »Oh, diese Mühe, eine glatte Oberfläche

zu gewinnen – falls man dies für nötig hält –, eine Oberfläche, die anderen Leuten zu ihrem Glück nie gelingt! Mein lieber Junge, könnten Sie doch nur die Oberfläche sehen, von der ich träume – verglichen mit der, die mir genügen muß. Das Leben ist einfach zu kurz für die Kunst – man hat beim besten Willen nicht die Zeit, die Form so hart wie möglich zu machen. Fest und glänzend – fest und glänzend! Aber manchmal glänzt das teuflische Ding zwar, ist jedoch alles andere als fest. Klopfe ich mit den Knöcheln daran, gibt es nicht den rechten Klang. Und dann diese entsetzlichen matten, kleinen Flecke an jenen Stellen, wo ich mich mit dem zweitbesten Wort begnügt habe, weil ich das beste nicht finden konnte! Wenn Sie nur wüßten, wie beschränkt ich manchmal sein kann. So etwas kommt mir dann immer vor wie eine schöne Stirn voller Pickel und Geschwüre.«
»Das ist schlimm – sehr schlimm!« versuchte ich so teilnehmend wie möglich zu sagen.
»Schlimm? Es ist die grausamste Beleidigung der menschlichen Gesellschaft, die ich kenne; es müßte, es müßte wirklich – das meine ich jetzt ganz ernst – um Leben oder Tod gehen. Wenn ich wüßte, daß ich im Falle eines Versagens gehängt würde, ich fände bestimmt das beste Wort. Die Leute, denen dies nicht gelingt – manche erkennen das beste Wort ja nicht einmal, wenn sie es vor sich sehen –, könnten dann ihre Tintenfässer zumachen, und wir brauchten uns nicht mehr all die vielen Schmierereien gefallen zu lassen.«
Ich will gar nicht erst versuchen, alles nachzuerzählen, was zwischen uns gesprochen wurde, oder auch nur zu erklären, wie es kam, daß Mark Ambient mir mit jedem Augenblick unseres Beisammenseins mehr und mehr enthüllte, wie sehr er alles vom Standpunkt des Künstlers betrachtete und das Leben ausschließlich als literarischen Rohstoff ansah. Es mag Leser geben, die einwenden werden, dies sei eine armselige Anschauung, und ich will meine Behauptung auch gar nicht verteidigen, sondern möchte hier aus Raummangel lediglich bemerken, daß jede Neigung, die einen Menschen zu so großen Gefühlen hinreißt, etwas für sich hat. Wenn Mark Ambient wirklich, wie ich es oben für möglich gehalten habe, ein schöpferisches Verhältnis zum Leben hatte, dann kann ich ihn um diese *arrière-pensée* nur beneiden. Jedenfalls war es dieser Eindruck, der mir bei unserer Rückkehr von dem Spaziergang das bereits erwähnte Empfin-

den eines starken Miteinander-vertraut-Seins gab. Ehe wir den Heimweg antraten, erzählte er noch, seine Frau habe ihn einmal gefragt – oder vielleicht auch mehr als einmal –, ob er es gern sehen würde, wenn Dolcino *Beltraffio* läse. Er dürfte kaum geahnt haben, was diese Bemerkung für mich bedeutete, dürfte es zweifellos ebensowenig geahnt haben wie meine große Neugier auf seine Antwort. Er hatte ihr darauf gesagt, er hoffe sehr, daß Dolcino alle seine Bücher lesen werde – wenn er zwanzig sei; er müsse doch einmal wissen, was sein Vater geschrieben habe. Vor seinem zwanzigsten Lebensjahr aber sei dies sinnlos – vorher würde er sie gar nicht verstehen.
»Und bis dahin«, habe Mrs. Ambient darauf gefragt, »willst du deine Bücher verstecken – in einem Schrank einschließen?«
»Nein; wir brauchen ihm nur zu sagen, sie seien nichts für kleine Kinder; wenn du ihn richtig erziehst, wird er sie auch nicht anrühren.«
Mrs. Ambient habe ihm entgegnet, daß dies wohl nicht mehr so einfach sein würde, wenn er erst fünfzehn wäre, und ich fragte nun ihren Mann, ob er denn überhaupt der Ansicht sei, daß junge Leute keine Romane lesen sollten.
»Gute gewiß nicht!« sagte mein Begleiter. Ich war wohl anderer Meinung; denn, wie ich mich noch erinnere, erwiderte ich darauf, ich sei der Ansicht, daß es ihnen keinesfalls schaden könne – wenn die Romane nur gut seien. »Von ›ihnen schaden‹ war nicht die Rede!« rief Ambient. »Aber den Romanen könnte es schaden!« Dieser indirekten, zufälligen Anspielung auf die Haltung seiner Frau folgte während des Heimwegs eine etwas offenherzigere Erklärung. »Der Unterschied zwischen uns ist einfach der zweier völlig extremer Lebensanschauungen, die sich noch nie auf der Welt haben vereinen lassen oder jemals eine *ménage* von der üblichen Art zu bilden vermochten. Man hat ihnen bereits alle möglichen Namen gegeben; so spricht zum Beispiel meine Frau von dem Unterschied zwischen Christ und Heide. Ich mag zwar ein Heide sein, aber mir gefällt das Wort nicht – es klingt so sektiererisch. Auf jeden Fall findet sie, ich sei kein bißchen besser als ein Grieche des Altertums. Der Unterschied besteht darin, aus dem Leben das meiste oder das wenigste herauszuholen – das wenigste, um zu einer andern Zeit an einem andern Ort ein besseres Leben dafür einzutauschen. Aber ich frage mich: Kann es wirklich Sünde sein, das meiste

aus diesem Leben herauszuholen? Und sollen wir im nächsten Leben denn genauso bestochen werden wie im jetzigen? Vielleicht ist mir die Schönheit zu wichtig – ich weiß es nicht. Ich genieße sie, bewundere sie, denke unablässig an sie, versuche sie zu produzieren und zu reproduzieren. Meine Frau dagegen ist der Meinung, wir sollten sie nicht zu wichtig nehmen. Sie hat Angst davor – ist immer auf der Hut. Ich verstehe nicht, wie sie darauf kommt! Dabei ist sie selbst so hübsch! Finden Sie sie nicht bezaubernd? Jedenfalls war sie es, als ich sie geheiratet habe. Damals war mir der oft genannte Unterschied noch nicht bewußt – ich glaubte, es käme ›letztlich‹, wie man so sagt, auf das gleiche heraus. Nun, vielleicht tut es das ›letztlich‹ auch. Ich kenne das Ende ja noch nicht. Außerdem möchte ich die Dinge so sehen, wie sie sind, und so möchte ich sie auch in meinen Romanen darstellen. Aber Mrs. Ambient dürfen Sie die Dinge nicht schildern, wie sie sind. Sie hat eine panische Angst vor den Dingen, wie sie sind.«

»Sie hat wegen Dolcino Angst davor«, sagte ich – gleich darauf selber erstaunt, daß ich dank Miß Ambient in der Lage war, dies behaupten zu können; erstaunt auch darüber, daß Mark sich gar nicht wunderte, woher zum Teufel ich das wisse. Er erklärte lediglich mit ergreifender Zärtlichkeit:

»Ja, ihn darf auch nichts verletzen!« Ehe wir das Tor zu seinem Anwesen erreichten, erzählte er mir noch mehr über seine Frau, und wenn ihn nun einer für einen unzufriedenen Menschen hält, so muß ich leider bestätigen, daß er nicht nur die Gaben, sondern auch die Schwächen eines Künstlers besaß; dem sei jedoch sofort hinzugefügt, daß er sich meiner Meinung nach bis dahin reichlich wenig beklagt hatte. »Sie hält mich für unmoralisch – das ist's«, sagte er, als wir einen Augenblick vorm Haus stehenblieben und seine Hände auf dem Zaun ruhten; und dabei sahen mich seine wachen, sprechenden, verständnisvollen Augen – weit mehr, wie ich bereits damals fand, die eines Ausländers als die eines Durchschnittsengländers – jetzt wie einen vertrauten Freund an und verstärkten diese Erklärung. »Wenn man das alles so bedenkt, ist es doch eine merkwürdige Geschichte; es liegt sogar eine gewisse Komik darin, die ich zu gerne einmal darstellen würde. Sie ist eine reizende Frau, hat eine außerordentlich gute Erziehung genossen, ist aufrichtig und gescheit und hat für viele Dinge einen ausgesprochen wachen

Verstand. Ihre Ansichten über den Roman jedoch – sie hat sie mir ein paarmal auseinandergesetzt, und aus dem Stegreif macht sie das gar nicht schlecht – sind so verdreht, daß sie mich vor Scham erröten lassen. Sie sind derart hohl, unecht, unehrlich, und das Leben wird in ihnen derart verleugnet und verhüllt, derart verdrängt und entstellt, daß mir die Wangen brennen. Es sind eben zwei verschiedene Anschauungen«, wiederholte er, wobei er das Tor aufstieß. »Und die sind nun einmal unvereinbar!« fügte er mit einem Seufzer hinzu. Wir gingen auf das Haus zu; auf halbem Weg blieb er stehen und sagte: »Wenn Sie sich auch in unserem Fach betätigen wollen, dann müssen Sie etwas Grundsätzliches wissen – es wird Ihnen Enttäuschungen ersparen. Es gibt einen Haß auf die Kunst – einen Haß auf die Literatur!« Ich sah an dem schönen Haus hinauf, das bunt und malerisch-schief vor mir stand, und antwortete lächelnd, daß es solchen Fanatismus durchaus geben möge, daß ich aber nie erwartet hätte, ihn hier zu finden. »Nun, so schlimm ist es wiederum nicht«, sagte er und lachte; und des war ich froh – machte ich mir doch bereits Vorwürfe, ihn erregt zu haben.

Sofern ich es doch getan haben sollte, legte sich seine Erregung sehr schnell; jedenfalls war er beim Essen ein köstlicher Unterhalter; bedenkt man, daß der Unterschied zwischen ihm und seiner Frau, wie er gesagt hatte, unüberbrückbar war, mußte dies einen in Erstaunen setzen. Kurz, er besaß die Gabe, durch sein Wesen, sein Lächeln, seine angeborene Güte diesen Unterschied im täglichen Leben aufzuheben, und Mrs. Ambient unterstützte ihn dabei, wie ich zugeben muß, mit sehr viel Charme. Ich beobachtete sie bei Tisch, um weitere Beweise für ihre fixe Idee zu finden, jene Idee, von der mir Miß Ambient erzählt hatte; angesichts der Enthüllungen ihrer Schwägerin und ihres Mannes schien sie mir mehr und mehr ein einmaliger Typ zu sein. Allerdings muß ich gestehen, daß die Anzeichen für ein fanatisches Temperament bei meiner Gastgeberin jetzt nicht auffallender waren als bisher; aber nach einiger Zeit wollte es mir so vorkommen, als bildete ihre unbestechliche Farblosigkeit, ihre einseitige, einsilbige Korrektheit ein kaltes, dünnes Flämmchen. Gewiß, man sah auf den ersten Blick, daß sie eine Frau mit beachtlich wenigen Leidenschaften war; wenn sie überhaupt eine Leidenschaft besaß, dann war es die des Philistertums. Sie hätte – da es doch sicherlich für alle Tugenden einen Schutzgeist gibt – der Engel der Sittsamkeit sein können. Offenbar hatte Mark Ambient vor zehn Jahren zwar gemerkt, daß sie ein Engel war, nur nicht was für einer. Er war durchaus im Recht, mich auf ihre Schönheit aufmerksam zu machen. Wenn ich mir den Grund überlegte, warum er sie geheiratet haben mochte, wurde mir mehr denn je klar, daß sie, rein physisch gesprochen, eine herrlich gezüchtete Blume war, daß sie ihm mancherlei Ideen und Bilder eingegeben haben dürfte. Niemand konnte so zart gezeichnet, so gartengleich und so schön gefärbt und beblättert sein.

Falls ich auf den Gedanken gekommen wäre, Ambient für einen Heuchler zu halten, weil er bei Tisch alles vergessen zu haben schien, was er mir auf dem Spaziergang erzählt hatte, hätte ich dieses Urteil sofort widerrufen müssen, und zwar in der Überlegung, daß die gute Nachricht, die ihm seine Frau über das Befinden des kleinen Jungen geben konnte, Grund genug für seine plötzliche Fröhlichkeit war. Vielleicht kam diese auch aus einer gewissen Reue darüber, sich bei mir über die schöne vor ihm sitzende Frau beschwert zu haben – aus dem Wunsch, mir zu zeigen, daß er in Wahrheit gar nicht so schlimm sei. Dolcino ging es anscheinend wesentlich besser; es war ihm versprochen worden, daß er nach dem Essen herunterkommen dürfe. Sobald wir unser Mahl beendet hatten, eilte Ambient davon – wohl in der Absicht, nach seinem Kind zu sehen; und gerade als ich dies beobachtete, wurde ich gewahr, daß seine Frau gleichzeitig verschwunden war. Miß Ambient und ich sahen beide gerade noch den Saum ihres Kleides in der Tür, und die junge Dame lächelte mir zu, als wüßte ich nun um alle Familiengeheimnisse. Ich ging mit ihr in den Garten, und wir setzten uns auf eine alte Bank an der Westseite des Hauses. Es war in der Mittagszeit eines Junisonntages der ideale Ruheplatz, dessen Zauber erhöht wurde durch eine alte Sonnenuhr; sie erhob sich vor uns, inmitten eines kleinen, in verschlungenen Mustern angelegten Blumenbeetes – eine Sonnenuhr, die nur langsam die Zeit maß und reichlich Muße zum Plaudern erlaubte. Der Garten erblühte im lichtdurchfluteten Mittag, die hohen Buchen ragten still vor uns auf, und hinter und über uns klammerte sich ein vieljähriger Rosenstock an den verblaßten Backstein und versinnbildlichte die ganze Szene durch seinen vertrauten, betäubenden Wohlgeruch. Ich fand, dies sei ein

Platz, wo dem Genie alles erlaubt war – keine Stätte jedoch der Anklagen und Verweise. Miß Ambient erkundigte sich, ob ich den Spaziergang mit ihrem Bruder genossen habe und ob wir über vieles gesprochen hätten.

»Nun ja, über das meiste«, sagte ich lächelnd, wenn ich mich auch nur zu gut erinnerte, daß wir von Miß Ambient nicht gesprochen hatten.

»Finden Sie nicht, daß manche seiner Ansichten recht sonderbar sind?«

»Nein – ich glaube, ich bin in allem mit ihm einig.« Zu Miß Ambients Belustigung war ich so »sonderbar«, es nur zu glauben.

»Sie halten also die Kunst für das Höchste?« fragte sie nach einer Weile.

»In der Kunst natürlich.«

»Und die Schönheit auch?«

»Ich weiß nicht, ob sie das Höchste ist. Aber sie ist etwas Bewundernswürdiges.«

»Es ist für eine Frau natürlich schwer, herauszufinden, wie weit man gehen darf«, sagte meine Gefährtin. »Ich bewundere alles, was das Leben schöner macht. Ich bin für die Form ungeheuer empfänglich. Und doch halte ich mich manchmal zurück – können Sie das verstehen? –, weil ich nicht weiß, wohin es mich verschlagen wird. Ich möchte ja nur zur Ruhe kommen«, meinte Miß Ambient in einem Ton unterdrückten Sehnens, der ahnen ließ, daß sich ihr dieser Wunsch noch lange nicht erfüllt hatte. »Und man muß doch ein guter Mensch sein, oder nicht?« sagte sie, als flehte sie um eine Antwort, die diese abstruse Frage für sie klären würde. Er war mir unmöglich, darauf etwas Originelles zu erwidern; jedenfalls habe ich ihr Vertrauen mit einer schamlosen Plattheit bezahlt; überdies erinnere ich mich, daß ich eine ebenso klägliche Frage anfügte, die wohl noch mehr an Taktgefühl zu wünschen übrigließ: warum sie dann nicht in die Kirche gehe – dies sei doch immerhin eine Art, gut zu sein. Sie erklärte, daß sie dieser Pflicht heute morgen genügt habe und daß an Sonntagnachmittagen für sie die Tugend darin bestehe, die Briefe der vergangenen Woche zu beantworten. Dann plötzlich sagte sie ohne jeden Übergang: »Dolcino geht es gar nicht besser – das ist ein Irrtum. Ich habe ihn gesehen; er ist alles andere als wohlauf.«

»Aber das würde seine Mutter doch wohl merken?« fragte ich. Für einen Moment konnte man glauben, sie zähle die Blätter einer der nahen hohen Buchen. »Im allgemeinen läßt sich zwar ziemlich sicher voraussagen, was meine Schwägerin im Schilde führt. Aber in diesem Fall sind seltsame Kräfte am Werke.«
»Seltsame Kräfte? Meinen Sie in der Konstitution des Kindes?«
»Nein, nein, im Gefühlsleben meiner Schwägerin.«
»Kräfte der Zuneigung natürlich; Kräfte der Sorge. Warum nennen Sie diese seltsam?«
Sie wiederholte meine Worte: »Kräfte der Zuneigung, Krä te der Sorge. Ja, sie ist sehr in Sorge.«
Miß Ambient bedrückte mich, ja erschreckte mich fast, und ich flehte innerlich darum, sie möge gehen und ihre Briefe schreiben. »Sein Vater wird ihn nun wohl gesehen haben«, sagte ich, »und wenn er mit dem Zustand des Kindes nicht zufrieden ist, schickt er sicherlich gleich nach dem Arzt.«
»Der Arzt hätte heute morgen schon kommen sollen. Schließlich wohnt er nur zwei Meilen von hier.«
Ich sagte mir, vielleicht beweise dies alles nur Miß Ambients allgemeine tragische Weltanschauung; dennoch fragte ich sie, warum sie ihre Schwägerin von dieser Notwendigkeit nicht überzeugt habe. Sie antwortete darauf mit einem höchst bedeutsamen Lächeln, ich dürfte wohl kaum eine Vorstellung von ihren Beziehungen zu Beatrice haben; ich muß ihr jedoch Gerechtigkeit widerfahren lassen und hinzufügen, daß sie sich kurz darauf ein wenig deutlicher ausdrückte: wenn Mark sich aufrege, sei dies für ihre Schwägerin Grund genug, sich nicht aufzuregen. Er ängstige sich immer so wegen des Jungen, und da sie grundsätzlich verschiedene Standpunkte einnähmen, vermöge Beatrice jetzt nichts anderes, als einen künstlichen Optimismus an den Tag zu legen. Wäre Mark nicht da, würde sie keineswegs derart leichtsinnig sein. Dabei entsann ich mich, was er mir von ihrer beider Haltung Dolcino gegenüber erzählt hatte: daß sie ihn noch zerreißen würden; aber davon sagte ich Miß Ambient nichts, zumal im selben Augenblick ihr Bruder mit dem Kind auf dem Arm aus dem Haus trat. Dicht hinter ihm kam blaß und ernst seine Frau; der Junge blickte über Ambients Schulter hinweg auf seine Mutter. Wir gingen ihnen entgegen, und als auch sie uns ein Stück entgegengekommen waren, wandte Dolcino den Kopf. In seinem bezaubernden kleinen

Gesicht leuchtete ein Lächeln des Erkennens auf, das mich für den Augenblick beruhigte. Miß Ambient jedoch hatte einen ganz anderen Eindruck, und ich muß sagen: ihre schnelle Einfühlungsgabe, in der etwas Mütterliches lag, bewies, daß sie bei aller Überspanntheit auch eine gewisse Güte besaß. »Das geht nicht gut – das geht niemals gut«, flüsterte sie mir zu. »Ich werde mit Mark wegen des Arztes sprechen.«
Das Kind war auffallend blaß, aber vor allem fiel mir auf, daß es noch viel schöner war als am Tag zuvor. Es trug seinen schönsten Anzug – aus Samt mit roter Schärpe – und glich einem kranken kleinen Prinzen, der noch zu jung ist, um etwas von Herablassung zu wissen, und seinen Untertanen freundlich zulächelt.
»Setz ihn ab, Mark, so ist es zu unbequem für ihn«, sagte Mrs. Ambient.
»Möchtest du auf deinen eigenen Beinen stehen, mein Junge?« fragte sein Vater.
»Gern. Es geht mir wirklich gut«, sagte das Kind.
Mark setzte ihn ab; der Junge trug glänzende, spitze Schuhe mit riesigen Schleifen darauf. »Bist du jetzt glücklich, Mr. Ambient?«
»Ja, sehr«, antwortete Dolcino. Er hatte es noch kaum gesprochen, als seine Mutter ihn bereits aufhob und sich mit ihm auf der Bank niederließ, wo Miß Ambient und ich gesessen hatten. Die junge Dame sagte etwas zu ihrem Bruder, worauf die beiden tiefer in den Garten hineingingen. Ich blieb bei Mrs. Ambient; da jedoch ein Mädchen etliche Stühle herausgebracht hatte, brauchte ich mich nicht neben sie zu setzen. Unser Gespräch war nicht gerade lebhaft, und ich hatte das Gefühl, daß ich mich nur lächerlich machen würde, wenn ich nun um Mrs. Ambients Sympathie buhlen wollte. Nicht, daß sie mir unangenehm gewesen wäre – ich bewunderte sie sogar; aber ich wußte genau, daß wir beide grundverschieden waren. Außerdem vermutete ich etwas, das ich später tatsächlich erfahren sollte und das ich bereits angedeutet habe: daß diese bemitleidenswerte Dame mich verabscheute; natürlich war das keineswegs ermutigend. Sie hielt mich für einen aufdringlichen, wenn nicht gar verdorbenen jungen Mann, den ein widernatürliches Schicksal in ihren stillen Garten verschlagen hatte, auf daß er den gefährlichsten Neigungen ihres Gatten schmeichle. Sie erwies mir die Ehre, zu Miß Ambient, die es mir hinterher erzählte, zu äußern, sie könne sich nicht erinnern, wann ihr Mann

mit einem Gast je so viel Aufhebens gemacht habe; offenbar maß sie meinen bösen Einfluß daran, wie Mark meine Gesellschaft genoß. Mir war dies alles wenn auch nicht deutlich, so doch ausreichend klar; und doch will ich es gern zugeben: wenn es auch meinen Redefluß hemmte, konnte es mich nicht von dem Gedanken abhalten, daß diese schöne Mutter mit ihrem schönen Kind, verwoben in eine Rosenkulisse, ein Bild abgab, wie ich es vielleicht nie wieder sehen würde. Zwar besaß ich die Freiheit, ins Haus zu gehen und Briefe zu schreiben, im Salon zu sitzen oder mich in mein Zimmer zurückzuziehen und ein Schläfchen zu machen; und dennoch nahm ich diese Freiheit nicht wahr, sondern saß lediglich auf meinem Stuhl und sagte mir, daß Mark Ambients Frau und Sohn von der leichten Hand Sir Joshuas hätten gemalt sein können. Unablässig betrachtete ich Dolcino, und Dolcino betrachtete mich, und das war genug, daß ich mich zurückhielt. Wenn er mich ansah, lächelte er, und es schien mir einfach unmöglich, ein Kind zu verlassen, das einen so anlächelte. Sein Blick schweifte nie ab, ruhte auf mir, als gehörte zu den kleinen, sich erst entwickelnden Neigungen seiner Natur der Wunsch, mir etwas zu sagen. Wenn ich ihn auf die Knie hätte nehmen dürfen, würde er es vielleicht gesagt haben; aber es wäre viel zu heikel gewesen, seine Mutter darum zu bitten; ich bereue jedoch noch heute, daß ich Dolcino an jenem Sonntagnachmittag nicht wenigstens für einen Augenblick in meinem Arm gehalten habe. Er hatte erklärt, es gehe ihm wirklich gut und er sei sehr glücklich; doch mochte er auch glücklich sein, als er an der Brust seiner Mutter gebettet lag und seine kleinen, mit roter Seide bestrumpften Beine von ihrem Schoß baumeln ließ – er sah gar nicht wohl aus. Er machte keine Anstalten, zu gehen; er war es zufrieden, mit den Beinen zu pendeln und wie ein matter Engel auszusehen.

Dann kam Mark mit seiner Schwester zu uns zurück, und Miß Ambient sagte, sie müsse sich jetzt ihrer Korrespondenz widmen, und ging ins Haus. Mark stellte sich vor seine Frau und blickte auf das Kind hinunter, das sofort nach seiner Hand griff und sie die ganze Zeit über festhielt. »Ich finde, Allingham sollte ihn sich einmal ansehen«, sagte Ambient. »Ich will zu ihm hinübergehen und ihn holen.«

»Das dürfte Gwendolens Idee sein«, antwortete Mrs. Ambient betont liebenswürdig.

»Bei einem kranken Kind ist das doch keine solch ausgefallen Idee!«

»Ich bin aber nicht krank, Papa. Es geht mir schon viel besser«, sagte Dolcino.

»Ist das wahr, oder sagst du es nur, um lieb zu sein? Ich weiß doch, daß du so gern lieb sein willst.«

Der Junge schien über diese Behauptung, diese Bezichtigung nachzudenken; schließlich blieben seine übergroßen Augen, die suchend umhergeschweift waren, an mir hängen, und er fragte lächelnd und mit der ganzen Offenheit seines Alters: »Finden Sie mich nicht lieb?« – so daß sein Vater sich nach mir umdrehte, lachte und stumm mit den Blicken meinte: Ist er nicht bezaubernd?

»Warum springst du dann nicht herum, wenn du dich so wohl fühlst?« fragte Ambient, während der Junge die Hand des Vaters hin- und herschwang.

»Weil Mama mich festhält.«

»Jaja – Mama hält dich ja immer fest, wenn ich komme!« rief Ambient und sah seine Frau an.

Ihre schönen Augen sahen zu ihm auf, ohne Anklage oder Zugeständnis, und dann sagte sie: »Wenn du meinst, hole Allingham nur. Ich glaube auch, es wäre besser. Aber an deiner Stelle würde ich fahren.«

»Das sagt sie nur, um mich loszuwerden«, meinte Ambient lachend zu mir und machte sich dann auf den Weg.

Ich blieb bei Mrs. Ambient sitzen, wenn auch unsere Konversation mehr aus Schweigen denn aus Worten bestand. Das stille, bleiche Gesicht des kleinen Jungen schien mich nach wie vor zum Bleiben bewegen zu wollen, und nach einer Weile empfing ich noch einen ganz anderen Eindruck, einen sehr merkwürdigen, den ich nur schwer zu erklären vermag. Natürlich kann man mir vorwerfen, daß ich einer Situation phantastische Gründe unterschiebe, einer Situation, die nichts anderes ausgedrückt haben mag als die angeborene Sehnsucht nach Freiheit; und tatsächlich waren die leicht zu verfolgenden Konsequenzen dieser obskuren Idee zu kläglich, um den Wunsch in mir zu wecken, mich mit der Frage ernsthaft auseinanderzusetzen. Ich kann lediglich sagen, daß ich im guten Glauben handelte und daß Dolcinos liebenswerter Blick meine Phantasie nach und nach entzündete. Was sie dann zum Glühen brachte, waren all die anderen Einflüsse: der stille, zur Meditation verführende Gartenwinkel, die ideale Gelegenheit (wenn es nicht dafür die ideale Gelegenheit war, dann für gar nichts) und die Bitte, von der ich hier spreche und die aus den Augen des Kindes leuchtete und zu sagen schien: Die Mutter, die mich trug und nun an ihre Brust drückt – feinfühliges kleines Wesen, das ich bin –, besitzt wirklich jene Sensibilität, die Sie an ihr vermissen; Sie müssen sie nur geduldig und respektvoll betrachten. Wie sollte sie auch anders sein? Wie könnte ich so sensibel sein (denn, lieber fremder Mann, ich bin es bis in die Fingerspitzen), wenn nicht auch sie es in gewissem Grade wäre? Ich bin zwar das Kind meines Vaters, aber ich bin auch das Kind meiner Mutter, und ich bin traurig über die Spannung zwischen den beiden! So formulierte das Kind es für mich: die Vision, Mrs. Ambient mit ihrem Mann zu versöhnen, ihrer Meinungsverschiedenheit ein Ende zu setzen. Die Aussicht war natürlich hoffnungslos; schließlich hatte er mir doch erzählt – berichtet mit der ganzen Bitternis seiner Erfahrung –, daß der Abgrund zwischen ihnen schlechthin unüberbrückbar sei. Dennoch sagte ich eine Viertelstunde später, nachdem Mark uns verlassen hatte: ich käme einfach nicht darüber hinweg, daß sie, wie sie mir gestern abend erklärt habe, die Werke ihres Mannes für gefährlich halte. Ich hätte dies außerordentlich bedauert und müsse unablässig daran denken, und nun fragte ich mich, ob man ihren Sinn denn nicht irgendwie ändern könne. Mrs. Ambient warf mir einen kalten Blick zu – sie schien mich daran erinnern zu wollen, daß ich mich um meine eigenen Angelegenheiten kümmern solle. Heute wäre ich froh, wenn ich diesen stummen Rat befolgt hätte, aber damals tat ich es nicht. Ich fuhr fort: es sei doch jammerschade, daß so viel Schönes einfach an sie verschwendet sei.

»Nichts ist an mich verschwendet«, sagte Mrs. Ambient. »Ich weiß durchaus, daß seine Bücher sehr schön sind.«

»Magst du Papas Bücher nicht?« fragte Dolcino seine Mutter, sah dabei aber mich an. Dann setzte er für mich hinzu: »Wollen Sie sie mir nicht vorlesen, Amerikaner?«

»Ich würde dir viel lieber meine eigenen Geschichten erzählen«, sagte ich. »Ich weiß ein paar ganz feine.«

»Wann erzählen Sie sie mir – morgen?«

»Mit Vergnügen – wenn es dir morgen recht ist.«

Mrs. Ambient schwieg. Ihr Mann hatte mich während des Spaziergangs gebeten, noch einen Tag zu bleiben; mein Versprechen an ihren Sohn bedeutete also, daß ich seiner Bitte zugestimmt hatte. Natürlich hätte ich nun mit meinen Worten vorsichtiger sein müssen; aber ich war es nicht. Vielmehr erzählte ich ihr, daß ich, nachdem wir uns gestern abend getrennt hätten und sie über die Werke ihres Mannes das bereits zitierte Urteil gesprochen habe, in mein Zimmer gegangen sei und mich mit den mir gütigerweise geliehenen Druckbogen seines neuen Buches niedergelassen hätte. Bis drei Uhr früh hätte ich völlig fasziniert darübergesessen – hätte sie gleich zweimal gelesen. »Sie sagten, Sie kennten sie nicht. Das ist höchst bedauerlich. Bitte, nehmen Sie sie doch einmal vor. Sie sind wirklich ausgezeichnet. Sie werden Sie bestimmt überzeugen. Sie setzten ihn in ein – wie soll ich sagen: in ein verwirrendes Licht. Man findet dort alles, was gut in ihm ist. Ich weiß, es ist sehr kühn von mir, Ihnen das zu sagen; verzeihen Sie mir. Aber Sie sollten sie wirklich lesen!«

»Lies sie, Mama!« wiederholte Dolcino. »Lies sie!«

Sie beugte sich nieder und schloß seine Lippen mit einem Kuß. »Ich weiß natürlich, daß er schwer daran gearbeitet hat«, sagte sie; danach aber sprach sie nichts mehr, sondern saß nur nachdenklich da, den Blick zur Erde gerichtet. Der Ton ihrer letzten Worte nahm mir den Mut zu weiteren Angriffen, und so sagte ich, ihr Mann habe den Arzt wohl nicht angetroffen, und stand auf und ging tiefer in den Garten hinein. Als ich zehn Minuten später zurückkam, saß sie immer noch da und schaute auf den kleinen Jungen hinunter, der in ihrem Schoß eingeschlafen war. Bei meinem Näherkommen legte sie den Finger an den Mund, erhob sich gleich darauf mit dem Kind im Arm und flüsterte mir zu, es sei wohl besser, wenn sie hinaufginge. Ich bot ihr an, ihn zu tragen, und streckte schon die Arme aus, aber sie dankte und wandte sich mit dem Kind, dessen Kopf an ihrer Schulter lag, ab. »Ich bin stark genug«, sagte sie, wobei sie ins Haus ging und ihre schlanke, grazile Gestalt sich unter dem Gewicht des Sohnes zurückbog. Und so habe ich Dolcino nie berührt.

Ich ging in Ambients Arbeitszimmer, froh, eine ruhige Stunde vor mir zu haben und seine Bücher betrachten zu können. Durch die offenen Fenster flutete aus dem Garten die sonnige Stille, das weiche Licht des englischen Sommers, füllten das Zimmer, ohne doch die schwere, rauchige Luft ganz daraus zu vertreiben; sie gehörte zu seinem Zauber und hatte sich vor allem in den langen Bücherregalen festgesetzt, in denen altes Saffianleder den Duft großer Gelehrsamkeit verströmte, aber auch in den helleren Zwischenräumen, wo Stiche und Miniaturen und Medaillons auf verblichener Seide hingen. Der Raum wirkte trotz seiner Farben äußerst beruhigend; ich fand ihn einfach ideal zum Arbeiten und ging sogar so weit, mir zu sagen: wenn dies mein Zimmer wäre, und ich dürfte darin sitzen und arbeiten, dann könnte ich vielleicht lernen, ebensogut zu schreiben wie der Autor von *Beltraffio*. Der verehrte Meister ließ sich nicht blicken, und so wühlte ich ungehindert in seinen Schätzen. Schließlich nahm ich mir ein Buch, das mich eine Weile fesseln sollte, und setzte mich damit in einen schönen alten Ledersessel am Fenster. Ich hatte etwa eine halbe Stunde in dem Buch gelesen – der Nachmittag neigte sich bereits dem Ende zu –, als ich spürte, daß sich noch jemand im Zimmer befinden mußte. Ich sah auf und erkannte Mrs. Ambient, welche die Tür in der gleichen lautlosen Weise geöffnet hatte, von der ihr Eintritt am Abend zuvor gekennzeichnet – beziehungsweise verhüllt – worden war, und nun über die Schwelle trat. Als sie mich erblickte, blieb sie stehen; sie hatte wohl nicht erwartet, mich hier zu finden. Sie zögerte jedoch nur kurz und schritt dann geradenwegs auf den Schreibtisch zu, als wollte sie dort etwas suchen. Ich stand auf und fragte sie, ob ich ihr behilflich sein könne. Sie blickte forschend umher und legte dann die Hand auf eine Papierrolle, in der ich jene erkannte, die ich am Morgen aus meinem Zimmer heruntergebracht und hier hingelegt hatte.

»Ist dies das neue Buch?« fragte sie und hielt sie hoch.

»Die Druckbogen, ja, mit kostbaren Anmerkungen versehen.«

»Ich möchte Ihren Rat annehmen.« Damit klemmte sie die Rolle unter den Arm. Ich gratulierte ihr herzlich, da ich aus meinem Triumph, wie ich es im stillen nannte, eine Geste der Höflichkeit machen wollte. Sie jedoch blieb ernst und wandte sich ab – ohne jedes Lächeln, genauso wie sie gekommen war. Ich setzte mich wieder, nahm erneut mein Buch auf und dachte, Mrs. Ambient sei doch eine sonderbare Frau. Auch mein Triumph kam mir jetzt recht sinnlos vor. Eine Frau, die nicht zur rechten Zeit zu lächeln wußte, konnte Mark Ambient niemals richtig verstehen. Endlich kam dieser zurück, begleitet von dem

Arzt. »Er war nicht zu Hause«, sagte Mark, »und so mußte ich erst dorthin, wo er sich angeblich aufhielt. Aber da war er dann auch nicht mehr, und so ging ich ihm in etliche Häuser nach. Darum also meine späte Rückkehr.« Er sei jetzt bei Mrs. Ambient und untersuche das Kind, wolle aber, bevor er gehe, ihn selbst noch einmal sprechen. Schon nach zehn Minuten bemerkte mein Gastgeber, daß die Korrekturbogen seines neuen Buches nicht mehr auf dem Tisch lagen, und als ich ihm auf seine Frage erklärte, daß Mrs. Ambient sie zum Lesen mitgenommen hatte, wurde er fast bleich vor Staunen. »Seit wann ist sie so neugierig?« rief er. Mir blieb nichts anderes übrig, als zu bekennen, daß ich die Lösung des Geheimnisses wußte. Ich hätte einfach nicht anders gekonnt und ihr einmal sagen müssen, daß sie wirklich wissen sollte, was ihr Mann zu leisten vermöge. »Was ich zu leisten vermag? *Elle ne s'en doute que trop!*« sagte Ambient und lachte; er nahm meine Einmischung jedoch gutmütig auf und befürchtete nur, sie könnte die Bogen verbrennen, samt seinen Änderungen, von denen er kein Duplikat besaß. Der Arzt blieb sehr lange bei dem Kind, und bevor er herunterkam, zog ich mich zurück und hielt mich bis zum Essen in meinem Zimmer auf. Als ich dann wieder den Salon betrat, fand ich dort, wie am Abend zuvor, Miß Ambient.

»Ich hatte recht wegen Dolcino«, sagte sie, sobald sie mich sah, sagte es in einem merkwürdig triumphierenden Ton. »Er ist sehr krank.«

»Sehr krank? Aber ich habe ihn doch noch um vier Uhr gesehen, und da fand ich ihn recht munter!«

»Sein Zustand hat sich rapid verschlechtert, der Arzt hat bereits eine beginnende Diphtherie festgestellt. Ich habe ja gleich gesagt: man hätte ihn schon heute früh holen sollen und dem Jungen niemals erlauben dürfen, in den Garten zu gehen.«

»Aber hören Sie, er hat sich dort doch sehr wohl gefühlt!« rief ich in meiner Bestürzung.

»Er würde sich überall wohl fühlen. Wahrscheinlich fühlt er sich sogar jetzt wohl, da der arme kleine Hals –« Sie verstummte, weil ihr Bruder eintrat und mitteilte, daß Mrs. Ambient natürlich nicht herunterkommen könne. Dolcino zeige tatsächlich Symptome einer Diphtherie, sei aber im Augenblick ruhig; seine Mutter wache jetzt bei ihm. Sie sei eine großartige Pflegerin, sagte Mark; der Arzt wolle um zehn Uhr noch einmal kommen. Unser Essen verlief nicht gerade heiter; Ambient sorgte und ängstigte sich, und seine Schwester reizte mich durch ihre unablässige, stumme Anschuldigung, sie habe es mir »ja gesagt« – eine Anschuldigung, die sich in der Art äußerte, wie sie an ihrem Brot knabberte und am Wein nippte. Ich hatte schließlich keinerlei Veranlassung, zu leugnen, daß sie es mir gesagt hatte, und ich sah auch nicht ein, inwiefern ihre Genugtuung dem armen kleinen Dolcino helfen sollte. Wie sich jedoch bald erwies, besaß Miß Ambient die Gaben einer Sibylle und hatte daher wohl auch Anspruch auf die Wunderlichkeiten einer Sibylle. Ihr Bruder war derart geistesabwesend, daß ich mein Hiersein geradezu als Indiskretion empfand und bereute, mein Bleiben bis morgen bereits zugesagt zu haben; ich meinte daher zu Mark, es sei wohl besser, ich führe gleich am nächsten Vormittag; er erwiderte jedoch, im Gegenteil, in der Unruhe der folgenden Tage werde ihm meine Anwesenheit eine große Erleichterung bedeuten. Diese Unruhe hatte sich des armen Mannes bereits bemächtigt; als wir nach dem Essen mit unseren Zigarren in seinem Arbeitszimmer saßen, eilte er jedesmal zur Tür, wann immer er den Wagen des Arztes zu hören glaubte. Miß Ambient, die sich zu uns gesetzt hatte, warf mir dann stets einen bedeutsamen Blick zu; sie war vorhin noch einmal oben gewesen und hatte sich nach dem Kind erkundigt. Seine Mutter und die Schwester hatten sich zuversichtlich geäußert; aber Miß Ambient fand, das Fieber sei doch recht hoch und die Symptome äußerst bedenklich. Um zehn Uhr kam der Arzt, und als ich von Mark hörte, daß dieser keinen Anlaß zur Besorgnis sah, ging ich zu Bett. Der Arzt hatte alle Vorkehrungen für die Nacht getroffen und wollte gleich in der Frühe wiederkommen.

Um acht Uhr am nächsten Morgen verließ ich mein Zimmer, und als ich herunterkam, sah ich durch die offenstehende Haustür Mrs. Ambient im Gespräch mit dem Arzt. Sie trug ein weißes Negligé, wenn auch ihr glänzendes Haar sorgfältig in ein Netz gehüllt war, und jetzt in der Morgenfrische, nach der durchwachten Nacht, wirkte sie auf mich ganz als die »vollkommene Dame«, wie ihre Schwägerin sie genannt hatte. Ihre Erscheinung hätte mich eigentlich trösten müssen; doch ich war noch immer nervös und unruhig, so daß ich vor einer Begegnung und der zwangsläufigen Frage nach Dolcinos Ergehen zurückschrak. Zugleich aber brannte ich darauf, zu erfahren, wie es heute um ihn stehe. Da Mrs. Ambient mich nicht gesehen hatte, ging ich auf einem anderen Weg durch den Garten, blieb an einem der entfernter liegenden Tore stehen und rief zu dem gerade abfahrenden Arzt hinüber. Mrs. Ambient hatte sich ins Haus zurückgezogen, noch bevor er in seinen Gig gestiegen war.

»Verzeihen Sie – aber als Freund der Familie hätte ich gern gewußt, wie es dem kleinen Jungen geht.«

Der Arzt, ein stämmiger, energischer Mann, betrachtete mich von Kopf bis Fuß und sagte dann: »Tut mir leid, ich habe ihn nicht gesehen.«

»Nicht gesehen?«

»Als ich vorfuhr, kam Mrs. Ambient heraus und erklärte, er sei nach einer unruhigen Nacht schließlich so fest eingeschlafen, daß sie ihn nicht stören wolle. Ich versicherte ihr, ich würde ihn keinesfalls stören, aber sie sagte, es gehe ihm gut und sie könne jetzt selbst für ihn sorgen.«

»Recht herzlichen Dank. Kommen Sie noch einmal?«

»Nein, ich will verdammt sein, wenn ich noch einmal komme!« rief Dr. Allingham, der offensichtlich sehr verärgert war. Dann trieb er sein Pferd mit einem Knallen der Peitsche an.

Ich ging in den Garten zurück, und fünf Minuten später kam Miß Ambient aus dem Haus und begrüßte mich. Sie erklärte, es sei noch nicht soweit mit dem Frühstück, und außerdem wolle sie den Arzt sprechen, ehe er wegfahre. Ich sagte ihr, daß er bereits fort sei, und wiederholte, was er über seine Abfuhr berichtet hatte. Darauf wurde Miß Ambient sehr ernst, wirklich: sehr, sehr ernst, sank mit weit aufgerissenen Augen auf eine Bank und umklammerte ihre Ellbogen. Sie stürzte sich in eine Flut von Klagerufen, gestand, daß sie es gar nicht fassen könne, und erzählte mir dann von ihrem letzten Besuch bei ihrem Neffen. Sie war nach Mark und mir noch aufgeblieben und hatte vor dem Zubettgehen an der Tür des Kinderzimmers geklopft, worauf ihr von der Schwester geöffnet worden war. Das gute Geschöpf hatte sie eingelassen, und sie hatte Dolcino ruhig, aber hochrot und »unnatürlich« vorgefunden. Seine Mutter hatte an seinem Bett gesessen. »Sie hielt seine Hand«, erzählte Miß Ambient, »und in der andern – was glauben Sie? – die Druckbogen von Marks neuestem Buch! Sie las ganz konzentriert. Haben Sie je so etwas gehört: zu einer solch ausgefallenen Zeit einen Autor zu lesen, den man bisher nicht hat ausstehen können!« In ihrer Erregung drückte sich Miß Ambient ziemlich ordinär aus, und ich wiederum war so erstaunt über ihren Bericht, daß mir erst in der Erinnerung diese Entgleisung bewußt wurde. Mrs. Ambient habe aufgesehen und die Finger an den Mund gelegt – ich erinnerte mich dabei der Geste vom Nachmittag –, und obwohl die Schwester sich zurückgezogen habe, sei ihr von der Schwägerin nicht gestattet worden, sich in die Nachtwache mit ihr zu teilen. Aber Dolcinos Verfassung sei wenig ermutigend gewesen: er habe keuchend geatmet. Sei es überhaupt denkbar, daß sich sein Zustand so wesentlich geändert und damit Beatrice das Recht habe, den Arzt wegzuschicken? Das war die Moral von Miß Ambients Geschichte – wenigstens die Moral, die sie daraus zog. Meine Moral lautete, dies sei wahrlich eine merkwürdige Zeit für Mrs. Ambient, einen bisher von ihr überhaupt nicht geschätzten Erzähler zu lesen, einen Erzähler, der ihr zufällig von einem jungen, ihr überdies unsympathischen Amerikaner empfohlen worden war. Ich mußte mir unwillkürlich vorstellen, wie sie während all der vielen stillen Nachtstunden nach dem Weggang der Schwester im Krankenzimmer gesessen, Seite für Seite im Werk des Genies umgeblättert und gegen seinen magischen Einfluß angekämpft hatte.

Ich möchte nun kurz vom Ende meines Besuches bei Mark Ambient berichten – er dauerte nur noch wenige Stunden – und zumindest ein paar Worte meiner weiteren Freundschaft mit ihm widmen. Sie währte noch fünf Jahre, nämlich bis zu seinem Tode, und war, zu unser beider Zufriedenheit, voller Anregung, aber auch voller Trauer. Was hier hauptsächlich betont werden muß, ist, daß ich ein Geheimnis von ihm wußte. Ich glaube nicht, daß er dies je geahnt hat, wenn ich mir darin auch nicht sicher bin. Sollte er es jedoch geahnt haben, dann hat er mit seiner diese Tatsache völlig ignorierenden Haltung eine erstaunliche Willenskraft bewiesen. Jetzt, da Mark Ambient nicht mehr ist, da er einer der berühmten Frühvollendeten genannt wird und auch seine Frau ihn nicht überlebt hat, darf ich das Geheimnis wohl lüften und an den rechten Platz rücken – zumal sich Miß Ambient, die ich nur alle paar Jahre einmal sehen konnte, samt ihren Spitzenkleidern und Wunderlichkeiten, ihren Geister beschwörenden Gesten und sonderbaren Andeutungen in eine Schwesternschaft zurückgezogen hat, wo sie, wie ich hörte, völlig eingemauert und der Welt verloren lebt.

Mark kam erst zum Frühstück, nachdem seine Schwester und ich schon einige Zeit dort gesessen hatten. Wortlos schüttelte er mir die Hand, küßte seine Schwester, öffnete Briefe und Zeitungen und tat, als tränke er Kaffee. Ich sah aber genau, daß er sich nur ganz mechanisch bewegte, und so wunderte es mich kaum, als er plötzlich alles, was vor ihm lag, weit zurückschob, die Ellbogen aufstützte, den Kopf in die Hände legte und abwesend auf das Tischtuch starrte.

»Was hast du, *fratello mio?*« fragte Miß Ambient hinter der Teemaschine hervor.

Er gab keine Antwort, sondern schnellte auf und trat ans Fenster. Auch wir, seine Schwester und ich, erhoben uns wie auf Verabredung und wechselten einen erschrockenen Blick, während er in den Garten hinausblickte. »Was ist bloß in Beatrice gefahren?« rief er endlich und wandte uns ein übernächtiges Gesicht zu. Er sah von einem zum andern; der Anruf galt ebenso mir wie seiner Schwester.

Miß Ambient zuckte die Achseln. »Armer Mark, Beatrice bleibt eben immer Beatrice.«

»Sie hat sich mit dem Jungen eingeschlossen – die Tür verriegelt und verschlossen; sie weigert sich, mich einzulassen!« erklärte Ambient.

»Und vor einer Stunde hat sie sogar dem Arzt den Zutritt verweigert«, meinte sie »vielsagend«, wie es in Schauspielen manchmal heißt.

»Dem Arzt den Zutritt verweigert? Bei Gott, dann schlage ich die Tür ein!« Und Mark schmetterte die Faust auf den Tisch, daß das Geschirr klirrte.

Ich bat Miß Ambient, hinaufzugehen und zu versuchen, mit ihrer Schwägerin zu sprechen, und dann zog ich Mark in den Garten. »Sie sind jetzt zu nervös, und vielleicht hat Mrs. Ambient ganz recht«, sagte ich. »Frauen wissen Bescheid, Frauen sind in solchen Situationen die Überlegenen. Vertrauen Sie doch einer Mutter, einer zärtlichen Mutter, mein Freund!« Mit solchen Worten suchte ich ihn zu beruhigen und zu besänftigen, und wunderbarerweise gelang es mir sogar, ihn mit Hilfe von

vielen Zigaretten dazu zu bringen, daß er fast eine Stunde lang im Garten mit mir umherging und sprach oder meinem belanglosen Geplauder zuhörte. Dann aber kam Miß Ambient zurück, hastete auf uns zu und hielt die Hand aufs Herz gepreßt.
»Den Arzt, Mark, hol sofort den Arzt!«
»Stirbt er? Hat sie ihn nun endlich umgebracht?« rief der arme Ambient und schleuderte seine Zigarette weg.
»Ich weiß nicht, was sie gemacht hat. Jedenfalls hat sie jetzt selber große Angst und verlangt den Arzt.«
»Der Arzt aber hat mir gesagt, er wolle verdammt sein, wenn er noch einmal wiederkäme.« Ich fühlte mich verpflichtet, darauf hinzuweisen.
»Eben deswegen darf nicht irgendein Bote hinfahren, sondern nur Mark selber. Du mußt mit ihm sprechen und ihm sagen, daß es um das Leben des Kindes geht. Der Wagen wartet bereits.«
»Um sein Leben? Mein Gott, ich muß ihn retten!« rief Ambient und lief in großen Schritten über den Rasen.
Sobald er gegangen war, hatte ich das Gefühl, daß eigentlich ich an seiner Stelle hätte fahren müssen, und ich sagte dies auch zu Miß Ambient; aber sie ließ mich nicht ausreden, sondern packte mich am Arm, und dann lauschten wir auf das Davonholpern des Dogcarts. »Er ist weg, er ist weg – jetzt kann ich endlich denken! Ein Glück, daß er endlich weg ist – nun erst kann ich nachdenken, nachdenken.«
»Worüber nachdenken, Miß Ambient?«
»Über das Unaussprechliche, das unter diesem Dach geschehen ist.«
Ihr Gehaben war so sehr das einer Unheilsprophetin, daß ich im ersten Augenblick glaubte, sie übertreibe maßlos. Aber gleich darauf mußte ich mir gestehen, daß ihre Erregung nicht gespielt sein konnte. »Dann stirbt Dolcino also – oder ist er schon tot?«
»Jedenfalls ist es zu spät, ihn zu retten. Seine Mutter hat ihn auf dem Gewissen. Ich sage Ihnen das«, unterbrach Miß Ambient meinen Ausruf des Entsetzens, »weil Sie mit uns fühlen, weil Sie genug Vorstellungskraft besitzen. Das beweist mir schon Ihre Idee, sie zum Lesen von Marks neuem Buch zu überreden.«
»Was hat denn das damit zu tun? Ich verstehe Sie nicht – das ist ja eine ungeheuerliche Anklage!«
»Ich durchschaue alles – ich bin nicht dumm«, fuhr Miß Am-

bient ungeachtet meines scharfen Tones fort. »Das Buch hat den Ausschlag gegeben, hat sie zu dem Entschluß getrieben.«

»Zu dem Entschluß? Wollen Sie damit sagen, daß sie ihr Kind gemordet hat?« fragte ich und erzitterte ob meiner eigenen Worte.

»Sie hat Dolcino geopfert, hat beschlossen, nichts zu unternehmen, um ihn am Leben zu erhalten. Warum sonst hätte sie sich eingeschlossen, warum sonst den Arzt weggeschickt? Das Buch hat sie schockiert, und darum hat sie entschieden, das Kind für immer davor zu bewahren. Um zwei Uhr morgens hatte Dolcino eine Krise; das weiß ich von der Schwester, die zwar schon weggegangen war, jedoch für kurze Zeit zurückgerufen wurde. Der Zustand des Jungen hatte sich wesentlich verschlechtert, seine Mutter aber bestand darauf, daß die Schwester wieder zu Bett gehe, und dann war Beatrice stundenlang mit ihm allein.«

»Meinen Sie, daß sie kein Mitleid hat, daß sie verrückt ist?«

»Sie hielt ihn im Arm und drückte ihn an ihre Brust, um ihn nicht sehen zu müssen; aber sie gab ihm keine Arzneien, nichts von dem, was der Arzt verordnet hatte. Es steht noch alles unberührt da. Sie hat sogar den Mut besessen, die Medikamente nicht einmal wegzuwerfen.«

Ich sank auf die nächste Bank, überwältigt von Entsetzen und Erregung – ebensosehr über Miß Ambients grausame Deutlichkeit wie über die gegen ihre Schwägerin erhobene Anklage. Die Geschichte verlief erstaunlich folgerichtig, und es war mir gräßlich, mich in diese Angelegenheit so unmittelbar verwickelt zu sehen. »Was sind Sie doch für eine sonderbare Frau, und was sagen Sie für sonderbare Dinge!«

»Sie meinen, protestieren zu müssen – aber im Innern glauben Sie mir ja doch. Sie haben meine Schwägerin kennengelernt und können beurteilen, zu was sie fähig ist.«

Ich gestehe nur ungern, wieweit ich Miß Ambient in diesem Punkt beipflichtete, die mir nun erzählte, daß Beatrice in der letzten halben Stunde anderen Sinns geworden sei; sie sei zutiefst erschrocken über das, was sie getan habe, und dieser Schrecken verrate sie nun. Jetzt plötzlich würde sie am liebsten Himmel und Erde in Bewegung setzen, um das Kind zu retten. »Hoffen wir, daß es ihr gelingt!«, sagte ich, blickte zur Uhr und schätzte die Rückkehr des armen Ambient ab; meine Gefährtin wiederholte unnachahmlich: »Wir wollen es hoffen!«

Als ich sie fragte, ob sie nichts unternehmen könne und ob sie jetzt nicht besser zu ihrer Schwägerin hinaufgehe, antwortete sie: »Gehen *Sie* doch hinauf – dann werden Sie schon sehen. Sie gleicht einer verwundeten Löwin!« Da ich Mrs. Ambient erst sechs Monate später wiedersah, kann ich diesen Vergleich nicht bestätigen. Zu dieser Zeit war sie bereits wieder die vollendete Dame. »Vielleicht ist sie jetzt ein bißchen netter zu ihm«, sagte Miß Ambient, als ich kurz mein Mitleid mit ihrem Bruder geäußert hatte. Obwohl ich erst sechsunddreißig Stunden in diesem Hause weilte, behandelte mich die junge Dame auffallend offenherzig, und als ihr Vertrauter hatte ich wohl das Recht, sie um etwas zu bitten. Ich rang ihr das Versprechen ab, daß sie ihrem Bruder nie erzählen werde, was sie mir gesagt hatte; er solle sich das Verhalten seiner Frau selber deuten. Sie pflichtete mir bei, in diesem Hause sei wahrhaftig Elend genug, ohne daß sie noch neues hinzufüge, und Mrs. Ambients Handlungsweise könne ja auch wirklich mit einer eifersüchtigen Verehrung zu erklären sein. Mark kam früher mit dem Arzt zurück, als wir zu hoffen gewagt hatten, aber schon nach fünf Minuten wußten wir, daß es trotzdem zu spät war.

Der arme kleine Dolcino war im Tode noch schöner als im Leben. Mrs. Ambients Trauer war erschütternd; sie verlor völlig den Kopf und sagte die unglaublichsten Dinge. Und Mark – doch davon will ich nicht reden. *Basta*, wie er immer sagte. Miß Ambient wahrte ihr Geheimnis – ich durfte bereits bemerken, daß sie auch ihre guten Seiten hatte –, aber es verwandelte sich in ihrem Bewußtsein zu einer quälenden Mitwisserschaft, und ich nehme an, daß ihr Eintritt in eine Schwesternschaft etwas damit zu tun hat. Noch ein Wort zum Gewissen: Der Leser wird sich ausmalen können, wie es mich reute, daß ich Mrs. Ambient zu bekehren versucht hatte. Ich möchte allerdings erwähnen, daß es der Tod ihres Kindes gewesen ist, der sie in gewisser Weise bekehrt hat. Als das neue Buch, mit großer Verspätung, erschien, las sie es von der ersten bis zur letzten Seite, und ihr Mann erzählte mir, daß sie – die nach dem Heimgang ihres Kindes zusehends verfiel, die Schwindsucht bekam und in Mentone dahinsiechte –, wenige Monate vor ihrem Tode, ja noch in den allerletzten Wochen, sogar in *Beltraffio* hineingesehen habe.

# DIE LEHRE DES MEISTERS
[1892]

## I

Man hatte ihm gesagt, die Damen seien in der Kirche; als er jedoch unter der Tür der langen, lichten Galerie oben an der Treppe stand, die aus großer Höhe in zwei malerischen Bogen hinunterführte, und den sich weit ausdehnenden Rasen überblickte, wurde er eines Besseren belehrt. In einiger Entfernung saßen drei Herren unter den riesigen Bäumen auf dem Rasen, während eine vierte Gestalt in karmesinrotem Kleid sich effektvoll vor dem satten, frischen Grün abhob. Der Diener hatte Paul Overt bis zu diesem Augenblick geleitet – nachdem er ihn gefragt hatte, ob er zuerst sein Zimmer aufsuchen wolle. Der junge Mann hatte dies abgelehnt, da es ihm nach der kurzen, bequemen Reise nicht nötig erschien, sich frisch zu machen, und er überdies eine neue Umgebung immer gern sofort in sich aufnahm. Für eine Weile betrachtete er an diesem strahlenden Sonntagmorgen im Juni die Gruppe und den lieblichen Hintergrund, den weitläufigen Park dieses alten, in der Nähe von London und daher günstig gelegenen Landsitzes. »Und wer ist die Dame?« fragte er den Diener, ehe sich dieser zurückzog.

»Meines Wissens Mrs. St. George, Sir.«

»Mrs. St. George, die Frau des berühmten – « Paul Overt stockte, denn er bezweifelte, daß ein Bediensteter so genau Bescheid wüßte.

»Ja, Sir – wahrscheinlich, Sir«, sagte der Diener, als wollte er damit andeuten, daß jeder Gast in Summersoft, und sei es nur durch Familienbande, selbstverständlich berühmt sei. Sein Ton jedoch gab dem armen Overt zu verstehen, er selbst gehöre allerdings kaum dazu.

»Und die Herren?« erkundigte sich Overt weiter.

»Einer von ihnen ist General Fancourt, Sir.«

»Ach ja, richtig – danke.« General Fancourt war berühmt, das ließ sich nicht bestreiten, berühmt wegen irgendwas, das er vor Jahren in Indien getan oder nicht getan hatte – der junge Mann erinnerte sich nicht mehr. Der Diener ging und ließ die Flügeltüren zur Galerie offen; Paul Overt blieb oben an der breiten, zweiarmigen Treppe stehen und dachte, dies sei fürwahr ein herrlicher Besitz, der höchst angenehme Stunden verspreche, und dann beugte er sich über die alte, schöne, schmiedeeiserne Balustrade, die, gleich allem anderen Zierat, aus derselben Zeit stammte wie das Haus selbst. Alles klang harmonisch zusammen, fand sich in einer einzigen Stimme: in der volltönenden englischen Stimme des frühen achtzehnten Jahrhunderts. Es hätte zur Kirchzeit an einem Sommertag in den Tagen der Königin Anne sein können: die Stille war zu rein, um aus der Gegenwart zu kommen, das Nahe glitt in die Ferne, und es lag etwas erfrischend Gesundes in der Ursprünglichkeit des großen, klarlinigen Hauses, dieses langgestreckten prächtigen Backsteinbaues, der eher rosa als rot leuchtete und von dem man jegliche entstellende Efeuranken ferngehalten hatte – nach der gleichen Regel, die einer Frau mit besonders zartem Teint einen Schleier verbietet. Als Paul Overt merkte, daß die Leute auf dem Rasen seiner gewahr wurden, trat er durch die offene Tür zurück in die große Galerie, die der Stolz des Hauses war. Sie reichte von einem Ende bis zum andern und glich mit ihren kraftvollen Farben, den hohen, in viele Scheiben unterteilten Fenstern, dem verschossenen geblümten Chintz, den Porträts und Landschaften, dem blau-weißen Porzellan in den Vitrinen und den zarten Stuckgirlanden und Rosetten an der Decke einer heiteren, geschmückten, in ein anderes Jahrhundert führenden Straße.

Unser Freund war ein wenig nervös – nichts Ungewöhnliches bei einem Jünger der Schönen Literatur, einem Künstler, der auf jedes Erlebnis seismographisch reagiert; hinzu kam noch der erregende Gedanke, daß sich womöglich Henry St. George unter den Gästen befinden könnte. Für den aufstrebenden jungen Mann war St. George immer noch eine große Persönlichkeit des literarischen Lebens, obwohl er nach den ersten drei ruhmreichen Erfolgen im Niveau erheblich gesunken war und seine späteren Werke keinesfalls an die frühen Arbeiten heranreichten. Es hatte Augenblicke gegeben, da Paul Overt darüber fast Tränen vergossen hatte; jetzt aber, da er in seiner Nähe weilte – er hatte ihn nie zuvor gesehen –, dachte er nur noch an den schönen, vielversprechenden Beginn und an den Reichtum, den er ihm verdankte. Nachdem er ein paarmal in der Galerie auf- und abgegangen war, trat er wieder hinaus und schritt die Treppe hinunter. Es zählte zu seinen Schwächen, daß er gesellschaftlich nicht sonderlich gewandt war, und so hätte er angesichts der Tatsache, daß er die vier Leute dort nicht kannte, am liebsten kehrtgemacht, zumal ihn niemand zum Nähertreten ermunterte. Er war sich durchaus darüber klar, daß dies einer liebenswerten englischen Schwerfälligkeit entsprang, schlenderte betont lässig über den Rasen und versuchte, eine möglichst selbstbewußte Haltung einzunehmen. Zum Glück erhob sich daraufhin einer der Herren mit ebenso liebenswerter englischer Direktheit und tat, als wollte er ihn »anpirschen«, wenn er ihm auch gewinnend und einladend entgegensah. Darauf ging Paul Overt sofort ein, sogar auf die Gefahr hin, daß der Herr nicht sein Gastgeber war. Er war groß und vorgerückten Alters, hielt sich sehr aufrecht und hatte, wie das große Haus, ein rosarotes, strahlendes Gesicht und dazu einen weißen Schnurrbart. Unser junger Mann trat auf ihn zu, und der andere lächelte und sagte: »Ah – Lady Watermouth hat uns schon erzählt, daß Sie kommen würden; sie hat mich gebeten, mich Ihrer anzunehmen.« Paul Overt dankte dem Herrn, der ihm sofort sympathisch war, und ging neben ihm auf die andern zu. »Sie sind alle in der Kirche – alle außer uns«, fuhr der Fremde fort; »wir haben uns inzwischen hierher gesetzt – es ist so hübsch hier.« Overt pflichtete ihm bei, es sei wirklich hübsch hier, fürwahr bezaubernd. Und er erwähnte, daß er das Vergnügen zum ersten Male habe.

»Ach, Sie waren noch nie hier?« sagte sein Begleiter. »Es ist sehr schön hier – natürlich nicht viel los.« Overt fragte sich, was denn sonst noch »los« sein sollte – ihm reichte es vollauf. Bis sie zu den anderen gekommen waren, hatte er in seinem Mentor den Militär erkannt und ihn, seiner Einstellung gemäß, dadurch noch sympathischer gefunden. Es war nur zu verständlich daß es ihn nach Taten gelüstete, nach Taten ganz anderer Art, als sie in diesem friedvollen, ländlichen Idyll denkbar waren. Offenbar war er jedoch gutmütig genug, die ruhmlose Stunde für das zu nehmen, was sie wert war. Paul Overt teilte sie während der nächsten zwanzig Minuten mit ihm und den übrigen Gästen, die ihn betrachteten, wie er sie betrachtete, ohne zu wissen, wer sie waren, und dabei ging das Gespräch weiter, ohne daß ihm auch nur klar wurde, worum es sich handelte. Anscheinend jedoch handelte es sich um nichts Besonderes; die Unterhaltung wanderte, mit zufälligen, bedeutungslosen Pausen und kurzen Anläufen zu einem Aufschwung, zwischen Namen von Menschen und Orten hin und her – Namen, die für unseren Freund keine bestimmten Erinnerungen weckten. Das alles verlief gemächlich und voller Behagen, wie es an einem warmen Sonntagmorgen nicht schöner hätte sein können.

Seine Aufmerksamkeit wandte sich im geheimen zuerst der Frage zu, ob wohl einer der beiden jüngeren Herren Henry St. George sei. Er kannte viele seiner berühmten Zeitgenossen von Photographien her, hatte jedoch noch nie ein Bild des großen, in die Irre geratenen Romanciers gesehen. Der eine schied von vornherein aus – er war zu jung; und der andere mit dem sanften, unkritischen Blick schien einfach nicht klug genug. Wenn diese Augen St. George gehören sollten, wäre das Problem seines ungleichmäßigen Talents nur noch schwerer zu lösen gewesen. Außerdem verhielt er sich zu der Dame im roten Kleid nicht wie ihr Ehemann – nicht einmal wie ein Schriftsteller, dem von verschiedenen Kritikern vorgeworfen wurde, er lege gar zu viel Wert auf Konvention. Überdies hatte Paul Overt das bestimmte Gefühl, daß der Herr mit den ausdruckslosen Augen, sofern er jenen Namen führe, der sein Herz hatte höherschlagen lassen (obendrein trug er einen herkömmlichen Backenbart, wie er ihm mit St. George einfach unvereinbar schien; jedenfalls konnte sich der junge Bewunderer das Gesicht des berühmten Mannes nicht in einem so vulgären Rahmen vorstellen), ihm doch wohl ein freundliches Zeichen des Erkennens gegeben hätte, ein Zeichen, daß er von ihm gehört habe, über *Ginistrella* orientiert sei und wisse, daß dieser eigenwillige Roman die Beachtung der maßgeblichen Kritiker gefunden hatte. Paul Overt grauste es davor, über Gebühr stolz zu sein, aber selbst bei krankhafter Bescheidenheit durfte sich der Autor von *Ginistrella* sagen, daß er in gewissem Maße eine Persönlichkeit sei. Sein soldatischer Freund dagegen stellte kein Rätsel dar: er war »Fancourt«, war aber auch »der General«; und bald schon erwähnte er vor dem neuen Besucher, er sei erst vor kurzem nach zwanzigjährigem Dienst in Übersee zurückgekehrt.

»Und jetzt bleiben Sie in England?« fragte der junge Mann.

»Ja; ich habe in London ein kleines Haus gekauft.«

»Hoffentlich sind Sie zufrieden«, sagte Overt und blickte zu Mrs. St. George hinüber.

»Nun ja, eben eines der Häuser am Manchester Square – kein Anlaß zu übertriebener Begeisterung.«

»Ach nein, ich meinte damit, daß Sie wieder zu Haus sind – wieder in Picadilly.«

»Meine Tochter liebt Picadilly, das ist die Hauptsache. Sie ist ganz versessen auf Kunst und Musik und Literatur und solche Sachen. In Indien hat sie all das sehr vermißt und findet es jetzt in London – wenigstens hofft sie es zu finden. Mr. St. George hat versprochen, ihr dabei behilflich zu sein; er ist ungemein gütig zu ihr. Sie ist in die Kirche gegangen – auch wieder so etwas, worauf sie versessen ist –, aber in einer Viertelstunde werden alle zurück sein. Ich muß Sie ihr vorstellen – sie wird sich glücklich schätzen, Sie kennenzulernen. Ich bin überzeugt, sie hat bestimmt jedes Wort gelesen, das Sie je geschrieben haben.«

»Ich wäre entzückt – doch soviel habe ich gar nicht geschrieben«, wandte Overt ein, der, wenn auch ohne Groll, das Gefühl hatte, daß zumindest der General keinesfalls im Bilde war. Es erstaunte ihn jedoch, warum der zweifellos hervorragende Offizier nicht daran zu denken schien, ihn Mrs. St. George vorzustellen. Schließlich war nun schon einmal vom Vorstellen die Rede und Miß Fancourt – denn allem Anschein nach war sie noch nicht verheiratet – im Augenblick weit weg, während doch die Frau seines erlauchten Kollegen fast zwischen ihnen saß. Paul Overt fand diese Dame geradezu bestrickend, überraschend jugendlich und von höchster Eleganz, was ihn, wenn er auch nicht sagen konnte warum, verwirrte. Natürlich war es St. Georges gutes Recht, eine charmante Frau zu haben, und doch wollte Paul Overt diese eindrucksvolle kleine Frau in dem aparten Pariser Kleid so gar nicht als die rechte Lebensgefährtin, als das *alter ego* eines Literaten dünken. Im allgemeinen waren die Partnerinnen der Schriftsteller, war deren anderes Selbst weit davon entfernt, sich stets in einem ganz bestimmten Typ zu verkörpern; die Beobachtung hatte ihn gelehrt, daß sie nicht immer und unbedingt häßlich zu sein brauchten. Er war jedoch noch nie zuvor einer ihrer Vertreterinnen begegnet, die den Eindruck erweckte, als hätte ihr Wohlstand festere Fundamente denn einen tintenfleckigen Schreibtisch voller Korrekturbogen.

Mrs. St. George hätte die Frau eines Gentleman sein können, der eher Bücher »führte« als selber schrieb, der große Geschäfte in der City tätigte und dabei besser abschnitt als ein Dichter bei seinem Verleger. Man vermutete bei ihr einen mehr persönlichen Erfolg, einen Erfolg, der so außerordentlich charakteristisch war für ein Zeitalter, in dem die Gesellschaft, die Welt der Konversation, weiter nichts als ein riesiger Salon ist, mit der City als Vorzimmer. Overt schätzte sie zunächst auf Mitte Dreißig, meinte dann aber doch, sie müsse an die Fünfzig sein. Wenn es allerdings an dem wäre, wußte sie den Überschuß, den Unterschied zu vertuschen – jedenfalls wurde man seiner nur ebenso flüchtig gewahr wie des Kaninchens im Ärmel eines Zauberkünstlers. Sie hatte eine ungewöhnlich weiße Haut, und alles an ihr war schön zu nennen: ihre Augen, ihre Ohren, ihr Haar, ihre Stimme, ihre Hände und Füße – die sie durch ihre entspannte Haltung im Korbstuhl freigebig zur Schau stellte – und die sie zierenden zahlreichen Bänder und Schmuckstücke. Man hätte denken können, sie habe zum Kirchgang ihre besten Kleider angezogen, dann aber gefunden, dafür sei ihre Aufmachung zu elegant, und sei deshalb daheim geblieben. Sie erzählte eine etwas langatmige Geschichte, wie schäbig sich Lady Jane der Herzogin gegenüber benommen habe, und dann eine Anekdote über einen Einkauf, den sie in Paris gemacht hatte – auf der Rückfahrt von Cannes –, einen Einkauf für Lady Egbert, die ihr das Geld bis heute nicht zurückerstattet habe. Paul Overt verdächtigte sie der Neigung, große Leute überlebensgroß darzustellen, bis ihn die Angriffslust, die sie an Lady Egbert ausließ, beruhigte. Er bildete sich ein, sie besser verstehen zu können, wenn er ihrem Blick begegnen dürfte; aber sie hatte ihm bisher kaum einen gegönnt. »Ah, da kommen sie ja, die Guten!« sagte sie auf einmal, und Overt betrachtete wohlgefällig die Rückkehr der Kirchgänger, die in der Ferne zu zweien oder dreien unter den tanzenden Flecken von Licht und Schatten in das weite, grüne Bild glatten Rasens und überhängender Äste traten.

»Wenn Sie damit sagen wollen, daß *wir* schlecht sind, so muß ich protestieren«, meinte einer der Herren, »schließlich haben wir uns den ganzen Morgen bemüht, möglichst nett zu sein.«

»Falls man Sie nett gefunden hat –!« rief Mrs. St. George übermütig. »Aber wenn wir gut sind, sind die andern besser.«

»Dann müssen sie wahre Engel sein«, sagte der General erheitert.

»Ihr Gatte jedenfalls war ein Engel, wie er sich vorhin auf Ihr Geheiß zum Gehen anschickte«, sagte jener Herr, der eben so energisch mit Mrs. St. George gesprochen hatte.

»Auf mein Geheiß?«

»Haben Sie ihn denn nicht in die Kirche geschickt?«

»Ich habe ihn noch nie im Leben etwas geheißen außer ein einziges Mal – als ich ihn ein schlechtes Buch verbrennen hieß. Nichts weiter!« Bei diesem »Nichts weiter« brach unser junger Freund unwillkürlich in Lachen aus, nur für eine Sekunde zwar, aber das genügte, um ihren Blick auf sich zu lenken. Er sah sie an, wenn auch nicht lange genug, um sie begreifen zu können; aber es verhalf ihm immerhin zu der intuitiven Erkenntnis, daß jenes verbrannte Buch – so wie *sie* darauf anspielte! – eines der schönsten ihres Mannes gewesen sein mußte.

»Ein schlechtes Buch?« wiederholte ihr Gesprächspartner.

»Es gefiel mir nicht. Im übrigen ist er zur Kirche gegangen, weil auch Ihre Tochter hin wollte«, erklärte sie dann General Fancourt. »Ich halte es für meine Pflicht, Ihre Aufmerksamkeit auf diese auffallenden Artigkeiten gegenüber Ihrer Tochter zu lenken.«

»Nun, wenn Sie nichts dagegen haben, ich habe nichts dagegen«, sagte der General lachend.

»*Il s'attache à ses pas.* Aber es wundert mich nicht – sie ist entzückend.«

»Hoffentlich heißt nicht auch sie ihn Bücher verbrennen«, wagte Paul Overt einzuwerfen.

»Es wäre mir lieber, sie würde ihn dazu bringen, ein paar zu schreiben«, sagte Mrs. St. George. »Er ist seit neuestem von einer Faulheit – «

Unser junger Mann starrte sie sprachlos an, so erstaunte es ihn, wie sich die Dame auszudrücken beliebte. »Ein paar schreiben« war fast genauso toll wie »nichts weiter«. Wußte sie, als Frau eines begnadeten Künstlers, denn nicht, was es bedeutete, auch nur ein einziges vollkommenes Kunstwerk zu schaffen? Wie in aller Welt glaubte sie wohl, daß Bücher entstünden? Nach seiner eigenen Ansicht hatte Henry St. George, so bewundernswürdig er auch schrieb, in den letzten zehn Jahren viel zu viel geschrieben, vor allem in den letzten fünf, und einen Augenblick war

er versucht, dies auszusprechen. Aber noch ehe er dazu ansetzen konnte, zogen die zurückkehrenden Kirchgänger die allgemeine Aufmerksamkeit auf sich. Sie spazierten, etwa acht bis zehn, vereinzelt daher, und nachdem sie unter den Bäumen Platz genommen hatten, war der Kreis endlich vollständig. Er hatte sich nun wesentlich vergrößert, und Paul Overt sagte sich – er fand, daß er so etwas immer gleich fühle –, die bisher schon recht interessante Gesellschaft werde sich jetzt als noch weit faszinierender erweisen. Er begrüßte seine Gastgeberin, und sie hieß ihn ohne viel Worte willkommen – als eine Frau, die ihm genug Einsicht zutraute und nicht daran zweifelte, daß ein so reizender Anlaß für sich selbst spräche. Da sie ihm keinen Platz in ihrer unmittelbaren Nähe anbot, fand er sich, nachdem sich alle niedergelassen hatten, immer noch neben General Fancourt – zur anderen Seite eine ihm unbekannte Dame.
»Das ist meine Tochter – dort uns gegenüber«, sagte der General ohne Umschweife. Overt sah ein großes Mädchen mit prächtigem rotem Haar, in einem schönen, graugrünen Kleid aus fließender Seide, einem Gewand, das offensichtlich jeden modischen Effekt verschmähte. Doch gerade dadurch wirkte es wie *dernier cri*, weshalb unser Freund sie sofort für ein Geschöpf der Moderne hielt.
»Sie ist hübsch – sehr hübsch«, wiederholte er, während er sie musterte. Ihr Kopf hatte etwas Adliges, und doch wirkte sie frisch und kräftig.
Der stolze Vater betrachtete sie wohlgefällig und meinte: »Sie sieht erhitzt aus – das kommt wohl vom Gehen. Aber sie wird sich gleich erholt haben, dann bitte ich sie herüber und stelle Sie ihr vor.«
»Wozu denn so viel Umstände? Wenn Sie mit mir zu ihr hinübergingen –«, murmelte der junge Mann.
»Aber mein Lieber, warum sollte ich mich derart strapazieren? Ich meine nicht Ihretwegen, sondern wegen Marian«, fügte der General hinzu.
»Ich würde mich jederzeit für sie strapazieren«, antwortete Overt und fuhr dann fort: »Würden Sie die Güte haben und mir sagen, wer von den Herren Henry St. George ist?«
»Der dort, der mit meiner Tochter spricht. Donner, der macht ihr ja nicht schlecht den Hof – nun gehen sie schon wieder spazieren.«

»Ach, das ist er, wirklich?« Unser Freund war nicht wenig überrascht, denn dieser Mann da brachte eine Vorstellung ins Wanken, die nur deshalb so nebelhaft gewesen war, weil sie nichts von der Realität gewußt hatte. Sobald das Bild der Wirklichkeit vor ihm stand, wurde das Bild der Phantasie so deutlich, daß es sich gekränkt mit einem Seufzer zurückzog. Overt, der geraume Zeit seines kurzen Lebens im Ausland verbracht hatte, mußte jetzt, wenn auch nicht zum erstenmal, die Beobachtung machen, daß er in anderen Ländern den Künstler und den Literaten stets an seinem »Typ« erkannt hatte, an dem Charakter seines Gesichts, der Form seines Schädels, überhaupt an seiner ganzen Erscheinung, ja sogar an seiner Kleidung, während in England eine solche Identifizierung keineswegs selbstverständlich war – dank einer stärkeren Gleichförmigkeit und der Gewohnheit, den Beruf eher zu verbergen als erkennen zu lassen, und dem allgemeinen Brauch, sich wie ein Gentleman zu geben, wie ein Gentleman, der keinerlei gewagte Ideen vertritt. Mehr als einmal hatte er sich nach der Rückkehr in die Heimat anläßlich von Gesellschaften gesagt: »Man sieht sie da und dort und spricht auch mit ihnen; aber um herauszufinden, was sie eigentlich machen, müßte man fürwahr ein Detektiv sein.« Wenn er an gewisse Zeitgenossen dachte, von deren Werk er sich, vielleicht zu Unrecht, alles andere als angezogen fühlte, ertappte er sich bei dem Urteil: »Kein Wunder, daß sie es zu verbergen trachten – wenn es so schlecht ist.« Er bemerkte, daß sein Künstler, ganz anders als in Frankreich und Deutschland, wie ein Gentleman aussah – wie ein englischer natürlich –, während sein Gentleman, abgesehen von ein paar Kleinigkeiten, nicht wie ein Künstler aussah. St. George bildete hierin keine Ausnahme; dies war Paul Overt bereits klargeworden, noch ehe der große Mann ihm den Rücken gekehrt hatte und mit Miß Fancourt weitergegangen war. Von hinten wirkte er ohne Zweifel eindrucksvoller als irgendein ausländischer Literat, wirkte imponierend korrekt in dem schwarzen Zylinder und dem tadellosen Gehrock. Dennoch verwirrte diese Kleidung, die Paul Overt werktags wohl weniger aufgefallen wäre, unseren Freund, der für den Augenblick vergaß, daß die Leuchte dieser Zunft kein bißchen besser gekleidet war als er selbst. Er hatte lediglich einen flüchtigen Blick auf ein regelmäßiges Gesicht von gesunder Farbe werfen können, auf einen braunen Schnurrbart und zwei Augen, die bestimmt noch nie im holden Dichterwahnsinn geflackert hatten, und so nahm er sich vor, all dies bei der nächsten Gelegenheit eingehender zu studieren. Er konnte sich des Eindrucks nicht erwehren, daß diese Augen einem erfolgreichen Börsenmakler gehören könnten – einem Gentleman, der jeden Morgen in seinem schmucken Einspänner aus einer gesund gelegenen Vorstadt des Westens in die City fährt. Aber dies bestätigte nur das Bild, das Overt sich bereits von Mrs. St. George gemacht hatte. So kehrte denn Pauls Blick nach einer Weile zu der Dame zurück, wobei es ihm nicht entging, daß sie mit den Augen ihrem Mann folgte, der sich mit Miß Fancourt entfernte. Overt fragte sich unwillkürlich, ob sie wohl eifersüchtig sei, weil eine andere Frau ihn ihr entführte. Erst jetzt jedoch erkannte er, daß Mrs. St. Georges Blick gar nicht auf dem ihr wohl gleichgültigen Mädchen ruhte, sondern, voll unverkennbarer Gelassenheit, auf ihrem Mann. So und nicht anders wollte sie ihn haben – sie liebte seinen konventionellen Habitus. Overt würde sehr gerne Näheres über jenes Buch gehört haben, das sie ihn hatte verbrennen heißen.

## II

Als sie vom Lunch zurückkamen, nahm ihn General Fancourt beiseite. »Sie müssen meine Tochter kennenlernen«, sagte er, als wäre es ihm eben erst eingefallen und als hätte er bisher nicht davon gesprochen. Mit der andern Hand hielt er väterlich die junge Dame fest. »Du kennst ihn ja schon – hab' ich dich doch über seinen Büchern ertappt. Sie liest alles – alles!« erklärte er Paul. Das Mädchen lächelte ihm zu und lachte dann ihren Vater an. Der General wandte sich ab, und seine Tochter sagte: »Ist Papa nicht köstlich?«

»Fürwahr, Miß Fancourt.«

»Als ob ich Sie nur läse, weil ich ›alles‹ lese.«

»Oh, so habe ich es nicht gemeint«, sagte Paul Overt. »Ich mochte ihn vom ersten Augenblick an, weil er so gütig zu mir war. Und weil er mir diesen großen Vorzug versprach.«

»Der Vorzug war nicht Ihnen zugedacht, sondern mir. Falls Sie sich einbilden, er denke je an irgend etwas anderes als an mich, dann irren Sie sich. Alle Welt stellt er mir vor. Er hält mich für unersättlich.«

»Sie sprechen genau wie er«, sagte unser junger Mann und lachte.

»Ach, manchmal möchte ich – « Das junge Mädchen errötete. »Ich lese bei weitem nicht alles, eigentlich lese ich sehr wenig. Aber Sie habe ich gelesen.«

»Gehen wir doch in die Galerie«, schlug Paul Overt vor. Sie gefiel ihm außerordentlich, nicht nur wegen ihres letzten Geständnisses – obwohl ihm dieses keineswegs unangenehm gewesen war –, sondern vor allem, weil sie ihm beim Lunch gegenübergesessen und für eine halbe Stunde den Anblick ihres schönen Gesichtes gegönnt hatte. Dazu kam noch etwas anderes: eine Hochherzigkeit und ein Enthusiasmus, die – ganz anders als bei so vielen jungen Mädchen – völlig ungekünstelt waren. Dieser Eindruck wurde auch dadurch nicht geschmälert, daß das Essen ihr abermals einen vertraulichen Kontakt mit Henry St. George ermöglicht hatte. Da der berühmte Mann neben ihr saß, hatte unser junger Freund ihn sich genau gegenüber, und er konnte dabei beobachten, daß St. George seine Galanterien, auf die seine Frau den General aufmerksam gemacht hatte, nur noch verdoppelte. Ebenso konnte Paul Overt wahrnehmen, daß sich jene Dame von diesen artigen Übertreibungen keineswegs aus der Ruhe bringen ließ, sondern sich ungetrübt heiter zeigte. Sie hatte Lord Marsham auf der einen Seite, auf der andern den feinsinnigen Mr. Mulliner, den Herausgeber einer neuen, temperamentvoll aufgemachten, anspruchsvollen Abendzeitung. Dieses Blatt sollte eine in gewissen Kreisen bemängelte Lücke füllen, Kreisen, die immer stärker die Ansicht vertraten, man müsse den Konservatismus etwas unterhaltsamer gestalten, und die sich auch dann nicht von ihrer Meinung abbringen ließen, wenn politisch Andersdenkende ihnen versicherten, der Konservatismus sei wahrlich schon komisch genug. Nach einer Stunde in ihrer Gesellschaft fand Paul Overt sie noch aparter als beim ersten Anblick, und hätten ihm nicht ihre profanen Anspielungen auf das Werk ihres Mannes noch in den Ohren geklungen, wäre sie ihm sogar überaus symphatisch gewesen – soweit man von Sympathie überhaupt sprechen konnte bei einer Frau, mit der er noch kein Wort gewechselt hatte und, was sie betraf, wohl auch nie eins wechseln würde. Schöne Frauen waren offenbar ein Lebenselixier dieses Genies, und im Augenblick war es nun einmal Miß Fancourt, die ein solches Elixier darstellte.

Wenn Overt sich vorgenommen hatte, ihn eingehender zu studieren, so bot sich nun die beste Gelegenheit, und das Ergebnis war seiner Ansicht nach recht beachtlich. Er sah jetzt mehr in St. Georges Gesicht, das ihm um so sympathischer war, da es nicht schon in den ersten drei Minuten seine ganze Geschichte erzählt hatte. Diese Geschichte enthüllte sich beim Lesen in kurzen Fortsetzungen – man durfte es wohl entschuldigen, daß er Vergleiche aus dem Fachgebiet anwandte –, war in einem verschlüsselten Stil geschrieben, in einer Sprache, die sich nicht leicht übersetzen ließ. Schattenhafte Andeutungen zeichneten sich in ihr ab und dunkle Umrisse einer Vergangenheit, die desto weiter zurückwich, je mehr man sich ihr näherte. Zwei Dinge vor allem waren es, die Paul beschäftigten: erstens, daß ihm das gleichmäßige Antlitz im Zustand unergründlicher Ruhe lieber war als in dem konventioneller Heiterkeit, einer Heiterkeit, deren verkrampftes Lächeln ihm über alles mißfiel (soweit ihm bei diesem Menschen überhaupt etwas mißfallen konnte), während das ruhevolle Gesicht einen Charme besaß, der um so stärker wurde, je mehr sich die Stille in den Zügen spiegelte. Der Wechsel zur Heiterkeit hatte, wie Overt fand, etwas von dem versteckten Unwillen eines Menschen, der besinnlich im Zwielicht sitzt und dem die Lampe zu früh hereingebracht wird. Zweitens, daß er hier nicht peinlich berührt war, obwohl er sich sonst von den Schmeicheleien eines bejahrten Mannes, der einem jungen Mädchen den Hof machte, ungemein abgestoßen fühlte. Dies bewies entweder, daß St. George sehr gewandt sein konnte, oder daß er sich jünger zu geben verstand, als er war, oder aber, daß es in Miß Fancourts Wesen lag, alles ins Lot zu bringen.

Overt trat mit ihr in die Galerie, und sie schlenderten hinunter bis ans Ende, betrachteten die Bilder, die Vitrinen, den eindrucksvollen Durchblick, der mit dem Sommernachmittag draußen harmonierte und, mit seinen an Stunden der Muße erinnernden üppigen Diwanen und alten Sesseln, ebenso weit und hell war. Überdies hatte die Galerie den großen Vorzug, ihren Besuchern reichlichen Gesprächsstoff zu bieten. Miß Fancourt setzte sich neben ihren neuen Bekannten auf ein geblümtes Sofa, auf dem zahlreiche altmodische Kissen in der Form fester, verschieden großer Würfel lagen, und sagte dann: »Ich freue mich, daß ich endlich Gelegenheit habe, Ihnen zu danken.«

»Mir zu danken?« Er war erstaunt.

»Ihr Buch hat mir wirklich gefallen. Ich finde es ausgezeichnet.«

Sie lächelte ihn an, und er überlegte nicht weiter, welches seiner Bücher sie wohl meine; schließlich hatte er schon etliche geschrieben. Dies schien jedoch unwichtig, nebensächlich zu sein, und er fühlte sich auch nicht sonderlich geschmeichelt beim Gedanken an jenes Vergnügen – von dem auch ihr schönes, strahlendes Gesicht erzählte –, das er ihr bereitet hatte. Das Gefühl, das sie herausforderte oder zumindest erregte, war weit stärker und hatte kaum etwas mit dem hektischen Aufflackern der Eitelkeit gemein. Es war ein Gefühl der tiefen Bewunderung für das Leben, das sie versinnbildlichte, für diese junge Reinheit und Anmut, die einem zu bedeuten schienen, dies sei der wahre Weg zum Erfolg: zu leben, zu blühen, bis zur Vollkommenheit einen schönen Typus zu verkörpern – nicht jedoch, sich mit schmerzendem Schädel und krummem Rücken an einem tintenbekleckstem Schreibtisch irgendwelche Phantasiegebilde abzuringen. Während ihre grauen Augen auf ihm ruhten – sie standen auffallend weit auseinander, und der Scheitel ihres leuchtenden Haares, das dicht genug war, um glatt getragen werden zu können, schlug einen kühnen Bogen darüber –, schämte er sich seiner Versuche mit der Feder, auf die sie soeben angespielt hatte. Er hätte sie lieber auf andere Art beeindruckt. Ihr Gesicht war das einer reifen Frau, aber aus ihrem Teint und dem zarten Mund sprach noch eine gewisse Kindlichkeit. Jedenfalls war sie völlig natürlich – das ließ sich jetzt nicht mehr bestreiten; natürlicher, als er wegen ihres schöngeistigen Airs zuerst angenommen hatte, das so konventionell-unkonventionell war und sozusagen an eine versteckte Ungezwungenheit denken ließ. Vor solchen Menschen hatte ihm sonst immer gegraust, und dieses Grausen hatte sich immer als begründet erwiesen; denn wenn er auch durch und durch Künstler war, so hatte er vor der modernen und dennoch reaktionären Nymphe mit den Dornenranken des Waldes in den Rockfalten und einem wie von Satyrn zerzausten Haar doch stets geschaudert – geschaudert nicht als Mann mit gestärktem Hemd und Lackschuhen, sondern als Mann, der von Natur ein Dichter, ja vielleicht sogar selber ein Faun war. Das Mädchen war in jedem Fall ehrlicher als ihr Kleid, was am treffendsten ihre Überzeugung bewies, ihrer inneren Unabhängigkeit sei jedes Kostüm angemessen. Natürlich war dies ein Trugschluß, denn trotz ihrem weltschmerzlichen Gewand liebte sie ganz offensichtlich das Leben sehr. Er dankte ihr für die Ehre – und war sich zur gleichen Zeit bewußt, daß er ihr nicht genug dankte und sie ihn für unhöflich halten könnte. Er befürchtete, sie könnte ihn bitten, sein Werk zu interpretieren, und davor, vielleicht weil er zu schüchtern war, schrak er zurück; jedenfalls fand er jede Interpretation eines Kunstwerkes sinnlos. Er mochte sie jedoch gern genug, um voller Vertrauen darauf zu bauen, ihr mit der Zeit beweisen zu können, daß er keine plumpen Ausflüchte suchte. Überdies schien sie nicht reizbar, nicht ohne weiteres zu beleidigen zu sein; man konnte ihr also zumuten, sich zu gedulden. Als er daher zu ihr sagte: »Ach, sprechen Sie nicht von dem, was ich geschrieben habe, sprechen Sie wenigstens *hier* nicht davon; unter uns weilt heute ein Mann, der weit bedeutender ist!« – als er diesen kurzen, ernstgemeinten Protest äußerte, tat er es mit dem Gefühl, daß sie aus seinen Worten weder gezierte Bescheidenheit heraushöre noch die Ungeduld des Erfolgreichen, den das Lob bereits langweilt.

»Sie meinen Mr. St. George, nicht wahr? Ist er nicht ein wunderbarer Mann?«

Paul Overt begegnete ihrem Blick; ihre Augen strahlten eine kühle Morgenfrische aus, die ihm, wäre er nicht noch so jung gewesen, das Herz gebrochen hätte. »So genau kenne ich ihn leider nicht. Ich bewundere ihn nur von fern.«

»Sie müssen ihn unbedingt kennenlernen – er möchte sich so gern mit Ihnen unterhalten«, gab Miß Fancourt zurück, die mit treffendem Gespür offenbar immer genau das sagte, was die Leute hören wollten. Paul hatte das Gefühl, sie werde stets ihr Möglichstes tun, daß zwischen den andern alles glatt verlief.

»Ich bin überrascht, daß er überhaupt von mir weiß«, gestand er.

»Er weiß aber von Ihnen – weiß alles. Und wenn er's nicht wüßte, könnte ich es ihm erzählen.«

»Ihm alles erzählen?« meinte unser Freund lächelnd.

»Sie sprechen wie die Menschen in Ihrem Buch«, antwortete sie.

»Dann müßten sie ja alle gleich sprechen!«

Sie dachte, wenn auch nicht im geringsten verwirrt, darüber

nach. »Ja, es muß sehr schwierig sein. Mr. St. George hat es mir bestätigt – schrecklich schwierig. Ich finde es auch – habe es selbst versucht. Versucht, einen Roman zu schreiben.«
»Mr. St. George sollte Sie aber nicht entmutigen«, wagte Paul zu entgegnen.
»Sie tun es noch weit mehr – mit ihrer Leidensmiene.«
»Ach, warum versucht man überhaupt, ein Künstler zu sein«, rief unser junger Mann. »Es ist etwas so Klägliches, Armseliges.«
»Ich weiß nicht, wie Sie das meinen«, sagte Miß Fancourt ernst.
»Ich meine, verglichen mit einem lebendigen Menschen, der seine Werke lebt.«
»Aber Kunst ist doch nichts anderes als blutvolles Leben – vorausgesetzt, daß es wirklich Kunst ist?« fragte sie. »Ich halte sie überhaupt für das einzig wahre Leben – alles andere ist doch entsetzlich schal!« Ihr Gefährte lachte, und dann brachte sie mit rührendem Ernst ihren nächsten Gedanken vor. »Es ist furchtbar aufregend, so viele berühmte Menschen kennenzulernen.«
»Gewiß – aber das ist doch sicherlich nichts Neues für Sie.«
»O doch, ich hatte nie zuvor einen berühmten Mann gesehen – niemals; wir haben ja all die Jahre in Asien gelebt.«
Er fand es köstlich, wie sie von Asien sprach. »Aber wimmelt es dort nicht von prominenten Leuten? Sicherlich haben Sie doch in Indien ganze Provinzen regiert und hatten gefangene Radschas und tributpflichtige Fürsten an Ihren Wagen gekettet?«
Offenbar nahm sie es überhaupt nicht übel, wenn er sich auf ihre Kosten lustig machte. »Nachdem ich die Schule verlassen hatte, habe ich dort bei meinem Vater gelebt. Es war eine herrliche Zeit mit ihm – wir waren ganz allein auf der Welt, er und ich; aber es gibt dort nun einmal keine Gesellschaft, und auf die mag ich nicht gern verzichten. Niemals sprach jemand von einem Bild, einem Buch – es sei denn von schlechten.«
»Nie von einem Bild? Aber dort muß doch das ganze Leben ein einziges Bild gewesen sein!«
Ihr Blick wanderte durch den schönen Raum, in dem sie saßen. »Es war gar nichts im Vergleich mit dem hier. Ich liebe England!« rief sie.
Das schlug in ihm eine verwandte Saite an. »Gewiß, gewiß, ich will nicht leugnen, daß wir noch einiges für sie tun müssen – für die gute alte Dame.«

»Sie ist eigentlich noch recht jungfräulich«, meinte das Mädchen.
»Hat das Mr. St. George gesagt?«
Er war sich der leichten, liebevollen Ironie in dieser Frage wohl bewußt; sie antwortete darauf jedoch ganz schlicht und ohne auf die Spitze einzugehen. »Ja, er sagt, England sei, alles in allem genommen, noch ganz jungfräulich«, fuhr sie eifrig fort. »Er kann unglaublich interessant von unserem Land erzählen. Wenn man ihm zuhört, wünscht man nur noch, man könnte etwas tun.«
»Das ginge mir genauso«, gestand Paul Overt, der sich sofort von dem gepackt fühlte, was sie sagte, und zugleich von der Bewegung, mit der sie es sagte, und der sich sehr wohl vorstellen konnte, wie solche Worte aus dem Munde St. Georges wirken mußten.
»Ach Sie – als ob Sie das nicht schon getan hätten! Ich würde so gern einmal einem Gespräch zwischen Ihnen beiden lauschen«, fügte sie glühend hinzu.
»Sehr gütig von Ihnen; aber da würde wohl er allein reden. Vor ihm kann ich nicht bestehen.«
Sie blickte ihn ernst an. »Halten Sie ihn für so vollkommen?«
»Keine Rede! Seine letzten Bücher kommen mir doch recht sonderbar vor – «
»Jaja – das weiß er.«
Paul Overt starrte sie an. »Daß sie mir sonderbar vorkommen?«
»Nun ja – oder jedenfalls, daß sie nicht das sind, was sie sein sollten. Er hat mir gesagt, daß er nichts von ihnen hält. Er hat mir überhaupt herrliche Dinge gesagt – er ist sehr interessant.«
Paul Overt war nicht wenig darüber verwundert, daß der große Geist, über den sie sprachen, sich zu einem solchen Geständnis getrieben gefühlt und seinen Kummer dem Nächstbesten anvertraut haben sollte; denn so bezaubernd Miß Fancourt auch sein mochte: für ihn war sie doch wohl kaum mehr als ein unreifes Ding, das er auf einem Landsitz kennengelernt hatte. Aber gerade dies gehörte zu jenem Empfinden, das er soeben geäußert hatte: Er würde vor dem armen, schuldbeladenen großen Mann in den Hintergrund treten, nicht etwa, weil er dessen Werk nicht verstanden hätte, sondern gerade weil er es verstand. In seinen Erwägungen spielte eine zärtliche Nachsicht für die Oberflächlichkeiten mit, von denen er sicher war, daß ihr Ur-

heber sie im stillen verurteilte, heftiger verurteilte als irgendein anderer, und denen ein tragisches geistiges Geheimnis innewohnen mußte. Er würde für seine Psychologie *à fleur de peau* schon seine Gründe haben, und diese Gründe konnten nur grausam sein – was ihn jenen, die ihn schätzten, nur noch teurer machte. »Ich möchte Sie geradezu beneiden. Ich habe zwar einige Vorbehalte ihm gegenüber – aber ich liebe ihn«, sagte Paul. »Und daß ich ihn hier zum erstenmal sehen darf, ist ein großes Erlebnis für mich.«

»Was für ein bedeutsamer, herrlicher Augenblick!« rief das Mädchen. »Wie schön, Sie zusammenbringen zu dürfen!«

»Daß *Sie* es tun, macht es erst vollkommen«, gab unser Freund zurück.

»Es ist ihm ebenso wichtig wie Ihnen«, fuhr sie fort. »Aber es ist doch merkwürdig, daß Sie sich nicht eher kennengelernt haben.«

»Das ist bei weitem nicht so merkwürdig, wie es Ihnen vorkommt. Ich war lange nicht in England – habe mich während der letzten Jahre wiederholt im Ausland aufgehalten.«

Sie hörte ihm nachdenklich zu. »Und dennoch schreiben Sie, als wären Sie immer hier gewesen.«

»Vielleicht kommt das gerade daher, daß ich nicht hier war. Jedenfalls finde ich, daß ich das Beste immer an trostlosen Orten im Ausland geschrieben habe.«

»Warum denn trostlos?«

»Weil es Kurorte waren, in denen meine arme Mutter langsam dahinsiechte.«

»Ihre arme Mutter?« Sie war voll feinfühliger Teilnahme.

»Wir sind von einem Ort zum andern gereist, immer in der Hoffnung auf Heilung. Aber umsonst. Von der gräßlichen Riviera (oh, wie ich sie hasse!) zu den Alpen, nach Algier und sogar – eine entsetzlich strapaziöse Reise – bis nach Kolorado.«

»Und es hat nichts genützt?« fragte Miß Fancourt.

»Vor einem Jahr ist sie gestorben.«

»Oh – meine lebt auch nicht mehr; aber sie ist schon viele Jahre tot. Sie müssen mir einmal von Ihrer Mutter erzählen«, setzte sie hinzu.

Er sah sie dankbar an. »Sie finden immer das rechte Wort! Wenn Sie es bei St. George auch so machen, wundert es mich nicht, daß er in Sie vernarrt ist.«

Sie stutzte. »Wie soll ich das verstehen? Er hält weder große Reden noch legt er Geständnisse ab – er macht sich keinesfalls lächerlich.«

»Dann halten Sie wohl mich für lächerlich?«

»Ach was«, sagte sie kurz. Und dann fügte sie hinzu: »Er versteht – versteht alles.«

Der junge Mann hätte am liebsten gesagt: »Und ich nichts – das ist es doch?« Er drückte sich jedoch noch rechtzeitig weniger banal aus. »Glauben Sie, daß er seine Frau versteht?«

Miß Fancourt gab keine direkte Antwort, sondern sagte nach kurzem Zögern: »Ist sie nicht bezaubernd?«

»Das kann ich eigentlich nicht finden.«

»Da kommt er. Jetzt müssen Sie ihn kennenlernen«, fuhr sie bereits fort. Einige Gäste hatten sich am andern Ende der Galerie versammelt und wurden dort von Henry St. George eingeholt, der aus einem der angrenzenden Zimmer getreten war. Er stand einen Augenblick in ihrer Nähe, mischte sich jedoch nicht in ihr Gespräch, sondern nahm von einem Tisch eine alte Miniatur auf und betrachtete sie zerstreut. Dann bemerkte er plötzlich in einiger Entfernung Miß Fancourt und ihren Begleiter; er setzte die Miniatur ab und ging mit dem gleichen unentschlossenen Gesicht auf sie zu: die Hände in den Taschen, den Blick auf den zahlreichen rechts und links hängenden Bildern. Die Galerie war so lang, daß er die beiden nicht so schnell erreichte, zumal er eine Minute vor dem schönen Gainsborough stehenblieb. »Er sagt, Mrs. St. George habe ihn erst ›gemacht‹«, erklärte das Mädchen mit gedämpfter Stimme.

»Jaja, er spricht gern in Rätseln«, meinte Paul lachend.

»In Rätseln?« wiederholte sie, als hörte sie dies zum erstenmal. Ihre Augen ruhten auf dem langsam herankommenden Freund, und es konnte Paul nicht verborgen bleiben, daß dabei eine sanfte Zärtlichkeit in ihnen lag. »Ich glaube, er will mit uns sprechen«, hauchte sie glücklich. Ihre Stimme klang so hingegeben, daß unser junger Mann erschrak. Gütiger Himmel, steht es so mit ihr – ist sie etwa in ihn verliebt? fragte er sich. Und zugleich meinte sie: »Habe ich Ihnen nicht gesagt, daß es ihm wichtig ist?«

»Davon läßt er aber nicht viel merken«, spottete Paul Overt, während das Objekt ihrer Betrachtung vor dem Gainsborough stand. »Er steuert uns nur recht zögernd an. – Ob er wohl da-

mit gemeint hat, sie habe ihn dadurch gerettet, daß sie das Buch verbrannt hat?«
»Das Buch? Was für ein Buch hat sie verbrannt?« Das Mädchen wandte ihm rasch ihr Gesicht zu.
»Hat er Ihnen das nicht erzählt?«
»Kein Wort.«
»Dann erzählt er Ihnen also doch nicht alles!« Paul war längst dahintergekommen, daß sie dies tatsächlich geglaubt hatte. Der große Mann hatte seinen Weg wieder aufgenommen und kam nun auf sie zu; dennoch wagte der Berufenere seiner Bewunderer noch eine ketzerische Bemerkung: »Die Geschichte erinnert mich an Sankt Georg und den Drachen!«
Seine Gefährtin jedoch schien es nicht zu hören; sie lächelte dem Drachentöter entgegen. »Es ist ihm wichtig, wirklich«, beharrte sie.
»Nein, *Sie* sind ihm wichtig.«
Aber da hatte sie schon gerufen: »Sie möchten doch sicherlich Mr. Overt kennenlernen? Sie werden bestimmt Freunde werden, und es wird für mich einmal eine Genugtuung sein, daß ich bei Ihrer ersten Begegnung dabei war und sie gewissermaßen herbeigeführt habe.«
Ihre Frische, ihr Temperament war mitreißend; und trotzdem tat Henry St. George unserem jungen Mann leid, wie ihm jeder Mensch leid tat, der in aller Öffentlichkeit aufgerufen wird, freundlich und charmant zu sein. Paul Overt hätte so gern geglaubt, daß er dem von ihm bewunderten Mann wenigstens einen Pfifferling wert sei; aber er hätte es nie gewagt, mit dieser Hoffnung zu spielen; schließlich konnte sie sich ja als trügerisch erweisen. Mit einem einzigen Blick in die Augen des entschuldbaren Meisters – mit jener Menschenkenntnis, die zu seinem Talent gehörte –, erkannte er, daß es diesem Mann nie an einer gütigen Geduld mangelte, die ebenfalls ein Teil seiner reichen Gaben war, daß er jedoch nicht einmal eine einzige gedruckte Seite eines aufstrebenden Schreiberlings zu lesen pflegte. Aber gerade dies machte alles leichter, einfacher: wie hätte er, der St. George schon um seiner Leistungen willen schätzte, ihn noch mehr schätzen sollen wegen eines Interesses, das doch bestenfalls nur oberflächlich hätte sein können? Paul Overt erhob sich und versuchte, Verständnis zu zeigen, aber im selben Moment schon fühlte er sich völlig gefangen von St. Georges glücklicher

Veranlagung, die darin wurzelte, alle schiefen Lagen auszubalancieren. In wenigen Sekunden war es getan. Paul gab sich ganz dem Augenblick hin, dem Händedruck und der besonderen Form dieser Hand, dem Gesicht, das er jetzt aus der Nähe und daher deutlicher sah, der freundschaftlich-brüderlichen Haltung und vor allem der Tatsache, daß St. George nichts gegen ihn hatte (wenigstens bis jetzt nicht), obwohl er ihm von einem zwar charmanten, aber gar zu überschwenglichen Mädchen aufgedrängt worden war, das ohne derartige Kometenschweife doch schon anziehend genug gewesen wäre. Seine Stimme klang keine Spur gereizt, als er Miß Fancourt fragte, was sie von einem Spaziergang halte, einem Spaziergang der ganzen Gesellschaft durch den Park. Bald hatte er zu Paul auch etwas von einem Gespräch gesagt – »Wir müssen uns noch unterhalten. Es gibt da so vieles – nicht wahr?« –, aber unser Freund sah sofort, daß davon im Augenblick nicht die Rede sein würde. Dennoch war er außerordentlich glücklich, auch dann noch, als man sich über den Spaziergang geeinigt hatte und zu dritt zu den andern auf der Galerie zurückgekehrt war, wo sie mit mehreren Gästen darüber sprachen, ja selbst, als sich alle im Freien zusammenfanden und er in der nächsten halben Stunde mit Mrs. St. George vorliebnehmen mußte. Ihr Mann war mit Miß Fancourt vorausgegangen, und bald gerieten die beiden außer Sicht. Es war der reizvollste Weg, den man sich für einen Sommernachmittag denken konnte: ein riesiges Rasenrund, das den Park umsäumte. Der Park als solcher war umgeben von einer alten, moosgefleckten, aber guterhaltenen Backsteinmauer, die von Anfang an zu ihrer Linken lag und allein schon sehenswert war. Mrs. St. George erzählte ihm, wieviel Morgen die Mauer einfriedete – eine für ihn überraschend hohe Zahl –, nannte ihm etliche weitere Einzelheiten über den Landsitz und die Familie und deren übrige Besitzungen, und sie konnte ihm gar nicht genug empfehlen, auch einmal die anderen Landhäuser der Gastgeber kennenzulernen. Sie zählte ihre Namen und die Umbauten mit solcher Geläufigkeit auf, daß die Liste geradezu endlos schien. Mrs. St. George hatte Paul Overt recht liebenswürdig begrüßt – nachdem er das Gespräch damit eingeleitet hatte, er habe zu seiner großen Freude eben die Bekanntschaft ihres Mannes gemacht –, und dann fand er in ihr eine so lebhafte, entgegenkommende kleine Frau, daß er sich seines Bonmots gegenüber Miß Fancourt ein wenig schämte, wenn er auch davon überzeugt war, daß hundert andere Leute bei hundert anderen Anlässen es ebenso gemacht hätten. Kurz: er kam mit Mrs. St. George besser aus, als er erwartet hatte; dies änderte jedoch nichts daran, daß sie sich plötzlich müde fühlte und sogleich zum Haus zurückzukehren wünschte. Sie gestand, sie habe nicht einmal so viel Kraft wie ein junges Kätzchen, sei überhaupt nur noch ein Wrack – eine Tatsache, die zu entdekken er bisher keine Zeit gefunden hatte, da er unablässig der Frage nachgegangen war, wie sie wohl ihren Mann »gemacht« haben könnte. Gerade als er eine Antwort zu ahnen glaubte, erklärte sie ihm, sie müsse ihn verlassen – und dabei war er sich doch noch gar nicht über alles klar. Als er sich ihr jedoch für den Rückweg zur Verfügung stellen wollte, erfuhr die Situation eine Veränderung dadurch, daß Lord Masham unvermittelt auftauchte – ob er zu ihnen zurückgekommen, sie überholt oder aus dem Gebüsch getreten war, hätte Paul Overt nicht zu sagen vermocht – und Mrs. St. George, die protestiert hatte, sie wolle allein gehen, wolle nicht die Gesellschaft sprengen, schon wenige Augenblicke später mit ihm zum Haus zurückging. Unser Freund blieb wartend stehen und gesellte sich dann zu Lady Watermouth, der er erzählte, Mrs. St. George habe der Versuchung, noch weiterzugehen, leider widerstehen müssen.

»Sie hätte überhaupt nicht mitkommen sollen«, bemerkte die Lady ziemlich gereizt.

»Ist sie tatsächlich so krank?«

»Sehr krank, ja.« Und seine Gastgeberin fügte noch ernster hinzu: »Sie sollte wirklich keine Besuche mehr machen!« Er fragte sich, was dies wohl bedeuten solle, spürte aber gleich, daß sich diese Bemerkung weder auf das Benehmen noch auf die Moral der Dame bezog, sondern einfach darauf, daß ihre Kräfte mit ihren Wünschen nicht mehr Schritt zu halten vermochten.

## III

Der Rauchsalon auf Summersoft war im gleichen Stil gehalten wie die übrigen Zimmer, war hoch, hell, gemütlich und mit zarten, alten Schnitzereien und Friesen geschmückt, wodurch er eher einer jener Kemenaten glich, in denen Damen an blassen Stickereien zu arbeiten pflegen, als einem Raum, in dem Männer starke Zigarren rauchen. Am Sonntagabend kamen dort die Herren in beträchtlicher Anzahl zusammen und gruppierten sich vorwiegend vor einem der schönen, weißen Marmorkamine, dessen Sims mit einer neckischen kleinen italienischen Szene verziert war. An der Wand gegenüber befand sich ein weiterer Kamin, und da es ein milder Sommerabend war, brannte in keinem von ihnen ein Feuer; den Anziehungspunkt in der Kaminecke bildete vielmehr ein Tisch, der mit Flaschen, Karaffen und hohen Gläsern geradezu überladen war. Paul Overt konnte schwerlich ein Raucher genannt werden; wenn er schon einmal an einer Zigarette zog, dann bestimmt nicht des Tabaks wegen. Und dies galt besonders für den heutigen Abend; er rauchte hier nur in der Hoffnung, mit Henry St. George plaudern zu können. Die »Unterhaltung«, die ihm der große Mann am Mittag in Aussicht gestellt hatte, war noch nicht zustande gekommen, und das bedauerte Overt aufrichtig, denn die Gesellschaft würde am nächsten Morgen gleich nach dem Frühstück auseinandergehen. Zu seiner Enttäuschung mußte er jedoch feststellen, daß der Autor von *Schattensee* offenbar nicht gesonnen war, noch länger an dem abendlichen Beisammensein teilzunehmen. Als Paul in den Salon gekommen war, hatte sich St. George nicht unter den hier versammelten Herren befunden, aber er befand sich auch nicht unter jenen, die im Laufe der nächsten zehn Minuten festlich gekleidet eintraten. Der junge Mann wartete noch ein wenig, weil er es für möglich hielt, daß St. George hinaufgegangen war, um sich umzuziehen. Dies hätte sowohl seine Verspätung erklärt als auch Overts Eindruck verstärkt, er neige zu derlei bewährten Äußerlichkeiten. Doch er kam nicht – es sei denn, er machte noch sorgfältiger Toilette, als anzunehmen war. Unser Held gab es auf, fühlte sich jedoch ein wenig betroffen, verletzt ob dieses Verlustes von zwanzig ersehnten Worten. Er war nicht verärgert, zog jedoch seufzend an seiner Zigarette und hatte das Gefühl, es sei ihm etwas Besonderes entgangen. In solchem Bedauern schlenderte er durch den Salon und betrachtete die alten Stiche an den Wänden. Unversehens spürte er eine Hand auf seiner Schulter, und eine freundliche Stimme sagte: »Wie schön. Ich hatte gehofft, Sie hier zu finden. Ich bin nur deswegen heruntergekommen.« Neben ihm stand St. George, noch im selben Anzug wie vorhin, und hatte sein eindrucksvollstes Gesicht – das ernste – aufgesetzt, ein Gesicht, dem sich unser junger Mann nun erregt anzupassen versuchte. Paul Overt erklärte, nur des Meisters wegen – um sich ein wenig mit ihm unterhalten zu können – sei er aufgeblieben und habe, da er ihn nicht gefunden, eben zu Bett gehen wollen.

»Wissen Sie, ich rauche nicht – meine Frau hat es mir verboten«, sagte St. George und sah sich nach einem Platz um. »Aber es tut mir gut – sehr gut. Kommen Sie, wir setzen uns auf das Sofa dort.«

»Sie meinen, Rauchen tut Ihnen gut?«

»Nein, nein – daß sie es mir verboten hat. Es ist großartig, eine Frau zu haben, die mit tödlicher Sicherheit herausfindet, was man entbehren kann. Von allein käme man nie darauf. Sie erlaubt mir nicht, auch nur eine einzige Zigarette anzurühren.«

Sie setzten sich in einiger Entfernung von den Rauchern auf ein Sofa, und St. George fuhr fort: »Haben Sie denn eine?«

»Eine Zigarette?«

»Nein, nein – eine Frau.«

»Das nicht. Aber ich würde gern meine Zigarette für eine opfern.«

»Sie würden noch eine Menge mehr opfern«, erwiderte St. George. »Aber Sie bekämen auch eine Menge dafür. Ehefrauen haben einiges für sich«, setzte er hinzu, kreuzte dann die Arme und schlug die gestreckten Beine übereinander. Er lehnte Tabak in jeder Form ab und saß da, ohne zu rauchen. Von so viel Wohlerzogenheit beeindruckt, legte sein Gefährte die Zigarette weg; und so saßen sie, da ihr Sofa in einer entlegenen Ecke stand, außerhalb des Rauches. Es wäre ein Fehler gewesen, meinte St. George dann, ein großer Fehler, auseinanderzugehen, ohne sich miteinander unterhalten zu haben. »Schließlich weiß ich, wer Sie sind«, sagte er. »Sie sind ein bekannter Mann. Haben ein höchst bemerkenswertes Buch geschrieben.«

»Woher wissen Sie das?« fragte Paul.

»Aber mein Lieber, das pfeifen doch die Spatzen von den Dächern, es steht in den Zeitungen, steht überall.« St. George sprach mit der Vertraulichkeit eines Kollegen, sprach in einem Ton, der seinem Nachbarn wie das Rascheln des Lorbeers in den Ohren klang. »Sie sind im Munde aller Männer, und was noch besser ist, im Munde aller Frauen. Übrigens habe ich Ihr Buch gerade gelesen.«

»Gerade? Aber doch wohl nicht heute nachmittag?« sagte Overt.
»Woher wollen Sie das wissen?«
»Sie müßten doch eigentlich wissen, woher ich es weiß«, erwiderte der junge Mann lachend.
»Ich dachte, Miß Fancourt habe es Ihnen bereits erzählt.«
»Das hat sie nicht – sie ließ es mich nur vermuten.«
»Ja, das sieht ihr schon eher ähnlich. Sie kann einem das Leben wahrlich vergolden, finden Sie nicht? Aber Sie haben ihr nicht geglaubt?« fragte St. George.
»Nein – nicht mehr, als Sie auf uns zukamen.«
»Habe ich etwa Komödie gespielt? Habe ich so schlecht Komödie gespielt?« Ohne ein Wort abzuwarten, sprach St. George weiter. »Einem solchen Mädchen sollten Sie immer glauben – immer, immer. Natürlich gibt es Frauen, denen man mit Zurückhaltung, mit gewissen Einschränkungen begegnen muß; aber *sie* müssen Sie nehmen, wie sie ist.«
»Ich mag sie sehr gern«, gestand Paul Overt.
Etwas in seinem Ton schien auf seinen Gefährten erheiternd zu wirken; vielleicht war es aber auch die Ernsthaftigkeit, mit der dieses Geständnis ausgesprochen wurde. Jedenfalls lachte St. George hell auf. »Das ist das Beste, was Sie bei ihr tun können. Sie ist eine ungewöhnliche junge Dame. Ich muß also bekennen, daß ich bis heute nachmittag tatsächlich noch nichts von Ihnen gelesen hatte.«
»Sie sehen, wie berechtigt ich war, in diesem Fall Miß Fancourt nicht zu glauben.«
»Berechtigt? Wie kann ich dem beipflichten, wenn ich mir dadurch ins eigene Fleisch schneide?«
»Wollen Sie denn unbedingt für den gelten, als den Miß Fancourt Sie ausgibt? Dann brauchen Sie sich bestimmt keine Sorgen zu machen«, erklärte Paul.
»Ach, mein lieber junger Mann, sprechen Sie bei mir nicht von Geltung! Ich komme außer Geltung – so ist es nun einmal. Sie hat für ihre jugendfrische Phantasie (eine sprühende Phantasie übrigens) wahrlich eine bessere Verwendung, als einen so müden, verbrauchten, zerschundenen Klepper für irgend etwas ›auszugeben‹!« Der Meister hatte dies so traurig gesagt, daß Paul protestieren wollte; doch noch ehe er den Mund öffnen konnte, kam St. George bereits auf den beachtlichen Roman seines jungen Freundes zurück. »Ich hatte keine Ahnung, daß er

so gut ist – es wird ja so viel geredet. Aber er ist wirklich erstaunlich gut.«

»Meine Sachen sollen noch viel erstaunlicher und besser werden«, antwortete Overt kühn.

»Das merkt man, und das gefällt mir. Was man sonst so zu sehen bekommt – darunter ist nicht viel, was noch erstaunlicher und besser zu werden verspricht. Die meisten werden langsam, aber sicher schlechter. Es ist ja auch leichter, schlechter zu werden – bei Gott, darüber weiß ich Bescheid. Wissen Sie, ich bin nicht gerade begeistert über das, was bei uns jetzt allenthalben hervorsproßt. Sie aber müssen besser werden – Sie müssen durchhalten. Ich selbst habe es nicht fertiggebracht. Es ist natürlich nicht leicht, durchzuhalten – das ist ja das Verteufelte daran. Aber ich weiß, daß Sie es könnten. Es wäre wahrhaftig eine Schande, wenn Sie es nicht täten.«

»Sehr interessant, was Sie da über sich sagen; aber es ist mir wirklich nicht klar, worauf Sie mit Ihren Andeutungen, Sie hätten nachgelassen, hinaus wollen«, meinte Paul Overt mit verzeihlicher Heuchelei. Er schätzte den Gefährten jetzt so sehr, daß das Nachlassen des Talentes oder der Bemühungen des anderen ihm einfach entschwunden war.

»Sagen Sie das nicht – sagen Sie das nicht«, erwiderte St. George ernst, mit dem Kopf auf der Sofalehne und den Blick zur Decke gerichtet. »Sie wissen genau, was ich meine. Ich war mir schon nach zwanzig Seiten Ihres Buches darüber klar, daß Sie es wissen müssen.«

»Sie beschämen mich«, entgegnete Paul leise und erregt.

»Das ist gut – möge es Ihnen zur Warnung dienen. Es muß ja auch wie ein Schock wirken, vor allem auf einen jungen, unverdorbenen Geist, der noch voller Glauben ist – dieser Anblick eines Mannes, der für Höheres geboren war und nun, in meinem Alter, so tief gesunken ist.« St. George, noch in derselben versonnenen Haltung, sprach gedämpft, aber entschieden, jedoch ohne wahrnehmbare Erregung. Sein Ton verriet eine überpersönliche Klarheit, die geradezu grausam war – grausam ihm selbst gegenüber – und seinen jungen Freund veranlaßte, ihm einhaltgebietend die Hand auf den Arm zu legen. Er aber fuhr fort, während sein Blick die Ornamente der Decke aus dem achtzehnten Jahrhundert nachzuziehen schien: »Sehen Sie mich gut an, nehmen Sie sich meine Lehre zu Herzen – denn es *ist* eine

Lehre. Machen Sie wenigstens das eine Gute daraus: daß Sie zurückschrecken vor diesem erbärmlichen Bild und sich für alle Zukunft in acht nehmen. Werden Sie im Alter nicht das, was aus mir geworden ist: das deprimierende, jämmerliche Konterfei eines Menschen, der falsche Götter angebetet hat.«

»Was meinen Sie mit ›Alter‹?« fragte der junge Mann.

»Ich bin durch all das gealtert. Und darum liebe ich Ihre Jugend.«

Paul blieb stumm, und so saßen sie eine Weile schweigend nebeneinander. Sie hörten, wie sich die andern über die Regierungsmehrheit unterhielten. Dann fragte er: »Was meinen Sie mit ›falsche Götter‹?«

Die Antwort bereitete seinem Gefährten keine Schwierigkeiten. »Das Goldene Kalb: Geld und Luxus und – ›die Welt‹; seine Kinder versorgen, seine Frau kleiden; eben alles, was einen zum kurzen und leichteren Weg verführt. Sie ahnen gar nicht, zu was für entsetzlichen Dingen man sich da verleiten läßt.«

»Aber es ist doch nur gut und recht, wenn man seine Kinder versorgen will.«

»Man darf eben keine Kinder haben«, erklärte St. George geradeheraus. »Wenigstens nicht, wenn man etwas leisten will.«

»Aber sind sie nicht auch ein Ansporn – eine Anregung?«

»Ein Ansporn zur Verdammnis, künstlerisch gesehen.«

»Sie berühren da einschneidende Fragen – Fragen, über die ich gern noch eingehender mit Ihnen sprechen würde«, sagte Paul.

»Von mir aus könnten Sie Bände über sich reden. Das ist heute ein wahres Fest für mich!«

»Natürlich ist es das, Sie grausamer Jüngling! Doch um Ihnen zu zeigen, daß ich bei aller Erniedrigung immer noch des Vertrauens fähig bin, will ich für Sie all meine Eitelkeiten auf den Scheiterhaufen werfen und zu Asche verbrennen. Sie müssen einmal kommen und mich besuchen – uns besuchen«, ergänzte der Meister schnell. »Mrs. St. George ist bezaubernd; ich weiß nicht, ob Sie schon Gelegenheit hatten, sich mit ihr zu unterhalten. Sie wird entzückt sein, Sie zu empfangen; sie liebt es nun einmal, berühmte Leute um sich zu haben: die künftigen wie die gegenwärtigen. Sie müssen mit uns essen – meine Frau wird Ihnen schreiben. Wo kann man Sie erreichen?«

»Hier meine bescheidene Adresse« – Overt zog seine Brieftasche heraus und entnahm ihr eine Visitenkarte. Dann jedoch behielt er sie und meinte, er wolle seinen Freund nicht damit

belasten, sondern werde ihn in London einfach aufsuchen, und, falls er nicht empfangen werden könne, die Karte zurücklassen.
»Oh, da werden Sie nicht viel Glück haben. Meine Frau ist ständig aus – und wenn sie nicht aus ist, ist sie völlig zerschlagen, weil sie aus war. Sie müssen mit uns essen – aber eigentlich ist das auch nicht das richtige: unter großen Diners tut es meine Frau nun einmal nicht.« St. George überlegte noch immer und meinte schließlich: »Wissen Sie was? Das beste ist, Sie besuchen uns auf dem Lande; wir haben Platz genug, und es läßt sich dort aushalten.«
»Sie haben ein Landhaus?« fragte Paul neidisch.
»Ach, natürlich kein solches wie das hier. Aber immerhin ein kleines Sommerhaus – eine Stunde von Euston. Das ist auch einer der Gründe.«
»Einer der Gründe?«
»Warum meine Bücher so schlecht sind.«
»Dann müssen Sie mir aber auch noch die anderen sagen!« Paul lächelte erwartungsvoll.
Sein Freund ging darauf nicht ein, sondern sagte unvermittelt: »Warum habe ich Sie bloß nicht eher kennengelernt?«
Diese Frage schmeichelte unserem Helden ungemein; er spürte, daß dem großen Mann plötzlich aufging, wie sehr er seit Jahren etwas vermißt hatte. »Zum Teil wohl deswegen, weil es für Sie keinen zwingenden Grund gab, mich kennenzulernen. Ich habe nicht in der großen Welt gelebt – nicht in Ihrer Welt, sondern viele Jahre fern von England verbracht, in verschiedenen Orten des Auslands.«
»Bitte, tun Sie das nie mehr. Ihre Aufgabe heißt England – es gibt hier eine Menge zu leisten.«
»Sie meinen, ich sollte darüber schreiben?« fragte Paul voll kindlicher Aufmerksamkeit.
»Genau das – Sie müssen sogar. Und gut, verstehen Sie? Das ist es ja, was meine Hochachtung vor Ihren Büchern mindert – daß sie im Ausland spielen. Zum Teufel mit dem Ausland! Bleiben Sie im Lande und nähren Sie sich redlich – schreiben Sie über Dinge, die wir beurteilen können.«
»Ich werde tun, was Sie mir sagen«, erwiderte Overt tief überzeugt. »Aber verzeihen Sie, wenn ich noch immer nicht verstehe, wann Sie mein Buch gelesen haben wollen.« Paul blieb hartnäckig. »Ich habe Sie doch den ganzen Nachmittag vor

Augen gehabt: zuerst auf dem langen Spaziergang, dann beim Tee draußen, bis wir uns zum Dinner umzogen, dann während des ganzen Essens und nun hier.«

St. George wandte sich ihm lächelnd zu. »Ich habe mich nur eine Viertelstunde damit beschäftigt.«

»Eine Viertelstunde ist zweifellos ungeheuer viel, nur weiß ich nicht, wann Sie die gefunden haben könnten. Denn im Salon, nach dem Essen, haben Sie doch nicht gelesen, sondern sich mit Miß Fancourt unterhalten.«

»Das kommt auf das gleiche heraus, wir haben nämlich über *Ginistrella* gesprochen. Sie erzählte mir davon – und dann lieh sie mir ihr Exemplar.«

»Lieh es Ihnen?«

»Ja, sie reist geradezu damit.«

»Kaum zu glauben.« Paul errötete.

»Freuen Sie sich doch! Es kam übrigens auch mir zustatten. Als die Damen sich zurückzogen, erbot sie sich liebenswürdigerweise, mir das Buch zu schicken. Ihre Zofe brachte es mir in die Halle, und ich nahm es mit auf mein Zimmer. Ich hatte eigentlich nicht vor, noch herunterzukommen; das tue ich selten. Aber ich kann nicht so früh einschlafen und lese immer noch ein, zwei Stunden. So setzte ich mich also hin, ohne mich auszukleiden, legte nur den Rock ab und nahm mir Ihren Roman vor. Dies beweist wohl zur Genüge, wie sehr meine Neugier geweckt worden war. Ich las eine Viertelstunde, wie ich Ihnen bereits sagte – aber schon nach dieser Viertelstunde war ich tief beeindruckt.«

»Ach, der Anfang ist nicht besonders – das Ganze macht es erst«, erklärte Overt, der aufmerksam zugehört hatte. »Und dann haben Sie das Buch hingelegt und sind zu mir heruntergekommen?«

»Ja, so hat es mich gepackt. Ich sagte mir: ›Da ist endlich einmal etwas ganz Eigenes, und außerdem ist der Mann hier und der Tag bald vorbei, und ich habe noch keine zwanzig Worte mit ihm gewechselt.‹ Ich überlegte, daß ich Sie wahrscheinlich im Rauchsalon finden würde und es also noch nicht zu spät wäre, das Versäumte nachzuholen. Ich wollte Ihnen eine Freude machen, und so zog ich noch einmal meinen Rock an und kam herunter. Wenn ich wieder auf meinem Zimmer bin, werde ich sogleich in Ihrem Buch weiterlesen.«

Unser Freund wandte sich ab – er war von solcher Güte gerührt wie nie zuvor von einer Gunstbezeigung. »Sie sind wirklich der liebenswürdigste aller Menschen. *Cela s'est passé comme ça?* – und ich sitze die ganze Zeit hier neben Ihnen und begreife nichts und habe Ihnen noch nicht einmal gedankt!«

»Danken Sie Miß Fancourt – sie war es, die mir den Anstoß gab. Nach dem Gespräch mit ihr war mir, als hätte ich Ihren Roman bereits gelesen.«

»Sie ist einfach ein Engel!« rief Paul.

»Wahrhaftig, das ist sie. Ich habe nie zuvor eine Frau kennengelernt wie sie. Ihr Interesse für die Literatur ist geradezu rührend und obendrein ganz ursprünglich. Sie nimmt alles unglaublich ernst. Sie hat ein Gefühl für Kunst und möchte noch mehr fühlen. Für uns Künstler ist das fast beschämend: diese Wißbegier, diese Anteilnahme, dieser blinde Glaube. Denn kann überhaupt etwas so schön sein, wie sie glaubt?«

»Sie ist eine seltene Natur.« Der junge Mann seufzte.

»Die begabteste, die ich je gesehen habe – mit einem Kunstverstand ersten Ranges. Und all dies in solch einer Gestalt!« rief St. George.

»So ein Mädchen müßte man einmal schildern«, meinte Paul versonnen.

»Ach, das ist es ja wieder – es geht nun einmal nichts über das Leben«, klagte sein Gefährte. »Selbst wenn man erledigt ist, ausgequetscht und verbraucht und glaubt, der Sack sei endgültig leer, fühlt man sich doch immer wieder angerührt und erregt von neuen Ideen, die einen aus der Wirklichkeit anspringen und beweisen, daß stets noch etwas zu leisten bleibt. Aber ich werde es nicht leisten – sie ist nicht für mich bestimmt.«

»Wie soll ich das verstehen?«

»Mit mir ist es vorbei – sie ist für Sie bestimmt.«

»Für mich noch weit weniger«, entgegnete Paul. »Sie ist nichts für einen armseligen kleinen Literaten; sie gehört in die Welt, in die strahlende, reiche Welt der Bestechungen und Belohnungen. Und die Welt wird sie festhalten – und mit sich reißen.«

»Die Welt wird es versuchen – aber lassen Sie es doch auf einen Kampf ankommen. Miß Fancourt ist einen Kampf wert für einen Mann, der es in sich hat und dem Jugend und Begabung zur Seite stehen.«

Diese Worte hallten in Paul Overt dröhnend wider, ließen ihn lange verstummen. »Ein Wunder, daß sie geblieben ist, was sie ist – da sie doch so viel von sich verschenkt und so viel zu verschenken hat.«

»Sie meinen, daß sie trotz allem aufrichtig und natürlich geblieben ist? Ach, sie rechnet ja nicht nach – sie schenkt aus der Fülle. Sie empfindet völlig unverbildet, hat ihre eigenen Maßstäbe; sie kommt gar nicht auf den Gedanken, stolz zu sein. Außerdem ist sie noch nicht lange genug hier, um verdorben sein zu können; sie hat zwar so ein paar Moden aufgeschnappt, aber nur die harmlosen. Sie ist eine Provinzlerin – eine Provinzlerin des Geistes«, fuhr St. George fort. »Selbst ihre Schnitzer sind charmant, ihre *faux pas* interessant. Sie ist aus Asien zurückgekehrt voll erwartungsvoller Aufgeschlossenheit und ungestilltem Hunger. Sie ist erstklassig, verschwendet sich jedoch an das Zweitklassige. Sie ist das Leben in Person – und hat doch eine seltsame Neigung für seine Imitationen. Sie bringt alles durcheinander, und dennoch gibt es nichts, das sie nicht intuitiv erfaßt. Sie sieht die Dinge von einem ganz bestimmten Blickwinkel aus – wie vom höchsten Gipfel des Himalaja – und macht alles, was sie berührt, größer. Außerdem übertreibt sie – sich selbst gegenüber, meine ich. Sie übertreibt Sie und mich!«

Diese Darstellung war nicht dazu angetan, die Erregung unseres jungen Freundes, die durch das Skizzieren eines so schönen Gegenstandes in ihm entfacht worden war, zu dämpfen. Unverkennbar verriet es die Handschrift des bewundernswürdigen St. George. Overt verlor sich völlig im Anblick der ihm vorschwebenden weiblichen Gestalt, von der man nur wünschen konnte, sie führe einen Roman zum Siege. Doch dann löste sich das Gebilde plötzlich in Rauch auf, und durch den Rauch – den letzten Zug aus einer dicken Zigarre – drang die Stimme General Fancourts, der die andern verlassen und sich vor den Herren auf dem Sofa aufgepflanzt hatte. »Ich glaube, wenn Sie beide einmal ins Reden gekommen sind, sitzen Sie die halbe Nacht auf.«

»Die halbe Nacht? *Jamais de la vie!* Ich habe einen strengen Tageslauf.« St. George erhob sich.

»Sie sind wohl eine Treibhauspflanze?« Der General lachte. »So also treiben Sie ihre Blüten.«

»Ich treibe sie jeden Vormittag zwischen zehn und eins – blühe sozusagen nach Stundenplan!« entgegnete St. George.

»Und mit welcher Pracht!« setzte der General höflich hinzu, wobei Paul auffiel, daß es dem Autor von *Schattensee* offensichtlich gar nichts ausmachte, als berühmter Erzähler angesprochen zu werden. Der junge Mann sagte sich im stillen, daran würde *er* sich wohl nie gewöhnen, sondern sich stets unbehaglich dabei vorkommen; er würde nämlich den Verdacht hegen, daß sich die Leute zu solchen Komplimenten verpflichtet fühlten, und sie deshalb zu verhindern suchen. Sein großer Kollege dagegen war anscheinend abgehärtet, hatte sich ein dickes Fell zugelegt. Die anderen Herren hatten ihre Zigarren zu Ende geraucht und die Leuchter aufgenommen, um sich auf ihre Zimmer zurückzuziehen. Doch ehe alle gegangen waren, bat Lord Watermouth die beiden Gäste, die sich abgesondert hatten, noch »ein Gläschen zu trinken«. Beide jedoch lehnten ab, worauf General Fancourt sagte: »Gehört das auch zu dem strengen Tageslauf? Daß Sie Ihre Blüten gar nicht begießen?«

»Ich würde sie nur ertränken«, antwortete St. George; aber als er, noch immer an der Seite unseres jungen Freundes, den Salon verließ, sagte er heiter und nur für Paul hörbar: »Meine Frau erlaubt es nicht.«

»Da kann ich bloß froh sein, daß ich nicht in Ihrer Haut stecke.« Und damit schloß der General die Unterhaltung mit dröhnendem Lachen.

Da Summersoft in unmittelbarer Nähe Londons lag – die sich daraus ergebende Konsequenz mußte einen Mann enttäuschen, der an ein geselliges Beisammensein in einem Eisenbahnabteil gehofft hatte –, fuhren die meisten Gäste nach dem Frühstück in ihren Wagen, die sie abzuholen gekommen waren, zur Stadt zurück, während die Diener samt dem Gepäck mit dem Zug folgten. Ein paar der jüngeren Leute, unter ihnen auch Paul Overt, bedienten sich ebenfalls dieses schlichten Verkehrsmittels; vorerst aber standen sie in der Säulenhalle des Hauses und sahen die andern abfahren. Miß Fancourt stieg mit ihrem Vater in eine Victoria. Zuvor hatte sie unserem Helden die Hand gereicht und mit dem offensten Lächeln der Welt gesagt: »Ich *muß* Sie noch oft sehen. Mrs. St. George war so gütig, mir zu versprechen, daß Sie uns einmal miteinander zum Dinner einlädt.« Die erwähnte Dame und ihr Mann setzten sich in einen luxuriösen Brougham – sie bedurfte eines geschlossenen Wagens –, und als unser junger Mann auf ihr Nicken und Winken den Hut zog, mußte er sich gestehen, daß die beiden, alles in allem betrachtet, ein höchst respektables Bild des Erfolges boten: der materiellen und gesellschaftlichen Einkünfte – bezogen aus der Literatur. Gewiß, dergleichen war nicht unbedingt ein Maßstab, aber Paul Overt war dennoch sehr stolz auf die Literatur.

## IV

Noch ehe eine Woche vergangen war, traf er Miß Fancourt in der Bond Street wieder, in einer Privatausstellung von Zeichnungen eines jungen Künstlers, der so freundlich gewesen war, ihn zu dieser außerordentlich stark besuchten Veranstaltung einzuladen. Die Arbeiten dieses Malers waren ausgezeichnet, aber auf dem engen Raum bewegten sich derart viele Menschen, daß Paul sich vorkam, als stäke er bis zum Hals in einem Sack voll Wolle. Die Besucher am Rande der Menge mühten sich, einen Abstand zwischen ihren Nasen und den gerahmten Bildern zu schaffen, indem sie sich nach vorn beugten und mit gewölbten Rücken dem Ansturm der anderen Widerstand zu leisten versuchten, während diejenigen, die sich in der Mitte zusammendrängten, sich in dem gedämpften Licht, das durch eine breite, horizontal unter dem Oberlicht gespannte Leinwand fiel, aufrecht und sich gegenseitig fast zerquetschend, in die Betrachtung ihrer selbst vertieften. Diese Betrachtung sprach vor allem aus den traurigen Augen einiger weiblicher Köpfe, die sich, gekrönt von seltsam geformten und gefiederten Hüten, auf langen Hälsen über die anderen erhoben. Einer dieser Köpfe, der, wie Paul Overt fand, weitaus schönste der ganzen Kollektion, gehörte Miß Fancourt. Unser junger Mann hatte sie schnell entdeckt. Ihre Schönheit wurde noch gesteigert durch das erfreute Lächeln, das sie ihm über all die Hindernisse hinweg zuschickte und das ihn, sobald es nur möglich war, in ihre Nähe zog. Wenn er auch schon seit Summersoft wußte, daß ihr nichts weniger lag als gespielte Gleichgültigkeit, so freute es ihn doch, daß sie gar nicht erst vorgab, ihn mit steifer Würde zu erwarten. Sie lächelte so strahlend, als wollte sie ihn geradezu antreiben, und sobald er in Hörweite war, rief sie glücklich: »Er ist hier – er ist hier – er muß jeden Augenblick zurückkommen!«

»Ihr Herr Vater?« erkundigte sich Paul, während sie ihm die Hand reichte.

»Himmel, nein, das hier ist nichts für meinen armen Vater. Ich meine Mr. St. George. Er wollte nur kurz mit jemand sprechen – er kommt gleich wieder. Er hat mich hierher begleitet – doch reizend von ihm, nicht?«

»Das verschafft ihm mir gegenüber zweifellos einen Vorsprung – ich hätte Sie ja doch nicht hierher begleiten dürfen, oder?«

»Wenn Sie so nett gewesen wären, mich darum zu bitten – warum dann Sie nicht genausogut wie er?« Das Gesicht des Mädchens bestätigte ohne billige Koketterie lediglich eine erfreuliche Tatsache.

»Nun ja, er ist ein *père de famille*. Die haben das Vorrecht«, erklärte Paul. Und gleich darauf: »Werden Sie auch einmal mit mir irgendwohin gehen?«

»Wohin Sie wollen!« sagte sie lächelnd. »Ich weiß, was Sie meinen: daß Mädchen immer ein Rudel von Anstandsdamen –« Sie unterbrach sich: »Ich kenne das nicht – ich bin frei, war es schon immer. Ich kann mit jedem ausgehen. Und ich freue mich wirklich, daß ich Sie getroffen habe«, fügte sie lebhaft hinzu, worauf sich etliche Besucher in ihrer Nähe umwandten.

»Darf ich Ihnen für diese Versicherung wenigstens damit danken, daß ich Sie aus diesem Gewühl hinausführe?« fragte ihr Freund. »Die Leute können sich hier doch unmöglich wohlfühlen.«

»Sie haben recht, sie sind alle schrecklich *mornes*. Ich aber fühle mich sehr wohl hier, und außerdem habe ich St. George versprochen, auf ihn zu warten. Er bringt mich dann nach Hause. Sie schicken ihm zu solchen Anlässen immer Einladungen – mehr als ihm lieb ist. Es war zu gütig von ihm, an mich zu denken.«

»Mir schicken sie auch dauernd Einladungen zu solchen Anlässen – mehr als mir lieb ist. Und wenn das An-Sie-Denken genügt –«, setzte Paul hinzu.

»Oh, das wäre herrlich! Ich finde alles herrlich, was Leben heißt – alles, was London heißt.«

»In Asien gibt es wohl keine Privatausstellungen?« meinte Paul lächelnd. »Nur schade, daß es für dieses Jahr auch hier in diesem Moloch von Stadt damit so ziemlich vorbei ist.«

»Nun, dann im nächsten Jahr. Ich hoffe doch, daß wir für immer

Freunde bleiben werden. Da kommt er!« rief Miß Fancourt, noch ehe Paul hatte antworten können.

In einer Lücke der Menge konnte er St. George erkennen, und deshalb sagte er noch schnell: »Das heißt doch hoffentlich nicht, daß ich Sie erst nächstes Jahr wiedersehen darf?«

»Aber nein! Wir sehen uns ja schon am Fünfundzwanzigsten – bei dem Dinner«, erinnerte sie ihn und glühte dabei von einem Eifer, der sich mit dem seinen durchaus messen durfte.

»Aber das ist ja fast schon nächstes Jahr. Gibt es denn keine Möglichkeit, Sie vorher zu sehen?«

Sie blickte ihn strahlend an. »Wollen Sie damit sagen, daß Sie kommen würden?«

»Wie der Blitz – wenn Sie mich darum bäten.«

»Also dann am Sonntag – am nächsten Sonntag?«

»Was habe ich bloß verbrochen, daß Sie überhaupt daran zweifeln können?« fragte der junge Mann beglückt.

Miß Fancourt wandte sich St. George zu, der inzwischen zu ihnen getreten war, und verkündete triumphierend: »Er kommt am Sonntag – am nächsten Sonntag!«

»So, so, an meinem Besuchstag – das ist nämlich auch mein Besuchstag!« sagte der Romancier lachend zu seinem Partner.

»Das schon, aber nicht Ihrer allein. Sie werden sich am Manchester Square treffen, werden sich unterhalten – es wird wunderbar werden!«

»Wir sehen uns gar zu selten«, meinte St. George und reichte seinem Jünger die Hand. »Es ist immer so viel – so viel! Aber wir werden im September auf dem Land alles nachholen. Vergessen Sie nicht, daß Sie es mir versprochen haben.«

»Er kommt doch am Fünfundzwanzigsten, dann sehen Sie ihn ja noch«, sagte das Mädchen.

»Am Fünfundzwanzigsten?« fragte St. George unsicher.

»Da essen wir doch bei Ihnen – ich hoffe, Sie haben es nicht vergessen. Wahrscheinlich ißt er an diesem Tag auswärts«, sagte sie scherzend zu Paul.

»Himmel, ja – das ist schön! Sie kommen doch? Meine Frau hat mir noch gar nichts gesagt«, erklärte St. George zu Paul gewandt. »Es ist so viel – so viel!«

»Vor allem so viel Menschen – viel zuviel Menschen!« stöhnte Paul und wich zurück, um nicht von einem Ellbogen durchbohrt zu werden.

»Das sollten Sie nicht sagen. Schließlich sind das alles Ihre Leser.«

»Meine? Wohl kaum. Zwei oder drei vielleicht – wenn es hochkommt.«

»Hat man so etwas schon gehört? Dieser eingebildete junge Mann weiß genau, was er wert ist«, sagte St. George zu Miß Fancourt und lachte. »Mich lesen sie zwar, aber das heißt noch lange nicht, daß ich sie liebe. Kommen Sie, verschwinden wir hier!« St. George bahnte sich einen Weg hinaus.

»Er geht mit mir in den Park«, erzählte Miß Fancourt voller Stolz, als sie neben Overt durch den zur Straße führenden Flur ging.

»Geht er tatsächlich manchmal dorthin?« fragte Paul und fand, dies sei eine überraschende Illustration zu St. Georges Gewohnheiten.

»Es ist ein so schöner Tag – bestimmt sind viele Menschen da. Wir wollen Leute beobachten, Typen studieren«, sagte das Mädchen. »Wir werden unter Bäumen sitzen und durch die Allee spazieren.«

»Ich gehe jedes Jahr einmal dorthin – sozusagen aus Berufsgründen«, erklärte St. George, der nicht gehört hatte, was Paul Miß Fancourt fragte.

»Oder um eine Cousine vom Lande auszuführen, sagten Sie nicht so? Ich bin die Cousine vom Lande!« rief sie Paul über die Schulter zu, als ihr Freund sie zu einer Droschke geleitete, die er herbeigewinkt hatte. Der junge Mann sah zu, wie sie einstiegen; während er allein zurückblieb, erwiderte er den freundlichen Gruß, den St. George, nachdem er sich in dem Wagen neben Miß Fancourt niedergelassen hatte, ihm zum Abschied winkte. Er wartete, bis die Droschke abfuhr und sich im Gewühl der Bond Street verloren hatte. Lange war sein Blick ihr gefolgt, und dabei war er immer verwirrter geworden. »Sie ist nicht für mich bestimmt!« Der große Romancier hatte es in Summersoft ausdrücklich betont; aber wie er sich ihr gegenüber verhielt, strafte diese Behauptung Lügen. Hätte er sich überhaupt anders verhalten können, wenn sie für ihn bestimmt gewesen wäre? Ein unerklärlicher Neid nagte in Paul Overt, als er allein und zu Fuß weiterging – ein Gefühl, das sich, so merkwürdig es war, gegen beide Insassen der Droschke zugleich richtete. Wie gern wäre er selbst mit solch einem Mädchen durch London gefahren! Und wie gern wäre er selbst mit St. George in den Park gegangen, um »Typen« zu studieren!

Am nächsten Sonntag um vier machte er seinen Besuch am Manchester Square, wo sein geheimer Wunsch, Miß Fancourt allein vorzufinden, in Erfüllung ging. Sie saß in einem großen, hellen, freundlichen Zimmer, das rot gestrichen und mit jenen merkwürdigen, rustikalen, blumigen Stoffen dekoriert war, die angeblich aus südlichen und östlichen Ländern kommen und dort den Bauern als Bettdecken dienen; auf zwanglos angebrachten Borden standen Keramiken in leuchtenden Farben, und außerdem hingen überall Aquarelle von der Hand (wie der Besucher vernahm) der jungen Dame: brave, naturgetreue Darstellungen von Sonnenuntergängen, Bergen, Tempeln und Palästen Indiens. Er saß eine Stunde bei ihr – ja mehr als eine Stunde, zwei Stunden –, und während der ganzen Zeit ließ sich niemand sonst sehen. Seine Gastgeberin war so gütig, mit der ihr freimütigen Offenheit zu bemerken, es sei herrlich, daß sie nicht gestört würden; in London komme man, vor allem zu dieser Jahreszeit, selten zu einem guten Gespräch. Aber zum Glück sei jetzt, an einem so schönen Sonntag, die halbe Stadt ausgeflogen, und das erleichtere den Daheimgebliebenen manches – besonders dann, wenn diese Daheimgebliebenen miteinander sympathisierten. Es sei recht betrüblich an London – einer der wenigen Fehler, die sie an der von ihr geliebten brausenden Weltstadt bemängeln müsse –, daß man kaum je Gelegenheit zu einem guten Gespräch habe; niemals bleibe genug Zeit, um etwas zu Ende zu führen.
»So viel – so viel!« zitierte Paul den Klageruf St. Georges, den dieser vor wenigen Tagen getan hatte.
»Für ihn bestimmt – sein Leben ist gar zu kompliziert.«
»Kennen Sie es genauer? Ich wüßte zu gern Näheres darüber; das würde wohl manches Rätsel lösen«, meinte ihr Gast. Sie fragte ihn, an was für ein Rätsel er denke, und er sagte: »Ach, so gewisse Eigenheiten in seinem Werk, Ungleichmäßiges, Gekünsteltes. Wenn man seine Bücher vom künstlerischen Standpunkt aus beurteilt, sind sie von einem undurchdringlichen Dunkel umhüllt.«
Sie horchte auf. »Bitte, sprechen Sie weiter, das interessiert mich. Es gibt keine fesselnderen Fragen. Solche Gespräche liebe ich. Er hält sich für einen Versager – denken Sie nur!« rief sie voll »reizendem Vorwurf.
Das hängt ganz davon ab, was für ein Ziel er sich gesteckt

hatte. Bei seinen Gaben müßte es ziemlich hoch gewesen sein. Aber bevor man nicht weiß, was er sich selber vorgenommen hatte – doch vielleicht wissen Sie es?« unterbrach sich der junge Mann.

»Ach, zu mir spricht er ja nicht über sich. Ich kann ihn auch schwerlich dazu herausfordern. Das wäre gar zu aufdringlich.«

Paul war nahe daran, sie zu fragen, worüber er denn dann spreche, war aber taktvoll genug, es zu unterlassen, und sagte statt dessen: »Glauben Sie, er ist zu Hause nicht glücklich?«

Sie schien ihn nicht zu verstehen. »Zu Hause?«

»Ich meine, in den Beziehungen zu seiner Frau. Er drückt sich immer so verhüllt aus, wenn er von ihr spricht.«

»Zu mir nicht«, sagte Marian Fancourt mit offenem Blick. »Aber das wäre wohl auch nicht angebracht, nicht wahr?« fragte sie ernst.

»Allerdings; doch es beruhigt mich, daß er mit Ihnen nicht über sie spricht. Wenn er sie lobte, würde er Sie bloß langweilen, und etwas anderes wäre höchst unangebracht. Aber er kennt Sie besser als mich.«

»Mag sein. Doch Sie schätzt er!« rief das junge Mädchen neidisch.

Ihr Besucher starrte sie einen Augenblick an und brach dann in Lachen aus. »Schätzt er Sie denn nicht?«

»Das schon, aber nicht auf die gleiche Art. Er schätzt, was Sie geschaffen haben – er hat es mir damals selbst gesagt.«

Paul saugte dies förmlich in sich hinein, ließ sich jedoch nichts anmerken.

»Als Sie Typen studieren gingen?«

»Ja – wir haben übrigens viele gefunden: er hat einen Blick dafür. Und dann hat er lange über Ihr Buch gesprochen. Er sagt, es sei wirklich bedeutend.«

»Bedeutend! Ach, wie edel er doch ist!« Der Autor des Werkes stöhnte glückselig.

»Er war unglaublich unterhaltend und furchtbar komisch auf diesem Spaziergang. Er sieht alles; er findet immer wieder neue Vergleiche und Bilder, die stets ins Schwarze treffen. *C'est d'un trouvé*, wie man so sagt.«

»Das glaube ich schon – bei seinem Talent! Was hätte er alles leisten können!« klagte Paul.

»Und Sie glauben nicht, daß er es geleistet hat?«

Genau das war der springende Punkt. »Zum Teil schon, und dieser Teil ist wirklich großartig. Aber er hätte einer unserer Größten werden können. Nun, wir wollen hier nicht zu Gericht sitzen«, schloß unser Freund ernst, »seine Arbeiten sind auch so, wie sie sind, wahre Goldminen.«
Sie ging sofort auf seinen Vorschlag ein. In der nächsten halben Stunde sprachen sie über die Hauptwerke des Meisters. Sie kannte sie gut – kannte sie sogar besser als ihr Gast, der über ihren kritischen Verstand und ihre weitreichenden, kühnen Gedankenflüge nur staunen konnte. Sie sagte vieles, was ihn überraschte und ihr offensichtlich nur beiläufig eingefallen war; aufgeschnappte Phrasen konnten es nicht sein, denn dafür trafen ihre Bemerkungen zu gut. St. George hatte recht gehabt, daß sie erstklassig sei, daß sie sich nicht fürchte, sich zu verströmen, nie darauf käme, stolz zu sein. Plötzlich erinnerte sie sich an etwas und sagte: »Jetzt fällt es mir wieder ein. Er hat tatsächlich einmal von Mrs. St. George gesprochen. Er meinte in irgendeinem Zusammenhang, sie lege keinen Wert auf Vollkommenheit.«
»Allerdings ein Verbrechen bei der Frau eines Künstlers«, erwiderte Paul.
»Jaja, die Arme!« seufzte das Mädchen, als wollte sie damit verschiedene Umstände andeuten, darunter auch mildernde. Doch unverzüglich fügte sie hinzu: »Ach, Vollkommenheit, Vollkommenheit – man sollte sie erwerben können! Ich sehne mich danach.«
»Jeder kann auf seine Weise vollkommen werden«, erklärte ihr Gefährte.
»Auf seine Weise, ja – aber nicht auf ihre. Frauen sind immer gebunden, eingeengt! Und doch wäre es beschämend, etwas nicht zu tun, wenn man es wirklich tun möchte, finden Sie nicht?« meinte Miß Fancourt und ließ in ihrer raschen Art einen Faden fallen, um sogleich den nächsten aufzunehmen – eine bei ihr nicht ungewöhnliche Eigenschaft. So saßen die beiden jungen Menschen in dem eklektischen Salon und diskutierten während der Londoner »Saison« ernste und gewichtige Themen – diskutierten mit leidenschaftlicher Hingabe das Thema der Vollkommenheit. Zur Rechtfertigung dieser Überspanntheit sei gesagt, daß sie ehrlich bei der Sache waren. Ihr Ton und ihre Gefühle waren aufrichtig und schön. Sie posierten weder für

sich noch für andere. Dieses Thema war so weitläufig, daß sie glaubten, es begrenzen zu müssen; die Vollkommenheit, mit der sie sich augenblicklich in ihren Betrachtungen befassen wollten, war die des authentischen, exemplarischen Kunstwerks. Die Phantasie der jungen Dame war offenbar in dieser Richtung schon weit geschweift, und ihrem Gast wurde das seltene Vergnügen zuteil, eine wirklich fruchtbare Unterhaltung führen zu dürfen. Dieses Gespräch sollte jahrelang in seiner Erinnerung fortleben und ihn immer wieder zum Nachdenken anregen; denn es besaß jene Eigenschaft, die zuweilen das Glück in einem einzigen Tropfen destilliert – eine Eigenschaft, die manche zukünftigen Reibungen auszuschalten vermag. Noch heute, wann immer ihn danach gelüstet, sieht er das Zimmer vor sich, das helle, rote, gesellige, gesprächsreiche Zimmer mit den gewagt, aber wirkungsvoll in leuchtendem Blau gehaltenen Vorhängen. Er entsinnt sich noch genau, wo dies oder das stand, erinnert sich an ein auf dem Tisch liegendes offenes Buch und den betäubenden Duft der Blumen links hinter ihm. Diese Einzelheiten bildeten gleichsam den Rahmen einer schönen, unerklärlichen Erregung, die in jenen zwei Stunden über ihn gekommen war und die ihn wiederholt dazu verführte, im stillen zu seufzen: »Ich hätte nie gedacht, daß es solch einen Menschen gäbe – hätte nie gedacht, daß es solch einen Menschen gäbe!« Ihre Unabhängigkeit erstaunte und entzückte ihn – sie vereinfachte das alltägliche Leben ungemein. Sie lebte völlig frei – ein mutterloses Mädchen, das kein Backfisch mehr war, sondern eine gesellschaftliche Stellung und Pflichten besaß und keineswegs als kleines Fräulein behandelt wurde. Sie kam und ging niemals im Schlepptau einer Anstandsdame, empfing ihre Gäste allein, und obwohl sie ganz weiblich war, verfiel man nie auf die Idee, sie bemuttern oder beschützen zu müssen. Sie wirkte so klar und edel, zugleich aber so natürlich, so ungezwungen, daß sie trotz ihrer modernen Lebensweise nicht im geringsten einen »emanzipierten« Eindruck machte. Modern, ja, das war sie, und Paul Overt, der alte Farben, die Patina der Zeit liebte, dachte mit leisem Schrecken an die verworrene Palette der Zukunft. Er konnte sich einfach nicht daran gewöhnen, daß sie seiner geliebten Kunst eine derartige Aufmerksamkeit schenkte; es schien zu schön, um wahr zu sein: war es doch ein geradezu unglaubliches Ereignis, in einen so tiefen Brunnen der

Zuneigung zu fallen. Gewiß, man verirrte sich nur zu leicht in der Wüste – so stand es in den Sternen und war es der Lauf der Welt –, aber wie selten stieß man dabei auf einen kristallklaren Brunnen. Wenn jedoch ihr Streben eben noch zu ausgefallen schien, um echt zu sein, schien es im nächsten Augenblick einfach zu klug, um unecht zu sein. Ihre Wünsche waren hochfliegend und gelähmt zugleich; im ganzen genommen zog er sie allem vor, was er je in ähnlichen Beziehungen erlebt hatte. Es war nur zu wahrscheinlich, daß Miß Fancourt sie aufgeben würde – eintauschen gegen Politik oder »Eleganz« oder wenigstens gegen Fruchtbarkeit und Mutterschaft, wie dies so üblich war bei den kritzelnden, klecksenden, gebildeten und eingebildeten Mädchen in einem Zeitalter des Luxus und einer Gesellschaft von Müßiggängern. Es fiel ihm auf, daß die Aquarelle an den Wänden etwas ungemein Naives verrieten, und er dachte: Naivität in der Kunst ist die Null in einer Zahl; ihre Bedeutung hängt von der Ziffer ab, mit der sie verbunden ist. Da aber hatte er sich bereits verliebt. Bevor er wegging, sagte er zu ihr: »Wollte nicht auch St. George Sie heute besuchen? Er läßt auf sich warten.«
Einen Augenblick glaubte er, sie werde ihm vorwerfen: »*Comment donc?* Sind Sie nur hierhergekommen, um ihn zu treffen?« Doch gleich darauf mußte er sich eingestehen, daß er bisher nicht eine Spur Koketterie, zu der diese Worte gepaßt hätten, bei ihr bemerkt hatte. Sie sagte lediglich: »Ja, aber es ist wohl nicht mehr damit zu rechnen, daß er noch kommt. Er hat ausdrücklich betont, ich solle nicht auf ihn warten.« Dann gestand sie heiter und mit zärtlichem Unterton: »Er meinte, es sei nicht fair Ihnen gegenüber – wenn ich auch der Ansicht bin, daß ich es gut mit zweien aufnehmen kann.«
»Ich bestimmt auch«, erwiderte Paul Overt leicht übertrieben, um ihr entgegenzukommen. In Wahrheit war seine Freude über diesen Nachmittag so sehr eine Freude über die Frau vor ihm, daß jede andere Person in dieser Szene, selbst eine so geschätzte wie St. George, Pauls Aufmerksamkeit vergeblich beansprucht hätte. Er verließ das Haus in Gedanken darüber, was der große Mann wohl gemeint haben mochte, als er gesagt hatte, es wäre ihm gegenüber nicht fair gewesen; und dann: ob er wirklich nur aus diesem Grunde ferngeblieben war. Als er über den sonntäglich verwaisten Manchester Square ging und, das Herz

voll gärender Gefühle, seinen Spazierstock schwang, gelangte er zu dem Schluß, er lebe fürwahr in einer recht großmütigen Welt. Miß Fancourt hatte ihm gesagt, daß sie und ihr Vater am nächsten Sonntag wahrscheinlich nicht zu Hause seien – andernfalls hoffe sie auf seinen Besuch. Sie hatte versprochen, ihn zu benachrichtigen, wenn sie wider Erwarten hierbleiben sollten, damit er sich dementsprechend einrichten könne. Nachdem er in eine der auf den Platz mündenden Straßen eingebogen war, blieb er unentschlossen stehen und sah sich skeptisch nach einer Droschke um. Da erblickte er auf der andern Seite einen Hansom, der auf ihn zurollte. Er wollte gerade den Kutscher anrufen, als er merkte, daß der Wagen besetzt war; er wartete und sah, daß der Mann auf dem Bock seinen Fahrgast zu einem der Häuser hier bringen wollte. Offensichtlich war es dasselbe Haus, das er selber eben erst verlassen hatte; jedenfalls mußte er dies annehmen, da er in dem Fahrgast, der aus der Droschke stieg, Henry St. George erkannte. Paul fuhr herum, als wäre er beim Spionieren ertappt worden. Er gab den Gedanken auf, eine Droschke zu nehmen, und zog es vor, zu Fuß zu gehen; er würde ja doch niemand mehr aufsuchen. Paul Overt war froh, daß St. George nicht auf seinen Besuch verzichtet hatte; das wäre auch gar zu lächerlich gewesen. Wahrhaftig, die Welt war großmütig, und auch er kam sich so vor, als er auf seine Uhr sah und feststellte, daß es genau sechs Uhr war: im Geist gratulierte er seinem Nachfolger, der nun noch eine volle Stunde in Miß Fancourts Salon sitzen durfte. Paul hätte in dieser Stunde zwar einen weiteren Besuch machen können, sagte sich dann aber, als er schließlich den Marble Arch erreicht hatte, daß diese Idee jetzt zu abwegig sei. Er schritt unter diesem architektonischen Kunstwerk hindurch, trat in den Park und ging bis zu den großen Rasenflächen. Dort spazierte er weiter; weiter auf dem federnden Gras bis zur Serpentine. Wohlgefällig beobachtete er die Londoner bei ihren Sonntagsvergnügen, warf geradezu ermutigende Blicke auf die jungen Damen, die mit ihren Verehrern über den See ruderten, und auf die Gardesoldaten, die mit ihren Bärenmützen zärtlich die künstlichen Blumen auf den Hüten ihrer Begleiterinnen kitzelten. Er dehnte seinen besinnlichen Spaziergang aus, ging bis Kensington Gardens, setzte sich auf einen der Mietstühle, schaute den kleinen Segelbooten zu, die auf dem runden Teich dahinzogen, und war froh, daß er keine Verabredung zum Abendessen getroffen hatte. Er suchte daher erst spät seinen Klub auf, wo er sich plötzlich unfähig fühlte, etwas zu bestellen, und dem Kellner sagte, er solle einfach bringen, was da sei. Paul Overt bemerkte nicht einmal, was ihm vorgesetzt wurde, und verbrachte den weiteren Abend in der Bibliothek, wo er sich bemühte, einen Artikel in einer amerikanischen Zeitschrift zu lesen. Wenn ihm auch nicht gelang herauszufinden, wovon der Aufsatz handelte, so schien er sich ihm doch unerklärlicherweise mit Marian Fancourt zu beschäftigen.

Ende der Woche schrieb sie ihm, sie werde nicht aufs Land fahren; dies sei soeben beschlossen worden. Ihr Vater, fügte sie hinzu, beschließe nie etwas und überlasse alles ihr. Sie sei sich ihrer Verantwortung durchaus bewußt – was bleibe ihr schon anderes übrig –, und da sie nun einmal dazu gezwungen sei, habe sie so entschieden. Da sie keine Gründe erwähnte, glaubte unser Freund, in den kühnsten Vermutungen schwelgen zu dürfen. An diesem zweiten Sonntag am Manchester Square aber war ihm sein Glück weniger hold: sie hatte noch andere Besucher. Dafür wurde er jedoch durch allerlei entschädigt; am wichtigsten davon war ihm, daß ihr Vater noch in der letzten Minute allein weggefahren sei, wodurch die erwähnte kühne Vermutung noch viel kühner wurde. Und dann war ihre Gegenwart immerhin ihre Gegenwart, und ebenso war das rote Zimmer da und von ihrer Atmosphäre erfüllt, mochten auch noch so viele Phantome kommen und gehen und unverständliche Laute ausstoßen. Überdies konnte er sich damit trösten, so lange bleiben zu dürfen, bis alle gekommen und gegangen waren, und sich in der Hoffnung wiegen, daß sie dies begrüße, wenn sie es auch nicht merken ließ. Als sie endlich miteinander allein waren, kam er sofort auf das zu sprechen, was ihm schon lange am Herzen lag. »St. George ist letzten Sonntag doch noch gekommen. Als ich mich umblickte, habe ich ihn zufällig gesehen.«

»Ja. Aber es war das letzte Mal.«

»Das letzte Mal?«

»Er hat gesagt, daß er nie wieder kommen werde.«

Paul Overt starrte sie an. »Soll das heißen, daß er Sie nicht mehr sehen will?«

»Ich weiß nicht, was es heißen soll.« Das Mädchen lächelte tapfer. »Jedenfalls will er mich hier nicht mehr sehen.«

»Aber warum denn nicht, um alles in der Welt?«

»Ich habe keine Ahnung«, sagte Marian Fancourt, deren Gast sie niemals zuvor so seltsam erhaben gefunden hatte wie in diesem Augenblick, da sie ihre offenkundige Hilflosigkeit eingestand.

V

»Hören Sie, ich hätte gern, daß Sie noch ein wenig bleiben«, sagte Henry St. George um elf Uhr an jenem Abend, an dem Paul Overt bei dem Meister der Zunft diniert hatte. Die große Gesellschaft – keiner darunter war vom Fach – hatte sich gerade im Aufbruch befunden und unser junger Mann sich von seiner Gastgeberin verabschiedet und dann dem Herrn des Hauses die Hand gereicht. Diese Bewegung rief jedoch nicht nur den erwähnten Protest von seiten St. Georges hervor, sondern auch noch weitere kostbare Worte über die endlich gekommene Gelegenheit, miteinander reden, sich in sein Zimmer zurückziehen und über alles sprechen zu können. Paul Overt war glücklich ob solcher Güte; dennoch erwähnte er scherzhaft und schwach widersprechend, daß er eigentlich noch eine Verabredung habe, und zwar ziemlich weit weg von hier.

»Dann halten Sie diese Verabredung eben nicht ein, basta, Sie entsetzlicher kleiner Aufschneider!« fügte St. George in einem Ton hinzu, der unseren jungen Mann nur noch mehr begeisterte.

»Natürlich halte ich sie nicht ein – aber ich hatte tatsächlich eine Verabredung.«

»Mit Miß Fancourt etwa? Sie wollten sie also begleiten?« fragte sein Freund.

Er antwortete mit einer Gegenfrage: »Ach, geht sie denn schon?«

»Nichtswürdiger Schwindler!« rief sein ironischer Gastgeber. »Ich habe Sie hinsichtlich dieser jungen Dame wahrlich anständig behandelt. Aber noch mehr Konzessionen mache ich nicht. Warten Sie ein paar Minuten – ich bin gleich wieder hier.« Er trat zu den scheidenden Gästen und begleitete die Damen mit den langen Schleppen zur Tür. Die Nacht war warm, die Fenster standen offen, und von draußen herein drangen das Rollen der schnell davonfahrenden Wagen und die Rufe der Laternen tragenden Diener. Es war ein hochgestimmter Abend gewesen, und in der schweren Luft lag noch immer etwas Festliches; es war nicht nur die Atmosphäre dieser Gesellschaft, sondern auch die des geselligen Treibens, das an den Londoner Sommerabenden die vom Glück begünstigten Viertel dieser vielfältigen Stadt erfüllte. Nach und nach leerte sich Mrs. St. Georges Salon; Paul blieb mit seiner Gastgeberin allein zurück und erklärte ihr den Grund seines Wartens. »Aha, ein intellektuelles Gespräch, eine Fachsimpelei«, neckte sie; »das vermißt man während der Saison, nicht wahr? Der arme, gute Henry, wie ich mich für ihn freue!« Der junge Mann blickte kurz aus dem Fenster auf die herbeigerufenen Droschken und die leise davonrollenden Broughams. Als er sich umwandte, war Mrs. St. George verschwunden; von unten hörte er die Stimme ihres Mannes – er lachte und sprach in der Vorhalle mit einer Dame, die auf ihren Wagen wartete. Für einige Minuten war Paul Alleinherr der warmen, verlassenen Räume mit den weiches Licht ausstrahlenden abgeschirmten Lampen, den durcheinander stehenden Stühlen und dem noch in der Luft schwebenden Blumenduft. Es waren geräumige, schöne Zimmer voller Wertgegenstände, und der ganze Eindruck sprach von einem »großen Haus«. Nach weiteren fünf Minuten kam ein Diener, der ihm ausrichtete, der Herr erwarte ihn unten. Er folgte ihm die Treppe hinunter und durch einen langen Flur bis zu einem im hinteren Teil des Hauses gelegenen Appartement, das offensichtlich ganz nach den Erfordernissen eines Schriftstellers eingerichtet war.

St. George stand in Hemdsärmeln mitten in einem großen, hohen Zimmer – einem Zimmer ohne Fenster, das jedoch wie ein Ausstellungsraum ein breites Oberlicht besaß. Es war als Bibliothek eingerichtet, deren lange Regale bis zur Decke hinaufreichten, Flächen unvergleichlicher Tönung, die von mattgoldenen Bücherrücken gebildet und nur da und dort durch einen alten Stich oder eine Zeichnung unterbrochen wurden. Genau gegenüber der Tür stand ein hohes, ausladendes Pult, an dem man nur stehend wie ein Ratsschreiber arbeiten konnte, und von dort bis zum Eingang erstreckte sich das breite, glatte Band eines roten Läufers, wie ein Gartenweg und fast ebenso lang, und schon sah Paul den Meister in qualvollen Stunden – den Stunden schöpferischer Arbeit – dort auf- und abgehen. Aus einem Wandschrank nahm der Diener für St. George eine Jacke, einen alten Hausrock, der offensichtlich schon einiges hinter sich hatte, und zog sich dann mit dem Jakkett, das sein Herr ausgezogen hatte, zurück. Paul Overt begrüßte den Hausrock; es war ein Rock zum Plaudern, er versprach vertrauliche Geständnisse – schien des öfteren auch schon solche empfangen zu haben – und besaß tragische Literatenellbogen. »Sind wir nicht praktisch veranlagt?« sagte St. George, als er sah, wie sich sein Gast umschaute. »Ist das nicht ein schöner großer Käfig zum Aufundabgehen? Den hat meine Frau sich ausgedacht, und hier schließt sie mich jeden Morgen ein.« Aus Mitgefühl atmete unser junger Mann ein wenig beklommen. »Vermissen Sie denn nicht ein Fenster – wenigstens einen gewissen Ausblick?«

»Anfangs habe ich das natürlich sehr vermißt; aber ihre Überlegung war ganz richtig. Man spart auf diese Weise Zeit, ich habe in den zehn Jahren dadurch viele Monate Zeit gespart. Hier stehe ich unter dem Auge des Tages – in London ist es allerdings häufig ein altes Triefauge –, eingemauert in meinen vier Wänden. Ich kann nicht heraus, und so gibt mir dieses Zimmer die beste Möglichkeit, mich zu konzentrieren. Ich glaube, dies habe ich nun gelernt. Sehen Sie sich den Stoß Korrekturfahnen an, und loben Sie mich.« Er deutete auf eine dicke Papierrolle auf einem der Tische, die noch gar nicht aufgeschnürt war.

»Bringen Sie einen neuen –?« fragte Paul, und sein Ton war voll rührender Einfalt, die ihm jedoch erst bewußt wurde, ein wenig bewußt wurde, als sein Gefährte auflachte.

»Sie Heuchler! Sie Heuchler!« Offenbar machte es St. George Spaß, ihn mit diesem Schimpfwort zu bedenken. »Ich weiß doch, was Sie von meinen Büchern halten«, sagte er und stand mit den Händen in den Taschen und einem merkwürdigen Lächeln vor ihm. Anscheinend wollte er, daß sein Jünger ihn jetzt ganz erkenne.

»Auf Ehre – da wissen Sie mehr als ich!« wagte Paul einzuwenden und verriet darin etwas von der Qual eines Menschen, der weder fähig ist, offen anzuerkennen noch eindeutig abzulehnen.

»Mein lieber Junge«, sagte der Meister und wurde damit für Paul Overt immer interessanter, »bilden Sie sich ja nicht ein, daß ich über meine Bücher sprechen werde – sie sind kein würdiges Gesprächsthema; *il ne manquerait plus que ça!* Ich bin gar nicht so schlimm, wie Sie vielleicht glauben. Dagegen spreche ich, wenn Sie erlauben, ganz gern ein bißchen über mich selbst – aber nicht deswegen habe ich Sie heruntergebeten. Ich möchte Sie einiges fragen – vieles sogar; ich weiß diese Gelegenheit durchaus zu schätzen. Also setzen Sie sich. Wir sind zwar praktisch, aber, wie Sie sehen, besitze ich immerhin ein Sofa – das wenigstens hat sie meinen müden Knochen zugestanden. Wie alle großen Regenten und Erzieher weiß sie genau, wann sie die Zügel lockern darf.« Paul versank in der Ecke eines tiefen Ledersofas, sein Freund jedoch blieb in dozierender Haltung stehen. »Ich hoffe, Sie haben nichts dagegen – ich bin es hier so gewohnt. Von der Tür zum Pult und vom Pult zur Tür. Das hält meine Phantasie wach. Sehen Sie nun ein, wie gut es ist, daß ich kein Fenster habe, aus dem ich entfliehen kann? Das ewige Stehen beim Schreiben (ich mache vorm Pult halt und notiere, was mir einfällt, und nehme dann meinen Gang wieder auf) war zuerst recht ermüdend, aber im Gedanken an die Zukunft gewöhnten wir uns daran; man bleibt so besser in Form – falls die Beine nicht unter einem zusammenbrechen! – und kann auf diese Weise Jahre länger durchhalten. Oh, was sind wir doch praktisch, was sind wir doch praktisch!« wiederholte St. George, trat dann an den Tisch und nahm mechanisch die Korrekturfahnen in die Hand. Während er die Umhüllung abriß, glitt seine Aufmerksamkeit völlig ab, was unseren Helden von neuem erstaunte. Geistesabwesend betrachtete er die Fahnen seines neuen Buches, indessen die Augen des Jüngeren durchs Zimmer wanderten.

Mein Gott, wie gut würde ich schreiben, wenn ich ein so herrliches Arbeitszimmer hätte, dachte Paul. Die äußere Welt, die Welt der Zufälle und Widerwärtigkeiten, hier war sie verbannt, und in dieser geistesträchtigen, quadratischen Schutzzone unter einem wohlwollenden Himmel konnte die Phantasie gestalten, konnte die beschworene Gesellschaft nach Belieben ihre Feste feiern. Daß der aus solcher Nähe betrachtete Meister die Eigenschaft, die bezaubernde Gabe entwickeln würde, sich im persönlichen Umgang und in Augenblicken schwebender oder vielleicht sogar verminderter Erwartung unversehens zu offenbaren, vermochte Paul aus seiner Zuneigung heraus eher zu fühlen als auf Grund von Tatsachen zu beobachten – denn dazu hatte er noch kaum Gelegenheit gehabt. Ein glückliches Verhältnis zu ihm würde sich vermutlich nicht kontinuierlich, sondern sprunghaft anbahnen. »Lesen Sie denn meine Sachen wirklich?« fragte er und legte die Korrekturbogen nieder, als Paul sich erkundigt hatte, wann das Werk erscheine. Und als der junge Mann antwortete: »Aber natürlich, alle«, schien ihn an Pauls Worten schon wieder etwas zu belustigen. »Sie besuchen Ihre Großmutter an ihrem Geburtstag – das ist recht von Ihnen, denn schließlich wird sie nicht ewig leben. Sie ist des Verstandes und der Sinne nicht mehr mächtig; sie sieht nicht mehr, hört nicht mehr, spricht nicht mehr. Trotzdem: Pietät und Menschenfreundlichkeit sind nicht zu verachten. Aber meine Sachen zu lesen, das erfordert mehr! Ich könnte es nicht, mein Lieber. Doch Sie sind stark, ich weiß; und das gehört bereits zu dem, was ich sagen wollte. Sie sind ein starker Charakter; ich habe mich auch mit Ihren anderen Sachen beschäftigt – sie haben mich ungeheuer beeindruckt. Schade, daß mir nicht eher jemand davon erzählt hat – jemand, auf dessen Urteil ich hätte vertrauen können. Aber wem kann man schon vertrauen? Sie sind auf genau dem richtigen Weg – eine wirklich höchst beachtliche Leistung. Doch glauben Sie, daß Sie durchhalten werden? Dies war es, was ich Sie fragen wollte.«

»Sie meinen, ob ich noch mehr schreiben werde?« fragte Paul, wobei er vom Sofa zu seinem vor ihm stehenden Inquisitor aufblickte, und er fühlte sich dabei so glücklich wie etwa ein kleiner Junge, dessen Lehrer gut gelaunt ist, oder wie ein Pilger aus dem Altertum, der ein weltberühmtes Orakel befragt hat. St. George mochte vielleicht mit sich selbst nicht zurechtkommen, aber als Ratgeber war er bestimmt unfehlbar.

»Mehr – mehr? Ach, die Anzahl macht es nicht; ein einziges würde schon genügen, wenn es wirklich einen Schritt weiterführte – noch einmal solch ein überzeugender Durchbruch. Ich wollte vorhin eigentlich sagen, ob Sie vorhaben, eine ehrlich erworbene Vollkommenheit anzustreben.«

»Ach, Ehrlichkeit, Vollkommenheit –!« seufzte der junge Mann ernstlich bedrückt. »Gerade am letzten Sonntag habe ich mit Miß Fancourt darüber gesprochen.«

Der Meister lachte, und es klang merkwürdig bitter. »Ja, geredet wird darüber, soviel Sie wollen! Aber niemand wird Ihnen helfen. Sie sind natürlich zu nichts verpflichtet; Sie scheinen mir nur der rechte Mann dafür zu sein«, fuhr er fort. »Sie müssen doch schon darüber nachgedacht haben. Ich kann mir nicht vorstellen, daß Sie kein Ziel haben sollten. Wenigstens erwecken Sie diesen Eindruck, und das erlebt man so selten, daß es einen förmlich aufregt – und gerade dies ist das Besondere an Ihnen. Wenn Sie kein Ziel haben, nicht durchhalten wollen, dann ist das Ihr gutes Recht; es geht niemand etwas an, niemand kann Sie dazu zwingen, und kaum mehr als ein paar Leute werden überhaupt merken, daß Sie Haken schlagen. Die andern, der ganze Rest, jede einzelne Menschenseele in England wird glauben, Sie strebten nach vorn, Sie hielten durch – auf Ehre, bestimmt! Ich werde einer von den wenigen sein, die es besser wissen. Es ist nur die Frage, ob Sie sich wegen dieser wenigen derart ins Zeug legen wollen. Sind Sie aus solchem Stoff gemacht?«

Auf einmal war unserem Gast zumute, als umschlössen ihn heftig zitternde Arme. »Ich könnte es sogar für einen einzigen, wenn Sie dieser eine wären.«

»Bitte, sagen Sie das nicht, ich verdiene es nicht, es tut mir weh«, protestierte St. George mit plötzlich auffallend ernstem und glühendem Blick. »Der ›eine‹ ist immer man selbst, ist das eigene Gewissen, das Ideal, die Einmaligkeit des eigenen Strebens. Ich denke an diesen reinen Geist, wie ein Mann an eine Frau denkt, die er in einer schändlichen Stunde seiner Jugend geliebt und verlassen hat. Sie verfolgt ihn mit anklagenden Augen, sie steht für ewig vor ihm. Wissen Sie, ich als Künstler habe eine Geldheirat gemacht.« Paul sah ihn an und errötete ob dieses Geständnisses; worauf sein Gastgeber, der seinen veränderten, merkwürdigen Gesichtsausdruck wahrnahm, auflachte und erklärte: »Sie haben mich mißverstanden. Ich spreche nicht von meiner Frau; sie besaß zu wenig Vermögen, als daß ich es darauf hätte abgesehen haben können. Ich habe mich in sie wirklich genauso verliebt wie viele andere auch. Ich meine vielmehr die käufliche Muse, die ich zum Altar der Literatur geführt habe. Mein lieber Junge, niemals dürfen Sie Ihren Nacken unter *dieses* Joch beugen. Diese Schindmähre wird sie ein Leben lang zu Tode hetzen!«

Unser Held forschte fragend und tief berührt in seinem Blick. »Sind Sie denn nicht glücklich?«

»Glücklich? Es ist die Hölle!«

»Ich würde Sie gern so vieles fragen«, gestand Paul nach einer Weile.

»Fragen Sie! Fragen Sie! Ich würde mein Inneres nach außen kehren, um Sie zu retten.«

»Um mich zu ›retten‹?« Pauls Stimme zitterte.

»Um Sie zu überreden, durchzuhalten – nicht lockerzulassen. Ich sagte Ihnen ja schon an dem Abend in Summersoft: Halten Sie sich stets mein Beispiel vor Augen.«

»Aber so schlecht sind Ihre Bücher doch gar nicht«, sagte Paul lächelnd und in dem Gefühl, daß ein Mann, der je in die Welt der Kunst hineingerochen hat…

»So schlecht wie was?«

»Ihr Talent ist so groß, daß es sich in allem zeigt, was Sie leisten, im weniger Guten genauso wie im Besten. Sie haben an die vierzig Bände aufzuweisen – vierzig Bände voller Leben, voll seltener Beobachtungen und herrlicher Gaben.«

»Ich bin ein Routinier, ich weiß« – aber das war etwas, woraus sich dieser Autor nichts machte. »Was glauben Sie! Welchen Schund hätten die anderen fabriziert, wenn ich nicht gewesen wäre! Ich bin ein erfolgreicher Scharlatan«, fuhr er fort. »Es ist mir immerhin gelungen, meinen Trick zu vererben. Aber ich will Ihnen sagen, was dieser Trick in Wahrheit ist: Pappe!«

»Pappe?« Paul blieb der Mund offen stehen.

»Jawohl – Pappe mit aufgemalter Holzmaserung.«

»Aber wie können Sie so etwas sagen – das tut mir in der Seele weh!« wandte der Jüngere ein. »Sie leben hier in einem wunderschönen Heim, leben in Wohlstand und Ehre.«

»Ehre nennen Sie das?« – den Ton, in dem sein Gastgeber dies sagte, kann Paul bis heute nicht vergessen. »Ich möchte ja gerade, daß *Sie* sich um die Ehre bemühen. Ich spreche von der wahren Ehre. Die meine ist nur Talmi.«

»Talmi?« rief Paul, während sein Blick unwillkürlich durch das luxuriöse Zimmer schweifte.

»Allerdings – man macht heute ausgezeichnete Imitationen: täuschend ähnlich.«

Unser Freund war vor Anteilnahme und sicherlich noch mehr vor Mitleid geradezu erregt. Er scheute jedoch nicht vor einer gönnerhaften Haltung zurück, da für ihn immer noch genug zu beneiden blieb. »Sollte ich mich etwa täuschen, wenn ich annehme, daß Sie hier im häuslichen Glück leben, gesegnet mit einer ergebenen, vollkommenen Gattin, mit Kindern, deren Bekanntschaft zu machen ich bisher nicht das Vergnügen hatte, die aber einfach reizend sein müssen, wenn man bedenkt, von welchen Eltern sie stammen?«

St. George lächelte ob dieser unverblümten Frage. »Gewiß, mein Freund, das alles ist sehr schön – der Himmel verhüte, daß ich es leugne. Ich habe viel Geld verdient; und meine Frau hat verstanden, es zu verwalten, damit umzugehen, ohne zu verschwenden, ein gut Teil auf die Seite zu legen und Zinsen tragen zu lassen. Ich habe Brot im Schrank, habe tatsächlich alles außer dem Wichtigsten.«

»Dem Wichtigsten?« wiederholte Paul.

»Alles außer dem Gefühl, mein Bestes geleistet zu haben – diesem Gefühl, in dem sich das wahre Leben des Künstlers erfüllt und dessen Mangel seinen Tod bedeutet, dem Gefühl, seinem geistigen Instrument die schönste Musik entlockt zu haben, die ihm von der Natur gegeben worden ist, es so gespielt zu haben, wie es gespielt werden muß. Entweder tut er das, oder er tut es nicht – und wenn er es nicht tut, ist er nicht wert, daß man von ihm redet. Jedenfalls reden die Eingeweihten nicht von ihm. Natürlich wird noch eine ganze Menge Stroh über ihn gedroschen, aber was ihm am meisten in den Ohren dröhnt, ist das unbestechliche Schweigen des Ruhmes. Ich habe ihn gegen den Augenblick eingetauscht – aber was ist schon der Augenblick? Bitte, glauben Sie ja nicht«, fuhr der Meister fort, »daß ich so niederträchtig war, Sie nur hierherzuholen, um mich über meine Frau zu beklagen. Sie ist eine Frau mit unendlich vielen Vorzügen, und ich bin ihr ungeheuer zu Dank verpflichtet; wenn es Ihnen recht ist, wollen wir nicht mehr über sie sprechen. Meine Jungen – ich habe lauter Jungen – sind kräftig und gerade gewachsen und gottlob ohne körperliche Mängel; es ist alles, wie es sein soll. In regelmäßigen Abständen erhalte ich die zufriedenstellendsten Berichte aus Harrow, Oxford und Sandhurst – ja, wir haben unser Bestes für sie getan! – über ihre Ruhmestaten als lebende, gedeihende und konsumierende Organismen.«

»Es muß doch ein herrliches Gefühl sein, das eigene Fleisch und Blut in Sandhurst zu wissen«, bemerkte Paul begeistert.

»Ist es auch – es ist wunderbar. Jaja, ich bin ein großer Patriot!«

Dies drängte den jungen Mann nur noch zu weiteren Fragen. »Aber was haben Sie dann an jenem Abend in Summersoft gemeint, als Sie sagten, Kinder seien ein Fluch?«

»Mein lieber Junge, unter welchen Voraussetzungen unterhalten wir uns eigentlich?« St. George ließ sich neben ihn auf das Sofa fallen. Halb ihm zugewandt, lehnte er sich gegen die Seitenlehne und verschränkte die Arme hinterm Kopf. »Doch wohl auf der Basis, daß eine gewisse Vollkommenheit möglich und sogar erstrebenswert ist, oder nicht? Ich wollte nur sagen, daß einem die Kinder bei der Vollkommenheit im Wege stehen. Ebenso die Frau. Und die Ehe.«

»Sie meinen, ein Künstler sollte nicht heiraten?«

»Jedenfalls tut er es auf eigene Gefahr – auf seine Kosten.«

»Auch dann, wenn seine Frau Verständnis für sein Schaffen hat?«

»Das hat sie nicht – kann sie gar nicht haben! Frauen fehlt jede Ader für solche Dinge.«

»Aber gelegentlich betätigen sie sich doch selbst künstlerisch«, warf Paul ein.

»Das schon, nur sehr schlecht. Natürlich bilden sie sich immer wieder ein, sie verstünden etwas davon. Das sind die allergefährlichsten. Sie nähren die Vorstellung, man könne vieles schaffen und dabei auch noch viel Geld verdienen. Ihr edler Sinn und ihre Tugend, ihre vorbildliche Gewissenhaftigkeit als britische Frauen sorgen schon dafür. Meine Frau führt sämtliche Verhandlungen mit den Verlegern für mich, macht es seit zwanzig Jahren. Und sie macht es ausgezeichnet – deswegen stehe ich mich ja auch so gut. Schließlich ist man der Vater ihrer unschuldigen Kinder – darf man denen ihren natürlichen Ernährer entziehen? Sie haben mich an jenem Abend gefragt, ob sie nicht auch ein gewaltiger Ansporn seien – das sind sie ohne Zweifel!«

Paul dachte nach: es gab so viel ins Auge zu fassen, und seine Augen schienen ihm so weit offen wie nie zuvor. »Ich habe das Gefühl, ich brauchte einen Ansporn.«

»Also dann, *n'en parlons plus*«*!* Sein Gefährte lächelte ihm herzlich zu.

»*Sie* zum Beispiel sind ein Ansporn«, erklärte der junge Mann. »Sie wirken auf mich in keiner Weise so, wie Sie es offenbar möchten. Ihr großer Erfolg liegt hier doch vor Augen – die Pracht von Ennismore Gardens!«

»Erfolg?« – In St. Georges Blick lag ein faszinierendes, kaltes Leuchten. »Halten Sie es für einen Erfolg, wenn so über einen gesprochen wird, wie auch Sie über mich sprächen, wenn Sie jetzt mit einem anderen Künstler hier säßen – einem ebenso intelligenten und ernsthaften jungen Mann wie Sie? Nennen Sie es Erfolg, erröten zu müssen – und Sie würden erröten! –, wenn ein ausländischer Kritiker (ich meine natürlich einen Mann, der wissen muß, wovon er spricht, und der es einem auch bewiesen hat, wie dies bei ausländischen Kritikern nun einmal üblich ist) zu Ihnen sagen würde: ›Das ist doch derjenige, den Sie in Ihrem Land für den Besten halten, nicht wahr?‹ Ist es Erfolg, die Ursache dafür zu sein, daß ein junger Engländer wegen des guten alten Englands stammeln müßte, wie auch Sie in diesem Augenblick stammeln würden? Nein, nein; Erfolg ist, die Leute nach einer neuen Melodie tanzen zu lassen. Versuchen Sie es!«

Paul glühte noch immer von heiligem Ernst. »Was versuchen?«

»Etwas wirklich Gutes zu leisten.«

»Weiß der Himmel, das möchte ich nur zu gern!«

»Ja, aber das geht nicht ohne Opfer – bilden Sie sich das bloß nicht ein«, belehrte ihn der Meister. »Ich habe keine gebracht. Ich habe alles gehabt. Mit andern Worten: Ich habe alles versäumt.«

»Sie haben das ganze, volle, reiche Leben eines Mannes mit all seinen Verantwortungen und Pflichten und Lasten und Sorgen und Freuden gehabt – all die häuslichen und gesellschaftlichen Vergnügen und Schwierigkeiten. Das muß doch ungeheuer anregend, ungeheuer belebend gewesen sein«, brachte Paul voller Eifer vor.

»Belebend?«

»Für einen starken Menschen – ja.«

»Sie haben mir natürlich unzählige Themen geschenkt, falls Sie das meinen; aber sie haben mich gleichzeitig der Kraft beraubt, sie zu verwerten. Ich habe tausenderlei Dinge angepackt; doch habe ich auch nur eines davon in Gold verwandelt? Und mit etwas anderem darf sich der Künstler niemals begnügen – er kann sich nicht mit geringwertigeren Metallen befassen. Ich habe mit meiner Frau und meinen Nachkommen ein weltliches Leben geführt: das schwerfällige, konventionelle, kostspielige, materialistische, vulgäre und brutale Leben Londons. Wir haben alles, was schön ist, besitzen sogar einen Wagen – wir sind die reinen Spießer, sind wohlhabende, gastfreundliche Prominente. Aber, mein lieber Junge, machen Sie sich doch nicht lächerlich, indem Sie so tun, als wüßten Sie nicht, woran es uns fehlt. Dabei wiegt das, was fehlt, alles auf, was wir haben. Unter uns

Künstlern – ich bitte Sie!« schloß der Meister. »Sie wissen, so wahr Sie hier sitzen, daß Sie sich eine Kugel in den Kopf jagen würden, wenn Sie meine Bücher geschrieben hätten.«
Sein Zuhörer mußte denken, daß jenes ausgiebige Gespräch, das ihm in Summersoft versprochen worden war, ihm wahrlich so unverzüglich und erschöpfend beschert worden sei, wie er es sich in seiner jugendlichen Phantasie nicht hätte träumen lassen. Dieser Eindruck machte ihn recht befangen, und er hatte Herzklopfen vor Aufregung wegen dieser schwermütigen Tiraden und merkwürdigen Geständnisse; Herzklopfen auch ob seiner eigenen widerstreitenden Gefühle: Verwirrung und Verständnis, Schrecken und Freude, Protest und Zustimmung, alles untermischt mit Zuneigung (und Scham, sich das anhören zu müssen) wegen der Wunden und Narben, die ein so vornehmer Mensch vor ihm bloßlegte, und mit einem Gespür für das tragische Geheimnis, das sich unter all der äußeren Pracht verbarg. Die Vorstellung, daß er, Paul Overt, die Ursache eines solchen Aktes der Demütigung war, trieb ihm das Blut in die Wangen und benahm ihm den Atem – während gleichzeitig sein Bewußtsein viel zu wach war, um nicht jede Einzelheit dieser Offenbarung aufzuschnappen und bis ins letzte auszukosten. Er hatte das unerklärliche Mißgeschick gehabt, ein tiefes Wasser aufzurühren, so daß es nun aufwogte und sich in Wellen seltsamer Beredsamkeit brach. Aber konnte er dieser letzten, auf die Spitze getriebenen Behauptung seines Gastgebers nicht leidenschaftlich entgegnen, konnte er ihm nicht diejenigen seiner Werke aufzählen, die er liebte, all das Schöne, das er, weit mehr als bei jedem anderen zeitgenössischen Schriftsteller, darin gefunden hatte? St. George hörte ihm eine Weile höflich zu; dann sagte er, wobei er die Hand auf die seines Gastes legte: »Alles recht und gut; und wenn Sie nicht vorhaben, Besseres zu schaffen, dann gibt es keinen Grund, warum Sie nicht ebensoviel besitzen sollen wie ich – ebenso viele menschliche und materielle Attribute, ebenso viele Söhne oder Töchter, eine Frau mit ebenso vielen Kleidern, ein Haus mit ebenso vielen Dienstboten, einen Stall mit ebenso vielen Pferden, ein Herz mit ebenso vielen Schmerzen.« Als der Meister geendet hatte, erhob er sich und blickte einen Augenblick zu seinem erregten Schüler auf dem Sofa vor ihm hinunter. »Besitzen Sie Vermögen?« fragte er beiläufig.

»Nicht der Rede wert.«

»Nun, es besteht kein Grund, warum Sie es nicht zu einem ansehnlichen Einkommen bringen sollten – wenn Sie es nur richtig anfangen. Studieren Sie mich – studieren Sie mich gut. Sie werden es bestimmt zu Pferden bringen.«

Paul saß längere Zeit schweigend da. Er blickte starr geradeaus; vieles gab es zu bedenken. Sein Freund war zur Seite getreten und hatte einen Stoß Briefe vom Tisch aufgenommen, auf dem auch die Korrekturbogen lagen. »Was war das für ein Buch, das Mrs. George Sie verbrennen hieß – das sie nicht mochte?« Damit nahm unser junger Mann das Gespräch wieder auf.

»Das Buch, das sie mich verbrennen hieß? Woher wissen Sie davon?« Der Meister blickte von seinen Briefen auf, doch sein Gesicht blieb, entgegen den Befürchtungen seines Schülers, ruhig.

»Ich habe gehört, wie sie in Summersoft davon erzählte.«

»Jaja, sie ist sehr stolz darauf. Ich weiß es nicht mehr – ich glaube, es war recht gut.«

»Wovon handelte es?«

»Warten Sie –« Es kostete ihn offenbar Mühe, sich überhaupt noch daran zu erinnern. »Ach ja – es handelte von mir.« Paul konnte nicht anders, er seufzte im Gedanken an die Vernichtung solch eines Werkes, und der Ältere fuhr fort: »Aber das sollten *Sie* schreiben – Sie sollten über mich schreiben.« Plötzlich legte sich die Unruhe, die ihn befallen hatte, und sein Gesicht strahlte jetzt in gütigem Lächeln. »Das wäre ein Thema, mein Junge – unerschöpflich!«

Wieder schwieg Paul, aber es war ein gequältes Schweigen.

»Gibt es wirklich keine Frauen, die verstehen – die mithelfen, das Opfer zu bringen?«

»Wie könnten sie mithelfen? Sie selbst sind doch das Opfer. Sie sind Idol und Altar und Flamme zugleich.«

»Sollte es denn nicht wenigstens eine geben, die weiter sieht?« forschte Paul.

St. George blieb stumm; erst nachdem er seine Briefe geöffnet hatte, kam er ziemlich ironisch auf dieses Thema zurück. »Ich weiß natürlich genau, wen Sie meinen. Aber meiner Ansicht nach: nicht einmal Miß Fancourt.«

»Ich dachte, Sie bewundern sie.«

»Mehr kann man sie gar nicht bewundern als ich. Sind Sie in sie verliebt?« fragte St. George.

»Ja«, sagte Paul Overt geradeheraus.

»Geben Sie es auf.«

Paul sah ihn groß an. »Meine ›Liebe‹ aufgeben?«

»Nein, nein – Ihre fixe Idee.« Und dann, als unser Held ihn weiterhin anstarrte: »Die Idee, über die Sie mit ihr gesprochen haben. Die Idee einer ehrlich erworbenen Vollkommenheit.«

»Sie würde mir dabei eine Hilfe sein, bestimmt!« rief der junge Mann.

»Für ein Jahr vielleicht – im ersten Jahr, ja. Aber dann wäre sie nur noch ein Mühlstein um Ihren Hals.«

Paul war aufrichtig erstaunt. »Aber sie ist doch völlig versessen auf das Wahre, auf die Kunst – auf alles, was Ihnen und mir am Herzen liegt.«

»›Ihnen und mir‹ ist rührend, mein Junge!« Sein Freund lachte. »Natürlich ist sie darauf versessen, aber sie wäre noch viel mehr versessen auf ihre Kinder – und das wäre nur zu begreiflich. Sie würde unbedingt alles haben wollen, was ihrer Bequemlichkeit und ihrem Vorteil und Nutzen diente. Das jedoch ist nicht Sache des Künstlers.«

»Der Künstler – der Künstler! Ist er denn nicht auch ein Mensch?«

St. George schnitt eine Grimasse. »Ich glaube kaum. Sie wissen so gut wie ich, was er braucht. Von dem Augenblick an, da er etwas Anständiges leisten will, muß er um Konzentration, Vollendung, Unabhängigkeit ringen. Ach, mein Lieber, sein Verhältnis zu den Frauen – vor allem zu der einen, mit der er am engsten verbunden ist – hängt doch immer von der vermaledeiten Tatsache ab, daß da, wo es für ihn nur einen einzigen Maßstab gibt, sie mindestens fünfzig haben. Das ist es ja, was sie uns so überlegen macht«, fügte St. George belustigt hinzu. »Stellen Sie sich einmal einen Künstler vor, der seine Maßstäbe wechselt wie die Hemden oder Teller. Sein einziges Streben hat doch zu sein, etwas zu schaffen – etwas Göttliches zu schaffen. ›Habe ich es geschafft oder nicht?‹ ist seine einzige Frage. Nicht: ›Habe ich es so gut gemacht, wie ich es bei all den Pflichten und Sorgen für meine liebe kleine Familie eben konnte?‹ Für ihn gibt es nichts Relatives – nur das Absolute; eine liebe kleine Familie aber wird immer nur etwas Relatives sein.«

»Dann billigen Sie also dem Künstler nicht die Leidenschaften und Liebhabereien der gewöhnlichen Sterblichen zu?« fragte Paul.

»Hat er denn nicht eine Leidenschaft, eine Liebhaberei, die alle anderen einschließt? Außerdem kann er Leidenschaften haben, so viele er will – wenn er nur unabhängig bleibt. Er muß zur Armut fähig sein.«

Paul erhob sich langsam. »Aber warum haben Sie mir dann geraten, mich an sie zu halten?«

St. George legte ihm die Hand auf die Schulter. »Weil sie eine vorzügliche Frau abgäbe. Und außerdem hatte ich damals noch nichts von Ihnen gelesen.«

Der junge Mann lächelte mühsam. »Hätten Sie mich doch mir selbst überlassen!«

»Ich wußte ja zu jener Zeit noch nicht, daß Sie zu Höherem bestimmt sind«, erwiderte sein Gastgeber.

»Was für eine entsetzliche Lage, welch eine Verdammnis für den Künstler, ein rechtloser Mönch zu sein, der nur dann etwas erreicht, wenn er das persönliche Glück dafür opfert! Was für eine Anklage gegen die Kunst!« rief Paul mit bebender Stimme.

»Aber Sie glauben doch hoffentlich nicht, daß ich die Kunst verteidige? ›Anklage‹ – ganz richtig! Glücklich die Gesellschaft, in der es noch keine Kunst gibt; denn vom Augenblick ihrer Existenz an sind die Menschen von einem verzehrenden Schmerz, vom unaufhaltsamen Verfall heimgesucht. Natürlich ist der Künstler in einer entsetzlichen Lage! Aber ich dachte, von dieser Voraussetzung seien wir ausgegangen. Verzeihen Sie«, unterbrach sich St. George, »doch nach Ihrer *Ginistrella* mußte ich das ja.«

Paul blickte zu Boden; von einem nahen Kirchturm klang der Schlag der Uhr durch die Stille. »Halten Sie es für möglich, daß sie mich überhaupt in Betracht zieht?« fragte er seinen Freund schließlich.

»Als Bewerber – Miß Fancourt? Warum nicht? Deswegen habe ich ja versucht, Ihnen dienlich zu sein – ich hatte bereits einige Male Gelegenheit, Ihr Glück zu begünstigen.«

»Verzeihen Sie die Frage: Meinen Sie damit, daß Sie nur deshalb weggeblieben sind?« sagte Paul errötend.

»Ich bin ein alter Trottel – ich habe dort nichts verloren«, erwiderte St. George ernst.

»Aber ich bin doch noch nichts, habe kein Vermögen – und außerdem gibt es sicherlich noch viele andere.«

Der Meister erwog dies, hielt es jedoch für kein entscheidendes

Hindernis. »Sie sind ein Gentleman und ein großes Talent dazu. Es sollte Ihnen eigentlich gelingen.«

»Wenn ich es aber aufgeben muß – das Talent?«

»Ach, wissen Sie, es gibt viele Leute, die glauben, ich besäße das meine noch«, sagte St. George ironisch lächelnd.

»Jedenfalls haben Sie das große Talent, einen irrezuführen«, erklärte Paul, ergriff seine Hand jedoch voll Dank, als wollte er dieses Urteil abschwächen.

»Mein lieber, armer Junge, ich quäle Sie! Aber versuchen Sie es, versuchen Sie es nur. Ich glaube, daß Sie große Chancen haben, und der Preis wird es wert sein.«

Paul hielt die Hand des andern noch immer und sah ihm in das merkwürdig abgründige Gesicht. »Nein, ich bin Künstler – ich kann nicht anders!«

»Dann zeigen Sie es!« bat St. George flehentlich. »Ich möchte, bevor ich sterbe, wenigstens einmal erlebt haben, wonach ich mich sehne: ein Leben, in dem die Leidenschaft – unsere Leidenschaft – glüht. Wenn Sie dieser seltene Fall zu sein vermögen, versäumen Sie es nicht. Bedenken Sie doch, was es bedeutet, wie schwer es wiegt und daß es das wahre Leben ist!«

Sie waren auf die Tür zugegangen, und er hatte beide Hände um die seines Gefährten gelegt. Hier blieben sie wieder stehen, und unser Held atmete tief auf. »Ich möchte leben!«

»In welchem Sinne?«

»Im höchsten.«

»Also dann bleiben Sie fest – halten Sie durch.«

»Mit Ihrer Freundschaft – Ihrer Hilfe?«

»Darauf können Sie zählen – Sie werden ein Held für mich sein. Zählen Sie auf meine tiefste Zuneigung, meine Verehrung. Sie werden mir Genugtuung geben – falls Ihnen dies etwas bedeutet.« Als Paul noch immer zauderte, fügte sein Gastgeber hinzu: »Wissen Sie noch, was Sie mir damals in Summersoft gesagt haben?«

»Etwas sehr Dummes vermutlich!«

»›Ich will alles tun, was Sie für richtig halten‹, haben Sie gesagt.«

»Und Sie nehmen mich beim Wort?«

»Ach, wer bin ich schon?« klagte der Meister.

»Mein Gott, was steht mir da bevor!« sagte Paul stöhnend, als sie sich trennten.

VI

»Es spielt zu viel im Ausland – zum Teufel mit dem Ausland!« So oder ähnlich hatte das bemerkenswerte Urteil des Meisters über die Handlung von *Ginistrella* gelautet; und dennoch verließ der Autor des zitierten Buches, obwohl diese Worte, wie alle aus jener Quelle, einen starken Eindruck in ihm hinterlassen hatten, England eine Woche nach dem eben erwähnten Gespräch für längere Zeit und voll mutiger Unternehmungslust. Es entspricht durchaus der Wahrheit, wenn man diese Begegnung als den unmittelbaren Anlaß zu seiner Abreise bezeichnet. Wenn die mündlichen Äußerungen des berühmten Schriftstellers den Vorzug besaßen, ihn aufzurühren, so gingen sie ihm doch erst Stunden, ja Tage später beim ruhigen Nachdenken in ihrer ganzen Tragweite und Bedeutung auf. Er verbrachte den Sommer in der Schweiz und beschloß, da er im September ein neues Werk begonnen hatte, die Alpen nicht eher zu überqueren, bevor er nicht einen ansehnlichen Teil davon bewältigt habe. Zu diesem Zweck zog er sich in einen ruhigen, ihm bereits vertrauten Winkel am Ufer des Genfer Sees zurück; er genoß hier den Blick auf die Türme von Chillon, auf eine Landschaft und Aussicht, die er besonders liebte, eine Zuneigung, die alten Erinnerungen entsprang und geheimnisvoller Wiedergeburt und Erneuerung fähig war. Hier verweilte er, bis der Schnee die nahen Gipfel bedeckte und fast bis zu jener Grenze herunterreichte, die er an den immer kürzer werdenden Nachmittagen, nach Erledigung seines Pensums, noch zu ersteigen vermochte. Es war ein schöner Herbst. Der See schimmerte blau, und sein Buch nahm Form und Gestalt an. Diese Glücksgefühle vergoldeten ihm für den Augenblick den schwer auf ihm liegenden Mantel des Lebens. Nach sechs Wochen glaubte er, St. Georges Lehre begriffen, geprüft und an sich selbst bewiesen zu haben. Dennoch verhielt er sich nicht gerade konsequent: bevor er die Alpen überquerte, schrieb er an Marian Fancourt. Er war sich des Widerspruchs in dieser Handlung bewußt und rechtfertigte sie als Luxus, als Vergnügen, als Belohnung für seinen arbeitsreichen Herbst. Sie hatte ihn keineswegs um diese Gunst gebeten, damals, als er vor seiner Abreise aus London, drei Tage nach dem Dinner in Ennismore Gardens, sich von ihr verabschiedet hatte. Natürlich hatte sie keinen Grund dazu gehabt, da er den Anlaß seiner Reise verschwiegen hatte. Er wollte seine Entscheidung für sich behalten, weil er seiner selbst nicht sicher war: gerade dieser nächste Schritt, dieser Besuch, sollte seine Lage klären. Er hatte sie besucht, weil er herausfinden wollte, wie wichtig sie ihm sei, und seine schnelle Abreise ohne einen ausdrücklichen Abschied war das Ergebnis dieses Unternehmens gewesen, das eine große Sehnsucht in ihm erweckt hatte. Als er ihr aus Clarens schrieb, merkte Paul, er sei ihr eine Erklärung schuldig (nach mehr als drei Monaten!), weil er ihr nicht gesagt habe, was er im Schilde führe.

Sie antwortete sofort, wenn auch kurz, und teilte ihm eine überraschende Neuigkeit mit: vor einer Woche sei Mrs. St. George gestorben. Die großartige Frau sei auf dem Lande einer schweren Lungenentzündung erlegen – er erinnere sich ja wohl, daß sie immer recht zart gewesen sei. Miß Fancourt schrieb weiterhin, daß St. George dieser Schlag hart getroffen habe; er werde sie sehr vermissen – sie sei in seinem Leben alles für ihn gewesen. Paul Overt kondolierte ihm daraufhin sogleich. Er wäre vom Tage seiner Abreise an gern mit ihm in Verbindung geblieben, habe aber bis jetzt nicht den rechten Vorwand gefunden, einen so vielbeschäftigten Mann zu stören. Ihr langes nächtliches Gespräch sei noch mit jedem Satz in ihm lebendig, könne ihn jedoch nicht hindern, dem Meister der Zunft sein tiefes Mitgefühl auszusprechen, denn habe nicht gerade jenes Gespräch bewiesen, daß die Verstorbene, diese vollendete Dame, sein ganzes Leben bestimmt habe? Und gäbe es einen grausameren Verlust als das Verlöschen ihres Einflusses? St. George antwortete ihm einen Monat darauf in genau dem gleichen Ton. Natürlich spielte er auf ihre gewichtige Unterhaltung überhaupt nicht an. Er sprach so offen und gütig von seiner Frau, als hätte er jenen Abend völlig vergessen. Aus seinen Worten klang die Trauer über einen großen Verlust. »Stets hat sie meinen Händen, meinem Kopf jede Last abgenommen. Sie hat unser Leben mit großem Geschick, mit unbeschreiblicher Ergebenheit geleitet, und ich hatte, wie nur wenige Menschen, die Freiheit, mich ganz dem Schreiben hingeben zu können und nur meinem Beruf zu leben. Ein Liebesdienst, wie er selten ist – der größte, den sie mir erweisen konnte. Hätte ich ihn nur mehr geschätzt!«

Unser Held wurde bei diesen Worten leicht verwirrt: er empfand sie als Widerspruch, als Rückzieher, der einen bei diesem

Mann, der sich nicht damit entschuldigen konnte, beschränkt zu sein, befremden mußte. Natürlich hatte er nicht erwartet, daß sein Briefpartner über den Tod seiner Frau frohlocken würde, und er hielt es für nur zu begreiflich, daß der Riß einer mehr als zwanzigjährigen Bindung ihn schmerzlich traf. Aber wenn sie ein solcher Segen für ihn gewesen war – was hatte der gute Mann dann nur gemeint, als er an jenem Abend bei seinem Freund das Unterste nach oben kehrte? Ihn in der empfindsamsten Stunde seines Lebens derartig brutal mit der Lehre der Entsagung bedrängte? Wenn Mrs. St. George ein unersetzlicher Verlust war, dann war der leidenschaftliche Rat ihres Mannes ein schlechter Witz und die ganze Entsagung ein Irrtum. Overt war nahe daran, nach London zurückzueilen und zu beweisen, daß er für seinen Teil sofort willens sei, es so aufzufassen, und er ließ sich sogar dazu verleiten, das Manuskript der ersten Kapitel seines neuen Buches aus der Schublade zu nehmen und in ein Seitenfach seines Koffers zu stecken. Dabei fiel sein Blick auf einige Seiten, die er seit Monaten nicht mehr vorgenommen hatte, und dabei wiederum war er durch die vielversprechenden Hoffnungen, zu denen sie berechtigten, höchst beeindruckt – ein ungewöhnliches Ergebnis solcher Rückblicke, die er sonst tunlichst zu vermeiden trachtete; meist wurde ihm dabei nämlich nur klar, daß die schöpferische Glut nichts weiter als eine recht subjektive und irreführende Empfindung gewesen war. Zu dieser Stunde fand er zu seinem eigenen Erstaunen den Glauben an sich selbst, schöpfte ihn aus den engen, über und über korrigierten Zeilen seines ersten Entwurfes, und dadurch war er plötzlich davon überzeugt, es sei das beste, die augenblickliche Prüfung bis zum Ende durchzuhalten. Wenn er unter dem Zwang der Einsamkeit so gut zu schreiben vermochte, wäre es sicherlich falsch gewesen, die Umgebung zu wechseln, bevor dieser Zauber ihn von selbst entließ. Selbstverständlich würde er nach London zurückkehren, aber erst, wenn er sein Buch abgeschlossen hätte: so schwor er sich im stillen und legte sein Manuskript wieder in die Schublade. Es sei hinzugefügt, daß es sehr lange dauerte, bis er sein Buch beendet hatte, denn sein Thema war ebenso schwierig wie schön, und er fühlte sich einfach ohnmächtig gegenüber der Fülle seiner Einfälle. Etwas in ihm befahl ihm mahnend, seine Sache so gut wie nur möglich zu machen – wenn nicht, würde er sein Verhalten niemals rechtfertigen können. Er hatte eine panische Angst, er könnte versagen, und darum war er unerbittlich, als er schließlich die letzte Hand anlegte. Er überquerte die Alpen und verbrachte den Winter, den Frühling und den folgenden Sommer in Italien, wo er nach zwölf Monaten sein Werk noch immer nicht beendet hatte. »Dabei bleiben – durchhalten« – diese allgemeine Lehre von St. George galt erst recht für den Einzelfall. Er erfüllte sie bis zum Äußersten – mit dem Ergebnis, daß er, als der Sommer sich neigte, das Gefühl hatte, völlig ausgehöhlt zu sein. Diesmal steckte er das Manuskript endgültig in den Koffer, dazu die Adresse seines Verlegers, und machte sich auf den Weg gen Norden.

Zwei Jahre lang hatte er London nicht mehr gesehen, zwei Jahre, die weit mehr zählten und in seinem Leben – durch das Schreiben eines Romans, der seinem Urteil nach wesentlich stärker war als *Ginistrella* – so viel verändert hatten, daß er am Morgen nach seiner Ankunft mit der ungewissen Erwartung großer Veränderungen, einschneidender Geschehnisse, zum Picadilly ging. Am Picadilly hatte sich jedoch kaum etwas verändert – nur ein paar große rote Häuser standen jetzt an der Stelle von kleinen schwarzen –, und das Leuchten der letzten Junitage lugte, wie stets im Juni, durch die rostigen Zäune des Green Park und glitzerte im Lack der rollenden Wagen. Er wußte diesen Empfang zu schätzen, der so freundlich und offenherzig war und ausgezeichnet zu der freudigen Erregung über die Vollendung seines Buches paßte, zu dem Wiedersehen mit der Heimat und der riesigen, überwältigenden und abwechslungsreichen Stadt, die alles versprach und alles enthielt. »Bleiben Sie zu Hause, und schreiben Sie über uns – über Dinge, die wir beurteilen können«, hatte St. George gesagt; und jetzt fand er, man könne nichts Besseres von ihm verlangen, als für immer zu Hause zu bleiben. Am späten Nachmittag machte er sich auf den Weg zum Manchester Square und suchte nach einer Nummer, die er nicht eine Sekunde vergessen hatte. Miß Fancourt war jedoch nicht zu Hause, und so kehrte er enttäuscht vor ihrer Tür um. Dabei sah er sich plötzlich einem Herrn gegenüber, der gerade hinein wollte, und beim zweiten Blick erkannte er den Vater von Miß Fancourt. Paul grüßte ihn, und der General erwiderte den Gruß mit gewohnter Freundlichkeit, bei der man allerdings nie wußte, ob er einen überhaupt erkannt hatte. Der niedergeschlagene Besucher hatte das Bedürfnis, ihn anzusprechen; dann aber zögerte er, weil er sich eingestehen mußte, daß er nichts Wesentliches zu sagen hatte und daß der alte Soldat, wenn überhaupt, sicherlich eine falsche Erinnerung an ihn bewahrte. Er ging daher weiter, ohne mit der unwiderstehlichen Wirkung zu rechnen, die sein Gruß bei dem General hinterlassen haben mußte, denn dieser ließ sich nur ungern eine Gelegenheit zum Schwatzen entgehen. Das charakteristische Gesicht unseres jungen Mannes konnte der Erinnerung jedoch nicht so leicht entschwinden. Er hatte noch keine zehn Schritte getan, als er sich von hinten mit einem herzlichen, wenn auch unsicheren »Hallo – verzeihen Sie!« angerufen hörte. Er wandte sich um, und der General lächelte von der Vorderveranda herunter und sagte: »Wollen Sie nicht hereinkommen? Wir kennen uns doch?« Paul lehnte das Angebot ab, bedauerte es aber gleich wieder, da Miß Fancourt zu so später Nachmittagsstunde jeden Augenblick zurückkehren konnte. Doch ihr Vater gab ihm keine zweite Chance; er hatte wohl nur nicht unhöflich erscheinen wollen. Ein weiterer Blick auf den Besucher hatte ihn aufgeklärt, wenigstens so weit, daß er sagen konnte: »Sie sind also zurück? Sie sind also zurück?« Paul wollte gerade erwidern, er sei am Abend zuvor angekommen, unterdrückte jedoch diese Bemerkung, weil sie seinen unverzüglichen Besuch gar zu deutlich erklärt hätte, und stimmte statt dessen nur oberflächlich zu, erwähnte dabei aber die junge Dame, die er leider nicht angetroffen habe. Er sei absichtlich erst am Spätnachmittag gekommen, da er gehofft habe, sie dann vorzufinden. »Ich werde es ihr erzählen – ich werde es ihr erzählen«, sagte der alte Mann; und gleich darauf erkundigte er sich galant: »Sie haben sicherlich etwas Neues geschrieben? Es ist doch schon ziemlich lange her –« Jetzt erst erinnerte er sich seiner ganz.

»Ziemlich lange. Ich bin ein langsamer Arbeiter«, erklärte Paul. »Wir haben uns seinerzeit in Summersoft kennengelernt.«

»Ach ja, damals mit Henry St. George. Ich weiß es noch gut. Ehe seine arme Frau –« General Fancourt hielt einen Augenblick inne, und sein Lächeln erstarb. »Sie haben wohl davon gehört.«

»Von Mrs. St. Georges Tod? Gewiß – ich habe es gehört.«

»Nicht doch, ich meine, ich will sagen, daß er wieder heiratet.«

»Ach? Davon allerdings weiß ich nichts!« Und gerade, als Paul fragen wollte »Wen?«, vereitelte der General seine Absicht.

»Wann sind Sie zurückgekommen? Ich weiß, Sie waren verreist – weiß es von meiner Tochter. Sie hat es sehr bedauert. Sie sollten ihr einmal ein bißchen erzählen.«

»Ich bin erst gestern abend zurückgekehrt«, sagte unser junger Mann geistesabwesend; denn es war ihm ein Gedanke aufgestiegen, der seine Konversation ins Stocken brachte.

»Wie reizend von Ihnen, uns gleich zu besuchen. Möchten Sie nicht heute abend mit uns essen?«

»Heute abend?« wiederholte Paul mechanisch; er mochte nicht fragen, wen St. George heiraten werde, und konnte doch an nichts anderes denken.

»Es werden wahrscheinlich noch mehr Gäste da sein. Jedenfalls St. George. Wenn es Ihnen lieber ist, können Sie auch nachher kommen. Ich glaube, meine Tochter erwartet –« Offenbar hatte er in dem emporgewandten Gesicht seines Besuchers etwas bemerkt (er stand einige Stufen höher), das ihn stutzig machte, und dies verwirrte ihn für einen Augenblick, weshalb er nach einem Ausweg suchte. »Sie haben vielleicht noch gar nicht gehört, daß sie heiraten wird?«

Paul stockte der Atem. »Heiraten?«

»Ja – Mr. St. George; es hat sich gerade erst entschieden. Merkwürdiges Paar, nicht wahr?« Unser junger Freund jedoch äußerte sich nicht; er starrte sein Gegenüber nur wortlos an. »Aber ich denke, es wird ganz gut gehen – sie ist ja kolossal belesen!« sagte der General.

Paul war tief errötet. »Welche Überraschung – wie interessant, wirklich reizend! Aber ich fürchte, ich werde nicht zum Essen kommen können – trotzdem, vielen Dank!«

»Na, jedenfalls müssen Sie zur Hochzeit kommen!« rief der General. »Ich erinnere mich noch gut an den Tag in Summersoft. Er ist wirklich ein großer Mann.«

»Wunderbar – wunderbar!« stotterte Paul und drängte zum Abschied. Er schüttelte dem General die Hand und ging. Sein Gesicht glühte noch immer, und es war ihm, als würde es röter und röter. Noch den ganzen Abend zu Hause – er war sofort heimgegangen und ohne zu essen dort geblieben – brannten seine Wangen, wie nach einer Ohrfeige, immer von neuem. Er verstand einfach nicht, was ihm da widerfahren, welcher Streich ihm gespielt, welch böses Spiel mit ihm getrieben worden war. »Nichts, nicht das geringste«, sagte er zu sich selbst.

»Ich habe nichts damit zu tun. Es geht mich nichts an – ist nicht meine Angelegenheit.« Und doch folgte auf dieses verwirrte Gemurmel jedesmal der unkonsequente Ausruf: »Haben sie es darauf angelegt – haben sie es darauf angelegt?« Dann wieder schrie er sich atemlos zu: »Bin ich verraten, verkauft, belogen worden?« Wenn dies der Fall war, gab er ein höchst lächerliches, jämmerliches Opfer ab. Er fühlte sich, als hätte er sie erst jetzt verloren. Er hatte ihr entsagt, gewiß – aber dies war eine verschlossene, keine verriegelte Tür. Nun jedoch meinte er, man habe ihm die Tür vor der Nase zugeschlagen. Aber hatte er denn geglaubt, sie würde auf ihn warten, ihm Zeit lassen – zwei lange Jahre lang? Er wußte nicht, was er geglaubt hatte – er wußte nur, was er nicht geglaubt hatte. Dies jedenfalls nicht – dies nicht. Das Gefühl, betrogen worden zu sein, machte ihn bitter und zornig, als er an die Hochachtung, Ergebenheit und das Vertrauen dachte, mit denen er St. George gelauscht hatte. Der Abend dehnte sich: es blieb jetzt lange hell; aber selbst als es dunkel geworden war, zündete er die Lampe nicht an. Er hatte sich aufs Sofa geworfen und blieb dort mit geschlossenen oder ins Dämmer starrenden Augen Stunde um Stunde liegen: ein Mann, der bemüht ist, Fassung zu bewahren, zu ertragen, daß er zum Narren gehalten worden ist. Er hatte es sich zu leicht gemacht; dieser Gedanke überflutete ihn wie eine heiße Welle. Plötzlich, als er es elf Uhr schlagen hörte, sprang er auf; es war ihm eingefallen, daß General Fancourt gesagt hatte, ob er nicht nach dem Dinner kommen wolle. Nun wollte er hingehen, wollte sie wenigstens sehen; vielleicht würde er dann herausfinden, was gespielt worden war. Er vermeinte, lauter Bruchstücke einer schwierigen Rechenaufgabe in Händen zu halten, von der die wichtigsten Teile fehlten, und sie nicht eher lösen zu können, bevor er alle Zahlen beisammen habe.

Er zog sich an und fuhr sogleich los, so daß er bereits um halb zwölf am Manchester Square war. Vor dem Haus standen etliche Wagen – eine Gesellschaft also; dies erleichterte ihn, denn nun würde er ihr inmitten von vielen Menschen gegenüberstehen. Auf der Treppe kamen ständig Leute an ihm vorbei, die bereits aufbrachen, um noch »woanders« hinzugehen – wie es die Londoner Gesellschaft, einer gejagten Herde gleich, bei Nacht zu tun pflegt. Einige Gruppen jedoch waren noch im Salon, und da sie seine Anmeldung überhört hatte, vergingen einige Minuten, bis er sie entdeckte und begrüßen durfte. In der kurzen Zwischenzeit hatte er St. George erblickt, der vor dem Kamin mit einer Dame plauderte; Paul Overt sah jedoch sofort zur Seite, weil er sich einer Begegnung noch nicht gewachsen fühlte, und so war er nicht sicher, ob ihn der Autor von *Schattensee* überhaupt gesehen hatte. Jedenfalls kam er nicht herüber: Miß Fancourt dagegen tat es sofort, als sie ihn bemerkte – sie stürzte ihm geradezu entgegen, lächelnd, rauschend, strahlend schön. Er hatte sich an ihr Gesicht, ihr Aussehen nicht mehr erinnern können; sie war in Weiß, in einem goldgemusterten Kleid, und ihr Haar glich einem Goldhelm. Auf den ersten Blick gewahrte er ihr Glück: ein Glück von geradezu herausforderndem Glanz. Aber nicht davon wollte sie sprechen; sie sprach nur immer von ihm.

»Ich freue mich so sehr. Mein Vater hat es mir schon erzählt. Wie lieb von Ihnen, daß Sie gekommen sind!« Er fand sie so frisch und zauberhaft, daß er, während seine Augen auf ihr ruhten, unwillkürlich denken mußte: Warum *er* und nicht die Jugend, die Kraft, der Ehrgeiz und die Zukunft? Warum soll sie in ihrer reichen, unverbrauchten Jugend einem Versager, einem Abdankenden, dem Ruhestand gehören? Bei diesen Fragen frevelte er sogar an allem, was von seinem Glauben an den schuldbeladenen Meister übriggeblieben war. »Es tut mir so leid, daß Sie mich nicht angetroffen haben«, fuhr sie fort. »Mein Vater hat es mir erzählt. Wie lieb von ihnen, daß Sie gleich gekommen sind.«

»Überrascht Sie das?« fragte Paul Overt.

»Daß Sie gleich am ersten Tag gekommen sind? Nein, bei Ihnen nicht – bei Ihnen nichts, was charmant ist.« Sie wurde von einer Dame unterbrochen, die ihr gute Nacht wünschte, und dabei fiel ihm auf, daß es ihr nicht die geringste Mühe machte, in dieser Art zu reden. Es entsprach durchaus ihrer alten, freimütigen Ungezwungenheit, der die Zeit lediglich eine gewisse Reife verliehen hatte; und wenn sie an einem solch wichtigen Punkt ihres Lebens ihm in dieser Haltung entgegentreten konnte, dann hatte diese wahrscheinlich früher genauso viel oder wenig bedeutet – war eine angeborene Güte, mit dem einzigen Unterschied, daß Miß Fancourt jetzt erfüllt war, bereit zu schenken, ohne etwas zu wünschen. O ja, sie war erfüllt – warum auch nicht? Warum sollte sie nicht überrascht sein, daß er gleich am ersten Tag gekommen war – in Anbetracht dessen, was er ihr bisher erwiesen hatte? Als die Dame sie weiterhin in Anspruch nahm, verspürte Paul in seiner komplizierten Künstlerseele eine merkwürdige Gereiztheit, eine mit Verachtung gemischte Enttäuschung, und wandte sich ab. Sie war glücklich, daß es schon fast töricht erschien – ein Gegenbeweis für die außerordentliche Klugheit, die er früher in ihr zu entdecken geglaubt hatte. Wußte sie denn nicht, wie mittelmäßig St. George sein konnte, hatte sie seine gelegentliche peinliche Dürftigkeit nicht erkannt? Wenn nicht, taugte sie auch nichts, wenn ja, warum dann diese wunschlose Heiterkeit? Derlei Fragen erstarben jedoch, als die Augen unseres jungen Mannes schließlich auf jenem genialen Mann ruhten, der ihm in einer großen Krise mit seinem Rat beigestanden hatte. St. George stand noch immer vor dem Kamin, jetzt aber allein – ruhig, abwartend, als wollte er zuerst alle andern gehen lassen –, und dabei begegnete er dem umwölkten Blick seines jungen Freundes, der sich verwirrt fragte, mit welchem Recht (ein Recht, das er in seiner Verstimmung nur willkommen geheißen hätte) er sich überhaupt als Opfer betrachte. Diese schwerwiegende Frage wurde jedoch durch die Ausstrahlung des Meisters abgeschwächt. Sie war auf ihre Art ebenso stark wie die von Marian Fancourt: sie zeugte von einem glücklichen Menschen; für Paul Overt bewies sie aber zugleich, daß der Autor von *Schattensee* nun endgültig aufgehört hatte, zu zählen – zu zählen als Schriftsteller. Als St. George ihm von ferne zulächelte, wirkte der große Mann geradezu banal und selbstgefällig. Paul kam es vor, als zögerte er, ihm entgegenzugehen, als hätte er ein schlechtes Gewissen; dann aber trafen sie in der Mitte des Zimmers zusammen und reichten sich die Hände – betont herzlich von seiten St. Georges. Währenddessen kehrten sie dorthin zurück, wo der Ältere vorhin gestanden hatte, und St. George sagte: »Ich hoffe, Sie verlassen uns nie wieder. Ich habe hier diniert; der General hat mir bereits von – Ihnen erzählt.« Er sah gut aus, recht jugendlich und als befände er sich noch immer im besten Alter. Er ließ seinen herzlichen, nichts verratenden Blick auf dem jungen Mann ruhen, der vor wenigen Jahren noch sein Jünger gewesen war, fragte ihn dies und das, nach seiner Gesundheit, seinen Plänen, seinen Arbeiten, seinem neuesten Buch. »Wann erscheint es – doch hoffentlich bald? Gut geworden? Das ist recht;

Sie sind eine Freude, ein wahrer Trost! Ich habe während der letzten sechs Monate noch einmal alles von Ihnen gelesen.«
Paul wartete, ob er ihm wohl erzählen würde, was er am Nachmittag durch den General erfahren und was Miß Fancourt, zumindest mit Worten, nicht erwähnt hatte. Da er sich jedoch nicht darüber ausließ, fragte Paul ihn schließlich geradeheraus. »Ist es wahr – ich meine die große Neuigkeit, daß Sie heiraten?«
»Ach, Sie haben bereits davon gehört?«
»Hat es Ihnen der General nicht gesagt?« fragte Paul.
Das Gesicht des Meisters war köstlich. »Was gesagt?«
»Daß er heute nachmittag mit mir darüber gesprochen hat.«
»Mein Lieber, ich weiß es einfach nicht mehr. Es herrschte hier eine entsetzliche Unruhe. Jedenfalls tut es mir leid, daß ich nun nicht mehr das Vergnügen habe, Ihnen dieses mich tief bewegende Ereignis mitteilen zu dürfen. Denn es ist ein Ereignis, mag es auch noch so unglaublich erscheinen. Es ist erst vor ganz kurzer Zeit wahr geworden. Ist doch zu komisch, finden Sie nicht?« St. George erzählte nicht im mindesten verwirrt, aber auch, soweit dies unser Freund beurteilen konnte, nicht arrogant. Sein Gesprächspartner hatte den Eindruck, daß er, um so sachlich und kühl davon reden zu können, einfach vergessen haben mußte, was sie einst verbunden hatte. Schon seine nächsten Worte jedoch bewiesen das Gegenteil und riefen in Pauls Erinnerung eine Wirkung hervor, die einfach lächerlich gewesen wäre, würde sie nicht so grausam gewesen sein. »Entsinnen Sie sich noch des Gespräches, das wir an jenem Abend bei mir zu Hause geführt haben und in dem auch Miß Fancourts Name gefallen ist? Ich habe seitdem oft daran denken müssen.«
»O ja, und es ist mir jetzt auch klar, warum Sie das alles damals gesagt haben.« Paul bemühte sich, ihm in die Augen zu blicken.
»Angesichts dieses Ereignisses? Aber davon war damals doch noch gar nicht die Rede. Wie hätte ich diese Stunde voraussehen können?«
»Hielten Sie sie nicht für wahrscheinlich?«
»Bei meiner Ehre, nein«, erklärte Henry St. George. »Diese Versicherung bin ich Ihnen schuldig. Bedenken Sie doch, wie sich meine Lage inzwischen verändert hat.«
»Ich verstehe – verstehe«, murmelte unser junger Freund.
Sein Gegenüber fuhr fort, als wäre er, nun das Thema schon einmal angeschnitten war, durchaus bereit, jederlei Genugtuung

zu geben – zumal er durch Begabung wie auch Methode fähig war, sich in alles hineinzuversetzen, was ein anderer fühlen mochte. »Aber das ist es nicht allein; denn, ehrlich gesagt, in meinem Alter hätte ich es mir nie träumen lassen – zudem als Witwer, der außer erwachsenen Söhnen kaum etwas zu bieten hat. Doch es ist alles ganz anders gekommen, als es sich träumen ließ, und nun bin ich über die Maßen glücklich. Sie besaß so viel Freiheit und hat dennoch zugestimmt. Sie werden mir wahrscheinlich verständnisvoller als sonst jemand gratulieren können, weiß ich doch noch genau, wie sehr Sie vor Ihrer Abreise Miß Fancourt zugetan waren und wie gern sie Sie hatte.«

»Sie besaß so viel Freiheit!« Diese Worte beeindruckten Paul Overt, verletzten ihn aber zugleich durch ihre Ironie, ob sie nun beabsichtigt oder zufällig war. Natürlich hatte sie jede Freiheit besessen, nicht zuletzt durch sein eigenes Verhalten; denn war nicht auch die Anspielung des Meisters, sie habe ihn gerngehabt, eine Ironie? »Ich hatte geglaubt, Sie seien dagegen, daß ein Schriftsteller heiratet.«

»Gewiß – gewiß. Aber Sie werden mich doch nicht einen Schriftsteller nennen!«

»Sie sollten sich schämen«, sagte Paul.

»Schämen, weil ich wieder heirate?«

»Das wollte ich damit nicht sagen – aber schämen ob Ihrer Beweggründe.«

Der Ältere lächelte charmant. »Das, mein lieber Freund, müssen Sie mich schon selbst beurteilen lassen.«

»Nun denn, warum nicht? Sie haben ja auch in meinem Fall wunderbar geurteilt.«

Der Unterton dieser Worte ließ St. George endlich nach etwas Unvermutetem aufhorchen. Er blickte Overt an, als ahnte er dessen Bitterkeit. »Sind Sie der Meinung, ich sei nicht aufrichtig gewesen?«

»Sie hätten es mir vielleicht gleich sagen können.«

»Mein lieber Junge, wenn ich Ihnen doch erkläre, ich konnte die Zukunft nicht vorausahnen –!«

»Ich meine nachher.«

Der Meister überlegte. »Nach dem Tode meiner Frau?«

»Als Ihnen der Gedanke kam.«

»Aber nein, niemals! Ich wollte Sie doch retten, selten und kostbar wie Sie sind.«

Der arme Overt fixierte ihn streng. »Sie heiraten also Miß Fancourt, um mich zu retten?«
»Das gerade nicht, aber es erhöht mein Vergnügen. Ich werde damit das Fundament zu Ihrem Ruhm legen.« St. George lächelte. »Ich war damals nach unserem Gespräch tief bewegt davon, wie tapfer und ergeben Sie außer Landes gingen, und noch mehr von Ihrer Charakterstärke, so lange wegzubleiben. Sie sind ein starker Mensch, ein beachtlich starker Mensch.«
Paul versuchte, in St. Georges strahlendem Blick zu lesen; das merkwürdige war, daß der andere es offenbar ehrlich meinte – kein spottender Teufel war. Overt wandte sich ab, und dabei hörte er, wie der Meister sagte, er habe sich bewiesen, werde die Freude seiner alten Tage sein. Paul Overt drehte sich zu ihm um und sah ihn an. »Wollen Sie damit sagen, daß Sie das Schreiben aufgegeben haben?«
»Mein guter Junge, natürlich. Es ist zu spät für mich. Habe ich Ihnen das nicht schon gesagt?«
»Ich kann es nicht glauben.«
»Natürlich können Sie es nicht – bei Ihrem Talent. Nein, nein, für den Rest meines Lebens werde ich *Sie* lesen.«
»Weiß sie das – Miß Fancourt?«
»Sie wird es schon noch erfahren.« Wollte er, fragte sich unser junger Mann, damit versteckt andeuten, daß die wenn auch bescheidene Beihilfe, die ihm aus dem Vermögen der jungen Dame zufloß, es ihm erlauben würde, sich nicht länger mit dem Schürfen seiner erschöpften Goldader befassen zu müssen? Wenn man ihn allerdings in seiner reifen Männlichkeit betrachtete, merkte man nicht das geringste davon, daß überhaupt eine seiner Adern erschöpft war. »Erinnern Sie sich nicht mehr, wie ich mich Ihnen in jener Nacht als mahnendes Beispiel vorgehalten habe?« bohrte St. George weiter. »Übersehen Sie wenigstens jetzt nicht, daß ich eine Warnung verkörpere.«
Das war zuviel – also doch ein spottender Teufel. Paul wandte sich mit grüßendem Nicken ab – und hatte dabei in seinem verwundeten Herzen das Gefühl, es sei zwar möglich, daß er irgendwann in ferner Zukunft noch einmal zu ihm und seinem Charme, seinem Geschick in der Lösung aller Probleme zurückkehre, sich jetzt aber nicht mit ihm verbünden könne. Im Augenblick jedenfalls zwang ihn der Schmerz, an die Größe seines Kummers zu glauben – der um so grausamer war, als er

kein Recht für sich beanspruchen konnte. Und zweifellos gehörte es auch zum Hätscheln seines Schmerzes, daß er aus dem Hause ging, ohne sich von Miß Fancourt zu verabschieden, die, als er das Zimmer verließ, gerade nicht zu sehen war. Er atmete auf, als er draußen in der ehrlichen, nebligen, rätsellosen Nacht stand und schnellen Schrittes den Heimweg einschlagen konnte. Er eilte lange Zeit zerstreut dahin, ohne auf die Richtung zu achten. Gar zuviel anderes ging ihm durch den Kopf. Doch seine Schritte fanden allein den richtigen Weg, und nach einer Stunde stand er vor seiner Tür in der kleinen, anspruchslosen, menschenleeren Straße. Noch immer in Gedanken versunken, zögerte er, bevor er eintrat – um sich und über sich nichts als mondlose Schwärze, ein paar trübe Lampen und vereinzelt ferne, matte Sterne. Zu diesen letzten schwachen Lichtpunkten hob er den Blick und sagte sich, daß er »verkauft« wäre, tatsächlich und teuflisch verkauft wäre, wenn St. George in dieser neuen Situation nach Verlauf eines Jahres wieder ein Buch von der alten Qualität herausbringen würde – etwas vom Range *Schattensees* und schöner als sein schönstes Werk. So sehr er St. Georges Talent bewunderte, so sehr hoffte er doch, daß dieser Fall nicht eintreten möge; er konnte es sich einfach nicht vorstellen, daß er dies ertragen würde. Noch immer hallten ihm die Worte seines Ratgebers in den Ohren: »Sie sind ein starker Mensch – ein beachtlich starker Mensch.« War er es wirklich? Jedenfalls würde er es sein müssen, und dies war Rache genug.

*Ist* er es tatsächlich? mag nun der Leser fragen, falls seine Aufmerksamkeit dem verwirrten jungen Mann bis hierher gefolgt ist. Die einzig mögliche Antwort darauf muß wohl lauten, daß er sein Bestes tut, daß man es jedoch noch nicht sagen kann. Als im Herbst sein neues Buch erschien, fanden es Mr. und Mrs. St. George ausgezeichnet. Zwar hat St. George bis jetzt noch nichts wieder veröffentlicht, aber Paul ist sich nach wie vor nicht sicher. Ich darf jedoch für ihn sagen, daß er, sollte dieser Fall eintreten, der erste wäre, der es begrüßen würde. Und das beweist doch wohl, daß der Meister im Grunde recht hatte und daß die Natur Paul Overt für die geistigen und nicht für die irdischen Leidenschaften auserwählt hat.

## DIE LÖSUNG
## [1892]

*»O ja, Sie können es ruhig niederschreiben: sie sind alle tot.« Ich nutzte die Erlaubnis meines alten Freundes und zeichnete die Geschichte auf, die damals, als er sie mir erzählte, seltsam und interessant anmutete. Wird sie Sie auf die gleiche Weise fesseln? Vielleicht nicht, aber ich will es riskieren und sie für Sie abschreiben, so wie ich sie notiert habe, wobei ich sie nur aus dem Gedächtnis etwas ausführlicher wiedergebe. Obgleich alle jetzt gestorben sind, ist es vielleicht besser, die Geschichte nicht weiter auszuspinnen. Auch mein alter Freund ist tot, und ich kann nicht sagen, wie sehr ich ihn vermisse! Er hatte viele Vorzüge, dazu gehörte nicht zuletzt, daß er immer zu Hause war. Infolge der Krankheiten seiner letzten Lebensjahre konnte er London und sein Haus nicht verlassen; so klopfte ich oft am Nachmittag zwischen fünf und sechs an seine Tür. Ich sehe ihn jetzt vor mir, wie er sich in seinem Lehnstuhl zurücklehnt, während sein Blick auf der Decke des Zimmers umherwandert, als schwebten dort tausend gespenstische Bilder. Sein Beruf hatte ihn in viele Länder geführt, und so hatte er viel vom Leben gesehen und wußte viel von den Menschen. Dieses hier kam Stück für Stück aus ihm herausgeträufelt (an einem nassen, windigen Frühlingsnachmittag, als wir nicht unterbrochen wurden) wie eine schmerzlose, verspätete Beichte. Ich habe es nur zusammengefügt.*

### I

Es begab sich in Rom vor hundert Jahren, oder beinahe so lange muß es her sein, denn es war eine Episode meiner frühen Jugend. Ich war gerade dreiundzwanzig und unserer diplomatischen Vertretung dort zugeteilt; die anderen Sekretäre waren alle älter als ich. Lag es daran, daß ich dreiundzwanzig war, oder waren Zeit und Ort wirklich besser, daß diese Periode mit poetischen, romantischen Lichtern aller Art in meinem Gedächtnis leuchtet? Es kommt mir vor, als hätte sie aus fünf sonnigen, wolkenlosen Wintern bestanden; aus langen Ausflügen in die Campagna und in die Albaner und Sabiner Berge; aus fröhlichen Künstlerfesten, die sich auf den warmen Steinen von Tempelruinen und Gräbern entfalteten; aus glänzenden katholischen Prozessionen und Zeremonien; aus freundlichen, geselligen Abenden, die sich bis in die späte Nacht hinzogen, in den großen ausgemalten und mit Gobelins geschmückten Salons der historischen Palazzi. Es war noch das schläfrige, pittoreske Rom der Päpste, ehe die Italiener kamen oder das lokale Kolorit verschwand, und wenn ich auch in späteren Jahren dorthin zurückkehrte, wird immer der frühe Eindruck in mir wach, sobald ich den Namen höre. Die gelben Stufen, auf denen Modelle und Bettler in der Sonne herumlungerten, hatten einen goldenen Ton und die Modelle und Bettler selber ein prächtiges Braun, das aussah, als müßte es nicht schwerfallen, es imposant zu malen. Ausgrabungen gab es verhältnismäßig wenig in jenen Tagen, aber »Motive« – ich war ein unverbesserlicher Zeichner – gab es viele. Der Karneval dauerte einen Monat, die Blumen (und sogar die Blumenmädchen) waren immer da, und die alten Statuen in den Villen und Galerien wurden einem zu persönlichen Freunden. Freilich hatten wir außer ihnen noch andere Freunde, und darauf will ich hinaus. Ich habe Orte gekannt, wo die Gesellschaft vielleicht bessere Qualität hatte, aber ich habe nirgends gelebt, wo sie mir besser gefiel, trotz des Umstandes, daß sie erheblich von Mrs. Goldie durchdrungen war. Mrs. Goldie war eine englische Dame, eine Witwe mit drei Töchtern, und ihr Name, den oft, fürchte ich, ein unehrerbietiges Schimpfwort begleitete, war unweigerlich auf unseren Lippen. Sie hatte ein Haus auf dem Pincio von einem Winter zum anderen; sie kam früh in der Saison, blieb lange und bildete mit ihren Töchtern – Rosina, Veronica und Augusta – ein hervorstechendes Merkmal jeder Geselligkeit. So wie der Petersdom in jeder Ansicht von Rom den Hauptgegenstand bildet, war die Honourable Blanche stets die hervorragendste Erscheinung auf gesellschaftlichem Gebiet. Sie war eine Tochter Lord Bolithos, und einige Ältere unter uns erinnerten sich an sie aus den Jahren vor ihrer Heirat, als ihr Mädchenname scherzhaft – der Ursprung des Scherzes ist mir entfallen – in aller Munde war. Sie führten ihn wieder ein, und so wurde er gebräuchlich, wenn die Rede auf sie kam. Es muß sich um irgendeinen öffentlichen Anlaß gehandelt haben, bei dem sie, als Jungfer, für ihre Vorrangstellung gekämpft und ihren unglückseligen Titel heraustrompetet hatte. Sie war hierzu fähig. Ich hatte die Stadt so in mein Herz geschlossen, daß es mir ganz selbstverständlich vorkam, wenn auch andere sie liebten, aber später fragte ich mich, wie wohl Mrs. Goldie dazu gekommen war, sich für sie zu erwärmen. Sie vermochte nicht einen Raffael von einem Caravaggio zu unterscheiden, und selbst nach vielen Jahren hätte sie nicht die Namen der sieben Hügel aufzählen können. Sie pflegte ihre Töchter hinauszutreiben, damit sie zeichneten, aber sie hätte das nie getan, wenn sie sich aus den lieben alten Ruinen etwas gemacht hätte. Immerhin hat es stets zur Magie Roms gehört, daß die verschiedenartigsten Gemüter seinen Einfluß verspüren; und obgleich es der erlesenste Ort in der Welt ist, oder vielmehr war, vermochten unkultivierte Menschen es ebenso zu genießen wie Dichter und Gelehrte. Es hat schon immer den Feinsinnigen und den Barbaren gleichermaßen entzückt. Mrs. Goldie hatte vieles von einem Barbaren an sich, und sie hatte gute Gründe, die Stadt des Papstes zu lieben. Ihr Interesse konzentrierte sich auf Tee-Einladungen und »die richtigen Leute, die man kennen muß«. Sie schätzte die ungezwungene Geselligkeit, die Picknicks, die Veranstaltungen, die häufigen Gelegenheiten, bei denen sie ihre Töchter vorzeigen konnte. Diese Gelegenheiten beruhten in Wahrheit weitgehend auf ihrer eigenen Initiative; denn sie war äußerst gastfreundlich im einfachen römischen Stil, gab unaufhörlich Empfänge und veranstaltete *Conversazioni*. Sie gab niemals Diners, und wenn sie zum Lunch einlud – *al fresco* im Schatten der Äquadukte, die die Ebene überwölben –, erwartete sie, daß man kaltes Huhn und eine Flasche Wein mitbrachte. Niemand indessen wurde in diesen patriarchalischen Zeiten von den Römern wegen seiner Sparsamkeit geringer geachtet. Das war ein weiterer Grund, weshalb sich Mrs. Goldie dafür entschieden hatte, in Rom zu leben; es war die europäische Hauptstadt, in der man mit sehr wenig Geld – und sie besaß nicht viel – auf dem Wege zur Prominenz am weitesten kam. Im Verhältnis zur Wirkung, die von diesem Schauspiel ausging, kostete es sie nichts, ihre Töchter zu präsentieren. Ich weiß nicht, was wir ohne ihr Haus angefangen hätten, denn die jungen Männer des Diplomatischen Korps, wie auch viele andere, betrachteten es nahezu als einen Klub. Wir profitierten in hohem Maße davon, daß die Töchter Goldie ausgeführt wurden. Zuweilen stellte ich mir sogar in jenen Tagen die Frage, ob unser Ehrgefühl wirklich so empfindlich war, wie es hätte sein sollen, da es uns gestattete, uns auf Kosten dieser unschuldigen und gastfreundlichen Familie zu amüsieren. Die Witze, die wir über sie machten, waren fast so zahlreich wie die Tassen Tee, die wir aus den Händen der jungen Damen empfingen; und obgleich ich niemals angenommen habe, daß Jugend zartfühlend ist (Zartgefühl ist eine erworbene Tugend und stellt sich erst später ein), gab es für unsere Ausgelassenheit die Entschuldigung, daß sie ganz einfach ansteckend war. Wir lachten über das großspurige Wesen, das die Honourable Blanche an den Tag legte, und die unbekümmerte Art, mit der sie fremde Sprachen vergewaltigte. Es kam uns sogar drollig vor, wenn wir in einer Menschenansammlung bemerkten, wie sie sich vorwärts drängte und drückte und von ihren Ellenbogen Gebrauch machte, wobei ihr Rosina, Veronica und Augusta, die sie darin ausgebildet hatte, die von ihr erstrittenen Vorteile auszunutzen, als geschlossene Keilformation folgten. Wir nahmen Notiz von der Dreistigkeit, mit der sie Vergünstigungen erbat, wenn sie nicht angeboten wurden, und sie erhaschte, wenn man sie abgelehnt hatte, ja, wir bewunderten fast die ständigen Manöver und Intrigen (alle von einer höchst öffentlichen und durchsichtigen Art), die sie nicht in der ehrlichen Überzeugung beirrten, daß sie die zurückhaltendste und uneigennützigste aller Frauen sei. Sie saß stets in der ersten Reihe, war stets voller Stolz, daß sie dieses Ziel erreicht hatte, blickte stets in der Runde umher, wobei sie Grimassen schnitt, winkte und Zeichen gab, auf andere Plätze für andere Leute hinwies, Sonnenschirm und Fächer schwenkte, die Mädchen dirigierte und ihnen Befehle erteilte. Sie war hoch gewachsen und eckig, den Kopf hielt sie sehr hoch; er wurde von wundervollen Turbanen und Federschmuck überragt, und überhaupt waren alle vier Damen auf eine besondere Weise zurechtgemacht.

Die sonderbarste Eigenschaft der Mutter war, daß sie mit den vornehmen Leuten und den vornehmen Dingen prahlte, die sie in England zurückgelassen hatte; sie redete zu viel davon, und wenn man ihr zuhörte, konnte man über ihre Herkunft und Kinderstube die ernstesten Zweifel hegen. Beide waren indessen ausgesprochen »gut«, und ihre Vulgarität war ebenso unbestreitbar wie ihre Konnexionen. Es ist ein Irrtum, anzunehmen, nur die Leute, die sein möchten, was sie nicht sind, seien Snobs. Zu dieser Klasse gehören ebenso viele, die sind, was die anderen gern wären.

Ich war früher der Meinung, Thackeray habe die Lächerlichkeit mancher Typen zu sehr übertrieben; aber ich mußte ihm immer recht geben, wenn ich mir Mrs. Goldie vor Augen führte. Ich möchte nicht von ihr sagen, sie sei eine gute Seele gewesen; aber sie hat wahrhaftig die Leute niemals mißbraucht, und wenn sie sehr wortreich war, so stand sie damit nicht allein. Sie verschwendete nie einen Gedanken an die Menschen, die sie nicht mochte, und erst recht sprach sie nicht von ihnen, denn sie war ständig damit beschäftigt, von ihren Favoriten, wie sie sie nannte, zu reden, die für gewöhnlich fürstliche Namen führten (Fürsten sind in Rom zahlreich und machen sich nicht rar), und die Hochachtung, die sie ihnen entgegenbrachte, erkaltete nicht dadurch, daß sich die Betreffenden mitunter nur wenig Mühe gaben, ihren Eifer zu ermutigen. Originell an ihr war die Naivität und bis zu einem gewissen Grade die Unbekümmertheit, mit der sie ihr Spiel spielte.

Die Töchter waren nicht hübsch, aber sie wären weniger unansehnlich gewesen, wenn ihnen die Verantwortung für ihr Aussehen nicht so drückend bewußt gewesen wäre. Es ließ sich nicht genau sagen, ob sie wirklich häßlich waren oder nur bei jeder Gelegenheit fürchteten, daß ihre Mutter sie für häßlich halte. Solch ein Ausdruck gereichte natürlich nicht zur Zierde, sondern bewirkte das Gegenteil. Sie waren gutartige Geschöpfe, obwohl sie im allgemeinen so aussahen, als hätten sie in ihren Kleidern geschlafen, um rechtzeitig fertig zu sein. Rosina und Augusta waren von freundlicherer Gemütsart als Veronica: Wir vertraten die Theorie, daß Veronica launisch sei und zuweilen ihrer Mutter Widerstand leiste. Sie war die *Beauté*, sie hatte hübsches Haar, sie sang, ach, leider tremolierte sie englische Volksweisen. Kurzum, sie hatte Prätentionen auf eine persönliche Art; die anderen hatten nicht einmal solche, die ihre Mutter für sie geltend machte. Allgemein gesprochen, wurden sie jedoch alle durch ihre strenge Mama eingeschüchtert und unterdrückt; sie konnten nicht anders, als ihr wie erschrockene Schafe zu folgen, und so lebten sie, die Augen auf sie geheftet, um auf einen kurzen Blick von ihr die Schwenkungen auszuführen, für die sie abgerichtet waren. Sie taten uns leid, denn wir wußten genau: Insgeheim spürte die Mutter voller Zorn, daß sie keine glänzenden Erscheinungen waren, und daher erdrückte sie sie mit ihrem ganzen Gewicht, was natürlich nicht dazu angetan war, sie aufzuwecken. Gleichwohl lästerten wir über die drei, und vor allem über Veronica, die die Gewohnheit hatte, uns ohne Unterschied, obgleich so viele von uns Engländer waren, in unverständlichen fremdartigen Sprachen anzureden.

Wenn ich »wir« sage, muß ich sofort den jungen amerikanischen Sekretär ausnehmen, mit dem wir viel zusammen waren (jedenfalls traf das auf mich zu, denn ich hatte ihn gern, obwohl vielleicht der Streich, den ich ihm spielte, nicht gerade dafür sprach), und der nie über etwas lästerte: ein Umstand, der um so größere Beachtung verdient, als die Konversation seines Chefs, des damaligen Vertreters der Vereinigten Staaten beim Heiligen Stuhl (obwohl dieser alte Würdenträger nicht »bärtig wie der Parder«, sondern ein- oder zweimal in der Woche glatt rasiert war), mit sonderbaren Flüchen gespickt zu sein pflegte. Er hieß Henry Wilmerding, stammte aus einem der Nordstaaten (ich spreche jetzt von dem Sekretär, nicht dem Gesandten), und war ein so unerfahrener und geselliger junger Fant, wie man ihn sich nicht besser hätte wünschen können. Der Gesandte war ein unübertrefflich drolliger Typ, aber wir alle hatten an ihm unsere Freude; ich glaube wahrhaftig, daß er unter seinen Kollegen im Diplomatischen Korps die populärste Erscheinung war. Er stammte aus Carolina und trug stets einen Frack sowie ein verschossenes altmodisches Halstuch; auch sein Hut und seine Stiefel folgten seiner eigenen Mode. Er sprach sehr langsam, als hielte er eine öffentliche Rede, gebrauchte unzählige Male die Anrede »Sir«, wie das der Gerichtssprache, aber keineswegs dem gesellschaftlichen Brauch entspricht, und erweckte stets in mir ein Gefühl, als wäre ich der *Speaker* des amerikanischen Kongresses, obgleich ich mich gewiß nie getraut hätte, ihn zur Ordnung zu rufen. Das sonderbare an seiner Redeweise war, daß sie zwar viele Füllworte, aber auch zahlreiche Sentenzen enthielt: Er gab sie mit einer Feierlichkeit von sich, durch die sie patriarchalisch und biblisch wirkten. Er erinnerte mich an die Büsten der mächtigen alten Gesetzgeber und Herrscher Roms mit ihren ausgetrockneten Gesichtern. Er beherrschte nur die Sprache seines Heimatstaats, aber das machte wenig aus, da wir sie alle erlernten und zu unserer Erheiterung gebrauchten. Schließlich verwandten wir sie auch ständig untereinander: in seiner Gegenwart und vor seinen Augen sprachen wir uns auf diese Weise an. Rückblickend habe ich den Eindruck, daß wir ausgesprochen pöbelhafte junge Leute gewesen sein müssen; er war jedoch ein nichtsahnender Diplomat. Ja, ich glaube, das traf auf die beiden zu, denn Wilmerding war wohl auch nie im Bilde: ihm eignete eine einzigartige westamerikanische Einfalt.

Wilmerding war ein Gentleman und kein Narr, aber nicht im mindesten ein Weltmann.

Ich konnte mir nicht vorstellen, in was für einer Umgebung er aufgewachsen war; mir wurde nur klar, daß sie sich einigermaßen von unseren Milieus unterschied. Wäre er in unseren Kreisen großgeworden, so hätte er nicht solch ein Unschuldsengel sein können, ohne dumm zu sein, oder solch eine Weltfremdheit bewiesen, ohne daß es ihm an Bildung fehlte. Er war voll natürlichen Zartgefühls – unglücklicherweise: andernfalls brauchte ich euch nicht diese kleine Geschichte über meine eigene Schande zu erzählen. Er sagte mir einmal, seine Vorfahren seien Quäker gewesen, und obwohl er nichts von einem Trottel an sich hatte (er war ein ausgezeichneter Reiter und in seinen hochfliegenden Ansichten hinsichtlich des den Frauen Gebührenden ein Ritter, wie er im Buche steht), war etwas Taubenhaftes in seiner Art, das an mattbraune Töne und Lavendelduft denken ließ. Alle Quäker oder Abkömmlinge von Quäkern, die ich kennengelernt habe, waren wohlhabend, und Wilmerding, der Glückspilz, machte hiervon keine Ausnahme. Das war, glaube ich, zum Teil der Grund, weshalb wir der Versuchung erlagen; wir hätten ihn wohl zarter angefaßt, wären seine Einkünfte ebenso dürftig gewesen wie die unsrigen. Er sprach nie von Geld (mir ist aufgefallen, daß die Amerikaner das selten tun; es gehört zu ihrer Prüderie), aber er war freigebig und verschwenderisch und konnte offenbar auf eine wohlgefüllte Börse zurückgreifen. Er pflegte abscheuliche Klecksereien von einigen seiner Landsleute zu erwerben, die sich damals in Rom mit Kunst (»*arrt*«, wie sie in ihrer kuriosen Aussprache sagten) befaßten, und ich kenne einen Fall, in dem er einem Maler sein Bild zurückgab (es war gewiß nur ein geringer Verlust), damit er es wiederverkaufen konnte. Seiner Familie gehörten große Baumwollspinnereien, von denen die Banknoten offenbar in unerschöpflichen Strömen flossen. Man sandte ihm ansehnliche Wechsel und ließ ihn wissen, daß ihn

die Frage seiner finanziellen Versorgung am wenigsten zu bekümmern brauche. Solch eine Situation war so beneidenswert, so ideal, daß sie uns offen gestanden etwas verdroß, obwohl wir wirklich freundliche Gefühle gegen ihn hegten.
Besonders auf einen aus unserer kleinen Clique hatte das diese Wirkung – einen jungen französischen Attaché, Guy de Montaut, einen der reizendsten Menschen, denen ich je begegnet bin, und gewiß der Franzose, der mir von allen, mit denen ich zusammengekommen bin, am sympathischsten war. Er besaß alle Vorzüge seiner Nation und keinen ihrer Mängel – er war für menschlichen Umgang wie geschaffen. Er schätzte Neckereien ebenso wie ich; doch waren die von ihm erdachten im allgemeinen gelungener als die meinen. Freilich war der Scherz, um den es sich hier handelt und an dem er ebenso beteiligt war, übel genug. Wir waren durch eine Schuldengemeinschaft miteinander verbunden: wir schuldeten den gleichen Stellen Geld. Montauts Familie war so alt, daß sie schon lange ihre Substanz verbraucht hatte und es nicht gewohnt war, ihm Geld aufzudrängen, wenn er es nicht erbeten hatte. Keiner von uns sah recht ein, weshalb die diplomatische Laufbahn einem jungen Quäker oder dergleichen offenstehen sollte – einem Quäker, der obendrein noch ein Baumwollspinner war. In der englischen Staatsreligion wurde jedenfalls keine Abweichung vom Bekenntnis anerkannt, die weniger *comme il faut* war als die katholische; allerdings wußte ich sehr gut, daß die Einstellung der Amerikaner nicht die unsere war. Montaut, wie Sie mir glauben werden, war alles andere als ein Quäker; und wenn er sich aufmerksam gegen Frauen zeigte, so auf eine sehr andere Weise als der arme Wilmerding. Ich glaube nicht, daß er sie sehr in Ehren hielt, aber er hätte darauf bestanden, daß er sie zuweilen schonte. Ich fragte mich oft, wie es Wilmerding überhaupt zum Gesandtschaftssekretär gebracht hatte, da damals in Amerika (ich weiß nicht, inwieweit sich das inzwischen geändert hat) solche Posten nur zu erlangen waren, wenn man um sie bettelte und sich auf verschiedenen krummen Wegen um sie bemühte. Nichts lag Wilmerding ferner als Hochmut, aber trotz all seiner Sanftmut und obwohl er der Inbegriff eines sympathischen jungen Mannes war, hätte ich ihn mir nicht als Bittsteller vorstellen können.
Er verkehrte bei Mrs. Goldie so oft wie wir anderen, aber, ich

glaube, keinesfalls häufiger – nein, gewiß nicht häufiger bis zu dem Sommer, den wir alle in Frascati verbrachten. In jenem unglücklichen September gingen wir ständig in ihrem Hause ein und aus, und möglicherweise hielt er sich zuweilen dort auf, wenn die anderen nicht zugegen waren. Ich meine damit, daß er in der Loggia der Villa mit Rosie und Gussie Tricktrack spielte und sogar mit ihnen in dem liebenswerten römischen Garten umherschlenderte oder saß, wobei er Veronica über die Schulter blickte, während sich ihr Bleistift vergeblich an einer Perspektive oder einer Senkrechten versuchte. Es war eine reizende, gesellige, bunte Zeit, und diese armen Mädchen wurden mehr oder weniger für uns alle dadurch vergoldet. Der lange, heiße römische Sommer hatte die Fremden vertrieben, und die einheimische Gesellschaft hatte sich in die Villegiatura begeben. Mein Chef hatte auf seinem Jahresurlaub die Alpen überschritten, und die Geschäfte unseres Hauses – es handelte sich um recht einfache Dinge, nicht um große internationale Fragen – lagen in den Händen eines verantwortlichen Subalternen. Ich weiß nicht mehr, was aus Montauts Leuten geworden war; er selber sollte jedenfalls erst später auf Urlaub gehen. Wir, er und ich, befanden uns in der gleichen Lage, außer daß ich in einem weitläufigen alten Palazzo, der in einer Mulde der Albaner Berge lag, für ein paar Monate einige leere Zimmer hatte mieten können. Die wenigen Überlebenden unseres römischen Kreises waren dort meine Nachbarn, und ich lud Montaut zu mir ein, der, sowie er frei war, die Via Appia hinunterfuhr, um jeweils einen oder zwei Tage mit mir zu verbringen. Er hatte, glaube ich, eine kleine persönliche Bindung in Rom, die ihn viel Zeit kostete. Der amerikanische Gesandte und seine Gattin – sie war leicht zu schockieren, aber noch leichter zu beruhigen – war in die Schweiz entflohen, so daß die Interessen der Vereinigten Staaten in Wilmerdings Obhut blieben. Er mietete eine möblierte Villa in Frascati (solche eine Villa war schon für einige Scudi zu haben) und veranstaltete sehr nette und unschuldige Junggesellengesellschaften. Ebenso oft, wie er bei Mrs. Goldie war, erwiderte sie seine Besuche bei ihren Töchtern, und ich denke noch mit Genuß an entzückende Abende (o Jugendzeit, o Erinnerung!), da Tische für das Souper im Garten gerichtet und von Glühwürmchen erhellt waren; da einige Dorfbewohner sich einfanden, um uns vorzusingen –

was für Stimmen bekam man dort zu hören, und wie natürlich war ihre Kunst! –, und da wir alle im Mondschein mit den Damen heimwanderten, wobei wir selber auf dem Wege zu singen begannen. Ich bin nicht sicher, ob nicht auch Mrs. Goldie in der südlichen Nacht tremolierte. Es ist das ein Beweis dafür, wie vermenschlichend, poetisierend die Umstände wirkten, in denen wir lebten. Mrs. Goldie war in der Umgebung Roms geblieben, um Geld zu sparen; es entsprach das zugleich der gesellschaftlichen Ökonomie, da sie auf diese Weise einige ihrer Fürstinnen im Auge behielt. Einige dieser hohen Damen residierten in unserer Nähe, und wir alle bildeten eine glückliche Familie.

Ich weiß nicht recht, weshalb wir so oft Mrs. Goldie aufsuchten, obwohl wir sie nicht so sehr schätzten, außer vielleicht aus dem Grunde, daß meine unmittelbaren Kollegen und ich gegenüber dem führenden englischen Hause eine gewisse Loyalität empfanden. Überdies gefiel uns die arme Frau in der Praxis besser als in der Theorie und als der unehrerbietige Ton, den wir anschlugen, vielleicht anzeigte. Wilmerding blieb gleichwohl ihr bester Zuhörer, wenn sie sich über die Heldentaten und Allianzen ihrer Familie verbreitete. Er lauschte mit übertriebener Anteilnahme: er hielt es für unverzeihlich, wenn man in seiner Aufmerksamkeit gegenüber einer Dame erlahmte, mochte sie einen noch so sehr langweilen. Mrs. Goldie war ihm aus diesen und anderen Gründen sehr gewogen, obwohl ihr und ihren Töchtern Ausländer im allgemeinen nur gefielen, wenn es sich um sehr angesehene Leute handelte. In diesem Falle erkannten sie ihre Größe an, meinten aber, daß sie als Engländer noch größer gewesen wären. Von der Größe der Amerikaner hatten sie nur eine sehr beschränkte Vorstellung und stellten nie Vergleiche zwischen ihnen und den Engländern, Franzosen oder auch nur den Römern an. Höchstens verglichen sie sie miteinander, und in dieser Hinsicht verfügten sie über eine Art Maßstab. Sie hielten die Reichen für weit weniger unansehnlich als die anderen.

In dem Sommer, von dem ich hier spreche, war Mrs. Goldies Haus nicht nur das führende, sondern tatsächlich das einzige englische Haus – jedenfalls für die Welt im allgemeinen. Ich kannte noch ein weiteres, dem ich auf eine sehr andere Weise verbunden war, und ich war sogar anmaßend genug, zu meinen, ich sei daran ausschließlich interessiert. Es war freilich genaugenommen kein Haus; nur ein großes, kühles, schäbiges, mit Fresken bemaltes Zimmer im Gasthaus in Albano, einem riesigen melancholischen Gutsbau, der etwas heruntergekommen war. Es diente damals einer bezaubernden Frau als Wohnung – einer Frau, von der ich des zärtlichen Glaubens war, daß sie mir mehr bedeute als jedes andere menschliche Wesen. Dieser Teil meiner Geschichte ist ziemlich albern oder wäre es, wenn er sich nicht auf eine Zeit bezöge, die hundert Jahre zurückliegt. Nicht daß meine Hingabe von der gleichen Art gewesen wäre wie die meines Freundes Montaut, denn sie galt der ehrbarsten aller Frauen, einer vollendeten englischen Lady. Sie hieß Mrs. Rushbrook, und ich sollte jetzt in der Lage sein, Ihnen vieles von ihr zu berichten. Die Beschreibung, die offen gestanden am zweckdienlichsten wäre (sie faßt die Sache in einem Worte zusammen), besteht darin, daß ich bis über die Ohren in sie verliebt war. Ich war wahrhaftig sehr schlimm dran, und sie war etwa fünf Jahre älter als ich, was in Anbetracht meines Alters meinen Zustand nur noch natürlicher machte. Drei- oder viermal während meines Aufenthalts in Rom war sie kurz dort gewesen; ihre kleine Tochter war von zarter Gesundheit, und sie hatte vor, längere Zeit in einem südlichen Klima zu bleiben. Sie war die Witwe eines Marineoffiziers; sie erzählte von sich, daß sie sehr arm sei, aber ich wußte genug über ihre englischen Verwandten, um sicherzugehen, daß sie nicht wirklich Not litt. Überdies war sie verschwenderisch, sorglos, sogar etwas kapriziös. Wäre die Boheme in jenen Tagen schon erfunden gewesen, so hätte sie vielleicht zu ihr gehört, als eine sehr kleine, knusprige, zierliche Bohemienne. Sie war so hübsch, daß sie in meiner Erinnerung unter allen Frauen, die ich gekannt habe – und Gott sei Dank waren es nicht wenige –, *die* hübsche Frau *par excellence* geblieben ist. Sie hatte einen entzückenden Kopf, ihr kastanienfarbenes Haar war von einer Tönung, wie ich sie nie wieder gesehen habe. Und ihre Erscheinung war so anmutig, ihre Stimme so bezaubernd, kurzum: sie war die Frau, in die ein junger Mann verliebt ist. Sie war natürlich und gescheit und gütig, und obwohl sie fünf Jahre älter war als ich, wirkte sie stets auf mich als Verkörperung der Jugend, des goldenen Lebensmorgens. Wir machten glückliche Entdeckungen miteinander, als ich sie zuerst kennenlernte: wir liebten die gleichen

Dinge, mißbilligten die gleichen Leute, hatten die gleichen Lieblingsstatuten im Vatikan, die gleiche geheime Vorliebe für Veduten in der Campagna. Wir liebten Italien auf die gleiche Weise und in gleichem Maße; nur mit dem Unterschied, daß ich mir weit weniger daraus machte, seit ich sie kannte, da ich mich so viel mehr um sie kümmerte als um irgend etwas sonst in der Welt. Sie malte, sie lernte Italienisch, sie sammelte und notierte Volkslieder; auch hatte sie das Talent und das Glück, gewisse *bibelots* und Kuriositäten aufzustöbern, bevor andere Leute daran gedacht hatten. Es ist lange her, seit sie aus meinem Gesichtskreis entschwunden ist, und doch habe ich das Gefühl, daß sie sehr modern war.

Teils weil sie erst später gekommen war (sie war in Sorrent gewesen, wo ihre kleine Tochter Bäder im Meer genommen hatte) und teils weil sie ihren eigenen Beschäftigungen nachging und zurückgezogen lebte, stand sie etwas außerhalb des Kreises in Frascati. Mrs. Goldie war jedoch bei ihr gewesen, und sie hatte ein- oder zweimal an unseren Gesellschaften teilgenommen. Mehrmals fuhr ich nach Albano, um sie abzuholen, aber ich muß gestehen, für gewöhnlich endete es damit, daß ich bei ihr blieb. Mehr als einmal fand sie sich zu unseren Picknicks ein (es ist lächerlich, wie viele wir veranstalteten), und vor allem war sie bei einem wichtigen Anlaß zugegen, dem letzten allgemeinen Treffen, bevor unsere kleine Kolonie sich auflöste. Es bestand aus nicht mehr und nicht weniger als einer Teegesellschaft – einem regelrechten Fünfuhrtee (obwohl damals diese Mode noch nicht aufgekommen war) auf dem Gipfel des Monte Cavo. Es klingt sehr simpel, aber es war köstlich, sage ich Ihnen. Wir vollzogen den Aufstieg zu Fuß, auf Ponys oder Eseln; die Tiere standen den Damen zur Verfügung, auch wurden unsere Vorräte und Utensilien auf diese Weise leicht befördert. Die große Hitze hatte nachgelassen; außerdem war es spät am Tage. Die Campagna lag unter uns wie ein Geistermeer (wenn Sie sich vorstellen können, daß die Geister vergangener Zeiten über der Tiefe wandelten), und der Sonnenglast des Nachmittags war göttlich. Sie kennen das ja alles: Wie die Albaner Berge zur Ebene hin abfallen, und wie die Peterskirche daraus emporsteigt; die Färbung der Sabiner Berge, die so nah wirken, die altertümlichen grauen Dörfer, die über die Hügel verstreuten Ruinen der Städte, der Völker.

Wilmerding war natürlich mit von der Partie, wie auch Mrs. Goldie, die drei Töchter und Montaut – zum Kuckuck mit ihm! – mit seiner ansteckenden Eigenschaft, alles komisch zu finden. Er besaß von Natur nicht ein Körnchen Respekt. Glücklicherweise brauchte er es nicht für sein Wohlbefinden. Wir tranken unseren Tee, wir betrachteten die Aussicht, wir plauderten in Gruppen oder schlenderten paarweise umher: zweifellos profanierten wir eine ehrwürdige historische Stätte. Wir verweilten lange, aber als es schon spät war und wir uns sammelten, um gemeinsam den Hügel hinabzusteigen, bemerkten wir, daß Veronica Goldie fehlte. Ebenso Henry Wilmerding, wie wir gleich feststellten, und dann ergab sich, daß man sie hatte zusammen fortgehen sehen. Wir suchten sie ein wenig, wir riefen sie, wir warteten auf sie. Wir waren alle beisammen und sprachen von ihnen, Mrs. Goldie natürlich lauter als alle übrigen. Ich entsinne mich, daß sie ihre Abwesenheit einen »recht ungewöhnlichen Vorgang« nannte. Montaut sagte zu mir mit gedämpfter Stimme: »*Diable, diable, diable!*« Ich erinnere mich auch, daß er sagte: »Ihr anderen könnt von Glück reden. Was hätte man gedacht, wenn ich es gewesen wäre?« Wir warteten ein wenig, nur ganz wenig verlegen, und nach kurzer Zeit erschien die junge Dame wieder mit ihrem Begleiter. Ich erinnere mich nicht mehr, wo die beiden gewesen waren; sie sagten es uns ohne Bestürzung: sie hatten augenscheinlich ein völlig reines Gewissen. Sie waren wirklich nicht lange fort, aber zufällig hatten wir es alle bemerkt und eine Viertelstunde darüber nachgedacht. Übrigens hatte die Dämmerung erheblich zugenommen. Sobald sie zu uns gestoßen waren, machten wir uns auf den Heimweg. Bald danach gingen wir alle auseinander, und Montaut und ich begaben uns zu unserer eigenen Behausung. Unter Anspielung auf diesen kleinen Zwischenfall sagte er mir an jenem Abend: »In meinem Lande, weißt du, müßte er sie heiraten.«

»Das glaube ich nicht«, antwortete ich.

»Nun, *er* würde es glauben, ganz bestimmt.«

»Das glaube ich nicht.«

»Stell ihn doch auf die Probe, dann wirst du es sehen. Er wird alles glauben!« Der Gedanke, ihn auf die Probe zu stellen – so leichtfertig ist die Jugend –, ergriff von mir Besitz; aber damals sagte ich nichts. Montaut kehrte am nächsten Tage nach Rom

zurück, und ich folgte ihm einige Tage danach: meine *villegiatura* war zu Ende. Unser Nachmittag auf dem Monte Cavo hatte keine Folgen, die mir auffielen. Als ich Montaut in Rom wiedersah, gehörte zum ersten, was er mir sagte:
»Nun, hat Wilmerding um sie angehalten?«
»Nicht daß ich wüßte.«
»Hast du ihm nicht gesagt, er müsse es?«
»Mein Lieber, er würde mich totschlagen.«
»Nie im Leben! Er wäre dir dankbar für den Hinweis, er ist so naiv!«
Ich lachte laut über diese Bemerkung, und er erkundigte sich, ob unser Freund schon zurück sei. Als ich sagte, ich hätte ihn in Frascati verlassen, rief er: »Na, da kompromittiert er sie ja noch mehr!«
Ich verstand ihn nicht recht und entsinne mich, daß ich fragte: »Meinst du wirklich, er müßte ihr als Gentleman einen Antrag machen?«
»Ohne jeden Zweifel, in jedem zivilisierten Lande.«
»Dann ist Zivilisation aber etwas Verschrobenes! Denn ich bin sicher, er hat ihr nichts Böses getan.«
»Wie kannst du das wissen? Wie dem auch sei: Nenn es etwas Gutes, wenn du willst. Es ist eine Wohltat, bei der man erwartet, daß man für das Vorrecht bezahlt, sie erweisen zu dürfen.«
»Er wird das nicht einsehen.«
»Er wird es, wenn du ihm die Augen öffnest.«
»Das ist nicht meine Sache. Und es gibt niemanden, der es ihm beibringen könnte«, erwiderte ich.
»Könnte das nicht die Honourable Blanche tun? Ich glaube, man könnte es ihr ruhig überlassen.«
»Dann überlaß es ihr und schweig still!«
»Du hast nur Angst, daß er dich totschlägt«, sagte Montaut.
Ich nehme an, daß ich auf seine Bemerkung eine ebenso spöttische Erwiderung fand, aber ich entsinne mich nur, daß ich bald danach sagte: »Ich bin doch neugierig, ob er solch eine Darlegung ernst nehmen würde.«
»Ich wette einen Louis, daß er es tun wird!« erklärte Montaut; und in seinem Ton lag etwas, das mich bewog, die Wette anzunehmen.

II

In Rom pflegte jedermann an Sonntagnachmittagen die Peterskirche zu besuchen; ich weiß nicht, ob dieser in nettem Sinne frivole Brauch noch geübt wird: er hatte, fürchte ich, wenig mit wahrer Andacht zu tun. Wir gingen hin, um Musik zu hören: die berühmte Vesper, die vom päpstlichen Chor gesungen wurde, und auch um das Neueste zu erfahren, umherzuschlendern, zu plaudern und einander zu sehen. Wenn wir die große Kirche als öffentliche Promenade oder vielmehr als glänzenden Salon betrachteten, so lag die Schuld nicht nur bei uns, und in Wahrheit war solch ein Verhalten auch kaum profanierend. Wie man sich benahm, war wesentlich, da die helle Unermeßlichkeit des Raumes Unterhaltungen und sogar Geschwätz abschirmte. Man hatte den Eindruck, als wäre er kein eigentliches Gotteshaus, sondern bestände nur aus den Mauern jenes Glaubens, der einem keine kleinen Prüderien aufzwingt. So überschritten wir auch an einem frühen Herbsttage den Tiber und lüpften den schweren Ledervorhang der Tür, um einen allgemeinen Überblick über die Rückkehr unserer Freunde nach Rom zu gewinnen. Wenn man eine halbe Stunde umhergewandert war, wußte man schon Bescheid, da die anderen ihrerseits dort erschienen waren, um eine Antwort auf diese Frage zu erhalten. Nach zehn Minuten stieß ich auf Henry Wilmerding; er stand regungslos, hatte den Kopf zurückgeneigt und hob die Augen zu der weiten Wölbung der Kuppel, als empfände er zum erstenmal ihren Zauber. Das Kirchenschiff war fast menschenleer; die Besucher waren in der Kapelle versammelt, wo die Vesper gesungen wurde, oder standen dicht davor; der strahlende Gesang und die seltsamen hohen Stimmen einiger Chorsänger erreichten uns aus weiter Ferne. Bevor Wilmerding mich erblickte, hatte ich Gelegenheit, ihm zu sagen:
»Ich dachte, Sie wollten bis Ende der Woche in Frascati bleiben.«
»Das hatte ich vor, aber ich habe es mir anders überlegt.«
»Sie sind also ziemlich plötzlich abgereist?«
»Ja, ziemlich plötzlich.«
»Fahren Sie wieder dorthin?« fragte ich sogleich.
»Es gibt keine besonderen Gründe dafür.«
Ich zögerte einen Augenblick. »Hatten Sie denn besondere Gründe, um abzufahren?«

»Nicht daß ich wüßte, mein Lieber«, antwortete er, wobei er leicht errötete – ein Hinweis (den ich freilich nicht brauchte), daß er ein wenig das Gefühl hatte, ich wolle ihm das Recht streitig machen, zu kommen und zu gehen, wie es ihm beliebte. »Hängt das nicht vielleicht mit diesen Damen zusammen?«
»Diesen Damen?«
»Tun Sie doch nicht so unwahrscheinlich ahnungslos. Ihren besten Freunden.«
»Sie meinen die Goldies?«
»Treiben Sie es nicht zu weit! Wen in aller Welt sollte ich sonst meinen?«
Es läßt sich schwer erklären, aber dem armen Wilmerding eignete eine jugendliche Sanftmut, die etwas Herausforderndes hatte; er wirkte dadurch unerschütterlich, was er in Wirklichkeit gar nicht war. Mein kleiner Disput mit Montaut darüber, ob Aussicht bestände, daß er einen Scherz ernst nehmen könnte, hatte bis dahin in meiner Phantasie noch keine Frucht getragen, aber die Idee drängte nach Verwirklichung oder wurde zumindest amüsant, als ich ihm auf diesen feierlichen Marmorfliesen Auge in Auge gegenüberstand. Es war eine Versuchung für mich, festzustellen, wieviel er vertragen könnte. Er war offenherzig, und diese Offenheit glich einer ziemlich närrischen weißen Seite: der aufgeschlagenen goldumrandeten Seite eines Albums, die sich darbot, um ein Zitat oder einen Gedankensplitter zu empfangen. Weshalb sollte man nicht etwas daraufschreiben, um zu sehen, wie es sich ausnehmen würde? In diesem Fall konnte die Eintragung nur in einer verdeckten Neckerei bestehen, einem witzigen Einfall, der eine Überraschung enthielt. Wenn Wilmerding unschuldig war, so hätte man zweifellos dadurch milde gestimmt werden müssen, und ich hatte nicht die leiseste Absicht, grausam zu sein. Seine Sanftmut hätte eine Versöhnung herbeiführen können, und es hing nur an einem Haar, daß sie eine andere Wirkung hatte. Dieses Haar bestand vermutlich einfach aus der Brutalität – oder soll man von überschäumender Lebenskraft sprechen? –, wie sie der Jugend eigen ist. Hätte ich ihn verschont, nachdem sich das kleine, von Montaut vorgeschlagene Experiment in meiner Phantasie festgesetzt hatte, so wäre das aus Mitleid geschehen. Es war indessen lächerlich, Wilmerding zu bemitleiden: wir beneideten ihn, wie ich schon deutlich genug gesagt habe. Wenn

er das weiße Albumblatt war, das zu einem sarkastischen Knüttelvers verführte, so war es auch unverkennbar goldumrandet.

»Ach, die Goldies«, sagte er nach einer Weile, »ihretwegen wäre ich gewiß nicht länger geblieben. Ich bin zurückgekommen, weil ich eben Lust hatte – ich sehe nicht ein, weshalb so viele Erklärungen nötig sind.«

»Ich auch nicht!« lachte ich. »Kommen Sie und hören Sie dem Gesang zu!« Ich faßte ihn am Arm, und so schlenderten wir zum Chor und zu der Volksansammlung vor der hohen Tür. Wir blieben dort eine Weile: Bis zu dieser Stunde kann ich nicht, ohne Sehnsucht nach den alten Tagen zu empfinden, daran zurückdenken, wie das Nachmittagslicht, die himmlische Musik aufnehmend und verbreitend, durch die goldenen Nischen der schräg in die Wände eingelassenen weißen Fenster flutete. Sogleich sahen wir Guy de Montaut in der Menge, und er kam auf uns zu, nachdem er uns durch eine Geste begrüßt hatte. Er schaute mich scharf an und lächelte, als hätte ihn der Anblick von uns beiden an seine Wette erinnert und als wollte er erfahren, ob er sie verloren oder gewonnen habe. Ich gab ihm durch einen kurzen Blick zu verstehen, daß er still sein müsse, um nicht alles zu verderben, und so hielt er sich ruhig, soweit er das fertigbrachte. Das besagt nicht viel, da ihn stets danach gelüstete, mit dem Feuer zu spielen. Es war wirklich der Wunsch, Wilmerding von seinen Händen fernzuhalten, der mich dazu bewog, mit unserem Freunde auf meine eigene Weise zu verfahren. Ich entsinne mich, daß Montaut, als wir dort zusammenstanden, mehrere humorvolle Versuche machte, ihn als einen großen Eroberer zu behandeln, wobei Wilmerding, glaube ich, tatsächlich nicht verstand, worauf er hinauswollte. Als dann Montaut sagte: »Sie sollten sie zurückbringen – sie fehlen uns so sehr!« versuchte ich, unser liebenswürdiges Opfer fortzuziehen.

»Sie sind nicht mein Eigentum«, antwortete Wilmerding, indem er diesmal die Anspielung auf die vier englischen Damen gelten ließ.

»Oh, sie *alle*, *mon cher*, das habe ich auch nie angenommen!« rief der Franzose sehr belustigt, als ich unsere Unterhaltung unterbrach. Auch ich lachte – das Bild, das er bot, wirkte sehr komisch – und meinte, wir sollten lieber die Kirche verlassen. Ich schlug vor, einen Umweg über den Pincio zu machen und den Tiber mit der primitiven Fähre zu überqueren, die in jenen Tagen noch an den Marmorstufen der Ripetta verkehrte, genau unter den rückwärtigen Fenstern des Palazzo Borghese.

»Montaut hat eben Unsinn geredet, aber sind Sie denn wirklich abgewiesen worden?« fragte ich, während wir die ländliche Gasse entlanggingen, die sich damals um die Engelsburg schlängelte, an den alten grasbewachsenen Festungsmauern entlanglief und dann zum Tiber hinabführte, zwischen Gemüsegärten, Weinbergen und kleinen, staubigen, vergitterten Vorstadtschenken, bei denen ein verwelkter Busch über das Tor schaute.

»*Wer* soll mich abgewiesen haben?«

»Oh, Sie treiben das Spiel zu lange!« erwiderte ich und schwieg dann eine Weile.

»Was ist denn heute nachmittag mit Ihnen los?« fragte er. »Weshalb können Sie die armen Goldies nicht in Ruhe lassen?«

»Weshalb können *Sie* es denn nicht, mein Lieber – das scheint mir die gegebene Frage zu sein. Verzeihen Sie, daß ich eben in Montauts Ton verfallen bin. Ich nehme ja nicht an, daß Sie um alle angehalten haben.«

»Angehalten? – Ich habe um keine von ihnen angehalten!«

»Meinen Sie nicht, daß das Mrs. Goldie zu erwarten schien?«

»Ich weiß nicht, was sie zu erwarten schien.«

»Können Sie sich denn nicht vorstellen, was sie natürlicherweise von Ihnen erwartet? Wenn Sie das nicht können, so ist das nur ein weiterer Beweis dafür, wie anders ihr die Dinge seht. Natürlich habt ihr das Recht, eure eigenen Auffassungen zu haben.«

»Ich glaube, ich weiß gar nicht, worüber Sie eigentlich reden«, sagte der arme Wilmerding.

»Mein Lieber, ich möchte Sie nicht kränken, indem ich das Tüpfelchen aufs i setze. Sie können mir jederzeit sagen, daß mich das alles nichts angeht.«

»Sie würden mich nicht kränken, wenn Sie offen sprächen; aber Sie ergehen sich in so dunklen Andeutungen.«

»Sie haben ganz recht«, sagte ich. »Ich habe mir etwas herausgenommen und bitte Sie um Verzeihung. Wir wollen von was anderem reden.«

Wir redeten indessen von nichts; wir gingen schweigend weiter und erreichten das Flußufer. Ohne ein weiteres Wort zu verlieren, warteten wir auf den Fährmann, aber ich spürte, daß mein Begleiter innerlich mit sich kämpfte. Während ich Ihnen von meinem Verhalten erzähle, habe ich nach so langer Zeit das Gefühl, als hätte ich mich wie ein rechter Teufel betragen. Dazu kann ich nur sagen, daß mir das damals ganz unschuldig vorkam: Jugend und Ausgelassenheit und die Freundschaft, die wir für einander empfanden, dazu etwas, das in der trügerischen römischen Luft lag, die alles Leben in eine heitere Komödie verwandelte, entschuldigten mich dabei. Außerdem machte ich mir die Folgen nicht klar: Meine Rolle bestand darin, gegen den obendrein spöttischen Montaut den Beweis zu führen, daß überhaupt keine Folgen eintreten würden. Ich sehe Wilmerding noch vor mir, wie er während der Überfahrt am Rande des großen flachen Bootes saß und in den gelben Strudel des Tiber hinunterstarrte. Er blickte mich nicht an und war ernst gestimmt, was mich eine weitere gute Unterhaltung erwarten ließ. Von der Ripetta schlenderten wir zur Piazza del Popolo und begannen dann eine der Serpentinen hochzusteigen, die dem Hang des Pincio Abwechslung verleihen. Bevor wir oben waren, sagte mir Wilmerding: »Was meinen Sie damit ›ihr seht die Dinge anders‹? Wen verstehen Sie eigentlich unter ›ihr‹?«

»Euch unschuldige Kinder des Westens, euch unverfälschte Yankees. Eure Ideen, eure Maßstäbe, eure Wertungen, eure Manieren sind so verschieden.«

»Die Ideen und die Manieren anständiger Leute sind auf der ganzen Welt die gleichen.«

»Ja, ich fürchte, darin kann ich Ihnen nicht widersprechen«, antwortete ich.

»Ich möchte nicht, daß man die leiseste Rücksicht auf mich nimmt, weil man mich als Kind des Westens betrachtet. Ich habe nicht vor, irgendwo als Barbar aufzutreten.«

»Sie sind der netteste Mensch von der Welt«, fuhr ich fort, »aber trotzdem steht fest – mich hat das schon in verschiedenen Fällen beeindruckt –, daß Ihre Landsleute, gewiß im besten Glauben, gegenüber Frauen ganz anders eingestellt sind. Sie halten gewisse Dinge für möglich, die wir zynischen und verdorbenen Europäer mit Argwohn betrachten.«

»An was für Dinge denken Sie dabei?«

»Verstehen Sie nicht, was ich meine? Ihr habt mehr Freiheit als wir!«

»Oh, niemals!« rief mein Begleiter; der überzeugte Ton, in dem er das sagte, klingt mir noch heute im Ohr.

»Ich meine damit, ihr habt weniger!« sagte ich lachend. »Frauen werden offenbar bei euch nicht so leicht kompromittiert. Zweifellos lebt ihr drüben in einem Zustand arkadischer oder noch weit größerer als arkadischer Unschuld. Ihr könnt alles mögliche tun, ohne euch bloßzustellen. Mit einem Bruchteil davon ist man in dieser ungemütlichen Hemisphäre schon bis über die Ohren engagiert.«

»Engagiert, inwiefern?«

»Man hat Versprechen gegeben, die man anständigerweise einlösen muß – falls man es nicht vorzieht, sich herauszuwinden. Da gibt es die Frage der Absichten und die Frage, wie weit solche Leute in den Augen der Welt wirklich gegangen sind. Hier ist es üblich, anzunehmen, wenn das geringste Anzeichen dafür spricht, daß sie recht weit gegangen sind. Sicherlich ist das oft nicht der Fall. Aber man legt es ihnen zur Last. Das führt dazu, daß sie sich im stillen oder untereinander überlegen, ob es sich überhaupt lohnt.«

»Ich verstehe genau, was Sie meinen: Eben deshalb bin ich ja so vorsichtig«, sagte Wilmerding.

Diese Äußerung belustigte mich ungemein: er gefiel mir sogar noch besser, wenn er sich scharfsinnig gab, als wenn er naiv war.

»Sie sind ein lieber Mensch und durch und durch Gentleman; es ist alles in Ordnung, Sie brauchen sich nur auf Ihren Instinkt zu verlassen. Da geht ja die Boccarosa«, sagte ich, während wir die Gärten betraten, die auf dem Gipfel des Pincio liegen und in jenen alten Zeiten ebenso auf nette Weise verwahrlost waren, wie sie heute geordnet und verstädtert sind. Der schöne Nachmittag neigte sich seinem Ende zu, und die wohlgelaunte und blasierte Menge (sie war es damals so sehr) bildete ein Publikum, das die mit gelben Principessas besetzten und im engen Kreise umherrumpelnden schweren römischen Kutschen bewunderte. Die alten Statuen im Gebüsch, die Färbung des Sonnenuntergangs, der Blick auf St. Peter, die Pinien, die sich auf dem Monte Mario vom Himmel abheben, und all die Dächer und Türme Roms dazwischen – das alles haben Sie sicherlich in frischerer Erinnerung als ich. Ich beugte mich mit Wilmerding über die Balustrade einer der Terrassen, während wir dem Blick

auf die Kuppel Michelangelos den üblichen Tribut zollten. Dann sagte mein Begleiter auf einmal ganz unvermittelt:
»Meinen Sie denn, ich sei nicht vorsichtig genug gewesen?«
Es ist zwecklos – es wäre geschmacklos –, wenn ich Ihnen im einzelnen erzählen wollte, wie ich aus diesen Worten Nutzen zog. Ich haßte (so sagte ich ihm) die bei diesem Thema üblichen Redensarten, aber ich müsse ihm sagen, im allgemeinen werde man – in jedem englischen, jedem französischen Kreise – über ihn urteilen, daß er gezeigt habe, was man ein verdächtiges Interesse nenne.
»Ein verdächtiges Interesse woran? Ein verdächtiges Interesse an wem? Es kann doch nicht der Eindruck entstehen, daß man sich für vier Frauen gleichzeitig interessiert hat.«
»Gewiß nicht. Aber gibt es nicht eine, bei der es aussieht, als hätten Sie sie besonders ausgezeichnet?«
»Eine?« Wilmerding machte große Augen. »Sie meinen doch nicht die alte Dame?«
»*Commediante!* Rührt sich denn nicht Ihr Gewissen?«
»Mein Gewissen? Was hat denn das damit zu tun?«
»Dann nennen Sie's die Empfindung dafür, wie die Affäre auf ein altes Vorurteil gewirkt haben mußte.«
»Die Affäre, welche Affäre?«
»Seien Sie ehrlich: Können Sie das nicht erraten? Bestimmt ist doch da eine der jungen Damen, auf die die Formen des Anstands mit ziemlich deutlichem Finger weisen.«
Er zögerte; dann rief er: »Um Himmels willen – Sie meinen doch nicht etwa Veronica?« Der flehentliche Klagelaut, in dem er diese Frage hervorbrachte, war nahezu tragisch, und einen Augenblick schwankte sein Schicksal auf der Waage. Ich war drauf und dran, ihn freizugeben – wenn ich mich so ausdrücken darf –, wenn ihm das Mädchen wirklich derart zuwider war. Es war eine Enthüllung – ich hatte nicht gewußt, wie sehr er sie verabscheute. Doch in dieser Sekunde hielt ein Wagen nahe der Stelle, wo wir stehengeblieben waren, und als ich mich umdrehte, sah ich, daß zwei mir bekannte Damen darin saßen. Sie grüßten mich und schickten sich an auszusteigen, so daß ich hineilen und behilflich sein mußte. Doch vorher sagte ich meinem Begleiter: »Machen Sie sich nur keine Sorgen! Über all das wird Gras wachsen!«
»Das ist auch nötig, glauben Sie mir!« Ich hörte, wie er das

herausstieß, als ich ihn stehenließ. Er widmete sich dann wieder dem Anblick von San Pietro. Meine Damen verließen ihren Wagen und wollten etwas spazierengehen, und so verbrachte ich fünf Minuten mit ihnen; als ich darauf nach Wilmerding Ausschau hielt, war er verschwunden. Er hatte seine letzten Worte in einem so scharfen, ungeduldigen Ton gesprochen, daß ich beruhigt war. Ich hatte ihn aus der Fassung gebracht, aber meine Wette mit Montaut gewonnen.
Spät an jenem Abend (ich war eben nach Hause gekommen – ich verbrachte niemals den Abend in meinen vier Wänden) läutete meine Hausglocke, und mein Diener teilte mir mit, der *Signorino* von der Amerikanischen Botschaft wünsche mich zu sprechen. Wilmerding wurde hereingeleitet; er war sehr blaß, so blaß, daß ich annahm, er wolle Satisfaktion von mir verlangen, da ich versucht hätte, ihn zum Narren zu halten. Darum handelte es sich indessen nicht, wie sich bald herausstellte, handelte es sich keineswegs: Er wollte Aufschluß haben, doch in einer ganz anderen Richtung. Er hatte nur den Wunsch, die Wahrheit zu erfahren, mir zwei oder drei aufrichtige Fragen zu stellen. Natürlich hätte ich ihm sofort sagen müssen, daß ich ihn nur für ein kleines psychologisches Experiment benutzt hätte. Aber das tat ich nicht, und in dieser Unterlassung bestand meine große Schuld. Zu meiner Entlastung kann ich lediglich anführen, daß ich Bedenken trug, Montaut zu verraten. Außerdem war mir ein wenig an meinem Experiment gelegen. Der Gedanke hatte etwas Faszinierendes für mich, daß er bereit sein könnte, das höchste Opfer zu bringen, falls ihm klarwerden sollte, daß er einem unschuldigen Mädchen, einer vertrauenden Mutter seine Mißachtung bezeugt und ihnen eine Enttäuschung bereitet hatte, mochte diese auch nur konventioneller Natur sein. Ich drang in ihn, er möge mir doch gestatten, die Geister zu besänftigen, die ich so unbedacht gerufen hatte, zugleich aber war ich gespannt darauf, was er tun würde, falls der Gedanke der Wiedergutmachung Macht über ihn gewönne. Gewiß würde er dann konsequent vorgehen, und es müßte sonderbar sein, das zu beobachten. Ich erinnere mich, daß ich ihm sagte, bevor er sich empfahl: »Haben Sie wirklich ernsthafte Einwände gegen Veronica Goldie?« Ich glaubte, er würde mir antworten: »Ich finde sie greulich!« Er erwiderte indessen: »Ernsthafte Einwände? Ich habe Mitleid mit ihr, falls ich sie irregeführt habe.«

»Frauen haben offenbar ein leichtes Leben in Ihrer Heimat!« sagte ich und hoffte, diese Bemerkung würde zu seiner Beruhigung beitragen. Trotzdem begab ich mich am nächsten Tage, in den frühen Nachmittagsstunden, zu seiner Wohnung, da ich immer noch in Sorge war. Ich hatte, was selten vorkam, einen arbeitsreichen Vormittag hinter mir, und dies war der erste Augenblick, den ich erübrigen konnte. Wilmerding wohnte entzückend in einem alten Palazzo mit Garten und einem alten Portier, dem ein alter Hut schief auf dem Kopf saß und dem der Rock bis zu seinen an den *Portone* gelehnten Fersen hinabreichte. Von diesem Bediensteten erfuhr ich, daß der *Signorino* Rom vor einer Stunde in einem Zweispänner verlassen hatte: er war nach Frascati zurückgekehrt und hatte einen Diener und einen Handkoffer mitgenommen. Diese Nachricht trug nicht gerade in dem erhofften Maße zu meiner Beruhigung bei, und so schaute ich ziemlich ratlos drein und fühlte mich wohl auch entsprechend, während ich darüber nachdachte. Einen Augenblick später überraschte mich Guy de Montaut in dieser Haltung, während er mit dem Schritt eines Mannes, der dem gleichen Abenteuer nachjagte wie ich selber, den Hof betrat. Wir blickten einander an – er lachend, ich stirnrunzelnd –, und dann sagte ich: »Das gefällt mir nicht – er ist fort!«

»Fort nach Amerika?«

»Im Gegenteil, zurück nach Frascati.«

Montaut lachte laut auf und rief: »Natürlich gefällt dir das nicht! Gib mir bitte das Geld, das ich bei unserer Wette gewonnen habe.«

»Nur sachte! Was beweist dir denn, daß du's gewonnen hast?«

»Nun, daß er dorthin unterwegs ist – nach der Unterhaltung, die ich heute früh mit ihm hatte.«

»Worüber hast du dich denn heute früh mit ihm unterhalten?«

Montaut blickte auf den alten Portier, der uns freilich nicht verstehen konnte, aber seine hellsichtigen italienischen Augen zwischen uns hin- und herwandern ließ, als ob er den Braten röche. »Komm und begleite mich, dann werde ich's dir erzählen! Es ist wirklich drollig!« fuhr er fort, während wir wieder auf die Straße traten. »Der arme Junge hat mich aufgesucht.«

»Um dir ein Treffen vorzuschlagen?«

»Keineswegs: um meinen Rat einzuholen.«

»Deinen Rat?«

»Wie er sich unter diesen Umständen verhalten solle. *Il est impayable!*«

»Und was hast du ihm gesagt?«

»Veronica sei eines der reizendsten Geschöpfe, das ich jemals gesehen hätte.«

»Du solltest dich schämen!«

»*Tudieu, mon cher*, das solltest du ebenso, wenn es darum geht!« erwiderte Montaut, während er seine Hand aus meinem Arm zog. »Von mir gilt das gleiche. Wir sind alle beide Schurken!«

»Sprich nur für dich selbst! Ich hätte das nie im Leben verpassen wollen!«

»Was hättest du nicht verpassen wollen?«

»Den Besuch, den er mir heute gemacht hat: solch eine Schaustellung!«

»Was hat er zur Schau gestellt?«

»Das Verlangen, korrekt zu sein – aber in welch einem Maße! Ihr seid wirklich eine Rasse für sich, *vous autres!*«

»Wirf nur nicht ihn und mich in einen Topf!« sagte ich, »der unermeßliche Ozean scheidet uns. Außerdem hast ja gerade du dich für ein korrektes Verhalten eingesetzt. Daß du darauf bestandest, was er anständigerweise tun sollte – was die Familie billigerweise von ihm erwarten durfte –, das allein war die Ursache des Verhörs, auf das ich mich (gestern, als ich ihn in San Pietro traf) so unbesonnen einließ.«

»Mein Lieber, das schönste dabei ist, daß die Familie keinerlei Druck auf ihn ausgeübt hat, das ist etwas, das ich für selbstverständlich gehalten hatte. Er braucht keinen Anspruch anzuerkennen, da keiner angemeldet worden ist. Er sagte mir, die Honourable Blanche habe nach der Eskapade ihrer Tochter mit ihm überhaupt nicht den Mund aufgetan. *Ces Anglaises!*«

»Vielleicht ist das die Art, wie sie ihren Anspruch vorbrachte«, meinte ich. »Aber warum zum Teufel konnte dann *er* nicht den Mund halten?«

»Er denkt genauso: daß sie wohl aus Zartgefühl geschwiegen hat. Er ist unbezahlbar!«

»Man stelle sich vor, daß es ihm in solch einer Sache an gutem Rat fehlt!« stöhnte ich sehr beunruhigt. Wir waren unter den Fenstern des Palazzo stehengeblieben; der schlaue Portier beobachtete uns noch immer vom Eingang aus.

»Du solltest lieber sagen: an Unterrichtung«, sagte Montaut.

»Aber ich habe ihn gestern abend eingehend unterrichtet! Er kam zu mir. Er wollte mehr wissen: er wollte ganz sichergehen! Es kam ihm auf einen ehrlichen Eindruck an; er bat mich, ihm den Gefallen zu tun und ganz offen zu sprechen. Hatte er tatsächlich – ja oder nein – meiner Meinung nach Erwartungen erweckt? Ich sagte ihm, das sei meiner Meinung nach tatsächlich zu bejahen! – Ich werde hinter ihm herfahren«, erklärte ich; »ich werde ihn einholen, ihn zurückbringen!«

»Das ist dann aber kein *fair play*!«

»Was schert mich das! Der Gute darf nicht sein Leben opfern!«

»Worin besteht denn das Opfer? – Sie taugt ebensoviel wie er. Ich habe nichts gegen Veronica – sie hat Möglichkeiten und auch sehr hübsches Haar. Was für Ansprüche kann *er* denn stellen? Er ist rührend, aber er ist nur ein Baumwollspinner und ein Dummkopf. Außerdem fühlt sich ein *aimable Français* unangenehm berührt, wenn er mit ansehen muß, wie drei unvermählte Jungfrauen der Reihe nach verdorren. Euch ist so etwas egal, aber es verletzt unser Formgefühl: unseren Sinn für passende Arrangements. Mädchen heiraten eben, *que diable!*«

»Ich darf bemerken, daß sie dich nicht heiraten«, rief ich.

»Ich verstecke mich ja auch nicht mit ihnen im Gebüsch. Laß ihn nur machen: Ich sehe es gern, wenn Leute handeln, wie es ihrem Charakter entspricht. Bitte, verdirb das nicht – es wird großartig. Was für eine Geschichte es da zu erzählen gibt!«

»Zu *erzählen?* Wir werden ewig erröten deswegen. Außerdem können wir sie auch dann erzählen, wenn er nichts unternimmt.«

»Das gilt nicht für mich: ich werde prahlen damit. Ich werde eine gute Tat vollbracht haben, ich habe so einem Mädchen ohne Mitgift die Zukunft gesichert, *assurie un sort!*«

Montaut hielt mich wiederum fest, denn ich drohte, hinter Wilmerding herzulaufen; statt dessen brachte er mich dazu, daß ich eine halbe Stunde mit ihm spazierenging. Er gab sich einige Mühe, mich davon zu überzeugen, daß ein weiteres Eingreifen einen ungerechtfertigten Nachteil für Veronica Goldie bedeutet hätte. Offenbar habe sie nun einen Mann bekommen – ich sei nicht berechtigt, ihn ihr aus den Armen zu reißen.

»Es war nicht meines Amtes, einen Mann für sie zu finden.«

»Du hast ihn durch Zufall gefunden, und dabei kannst du es bewenden lassen.«

»Es war nicht meines Amtes, ihn auf die Probe zu stellen.«
»Du glaubtest, er würde widerstehen.«
»Ich finde das nicht so komisch wie du«, sagte ich düster.
»Das komische dabei ist, daß er keinen Gegenwert erhalten hat«, entfuhr es Montaut.
»Keinen Gegenwert?«
»Er bezahlt für etwas, was er gar nicht besessen hat, nehme ich an. Es ist eine Wiedergutmachung ohne einen Schaden.«
»Es ist ein Schaden, der nicht provoziert wurde«, erwiderte ich und riß mich von ihm los.
Ich ging geradenwegs in die Ställe, wo sich mein Pferd befand – wir alle hielten uns in jener Zeit Pferde in Rom, denn die Campagna war ein unvergleichliches Reitgelände –, und ordnete an, das Tier sofort zur Porta San Giovanni zu bringen. Das geschah mit einiger Verzögerung, denn ich erreichte diesen Ort geraume Zeit bevor das Pferd eintraf, obwohl ich mich zuvor noch umgezogen hatte. Als es kam, sprang ich in den Sattel und stürmte durch das Tor. Bald war ich auf Wiesengrund und ließ dem guten Tier freien Lauf; diesen kräftigen Nachmittagsgalopp werde ich niemals vergessen. Er kam mir damals nahezu historisch vor, und ich dachte an all die berühmten oder in Gedichten und Romanen verherrlichten Ritte, die einer unternommen hatte, um gute oder schlechte Nachrichten zu überbringen, um vor Gefahren zu warnen, um Städte zu retten, um Hinrichtungen aufzuhalten. Mir war, als wäre es jetzt auch mein Ziel, eine Hinrichtung aufzuhalten. Ich schlug die Richtung der Via Appia ein, auf der im Laufe der Zeiten so viele keuchende Rösser Funken aus den Steinen geschlagen hatten; die gespenstischen Aquädukte belauerten mich, während ich vorübereilte, und diese romantische Gedankenverbindung stimmte mich heroisch. Es war finster, als ich mich den Hügel von Frascati hinaufbemühte, aber in Wilmerdings Villa, der ich zunächst zustrebte, waren die Fenster erleuchtet. Ich ritt sofort in den Hof und rief nach ihm: ein Fenster stand offen; er schaute heraus und fragte in unverhohlenem Erstaunen, was mich aus Rom hergeführt habe. »Lassen Sie mich ein, dann erzähle ich's Ihnen«, sagte ich; darauf erschien sein Diener, der mich hineingeleitete und einem anderen Mitgliede des Haushalts auftrug, sich um mein Pferd zu kümmern.
Es war kein Kunststück gewesen, Wilmerding zu sagen, ich

würde ihm erzählen, weshalb ich gekommen sei: Als man mich in sein Zimmer geführt hatte, stellte sich das als nicht so einfach heraus. Da sah ich nämlich, daß etwas sehr Entscheidendes geschehen war; sein ganzes Aussehen verriet es mir sofort. Er war nur halb angezogen: er richtete sich fürs Abendessen, er sollte bei Mrs. Goldie speisen. Das erklärte er mir, ohne daß ich ihm irgendwelche Fragen gestellt hätte, und so fühlte ich mich bewogen, ich fürchte mit zitternder Stimme, zu sagen: »Sie haben sie also noch nicht gesehen?«

»Im Gegenteil: Gleich nach meiner Ankunft fuhr ich zur Villa der Goldies. Ich verbrachte dort diese zwei Stunden. Ich versprach ihnen, mich zum Diner wieder einzufinden; ich kam nur herüber, um mich etwas zu säubern.« Ich blickte ihn scharf an, und er fügte hinzu: »Ich habe mich verlobt.«

»Mit wem?« fragte ich; und die Frage kam mir albern vor, kaum daß ich sie ausgesprochen hatte.

»Nun, mit Veronica.«

»Die eine ist so gut wie die andere«, erwiderte ich, obwohl das nicht viel besser war. Dann drehte ich mich um und blickte aus dem Fenster ins Dunkel hinaus. Die Tränen stiegen mir in die Augen: ich war geritten wie ein Held, aber ich hatte die Stadt nicht gerettet.

»Was wollen Sie mir denn sagen?« fuhr Wilmerding fort.

»Nur daß ich Ihnen alles Glück wünsche, das Sie verdienen«, antwortete ich, wobei ich ihn wieder anblickte.

»Sind Sie nur *dafür* hier heraufgaloppiert?«

»Ich hätte es auch für weniger getan!« lachte ich gezwungen; aber er war sehr milde: er stürzte sich nicht auf mich. Offenbar waren sie alle sehr nett zu ihm gewesen – sie hatten ja auch guten Grund dazu! Veronica hatte ihm Sand in die Augen gestreut, und für den Augenblick hatte er sich mit seinem Schicksal abgefunden.

»Sie sollten am besten mitkommen und mit mir dort zu Abend essen«, sagte er.

»Bei einem so privaten, so besonderen Anlaß, wenn sie alle Sie für sich allein haben möchten? Nie im Leben!«

»Was wollen Sie dann hier anfangen, so ganz allein?«

»Zuerst werde ich mich waschen und mich umziehen, wenn Sie mir ein paar Sachen leihen.«

»Mein Diener gibt Ihnen alles, was Sie brauchen.«

Sein freundliches Wesen, seine Höflichkeit, die ungewöhnliche Ergebung, mit der er sich in seine unnötige Schicksalsprüfung schickte, erfüllten mich mit einer Art Angst, und ich beschloß, ihn sogar jetzt noch zu retten. Ich hatte eine plötzliche Eingebung – zumindest kam mir eine Idee, die Hilfe bringen konnte. »Offen gestanden bin ich nicht bloß so schnell von Rom hierhergeritten, um Ihnen als erster zu gratulieren. Ich habe Sie auf meinem Wege aufgesucht, vor allem will ich aber Mrs. Rushbrook besuchen.«

»Mrs. Rushbrook? Das nennen Sie auf Ihrem Wege? Sie wohnt in Albano.«

»Gewiß; und sobald ich mich etwas aufgefrischt und etwas Brot und Wein zu mir genommen habe, will ich zu ihr fahren.«

»Dazu brauchen Sie eine gute Stunde, in der Dunkelheit.«

»Das macht mir nichts aus – ich möchte sie sehen. Heute nachmittag kam mir dieser Gedanke.«

Wilmerding betrachtete mich eine Weile ohne irgendeine – sichtbare – Ironie und fragte mich dann ausgesprochen feierlich: »Wollen Sie ihr einen Antrag machen?«

»Oh, wenn sie mich heiraten würde, wäre es mir recht! Aber sie will nicht. Jedenfalls jetzt noch nicht. Sie läßt mich zu lange warten. Trotzdem möchte ich sie besuchen.«

»Sie ist sehr reizend«, sagte Wilmerding schlicht. Er beendete seine Toilette und ging, um mit Veronica zu dinieren, während ich mich in ein anderes Zimmer begab, um mich selber umzuziehen. Sein Diener gab mir ein paar Sachen, die ich für die Nacht brauchte; denn ich beabsichtigte, in Albano im Gasthof zu schlafen. Ich war so entsetzt über das, was ich getan hatte oder nicht wieder hatte rückgängig machen können, daß ich mich nach einem Trost oder wenigstens nach einem guten Rat sehnte. Mrs. Rushbrook leuchtete vor mir in der Finsternis als die großherzige Spenderin solch eines Trostes.

## III

Es war keineswegs ungewöhnlich, daß ich ihr einen Besuch machte; recht ungewöhnlich war nur, daß ich für diesen Zweck solch eine Stunde wählte. Sie mußte annehmen, daß ich mich wieder in Rom häuslich eingerichtet hatte, aber es war zehn Uhr abends, als ich Albano erreichte und in dem alten Gasthaus auftauchte. Mrs. Rushbrook war noch nicht zu Bett gegangen, und sie empfing mich mit einer gewissen Bestürzung, obwohl unser Umgang auf der Annahme beruhte, daß sie stets erfreut sei, mich zu sehen. Ich bestellte Abendessen und ein Zimmer für die Nacht, aber ich konnte keinen Bissen anrühren, bevor ich nicht die geräumige und gewölbte Stube betreten hatte, die sie als Salon benutzte und deren pompöse Kahlheit in jedem anderen Lande als Italien vulgär gewirkt hätte. Sie fragte mich sofort, ob ich schlechte Nachrichten bringe, und ich antwortete: »Ja, aber sie betreffen nur mich. Das ist eigentlich nicht genau«, fügte ich hinzu, »es handelt sich um Henry Wilmerding.«

»Henry Wilmerding?« Sie schien im ersten Augenblick sich des Namens nicht zu erinnern.

»Er wird Veronica Goldie heiraten.«

Mrs. Rushbrook machte große Augen: »*Que me contez-vous là*? Sind Sie diesen weiten Weg gekommen, um mir das zu erzählen?«

»Aber er ist ... es ist alles abgemacht ... es ist furchtbar!« fuhr ich fort.

»Was geht mich das an, und was meinen Sie damit?«

»Ich bin in der Klemme, und ich möchte, daß Sie mir einen Rat geben und mir wieder heraushelfen«, beharrte ich.

»Mein armer Freund, dann müssen Sie mir das etwas näher erklären«, lächelte sie. »Setzen Sie sich doch bitte – und haben Sie schon zu Abend gegessen?«

Sie hatte in der einen Ecke ihres verblichenen Salons gesessen, in dem, da die Herbstnacht in Albano frisch war, ein Reisigfeuer in der großen, marmorumkleideten Höhlung des Kamins knisterte. Ihre Bücher, ihre Arbeit, ihre Schreib- und Zeichenmaterialien waren in der Nähe verstreut: der Platz war ein behaglicher, in Lampenlicht getauchter Winkel inmitten der allgemeinen Leere. Ein Klavier stand nicht weit davon, und dahinter befanden sich die Türen weiterer Zimmer, in deren einem die kleine Tochter meiner Gastgeberin schlief. Diese Anzeichen, die für Beschäftigung und Unabhängigkeit sprachen, hatten für mich immer etwas leicht Bedrückendes: sie schienen den Boden zu begrenzen, von dem aus man sich in eigener Sache an sie wenden konnte.

»Ich bin müde und hungrig«, sagte ich, »aber ich kann nicht an

mein Abendessen denken, bevor ich nicht mit Ihnen gesprochen habe.«
»Haben Sie die ganze Strecke von Rom bis Albano hinter sich?«
»Mehr noch, denn ich war in Frascati.«
»Und wie sind Sie hierhergekommen?«
»Ich habe mir einen Zweispänner in Frascati gemietet – der Mann hat mich herübergefahren.«
»So spät! Hatten Sie keine Angst vor Räubern?«
»Nein, denn es handelte sich ja darum, Sie zu sehen. Sie müssen etwas für mich tun – Sie müssen der Sache ein Ende machen.«
»Was muß ich tun, und welch einer Sache muß ich ein Ende machen?« sagte Mrs. Rushbrook und setzte sich.
»Dieser abscheulichen Verbindung – sie ist zu unnatürlich.«
»Jetzt begreife ich. Veronica soll jemanden heiraten, und Sie möchten das Mädchen für sich selber haben.«
»Seien Sie nicht so grausam, und quälen Sie mich nicht – ich bin schon geplagt genug. Sie wissen genau, wen ich heiraten möchte«, stieß ich hervor.
»Wie kann ich denn irgend etwas ein Ende machen?« fragte Mrs. Rushbrook.
»Wenn ich Sie so sehe, zu Hause, zwischen Kaminfeuer und Lampe mit dem leeren Platz an Ihrer Seite – ein Bild reizender Häuslichkeit –, glauben Sie, dann könnte ich noch daran zweifeln, was ich brauche?«
Sie ließ ihre Augen auf den Flammen ruhen, als sänne sie über meine Worte nach: eine Geste sittsamer Höflichkeit und gefälliger Form. Doch gleich danach sagte sie: »Wenn Sie hierhergekommen sind, um mir eine Liebeserklärung zu machen, dann sagen Sie das bitte gleich, damit wir es sofort erledigen können. Sie werden keinen Gewinn davon haben.«
»Ich bin nicht so dumm, Ihnen solch eine Chance zu bieten, damit Sie mir einen Korb geben können. Das wäre anmaßend, und hinter meinem Vorhaben heute abend steht äußerste Bescheidenheit. Glauben Sie also nicht, Sie hätten dadurch einen Vorteil gewonnen, daß Sie mich an den mir gebührenden Platz zurückverwiesen. Sie haben nichts dergleichen getan, denn ich habe diesen Platz gar nicht verlassen – abgesehen freilich davon, daß ich Wilmerding einen üblen Streich zu spielen versuchte. Die Folgen waren sogar noch schlimmer, als zu erwarten stand. Sie sind klug, Sie sind sympathisch, Sie sind gütig.«

»Was hat das mit Wilmerding zu tun?«

»Versuchen Sie, ihn loszueisen. So etwas kann nur eine Frau fertigbringen.«

»Ich kann Ihnen überhaupt nicht folgen, wissen Sie! Wer ist Wilmerding?«

»Sie erinnern sich bestimmt an ihn – Sie haben ihn in Frascati, in Rom gesehen. Den jungen Mann, der immer die Tür für Sie öffnet und die Dinge findet, die Sie verlieren.«

»Die Dinge, die ich verliere?«

»Ich meine die Dinge, die Frauen zu verlieren pflegen. Er war neulich mit uns auf dem Monte Cavo.«

»Und ging dort selber mit dem Mädchen verloren. Ach ja, ich erinnere mich«, sagte Mrs. Rushbrook.

»Es war die schwärzeste Stunde seines Lebens, oder vielmehr des meinen. Ich sagte ihm, danach bliebe ihm nur noch eines übrig, nämlich Veronica zu heiraten. Und er glaubte es mir.«

»Glaubt er denn alles, was Sie ihm sagen?« fragte Mrs. Rushbrook.

»Spotten Sie nicht, denn ich fühle mich sehr elend. Er verabscheut Veronica.«

»Weshalb heiratet er sie dann?«

»Weil ich ihn bearbeitet habe. Es ist komisch – und trotzdem entsetzlich.«

»Er ist ein Idiot – kann er sich denn nicht selber ein Urteil bilden?«

»Er heiratet sie, weil es die guten Manieren verlangen. Ich habe ihn davon überzeugt, daß sie es fordern.«

»Und ist das nicht der Fall?«

»Nicht im geringsten!«

»War das *Ihre* Vorstellung von guten Manieren? Weshalb haben Sie das getan?«

»Ich habe es nicht getan: ich habe einen Rückzieher gemacht, sobald ich erkannte, daß er mir glaubte. Aber es war zu spät. Außerdem hatte ein Freund von mir seine Hand im Spiel – er ging noch weiter als ich. Ich kann Ihnen ruhig sagen, wer es ist: Guy de Montaut, der kleine Franzose von der Botschaft, an den Sie sich erinnern werden – er gehörte ebenfalls zu unserer Gesellschaft auf dem Monte Cavo. Miteinander, nur aus Spaß, ohne uns etwas Böses dabei zu denken, haben wir diese

Sache in Gang gebracht. Und jetzt plagt mich mein Gewissen: Es war keine Leistung, auf die man stolz sein kann.«

»Worin bestand denn der Witz?« erkundigte sich Mrs. Rushbrook mit einer Gemütsruhe, die mich erbitterte.

»Fragen Sie mich jetzt nicht danach: ich weiß es nicht. Es kommt mir gemein vor.«

»Und fühlt sich Herr Montaut irgendwie zerknirscht?«

»In keiner Weise – er betrachtet die Sache vom Standpunkt der Goldies aus. Veronica ist eine *fille sans dot*, sie hat keine Mitgift und ist nicht allgemein beliebt; daher hat sie wenig Aussichten. Er hat dafür gesorgt, daß ihr ein Ehemann über den Weg lief: ein reicher, gutartiger junger Mann ohne Hinderungsgründe und mit glänzendem Charakter. Er hat einen Dienst erwiesen, wo ein Dienst gebraucht wurde, er ist darauf richtig stolz.«

Mrs. Rushbrook betrachtete mich nachdenklich, als wäre sie bemüht, mir ihre ganze Aufmerksamkeit zu widmen und diese sonderbare Geschichte in Ordnung zu bringen.

»Ist Mr. Wilmerding reich?« fragte sie nach einer Weile.

»Du lieber Himmel, ja – recht wohlhabend.«

»Und ein guter Charakter?«

»Ein Prachtkerl – untadelig.«

»Dann begreife ich ihn nicht.«

»Ich auch nicht!«

»Was können wir denn da tun? Wie sollen wir eingreifen?« fuhr sie fort.

»Das würde ich gern von Ihnen hören. So etwas ist Frauensache – deshalb habe ich Sie ja hier überfallen. Sie müssen sich etwas ausdenken, Sie müssen etwas versuchen.«

»Mein lieber Freund, was in aller Welt geht mich Mr. Wilmerding an?«

»Er sollte Sie etwas angehen, er ist ein Ritter wie im Märchen. Tun Sie's wenigstens mir zuliebe!«

»Ach, Ihnen zuliebe!« lachte meine Gastgeberin.

»Haben Sie denn kein Mitleid mit mir – rührt Sie denn meine Lage nicht?«

»Nicht im geringsten! Sie ist grotesk.«

»Das liegt daran, daß Sie nicht im Bilde sind.«

»Worüber bin ich nicht im Bilde?«

»Nun, erstens, wie gemein es war, Wilmerding solch einen Streich zu spielen – einem Gentleman, der nie einer Fliege etwas zuleide getan hat; und zweitens, wie elend er dran ist und welch geringen Trost Veronica für ihn bedeuten wird.«

»Was ist denn mit Veronica – ist sie wirklich so übel?«

»Sie kennen sie ja alle – man möchte sie nicht gern heiraten. Stellen Sie sich nur einmal vor, daß man sich freiwillig unter Mrs. Goldies Regiment begibt! Das entscheidende bei Veronica ist, daß er auch nicht im Traum an sie gedacht hätte, wäre er sich selbst überlassen geblieben. Das ist doch genug.«

»Sie sagen, er habe keinen Fehler«, erwiderte Mrs. Rushbrook. »Aber ist es nicht ein ziemlicher Fehler, wenn man solch ein Einfaltspinsel ist?«

»Ich weiß nicht, vielleicht liegt es daran, daß meine Reaktion auf meine vorübergehende Leichtfertigkeit ziemlich überspannt, ziemlich krankhaft ist, aber er kommt mir so gar nicht wie ein Einfaltspinsel vor, daß ich wirklich der Meinung bin: Es ist äußerst anständig, was er sich vorgenommen hat. Wenn er unabsichtlich und in Unkenntnis der gesellschaftlichen Gepflogenheiten in einem ihm fremden Lande dem Anschein nach so weit gegangen ist, daß man mit Recht erwarten konnte, er werde noch weitergehen, ist er bereit, die Zeche zu zahlen. Der arme Junge, er zahlt für uns alle.«

»Er ist bestimmt sehr sanftmütig«, bemerkte Mrs. Rushbrook, »er ist, was man einen Trottel nennt.«

»*Que voulez-vous?* Er ist schlicht, er ist generös.«

»Ich verstehe, was Sie meinen – das gefällt mir.«

»Er würde Ihnen gefallen, wenn Sie ihn kennten. Er hat sich wie ein galanter Gentleman benommen – aus seinem Pflichtgefühl heraus.«

»Es ist sehr anständig«, murmelte Mrs. Rushbook.

»Er ist zu gut für Veronica«, fuhr ich fort.

»Und Sie möchten, daß ich ihr das sage?«

»Nun, etwas Ähnliches. Ich möchte, daß Sie die Sache in Ordnung bringen.«

»Besten Dank – das ist ja ein schöner Auftrag!« lachte meine Gesprächspartnerin.

»Suchen Sie bitte Mrs. Goldie auf, legen Sie sich bei ihr ins Mittel, flehen Sie sie an, daß sie ihn laufen läßt, sagen Sie ihr, sie habe ganz und gar nicht das Recht, eine vorübergehende Verirrung, einen überspannten Edelmut auszunutzen.«

»Meinen Sie nicht, es wäre Ihre Aufgabe, das alles zu tun?«

»Können Sie sich vorstellen, daß das irgendwelchen Nutzen brächte – daß sie ihn freigeben würden?« fragte ich.
»Wie soll ich das wissen? Sie könnten es versuchen. Hat ihn Veronica sehr gern?« fuhr Mrs. Rushbrook fort.
»Ich glaube nicht, daß eine von ihnen jemanden wirklich sehr gern haben kann, der nicht ›schick‹ ist. Sie wünschen sich gewisse Dinge, zu denen Wilmerding – als Amerikaner oder als Typ – überhaupt keine Beziehung hat. Er ist in keiner Weise ›schick‹ in ihrem Sinn.«
»O ja, in *ihrem* Sinn: das kenne ich. Es ist kein hübscher Sinn!« rief Mrs. Rushbrook mit einem kritischen Seufzer.
»Gleichzeitig möchte Veronica um ihr Leben gern heiraten, und sie sind entzückt über sein Geld. Das wiegt die Mängel auf«, erläuterte ich.
»Und hat er denn so viel?«
»Mehr als genug. Ich weiß das durch seinen Lebensstil.«
»Er ist Amerikaner, sagen Sie? Man kennt die Amerikaner nicht.«
»Wie meinen Sie das: Man kennt sie nicht?«
»Sie sind mir kein Begriff. Man trifft nicht viele.«
»Es wäre bedauerlich, wenn sie alle so wären wie Wilmerding. Aber das kann nicht sein. Sie müssen ihn kennenlernen: ich bin sicher, er wird Ihnen gefallen.«
»Ich kann mich jetzt wieder auf ihn besinnen; ich sehe sein Gesicht vor mir«, sagte Mrs. Rushbrook. »Sieht er nicht ganz gut aus?«
»Einigermaßen; aber ich nenne ihn gern einen zweiten Antinous, wenn Sie sich deshalb für ihn interessieren.«
»Was ich dabei nicht verstehe, ist *Ihre* Verantwortung«, bemerkte meine Freundin nach einer Weile. »Wenn er so drängt und darauf besteht – worin liegt dann Ihre Schuld?«
»Oh, es geht alles darauf zurück. Ich habe ihm diese Idee in den Kopf gesetzt, seinen Geist verführt. Ich brachte ihn auf den verhängnisvollen Weg – ich gab ihm den ersten Anstoß.«
»Weshalb können Sie ihm dann nicht Ihre Missetat bekennen?«
»Ich *habe* sie ihm bekannt, das heißt: beinahe. Ich schwächte ab, ich widerrief, als ich sah, wie ernsthaft er darauf einging; ich tat, was ich konnte, um ihn zurückzureißen. Ich ritt heute hinter ihm her und brachte dabei fast mein Pferd um. Doch es war umsonst – er hatte so entsetzlich schnell gehandelt.«
»Wie schnell, meinen Sie?«

»Ich will damit sagen, daß er ein paar Stunden, bevor ich mit ihm sprach, um Veronica angehalten hat. Er konnte es nicht einen Augenblick länger ertragen – ich meine, daß man fand, er habe sich gemein benommen.«

»Er ist wirklich ein Ritter!« murmelte Mrs. Rushbrook.

»*Il est impayable*, wie Montaut sagt. Montaut hat ihn bedenkenlos hinters Licht geführt. Ich glaube wirklich, es war Montaut, der bei ihm den Ausschlag gab.«

»Haben Sie ihm also gesagt, daß es ein Streich war?« fragte meine Gastgeberin.

Ich zögerte: »Nein, nicht so ganz.«

»Haben Sie Angst, daß er Ihnen die Kehle durchschneidet?«

»Durchaus nicht. Ich würde ihm meine Kehle opfern, wenn das etwas nützte. Aber er würde sie mir durchschneiden und dann seine eigene. Mit anderen Worten: Er würde das Mädchen immer noch heiraten.«

»Vielleicht liebt er sie wirklich«, gab Mrs. Roshbrook zu bedenken.

»Ich wünschte, ich könnte das annehmen.«

Sie schwieg eine Weile; dann fragte sie: »Liebt er jemand anders?«

»Nicht, daß ich wüßte.«

»Nun schön«, sagte Mrs. Rushbrook, »soweit ich sehe, ist das einzige, was Sie tun können, ihm Veronica wegzunehmen.«

»Veronica wegzunehmen?«

»Das wäre die einzige wirkliche Wiedergutmachung. Gehen Sie morgen zu Mrs. Goldie und erzählen Sie Ihre kleine Geschichte. Sagen Sie ihr: Ich möchte die Heirat verhindern, und ich habe mir das hierfür wirksamste Mittel ausgedacht. Wenn ich sie nehme, läßt sie ihn frei, nicht wahr? Bitte nehmen Sie infolgedessen zur Kenntnis, daß ich sie bestimmt heiraten werde.«

»Ich wäre beinahe dazu bereit. Ich habe wahrhaftig schon daran gedacht«, erwiderte ich. »Aber Veronica würde mich nicht nehmen.«

»Wie können Sie das wissen? Es ist Ihre Pflicht, es zu versuchen.«

»Ich habe kein Geld.«

»Nein, aber Sie sind schick. Und außerdem charmant.«

»Oh, Sie sind grausam – ich tue Ihnen nicht so leid, wie mir lieb wäre!« entgegnete ich.

»Ich dachte, Sie wünschten von mir, daß mir Mr. Wilmerding leid tun solle. Sie müssen mich mit ihm besuchen«, sagte Mrs. Rushbrook.

»Liegt Ihnen denn so wenig an mir, daß Sie ruhig zusehen könnten, wie ich eine andere Frau heirate? Ein schöner Ton, in dem Sie davon reden!« schrie ich.

»Geschähe nicht das alles Ihrem guten Namen zuliebe? Daran ist mir gelegen«, lachte sie.

»Ich werde Sie morgen mit Mr. Wilmerding aufsuchen; *er* wird Sie schon ernst stimmen«, erklärte ich.

»Tun Sie das, ich werde mich freuen, ihn zu sehen. Aber gehen Sie unbedingt auch zu Mrs. Goldie – Sie sind dazu verpflichtet.«

»Weshalb ich? Weshalb sollte nicht Montaut sie heiraten?«

»Sie vergessen, daß er keine Gewissensbisse hat.«

»Und ist das das einzige, was Sie mir empfehlen können?«

»Ich werde es mir überlegen – morgen gebe ich Ihnen Bescheid«, sagte Mrs. Rushbrook. »Inzwischen gefällt mir Ihr Amerikaner – er wirkt so ungewöhnlich.« Ich entsinne mich, daß sie außerdem noch rief, bevor wir uns trennten: »Ihr armer Wilmerding – er *ist* ein Ritter! Aber ein Diplomat – nein!«

Wir verabredeten, daß sie am nächsten Tage mit mir nach Frascati hinüberfahren sollte; und das Fuhrwerk, das mich nach Albano gebracht hatte und die Nacht über im Gasthof geblieben war, beförderte uns am späten Vormittag in entgegengesetzter Richtung: am Hang der Berge entlang, auf der entzückendsten Straße der Welt, durch Haine und Gärten, vorbei an Monumenten und Ruinen sowie an den braunen alten Dörfern mit den feudalen und päpstlichen Torbögen, die über der historischen Ebene thronen. Wenn ich Mrs. Rushbrook bat, mich zu begleiten, so war der große Charme ihrer Gesellschaft dafür Grund genug. Überdies war herrliches Wetter, und eine Spazierfahrt in solcher Umgebung war jedenfalls eine Spazierfahrt. Davon abgesehen verknüpfte ich immer noch den Gedanken an Rat und Hilfe mit Mrs. Rushbrooks Gegenwart, obwohl sie für meine Schwierigkeiten noch kein annehmbares Heilmittel vorzuschlagen wußte. Sie hatte mir gesagt, sie wolle darüber nachdenken, und versicherte mir jetzt, sie habe es versucht, aber der erleuchtende Gedanke, der alles in Ordnung bringen würde, sei ihr noch nicht gekommen.

Das einzige, was sie mir zu sagen vermöchte, sei, daß die Heirat wahrscheinlich gar nicht stattfinden würde. Es könne noch allerhand dazwischenkommen; ich solle mich nur beruhigen; das Mädchen werde schon herausfinden, wie wenig der arme Wilmerding mit dem Herzen beteiligt sei, und nicht so grausam sein, ihn zum Altar zu schleifen. Ich gab mir redliche Mühe, die Dinge ebenso zu sehen, aber durch mein Vergrößerungsglas konnte ich nur Veronicas Grausamkeit entdecken, und ich erinnere mich, daß ich auf unserer gemeinsamen Fahrt zu Mrs. Rushbrook sagte: »Ich frage mich, ob sie Geld nehmen würden.«

»Wessen Geld: Ihres?«

»Meins? Wieviel habe ich denn? Ich meine das Geld des armen Wilmerding.«

»Sie können sie ja jedenfalls fragen – das ist eine Möglichkeit«, erwiderte meine Begleiterin, woraus ich ersah, daß sie meine Intervention bei der Honourable Blanche als ganz selbstverständlich voraussetzte. Eine Zusammenkunft in einer so heiklen Sache war eine entsetzliche Aussicht, aber ich faßte mir ein Herz, je mehr ich zu erkennen glaubte, daß Mrs. Rushbrook der Meinung war, es sei das die geringste Anstrengung, die ich meinem Ansehen schulde. Ich wünschte so sehr, mir ihre Gunst zu erhalten, daß ich zu allem bereit war, was ihr ritterlich erscheinen mußte: ich wollte genauso als ein »Ritter« dastehen wie der unglückliche Wilmerding. Vor allem hoffte ich – wobei ich freilich insgeheim an der Vorstellung festhielt, das Taktgefühl einer klugen Frau sei unendlich –, daß sie statt meiner mit Mrs. Goldie oder Veronica selber sprechen werde. Sie hatte die Gabe, Dinge mit Geschick anzufassen, und ich nahm an, sie werde hiervon Gebrauch machen. Allerdings erhob sie Einspruch gegen jede derartige Erwartung und erklärte, eine Fürsprache ihrerseits sei äußerst geschmacklos und werde überdies auf die törichtesten Motive zurückgeführt werden: wie könne ich nur etwas so Augenscheinliches nicht einsehen! Wenn sie noch weiter versuchen sollte, etwas auszudenken, so gäbe es auch etwas, was ich tun könnte. Zum Glück sagte sie nicht wieder, die Lösung bestehe darin, daß ich Veronica »übernehmen« müsse; denn das hätte ich schwerlich ertragen können. Vielleicht werden Sie mich fragen, weshalb sie eigentlich aus diesem Anlaß nach Frascati mitkam, obwohl sie nichts vorzuschlagen hatte und aus der Sache herauszubleiben wünschte;

vor allem obwohl sie mich im allgemeinen nicht ermutigen wollte. Darauf kann ich nur erwidern, daß sie hierüber selber zu befinden hatte; ich war auch so weit davon entfernt, mit ihr über eine solche Gunstbezeigung zu streiten, daß ich mich nahezu glücklich fühlte, während wir zusammen in dem köstlichen römischen Wetter die Alleen mit ihren Steineichen entlangrollten.

Ich begab mich geradenwegs zu Mrs. Goldies Haus, als hätte ich zu einem Duell gehen müssen, und wir verabredeten, daß Mrs. Rushbrook zur Villa Mondragone fahren solle; nach dem unvollkommenen Versuch, meine Ehre zu retten, wollte ich mich ihr dort anschließen. Die Villa Mondragone – wahrscheinlich erinnern Sie sich an ihre pompös ausgemalten, verblichenen Räume und ihre herrliche Terrasse – war für das Publikum geöffnet, und jeder Freund des alten Rom war dankbar, wenn er einen Vorwand hatte, um auf dem malerischen, verwahrlosten, verwunschenen Gelände umherzuschlendern. Für uns alle in Frascati war sie ein beliebter Aufenthalt gewesen, aber Mrs. Rushbrook hatte nicht so viel von ihr gesehen wie wir anderen oder wie ihr lieb gewesen wäre.

Ich will lieber gleich sagen, daß ich nicht versuchen werde, Ihnen meine Begegnung mit der schrecklichen Witwe in lebhaften Farben zu schildern, denn bis zum heutigen Tage sehe ich alles nur verschwommen, durch Verlegenheit und Verwirrung und einen Rattenkönig von Schwierigkeiten hindurch, die wie eine Art Schleier ein monströses Gorgonengesicht verhüllten. Was ich Mrs. Goldie zu sagen hatte, war auch wirklich weder einfach noch angenehm, und die ganze Geschichte war so ungewöhnlich, daß sie eine triftige Entschuldigung hatte, wenn sie mich mit der steinernen Weigerung, etwas zu begreifen, anstarrte, während ich meinen Bericht herunterstammelte. Sie tat mir sogar eher leid, denn dies war nicht ein Bittgesuch, wie sie es füglich erwarten durfte, und bestimmt hatte ihre Phantasie noch nie zuvor solche Sprünge machen müssen. Ich glaube, zuerst hatte sie infolge meines sonderbaren Benehmens das unbestimmte Gefühl, ich wolle um die Hand einer ihrer anderen Töchter bitten; diese Illusion kann indessen nicht lange angehalten haben. Ich habe keine Ahnung mehr, in welcher Ordnung oder Reihenfolge wir unsere Erklärungen austauschten; ich weiß nur noch, daß sich Mrs. Goldie in einem bestimmten

Augenblick in gerechter Empörung erhob, um mich aus ihrer Gegenwart zu verbannen. All das gehörte zu der allgemeinen Aufregung; denn das Haus war durch den plötzlichen Entschluß seiner Herrin, nach Rom zurückzukehren, überrascht worden. Von dieser Absicht unterrichtete sie mich, sobald ich sie begrüßt hatte, und teilte mir selbstredend im gleichen Atem den wichtigen Grund hierfür mit. Veronicas Verlobung habe alle ihre Pläne geändert; sie solle sofort heiraten, da sich Abwesenheit und Aufschub nicht mit der amtlichen Tätigkeit des lieben Henry (der »liebe Henry« ließ mich zusammenfahren) vereinbaren ließen, und sie hätten auch keine Zeit für Unterhaltungen, da Schneider und Lieferanten schon warteten. Veronica sei mit dem lieben Henry spazierengegangen; und die anderen Mädchen seien mit einer ihrer Jungfern schon früh am Morgen nach Rom gefahren, um in der Wohnung in der Via Babuino nach dem Rechten zu sehen. Es erschien mir kennzeichnend für die Honourable Blanche, daß *sie* an Ort und Stelle geblieben war, als ob sie den lieben Henry festhalten wollte.

Diese Ankündigungen dienten mir natürlich als Anknüpfung für meine Einleitungsworte: »Sehen Sie denn nicht, daß er das alles nur aus Pflichtbewußtsein auf sich nimmt? Sie wollen doch nicht behaupten, Sie seien nicht sehr überrascht gewesen, als er seinen Antrag machte?« fragte ich unerschrocken.

Ich vertrat die Ansicht, es bestehe in Wahrheit *keine* Pflicht: Wilmerdings Pflichtgefühl sei krankhaft, und wenn man mit diesem Maß messe, könne ein jeder von uns eingefangen werden, bloß auf Grund des Herdentriebs, der unschuldigen Freude der Jugend an Geselligkeit. Ich legte ein offenes Geständnis ab und versuchte, die kleine Geschichte über den Irrtum meines unglücklichen Freundes plausibel zu machen. Ich bin nicht sehr stolz auf meine Verbindung mit jeder Phase dieser Episode; doch obwohl es eine heikle Sache war, einer Dame mitzuteilen, daß der ihrer Tochter gemachte Heiratsantrag ein grober Schnitzer gewesen sei, empfinde ich am wenigsten Scham über die Art, wie ich der Honourable Blanche entgegentrat. Mich stärkte hierbei die Empfindung, daß sie unehrlich war, als sie erklärte, sie sei nicht überrascht gewesen; sie habe geglaubt, der junge Mann sei dazu verpflichtet.

Das war Unsinn: ihre Überraschung war mindestens ebenso

groß gewesen wie ihre Befriedigung. Mich ärgerte auch, daß sie zuerst sofort unterstellte, ich wünschte eine Auflösung der Verlobung, weil ich selber insgeheim in das Mädchen verliebt sei. Bevor ich mich empfahl, unterwarf sie mich der entscheidenden Prüfung, so daß ich hinterher nicht in der Lage war, Mrs. Rushbrook zu sagen, eine Gelegenheit, mich als wirklich heroisch zu erweisen, habe sich nicht ergeben. Sie sah mich so seltsam an, wie mich noch nie eine alte Frau von Welt angesehen hatte, und machte mir damit ein Anerbieten, das stumm und wortreich zugleich etwa folgendes besagte: »Nun schön, ich sehe, worauf Sie hinauswollen, und obwohl Sie mit ihren französischen Narrenspossen eine hübsche Verwirrung angerichtet haben, kann es ja sein, daß, wenn der liebe Henry nicht mit dem Herzen beteiligt ist, das eben so bleibt und mein süßes, empfindliches Kind auf die Dauer einen zu hohen Preis für etwas bezahlen muß, das jetzt wie eine leidlich gute Partie aussieht. Alles in allem ist diese Partie nicht so glänzend, denn was wissen wir denn in Wahrheit von ihm oder von seinen obskuren Verwandten in jenem unmöglichen Lande, in das er meinen Liebling verpflanzen möchte. Er hat Geld, oder vielmehr Aussichten, aber sonst hat er nichts, und wer weiß etwas von amerikanischen Vermögen? Nichts ist offenbar gesichert oder vererbt. Wollen Sie sie selber, dann sollen Sie sie haben: Ich werde es dann übernehmen, die Sache mit Mr. Wilmerding in Ordnung zu bringen. Sie haben kein Geld und sind unangenehm, aber sie sind gescheit und besitzen gute Beziehungen; Sie werden in Ihrem Berufe aufsteigen – Sie werden Botschafter werden.«
Dies alles (es war eine ganze Menge) ließ mich Mrs. Goldie in dem seltsamen, langen, vertraulichen Blick wissen, mit dem sie mich plötzlich beehrte. Es war eine ganze Menge, aber es war noch nicht alles, denn ich begriff, daß sie noch hinzufügte: »Das wird ein Beweis dafür sein, ob Sie aufrichtig sind oder nicht, wenn Sie Ihren Freund aus dieser Klemme befreien möchten. Es ist die einzige Voraussetzung, unter der Sie es tun können. Falls Sie auf diese Bedingung eingehen, werde ich über die Kränkung, die Ihr jetziges Eindringen bedeutet, und die unsägliche Beleidigung meines Kindes gütigst hinwegsehen.«
Nein, ich konnte Mrs. Rushbrook nicht versichern, ich hätte nicht die Chance gehabt, etwas Nobles zu tun, denn ich erfaßte dieses Angebot genau, ich blickte ihm nüchtern ins Gesicht und

schüttelte traurig den Kopf. Ich wollte Wilmerding freibekommen, aber so weit wollte ich doch nicht gehen.

»Bitte, ist er über Ihr jetziges ungewöhnliches Vorgehen unterrichtet?« fragte Mrs. Goldie, während sie sich erhoben hatte, um mich zu verabschieden.

»Er hat nicht die leiseste Ahnung.«

»Und darf ich mir die Frage erlauben, ob Sie die Absicht haben, ihm mitzuteilen, auf welch skandalöse Art Sie sein Vertrauen mißbraucht haben?«

Sie war von großartiger Würde und Majestät.

»Wie könnte ich«, fragte ich kläglich. »Wie könnte ich das, ohne über die junge Dame, die er jetzt gelobt hat zu heiraten, unehrerbietige Worte zu gebrauchen? Sehen Sie nicht, wie sich meine Lage dadurch verändert hat?« jammerte ich.

»Ja, Sie wurden dadurch mit einem Zartgefühl begabt, das wirklich erstaunlich ist!« rief meine Gastgeberin mit einem höhnischen Lachen, das mir in den Ohren klang, als ich mich entfernte – das mir noch in dieser Stunde in den Ohren klingt. Ich begab mich zur Villa Mondragone und sah dort, nach einer viertelstündigen Suche, drei Personen – zwei Damen und einen Herrn – aus der Ferne auf mich zukommen. Ich erkannte sie bald als Mrs. Rushbrook, Veronica Goldie und Wilmerding. Die Zusammenstellung belustigte und befriedigte mich sogar, als ich ihrer ansichtig wurde, denn sie legte sofort den Schluß nahe, daß ein glücklicher Zufall Mrs. Rushbrook in die Lage versetzt hatte, sich selber ein Urteil darüber zu bilden, wie wenig einer ihrer Begleiter mit seinem Handel zufrieden war, und daß man sie entsprechend angespornt hatte, ihm zu Hilfe zu kommen. Wilmerding war ausgegangen, um eine öde Stunde mit seiner Braut zu verbringen; Mrs. Rushbrook, die dort umherschlenderte und auf mich wartete, hatte sie getroffen und war bei ihnen geblieben, als sie gewahr wurde, wie erfreut sie sich darüber zeigten, vom grimmigen Ernst ihres Beisammenseins befreit zu sein. Ich bedauerte das schlecht zusammenpassende Paar, bedauerte Veronica fast ebensosehr wie mein spezielleres Opfer und überlegte, während sie auf mich zuschritten, daß unsere charmante Freundin leider nicht immer zugegen sein würde, um ihnen diesen delikaten Dienst zu erweisen. Sie schien indessen darüber befriedigt, daß sie sich ihnen bereits so gefällig gezeigt hatte, und war offenbar sogar geneigt,

in ihrem »guten Werk« fortzufahren. Ich blickte sie scharf an, während ich merklich den Kopf schüttelte, und suchte ihr auf diese Weise zu verstehen zu geben, daß meine Attacke auf Mrs. Goldie kein Ergebnis gehabt hatte; darauf lächelte sie zurück, wie um mir zu sagen: »Oh, das macht nichts; ich glaube, es wird mir jetzt etwas einfallen.«
Wilmerding kam mir nicht so unglücklich vor, wie ich erwartet hatte, obwohl ich freilich wußte, daß er Manns genug war, um sich durch eine heroische Anstrengung den Anschein zu geben, daß er nicht im geringsten leide. Er schlug sofort vor, daß wir alle bei ihm zu Hause zu Mittag essen sollten, worauf Veronica, unschlüssig unter der Last der Verantwortung, bemerkte: »Meinst du nicht, daß Mama etwas dagegen hat, wenn ich mitkomme?«
Er beabsichtigte nicht, hierauf zu antworten; sein Schweigen war nahezu eine Andeutung, sie solle doch lieber heimgehen, wenn sie Zweifel habe. Mrs. Rushbrook regelte die Frage, indem sie erklärte, im Gegenteil werde das der Mama gerade sehr lieb sein. Sei sie, Mrs. Rushbrook, nicht im übrigen ein idealer Chaperon? Wir wanderten langsam zu Wilmerdings Villa, und es wunderte mich nicht, daß er mir Veronica völlig überließ. Er blieb mit Mrs. Rushbrook hinter uns zurück, und jedenfalls glückte es ihm, seinen Trübsinn hinreichend abzuschütteln, um ihr seine freudige Erregung zu bekunden, daß sie bereit gewesen war, seine Einladung anzunehmen. Während ich neben Veronica herging, fragte ich mich, ob ihr nicht allmählich dämmerte, daß sie mir diese plötzliche Aussicht auf einen Ehemann zu verdanken hatte. Ich glaube, sie dachte darüber nach, worauf das wohl zurückzuführen war. Ich sagte nichts, um sie in dieser Mutmaßung zu bestärken: Ich spielte nicht einmal auf ihre Verlobung an und erging mich erst recht nicht in hohlen Gratulationen. Sie hatte ein Recht, etwas Derartiges von mir zu erwarten, und mein Schweigen machte sie steif und verlegen. Sie fühlte sich jetzt bedeutend und gehörte zu jenen Mädchen, die die Bedeutung, von der sie durchdrungen sind, gern nach außen bekunden. Sie tat mir leid – es war nicht ihre Schuld, das arme Kind –, aber ich konnte sie nicht rundweg anlügen, konnte ihr nicht sagen, daß ich »entzückt« sei. Ich spürte, sie wartete darauf, daß ich den Mund auftat, und befürchtete sogar, sie würde mich schließlich fragen, ob ich denn nicht wisse, was mit ihr

geschehen sei. Ihr Stolz hielt sie indessen hiervon zurück, und ich blieb weiter stumm und bedauerte sie zugleich – bedauerte sie um so mehr, als ich gewiß war, daß sie durch keine mit meinem Besuch bei ihrer Mutter zusammenhängende Enthüllung von ihrer Täuschung geheilt werden würde. Mrs. Goldie würde ihr nie etwas davon erzählen.

Unsere improvisierte Mahlzeit bei Wilmerding verlief fast fröhlich; unser geselliges Beisammensein kurierte meinen Unmut, und ich vergaß für eine Weile, daß ich Gründe hatte, unzufrieden zu sein. Wilmerding war stets von entzückender Höflichkeit in seinem eigenen Hause und spielte den Hausherrn auf eine inständige, besorgte, großzügige Weise, während Mrs. Rushbrook an allem Unerwarteten und Zufälligen ihre Freude hatte. Unser Wagen wartete, um uns wieder nach Albano zu bringen, und wir boten unseren Tischgenossen an, sie ein Stück Wegs mitzunehmen, als es an der Zeit war, daß Wilmerding Veronica nach Hause brachte.

Vor dem Gartentor der Villa Mrs. Goldies setzten wir sie ab, nachdem ich die doppeldeutige Liebenswürdigkeit bemerkt hatte, mit der Mrs. Rushbrook, als der Wagen hielt, zu Veronica sagte: »Sie müssen ihn nach Albano mitbringen, um meinen Besuch zu erwidern!« Diese Worte wurden in meinem Interesse gesprochen, aber trotzdem ließ mich die vollendete weibliche Heuchelei leicht zusammenzucken. Ich wäre noch mehr zusammengezuckt, hätte ich vorausgesehen, was noch folgen sollte. Mrs. Rushbrook war während unserer Weiterfahrt meist schweigsam. Sie hatte zunächst bemerkt: »Jetzt, da ich die beiden zusammensehe, begreife ich, was Sie meinen«, und sie hatte mich auch gebeten, ihr alles zu erzählen, was mir über den armen Wilmerding bekannt sei – seine Lebenslage, seinen Charakter, seine Familie, seine Geschichte, seine Aussichten –, da sie ja, wenn sie sich wirklich der Sache annehmen sollte, über die Fakten Bescheid wissen müsse. Als ich alles berichtet hatte, was ich wußte, saß sie da und sann über meine Angaben nach, während sie zerstreut auf die purpurne Campagna blickte: dieser Ausdruck stand ihr entzückend. Ich gab ihr zu verstehen, daß wenig Zeit zu verlieren sei: Jeden Tag, den wir ihn seiner schlimmen Lage überließen, versinke er tiefer darin und sei schwerer daraus zu befreien.

Ich entsinne mich, daß ich sie fragte: »Gefällt er Ihnen denn

nicht – meinen Sie nicht, daß er es verdiente, eine Frau zu heiraten, der er wirklich zugetan ist?«
Ihre Antwort war ziemlich kurz: »O ja, er ist ein guter Mensch.«
Doch bevor wir Albano erreichten, fragte sie mich: »Und ist er wirklich reich?«
»Ich weiß nicht, was Sie ›wirklich‹ nennen – ich wünschte nur, ich hätte sein Taschengeld.«
»Und ist er generös, freigebig?«
»Stellen Sie ihn auf die Probe, so werden Sie's sehen!«
»Wie kann ich ihn auf die Probe stellen?«
»Nun, dann fragen Sie doch Mrs. Goldie.«
»Vielleicht würde er sich loskaufen«, sagte Mrs. Rushbrook nachdenklich.
»Oh, sie würden ein Vermögen verlangen.«
»Nun, er ist untadelig zu ihr«, und Mrs. Rushbrook wiederholte, daß er ein guter Mensch sei.
An jenem Nachmittag ritt ich nach Rom zurück, nachdem ich meiner Freundin in Albano eingeschärft hatte, daß ich ihr völlig freie Hand gäbe und daß ein Aufschub die Lage nicht verbessern würde. Wir hatten eine kleine Diskussion hierüber, da sie behauptete, es sei immerhin möglich, daß sich ein Bruch von selber ergeben würde, wenn man die Angelegenheit ruhen ließe.
»Weshalb sollte er sich ergeben, wenn er untadelig ist, wie Sie sagen?«
»Ja, er ist sehr provozierend«, sagte Mrs. Rushbrook, worüber ich lachen mußte, während ich mich in den Sattel schwang.

IV

In Rom verhielt ich mich drei oder vier Tage lang ruhig, da ich hoffte, etwas von Mrs. Rushbrook zu hören; ich war sogar bemüht, sowenig wie möglich Guy de Montaut über den Weg zu laufen. Ich beobachtete, daß in dem Hause, das Mrs. Goldie im Winter bewohnte, die Vorbereitungen voranschritten, und ging so weit, einen Dienstboten zu befragen, der im Hauseingang ein Blumengestell zusammenbastelte; von ihm erfuhr ich, daß die *Padrone* stündlich erwartet werde. Wilmerding kehrte indessen ohne sie nach Rom zurück; ich hörte davon, weil ich ihm auf dem Corso begegnete: er suchte mich nicht auf. Das hätte auch ein Zufall sein können, aber ich zog es vor, mir sein

Verhalten so zu deuten, als suchte er mir auszuweichen, da ich dadurch der Mühe enthoben war, ihm meinerseits aus dem Wege zu gehen. Ich konnte es nicht ertragen, ihn zu sehen: ich fühlte mich dadurch zu unbehaglich; ich mußte daran denken, daß ich ihm eigentlich etwas hätte sagen müssen, was ich nicht sagen konnte, oder daß er mir etwas sagen würde, was er aber für sich behielt. Wie ich Mrs. Goldie erklärt hatte, war es mir jetzt unmöglich, mit abträglichen Worten auf Veronica anzuspielen, und wenn er den gleichen Exzeß begangen hätte, wäre das noch unangebrachter gewesen. Und doch hatte es kaum den Anschein, daß wir auf diese Weise miteinander auskommen konnten. Es war ihm verwehrt, offen mit mir über diese zukünftige Gattin zu streiten, aber er hätte ja auch mit mir einen Streit über etwas anderes vom Zaun brechen können. Für solche Subtilitäten hatte er jedoch keinen Sinn (ich ahnte das allmählich): vermutlich war er ganz durch das bewußte Bemühen in Anspruch genommen, Veronica – pflichtgemäß – zu lieben, da er ja dazu verurteilt war, mit ihr sein Leben zu verbringen. Wilmerding vermochte sich eine Zeitlang dieser Aufgabe ganz hinzugeben: Ich weiß nicht, wie lange das hätte anhalten können. Unsere Beziehungen waren merklich verändert, zumal ich nach meiner seltsamen Unterredung mit Mrs. Goldie, am Tage nach der Verlobung ihrer Tochter, Bedenken trug, mich in ihrem Hause einzufinden, als stände ich mit ihr noch genau wie vorher.

Sie kehrte mit den Töchtern in die Stadt zurück und zeigte sich sofort in der alten Kardinalskutsche der vergangenen Winter, die jetzt den halben Tag vor den eleganten Läden auf dem Corso und in der Via Condotti hielt. Wilmerding bemerkte natürlich, daß ich auf einmal anfing, dem Hause seiner zukünftigen Schwiegermutter fernzubleiben, aber er unterließ jede Äußerung darüber – ein Widerspruch, dessen Grund ich später verstand.

Dieser Grund war nicht, wie ich gleich sagen will, irgendeine Enthüllung von seiten Mrs. Goldies über den unziemlichen Appell, den ich an sie gerichtet hatte. Montaut vergnügte sich damit, seine Gepflogenheiten unter ihrem Dach wieder aufzunehmen; für einen Mann seines Temperaments mochte die hieraus erwachsende Belustigung gewiß nur mäßig erscheinen, aber er ließ mich wissen, sie sei ergiebiger als zuvor: der arme

Wilmerding mache dort solch ein Gesicht. Als ich erwiderte, eben dieses Gesicht wolle ich nicht sehen, erklärte er, mit mir habe man den allermeisten Spaß, mit meinen Winkelzügen und abergläubischen Ideen.

Er nannte Veronica *très embellie* und sagte, er warte nur darauf, daß sie heirate, damit er ihr selber den Hof machen könne. Ich schrieb an Mrs. Rushbrook, ich könnte nicht gerade behaupten, daß sie mir einen großen Dienst erwiesen habe, und zweifle, da sich die Goldies nicht mehr in ihrer Nachbarschaft befänden, jetzt daran, daß sie noch irgend etwas zuwege brächte. Sie reagierte nicht auf meinen Brief, und so benutzte ich gleich den nächsten Sonntag, um nach Albano hinauszufahren und mit ihr zu frühstücken. Ein Ritt durch die Campagna kam mir auf einmal zu heiß und zu sinnlos vor.

Mrs. Rushbrook sagte mir, sie habe mir nicht geantwortet, da sie im Begriff sei, nach Rom zurückzukehren: Sie habe angenommen, mich fast ebenso schnell zu sehen, wie mich ein Brief erreicht haben würde. Sie könne nicht behaupten, inzwischen irgend etwas für mich getan zu haben; und sie müsse gestehen: Je länger sie über meinen Wunsch nachdenke, um so schwieriger erscheine es, ihn zu erfüllen. Sie fügte indessen hinzu, sie habe jetzt einen Plan, lehnte es aber ab, ihn mir zu verraten. Sie verwickelte sich in einige Widersprüche, denn einmal sagte sie, sie habe es nicht über sich gebracht, der armen Veronica ihr Glück zu verderben, und im nächsten Augenblick erklärte sie, eben um ihren Plan (ein so großes Geheimnis, sogar gegenüber dem Mädchen!) auszuführen, habe sie sich entschlossen, Albano früher als beabsichtigt zu verlassen.

»Wie können Sie Veronica ihr Glück verderben, wenn sie gar kein Glück haben wird? Wie könnte sie mit einem Manne im geringsten glücklich sein, der sie unter so absurden Bedingungen heiraten würde?«

»Oh, er ist bezaubernd, Mr. Wilmerding, alles, was Sie mir von ihm erzählt haben, trifft zu: Es ist ein Fall purer Ritterlichkeit. Er wird sehr lieb zu ihr sein – sie wird ihm leid tun. Außerdem wird mit Veronica alles zurechtkommen, sobald er sie erst von ihrer Mutter getrennt hat. Dadurch, daß ich auf diese Weise mehr von ihnen zu sehen bekam, bevor sie Frascati verließen, wurde ich sehr stark an ihnen interessiert. Es steckt etwas in Veronica; sobald sie erst frei ist, wird es herauskommen.«

»Wie kann sie jemals frei sein? Ihre Mutter wird über die beiden gebieten, sie wird an ihnen kleben – sie wird mit ihnen zusammenbleiben.«

»Wieso denn, wenn sie für ihre anderen Töchter zu sorgen hat?«

»Veronica wird reich sein – ich bin überzeugt, daß Mrs. Goldie das genießen wird!«

»Sie werden ihr Geld geben – Mr. Wilmerding wird nicht knausern!«

»Wie können Sie das wissen – haben Sie ihn gefragt?«

»Oh, das weiß ich«, lächelte Mrs. Rushbrook. »Sehen Sie, ich habe beide wiedergesehen. Außerdem«, fügte sie hinzu, »wird er mit seiner Frau ausreißen – er wird sie nach Amerika mitnehmen.«

»Veronica wird nicht mitkommen – das gerade wird ihr verhaßt sein.«

»Weshalb verhaßt?«

»Oh, es ist nicht ›schick‹.«

»Um so besser. Ich führe gern hinüber.«

»Ausgezeichnet«, sagte ich. »Gewiß wird mich das Foreign Office eines Tages dorthin schicken. Dann werde ich Sie mitnehmen.«

»Oh, ich möchte nicht mit Ihnen hinüber!« sagte Mrs. Rushbrook brüsk. Und dann fügte sie hinzu, sie werde versuchen, am Donnerstag nach Rom zurückzukehren.

»Wie kam es denn, daß Sie die beiden vor ihrer Abfahrt so viel gesehen haben?« erkundigte ich mich plötzlich.

»Nun, sie erwiderten meinen Besuch, das seltsame junge Paar. Am Tage, nachdem wir bei Mr. Wilmerding zu Mittag gegessen hatten, kam er mit ihr herüber, um mich zu besuchen. Sie blieben drei oder vier Stunden – sie waren reizend.«

»Ach! Davon hat er mir nichts erzählt.«

Mrs. Rushbrook errötete etwas: »Sie sagen das in einem Ton! Ich habe ihn nicht darum gebeten.«

»Das habe ich auch nicht behauptet. Er hatte auch nur recht wenig Gelegenheit dazu: wir haben seit jenem Tage kaum miteinander gesprochen.«

»Das ist sehr unrecht von Ihnen – er ist solch ein netter Mensch.«

»Mir gefällt die Art, wie Sie mich über ihn unterrichten, nachdem Sie ihn dreimal gesehen haben.«

»Ich habe ihn viermal – ich habe ihn fünfmal gesehen«, protestierte Mrs. Rushbrook. »Nachdem Sie hier gewesen waren, fuhr ich hinüber zu Mrs. Goldies Haus.«

»Oh, um mit ihr zu reden?« rief ich neugierig.

»Natürlich habe ich mit ihr gesprochen: ich wollte mich von ihr verabschieden. Mr. Wilmerding war zugegen – das war ein weiteres Mal. Dann kam er noch einmal hierher. Am nächsten Tage nämlich«, fuhr Mrs. Rushbrook fort.

»Kam er allein?«

Sie zögerte einen Augenblick. »Ja, er kam zu Fuß. Er sagte, er sei so nervös.«

»Aha, weil er es besprechen wollte, meinen Sie?« rief ich.

»Es besprechen?«

»Ihr Eingreifen, Ihre Rettungsaktion.«

Mrs. Rushbrook machte große Augen; dann lachte sie hell auf. »Sie glauben doch wohl nicht, daß wir davon gesprochen haben! Stellen Sie sich vor, er wüßte davon!«

Ich fühlte mich zurechtgewiesen, ich sah ein, daß meine Frage verfehlt war. »Aber wofür kam er denn dann?« fragte ich.

»Er kam, um mich zu besuchen – so wie Sie.«

»Aha, so wie ich!« lachte ich.

»Er kam, weil er sich mit dem Mädchen unbehaglich fühlt.«

»Hat er Ihnen das gesagt?«

»Sie haben es mir doch selber gesagt! Wir haben nie über Veronica gesprochen.«

»Worüber *haben* Sie denn gesprochen?«

»Von anderen Dingen. Wie Sie mich ausforschen!«

»Ich forsche Sie aus, weil ich dachte, es geschähe alles nur für mich.«

»Für Sie – und für ihn. Ich fuhr wieder nach Frascati«, sagte Mrs. Rushbrook.

»Großer Gott, und weshalb?«

»Ich tat es für Sie«, sagte sie lächelnd. »Es geschah aus Freundlichkeit, weil sie sich zusammen so ungemütlich fühlen. Ich mache es ihnen leichter, ich weiß, daß ich das kann.«

»Du lieber Himmel, Sie sollten mit ihnen zusammenleben! Vielleicht ist das die Lösung.«

»Wir machten einen weiteren Spaziergang zur Villa Mondragone«, fuhr meine Gastgeberin fort. »Augusta Goldie kam mit. Es ging vorzüglich.«

»Dann ist ja alles in Ordnung«, sagte ich und ergriff meinen Hut. Bevor ich mich von Mrs. Rushbrook verabschiedete, sagte sie mir, sie werde bestimmt am Donnerstag – oder am Freitag – nach Rom übersiedeln. Sie werde mir ein Lebenszeichen geben, sobald sie wieder eingerichtet sei. Und sie fügte hinzu: »Ich hoffe sehr, daß ich meinen Plan ausführen kann. Aber ich werde es Ihnen nur sagen, wenn es glückt.«

Ich weiß nicht, weshalb sich bei diesen Worten ein leichter Widerspruch in mir regte; jedenfalls erwiderte ich: »Ach, Sie sollten die beiden lieber in Ruhe lassen.«

Am Mittwoch abend der gleichen Woche fand ich, als ich spät abends nach Hause kam, Wilmerdings Visitenkarte auf meinem Tisch: »Auf Wiedersehn – ich verreise morgen für ein paar Monate«, stand darauf gekritzelt. Es kam mir seltsam vor, daß er gerade zu diesem Zeitpunkt verreiste – ich fragte mich, ob etwas Besonderes geschehen sei. Mein Diener hatte ihn nicht gesehen; die Karte war ihm durch einen Boten übergeben worden, und so war ich gezwungen, mein Gefopptwerden erst einmal zu beschlafen. So früh wie möglich ging ich am nächsten Morgen zu seinem Haus, wo ich eine Postkutsche vor der Tür stehen sah, die von einem der alten *Vetturini* gefahren wurde und für eine Reise gerüstet war.

Während ich mich gerade nach Wilmerding erkundigte, kam er die Treppe herunter, aber zu meinem Leidwesen, denn dadurch wurden Erklärungen erschwert, begleitete ihn sein ehrwürdiger Chef. Der amerikanische Gesandte war kürzlich zurückgekehrt und stützte sich liebevoll auf die Schulter seines jungen Sekretärs. Er ließ uns nicht – oder kaum – zu Worte kommen; er war von oratorischer Heiterkeit, sagte, sein junger Freund wolle der römischen Vergangenheit entfliehen, um eine weniger infizierte Luft zu atmen; er, der Gesandte, habe alles zur Zufriedenheit geregelt und sei im Begriff, von ihm Abschied zu nehmen, ihn eine Strecke Wegs zu begleiten. Der General (erwähnte ich noch nicht, daß er General war?) kletterte in den Wagen und wartete, wie ein sitzender Cicero, während Wilmerding Anweisungen für die Verstauung von zwei oder drei weiteren Gepäckstücken gab. Ich betrachtete ihn genau währenddessen, und er machte mir mit seinen geröteten Wangen einen erregten Eindruck. Dann streckte er mir die Hand entgegen, und ich hielt sie fest, während meine Augen weiter an seinem Gesicht haftenblieben. Wir standen etwas hinter dem Wagen, so daß der General uns nicht sehen konnte.

»Was ist denn eigentlich los?« fragte ich.
»Es ist alles vorüber – sie wollen mich nicht.«
»Sie wollen Sie nicht?«
»Veronica kann nicht – hat sie mir gestern gesagt. Das heißt, sie kann mich nicht heiraten«, erläuterte Wilmerding mit rührender Deutlichkeit. »Sie macht sich nicht genug aus mir.«
»Gott sei Dank!« flüsterte ich sehr erleichtert und drückte ihm die Hand.
Der General steckte den Kopf aus der Kutsche. »Wenn es in diesem wunderlichen Lande eine Eisenbahn gäbe, würden wir bestimmt den Zug verpassen.«
»Trotzdem bin ich froh«, sagte Wilmerding.
»Das will ich gerne glauben!«
»Ich meine, daß ich's getan habe.«
»Sie sind ein *preux chevalier*.«
»Nein, das bin ich nicht.« Und errötend stieg er in den Wagen, der davonrollte.
Mrs. Rushbrook unterließ es, mir das »Lebenszeichen« zu geben, das sie versprochen hatte, und zwei Tage später begab ich mich, um mich nach ihr zu erkundigen, zu dem kleinen Hotel, in dem sie absteigen wollte und von dem sie mir bei meinem letzten Besuch in Albano gesagt hatte, sie habe ihre Jungfer dorthin geschickt, damit sie alles vorbereite. Als ich fragte, ob sich ihre Ankunft verzögert habe, riefen die Wirtsleute, sie sei schon eingetroffen: seit Anfang der Woche befinde sie sich bereits im Hause. Überdies war sie zugegen, und als ich mich bei ihr hatte melden lassen, ließ sie mir sagen, sie würde sich freuen, mich zu sehen. Als ich eintrat, war etwas in ihrem Gesicht, das mir nicht behagte, obwohl mir auffiel, daß sie ungewöhnlich reizend aussah. Ich kann Ihnen jetzt nicht sagen, weshalb ich daran Anstoß hätte nehmen sollen. Aus den ersten Worten, die ich ihr sagte, war zweifellos Ärger herauszuspüren: »Könnten Sie mir freundlichst mitteilen, weshalb Sie sich seit beinahe einer Woche in Rom aufgehalten haben, ohne mich davon zu unterrichten?«
»Ach, ich war beschäftigt – ich hatte andere Dinge zu tun.«
»Sie halten Ihre Versprechen nicht.«
»Wirklich nicht? Sie sollten das nicht sagen«, erwiderte sie mit belustigter Miene.
»Weshalb bin ich Ihnen nicht auf der Straße begegnet – in dieser Stadt, wo sich die Menschen tagtäglich treffen?«

»Ich hatte zu Hause zu tun – ich bin nicht herumgelaufen.«

Ich ließ meine Blicke umherschweifen, erkundigte mich nach ihrer kleinen Tochter, beglückwünschte sie zu dem schönen Zimmer, in dem sie jetzt lebte, nahm ihre Bücher zur Hand, war unruhig und nervös und wartete darauf, daß sie etwas über Henry Wilmerding sagte. Ich wartete indessen vergebens, so daß ich schließlich hervorstieß:

»Ich nehme an, Sie wissen, daß er fort ist!«

»Von wem reden Sie?«

»Von Veronicas *promesso sposo*. Er hat Rom gestern verlassen.«

Sie schwieg eine Weile; dann erwiderte sie: »Das wußte ich nicht.«

Mir kam das seltsam vor, aber ich glaubte ihr und zweifle nicht einmal jetzt daran, daß es zutraf. »Es ist alles aus«, fuhr ich fort: »Darüber sind Sie doch wohl unterrichtet!«

»Woher wissen Sie das?« sagte sie lächelnd.

»Aus seinem eigenen Munde; er hat es mir vor seiner Tür berichtet, als ich ihm Lebewohl sagte. Wußten Sie wirklich nicht, daß er abgereist ist?«

»Mein lieber Freund, wollen Sie behaupten, daß ich lüge?«

»*Jamais de la vie* – nur daß Sie scherzen! Ich dachte, Sie und er seien jetzt so intim...«

»So intim – in drei oder vier Tagen? Wir waren nur sehr wenig zusammen.«

»Wie haben Sie dann erfahren, daß es mit der Heirat aus ist?«

»Wie Sie einen ins Kreuzverhör nehmen! Ich erfuhr es von Veronica.«

»Und ist das Ihr Werk?«

»Ach, meines – nennen Sie's lieber Ihres; Sie haben mich als Werkzeug benutzt.«

»Waren Sie deswegen so beschäftigt, daß Sie mich nicht benachrichtigen konnten?«

»Was soll ich dazu sagen? Es hat nicht lange gedauert.«

»Und wie haben Sie das fertiggebracht?«

»Wie soll ich es Ihnen nur sagen, wie soll ich's sagen?«

»Sie sagten, Sie würden es mir erzählen. Haben Sie Mrs. Goldie aufgesucht?«

»Nein, ich ging zu dem Mädchen persönlich.«

»Und was sagten Sie ihr?«

»Fragen Sie mich nicht – das ist mein Geheimnis. Oder vielmehr das ihre.«

»Ach, aber Sie haben mir versprochen, es mich wissen zu lassen, wenn Sie Erfolg hätten.«
»Wer kann das sagen? Es ist zu früh, um von einem Erfolg zu reden.«
»Wieso denn – wenn er abgereist ist?«
»Er kann zurückkommen.«
»Was macht das aus, wenn sie ihn nicht nehmen wird?«
»Allerdings – das wird sie nicht tun.«
»Oh, was haben Sie nur mit ihr gemacht?« fragte ich sehr neugierig.
Mrs. Rushbrook betrachtete mich mit seltsamen, lachenden Augen.
»Ich habe ein kühnes Spiel gespielt.«
»Haben Sie ihr Geld angeboten?«
»Ich habe ihr Ihr Geld angeboten.«
»Mein Geld? Ich habe keins. Das Geschäft wird sich nicht durchführen lassen.«
»Dann habe ich ihr meins angeboten.«
»Können Sie nicht ernsthaft reden? – Sie haben mir versprochen, es mir zu sagen«, wiederholte ich.
»Bestimmt nicht. Ich habe nur gesagt, wenn mein Versuch mißlänge, würde ich es Ihnen nicht erzählen.«
»Das ist eine Verdrehung. Weshalb haben Sie es denn versucht, wenn kein Versprechen bestand und es so unangenehm war?«
»Es war unangenehm für mich und angenehm für Sie. Und jetzt machen Sie keinen erfreuten Eindruck, obwohl Sie mich dazu angestachelt haben.«
»Ach, ich bin zu neugierig, ich möchte es zu gern wissen!«
»Nur Geduld«, sagte Mrs. Rushbrook, »und mit der Zeit wird Ihnen wahrscheinlich alles klarwerden.«
Ich gab mir Mühe, mich nach diesem Gebot zu richten, und meine Geduld wurde insofern belohnt, als ich einen Monat später zu ahnen begann, welche Note Mrs. Rushbrook angeschlagen hatte. Ich verkehrte nicht mehr in Mrs. Goldies Haus, aber Montaut ging dort noch so viel ein und aus, daß er mir gelegentlich das Neueste über *ces dames* berichten konnte. Veronicas Widerruf und Wilmerdings Abreise hatten ihm große Rätsel aufgegeben: Die Verzögerung des Ereignisses, das ihm für sein Liebeswerben um das Mädchen als Rechtfertigung dienen sollte, betrachtete er nahezu als persönliche Kränkung. Der

arme Montaut sollte keine Legitimierung seines Verhaltens erleben, denn Veronica Goldie hat nie geheiratet. Mrs. Rushbrook nahm bei verschiedenen Anlässen die Gastfreundschaft der Honourable Blanche in Anspruch, was mich etwas erstaunte: sie wurde ein häufiger Gast der Casa Goldie. Ich befand mich daher in einer Lage, in der mir die mit diesem Hause zusammenhängenden Vorgänge nicht verborgen blieben, und das um so mehr, als mich meine charmante Freundin noch viele Wochen nach dem Gespräch, von dem ich zuletzt berichtet habe, äußerst menschlich behandelte: sie war gütig, mitteilsam, gesellig, ermutigte mich, sie zu besuchen, und ließ sich häufig zu irgendeiner köstlichen römischen Entdeckungsfahrt überreden. Hingegen wollte sie nie das kleinste Argument, das für eine systematischere Verbindung sprach, aus meinem Munde vernehmen; einmal sagte sie lachend: »Wie können wir denn bloß heiraten, da wir so verarmt sind? Haben wir nicht unseren letzten Penny ausgegeben, um Veronica loszukaufen?« Das war natürlich recht phantastisch, aber die Symbolik, die darin steckte, reichte doch aus, um meiner ungestillten Neugier nach den wirklichen Geschehnissen neue Nahrung zu geben.

Ich meinte etwas klarer zu sehen, als ich noch vor Anbruch des eigentlichen Winters von meinen beiden Vertrauten erfuhr, Mrs. Goldie habe sich zu einem Stellungswechsel, zu einer ganz neuen Kampagne entschlossen. Sie hatte einige Freunde dazu bewogen, ihr Haus zu übernehmen; sie stand im Begriff, Rom zu verlassen, und plante mehrere Auslandsreisen: Sie wollte nach Neapel, hatte vor, den Orient zu besuchen, um dann im Sommer nach England zurückzukehren: kurzum, sie gedachte, ihre Töchter in bislang unerreichbaren und unerforschten Regionen auszuführen. Diese Neuigkeit deutete darauf hin, daß sich die Vermögensverhältnisse der Honourable Blanche erheblich gebessert hatten; ihre auffällige Sparsamkeit war ja, wie wir alle wußten, auf ihre mageren Einkünfte zurückzuführen. Wenn sie nunmehr kostspielige Reisen unternahm, so erklärte sich das dadurch, daß sie zu Gelde gekommen war – eine Überlegung, die Mrs. Rushbrooks Weigerung, meinen Wissensdurst zu stillen, nicht um ein Jota weniger quälend machte. Als ich dieser kapriziösen Frau wie schon mehrmals zuvor bedeutete, sie dürfe mich doch nicht so im dunkeln lassen, gab sie wiederum zur Antwort, die Angelegenheit sei zu heikel – sie wisse selber nicht, wie sie es zuwege gebracht habe; es gebe da einige derart stillschweigende, derart aus subtilen *Sousentendus* bestehende Transaktionen, daß sie sich nicht beschreiben ließen. So tastete ich nach dem fehlenden Zwischenglied, ohne es zu finden – dem Geheimnis, wie es Mrs. Rushbrook gelungen war, den Schlüssel von Wilmerdings Geldtruhen in Mrs. Goldies Hand zu legen.

Ich war bei dem großen Empfang zugegen, den die letztgenannte Dame veranstaltete, um von ihren römischen Freunden Abschied zu nehmen, und erst als ich ihr von Angesicht zu Angesicht gegenüberstand, wurde mir klar, daß sie über unsere Wiederbegegnung weniger Unmut empfand als ich selber. Ich hätte jederzeit zu ihr kommen können. Sie war gutmütig in ihrer Art, sie war nicht nachtragend und ohne Rankünе: es war ihr ganz entfallen, daß sie mich aus dem Hause gewiesen hatte. Alles strahlte jetzt bei ihr Wohlhabenheit aus; die schäbige Vergangenheit war ausgelöscht. Der Tee war üppig, die Töchter trugen neue Kleider, und Mrs. Goldie betrachtete mich auf eine Weise, als hätte sie sagen wollen, ich könnte Veronica noch bekommen, wenn ich sie haben wollte. Veronica war jetzt ein Vermögen, aber ich bückte mich nicht, um es aufzuheben. Wilmerding kehrte im Februar nach Rom zurück, nachdem die Casa Goldie, wie wir sie gekannt hatten, geschlossen worden war. Während seiner Abwesenheit hatte ich verschiedentlich die amerikanische Gesandtschaft aufgesucht – keine Kanzlei in Europa war in ein so verstaubtes Nichtstun versunken –, und der gute General vertraute mir an, er vermisse seinen jungen Freund als Freund, aber was seinen Ausfall als Arbeitskraft betreffe (es gab keine Arbeit), so könne Onkel Sam sein Gehalt ruhig einsparen. Er wiederholte, er habe alles bestens geordnet: Wilmerding habe einen dreimonatigen Urlaub genommen, um den Atlantik zu überqueren und seine Familie zu besuchen. Offenbar mußte er wichtige Vereinbarungen treffen und umfangreiche Ausgaben erklären. Jedenfalls war seine Familie außerordentlich entgegenkommend, denn Mrs. Goldie (um den Bericht über sie abzuschließen) war für den Rest ihres Lebens in der Lage, auf die billigen Hauptstädte zu verzichten und sich in jene Jagdgründe zu begeben, wo es zweifellos am heißesten herging – unter die vornehmen Herden ihres Heimatlandes. Wenn Veronica auch niemals heiratete, so kamen doch die anderen Töchter unter die Haube, und Mrs. Goldie, frei von ihrer Bürde und gut ausstaffiert, herrschte noch viele Jahre als eine ziemlich umstrittene Schönheit. Ich glaube, daß Veronica ihre Mutter ziemlich unter ihre Fuchtel bekam, als ihre Schwestern das Haus verlassen hatten, und sie wurde allmählich ihrer Mutter immer ähnlicher. Sie ist tot – ich habe es schon gesagt, daß sie alle gestorben sind. Wilmerding ist tot, seine Frau ist tot.

Das restliche Leben dieser listenreichen Frau war nur kurz: Es erscheint mir fraglich, ob ihr Amerika so gefiel, wie sie es erwartet hatte, und ob es mit ihr harmonierte. Sie hatte mich sehr überrascht in diesem Winter, und ich glaube auch, daß sie Wilmerding eine kleine Überraschung bereitete, als sie sich nach Neapel begab, gerade bevor er nach Rom zurückkehrte. Sie erschien dort wieder im späten Frühjahr; freilich weiß ich nicht, wie lange sie blieb. Ende Mai jenes Jahres ging mein römischer Aufenthalt zu Ende. Ich wurde einer Mission im Norden Europas zugeteilt und erhielt Weisung, mich umgehend dorthin zu begeben. Ich sah sie noch miteinander, meine beiden guten Freunde, und dann ging mir auf einmal ein Licht auf. Wie ich aus ihrem Munde erfuhr – ich bekam es mühsam aus ihr heraus, bevor ich Rom verließ –, konnte ich mich nur bei mir selber dafür bedanken. Ich hatte bewirkt, daß sie an ihn dachte, daß sie ein Auge auf ihn warf, daß sie ungewöhnliche Dinge unternahm. Es wird Sie nicht erstaunen zu hören, daß es, nachdem sie mir den Dienst erwiesen, zu dem ich sie bewogen hatte, keine zwei Jahre mehr dauerte, bis die beiden heirateten.

Ach, fragen Sie mich nicht, was wirklich zwischen ihnen vorging – das ging nur sie selber etwas an. Es gibt »i's« in dieser Sache, die niemals ihr Tüpfelchen erhalten haben, und in späteren Jahren, als meine Wunde soweit geheilt war, daß ich einigermaßen unbeschwert überlegen konnte, habe ich oft darüber nachgegrübelt und Theorien ausgeheckt. Ich litt lange Zeit und kam nicht einmal auf den Gedanken, eine andere Frau zu heiraten: diesem »i« kann ich wenigstens sein Tüpfelchen aufsetzen. Es machte keinen Unterschied, daß sie mich wahrscheinlich nie genommen hätte. Natürlich verliebte sie sich – den Gedanken an ihn im tiefsten Herzen verbergend – in jener Stunde, als ich ihr in meiner Not von der edlen Tat erzählte, zu der er fähig gewesen war. Genaugenommen hatte sie ihn noch nicht gekannt, noch nicht gesehen; aber sie faßte eine Neigung zu dem Mann, der sich so benommen hatte. Manche Frauen hätten so etwas verächtlich gefunden, aber ich suchte sorgfältig gerade die eine heraus, die es am meisten ansprach. Als sie sich trafen, gefiel sie ihm, weil er spürte, daß sie bereits solchen Anteil an ihm nahm, und so vollzog sich alles auf leisen Sohlen, wie wenn man auf Samt tritt. Freilich konnte ich mich bei mir selber dafür bedanken, denn ich brachte sie nicht nur mit Wilmerding, sondern auch mit Veronica zusammen.

Was sie Veronica in dieser Lage sagte, war zweifellos, daß es sich bei alledem um einen Irrtum handele (sie appellierte an das Gewissen des Mädchens, um hierfür eine Rechtfertigung zu erhalten), aber daß er großzügig für diesen Irrtum aufkommen werde. Ihre Bürgschaft hierfür bestand lediglich in einer jener subtilen stillschweigenden Abreden, die sie mir gegenüber erwähnte, als ich ihr Vorwürfe machte, und die das Medium darstellen, durch das sich verliebte Menschen verständigen. Sie übernahm es, für ihn zu sprechen – im voraus plünderte sie ihn mit einem Schlage aus, so daß sie, als sie ihn heiratete, einen Mann mit verhältnismäßig geringem Vermögen bekam. Das zumindest war uneigennützig. Es gab keine Abmachung zwischen ihnen, soweit ich verstand – es vollzog sich gewissermaßen alles in der Luft. Er erriet, was sie an seiner Stelle versprochen hatte, und führte es unverzüglich aus. Sie können sich also vorstellen, wie sehr sie ihn geliebt haben muß! Veronica glaubte, ihre Mutter glaubte, da er ihnen bereits seine großmütige Einstellung erwiesen hatte. Ich hatte alles aufs beste arrangiert. Mein einziger Trost war, daß ich getan hatte, wonach mir der Sinn stand; aber sind Sie der Meinung, das habe genügt?

## DAS EINZIG WAHRE
[1893]

I

Als die Frau des Portiers (die auf das Klingeln immer zu öffnen pflegte) meldete: »Ein Herr – mit einer Dame, Sir«, hoffte ich sofort, wie so oft in jenen Tagen – da der Wunsch nun einmal der Vater des Gedankens ist –, es seien Modelle. Meine Gäste erwiesen sich denn auch als Modelle, freilich auf ganz andere Weise, als ich es mir erträumt hatte. Doch vorerst deutete nichts darauf hin, daß sie sich keinesfalls porträtieren lassen wollten. Der Herr war ein Mann in den Fünfzigern, sehr groß und sehr aufrecht, mit meliertem Schnurrbart und dunkelgrauem, ausgezeichnet sitzendem Gehrock, beides Attribute, die ich berufsmäßig – wenn auch nicht als Friseur oder Schneider – einer hochgestellten Persönlichkeit zugebilligt hätte, würden hochgestellte Persönlichkeiten nur immer wie solche aussehen. Ich hatte schon seit längerer Zeit die Erfahrung gemacht, daß Menschen mit einem bestechenden Äußeren bloß in den seltensten Fällen ein öffentliches Amt bekleideten. Ein Blick auf die Dame bestätigte mir dieses Paradoxon: Sie wirkte viel zu vornehm, als daß sie eine »Frau von Rang« hätte sein können. Überdies war es kaum wahrscheinlich, daß es gleich zwei Abweichungen von der Regel auf einmal gab.

Keiner von beiden sprach sofort – sie zögerten den einleitenden Blick hinaus und deuteten damit an, daß jeder dem andern eine Chance geben wollte. Sie waren sichtlich sehr scheu; sie standen einfach da und duldeten es, daß ich sie dann hineinführte – und dies war, wie sich später erweisen sollte, das Beste, was sie hatten tun können. In diesem Fall war ihre Verlegenheit ihrer Sache nur dienlich. Ich hatte schon Menschen kennengelernt, die entsetzlich verlegen waren, wenn sie etwas so Ungeheuerliches äußerten wie den Wunsch, auf einer Leinwand dargestellt zu werden; doch die Skrupel meiner neuen Freunde schienen fast unüberwindbar. Der Herr hätte doch sagen können: »Ich möchte gern, daß Sie meine Frau porträtieren« – und die Dame hätte sagen können: »Ich möchte gern, daß Sie meinen Mann porträtieren.« Aber womöglich waren sie nicht Mann und

Frau, und dies würde die Angelegenheit natürlich noch delikater gemacht haben. Vielleicht wollten sie auch zusammen porträtiert werden; dann hätten sie eben einen Dritten mitbringen müssen, der ihre Bitte vortragen konnte.

»Wir kommen von Mr. Rivet«, sagte die Dame schließlich mit mattem Lächeln, das die gleiche Wirkung hatte wie ein feuchter Schwamm, mit dem man ein übermaltes Bild bearbeitet: die schwach wahrnehmbare Erweckung einer dahingeschwundenen Schönheit. Sie war so groß und aufrecht wie ihr Begleiter, hatte allerdings zehn Jahre weniger zu tragen. Sie sah so traurig aus, wie eine Frau nur aussehen konnte, deren Gesicht nicht allzuviel Ausdruckskraft besaß; das heißt, ihre getönte ovale Maske wies jene Spuren auf, die bei einer der Luft ausgesetzten Oberfläche nicht ausbleiben können. Die Hand der Zeit war freimütig mit ihr umgegangen, aber nur in einem sehr vereinfachenden Sinne. Sie hielt sich steif, war schlank und ausgezeichnet gekleidet: in dunkelblaues Tuch, mit Aufschlägen und Taschen und Knöpfen, und es gab keinen Zweifel, daß sie denselben Schneider hatte wie ihr Mann. Das Paar umgab eine nicht erklärbare Atmosphäre von Wohlstand; offensichtlich erlaubte ihnen ihr Geld einen beachtlichen Luxus. Wenn auch ich zu ihrem Luxus gehören sollte, dann mußte ich mir meine Bedingungen wohl überlegen.

»Ach, Claude Rivet hat mich empfohlen?« fragte ich und fügte gleich darauf hinzu, dies sei sehr aufmerksam von ihm – wenn ich mir auch sagen mußte, daß dies kein Opfer für ihn war, da er nur Landschaften malte.

Die Dame sah den Herrn durchdringend an, und der Herr blickte im Zimmer umher. Dann starrte er kurz zu Boden, strich sich den Schnurrbart und heftete liebenswürdig die Augen auf mich mit der Bemerkung: »Er meinte, Sie seien der richtige.«

»Darum bemühe ich mich zumindest, wenn mir jemand zu einem Bild sitzen möchte.«

»Ja, das möchten wir«, sagte die Dame schüchtern.

»Sie meinen also: zusammen?«

Meine Gäste tauschten einen Blick. »Falls Sie etwas mit mir anfangen könnten, würde es vermutlich das Doppelte ausmachen«, stammelte der Herr.

»Ja, für zwei Figuren erhöht sich der Preis.«

»Selbstverständlich soll es sich lohnen«, bekannte der Mann.

»Das ist sehr gütig von Ihnen«, gab ich zurück, gerührt ob solch ungewohnter Großzügigkeit – denn ich glaubte, er meine, »sich lohnen« für den Künstler.
Da erst schien der Dame etwas zu dämmern. »Wir dachten an die Illustrationen – Mr. Rivet sagte, Sie könnten uns vielleicht dafür verwenden.«
»Verwenden – für die Illustrationen?« Nun wurde auch ich verwirrt.
»Sie abzeichnen, verstehen Sie?« sagte der Herr errötend.
Erst jetzt begriff ich, welchen Dienst mir Claude Rivet da geleistet hatte; er mußte ihnen erzählt haben, daß ich hin und wieder für Zeitschriften und Bücher und graphische Blätter Zeichnungen machte und daher ständig Verwendung für Modelle hätte. Das stimmte zwar, aber genauso stimmte es (ich kann es jetzt gestehen – ob diese Hoffnung von Erfolg gekrönt wurde oder nicht, mag der Leser erraten), daß ich mir die Ehren, ganz zu schweigen von den Einnahmen, eines großen Porträtmalers einfach nicht aus dem Kopf zu schlagen vermochte. Die »Illustrationen« brachten mir das nötige Geld fürs alltägliche Leben ein; um jedoch meinen Ruhm zu beschleunigen, hielt ich nach einem ganz anderen Kunstzweig Ausschau (nach dem weit und breit bedeutendsten, wie ich immer gefunden hatte). Es war keine Schande, wenn ich dabei auch daran dachte, ein Vermögen zu erwerben; dieses Vermögen aber war unerreichbarer denn je, wenn meine Gäste umsonst gemalt werden wollten. Ich war enttäuscht; denn bildlich gesehen hatte ich sie bereits »im Griff« gehabt. Ich hatte ihren Typ erfaßt – hatte mir bereits vorgestellt, wie ich ihn zur Geltung bringen würde. Zweifellos wären sie darüber nicht begeistert gewesen; doch dies wurde mir erst später klar.
»Ach, Sie sind – Sie sind –?« begann ich, sobald ich meiner Überraschung Herr geworden war. Aber ich brachte das herabsetzende Wort »Modelle« nicht heraus; es wollte so gar nicht zu ihnen passen.
»Wir haben natürlich noch nicht viel Übung darin«, gestand die Dame.
»Wir müssen irgend etwas *tun*, und da haben wir gedacht, daß ein Künstler Ihres Formats vielleicht etwas mit uns anfangen könnte«, erklärte ihr Mann. Er erzählte weiterhin, daß sie nicht viele Künstler kennten und daher auf gut Glück zu Mr. Rivet

gegangen seien (er male zwar Landschaften, stelle aber bekanntlich auch Figuren hinein), den sie vor ein paar Jahren irgendwo in Norfolk, wo er gerade malte, kennengelernt hätten.
»Wir haben früher selbst ein wenig gezeichnet«, verriet die Dame.
»Es ist zu dumm, aber wir müssen einfach etwas tun«, fuhr ihr Mann fort. »Und obendrein sind wir nicht mehr die Jüngsten«, gab sie mit schwachem Lächeln zu.
Als ich erwähnte, ich würde gerne etwas mehr über sie wissen, reichte mir der Herr eine Karte, die er einer schönen Brieftasche entnahm (alles, was sie bei sich trugen, war das Neueste vom Neuen) und auf der die Worte *Major Monarch* standen. So eindrucksvoll dies auch klang, sagte es mir doch gar nichts; mein Besucher aber fügte unverzüglich hinzu: »Ich habe die Armee verlassen, und wir hatten das Unglück, unser Vermögen zu verlieren. Unsere Mittel sind entsetzlich bescheiden.«
»Sehr unangenehm –« sagte Mrs. Monarch.
Offenbar wollten sie diskret sein, wollten nicht prahlen, weil sich das für distinguierte Menschen nicht gehört hätte. Ich begriff, daß sie durchaus zugegeben hätten, wie hinderlich ihnen dies jetzt sei; zugleich begriff ich aber auch, daß sie darauf beharrten – ihr Trost im Unglück –, ihre Vorzüge zu haben. Und die besaßen sie zweifellos; doch diese Vorzüge schienen mir vorwiegend gesellschaftlicher Art zu sein; so zum Beispiel, daß sie eine Zierde für jeden Salon wären. Immerhin bot ein Salon stets ein Bild – oder sollte es wenigstens bieten.
Zu der Anspielung, die seine Frau vorhin auf ihr Alter gemacht hatte, meinte jetzt Major Monarch: »Wir hatten natürlich gedacht, daß wir mehr der Figur wegen in Frage kommen. Wir können uns noch immer sehr aufrecht halten.« Ich sah auch sofort, daß die Figur beider Stärke war. Sein »natürlich« klang zwar nicht eitel, erleuchtete jedoch die Situation. Er deutete mit dem Kopf auf seine Frau: »Die ihre ist noch besser«, erklärte er mit dem familiären Mangel jeglicher Weitschweifigkeit, wie er nach dem Dinner üblich ist. Ich konnte nur antworten, als säßen wir jetzt tatsächlich beim Wein: dies ändere jedoch nichts daran, daß auch die seine ausgezeichnet sei; daraufhin meinte wiederum er: »Wir hatten gedacht, wenn Sie je Leute wie uns zu malen hätten, wären wir vielleicht das richtige. Vor allem *sie* – als Lady in einem Roman.«
Die beiden amüsierten mich so sehr, daß ich, um mehr zu er-

fahren, soviel wie möglich Verständnis zeigte; und wenn ich es auch peinlich fand, ihre Körper zu preisen wie auf einer Auktion von Tieren oder farbigen Arbeitern – ein Paar, wie man ihm sonst nur unter Umständen begegnet, in denen man schweigend Kritik übt –, so betrachtete ich Mrs. Monarch immerhin so abwägend, daß ich bereits nach wenigen Sekunden überzeugt sagen konnte: »O ja, eine Lady in einem Roman.« Sie sah wahrhaftig wie eine schlechte Illustration aus.

»Wir stehen gern einmal auf, wenn es Ihnen recht ist«, sagte der Major und erhob sich würdevoll vor mir.

Mit einem Blick hatte ich seine Größe geschätzt: er war fast eins neunzig und ein vollkommener Gentleman. Es hätte sich für jeden neuen Klub, dem noch das Charakteristische fehlte, gelohnt, ihn zu engagieren und ins Fenster zu stellen. Und jetzt kam mir erst der Gedanke, daß die beiden durch ihren Besuch bei mir ihren Beruf verfehlt hätten; zweifellos wären sie in der Reklamebranche viel besser am Platze gewesen. Ich sah, wenn auch nicht in Einzelheiten, bereits vor mir, wie sie jemandes Glück machten; natürlich nicht ihr eigenes. Sie hätten sich am besten für einen Westenfabrikanten, Hotelier oder Seifenhändler geeignet. Ich sah bereits das an ihre Brust geheftete *Wir benützen nichts anderes* die unglaublichsten Wirkungen erzielen; und ich sah bereits den Erfolg, mit dem sie eine Table d'hôte beleben würden.

Mrs. Monarch saß ganz still, nicht aus Stolz, sondern aus Scheu, bis ihr Mann zu ihr sagte: »Steh auf, meine Liebe, und zeige, wie apart du bist.« Sie gehorchte, obwohl sie, um dies zu zeigen, nicht hätte aufzustehen brauchen. Sie ging bis zum Ende des Ateliers und kam dann errötend zurück, den Blick geschmeichelt auf ihren Mann gerichtet. Ich mußte an einen Vorfall denken, dessen Zeuge ich in Paris zufällig gewesen war – bei einem Freund, einem Dramatiker, der gerade ein Stück schrieb: Damals kam eine Schauspielerin zu ihm und bat ihn um eine Rolle in seinem neuesten Werk. Auch sie hatte ihre Schritte vor ihm gemacht, war auf und ab gegangen wie Mrs. Monarch jetzt. Mrs. Monarch machte ihre Sache bestimmt ebenso gut, wenn ich es auch unterdrückte, zu applaudieren. Es war zu seltsam, sich solche Leute um das bißchen Geld derart abmühen zu sehen. Dabei hätte man meinen können, sie habe mindestens zehntausend im Jahr. Ihr Mann hatte genau das Wort gefunden, das sie charakterisierte: Sie war, im augenblicklichen Londoner Jargon gesprochen, von Kopf bis Fuß »apart«. Aus derselben Perspektive gesehen, war ihre Figur unübertrefflich und unanfechtbar »gut«. Für eine Frau in ihrem Alter besaß sie eine auffallend schmale Taille, ihre Ellbogen hatten überdies den klassischen Winkel, und den Kopf hielt sie in genau der konventionellen Neigung. Warum aber kam sie ausgerechnet zu mir? Sie hätte in einem großen Laden Jacketts vorführen sollen. Ich fürchtete, meine Gäste seien nicht nur verarmt, sondern besäßen auch »künstlerische Ambitionen« – was die Sache natürlich nur noch kompliziert hätte. Als sie sich wieder setzte, dankte ich ihr und meinte, ein Maler schätze bei seinem Modell vor allem die Begabung zum Stillhalten.

»Oh, sie kann stillhalten«, sagte Major Monarch und fügte im Scherz hinzu: »Ich habe sie immer stillgehalten.«

»Ich bin wirklich kein Zappelphilipp, nicht wahr?« fragte Mrs. Monarch ihren Mann, Bestätigung heischend.

Er wandte sich mit der Antwort an mich. »Es ist vielleicht nicht unangebracht, hier zu erwähnen – denn wir müssen die Sache doch geschäftlich sehen, nicht wahr? –, daß sie, als ich sie heiratete, als die *Schöne Statue* bekannt war.«

»Aber, Lieber!« rief Mrs. Monarch verlegen.

»Natürlich muß ich auch einen gewissen Ausdruck verlangen«, wandte ich ein.

»Aber natürlich!« riefen sie gleichzeitig.

»Und außerdem, müssen Sie wissen, wird man dabei sehr müde.«

»Wir werden nie müde!« riefen sie eifrig.

»Haben Sie denn schon Übung darin?«

Sie zögerten und sahen einander an. »Wir sind schon furchtbar viel fotografiert worden«, sagte Mrs. Monarch.

»Sie meint, die Burschen haben uns darum gebeten«, erklärte der Major.

»Ich verstehe – weil Sie so gut aussehen.«

»Ich weiß nicht warum, aber sie waren immer hinter uns her.«

»Wir haben alle unsere Fotografien umsonst bekommen«, sagte Mrs. Monarch lächelnd.

»Vielleicht hätten wir ein paar mitbringen sollen«, meinte ihr Mann.

»Ich glaube kaum, daß noch welche da sind. Wir haben Unmengen davon verschenkt«, erklärte sie mir.

»Mit Autogrammen und so«, sagte der Major.
»Kann man sie im Laden kaufen?« fragte ich in harmloser Galanterie.
»O ja, die ihren schon – wenigstens früher.«
»Jetzt nicht mehr«, sagte Mrs. Monarch mit niedergeschlagenem Blick.

## II

Ich konnte mir das »und so« gut vorstellen, das sie auf ihre Fotos geschrieben hatten, und ich war überzeugt, daß sie eine ausgezeichnete Handschrift besaßen. Überhaupt war es merkwürdig, wie schnell ich über alles, was sie anging, Bescheid wußte. Wenn sie jetzt so arm waren, daß sie für Schillings und Pennies arbeiten mußten, konnten sie nie über allzuviel Geld verfügt haben. Ihr gutes Aussehen war ihr Kapital gewesen, und voll Unternehmungslust hatten sie das Beste aus der sich ihnen anbietenden Karriere gemacht. In ihren Gesichtern stand sie geschrieben, die Leere, die ausschließliche geistige Untätigkeit von zwanzig Jahren Landhausbesuchen, die ihren unverbindlich liebenswürdigen Tonfall geprägt hatten. Ich sah die sonnigen Salons, in denen Mrs. Monarch unentwegt herumgesessen hatte – Salons, die übersät waren mit Zeitschriften, die sie nicht lasen; ich sah das nasse Gestrüpp, durch das sie sich gezwängt hatte, stets gewillt, jede Art körperlicher Bewegung herrlich zu finden; ich sah die üppigen Felle, die zu erwerben der Major bei den Jagden mitgeholfen hatte, und die eleganten Anzüge, in denen er sich spät abends in den Rauchsalon zurückzog, um eben über diese Jagden zu reden. Ich konnte mir ihre Gamaschen und Regenmäntel vorstellen, ihre modischen Tweeds und ihre Teppiche, ihre Bündel von Kricketstöcken und ihre Angelausrüstung und ihre geschmackvollen Regenschirme; und ich vermochte in allen Einzelheiten ihre Diener und die Berge ihres Gepäcks auf den Bahnsteigen ländlicher Bahnhöfe heraufzubeschwören.
Sie gaben nur kleine Trinkgelder, und trotzdem mochte man sie gern; sie trugen eigentlich zu nichts bei und waren doch immer willkommen. Sie machten sich überall »so gut«, entsprachen in Statur, Haut und »Figur« dem allgemeinen Geschmack. Sie wußten dies und gaben sich dennoch weder albern

noch ordinär, aber sie schätzten sich immerhin dementsprechend ein. Sie waren nicht gekünstelt, sondern gediegen und hielten sich aufrecht – dies war ihre Linie. Ich war überzeugt, daß man selbst im langweiligsten Hause auf ihre Heiterkeit zählen durfte. Nun aber war nicht mehr alles beim alten – ganz gleich was; jedenfalls war ihr kleines Einkommen noch geringer geworden, ja zu nichts zerschmolzen, und nun mußten sie sehen, wie sie zu ihrem Taschengeld kamen. Ihre Freunde hatten sie gern, hatten es jedoch nicht gern, sie unterstützen zu müssen. Sie strahlten eine gewisse Kreditwürdigkeit aus – durch ihre Kleidung, ihr Auftreten, ihren Typ; doch wenn Kreditwürdigkeit eine große leere Tasche ist, in der ab und zu ein Klimpern hörbar wird, dann muß sich dieses Klimpern auch hören lassen. Und nun wollten sie von mir, daß ich ihnen dazu verhülfe. Zum Glück hatten sie, was ich bald erriet, keine Kinder. Und wahrscheinlich wollten sie überdies, daß ich unsere Beziehung geheimhalte; und darum ging es ihnen wohl so sehr um die »Figur« – die Darstellung des Gesichtes hätte sie ja verraten.

Ich mochte sie gern, sie waren so einfach, und falls sie sich für mich eigneten, hatte ich nichts gegen sie einzuwenden. Aber trotz ihrer Vollkommenheit konnte ich nicht so recht an sie glauben. Schließlich waren sie Amateure, und eine meiner leidenschaftlichsten Prinzipien war die Verachtung des Amateurs. Dazu kam bei mir noch eine andere Schrulle: Ich zog in jedem Fall den dargestellten Gegenstand dem wirklichen vor; und ein Mangel des wirklichen Gegenstandes führte nur allzu leicht zu einem Mangel in der Darstellung. Ich liebte die Dinge so, wie sie wirkten; dann war man seiner Sache wenigstens sicher. Ob sie wirklich so waren oder nicht, war eine unwichtige und meist bedeutungslose Frage. Es galt jedoch auch noch anderes zu überlegen, vor allem, daß ich bereits einige Leute beschäftigte, vornehmlich eine junge Person mit großen Füßen, die aus Kilburn stammte und Alpaka trug, die aber schon seit Jahren zu mir kam, um mir für meine Illustrationen zu sitzen, und mit der ich – mochte dies auch ein ordinärer Zug sein – recht zufrieden war. Ich erklärte meinen Besuchern geradeheraus, wie der Fall lag, doch sie waren wohl besser vorbereitet, als ich angenommen hatte. Sie wußten ihre Chance wahrzunehmen, denn Claude Rivet hatte ihnen erzählt, daß von einem unserer zeitgenössischen Schriftsteller eine *édition de luxe* geplant wurde: einem höchst begabten Romancier, der von der breiten Masse lange vernachlässigt worden war, während ihn die Eingeweihten schon immer geschätzt hatten (es erübrigt sich wohl, hier den Namen Philip Vincent zu nennen?), der nun jedoch das Glück hatte, wenigstens noch im Alter das Dämmern und dann das volle Licht einer allgemeinen Anerkennung erleben zu dürfen – einer Anerkennung, mit der das Publikum wirklich so etwas wie eine Sühne leistete. Die besagte Ausgabe, die ein feinsinniger Verleger plante, war sozusagen ein Akt der Wiedergutmachung; die Holzschnitte, mit der sie ausgestattet werden sollte, waren die Huldigung der englischen Kunst an einen der unabhängigsten Vertreter der englischen Literatur. Major Monarch und seine Frau gestanden mir ihre Hoffnung, es werde mir gelingen, auch ihnen einen Anteil an dem Unternehmen zu sichern. Sie wußten, daß ich den ersten Band, *Rutland Ramsey*, illustrieren sollte, aber ich mußte ihnen erklären, daß meine Mitarbeit an den weiteren Bänden – dieses erste Buch war als Probe gedacht – davon abhänge, ob man mit mir zufrieden sei. Entspräche meine Arbeit nicht den gestellten Anforderungen, würden mich meine Auftraggeber bedenkenlos fallenlassen. Und deshalb sei dies für mich ein wichtiges Unternehmen, bei dem ich mich besonders anstrengen müsse; ich hätte mich nach neuen Leuten umzusehen und mir die besten Typen zu sichern. Dabei gab ich jedoch zu, daß ich am liebsten mit ganz wenigen guten Modellen auskäme, die sich für alles eigneten.

»Müssen wir uns dabei oft – ich meine, oft umziehen?« fragte Mrs. Monarch schüchtern.

»Aber gewiß, das ist ja die Hälfte Ihrer Aufgabe.«

»Und erwartet man von uns, daß wir selbst die Garderobe stellen?«

»Nein, nein. Ich habe eine Menge Sachen hier. Das Modell eines Malers zieht das an oder aus, was er gerade will.«

»Und immer dasselbe?«

»Dasselbe?«

Mrs. Monarch sah erneut zu ihrem Mann hinüber.

»Sie hätte nur gern gewußt«, erklärte er, »ob die Garderobe von jedem benützt wird.« Ich mußte gestehen, daß dem so sei, und ich erwähnte außerdem, einige Kostüme (ich besäße unzählige Originale, verstaubte Kleider aus dem letzten Jahrhundert)

seien schon vor hundert Jahren im täglichen Leben, seien von sündenbefleckten Männern und Frauen getragen worden. »Wir ziehen alles an, was paßt«, entschied der Major.
»Dafür sorge ich schon – jedenfalls passen sie auf den Bildern.«
»Ich fürchte, ich würde mich besser für moderne Bücher eignen. Ich würde darstellen, was Sie gerade wünschen.«
»Sie hat eine sehr reichhaltige Garderobe, die für Bilder aus dem zeitgenössischen Leben zweifellos genügen würde«, setzte ihr Mann hinzu.
»O doch, ich kann mir durchaus Szenen vorstellen, in denen Sie ganz natürlich erscheinen würden.« Und in der Tat sah ich die oberflächlich renovierten altmodischen Landgüter vor mir – aus jenen Geschichten, die ich illustrierte, ohne den Ärger, sie lesen zu müssen –, deren sandige Einöden die gute Dame zu bevölkern half. Aber ich mußte zu der Tatsache zurückkehren, daß ich für dieses Arbeitsgebiet bereits eingedeckt war; meine bisherigen Modelle reichten dafür völlig aus.
»Wir hatten eigentlich gedacht, wir könnten ganz bestimmte Charaktere verkörpern«, meinte Mrs. Monarch und erhob sich. Da erhob sich auch ihr Mann und sah mich so düster-schwermütig an, daß es bei diesem derart schönen Mann geradezu rührend wirkte. »Böte es nicht einmal einen ungeheuren Anreiz, wenn man – wenn man –?« er stockte; offenbar sollte ich aussprechen, was er meinte. Aber das konnte ich nicht – einfach, weil ich es nicht wußte. So stotterte er schließlich verlegen: »Ich meine, wenn man das einzig Wahre hätte: einen echten Gentleman, eine echte Lady.« Ich war durchaus willens, ihm darin ganz allgemein beizupflichten, und gab zu, daß der Vorschlag einiges für sich habe. Dies ermutigte Major Monarch, mit einem keineswegs gespielten Aufschluchzen fortzufahren: »Es ist schrecklich schwer – wir haben bereits alles versucht.« Das Schluchzen steckte an; jedenfalls war seine Frau dem nicht gewachsen. Ehe ich mich's versah, war Mrs. Monarch auf einen Diwan gesunken und in Tränen ausgebrochen. Ihr Mann setzte sich neben sie und hielt ihre Hand, worauf sie mit der andern hastig ihre Augen trocknete und zu meiner Verlegenheit zu mir aufsah. »Es gibt«, erklärte der Major, »keine noch so elende Arbeit, um die ich mich nicht schon beworben, gebangt, gebetet habe. Sie können sich vorstellen, daß wir es zuerst recht ungeschickt angefangen haben. Sekretärsposten oder so etwas? Da

hätte man genausogut um die Pairswürde ersuchen können. Ich würde alles tun – ich bin stark; Bote oder Kohlenschipper. Ich würde eine Mütze mit Goldlitzen aufsetzen und den Kurzwarenhändlern den Wagenschlag aufhalten; ich würde auf den Bahnhöfen herumstehen, um Koffer zu schleppen; ich würde Post austragen. Aber sie wollen einen noch nicht einmal vorlassen; es gibt Tausende, die auch nicht mehr sind als man selbst, aber die sitzen natürlich fest in ihrer Stellung. *Gentlemen* – arme Bettler, die einmal Wein getrunken und sich Jäger gehalten haben!«

Ich tröstete sie, so gut ich konnte, und als wir schließlich eine Stunde zur Probe verabredeten, erhoben sich meine Gäste bereits. Doch noch während wir darüber sprachen, öffnete sich die Tür, und herein trat Miß Churm, in der Hand einen nassen Regenschirm. Miß Churm fuhr stets mit dem Omnibus bis Maida Vale und hatte dann noch eine halbe Meile zu Fuß zu gehen. Sie sah recht zerzaust aus und war mit Spritzern bedeckt. Fast jedesmal, wenn sie eintrat, sagte ich mir, wie merkwürdig es doch sei, daß sie, die in ihrer eigenen Person so unbedeutend war, in der Person von anderen so bedeutend sein konnte. Sie war eine magere kleine Miß Churm und wiederum eine vollbusige romantische Heldin. Sie war ein sommersprossiges Cockney-Mädchen und konnte doch alles darstellen, von der feinen Dame bis zur Schäferin. Für so etwas war sie einfach begabt – nicht anders, als hätte sie eine schöne Stimme oder langes Haar. Dabei konnte sie nicht einmal richtig schreiben und trank obendrein gern Bier; und doch hatte sie etliche Vorzüge, hatte Erfahrung und Geschick und Mutterwitz und ein absonderliches Zartgefühl und eine Liebe zum Theater und – sieben Geschwister und zu alledem kein bißchen Respekt, vor allem nicht vor dem *Hon*. Das erste, was meine Gäste sahen, war der nasse Regenschirm, und sie zuckten in ihrer makellosen Vollkommenheit sichtlich zusammen. Es hatte erst zu regnen begonnen, seit sie hier waren.

»Ich bin klatschnaß; und im Bus war's wie in 'ner Sardinenbüchse. Wenn Sie doch bloß in der Nähe von 'ner Haltestelle wohnten«, rief Miß Churm. Ich bat sie, sich so schnell wie möglich fertig zu machen, und darauf ging sie auf das Zimmer zu, in dem sie sich stets umzog. Aber ehe sie hineinging, fragte sie mich, was sie heute darstellen solle.

»Die russische Prinzessin, das wissen Sie doch«, sagte ich, »die in schwarzem Samt und mit den ›goldenen Augen‹, für das lange Ding in der *Cheapside.*«

»Goldene Augen? Was Sie nicht sagen!« rief Miß Churm, während meine Besucher ihr gespannt nachsahen. Wenn sie zu spät kam, zog sie sich immer im Nu um. Absichtlich hielt ich meine Besucher noch ein wenig hin, damit sie gleich sehen könnten, was von ihnen erwartet wurde. Nebenbei erwähnte ich, sie sei für mich das ideale Modell – sie sei außerordentlich wendig.

»Finden Sie wirklich, daß sie wie eine russische Prinzessin aussieht?« fragte Major Monarch mit verstecktem Entsetzen.

»Wenn ich sie dazu mache, ja.«

»Ach, wenn Sie sie erst dazu machen müssen –!« meinte er aggressiv.

»Mehr kann man nicht verlangen. Es gibt so viele, aus denen man nicht einmal etwas machen kann.«

»Nun ja, aber hier ist eine Dame« – und er schob mit überzeugendem Lächeln seinen Arm in den seiner Frau –, »die bereits ›gemacht‹ ist.«

»Aber ich bin keine russische Prinzessin«, protestierte Mrs. Monarch abweisend. Ich merkte sofort, daß sie russische Prinzessinnen gekannt hatte und sie nicht mochte. Dies war bereits eine Komplikation, die ich bei Miß Churm nie zu befürchten brauchte.

Diese kam jetzt, in der rotgescheuerten Hand einen japanischen Fächer, in schwarzem Samt zurück; das Kleid war bereits ziemlich abgetragen und schlotterte ihr um die schmalen Schultern. Ich erinnerte sie daran, daß sie in der besagten Szene jemand über den Kopf sehen müsse. »Ich weiß nicht mehr wem; aber das ist ja einerlei. Sehen Sie einfach über einen Kopf!«

»Da sehe ich lieber über einen Ofen«, sagte Miß Churm und stellte sich in die Nähe des Ofens. Sie nahm ihre Stellung ein, gab sich eine fürstliche Haltung, neigte den Kopf zurück und den Fächer nach vorn und sah, wenigstens für mein voreingenommenes Gefühl, würdevoll und charmant, fremdartig und gefährlich aus. So ließ ich sie warten und begleitete Major Monarch und seine Frau die Treppe hinunter.

»Ich glaube, das würde ich auch fertigbringen«, sagte Mrs. Monarch.

»Ich weiß, Sie finden sie ordinär, aber Sie müssen der Alchimie der Kunst schon etwas zutrauen.«

Immerhin verabschiedeten sie sich in sichtlich gehobener Stimmung, und der Grund lag zweifellos in der Bestätigung, das einzig Wahre zu sein. Ich konnte mir vorstellen, daß sie sich noch jetzt über Miß Churm schüttelten. Als ich zurückkam und ihr erzählte, was die beiden gewollt hatten, hatte sie nur Spott für sie übrig.

»Wenn die Modell sitzen kann, werde ich Buchhalterin«, sagte sie.

»Sie ist immerhin eine Dame«, antwortete ich leicht verärgert.

»Um so schlimmer für Sie. Das bedeutet, daß sie sich nicht mal 'rumdrehen kann.«

»Für Moderomane eignet sie sich bestimmt.«

»O ja, für die eignet sie sich«, erklärte mein Modell belustigt, hatte ich mich doch bei Miß Churm oft genug abfällig darüber geäußert. »Aber sind die nicht schon schlecht genug ohne sie?«

III

Ich versuchte es mit Mrs. Monarch zum erstenmal für die Szene in einem dieser Romane, in der ein Geheimnis aufgeklärt wurde. Mit ihr kam der Major, um sich, falls nötig, nützlich zu machen, und es gab keinen Zweifel, daß er darauf aus war, sie stets zu begleiten. Anfangs fragte ich mich, ob er wohl um der guten Sitten willen mitkomme, ob er vorhabe, den lästigen Eifersüchtigen zu spielen. Schon der Gedanke daran brachte mich auf, und wenn er sich bewahrheitet hätte, wäre es mit unserer Freundschaft aus gewesen. Bald aber begriff ich, daß davon nicht die Rede sein konnte und daß er seine Frau (abgesehen von der Möglichkeit, gebraucht zu werden) einfach deswegen begleitete, weil er nichts anderes zu tun hatte. War sie nicht da, war auch nichts da, mit dem er sich beschäftigen konnte – niemals bisher hatte sie ihn allein gelassen. Ich erkannte bald, daß diese enge Verbindung in ihrer mißlichen Lage den einzigen Trost bildete und keinen schwachen Punkt aufzuweisen hatte. Es war eine wirkliche Ehe, eine Ermutigung für alle Zaudernden, eine harte Nuß für alle Pessimisten. Ihre Adresse deutete auf eine schlechte Wohngegend (ich weiß noch, daß ich mir später einmal sagte, dies sei wahrhaftig das einzige, was zu ihrem Beruf passe), und ich konnte mir die jämmerliche Behausung, in welcher der Major hätte allein sein müssen, gut vorstellen. Gemeinsam mit seiner Frau konnte er sie ertragen – nicht aber ohne sie.

Er war zu taktvoll, um sich aufzudrängen, wenn man ihn nicht brauchen konnte; erlaubte mir meine Arbeit nicht, zu reden, saß er still da und wartete. Aber ich hörte ihn gern reden; es machte meine Arbeit, sofern es mich nicht zu einer Unterbrechung zwang, weniger eigennützig, weniger zweckgebunden. Ihm zuzuhören, war die Aufregung des Ausgehens, verbunden mit der Ersparnis, die das Daheimbleiben bedeutet. Nur eines wirkte störend: Ich kannte einfach niemand von den Leuten, die er und seine Frau gekannt hatten. Wahrscheinlich fragte er sich im Laufe unserer Unterhaltung immer wieder, wen zum Teufel ich denn überhaupt kenne. Er wußte bald nicht mehr, welches Thema er anschneiden solle; so spannen wir unser Garn nicht gerade fein und begnügten uns mit Fragen des Leders und des Alkohols (bei welchen Sattlern und Breeches-Schneidern man arbeiten lassen solle und wo man preiswert guten Rotwein bekomme), mit Problemen wie »günstige Zugverbindungen« und Jagdgewohnheiten. Sein Wissen über die letztgenannten Themen war erstaunlich; es gelang ihm mühelos, den Bahnhofsvorstand mit dem Ornithologen zu vereinen. Wenn wir nicht über anspruchsvolle Dinge sprechen konnten, sprachen wir ebenso vergnügt über weniger anspruchsvolle Dinge, und da ich mich bei seinen Reminiszenzen an die modische Welt nicht beteiligen konnte, paßte er die Konversation ohne sichtbare Anstrengung meinem Niveau an.

Dieser ausgeprägte Wunsch, zu gefallen, war bei einem Mann, der einen mit Leichtigkeit hätte niederstrecken können, geradezu rührend. Er sah nach dem Feuer und äußerte seine Meinung über den Kaminabzug, ohne daß ich ihn darum gebeten hätte, und es war mir klar, daß ihm viele meiner Einrichtungen einfach nicht durchdacht vorkamen. Ich weiß noch, daß ich einmal zu ihm sagte: Wenn ich reich wäre, würde ich ihn dafür bezahlen, mich zu lehren, wie man lebe. Manchmal seufzte er tief, was ungefähr bedeutete: Geben Sie mir bloß eine solche kahle, alte Baracke wie diese hier, und ich mache Ihnen etwas daraus! Als ich einmal nur ihn brauchte, kam er allein: ein Beweis für den größeren Mut der Frauen. Im Gegensatz zu ihm vermochte

Mrs. Monarch den einsamen zweiten Stock zu ertragen; sie war überhaupt viel zurückhaltender; immer wieder zeigte sie durch ihre Distanz, daß sie unsere Beziehungen betont geschäftlich halten und niemals ins Vertrauliche abgleiten lassen wolle. Es sollte ganz klar bleiben, daß sie und der Major nur beruflich, nicht gesellschaftlich hier waren, und wenn sie mich als Vorgesetzten billigte, den man in seinen Schranken halten konnte, so hieß das nicht, daß sie mich als Ebenbürtigen betrachtete.

Sie war ein sehr gewissenhaftes Modell und widmete dieser Aufgabe ihre ganze Konzentration; sie konnte eine volle Stunde so regungslos sitzen wie vor der Kamera eines Fotografen. Ich merkte bald, daß sie oft fotografiert worden war, aber gerade die Eigenschaft, die sie für jenen Zweck so geeignet gemacht hatte, eignete sich nicht für mich. Zuerst war ich beglückt über ihre damenhafte Haltung, und ich empfand es als wahren Genuß, ihre schönen Linien nachzuzeichnen und dabei zu verfolgen, wie weit sie den Stift zu führen vermochten. Aber schon nach wenigen Sitzungen kam sie mir unerträglich steif vor; ich konnte machen, was ich wollte, meine Zeichnungen sahen stets wie Fotografien oder deren Kopien aus. Ihre Gestalt besaß keinerlei Ausdrucksmöglichkeiten, und sie selbst hatte auch keinen Sinn dafür. Sie werden sagen, dies habe wahrscheinlich nur an mir gelegen, und es sei meine Sache gewesen, sie in die richtige Stellung zu bringen. Ich brachte sie in jede nur mögliche Stellung, und doch gelang es ihr immer wieder, alle Unterschiede zu verwischen. Zwar war sie stets eine Lady, aber es war stets dieselbe Lady. Sie war das »einzig Wahre«, aber immer dasselbe Wahre. Manchmal machte mich die Sicherheit beklommen, mit der sie sich für das »einzig Wahre« hielt. Wie sie und ihr Mann mit mir umgingen, hieß mit anderen Worten: was für ein Glück ich doch hätte. Ich bemühte mich, Typen zu erfinden, die dem ihren ähnelten, anstatt ihren eigenen sich verwandeln zu lassen – wie es zum Beispiel die arme Miß Churm so unnachahmlich verstand. Aber ich konnte anstellen, was ich wollte, konnte noch so viele Vorsichtsmaßregeln treffen: auf meinen Bildern wurde sie immer zu groß; jedesmal brachte sie mich in das Dilemma, eine faszinierende Frau über zwei Meter groß dargestellt zu haben, obwohl dies wegen meiner eigenen, bei weitem nicht so imposanten Länge überhaupt nicht der Vorstellung entsprach, die ich mir von einer solchen Frau machte. Mit dem Major war es noch schlimmer – seine Länge ließ sich einfach nicht verkürzen, und so nützte er mir nur für die Darstellung muskulöser Riesen. Mein Ideal war, so variationsreich wie möglich zu arbeiten, menschlichen Eigenheiten den Vorzug zu geben und das Illustrative zu pflegen; ich wollte charakterisieren und fürchtete daher vor allem die Gefahr, einem bestimmten Typ zu verfallen. Schon oft hatte ich mit meinen Freunden darüber diskutiert, hatte mich mit ihnen überworfen, weil sie daran festhielten, daß einem gar nichts anderes übrigbleibe und daß man, wenn der Typ schön sei (wobei sie Raffael und Leonardo zu Zeugen anriefen), davon nur gewinnen könne. Ich war kein Raffael und kein Leonardo. Ich mochte nichts weiter sein als ein anmaßender, junger, moderner Maler, aber ich ließ mich nicht davon abbringen, daß man dem Individuellen, dem Charakter alles andere opfern müsse. Und wenn meine Freunde dann einwandten, daß der betreffende Typ durchaus ein Charakter sein könne, gab ich, oberflächlich vielleicht, zurück: »Wessen?« Er konnte nicht jedermanns Charakter sein – und es konnte nur zu leicht damit enden, daß er niemandes Charakter war.

Als ich Mrs. Monarch vielleicht ein dutzendmal gezeichnet hatte, erkannte ich immer klarer, daß der Wert eines Modells wie Miß Churm darin lag, keinen ausgeprägten Charakter zu haben – wobei natürlich hinzukam, daß das einzige, was sie hatte, ein unbestreitbares und höchst erstaunliches Imitationstalent war. Ihr Alltagsgesicht glich einem Vorhang, den sie auf Verlangen für eine Vorführung zurückziehen konnte. Diese Vorführung war ungeheuer suggestiv – aber wohlgemerkt: auch temperamentvoll und bezaubernd. Manchmal fand ich sie sogar zu bezaubernd – obwohl Miß Churm selbst es doch wirklich nicht war; ich warf ihr vor, alle nach ihr gezeichneten Gestalten seien (*bêtement*, wie wir immer sagten) eine wie die andere charmant. Nichts aber machte sie wütender als dies: war sie doch stolz darauf, gerade für Charaktere Modell sitzen zu können, die nichts miteinander gemeinsam hatten. Kein Wunder, daß sie mich bezichtigte, ich verdürbe ihren »Ruf«.

Diese merkwürdige Begabung wurde durch die häufigen Besuche meiner neuen Freunde ein wenig in den Hintergrund gedrängt. Da Miß Churm immer stark gefragt war, es ihr nie an Beschäftigung fehlte, hatte ich keine Bedenken, sie dann und wann abzuschieben und meine beiden anderen Modelle zu erproben. Zuerst war es zweifellos recht amüsant für mich, das »einzig Wahre« zu zeichnen – ebenso amüsant, wie die Hosen von Major Monarch zu zeichnen. Sie waren zweifellos das »einzig Wahre«, wenn er auch nachher als Koloß erschien. Es war amüsant, die Nackenhaare seiner Frau zu zeichnen (die so mathematisch genau verliefen) und den »aparten« Schwung ihres engen Korsetts. Sie zog jene Stellungen vor, in denen das Gesicht etwas abgekehrt oder verwischt war; sie liebte vor allem Rückansichten von Damen und *profils perdus*. Wenn sie aufrecht stand, nahm sie ganz von selbst jene Haltung an, in der die Hofmaler Königinnen und Prinzessinnen darstellen; so lag für mich die Frage nahe, ob ich diesen Vorzug nicht ausnützen und den Herausgeber von *Cheapside* bitten solle, einen Königs-Roman herauszubringen. *Episoden aus dem Buckingham-Palast* oder so ähnlich. Manchmal jedoch begegneten sich das »einzig Wahre« und das »So-als-Ob« – nämlich dann, wenn Miß Churm zu einer Sitzung kam oder an besonders arbeitsreichen Tagen eine verabreden wollte und dabei ihren Rivalen in den Weg lief. Diese Begegnung war allerdings völlig einseitig, denn jene nahmen sie kaum deutlicher wahr, als wenn sie das Dienstmädchen gewesen wäre – dies aber nicht aus bewußtem Hochmut, sondern einfach deswegen, weil sie noch nicht gelernt hatten, sich mit Berufskollegen zu verbünden – was sie meiner Meinung nach nur zu gern getan hätten, zumindest der Major. Sie konnten sich nicht über den Omnibus unterhalten – sie gingen ja immer zu Fuß; und ein anderes Thema fiel ihnen nicht ein; schließlich war Miß Churm weder an günstigen Zugverbindungen noch an preiswertem Rotwein interessiert. Außerdem mußten sie gewittert haben, daß sie sich über sie lustig machte, im geheimen über ihre einstigen Erfahrungen auf diesem Gebiet spottete. Miß Churm gehörte nicht zu jenen Menschen, die ihre Skepsis verbergen, wenn sie Gelegenheit haben, sie zu zeigen. Andererseits hielt Mrs. Monarch sie für unsauber; denn warum hätte sie sich sonst der Mühe unterzogen (für Mrs. Monarch ein ungewöhnliches Unterfangen), mir zu erzählen, sie möge schmutzige Frauen nicht?

Eines Tages, als meine junge Dame zugleich mit den beiden anderen Modellen bei mir war (sie kam, wenn es sich ergab, auch einmal zum Plaudern herein), bat ich sie, so gut zu sein und beim Teebereiten zu helfen – ein Dienst, mit dem sie ganz vertraut war und um den ich meine Modelle öfters ersuchte, da ich sehr einfach lebte und über kein Personal verfügte. Sie machten sich stets gern mit meinen Sachen zu schaffen, um dadurch das Modellsitzen zu unterbrechen – und manchmal auch das Geschirr zu zerschlagen; sie kamen sich dann wie Bohemiens vor. Doch als ich Miß Churm das nächste Mal sah, machte sie mir zu meinem Erstaunen eine große Szene und behauptete, ich hätte sie demütigen wollen. Dabei hatte sie sich an jenem Tage mit keinem Wort über die Kränkung beklagt, sondern war willfährig und lustig gewesen und hatte die Komödie genossen, die still und stumm dasitzende Mrs. Monarch zu fragen, ob sie Milch und Zucker wünsche, wobei sie eine übertriebene Süße in diese Frage gelegt hatte. Sie hatte alle Register gezogen, als wollte auch sie das »einzig Wahre« darstellen, ja sie war so weit gegangen, daß ich fürchten mußte, meine Gäste könnten sich beleidigt fühlen.

Aber sie waren fest entschlossen gewesen, es nicht zu sein, und gerade diese rührende Geduld hatte bewiesen, wie groß ihre Not war. Sie warteten ohne Murren eine volle Stunde, bis ich für sie bereit war; sie kamen auf gut Glück, in der Hoffnung, daß ich sie brauchen könnte, und gingen ebenso fröhlich, wenn ich sie nicht brauchte. Jedesmal begleitete ich sie dann zur Tür, nur um zu beobachten, in welch prächtiger Haltung sie den Rückzug antraten. Ich bemühte mich um eine andere Beschäftigung für sie und stellte sie verschiedenen Künstlern vor. Aber diese »bissen« aus mir wohlverständlichen Gründen nicht an, und stets wurde mir nach solchen Fehlschlägen erschreckend bewußt, daß sie daraufhin nur noch fester an mich gekettet waren. Sie erwiesen mir die Ehre, sich einzubilden, ich allein sei ihr Fall. In Wirklichkeit waren sie für die Maler einfach nicht malerisch genug, und ernsthafte Zeichner gab es damals nur sehr wenige. Außerdem behielten sie immer den von mir erwähnten großen Auftrag im Auge; sie setzten ihre ganze Hoffnung darauf, für die illustrative Rechtfertigung unseres bewundernswürdigen Romanciers die unentbehrliche Zutat zu liefern. Sie wußten, daß ich für jenes Unternehmen keinerlei Kostümeffekte brauchte, nichts vom Flitterkram vergangener Jahrhunderte, sondern daß hier alles modern und satirisch und

– vermutlich – vornehm sein würde. Wenn ich sie dazu brauchen könnte, wäre ihre Zukunft gesichert, denn die langwierige Arbeit würde ihnen eine dauernde Beschäftigung sichern.

Eines Tages kam Mrs. Monarch ohne ihren Mann, und sie erklärte seine Abwesenheit damit, er habe in der Stadt zu tun. Während sie wie üblich erwartungsvoll und steif dasaß, klopfte es an die Tür – ein Klopfen, aus dem ich sofort die demütige Bitte eines arbeitsuchenden Modells heraushörte. Daraufhin trat ein junger Mann ein, den ich gleich für einen Ausländer hielt und der sich dann auch als Italiener zu erkennen gab, der kein Wort Englisch sprach außer meinen Namen, den er allerdings so betonte, daß er alle anderen Wörter mit einzuschließen schien. Ich war damals noch nicht in seiner Heimat gewesen und beherrschte auch seine Sprache nicht; da er jedoch nicht so mangelhaft begabt war – welcher Italiener ist das schon? –, um allein von diesem Verständigungsmittel abzuhängen, vertraute er mir mit lebhaften, aber graziösen Gesten an, daß er genau jene Beschäftigung suche, der die Dame hier gerade nachgehe. Anfangs war ich gar nicht von ihm begeistert und stieß, während ich weiterzeichnete, grobe, entmutigende, abweisende Laute aus. Er jedoch wich nicht vom Fleck, blieb, keineswegs dreist, sondern mit ergebenem, hündischem Blick, stehen – ein Blick von harmloser Unverschämtheit: in der Haltung eines (womöglich schon viele Jahre im Hause arbeitenden) Dieners, den man ungerecht verdächtigt hat. Plötzlich sah ich, daß dieses Gesicht, diese Haltung bereits ein fertiges Bild waren, worauf ich ihn bat, sich zu setzen und zu warten, bis ich frei sei. Allein in seinem Willfahren lag schon wieder ein Bild, und weitere Bilder in der Art, wie er mit zurückgeworfenem Kopf das hohe Atelier bewunderte. Man hätte meinen können, er stehe sich bekreuzigend im Petersdom. Noch ehe ich fertig war, sagte ich mir bereits: »Dieser Bursche ist bestimmt ein verkrachter Orangenhändler, aber er ist ein Schatz.«

Als Mrs. Monarch ging, schoß er durchs Zimmer, um ihr die Tür zu öffnen, und stand dann dort mit dem verzauberten, reinen Blick des von Beatrice faszinierten jungen Dante. Da ich mir von einem tapsigen britischen Diener in solchen Situationen im allgemeinen nichts erwartete, kam mir der Gedanke, dieser hier müßte eigentlich der ideale Diener sein (den ich dringend brauchte, wenn ich ihn auch nicht für diese Arbeit allein bezahlen konnte): ein Diener, der zugleich mein Modell sein könnte; kurz, ich beschloß, den Abenteurer aufzunehmen, falls er sich mit dieser doppelten Aufgabe einverstanden erklären sollte. Begeistert ging er auf mein Angebot ein, und es erwies sich, daß mir meine Unbesonnenheit (schließlich wußte ich ja nichts über ihn) keineswegs zum Schaden gereichte. Er entpuppte sich als ein sympathischer, wenn auch oberflächlicher Gehilfe und besaß darüber hinaus in höchstem Maße ein *sentiment de la pose*. Dieses Gefühl war bei ihm völlig unkultiviert, war ein Teil jenes glücklichen Instinkts, der ihn zu meiner Tür geführt und ihm geholfen hatte, meinen Namen auf der draußen befestigten Karte zu entziffern. Er hatte keine andere Empfehlung für mich gehabt als seine Vermutung, daß mein hohes Nordfenster auf ein Atelier hindeute und daß in einem Atelier auch ein Maler sein müsse. Er war nach England ausgewandert, um hier, wie so viele andere, sein Glück zu machen, und hatte sich mit einem Partner (und einem kleinen grünen Handkarren zum Verkauf von Tüteneis) eingeschifft. Das Eis jedoch war geschmolzen, und der Partner war verschwunden. Mein junger Mann trug eine enge gelbe Hose mit rötlichen Streifen und hieß Oronte. Er war blaß und doch schön, und als ich ihn in einen von mir abgelegten Anzug steckte, sah er wie ein Engländer aus. Er war mindestens so gut wie Miß Churm, die auf Verlangen wie eine Italienerin aussehen konnte.

## IV

Mrs. Monarch machte einen leicht erschütterten Eindruck, als sie mit ihrem Mann wiederkam und Oronte bei mir eingenistet fand. Sicherlich war es ein merkwürdiges Gefühl für sie, in diesem nichtswürdigen *lazzarone* eine Konkurrenz für ihren herrlichen Major erblicken zu müssen. Sie war es, die sofort die drohende Gefahr spürte, während der Major sich gesprächig und ahnungslos verhielt. Aber dann servierte Oronte uns mit hundert aus Übereifer entstandenen Ungeschicklichkeiten (denn er hatte noch nie ein so seltsames Zeremoniell erlebt) den Tee, und ich glaube, es machte einen gewissen Eindruck auf sie, daß ich jetzt immerhin über »Personal« verfügte. Sie sahen auch einige Zeichnungen, die ich von dem »Personal« gemacht hatte, und Mrs. Monarch meinte, sie wäre nie auf die Idee gekommen, daß Oronte dafür Modell gestanden haben könnte. »Die Zeichnungen von uns sehen doch genau aus wie wir«, sagte sie zufrieden lächelnd, und ich dachte bei mir, dies sei ja gerade ihr großer Fehler. Wenn ich die Monarchs zeichnete, konnte ich einfach nicht von ihnen loskommen – bekam den Typ nicht in den Griff, den ich darstellen wollte; und dabei war mir nichts unangenehmer, als daß man das Modell in meinen Bildern erkannte. Miß Churm erkannte man nie, und Mrs. Monarch gab sich der Illusion hin, ich wolle ihre Spuren verwischen, weil sie so ordinär sei; dabei ging sie doch nur verloren, wie die Toten verlorengehen, die in den Himmel kommen – und dann dort als Engel erscheinen.

Inzwischen hatte ich mit *Rutland Ramsay* begonnen, dem ersten Roman der geplanten großen Gesamtausgabe; das heißt, ich machte ein Dutzend Zeichnungen, einige davon mit dem Major und seiner Frau als Modelle, und legte sie zur Prüfung vor. Wie ich bereits angedeutet habe, hatte ich mit dem Verleger vereinbart, daß ich für den ersten Band völlig freie Hand haben sollte und das ganze Buch allein gestalten dürfte; meine Mitarbeit an den weiteren Bänden jedoch war noch keineswegs beschlossen. Ich muß gestehen, daß es in manchen Augenblicken ein wirklicher Trost war, das »einzig Wahre« vor sich zu haben; denn in *Rutland Ramsay* gab es Typen, die ihnen so ziemlich glichen. Einige Gestalten waren bestimmt so aufrecht wie der Major und so modisch elegant wie Mrs. Monarch. Viele Szenen spielten auf Landsitzen – mit Phantasie, Ironie und Treffsicherheit gezeichnet –, und überall sah man Knickerbocker und Kilts. Manches mußte ich von Anfang an genau festlegen – so zum Beispiel das Aussehen des Helden und die blühende Erscheinung der Heldin. Der Autor gab hierfür natürlich einige Hinweise, aber es blieb doch Spielraum genug für die eigene Interpretation. Ich zog die Monarchs ins Vertrauen, erzählte ihnen offen, worum es ging, ohne meine Sorge und Zwangslage zu verschweigen. »Nehmen Sie doch ihn!« bat Mrs. Monarch zärtlich und sah zu ihrem Gatten auf. Und der Major meinte: »Könnten Sie etwas Besseres finden als meine Frau?« – fragte es mit der ungezwungenen Vertraulichkeit, die jetzt zwischen uns herrschte.

Ich war nicht verpflichtet, auf diese Bemerkungen zu antworten – ich war lediglich verpflichtet, meine Modelle richtig einzusetzen. Mir war gar nicht wohl bei der Sache, und so zögerte ich, aus einer gewissen Feigheit vielleicht, die Lösung dieser Frage hinaus. Das Buch war ein einziges großes Gemälde; da es noch zahlreiche andere Gestalten darin gab, arbeitete ich erst einige Episoden aus, in denen Held und Heldin nicht auftraten. Wenn ich diese erst einmal festgelegt hatte, mußte ich auch bei ihnen bleiben – ich konnte meinen jungen Mann nicht an der einen Stelle über zwei Meter groß zeichnen und an der anderen eins siebzig. Und ich neigte auch eher zu diesem Maß, obwohl mich der Major mehr als einmal daran erinnerte, daß er genauso jung wie jeder andere aussehe. Es war übrigens nicht sonderlich schwer, ihn in dieser Figur so darzustellen, daß sein Alter unmöglich zu erraten gewesen wäre. Nachdem nun der temperamentvolle Oronte schon einen Monat bei mir lebte und nachdem ich ihm etliche Male zu verstehen gegeben hatte, daß seine angeborene Überschwenglichkeit bald eine unüberwindliche Barriere für jeden weiteren Verkehr zwischen uns bilden würde, entdeckte ich plötzlich seine »heldischen« Eigenschaften. Er war zwar nicht ganz eins siebzig, aber auf die fehlenden Zentimeter kam es nicht an. Zuerst versuchte ich es mehr oder weniger heimlich mit ihm, denn ich fürchtete ein wenig das Urteil, das meine anderen Modelle über eine solche Wahl fällen würden. Wenn sie schon Miß Churm als eine bessere Schlampe betrachteten, was würden sie wohl dann von einem Menschen halten, der als Hauptfigur so wenig das »einzig Wahre« war wie dieser italienische Straßenhändler mit Volksschulbildung?

Wenn ich mich vor ihnen fürchtete, dann nicht, weil sie mich sekkiert und tyrannisiert hätten, sondern einfach, weil sie mit ihrer pathetischen Haltung und ihrer geheimnisvollen permanenten Frische so fest mit mir rechneten. Ich war daher sehr froh, als Jack Hawley zurückkehrte: er wußte stets einen guten Rat. Zwar war er ein schlechter Maler, aber es gab keinen, der wie er den Finger immer auf die rechte Stelle legte. Er war seit einem Jahr nicht mehr in England gewesen, hatte sich irgendwo – ich weiß nicht mehr wo – im Ausland aufgehalten, um den »Blick aufzufrischen«. Vor dem Ergebnis graute mir einigermaßen, aber wir waren immerhin alte Freunde; während seiner monatelangen Abwesenheit hatte meinem Leben etwas gefehlt. Seit nun schon einem Jahr hatte ich seinen Wurfgeschossen nicht mehr auszuweichen brauchen.

Er kehrte zurück mit aufgefrischtem Blick, aber mit derselben alten schwarzen Samtjacke, und gleich am ersten Abend, als er zu mir kam, saßen wir zigarettenrauchend in meinem Atelier bis lange nach Mitternacht. Er selbst hatte in der ganzen Zeit nichts gearbeitet, sondern eben nur den Blick aufgefrischt, und so war die Bahn frei für meine eigenen kleinen Arbeiten. Er wollte sehen, was ich für die *Cheapside* gemacht hatte, war aber enttäuscht davon. Ich mußte das wenigstens seinen ächzenden Seufzern entnehmen, die er mit dem Zigarettenrauch ausstieß, während er mit übergeschlagenen Beinen auf meinem breiten Diwan saß und meine neuesten Zeichnungen betrachtete.

»Was ist denn mit dir los?« fragte ich.

»Was ist mit *dir* los?«

»Nichts. Ich muß mich doch sehr wundern.«

»Das solltest du wahrhaftig. Du bist ja völlig abgerutscht. Was soll denn diese neue Manier bedeuten?« Er warf mir sichtlich verärgert eine Zeichnung hin, in der ich meine beiden majestätischen Modelle konterfeit hatte. Ich fragte ihn, ob er sie nicht gut finde, und er antwortete, er finde sie, gemessen an meinen bisherigen Leistungen, einfach abscheulich; ich ließ ihm dies durchgehen, weil ich unbedingt genauer wissen wollte, was er meinte. Die beiden Gestalten wirkten auf der Zeichnung wie Kolosse, aber ich glaubte nicht, daß er dies meinte, weil er ja wußte, ich hätte dem abhelfen können. Ich erklärte daher, ich arbeite noch in genau derselben Manier wie damals, als er mir das letztemal die Ehre erwiesen habe, mich zu loben. »Irgendwo stimmt da etwas nicht«, meinte er. »Laß mich einmal scharf nachdenken.« Ich wartete; wozu hatte er schließlich seinen aufgefrischten Blick? Aber dann fiel ihm doch nicht mehr ein als: »Ich weiß nicht – mir gefallen deine Typen nicht.« Das war recht mäßig für einen Kritiker, der es stets abgelehnt hatte, etwas anderes zu diskutieren als die Ausführung, den Pinselstrich und das Geheimnis der Idee.

»In den Zeichnungen, die du eben angesehen hast, finde ich meine Typen aber ganz reizvoll.«

»Sie taugen nichts.«

»Ich habe ein paar neue Modelle.«

»Das sehe ich. Sie taugen nichts.«

»Bist du dessen sicher?«

»Absolut sicher. Sie sind einfach stupide.«

»Du meinst, ich bin es – weil es mir nicht gelingt, das zu kaschieren.«
»Das kannst du gar nicht – bei solchen Leuten nicht. Wer sind sie überhaupt?«
Ich erzählte es ihm in großen Zügen, und er erklärte herzlos: »*Ce sont des gens qu'il faut mettre à la porte.*«
»Du hast sie ja noch gar nicht gesehen; sie sind wirklich ausgezeichnet«, widersprach ich temperamentvoll.
»Noch nicht gesehen? Aber du hast dir doch deine ganzen letzten Arbeiten durch sie verdorben! Mehr will ich gar nicht von ihnen sehen!«
»Bisher hat niemand etwas gegen sie eingewandt – die Leute von der *Cheapside* sind begeistert.«
»Die Leute sind strohdumm, und die Leute von der *Cheapside* am allerdümmsten. Tu doch nicht plötzlich so, als hättest du noch Illusionen über das Publikum, vor allem über die Verleger. Du arbeitest doch nicht für diese Banausen, du arbeitest für die, die etwas davon verstehen, *coloro che sanno*; bleib wenigstens mir zuliebe bei deinem Leisten, wenn du es nicht schon dir selbst zuliebe willst. Du hast von Anfang an eine gewisse Linie gehabt, und die war ausgezeichnet. Dieses Zeug hier aber hat nichts mit deinem Stil zu tun.« Als ich später mit Hawley über *Rutland Ramsay* und dessen eventuellen Nachfolger sprach, erklärte er, daß ich unbedingt wieder in mein Boot steigen müsse, sonst würde ich untergehen. Seine Stimme war die Stimme der Warnung.
Ich merkte mir die Warnung, setzte jedoch meine Freunde nicht vor die Tür. Mit der Zeit langweilten sie mich zwar; aber gerade die Tatsache, daß sie mich langweilten, bestimmte mich, sie – solange ich noch irgend etwas mit ihnen anfangen konnte – nicht kurzerhand meiner Gereiztheit zu opfern. Wenn ich heute auf jene Zeit zurückblicke, finde ich, daß sie mir damals doch eine rechte Last gewesen sind. Mir ist, als hätten sie unentwegt in meinem Atelier gesessen, hätten, um nicht im Wege zu sein, auf einer alten, samtgepolsterten Bank an der Wand gesessen und dabei ausgesehen wie zwei geduldige Höflinge in einem königlichen Vorzimmer. Bestimmt sind sie während der kalten Winterwochen nur deshalb so oft gekommen, weil sie dadurch Heizmaterial sparten. Langsam verlor ihre Frische an Glanz, und es ließ sich unmöglich länger verbergen, daß sie Wohltätig-

keitsempfänger waren. Wenn Miß Churm kam, gingen sie, und als ich erst einmal ernsthaft mit *Rutland Ramsay* angefangen hatte, kam Miß Churm recht häufig. Es gelang ihnen, taktvoll auszudrücken, ich wolle sie vermutlich für das niedrige Volk in dem Roman verwenden, und ich ließ sie bei dem Glauben, zumal sie versucht hatten, das Buch zu lesen – es lag im Atelier –, ohne dabei zu merken, daß es nur in den vornehmsten Kreisen spielte. Sie hatten das Werk des brillantesten unserer Romanciers in der Hand gehabt, ohne mehr als ein paar Absätze zu begreifen. Trotz Jack Hawleys Warnung arbeitete ich immer wieder mit ihnen; wenn es sich schon nicht umgehen ließ, sie zu entlassen, dann war dazu immer noch Zeit, sobald die kalte Jahreszeit vorüber war. Hawley lernte sie nun auch selber kennen – er traf sie in meinem Atelier – und fand, sie seien ein lächerliches Paar. Als sie hörten, daß auch er male, wollten sie mit ihm Kontakt aufnehmen, ihm zeigen, daß sie das »einzig Wahre« seien; aber er betrachtete sie über den großen Raum hinweg, als wären sie meilenweit entfernt; sie verkörperten für ihn all das, was er am Gesellschaftssystem unseres Landes verabscheute. Leute, die ganz aus Konvention und Lackleder bestanden und deren Ausrufe jedes Gespräch töteten, hatten in einem Atelier nichts verloren. Ein Atelier war ein Ort, wo man sehen lernen mußte; wie aber sollte man durch ein paar Federbetten hindurch etwas sehen?

Am peinlichsten war es für mich, daß ich auch zunächst scheute, sie wissen zu lassen, wer mir für *Rutland Ramsay* Modell saß: nämlich mein kleiner, wendiger Diener. Sie wußten, daß ich die Marotte gehabt hatte (inzwischen hatten sie immerhin gelernt, Künstlern Marotten zuzugestehen), einen Vagabunden von der Straße aufzulesen, anstatt mir einen Diener mit Backenbart und Empfehlungen zu engagieren; erst später sollten sie erfahren, wie hoch ich seine Begabung einschätzte. Sie sahen zwar mehr als einmal, daß er für mich posierte, bezweifelten jedoch keinen Augenblick, ich würde ihn als Drehorgelspieler malen. Es gab überhaupt einiges, das sie nicht errieten, und eines davon war, daß ich für eine prächtige Romanszene, in der kurz ein Lakai auftrat, Major Monarch verwenden wollte. Diese Arbeit jedoch schob ich immer wieder hinaus; ich bat ihn nicht gern darum, eine Livree anzuziehen – abgesehen von der Schwierigkeit, eine passende Livree für ihn zu finden. Eines Spätnachmittags im

Winter schließlich, als ich gerade den unterschätzten Oronte zeichnete (der stets sofort wußte, was man wollte) und das beschwingende Gefühl hatte, gut vorwärtszukommen, traten der Major und seine Frau ein – mit dem in der Gesellschaft üblichen Lachen über nichts (es gab schließlich immer weniger zu lachen), durch das sie mich jedesmal an Besucher auf dem Lande erinnerten, die nach dem Kirchgang noch ein paar Schritte durch den Park gewandelt sind und nun überredet werden, zum Lunch zu bleiben. Der Lunch war vorbei, aber sie konnten immerhin zum Tee bleiben – ich wußte, daß sie damit rechneten. Ich war jedoch gerade im besten Zuge und konnte unmöglich, während mein Modell den Tee bereitete, meinen Eifer abkühlen und meine Arbeit warten lassen, zumal es bald dunkel wurde. So bat ich Mrs. Monarch, ob es ihr etwas ausmache, den Tisch zu decken – eine Bitte, die ihr das Blut ins Gesicht trieb. Einen Moment sah sie ihren Mann an und wechselte mit ihm ein paar stumme Signale. Doch schon im nächsten Augenblick machte er der Szene mit seinem humorigen Witz ein Ende. Ich war weit davon entfernt, sie um ihres verletzten Stolzes willen zu bemitleiden, und fühlte mich gedrängt, ihnen eine Lehre zu erteilen. Sie huschten herum, holten Teller und Tassen und setzten das Wasser auf. Ich weiß, sie warteten auf meinen Diener, und als der Tee fertig war, sagte ich: »Geben Sie ihm bitte auch eine Tasse – er ist müde.« Mrs. Monarch brachte ihm eine Tasse, und er nahm sie ihr ab in der Haltung eines Herrn bei einer Party, der einen Chapeau Claque unterm Arm gepreßt hält.

Da erst merkte ich, daß sie sich meinetwegen sehr angestrengt hatte – und dies mit einem wahren Edelmut – und daß ich ihr dafür eine Entschädigung schuldete. Jedesmal überlegte ich mir nun, wenn ich sie sah, in welcher Form ich diese Entschädigung leisten könne. Ich durfte schließlich nicht weiterhin schlechte Zeichnungen machen, nur um ihnen zu willfahren. Jawohl, es waren schlechte Zeichnungen, allesamt, für die sie mir Modell gesessen hatten – jetzt war Hawley nicht mehr der einzige, der dies sagte. Ich hatte eine größere Anzahl von Illustrationen für *Rutland Ramsay* eingesandt und erhielt daraufhin eine Warnung, die noch schärfer war als die von Hawley. Der künstlerische Berater des Verlages, für den ich arbeitete, ließ mich wissen, daß ein großer Teil meiner Arbeiten nicht den Erwartungen entspreche. Zu den meisten dieser Illustrationen hatten mir die Monarchs Modell gesessen. Wenn ich mich also nicht beeilte, den Erwartungen zu entsprechen, würde ich natürlich niemals mit der Illustration der anderen Werke beauftragt werden. In meiner Verzweiflung stürzte ich mich auf Miß Churm; ich jagte sie durch alle Positionen. Ich nahm Oronte nicht nur ganz offen als Helden, sondern gestand dem Major, als er eines Morgens kam und fragte, ob ich nicht die Zeichnung für die *Cheapside* beenden wolle, für die er bereits Modell gesessen hatte, ich hätte es mir anders überlegt – ich würde meinen Diener als Modell für die Zeichnung nehmen. Mein Besucher wurde blaß und starrte mich an. »Entspricht der etwa Ihren Vorstellungen von einem englischen Gentleman?« fragte er.

Ich war gereizt und nervös und wollte unbedingt mit meiner Arbeit weiterkommen; so antwortete ich knapp: »Aber, mein lieber Major – ich kann mich Ihretwegen schließlich nicht ruinieren!«

Er blieb noch einen Moment stehen, dann drehte er sich wortlos um und verließ das Atelier. Als er draußen war, atmete ich tief auf, denn ich bildete mir ein, ihn nie wiederzusehen. Ich hatte ihm zwar niemals gesagt, daß ich Gefahr lief, meinen Auftrag entzogen zu bekommen, aber ich war darüber verärgert gewesen, daß er die Katastrophe nicht nahen gefühlt, daß er nicht die Konsequenz unserer sinnlosen Verbindung gezogen hatte: daß in dem trügerischen Licht der Kunst manchmal selbst der achtbarste Mensch nicht plastisch »herauskommen« kann.

Ich schuldete meinen Freunden zwar kein Geld, und dennoch sah ich sie wieder. Drei Tage später kamen sie gemeinsam in mein Atelier, und das hatte, gemessen an ihrer Situation, etwas Tragisches. Es bewies mir, daß sie einfach keine andere Beschäftigung zu finden vermochten. Sie hatten die Angelegenheit in einem traurigen Gespräch eingehend erörtert und auch die Hiobsbotschaft geschluckt, daß man sie für die Gesamtausgabe nicht brauchen konnte. Da sie mir nicht einmal für die *Cheapside* nützten, mußten sie sich fragen, worin ihre Funktion denn noch eigentlich bestehe, und so dachte ich anfangs, sie seien nur gekommen, um verzeihend und geziemend Abschied zu nehmen. Dabei sagte ich mir im stillen, daß ich für solch eine Szene jetzt wahrhaftig keine Zeit hätte; ich hatte gerade meine beiden anderen Modelle postiert und fieberte danach, eine Zeichnung zu beginnen, von der ich mir einen Triumph versprach. Es handelte sich um jene Stelle, bei der Rutland Ramsay sich einen Stuhl zu Artemisias Klavierhocker herangezogen hat und ihr, während sie so tut, als übte sie eine schwierige Passage, die unglaublichsten Dinge zuflüstert. Ich hatte Miß Churm schon früher am Klavier gezeichnet – eine Haltung, die sie mit vollkommener Grazie beherrschte. Nun wollte ich die beiden Gestalten miteinander in Einklang bringen, und mein kleiner Italiener hatte sich meiner Vorstellung davon wunderbar angepaßt. Das Klavier war vorgerückt worden, und meine beiden saßen leibhaftig vor mir: ein faszinierendes Bild strahlender Jugend und geflüsterter Liebe, das ich nur noch aufzufangen und festzuhalten hatte. Meine Besucher standen hinter mir und sahen zu, und ich sagte ihnen ein paar höfliche Worte über die Schulter.

Sie gaben keine Antwort, aber ich war ja an ihre schweigende Gesellschaft gewöhnt und fuhr daher in meiner Arbeit fort, wenn auch leicht gestört (obwohl ich gerade in freudiger Erregung erkannte, hier endlich das »einzig Wahre« vor mir zu haben), weil ich sie noch immer nicht hatte abschütteln können. Auf einmal hörte ich Mrs. Monarchs zarte Stimme neben oder vielmehr über mir: »Wenn nur ihr Haar ein wenig hübscher frisiert wäre.« Ich blickte auf und sah, wie sie merkwürdig gespannt Miß Churm betrachtete, die ihr den Rücken zuwandte. »Darf ich es ein bißchen ordnen?« fuhr sie fort – eine Frage, bei der ich beinahe aufgesprungen wäre vor Schrecken, sie könnte der jungen Dame ein Leid antun. Aber sie beruhigte mich mit einem Blick, den ich nie vergessen werde – ich gestehe, *den* hätte ich gern gemalt –, und trat zu meinem Modell. Sie sprach leise auf sie ein, legte die Hand auf ihre Schulter und beugte sich über sie; als das Mädchen verstand und dankbar zustimmte, ordnete sie mit wenigen Griffen die drahtigen Locken so, daß Miß Churm noch einmal so charmant aussah: einer der heroischsten Liebesdienste, die ich je einen Menschen habe erweisen sehen. Dann wandte sich Mrs. Monarch seufzend ab, blickte sich um, ob noch etwas zu tun sei, und hob mit vornehmer Demut einen schmutzigen Lappen auf, der aus meinem Farbkasten gefallen war.

Aber auch der Major hatte sich umgesehen, und da bemerkte er in der Ecke des Ateliers den noch nicht abgedeckten Frühstückstisch. »Ich darf mich doch hier nützlich machen?« rief er mit mühsam beherrschtem Zittern in der Stimme. Ich antwortete wohl recht verlegen lachend, und dann hörte ich in den nächsten zehn Minuten das Klappern von Porzellan und das Klirren der Löffel und Gläser. Mrs. Monarch half ihrem Mann – sie wuschen mein Geschirr ab und räumten auf. Sie werkten in meiner kleinen Küche, und später sah ich, daß sie alle Messer geputzt hatten und mein bißchen Geschirr spiegelblank war. Als mir die Beredsamkeit dessen, was sie da taten, klar wurde, verschwamm mir, wie ich gern gestehe, das Bild vor den Augen. Sie hatten ihr Versagen akzeptiert, aber nicht ihr Schicksal. Verwirrt beugten sie sich der unglaublichen, erschütternden Tatsache, daß das »einzig Wahre« so viel weniger kostbar war als das Nicht-Wahre. Wenn meine Diener meine Modelle waren, konnten meine Modelle ja auch meine Diener sein. Sie würden die Rollen tauschen – die einen würden als Damen und Herren Modell sitzen, und die anderen deren Arbeit tun. Und damit blieben sie nach wie vor im Atelier: ein dringlicher, stummer Appell an mich, sie nicht hinauszuwerfen.

Als mir dies alles aufging, war es vorbei mit dem *afflatus* – und der Zeichenstift fiel mir aus der Hand. Der Tag war mir verdorben, und so schickte ich meine Modelle weg, die offenbar ebenso verwirrt und entsetzt waren wie ich. Als ich dann mit dem Major und seiner Frau allein war, sah ich mich einer höchst unbehaglichen Situation gegenüber. Er faßte ihre Bitte in einem einzigen Satz zusammen: »Dürfen wir wirklich nichts für Sie tun – gar nichts?« Gerade diesen Wunsch konnte ich ihnen nicht erfüllen – es wäre zu schrecklich für mich gewesen, weiterhin mit anzusehen, wie sie für mich den Abwasch besorgten; für eine Woche jedoch wollte ich es ihnen erlauben. Ich gab ihnen Geld, damit sie endlich gingen, und dann sah ich sie nie wieder. Obwohl ich den Auftrag für die Illustration der weiteren Bücher erhielt, behauptete mein Freund Hawley, der Major und Mrs. Monarch hätten mich für immer verdorben und zu einem zweitklassigen Maler degradiert. Sollte dies stimmen, dann darf ich mich wenigstens damit trösten, einen angemessenen Preis bezahlt zu haben – für die Erinnerung.

# DAS MUSTER IM TEPPICH
[1896]

## I

Ich hatte bereits einiges zustande gebracht und auch schon ein paar Pence verdient – ja, hatte bereits die Zeit gefunden, mir einzureden, daß ich besser sei, als man es auf der Redaktion wahrhaben wollte; aber wenn ich jetzt auf meine Laufbahn zurückblicke (eine dumme Angewohnheit, denn sie ist wahrlich noch nicht lang), dann sehe ich, daß sie eigentlich erst an jenem Abend begann, als George Corvick atemlos und aufgeregt zu mir kam und mich um einen Gefallen bat. Er hatte schon mehr zustande gebracht als ich und auch mehr Geld verdient, trotzdem fand ich manchmal, daß ihm eine gewisse Intelligenz fehle. Immerhin mußte ich ihm an eben diesem Abend zubilligen, daß es ihm wenigstens nicht an Großzügigkeit fehlte. Ich konnte es kaum fassen, als ich seinen Vorschlag hörte: Ich sollte für das Organ unserer gelehrten Essays, *The Middle*, so genannt, weil es in der Mitte der Woche erschien, einen Aufsatz schreiben, mit dem eigentlich er beauftragt worden war – über ein Buch, das er mir jetzt, verpackt und mit starkem Bindfaden verschnürt, auf den Tisch legte. Begeistert stürzte ich mich auf diese Chance – das heißt auf den ersten Band – und schenkte der Erklärung meines Freundes wenig Aufmerksamkeit. Welche Erklärung konnte schließlich den Nagel genauer auf den Kopf treffen als mein offensichtliches Talent, diese Aufgabe zu meistern? Ich hatte zwar schon über Hugh Vereker geschrieben, noch nie jedoch in der *Middle*, wo mir im allgemeinen nur die literarischen Werke der Damen und zweitklassigen Poeten zur Rezension überantwortet wurden. Hier lag nun also das Leseexemplar seines neuen Romans, und wie viel oder wenig es auch zu seinem Ruhm beitragen würde: zu meinem würde es bestimmt beitragen. Überdies, wenn ich seine Bücher auch las, wo ich sie nur auftreiben konnte, so hatte ich meine besonderen Gründe, ihn gerade jetzt zu lesen: ich hatte für den nächsten Sonntag eine Einladung nach Bridges angenommen, und Lady Jane hatte in ihrem Brief erwähnt, daß auch Mr. Vereker kommen werde.

Ich war jung genug, auf diese Begegnung mit einem Mann seines Rufes zu spekulieren, und naiv genug, mir einzubilden, daß diese Gelegenheit von mir fordern würde, meine Kenntnisse über sein »Neuestes« zu entfalten.

Corvick, der eine Rezension darüber versprochen hatte, war nicht dazu gekommen, auch nur in das Buch hineinzublicken; er war völlig durcheinander wegen einer Nachricht, die ihn – wie er nach hastiger Überlegung entschied – dazu zwang, noch mit dem Nachtzug nach Paris zu fahren. Er hatte von Gwendolen Erme ein Telegramm erhalten, nachdem er ihr brieflich seinen Beistand angeboten hatte. Von Gwendolen Erme wußte ich bereits; obwohl ich sie noch nie gesehen hatte, gipfelten meine Gedanken über sie in der Vermutung, daß er sie heiraten würde, sobald ihre Mutter stürbe. Nun schien ihm jene Dame diesen Gefallen tun zu wollen; nachdem sie in der Wahl des Klimas oder der »Kur« einen entsetzlichen Fehlgriff getan hatte, war sie nach der Rückkehr aus Übersee plötzlich zusammengebrochen. Ihre hilflose und erschrockene Tochter, die gern heimgefahren wäre, das Risiko jedoch scheute, hatte das Angebot unseres Freundes angenommen; ich aber hegte den geheimen Verdacht, daß sich Mrs. Erme bei seinem Anblick nur zu schnell erholen würde. Was seinen Verdacht anging, konnte man diesen fürwahr nicht geheim nennen; jedenfalls unterschied er sich merklich von dem meinen. Er hatte mir eine Fotografie von Gwendolen gezeigt und dazu bemerkt, sie sei zwar nicht hübsch, aber ungemein »interessant«; mit neunzehn Jahren hatte sie einen dreibändigen Roman, *Im tiefsten Grunde*, veröffentlicht, über den er sich in der *Middle* recht enthusiastisch ausgelassen hatte. Er hatte volles Verständnis für meine augenblickliche Begeisterung und versicherte mir, daß die besagte Zeitschrift sie teilen werde. Schließlich meinte er, die Hand schon auf der Klinke: »Du wirst deine Sache doch gut machen?« Und als er merkte, daß ich nicht ganz begriff, setzte er hinzu: »Ich meine, du wirst keinen Unsinn schreiben?«

»Unsinn? – über Vereker! Wie wäre das möglich, bei einem so schrecklich gescheiten Mann?«

»Das ist ja eben der Unsinn! Was heißt denn schon ›schrecklich gescheit‹? Versuche um Himmels willen, ihn zu erfassen. Unsere Abmachung darf ihn keinesfalls benachteiligen. Schreib über ihn möglichst genauso, wie ich es getan hätte.«

Einen Augenblick überlegte ich. »Du meinst: ›Mit Abstand und bei weitem der Größte‹? Auf die Art?«

Corvick stöhnte. »Du weißt genau, daß ich seinesgleichen nicht mit der Elle messe; das überlasse ich den Anfängern. Ich wollte vielmehr sagen, er hat für mich einen außergewöhnlichen Reiz, schenkt mir ein« – er grübelte – »nun ja, irgendein Gefühl.«
Wieder überlegte ich. »Mein Gott, was für ein Gefühl denn?«
»Mein lieber Freund, das ist es ja gerade, was du formulieren sollst.«
Noch ehe die Tür hinter ihm zugefallen war, begann ich mich mit dem Buch in der Hand darauf vorzubereiten. Ich saß die halbe Nacht über Vereker; Corvick hätte wahrhaftig nicht mehr tun können. Vereker war schrecklich gescheit – das ließ ich mir nicht nehmen; aber der Größte von allen war er bestimmt nicht. Auf die andern jedoch spielte ich nicht an; ich schmeichelte mir, daß ich diesmal wirklich kein Anfänger genannt werden durfte. »Gut, gut«, erklärten sie mir auf der Redaktion lebhaft; und als die Nummer erschien, hatte ich das Gefühl, hier sei eine Basis, auf der ich dem großen Mann zu begegnen vermochte. Für ein paar Tage flößte mir das Selbstvertrauen ein – aber dann war es aus damit. Ich hatte mir eingebildet, er würde es mit Vergnügen lesen; doch wenn schon Corvick nicht zufrieden war, wie sollte es dann Vereker sein? Ich sagte mir, daß die leidenschaftliche Bewunderung des Verehrers selbst dem Schriftsteller manchmal zuviel sei. Jedenfalls schrieb mir Corvick ziemlich mißgelaunt aus Paris: Mrs. Erme erhole sich, und ich hätte in keiner Weise jenes Gefühl, das ihm Vereker schenke, zu formulieren verstanden.

## II

Mein Besuch in Bridge allerdings bewirkte, daß ich den Dingen mehr als bisher auf den Grund ging. Wie ich Hugh Vereker dort erlebte, war dieser Mann im Umgang mit anderen ein solcher Stimmungsmensch, daß ich ob der Phantasiearmut meiner kleinen Vorsichtsmaßregeln heftig errötete. Wenn er guter Laune war, so nicht, weil er meine Kritik gelesen hatte; wenigstens war ich an jenem Sonntagmorgen fest davon überzeugt, daß er sie nicht kannte, obwohl die *Middle* bereits vor drei Tagen erschienen war und, wie ich feststellte, in dem trostlosen Garten der Wochenzeitschriften blühte, die einem der Goldbronzetische das Aussehen eines Bahnhofsstandes gaben. Mein Eindruck von ihm ließ mich hoffen, er werde meine Kritik noch lesen, und im Hinblick darauf korrigierte ich heimlich einige im Druck unrein geratene Stellen. Ich muß gestehen, daß ich auf den Ausgang meines Manövers geradezu lauerte, aber bis zum Lunch lauerte ich vergebens.

Als ich mich nachher beim gemeinsamen Spaziergang, wobei ich mich abermals eines kleinen Manövers bediente, für eine halbe Stunde an seiner Seite fand, gab mir seine wohlwollende Haltung den noch lebhafteren Wunsch ein, er möge nicht länger in Unwissenheit bleiben über die außerordentliche Ehre, die ich ihm hatte widerfahren lassen. Nicht daß es aussah, als lechzte er nach Ehre – im Gegenteil: bis jetzt hatte ich aus seinen Reden nicht das geringste Ressentiment heraushören können; ein Ton, für den ich trotz meiner Unerfahrenheit schon ein waches Ohr hatte. In letzter Zeit hatte er weit mehr als früher Anerkennung gefunden, und es war eine wahre Freude, mit anzusehen, wie ihm das – so nannten wir es bei der *Middle* – den Rücken stärkte. Natürlich war er keineswegs populär, aber für mein Empfinden war es gerade einer der Gründe seiner guten Stimmung, daß sein Erfolg davon unabhängig war. Dennoch war er in gewisser Weise Mode geworden, da zumindest die Kritiker ihm nachgesetzt und ihn eingeholt hatten. Wenigstens wir hatten nun herausgefunden, wie gescheit er war, und er konnte aus dem Verlust seines Geheimnisses jetzt nur noch das Beste machen. Ich fühlte mich, als ich neben ihm herging, immer wieder versucht, ihn wissen zu lassen, wieviel von dieser Entschleierung mein Werk war; es kam ein Augenblick, da ich es bestimmt getan hätte, würde nicht im selben Moment eine Dame unserer Gesellschaft, die sich den Platz an seiner anderen Seite erobert hatte, ihn ausgesprochen selbstsüchtig mit Beschlag belegt haben. Ich verlor den Mut; mir war, als hätte man es darauf abgesehen, mir zu nahe zu treten.

Ich hatte gerade etwas über das rechte Wort zur rechten Zeit sagen wollen; später war ich jedoch froh, daß ich nichts gesagt hatte, denn als wir uns nach der Rückkehr beim Tee zusammenfanden, sah ich Lady Jane, die uns nicht begleitet hatte, wie sie mit hocherhobenem Arm die *Middle* schwenkte. Sie hatte sich mit der Zeitschrift zur Mittagsruhe zurückgezogen und war entzückt über das, was sie darin entdeckt hatte, und da wurde mir auf einmal klar, daß ein Fehler des Mannes oft einem glücklichen Einfall der Frau entsprechen kann und daß sie nun für mich tun würde, was ich nicht hatte tun können. »Hier stehen ein paar bezaubernde kleine Wahrheiten, die endlich einmal ausgesprochen werden mußten«, hörte ich sie sagen, wobei sie die Zeitschrift einem leicht konsternierten Paar am Kamin aufdrängte. Als Hugh Vereker erschien, der nach dem Spaziergang hinaufgegangen war, um sich umzukleiden, riß sie ihnen das Heft wieder aus den Händen. »Ich weiß, Sie legen im allgemeinen keinen Wert auf solche Dinge, aber diesen Artikel sollten Sie lesen. Sie kennen ihn doch noch nicht? Dann müssen Sie ihn lesen. Dieser Mann hat Sie wirklich erfaßt, hat genau das herausgestellt, was ich immer dabei empfinde.« Lady Jane sah ihn mit einem Blick an, der offenbar ausdrücken sollte, was sie »immer dabei« empfand; aber sie fügte hinzu, daß sie es niemals so hätte formulieren können. »Sehen Sie, da und da und da, wo ich etwas angestrichen habe – wie er das herausgearbeitet hat!« Sie hatte tatsächlich die besten Stellen meines Artikels angestrichen, und wenn schon ich darüber amüsiert war, dann Vereker ganz bestimmt. Dies bestätigte sich, als Lady Jane uns etwas daraus vorlesen wollte. Mir gefiel es, wie er ihre Absicht vereitelte, indem er ihr die Zeitschrift freundlich aus der Hand nahm. Er wolle sie später, wenn er zum Umziehen hinaufgehe, mitnehmen und lesen. Eine halbe Stunde danach tat er dies auch – ich sah sie in seiner Hand, als er auf sein Zimmer ging. Das war der Augenblick, da ich Lady Jane eine Freude machen zu müssen glaubte: ich erzählte ihr, daß ich der Autor dieses Artikels sei. Doch ihre Freude war durchaus nicht so groß, wie ich erhofft hatte. Wenn »nur« ich der Autor war, schien die ganze Angelegenheit nicht mehr sonderlich bedeutungsvoll. Hatte ich den Glanz dieses Aufsatzes dadurch nicht herabgemindert, statt den meinen zu erheben? Die Dame war das Opfer einer höchst seltsamen Depression. Aber das war mir gleichgültig; das einzige, was mich interessierte, war, wie der Artikel auf Vereker, der jetzt oben in seinem Zimmer am Kamin saß, wirken würde.

Beim Dinner forschte ich nach Anzeichen dieses Eindrucks, suchte ein Strahlen des Glücks in seinen Augen; zu meiner Enttäuschung jedoch gab mir Lady Jane keine Gelegenheit, mich dessen zu versichern. Ich hatte gehofft, sie werde ihn in aller Öffentlichkeit über den Tisch hinweg anprechen und fragen, ob sie nicht recht gehabt habe. Es war eine große Gesellschaft

– es waren sogar Gäste von außerhalb gekommen –, aber schließlich konnte ein Tisch gar nicht so lang sein, daß er Lady Jane an einem Triumph zu hindern vermocht hätte. Ich sann gerade darüber nach, daß diese endlose Tafel mich jetzt an *meinem* Triumph hinderte, als einer der Gäste – Miß Poyle, die Schwester des Pfarrers, eine robuste, grobschlächtige Person – den glücklichen Einfall und den ungewöhnlichen Mut besaß, zu Vereker hinüberzurufen, der ihr schräg gegenübersaß, so daß sich beide vorbeugen mußten. Diese unmusische Person fragte, was er denn von Lady Janes »Lobrede« halte, die auch sie gelesen hatte, ohne sie jedoch mit ihrem Nachbarn zur Rechten in Zusammenhang zu bringen; und da hörte ich mit gespitzten Ohren, wie Vereker zu meiner Verblüffung, heiter und mit vollem Mund, zurückrief: »Nun ja – die üblichen Phrasen!«

Während er sprach, hatte er zu mir herübergesehen, aber zum Glück verdeckte Miß Poyles Erstaunen das meine. »Wollen Sie etwa sagen, daß er Ihnen nicht gerecht wird?« fragte die großartige Dame.

Vereker lachte auf, und ich war froh, daß dies auch mir gelang. »Wirklich ein reizender Artikel«, rief er herüber.

Miß Poyle schob ihr Kinn über den halben Tisch vor. »Daß Sie immer so tiefgründig sein müssen!« beklagte sie sich.

»So tiefgründig wie der Ozean! Ich sage ja auch nur, daß der Verfasser nicht sieht –« In diesem Augenblick wurde ihm ein Gericht über die Schulter gereicht, und wir mußten warten, bis er sich bedient hatte.

»Was nicht sieht?« drängte meine Nachbarin.

»Gar nichts sieht.«

»Gott, was für ein dummer Kerl.«

»Keineswegs«, sagte Vereker abermals lachend. »Niemand sieht etwas.«

Da wandte sich die Dame an seiner Seite ihm zu, und Miß Poyle widmete sich wieder mir. »Also, niemand sieht etwas!« verkündete sie übermütig. Ich gestand ihr, auch ich hätte das oft gedacht, doch hätte ich in diesem Gedanken stets einen Beweis für meinen eigenen Scharfblick gesehen. Ich verriet ihr nicht, daß ich den Aufsatz geschrieben hatte. Lady Jane, die am andern Ende des Tisches in ein Gespräch vertieft war, hatte Verekers Worte nicht gehört.

Nach dem Dinner ging ich ihm aus dem Wege: Ich muß zugeben, daß ich ihn eingebildet fand, und diese Entdeckung schmerzte mich. »Die üblichen Phrasen« – und das über meine treffende kleine Studie! So sehr reizte es ihn also, wenn man trotz aller Bewunderung ein paar unerhebliche Vorbehalte machte! Ich hatte ihn bisher für einen friedfertigen Menschen gehalten, und das war er auch; aber unter diesem glatten, polierten Glas verbarg sich lediglich der Flitter seiner Eitelkeit. Ich war wirklich sehr gekränkt, und mein einziger Trost war, daß, wenn schon niemand etwas sah, dann auch George Corvick nicht. Dieser Trost konnte mich jedoch, nachdem die Damen sich zerstreut hatten, nicht dazu bewegen – wie es der Brauch war: im gesprenkelten Jackett und ein Liedchen summend –, in den Rauchsalon zu gehen. Statt dessen wollte ich mich in meiner Verzweiflung zu Bett legen, und da begegnete ich im Gang Mr. Vereker, der sich schon wieder umgezogen hatte und gerade aus seinem Zimmer trat. *Er* natürlich summte ein Liedchen und trug ein gesprenkeltes Jackett; sobald er mich erblickte, schwand seine gute Laune.

»Mein lieber junger Freund!« rief er. »Ich bin froh, daß ich Sie hier erwische! Ich fürchte, ich habe Sie beim Dinner, ohne es zu wollen, durch meine Worte zu Miß Poyle verletzt. Erst vor einer halben Stunde habe ich von Lady Jane erfahren, daß Sie der Autor des kleinen Aufsatzes in der *Middle* sind.«

Ich wandte ein, mir sei ja kein Knochen gebrochen, aber er geleitete mich bis zu meiner Tür, die Hand auf meiner Schulter, als fühlte er behutsam nach einer Bruchstelle; als er hörte, daß ich heraufgekommen war, um mich hinzulegen, bat er mich, meine Schwelle überschreiten und mir in wenigen Worten erklären zu dürfen, was ihn zu jener Bemerkung veranlaßt habe. Ohne Zweifel, er fürchtete im Ernst, mich verletzt zu haben, und da löschte seine Besorgtheit plötzlich alles andere bei mir aus. Meine fade Rezension flatterte davon, und die besten Sätze, die ich darin geschrieben hatte, wurden stumpf in dem Glanz seiner Erscheinung. Ich sehe ihn noch vor mir, wie er im Feuerschein auf dem Teppich stand: in seinem gesprenkelten Jackett, das schöne, klare Gesicht leuchtend von dem Wunsch, meine Jugend zu schonen. Ich weiß nicht, was er zuerst hatte sagen wollen, ich nehme jedoch an, es rührte ihn, als er sah, wie erleichtert ich war, und diese Rührung drängte ihm Worte auf die Lippen, die tief aus seinem Innern kamen. Mit diesen Worten vertraute er mir etwas an, das er, wie ich später erfuhr, noch nie zu jemandem gesagt hatte. Ich habe die gütige Regung, die ihn zum Sprechen brachte, stets richtig beurteilt; es war nichts weiter als die Reue darüber, daß er einen Schriftsteller unbewußt schroff zurechtgewiesen hatte, einen Autor, der im Rang weit unter ihm stand und ihn überdies gerade gelobt hatte. Um alles wiedergutzumachen, sprach er wie zu einem Gleichgestellten mit mir – über jene Dinge, die wir beide am höchsten schätzten. Die Stunde, der Ort, das unerwartete Zusammensein vertieften diesen Eindruck: er hätte es wahrscheinlich nicht geschickter anfangen können.

## III

»Ich weiß nicht recht, wie ich es Ihnen erklären soll«, sagte er, »aber es war einfach so, daß Ihre Kritik meines Buches eine gewisse Intelligenz verriet; es war einfach Ihre ungewöhnliche Klarheit, die ein bestimmtes Gefühl in mir weckte – Sie müssen mir übrigens glauben, daß dies keineswegs das erstemal passiert ist; unter diesem momentanen Einfluß sagte ich zu der guten Dame jene Worte, die Sie mir begreiflicherweise übelnahmen. Ich lese Rezensionen sonst überhaupt nicht, es sei denn, sie werden mir aufgedrängt wie die Ihre – und es ist immer der beste Freund, der das tut! Früher, vor zehn Jahren, las ich sie häufiger. Ich muß sagen, damals waren sie meistens noch geistloser; jedenfalls hatte ich immer den Eindruck, daß sie alle mit tödlicher Sicherheit das übersahen, worauf es mir ankommt – ob sie mir nun auf den Rücken klopften oder mich gegen das Schienbein traten. Und jede Besprechung, die ich seitdem irgendwann einmal las, war mir ein Geschwafel, das das Entscheidende übersah. Auch Sie, mein Lieber, haben mit unnachahmlicher Genauigkeit vorbeigeschossen: die Tatsache, daß Sie sehr klug und Ihre Aufsätze wirklich sehr hübsch sind, ändert daran überhaupt nichts. Gerade bei euch jungen Leuten«, sagte Vereker lächelnd, »spüre ich am klarsten, was für ein Versager ich bin!«
Ich lauschte mit wachen Sinnen, die während des Gesprächs nur noch wacher wurden. »Sie ein Versager? Und: was ist es eigentlich, worauf es Ihnen ankommt?«
»Muß ich Ihnen das nach so vielen Jahren harter Arbeit und Mühe *sagen*?« In diesem freundschaftlichen und scherzhaft über-

triebenen Vorwurf schwang etwas mit, das mich, den eifrigen Jünger der Wahrheit, bis an die Haarwurzeln erröten ließ. Ich tappe noch heute im dunkeln, wie eh und je, wenn ich mich auch in gewissem Sinn an meine Dummheit gewöhnt habe; damals jedoch, bei dem heiteren Klang seiner Stimme, kam ich mir – und vielleicht auch ihm – wie ein großer Tölpel vor. Ich wollte gerade rufen: »Bitte, sagen Sie es mir nicht! Um meiner, um der Ehre meines Handwerks willen, bitte, tun Sie es nicht«, als ich aus seinen weiteren Worten heraushörte, daß er meine Gedanken gelesen und wohl seine eigenen Vorstellungen davon hatte, wie sich eines Tages alles ausgleichen würde. »Ich meine damit – wie soll ich es nennen? – das, wofür ich meine Bücher geschrieben habe. Es gibt doch für jeden Schriftsteller etwas ganz Bestimmtes, das all seine Bemühungen antreibt: etwas ganz Bestimmtes, das er um jeden Preis erringen möchte und um dessentwillen allein er schreibt – die Passion seiner Passion, jener Bezirk seiner Tätigkeit, in dem für ihn die Flamme der Kunst am hellsten brennt. Das ist's!«

Ich dachte kurz nach – das heißt, ich folgte ihm keuchend in respektvoller Entfernung. Ich war fasziniert; kein Wunder, werden Sie sagen; aber ich wollte auf der Hut sein, mich nicht von meiner Wachsamkeit ablenken lassen. »Ihre Schilderung klingt sehr schön, nur verdeutlicht sie keineswegs das, was Sie meinen.«

»Sie dürfen mir glauben, daß sie deutlich genug für Sie wäre, wenn Sie überhaupt eine Ahnung hätten.« Ich merkte, daß unser harmloses Geplauder meinen Gefährten in eine Erregung versetzte, die der meinen in nichts nachstand. »Jedenfalls«, fuhr er fort, »darf ich doch so viel zu meinen Gunsten sagen: In meinem Werk steckt eine Grundidee, ohne die ich für die ganze Schreiberei keinen Pfifferling gegeben hätte. Sie ist der schönste, reichste Sinn des Ganzen, und daß ich sie durchgeführt habe, ist meiner Ansicht nach ein Sieg der Geduld und Erfindungskraft. Eigentlich müßte das ein anderer aussprechen; aber darum geht es ja gerade: daß es niemand ausspricht. Dieser mein kleiner Trick zieht sich durch alle meine Bücher, und alles andere bleibt dagegen an der Oberfläche. Die Eingeweihten werden eines Tages vielleicht erkennen, daß Komposition, Form, Struktur meiner Bücher diesen Trick vollendet spiegeln. Es ist also Sache der Kritik, danach zu suchen. Und ich meine«, setzte mein Besucher hinzu, »es ist auch Sache der Kritik, es zu finden.«

Wahrlich, welch eine Verantwortung! »Sie nennen es einen kleinen Trick?«

»Das sage ich nur aus Bescheidenheit. Eigentlich ist es ein ganz besonderer Plan.«

»Und Sie behaupten, daß Sie diesen Plan durchgeführt haben?«

»Wie ich ihn durchgeführt habe, ist eine Leistung in meinem Leben, auf die ich wirklich ein bißchen stolz bin.«

Ich schwieg. »Finden Sie nicht, daß Sie – wenigstens bis zu einem gewissen Grade – dem Kritiker helfen sollten?«

»Helfen? Was denn anderes habe ich mit jedem Federstrich getan? Ich habe meine Idee doch wohl laut genug in sein großes leeres Gesicht geschrien!« Darauf lachte Vereker wieder und legte mir die Hand auf die Schulter, um mir zu zeigen, daß er damit nicht mich meine.

»Aber Sie sprachen doch von ›Eingeweihten‹. Dann muß es also auch eine Einweihung geben.«

»Du lieber Gott, das ist doch schließlich Aufgabe der Kritik, oder nicht?« Wahrscheinlich errötete ich auch jetzt; ich flüchtete mich jedoch in die bereits getroffene Feststellung, daß er den Silbersaum des Ganzen zu dürftig beschrieben habe, als daß ein simpler Mensch erraten könnte, was er damit meine.

»Das kommt Ihnen nur so vor, weil Sie keinen Schimmer haben«, gab er zurück. »Wenn Sie auch nur das Geringste ahnten, würden Sie überhaupt nichts anderes mehr sehen. Für mich ist es ebenso sichtbar wie der Marmor dieses Kamins hier. Außerdem ist der Kritiker ja nicht ein simpler Mensch: wenn er das wäre, was hätte er dann in des Nachbarn Garten verloren? Und gerade Sie sind alles andere als ein simpler Mensch, und euer aller *raison d'être* ist, daß ihr kleine Dämonen der Haarspalterei seid. Wenn meine Idee ein Geheimnis ist, dann nur, weil sie *trotz allem* ein Geheimnis ist – die erstaunliche Unwissenheit hat sie dazu gemacht. Ich habe mich weder je darum bemüht noch es mir je träumen lassen. Wenn ich das geahnt hätte, würde ich den Mut zum Weiterschreiben verloren haben. So aber merkte ich es erst mit der Zeit, und inzwischen habe ich mein Werk vollendet.«

»Und jetzt lieben Sie es?« wagte ich zu sagen.

»Mein Werk?«

»Ihr Geheimnis. Was auf dasselbe herauskommt.«

»Daß Sie das überhaupt vermuten«, antwortete Vereker, »beweist mir, daß Sie so klug sind, wie ich sagte.« Dies ermutigte mich zu der Bemerkung, er würde es offensichtlich nur ungern mit jemandem teilen, und er gab freimütig zu, daß er an nichts sonst im Leben so viel Freude habe. »Ich lebe eigentlich nur noch, um zu sehen, ob es je einer entdeckt.« Er blickte mich an, als erwartete er einen scherzhaften Einwurf. Seine Augen funkelten. »Aber ich brauche mich nicht zu sorgen – es wird niemals jemand entdecken.«

»Sie stacheln mich an wie nie ein Mensch zuvor«, erklärte ich. »Sie verführen mich zu dem Entschluß, es zu entdecken oder zu sterben.« Dann fragte ich: »Ist es so etwas wie eine esoterische Botschaft?«

Sein Gesicht wurde lang, und er streckte die Hand aus, als wollte er mir gute Nacht sagen. »Mein Lieber, mit journalistischen Phrasen können Sie es niemals erklären.«

Zwar hatte ich erwartet, daß er sehr eigen sein würde, aber wie empfindlich er war, erkannte ich erst durch unser Gespräch. Ich war nicht befriedigt und hielt seine Hand fest. »Ich werde also«, sagte ich, »diesen Ausdruck in dem meine Entdeckung ankündigenden Aufsatz nicht verwenden, wenn ich auch gestehen muß: es wird mir nicht leichtfallen, ohne ihn auszukommen. Bis dahin – könnten Sie nicht, um die schwierige Geburt zu beschleunigen, einem Kollegen einen Hinweis geben?« Ich fühlte mich jetzt viel freier.

»All meine Bemühungen sind so durchsichtig, daß jede Seite und jede Zeile und jeder Buchstabe einem Hinweis gleichkommt. Es ist so konkret wie ein Vogel im Käfig, ein Köder an der Angel, ein Stück Käse in der Mausefalle. Es steckt in jedem Buch wie Ihr Fuß in seinem Schuh. Es zieht jede Linie, wählt jedes Wort, setzt auf jedes i den Punkt und stellt jedes Komma an die richtige Stelle.«

Ich kratzte mich am Kopf. »Liegt es im Stil oder in der Idee? Ist es ein Element der Form oder des Gefühls?«

Wieder schüttelte er nachsichtig meine Hand, und meine Fragen kamen mir plump und meine Worte jämmerlich vor. »Gute Nacht, mein Lieber – lassen Sie's gut sein. Es ist ja schon viel, daß Sie Ihren Kollegen leiden können.«

»Und das würde von ein bißchen Intelligenz beeinträchtigt werden?« drängte ich.

Er zauderte. »Nun, Sie haben doch ein Herz im Leib. Ist das ein

Element der Form oder des Gefühls? Worum ich ringe und was doch niemand bisher in meinen Werken aufgespürt hat, ist das Organ des Lebens.«

»Ich verstehe – es ist also eine Weltschau, eine Art Philosophie. Es sei denn«, fügte ich mit dem Eifer eines vielleicht noch glücklicheren Gedankens hinzu, »es wäre eine stilistische Spielerei, etwas, das Sie mit Ihrer Sprache verfolgen. Vielleicht eine Vorliebe für den Buchstaben P? Papa, Patate, Pflaume? So etwa?«

Er war wirklich nachsichtig: er sagte lediglich, ich hätte den falschen Buchstaben erwischt. Aber seine gute Laune war dahin; ich sah, daß er sich langweilte. Dennoch hätte ich gern noch eines gewußt.

»Könnten Sie es mit der Feder ausdrücken, benennen, erklären, formulieren?«

»Oh«, er seufzte geradezu leidenschaftlich, »wäre ich mit meiner Feder in der Hand doch nur einer von euch!«

»Das wäre natürlich die Chance für Sie. Aber warum beschimpfen Sie eigentlich uns, weil wir nicht fertigbringen, was auch Sie nicht fertigbringen?«

»Nicht fertigbringen?« Er machte große Augen. »Habe ich es nicht in zwanzig Bänden fertiggebracht? Ich bringe es auf meine Weise fertig«, erklärte er. »Also gehen Sie und bringen Sie es auf die Ihre fertig.«

»Die unsere ist so verteufelt schwer«, bemerkte ich lahm.

»Die meine auch. Jeder wählt die seine. Niemand zwingt uns. – Kommen Sie noch herunter in den Rauchsalon?«

»Nein, ich möchte über das alles noch nachdenken.«

»Dann werden Sie mir also morgen früh erzählen, daß Sie mich enthüllt haben?«

»Ich tue, was ich kann – ich werde es beschlafen. Nur noch eines«, setzte ich hinzu. Wir hatten das Zimmer verlassen – ich begleitete ihn ein paar Schritte über den Gang. »Diese seltsame ›Grundidee‹, wie Sie es nennen – und das ist wohl die deutlichste Bezeichnung, zu der ich Sie bewegen kann –, ist also eine Art vergrabener Schatz?«

Sein Gesicht leuchtete auf. »Ja, nennen Sie es so – wenn es auch nicht an mir ist, es so zu bezeichnen.«

»Unsinn!« sagte ich lachend. »Geben Sie doch zu, daß Sie ziemlich stolz darauf sind.«

»Immerhin habe ich Ihnen nicht vorgeschlagen, es so zu nennen.

Aber ich gestehe, daß wirklich mein ganzes Herz daran hängt.« »Es ist also etwas ganz besonders Schönes, Seltenes?«
Wieder zögerte er kurz. »Das Schönste auf der Welt!« Wir waren stehengeblieben, und mit diesen Worten verließ er mich; aber am Ende des Ganges, während ich ihm noch gedankenvoll nachblickte, wandte er sich um und sah dabei mein verwirrtes Gesicht. Da schüttelte er ernst, ja eindringlich den Kopf und drohte mit dem Finger. »Geben Sie es auf – geben Sie es auf!« Und doch war es keine Drohung – eher ein Rat. Wäre nur eines seiner Bücher zur Hand gewesen, ich hätte mich erneut der Inquisition gestellt und mit Vereker die halbe Nacht verbracht. Um drei Uhr morgens, nach schlaflosen Stunden und im Gedanken daran, daß Lady Jane so große Stücke auf ihn hielt, stahl ich mich mit einer Kerze zur Bibliothek hinunter. Soweit ich jedoch entdecken konnte, befand sich in diesem Hause keine einzige Zeile von ihm.

## IV

Als ich wieder in der Stadt war, suchte ich sie alle fieberhaft zusammen; ich nahm jedes einzelne in der Erscheinungsfolge heraus und hielt sie ans Licht. So wurde es ein erregender Monat für mich, in dessen Verlauf sich verschiedenes ereignete. Eines davon, das letzte, kann ich schon jetzt erwähnen: Ich handelte nach Verekers Rat, verzichtete also auf meine lächerlichen Bemühungen. Ich gelangte nun einmal zu keinem Ergebnis; es war alles sinnlos. Schließlich war er mir, wie er selbst bemerkt hatte, stets sympathisch gewesen; und nun mußte ich erleben, daß meine neueste Kenntnis und meine vergeblichen Anstrengungen diese Sympathie beeinträchtigten. Ich versagte nicht nur darin, seine Grundidee auszugraben, ich entdeckte jetzt auch nicht mehr die sekundären Ideen, die mir bisher so sehr gefallen hatten. Ich fand seine Bücher auch längst nicht mehr so bezaubernd wie einst; meine verzweifelte Suche stimmte mich unzufrieden mit ihnen. Anstatt mir jetzt einen größeren Genuß zu verschaffen, gewährten sie mir immer seltener Zuflucht; denn von dem Augenblick an, da ich nicht fähig war, den Andeutungen des Autors zu folgen, empfand ich es natürlich als Ehrensache, mein Wissen nicht publizistisch auszuwerten. Aber ich besaß ja auch gar kein Wissen – niemand besaß eines. Es war demütigend, doch ich konnte es ertragen; es ärgerte mich nur noch. Schließlich langweilte mich das Ganze, und ich tröstete mich in meiner Verwirrung – so lächerlich es auch klingen mag – damit, Vereker habe einen Narren aus mir gemacht: der vergrabene Schatz sei ein schlechter Scherz, die Grundidee eine ungeheuerliche Posse.

Der Höhepunkt der ganzen Geschichte war, daß ich George Corvick alles erzählte und daß es einen großen Eindruck auf ihn machte. Er war zurückgekehrt, leider aber auch Mrs. Erme, und von einer Hochzeit war, soweit ich sehen konnte, nicht die Rede. Was ich ihm von Bridges berichtete, brachte ihn völlig durcheinander, denn damit bestätigte sich seine von Anfang an gehegte Ahnung: daß hinter Vereker mehr stecke, als man auf den ersten Blick sehe. Als ich daraufhin meinte, der Blick müsse sich doch wohl mit dem befassen, was man auf der gedruckten Seite deutlich vor sich habe, behauptete er, ich sei nur so gehässig, weil ich versagt hätte. Wir waren in unserem Umgangston immer sehr frei miteinander. Das, was Vereker angedeutet hatte, war genau das, worauf in meiner Kritik einzugehen Corvick mir empfohlen hatte. Ich entgegnete ihm, daß er nach dem von mir erhaltenen Tip es nun zweifellos selbst herausarbeiten könne, und er gab freimütig zu, ehe er dies tue, müsse er noch mehr wissen. Wenn er jedoch das Buch besprochen hätte, würde er zumindest erwähnt haben, daß in der Kunst des Meisters noch etwas zu ergründen sei. Ich aber hätte dies nicht einmal angedeutet: kein Wunder also, daß sich der Autor keineswegs geschmeichelt gefühlt habe. Ich fragte Corvick, worauf er mit seiner Überspitzfindigkeit hinauswolle, und er antwortete unmißverständlich: »Das ist nichts für die gewöhnlichen Sterblichen!« Zweifellos: er hatte da etwas am Schwanz gepackt und würde unermüdlich daran zerren, um es vollends hervorzuziehen. Er preßte unerbittlich alles aus mir heraus, was Vereker mir anvertraut hatte, und zählte mir – wobei er mich den glücklichsten aller Sterblichen nannte – ein halbes Dutzend Fragen auf, von denen er inbrünstig wünschte, daß ich sie gestellt hätte. Andererseits aber wollte er wieder nicht zu viel wissen; er wolle sich den Spaß am Ausgang der Geschichte nicht verderben lassen. Daß mir der Spaß verdorben war, konnte man zwar im Augenblick noch nicht behaupten, doch sah ich es bereits kommen, und Corvick sah, daß ich es sah. Ich sah außerdem deutlich, daß er es gar nicht erwarten konnte, mit dieser Neuigkeit zu Gwendolen zu eilen.

Am Tag nach meinem Gespräch mit ihm wurde ich von einem Brief Hugh Verekers überrascht, dem, wie er schrieb, unsere Begegnung in Bridges durch einen in einer Zeitschrift entdeckten Aufsatz von mir in Erinnerung gerufen worden war. »Ich las ihn mit großem Vergnügen«, schrieb er, »und entsann mich dabei unseres lebhaften Gesprächs am Kamin Ihres Zimmers. Das Ergebnis ist, daß mich jetzt die Unbesonnenheit bedrückt, mit der ich Ihnen ein Sie vielleicht belastendes Wissen zugemutet habe. Nun, da die Anwandlung vorüber ist, kann ich mir einfach nicht mehr erklären, wie ich mich entgegen meiner Gewohnheit derart hinreißen lassen konnte. Nie zuvor habe ich, mochte mein Mitteilungsbedürfnis auch noch so groß sein, dieses kleine Geheimnis erwähnt, und ich werde auch nie wieder davon sprechen. Ich war Ihnen gegenüber wider Willen viel deutlicher, als ich vorgehabt hatte, und nun fürchte ich, daß dieses Spiel – ich meine das Vergnügen, es zu spielen – erheblich darunter leidet. Kurz gesagt, falls Sie mich überhaupt verstehen: Ich habe mir meinen Sport verdorben. Ich möchte nicht, daß jemand von dem erfährt, was Sie gescheiter junger Mann zweifellos den Tip nennen. Das ist natürlich eine ganz egoistische Sorge, ich möchte sie Ihnen aber ans Herz legen, auf daß Sie nach Belieben damit verfahren. Sollten Sie geneigt sein, meiner Bitte zu entsprechen, dann reden Sie nicht mehr über mein Geständnis. Halten Sie mich für verrückt – das ist Ihr Recht; aber erzählen Sie niemandem, warum.«

Diese Mitteilung veranlaßte mich, am nächsten Morgen so früh wie möglich zu Mr. Vereker zu fahren. Er bewohnte damals eines der achtbaren alten Häuser am Kensington Square. Er empfing mich sofort, und kaum war ich eingetreten, erkannte ich, daß ich meine Gabe, seine Heiterkeit herauszufordern, nicht verloren hatte. Er lachte laut auf, als er mein Gesicht sah, das zweifellos all meine Unruhe verriet. Ich war indiskret gewesen – nun hatte ich Gewissensbisse.

»Ich habe es bereits jemandem erzählt«, gestand ich atemlos, »und ich bin davon überzeugt, daß die Person es inzwischen bereits jemand anderem erzählt hat. Zu allem ist es noch eine Frau!«

»Die Person, der Sie es erzählt haben?«

»Nein, die andere Person. Ich weiß ziemlich sicher, daß er es ihr erzählt hat.«

»Mag sie etwas davon haben – oder auch ich –, doch eine Frau wird nie dahinterkommen!«

»Das nicht, aber sie wird es überall ausplaudern, wird genau das tun, was Sie verhüten wollten.«

Vereker dachte einen Augenblick nach, war jedoch nicht so verärgert, wie ich befürchtet hatte; er meinte wohl, wenn es nun schon passiert sei, geschehe es ihm recht. »Machen Sie sich keine Sorgen – das ist nicht so schlimm.«

»Ich verspreche es Ihnen; ich will mein Bestes tun, daß von unserer Unterhaltung nichts bekannt wird.«

»Schön – tun Sie, was Sie können.«

»Im übrigen«, gab ich zu bedenken, »könnte die Tatsache, daß George Corvick den Tip besitzt, immerhin zu einem Ergebnis führen.«

»Das wäre ein herrlicher Tag.«

Ich erzählte ihm, wie klug Corvick sei, wie er ihn bewundere und wie ihn meine Geschichte beschäftigt habe; und ohne auf den Unterschied unser beider Ansichten näher einzugehen, erwähnte ich, daß mein Freund überhaupt immer der Meinung sei, er sehe einer Sache tiefer auf den Grund als die meisten Leute. Er fühle sich jetzt genauso angestachelt wie ich in Bridges. Außerdem liebe er die junge Dame, und es sei sehr wohl möglich, daß die beiden es gemeinsam ausknobelten.

Das machte Eindruck auf Vereker. »Sie meinen, die beiden werden heiraten?«

»Darauf wird es vermutlich hinauslaufen.«

»Das könnte ihnen helfen«, meinte er grübelnd, »aber wir müssen ihnen Zeit lassen.«

Ich sprach nun von meinen eigenen Bemühungen und gestand meine Nöte, worauf er seinen früheren Rat wiederholte: »Geben Sie es auf! Geben Sie es auf!« Er hielt mich wohl für solch ein Abenteuer des Geistes nicht befähigt. Ich blieb eine halbe Stunde, und er war recht entgegenkommend, aber ich konnte doch nicht umhin, ihn für einen ziemlich launischen Menschen zu halten. Erst hatte er sich in einer Laune bei mir ausgesprochen, dann hatte er in einer Laune bereut, und nun wurde er aus Laune gleichgültig. Dieser Hang zur Oberflächlichkeit verhalf mir zu dem Trost, daß es mit dem sogenannten Tip nicht weit her sein könne. Trotzdem versuchte ich, ihm noch einige Fragen zu stellen, die er jedoch nur mit offenkundiger Ungeduld beantwortete. Für ihn war dieses uns so Rätselhafte sichtlich vorhanden. Ich vermutete, daß es etwas mit dem eigentlichen Plan zu tun habe, gleich dem komplizierten Muster in einem Perserteppich. Er war von meinem Bild begeistert und prägte gleich darauf ein anderes. »Es ist die Schnur«, erklärte er, »an der meine Perlen aufgereiht sind!« Der entscheidende Grund seines Briefes sei gewesen, daß er nicht vorhabe, uns irgendwelche Hilfe zu bieten – unser Unwissen sei zu vollkommen, als daß man es beeinflussen dürfe. Er habe es sich zur Gewohnheit gemacht, darauf zu bauen, und wenn der Zauber schon aufgehoben werden solle, dann müsse er sich von selbst aufheben. Er ist mir von dieser letzten Begegnung – denn ich sollte ihn nie wieder sehen – in Erinnerung als ein Mann mit einem sicheren Instinkt für Witz. Auf dem Heimweg fragte ich mich, woher wohl *er* seinen Tip bekommen habe.

V

Als ich George Corvick von der Warnung, die ich bekommen hatte, erzählte, gab er mir zu verstehen, daß jeder Zweifel an seiner Diskretion fast eine Beleidigung wäre. Zwar hatte er Gwendolen sofort davon berichtet, doch deren feurige Antwort war als solche bereits ein Unterpfand der Verschwiegenheit gewesen. Das Problem würde sie beide jetzt ganz und gar beanspruchen und ihnen einen Zeitvertreib bieten, der zu kostbar war, als daß er mit der Menge hätte geteilt werden können. Sie schienen instinktiv Verekers hohe Auffassung vom Vergnügen erfaßt zu haben. Ihr intellektueller Stolz war jedoch nicht so geartet, daß sie gegenüber weiteren Erklärungen, die ich zu der fraglichen Angelegenheit hätte machen können, gleichgültig gewesen wären. Sie hatten beide ein »musisches Temperament«, und wieder einmal war ich tief beeindruckt von der Gabe meines Kollegen, sich in Fragen der Kunst derart zu engagieren. Er hätte dazu zwar Literatur, hätte Leben gesagt, aber das kam ziemlich auf das gleiche heraus. In allem, was er sagte, sprach er – das begriff ich nur zu gut – auch für Gwendolen, mit der er mich, sobald Mrs. Erme einigermaßen wiederhergestellt war und ihr ein wenig freie Zeit gönnte, sogleich bekannt machte.

Ich weiß noch, wie wir an einem Sonntag im August zu dem kleinen Haus in Chelsea gingen und ich wieder einmal Corvick beneidete, weil er eine Freundin besaß, deren Intelligenz sich mit der seinen verband. Er konnte ihr Dinge sagen, die ich ihm nie hätte sagen können. Sie hatte nicht den geringsten Funken Humor, und trotz ihrer charmanten Art, den Kopf zur Seite zu neigen, gehörte sie zu jenen Menschen, die man, wie man so sagt, am liebsten schütteln möchte, die es jedoch fertigbringen, allein Ungarisch zu lernen. Womöglich unterhielt sie sich sogar auf ungarisch mit Corvick; jedenfalls wirkte sie als seine Freundin bemerkenswert wenig englisch. Später gestand mir Corvick einmal, daß ich sie durch meine eindeutige Abneigung, ihnen Einzelheiten meiner Unterhaltung mit Vereker zu erzählen, enttäuscht hatte. Ich gab ohne weiteres zu, daß das meine Absicht gewesen war; hatte ich schließlich nicht erkannt, daß es sinnlos war und zu nichts führen würde? Die Bedeutung, die sie der Sache beimaßen, reizte und erbitterte mich in all meinen Zweifeln.

Diese Feststellung klingt nicht sehr liebenswürdig, und wahrscheinlich fühlte ich mich nur deshalb so gedemütigt, weil ich andere Menschen von einem Experiment begeistert sah, das mir bloß Verdruß gebracht hatte. Ich stand draußen in der Kälte, während sie am abendlichen Feuer unter der Lampe saßen und der Jagd nachgingen, zu der ich das Horn geblasen hatte. Sie machten es wie ich, lediglich bedächtiger und bequemer: Sie arbeiteten das Werk ihres Autors von der ersten Zeile an durch. Es eile ja nicht, meinte Corvick; die Zukunft liege noch vor ihnen, und die Faszination könne immer nur größer werden. Sie wollten ihn Seite für Seite durchnehmen wie einen Klassiker, ihn in tiefen Zügen einatmen, ihn sich langsam einverleiben. Ich vermute, daß sie als Nichtverliebte kaum so begeistert gewesen wären: das Geheimnis des guten Vereker schenkte ihnen unbegrenzt Gelegenheit, die jungen Köpfe zusammenzustecken. Immerhin gaben sie sich dabei mit einem jener Probleme ab, wie Corvick sie besonders liebte und bei denen er eine erstaunliche Geduld bekundete, für die er, hätte er länger gelebt, wohl noch viel eindrucksvollere und, wie man hoffen darf, fruchtbarere Beweise abgelegt hätte. Er wenigstens war, um mit Vereker zu sprechen, ein kleiner Dämon der Haarspalterei. Zuerst hatten wir es mit Diskussionen versucht, und dann sah ich, daß er in seiner Besessenheit, ohne mein Zutun, manch böse Stunde gehabt hätte. Er wäre, genau wie ich, auf falschen Spuren dahingestürmt, hätte über neue Erkenntnisse in die Hände geklatscht und sie bei dem durch das Umschlagen der Seite verursachten Luftzug davonwehen sehen. Ich sagte ihm, er sei nicht anders als die Narren, die sich auf irgendeine verrückte Idee über den abgründigen Charakter Shakespeares stürzen. Darauf antwortete er mir, daß er, besäßen wir heute ein Zeugnis Shakespeares über seine eigene Abgründigkeit, diesem sofort geglaubt hätte. Hier aber sei der Fall anders – wir besäßen schließlich nichts als das Zeugnis von Mr. Snooks. Ich entgegnete ihm, es erstaune mich, daß er Mr. Verekers Wort solche Bedeutung beimesse. Darauf wollte er wissen, ob ich Mr. Vereker etwa der Lüge zeihe. Ich war trotz all der leidigen Rückschläge nicht gewillt, so weit zu gehen, beharrte aber darauf, bis das Gegenteil erwiesen sei, wolle ich es doch lieber als eine sympathische Einbildung betrachten. Ich muß gestehen, daß ich – wenn mir dies damals auch gar nicht deutlich bewußt war – nicht alles sagte, was ich empfand. »Im tiefsten Grunde«, wie es Miß Erme genannt haben würde, war ich unruhig und voller Erwartung. In meiner tiefen Verwirrung – denn meine gewohnte Neugierde lebte in ihrer eigenen Asche weiter – befiel mich jäh die Ahnung, daß Corvick doch noch etwas ergründen werde. Er betonte bei der Verteidigung seiner Leichtgläubigkeit immer wieder, daß er, seit er dieses Genie studiere, stets neue Spuren und Andeutungen gefunden habe, die er nicht habe auslegen können: verwehte Noten einer geheimnisvollen Melodie. Das sei ja gerade das Unglaubliche, Wundervolle; es füge sich so großartig dem ein, was ich berichtet hätte.

Wann immer ich zu dem kleinen Haus in Chelsea zurückkehrte, tat ich es, um Neues ebenso über Vereker wie auch über Miß Ermes leidende Mutter zu erfahren. Die Stunden, die ich dort bei Corvick verbrachte, boten meiner Phantasie das Bild eines Schachspielers, der sich stumm und finsteren Blicks den ganzen von der Lampe erhellten Winter lang über sein Brett und seine Figuren beugt. Da sich meine Phantasie dieses Bild immer weiter ausmalte, ließ es mich nicht mehr los. Auf der andern Seite des Tisches saß eine geisterhafte Silhouette: die verschwommene Gestalt eines gutgelaunten, aber in seiner Zuversicht ein wenig erlahmten Gegenspielers, der sich, mit den Händen in den Ta-

schen, in seinem Sessel zurücklehnte und über dessen schönes, klares Gesicht ein Lächeln spielte. Ganz in der Nähe von Corvick, hinter ihm, stand ein Mädchen, das ich blaß und müde und bei genauerer Betrachtung sogar ziemlich hübsch fand und das sich auf seine Schulter stützte und seine Schachzüge verfolgte. Er nahm eine Figur auf, hielt sie in der Schwebe über einem der kleinen Felder und stellte sie dann mit einem Seufzer der Enttäuschung auf ihren alten Platz zurück. Darauf bewegte sich die junge Dame in kaum merklichem Unbehagen und blickte hart und lang und seltsam hinüber zu der verschwommenen Gestalt des Partners. Ich hatte sie bereits zu Anfang ihres Unternehmens gefragt, ob es denn nicht zu ihrem Erfolg beitragen würde, wenn sie in engere Verbindung zu »ihm« träten. Die besonderen Umstände seien doch dazu angetan, mir das Recht einzuräumen, sie beide ihm vorzustellen. Corvick erwiderte sofort, er wolle sich dem Altar keinesfalls nähern, ehe er nicht das Opfer vorbereitet habe. Er war sich mit unserem Freund über das Vergnügen und die Ehre einer solchen Jagd einig: er wollte das Tier mit seinem Gewehr selber erlegen. Als ich ihn fragte, ob Miß Erme ebenfalls so versessen aufs Schießen sei, antwortete er nachdenklich: »Nein, leider muß ich gestehen, daß sie eine Falle aufstellen möchte. Sie würde alles darum geben, ihn kennenzulernen; angeblich braucht sie noch einen weiteren Tip. Im Ernst, sie ist ganz versessen darauf. Aber sie muß sich an die Spielregeln halten – darf ihn nicht vorher sehen!« setzte er emphatisch hinzu. Ich fragte mich, ob sie sich darüber wohl gestritten hätten – ein Verdacht, der keineswegs dadurch aus der Welt geschafft wurde, daß Corvick mehr als einmal rief: »Weißt du, sie ist von der Literatur geradezu besessen – es ist phantastisch!« Ich erinnere mich noch, daß er von ihr sagte, sie fühle in Kursiv und denke in Versalien. »Und wenn ich ihn zur Strecke gebracht habe«, sagte er dann, »werde ich an seine Tür klopfen. Bestimmt, glaub mir. Ich will es von seinen eigenen Lippen hören: ›Recht so, mein Junge. Sie haben es geschafft!‹ Und er soll mich zum Sieger krönen – zum *criticus laureatus*!«
Inzwischen vermied er tatsächlich jede Gelegenheit, die ihm das Londoner Leben zu einer Begegnung mit dem berühmten Romancier bot. Diese Gefahr bestand jedoch nicht mehr, als Vereker, wie die Zeitungen verkündeten, England für unbestimmte Zeit verließ – es hieß, er reise wegen des gesundheitlichen Be-

findens seiner seit langem zurückgezogen lebenden Frau nach dem Süden. Ein Jahr, mehr als ein Jahr war seit jenem Tag in Bridges bereits vergangen; ich hatte ihn nie wieder gesehen. Ich glaube, im geheimen schämte ich mich – es war mir unangenehm, ihn daran zu erinnern, daß mir der Ruf des Scharfsinns auf den Fersen folgte, obwohl ich doch unbestreitbar bei ihm den springenden Punkt verfehlt hatte. Dieser Skrupel machte mir das Leben sauer. Er hielt mich von Lady Janes Haus fern und bewog mich zu einer Absage, als sie mir ungeachtet meiner schlechten Manieren wiederum eine Einladung auf ihren herrlichen Landsitz schickte. Einmal sah ich sie in Verekers Begleitung bei einem Konzert und war auch sicher, von den beiden gesehen worden zu sein, aber ich entwischte, ehe sie mich abfangen konnten. Als ich danach im Regen dahinstapfte, wurde mir bewußt, daß ich wohl kaum etwas anderes hätte tun können; und doch weiß ich noch, daß es mich hart, ja grausam dünkte. Nicht nur, daß ich die Bücher verloren hatte: ich hatte auch den Menschen verloren. Bücher und Autor waren mir gleichermaßen verdorben. Und ich wußte auch, welchen Verlust ich mehr bedauerte. Ich hatte mich von dem Menschen weit stärker angezogen gefühlt als je von seinen Büchern.

## VI

Sechs Monate, nachdem unser Freund England verlassen hatte, schloß George Corvick, der ausschließlich vom Schreiben lebte, einen Vertrag über eine Arbeit ab, die eine längere Abwesenheit und eine beschwerliche Reise verlangte – ein Unternehmen, das mich ziemlich überraschte. Sein Schwager war Herausgeber einer großen Provinzzeitung geworden, und diese große Provinzzeitung hatte in einer Anwandlung von Phantasie den Plan gefaßt, einen »Sonderberichterstatter« nach Indien zu schicken. Sonderberichterstatter waren in der »Weltpresse« Mode geworden, und die betreffende Zeitung fand wahrscheinlich, sie habe lange genug die Cousine vom Lande gespielt. Ich wußte genau, daß Corvick nicht die geringste Eignung für einen Korrespondenten besaß, aber das war schließlich Sache seines Schwagers, und die Tatsache, daß eine bestimmte Aufgabe nicht in seiner Linie lag, war für ihn Grund genug, sie anzunehmen. Er war willens, die Weltpresse zu übertrumpfen, traf ernste Vorkehrungen gegen jede Zimperlichkeit und tat dem guten Geschmack einfach Gewalt an. Niemand merkte etwas von diesem Verstoß gegen seine Grundsätze – außer ihm. Für seine Ausgaben wurde er angemessen bezahlt, und ich konnte ihm auch noch zu dem üblichen dicken Buch bei dem üblichen dicken Verleger verhelfen. Ich mutmaßte natürlich, daß sein Wunsch, ein bißchen Geld zu verdienen, mit seiner bevorstehenden Heirat mit Miß Erme zusammenhing. Denn ich zweifelte nicht daran, daß die Opposition ihrer Mutter hauptsächlich in seinem Mangel jeglicher Mittel und lukrativer Begabungen begründet lag; aber als ich bei unserem letzten Zusammentreffen auf die nahe Trennung von dieser jungen Dame anspielte, rief er überraschend heftig: »Daß du es nur weißt: ich bin nicht im geringsten mit ihr verlobt!«

»Nicht offiziell«, antwortete ich, »weil ihre Mutter dich nicht mag. Trotzdem habe ich ein stilles Einverständnis immer für selbstverständlich gehalten.«

»Das war einmal. Jetzt nicht mehr.« Dies war alles, was er sagte – außer daß Mrs. Erme wieder erstaunlich sicher auf den Beinen sei: eine Bemerkung, die offenbar bedeuten sollte, daß stille Einverständnisse nur wenig nützten, wenn der Arzt sie nicht teilte. Ich nahm mir jedoch die Freiheit, noch mehr zu mutmaßen; wer weiß, vielleicht hatte das Mädchen ihn verletzt? Nun, sollte er sich plötzlich auf die Seite der Eifersüchtigen geschlagen haben, konnte kaum ich der Anlaß sein. In diesem Fall – ganz abgesehen von einer solchen Absurdität überhaupt – wäre er ja auch nicht auf Reisen gegangen und hätte uns miteinander allein gelassen. Schon geraume Zeit vor seiner Abfahrt hatten wir den vergrabenen Schatz nicht mehr erwähnt, und aus Corvicks Schweigen, das ich mit meiner Zurückhaltung lediglich nachahmte, hatte ich bald meine Schlüsse gezogen: Sein Mut war gesunken, sein Eifer den Weg des meinen gegangen – wenigstens machte er auf mich diesen Eindruck (mehr konnte er nicht tun). Er vermochte nicht dem Triumph ins Gesicht zu sehen, mit dem ich ein klares Eingeständnis begrüßt haben würde. Doch das hätte ihn nicht zu bekümmern brauchen, den Armen; zu dieser Zeit verlangte es mich überhaupt nicht mehr nach einem Triumph. Ich fand sogar, daß ich mich mit dem Ignorieren seines Versagens recht großmütig zeigte, denn der Gedanke, daß er das Spiel verloren haben könne, bestärkte mich immer mehr in dem Gefühl, wie sehr ich von ihm abhängig war. Sollte Corvick es je aufgeben, würde ich es nie erfahren; und wenn nicht er, würde niemand mir dazu verhelfen können. Es war keineswegs so, daß mich die Lösung nicht mehr interessiert hätte; nach und nach hatte meine Neugierde nicht nur erneut zu bohren begonnen, sondern war darüber hinaus zur vertrauten Qual all meiner Tage und Nächte geworden. Sicherlich gibt es Menschen, denen solche Qualen ebenso natürlich vorkommen wie die Schmerzen einer Krankheit; aber ich wüßte nicht, warum ich solche Leute hier überhaupt erwähnen sollte. Für einige Menschen jedenfalls, mit denen meine Geschichte zu tun hat – ob man sie nun normal nennen konnte oder nicht –, war die Literatur ein Geschicklichkeitsspiel, und Geschicklichkeit bedeutete Mut, und Mut bedeutete Ehre, und Ehre bedeutete Leidenschaft, bedeutete Leben. Der Einsatz auf dem Tisch war aus einem ganz besonderen Stoff und unser Roulette der kreisende Geist, und doch saßen wir genauso gespannt um den grünen Tisch wie die Spieler in Monte Carlo. Gwendolen Erme mit ihrem weißen Teint und dem starren Blick war sogar der Prototyp jener schlanken Damen, wie man sie in den Tempeln des Glücks trifft. Und während Corvicks Abwesenheit drängte sich dieser Vergleich nur noch mehr auf. Es war einfach unglaublich, wie ausschließlich sie für die Kunst der Feder lebte. Die Leidenschaft hielt sie förmlich in den Klauen, und in ihrer Gegenwart fühlte ich mich erschreckend lau. Ich nahm mir wieder einmal *Im tiefsten Grunde* vor: eine Wüste, in der sie sich verloren, in der sie jedoch zugleich ein gewaltiges Loch in den Sand gegraben hatte – eine Höhle, aus der Corvick sie, was noch viel bemerkenswerter war, herausgezogen hatte.

Anfang März erhielt ich von ihr ein Telegramm, auf das hin ich sofort nach Chelsea fuhr, wo sie mich mit den Worten empfing: »Er hat es gefunden! Er hat es gefunden!«

Sie war derart erregt, daß sie nur das eine meinen konnte. »Verekers Geheimnis?«

»Seine Grundidee. George hat aus Bombay gekabelt.«

Das Telegramm lag offen da; es lautete emphatisch, aber kurz: »Heureka. Ungeheuerlich.« Das war alles – er hatte sogar die Kosten der Unterschrift gespart. Ich teilte zwar ihre Erregung, war aber dennoch enttäuscht. »Er schreibt ja gar nicht, was es ist.«

»Wie sollte er das – in einem Telegramm? Er wird es schon noch schreiben.«
»Aber woher will er es wissen?«
»Daß er sich nicht irrt? Ich bin überzeugt, wenn man es erst heraus hat, weiß man es. *Vera incessu patuit dea!*«
»Sie sind ein ›Engel‹, Miß Erme, da Sie solche Nachrichten für mich haben!« – Ich ließ mich in meiner Hochstimmung hinreißen. »Aber stellen Sie sich vor, was es heißt, daß wir unsere Göttin ausgerechnet im Tempel des Wischnu gefunden haben! Erstaunlich, daß sich George inmitten all der auf ihn einstürmenden fremden Eindrücke überhaupt damit befassen konnte!«
»Ich bin sicher, er hat sich nicht damit befaßt; es war die Sache selbst, die ihn, nachdem man sie sechs Monate lang in Ruhe gelassen, jetzt angesprungen hat wie eine Tigerin aus dem Dschungel. Er hat kein einziges Buch mitgenommen – absichtlich nicht; er hätte es auch gar nicht nötig gehabt, er kennt wie ich jede Seite auswendig. Wahrscheinlich haben sie in ihm weitergearbeitet, und eines Tages, als er es am wenigsten erwartete, ordneten sie sich in ihrer unnachahmlichen Kompliziertheit ganz von selbst zur richtigen Kombination. Das Muster im Teppich hat sich ihm enthüllt. Er wußte, daß es so kommen würde, und das war auch der Grund – was Sie damals nicht begriffen haben, was ich Ihnen jetzt aber wohl sagen darf –, warum er wegfahren wollte und ich ihn darin unterstützte. Wir wußten, daß der Ortswechsel es vollbringen würde – daß das andere geistige Klima, die neue Umgebung ihm den ersehnten Kontakt, die magische Erschütterung schenken würde. Wir haben genau richtig, haben bewundernswert kalkuliert. Er hatte ja alles, was er brauchte, im Kopf, und unter dem Druck der neuen und starken Erlebnisse ist ihm dann ein Licht aufgegangen.« Sogar sie war dadurch erleuchtet – ihr Gesicht glühte geradezu. Ich stammelte etwas von »Unterbewußtsein«, und sie meinte dann: »Jetzt wird er bald zurückkommen – das wird ihn heimtreiben.«
»Weil er Vereker sehen will?«
»Vereker – und mich. Was, glauben Sie, wird er mir alles zu erzählen haben!«
Ich zögerte. »Über Indien?«
»Nein! Über Vereker natürlich – über das Muster im Teppich.«
»Aber Sie sagten doch eben, daß wir dies bestimmt in einem Brief erfahren würden.«

Sie dachte angeregt darüber nach, und mir fiel dabei ein, daß Corvick einmal gesagt hatte, sie habe ein interessantes Gesicht. »Vielleicht läßt es sich gar nicht in einem Brief fassen, wenn es so ›ungeheuerlich‹ ist.«
»Wenn nicht, dann ist es ein ungeheuerlicher Unsinn. Sollte er etwas herausgefunden haben, das sich nicht in einem Brief fassen läßt, dann ist es nicht das Richtige. Vereker hat seinerzeit zu mir klar und deutlich gesagt, das Geheimnis lasse sich in einem Brief ausdrücken.«
»Wie dem auch sei: ich habe George vor zwei Stunden gekabelt – zwei Worte nur«, sagte Gwendolen.
»Ist es indiskret von mir, zu fragen, wie diese beiden Worte hießen?«
Sie zierte sich ein wenig, brachte sie aber schließlich doch heraus. »Engel, schreibe.«
»Gut!« rief ich. »Und damit wir sichergehen, werde ich ihm dasselbe kabeln.«

## VII

Meine Worte jedoch waren nicht genau die gleichen – ich kabelte statt Engel etwas anderes; übrigens erwies sich dieses Attribut schon bald als das passendere, denn als wir schließlich wieder von unserem Reisenden hörten, spannte er uns nur noch mehr auf die Folter. Er strahlte in seinem Triumph, beschrieb seine Entdeckung als einfach erstaunlich; aber seine Ekstase verschleierte sie bloß noch mehr; wir sollten keine Einzelheiten hören, bevor er seine Lösung der höchsten Autorität vorgelegt hätte. Er hatte seinen Auftrag liegenlassen, hatte sein Buch liegenlassen, hatte alles liegenlassen, um so schnell wie möglich nach Rapallo an der italienischen Riviera fahren zu können, wo sich Vereker zur Zeit aufhielt. Ich schrieb ihm einen Brief, der ihn in Aden erwarten sollte – flehte ihn an, mich von meiner Spannung zu erlösen. Daß er meinen Brief erhalten hatte, ging aus einem Telegramm hervor, das mich nach langen, qualvollen Tagen, in denen ich vergeblich eine Antwort auf meine lakonische Botschaft nach Bombay erwartete, endlich erreichte und das anscheinend beide Mitteilungen bestätigen sollte. Der kurze Text war im vertrauten Französisch gehalten, dem Französisch der damaligen Zeit, dessen sich Corvick öfter bediente, um zu beweisen, daß er kein Snob sei. Damit erreichte er allerdings bei vielen Leuten genau das Gegenteil; jedenfalls sei seine Nachricht hier notiert. »Geduld! Ich möchte unbedingt Dein Gesicht sehen, wenn Du es erfährst!« (*Tellement envie de voir ta tête!*) Damit mußte ich mich zufriedengeben. Von Frieden konnte allerdings kaum die Rede sein, denn in jenen Tagen kutschierte ich unentwegt zwischen dem kleinen Haus in Chelsea und meinem hin und her. Unsere – Gwendolens und meine – Ungeduld war gleich groß, und trotzdem hoffte ich nach wie vor, daß wenigstens ihre Erleuchtung größer sei. Für Leute unseres Standes gaben wir damals unendlich viel Geld für Telegramme und Droschken aus, da ich, sobald sich Entdecker und Entdeckter in Rapallo gefunden hätten, mit einer sofortigen Nachricht rechnete. Die Zwischenzeit schien uns eine Ewigkeit zu währen, aber dann hörte ich eines Nachmittags eine Droschke etwas ungeniert lärmend vor meiner Tür halten. Da ich sowieso immer auf dem Sprung saß, rannte ich sogleich zum Fenster: unten stand eine junge Dame auf dem Trittbrett der Kutsche und blickte erwartungsvoll zu meinem Fenster empor. Als sie mich sah, schwenkte sie ein Blatt Papier mit einer Geste, die mich sofort hinuntereilen ließ – jene Geste, mit der in Melodramen Taschentücher und Todesurteile am Fuße eines Schafotts geschwenkt werden.

»Soeben Vereker gesehen – alles richtig. Drückte mich an die Brust – behält mich einen Monat hier«, las ich auf dem Blatt, während der Kutscher von seinem Sitz heruntergrinste. Vor lauter Aufregung entlohnte ich ihn allzu reichlich, und sie in der ihren duldete es; als er schließlich abfuhr, gingen wir weiter und beredeten alles. Wir hatten, weiß der Himmel, schon genug geredet, aber ein solches Hochgefühl hatten wir noch nie dabei empfunden. Wir malten uns die ganze Szene in Rapallo aus, wohin er geschrieben und unter Berufung auf mich um die Gunst eines Besuches gebeten hätte; das heißt, ich malte es aus, da ich mehr wußte als meine Gefährtin, die förmlich an meinen Lippen hing, wobei wir immer wieder vor Schaufenstern stehenblieben, ohne sie anzusehen. In einem waren wir uns einig: Wenn er nun noch wegen ausführlicherer Gespräche blieb, dann würden wir doch wohl endlich den Brief erhalten, durch den die Qual des Wartens für uns ein Ende haben sollte. Obwohl wir verstanden, daß er noch nicht heimkehrte, wußten wir doch voneinander, daß der andere darüber nicht erfreut war. Der ersehnte Brief kam; er war an Gwendolen gerichtet, und ich besuchte sie gerade, so daß sie sich die Mühe sparen konnte, ihn mir zu bringen. Begreiflicherweise las sie ihn mir nicht vor; aber sie teilte mir doch das Wichtigste daraus mit. Und dies war das bedeutungsvolle Versprechen, er werde ihr alles sagen, was sie wissen wolle, wenn sie erst verheiratet seien. »Erst *dann*, wenn ich seine Frau bin – nicht eher«, erklärte sie. »Das läuft doch wohl darauf hinaus, daß ich ihn spornstreichs heiraten muß, nicht wahr?« Sie lächelte, während ich vor Enttäuschung errötete; angesichts der Aussicht, von neuem warten zu müssen, verspürte ich anfangs keinerlei Überraschung. Ich durfte mich also darauf gefaßt machen, daß er auch mir irgendeine lästige Bedingung auferlegen würde. Und plötzlich erinnerte ich mich wieder dessen, was er vor seiner Abreise gesagt hatte, während Gwendolen weitere Einzelheiten aus seinem Brief berichtete: Er habe Mr. Vereker unglaublich interessant und sein Geheimnis einfach berauschend gefunden. Der verborgene Schatz bestehe nur aus Gold und Edelsteinen. Nun, da er davon wisse, scheine er zu wachsen und zu wachsen; er sei in allen Zeiten und Zungen eine der schönsten Blüten der Literatur. Wenn man sich ihm erst einmal gegenübersehe, könne einem nichts mehr ebenso vollendet erscheinen. Läge er dann endlich vor einem, erstrahle er in einem Glanz, vor dem man erblassen müsse; und lebten wir nicht in einem solch abgrundtief vulgären Zeitalter, in dem alles geschmacklos und verfälscht und jedes Gespür erstorben sei, dann gäbe es keinen Grund dafür, daß man ihn nicht schon längst entdeckt hätte. Er sei groß, aber einfach, sei einfach und doch so groß, und ihn zu erkennen sei eine einzigartige Erfahrung. Corvick schrieb, daß der Zauber einer solchen Erfahrung, der Wunsch, sie in all ihrer Frische bis zum letzten Tropfen einzusaugen, ihn so nahe ihrer Quelle halte. Gwendolen, die ihre Freude nicht verhehlte, als sie mir dies in Bruchstücken berichtete, befand sich in einer Hochstimmung, die von einer weitaus gesicherteren Aussicht herrührte, als die meine es war. Dies brachte mich auf ihre Heirat zurück und veranlaßte mich zu der Frage, ob sie mit dem, was sie zu meiner Überraschung soeben verkündet habe, etwa sagen wolle, daß sie verlobt seien.

»Natürlich!« antwortete sie. »Haben Sie das nicht gewußt?« Sie schien erstaunt, aber ich war es noch viel mehr, denn schließlich hatte Corvick mir genau das Gegenteil erzählt. Ich erwähnte dies jedoch nicht; ich erinnerte sie lediglich daran, wie wenig ich in diesem Punkt ihr und Corvicks Vertrauen besessen hätte und daß mir überdies die Ablehnung ihrer Mutter durchaus bekannt sei. Zuerst verwirrten mich die einander widerstreitenden Aussagen; aber nach einer Weile fand ich, daß die von Corvick am wenigsten zu bezweifeln sei. Damit blieb nur noch die stille Frage, ob das Mädchen wohl vom Fleck weg eine Verlobung improvisiert habe – eine alte aufgewärmt oder eine neue erfunden –, um zu dem ersehnten Wissen zu gelangen. Sie hatte eben von jeher Mittel besessen, die mir fehlten. Doch dann erklärte sie die Situation etwas deutlicher, indem sie sagte: »So, wie die Dinge lagen, wollten wir bei Mamas Lebzeiten natürlich nichts unternehmen.«

»Und jetzt wollen Sie sich über die Ablehnung Ihrer Mama einfach hinwegsetzen?«

»Ach, vielleicht kommt es gar nicht soweit!« Ich fragte mich, wozu es wohl kommen solle, und da meinte sie: »Die Arme, vielleicht schluckt sie die bittere Pille doch noch. Schließlich«, setzte sie lachend hinzu, »wird ihr nichts anderes übrigbleiben!« Eine temperamentvolle Feststellung, die ich zugunsten aller Beteiligten voll bejahte.

## VIII

Noch nie hatte mich etwas so geärgert wie die Tatsache, daß ich vor Corvicks Rückkehr nach England zu seinem Empfang nicht dort sein würde. Ich wurde nämlich unvorhergesehen nach Deutschland gerufen, weil mein jüngerer Bruder, der entgegen meinem Rat in München das Studium der Porträtmalerei, zu Füßen eines großen Meisters, begonnen hatte, ernstlich erkrankt war. Die nächste Verwandte, die sein Studium finanzierte, hatte ihm gedroht, daß sie ihm ihre Zuwendungen entziehen werde, falls er unter trügerischen Vorwänden sich um höherer Wahrheiten willen nach Paris begebe – Paris, das für unsere Tante in Cheltenham die Schule des Bösen, der Abgrund war. Ich bedauerte dieses Vorurteil damals sehr, und jetzt hatten wir den Schaden davon: erstens durch die Tatsache, daß der kluge und zarte und unbesonnene Junge an einer Lungenkongestion erkrankt war, und zweitens durch die große Entfernung zwischen München und London, zu der ich mich dadurch verdammt sah. Ich muß gestehen, daß ich während der ersten sorgenvollen Wochen unablässig den einen Gedanken hegte: Wären wir jetzt in Paris, könnte ich einen Sprung nach London, zu Corvick, machen. Dies war jedoch sowieso unmöglich; mein Bruder, dessen Genesung nur langsam fortschritt, war drei Monate lang krank, während derer ich ihn keinen Augenblick verließ und nach deren Ablauf uns die Rückkehr nach England strikt verboten wurde. Es galt jetzt die Frage des Klimas zu lösen, was er nicht allein vermochte. Ich begleitete ihn nach Meran und verbrachte dort den Sommer mit ihm, wo ich versuchte, ihn wieder auf seine Arbeit hinzulenken, und im stillen meinen Zorn nährte, den ich ihm freilich so gut wie möglich verbarg. Die ganze Geschichte erwies sich als eine wahre Serie von eng miteinander verschlungenen Phänomenen, die, ganz allgemein betrachtet – und anders konnte ich sie ja gar nicht betrachten –, die überzeugendste Illustration dafür waren, wie das Schicksal ab und zu mit den brennendsten Wünschen eines Menschen verfährt (wenn auch zweifellos nur zum Heil seiner Seele). Gewiß hatten all diese Vorfälle noch eine entscheidendere Wirkung als die relativ dürftige Konsequenz, mit der wir es hier zu tun haben – obgleich die Konsequenz etwas ist, von dem wir mit Respekt reden müssen. Und so – ich kann es nicht leugnen – sehe ich die unangenehmen Folgen meines Exils heute vor allem unter diesem Aspekt. Schon von Anfang an fand die Ungeduld, mit der meine brennenden Wünsche, wie ich es eben genannt habe, diesen Aufschub hinnahmen, keinerlei Erleichterung in der Tatsache, daß mir George Corvick noch vor seiner Rückkehr aus Rapallo höchst aufreizend geschrieben hatte. Sein Brief übte keineswegs jene beruhigende Wirkung aus, die er, wie ich inzwischen eingesehen habe, zweifellos beabsichtigt hatte, aber auch der Verlauf der Dinge war nicht dazu angetan, diesen Mangel wettzumachen. Er schrieb, er habe sofort für eine Vierteljahreszeitschrift einen großen, grundsätzlichen Artikel über Verekers Werk angefangen, und diese erschöpfende Studie, die einzige, die je von Wert sein, je existieren werde, solle endlich die kaum glaubliche Wahrheit ans Licht bringen. Mit anderen Worten: er wolle das Muster im Teppich bis in die feinste Linie verfolgen, wolle jeden Farbton wiedergeben. Es solle, wie mir mein Freund schrieb, das größte je gemalte literarische Porträt werden, und darum bitte er mich, ihn nicht weiter mit Fragen zu belästigen, bis er sein Meisterwerk vor mir aufhängen könne. Er erwies mir die Ehre, zu erklären, daß ich – abgesehen von dem großen Porträtierten selber, der in seiner Neutralität hoch über allem schwebe – vornehmlich jener Kenner sei, für den er arbeite. Deshalb solle ich ein braver Junge sein und nicht versuchen, hinter den Vorhang zu äugen, ehe das Bild fertig sei: ich würde es um so mehr genießen, je ruhiger ich mich jetzt verhielte.

Ich tat mein möglichstes, mich ruhig zu verhalten, aber ich konnte nicht umhin, aufzuspringen, als ich in der *Times*, kurz nach meiner Ankunft in München und noch ehe Corvick wieder in London war, die Anzeige vom plötzlichen Tod der armen Mrs. Erme las. Ich bat Gwendolen in einem Brief sofort um eingehende Nachricht, worauf sie mir antwortete, ihre Mutter sei dem schon lange befürchteten Herzschlag erlegen. Wenn sie es auch nicht aussprach, so nahm ich mir doch die Freiheit, zwischen den Zeilen zu lesen, daß dies im Hinblick auf ihre Heirat und ihre Ungeduld, die der meinen wahrlich in nichts nachstand, eine schnellere Lösung sei, als man hätte erwarten können – und eine radikalere als sich gedulden zu müssen, bis die alte Dame die bittere Pille schlucke. Ich gebe offen zu, daß ich damals – ich hörte noch öfter von ihr – einzigartige Worte zwischen Gwendolens Zeilen las und noch ungewöhnlichere aus ihrem Schweigen. Jetzt erlebe ich, mit der Feder in der Hand, diese Zeit noch einmal, und sie ruft mir das unbehagliche Gefühl zurück, daß ich monatelang und wider Willen gezwungen war, den Beobachter zu spielen. Mein ganzes Dasein konzentrierte sich darauf, daß meine Augen sich vor den abrollenden Ereignissen einfach nicht mehr zu schließen vermochten. Es gab Tage, an denen ich Hugh Vereker schreiben und ihn um Barmherzigkeit anflehen wollte. Aber dann fand ich wieder, daß ich noch nicht so tief gesunken sei – außerdem hätte er mich ja doch nur auf meine eigenen Angelegenheiten verwiesen. Mrs. Ermes Tod rief Corvick sofort nach Hause, und schon nach einem Monat war er »in aller Stille« – ebenso in aller Stille, wie er, seinem Brief nach zu urteilen, offenbar seine große Entdeckung herausbringen wollte – mit der jungen Dame, die er geliebt und dann verlassen hatte, getraut worden. Ich nenne es so, wie ich hier anmerken möchte, weil ich mir immer sicherer wurde, daß zu jener Zeit, da er nach Indien ging, zu der Zeit seiner überwältigenden Neuigkeit aus Bombay, kein legitimer Bund zwischen den beiden bestand. Und es hatte auch in jenem Augenblick keiner bestanden, als sie mir das Gegenteil versicherte. Andererseits hatte er sich offensichtlich noch am Tage seiner Rückkehr mit ihr verlobt. Das glückliche Paar verbrachte die Flitterwochen in Torquay, und dort fiel dem armen Corvick in einer leichtsinnigen Stunde ein, seine junge Frau zu einer Ausfahrt mitzunehmen. Er verstand vom Kutschieren wahrhaftig nicht viel; dies wußte ich noch von einem kleinen Ausflug, den wir einmal miteinander in einem Dogcart unternommen hatten. Ein Dogcart war es auch, in dem er mit seiner Gefährtin über die Hügel von Devonshire holperte, und ausgerechnet am steilsten Abhang ließ er sein Pferd, das bereits gescheut hatte, mit solchem Galopp hinunterstürmen, daß die Insassen des Wagens hinausgeschleudert wurden, wobei er mit dem Kopf aufschlug. Er war sofort tot; Gwendolen kam ohne Verletzungen davon.

Ich übergehe diese schreckliche Tragödie, den Verlust meines besten Freundes, und beschließe die kleine Geschichte meiner Geduld und meines Wartens mit dem freimütigen Bekenntnis, daß ich Mrs. Corvick in meinem ersten Brief, den ich ihr auf die furchtbare Nachricht hin schrieb, fragte, ob ihr Mann den wichtigen Aufsatz über Vereker noch habe beenden können. Ihre Antwort war so eindeutig wie meine Frage: der kaum begonnene Aufsatz sei lediglich ein klägliches Fragment. Sie erklärte dazu, unser Freund habe im Ausland diese Arbeit kurz vor der Nachricht vom Tode ihrer Mutter begonnen, und nach seiner Rückkehr sei er durch die Folgen dieses Trauerfalls vom Schreiben immer wieder abgehalten worden. Es existierten also erst ein paar einleitende Seiten: sie seien erregend, vielversprechend, entschleierten aber das Geheimnis nicht. Dieses große Fest des Geistes habe sicherlich den Höhepunkt bilden sollen. Sonst schrieb sie nichts, nichts über das, was sie selber wußte – über das Wissen, das sie sich mit einer so erstaunlichen Handlungsweise erkauft hatte. Und das gerade wollte ich doch wissen: hatte sie das Geheimnis ohne Schleier erblickt? Hatte eine intime Zeremonie für die vor Erregung bebende einzige Zuhörerin stattgefunden? Denn wozu sonst als um dieser Zeremonie willen war diese Ehe geschlossen worden? Ich wollte sie natürlich nicht drängen, aber wenn ich daran dachte, wie wir beide während Corvicks Reise uns in dieser Frage einig gewesen waren, erstaunte mich ihre Zurückhaltung. Ich wagte daher erst später, von Meran aus, einen weiteren Vorstoß, wagte ihn nur zögernd, da sie mir auch weiterhin nichts mitgeteilt hatte. »Haben Sie in jenen gesegneten Tagen Ihres Glücks«, schrieb ich, »erfahren, was wir so sehnlichst zu wissen begehrten?« Das »wir« sollte eine versteckte Anspielung sein, und sie bewies mir, daß sie sie verstand. »Ich habe alles erfahren«, antwortete sie, »und ich gedenke es für mich zu behalten.«

## IX

Es war unmöglich, nicht von der herzlichsten Sympathie für sie erfüllt zu sein, und nach meiner Rückkehr nach England erwies ich ihr alle nur möglichen Gefälligkeiten. Durch den Tod ihrer Mutter war sie zu einem gewissen Vermögen gekommen und lebte jetzt in einem vornehmeren Viertel. Aber ihr Verlust war groß, ihre Heimsuchung grausam gewesen, und es wäre mir nie eingefallen, sie könnte den Besitz eines technischen Tips, einer literarischen Erfahrung als Gegengewicht ihres Kummers betrachten. Und doch konnte ich mich, nach den ersten Besuchen bei ihr, diesem bedenklichen Eindruck nicht entziehen. Ich möchte allerdings bemerken, daß ich auch schon andere Dinge nicht hatte glauben oder mir vorstellen können; und da ich mir über jene Dinge nie ganz klar wurde, will ich in dem erwähnten Punkt auch ihr die Gunst des Zweifels gewähren. Einsam und vom Schicksal geschlagen, feinsinnig und jetzt, in ihrer tiefen Trauer, ihrer reiferen Grazie und ihrem stillen Leid, wirklich schön geworden, führte sie ein Leben bewundernswerter Würde. Zuerst hatte ich mich davon zu überzeugen vermocht, daß sie mir bald nicht mehr mit der eben erwähnten Zurückhaltung begegnen werde, mit der sie mir eine Woche nach der Katastrophe auf meine Frage hin begegnet war – eine Frage, die sie, wie ich mir bewußt war, wohl als verfrüht empfunden hatte. Gewiß, ihre Zurückhaltung war ein Schock für mich, gewiß, sie verwirrte mich nur um so mehr, je öfter ich darüber nachdachte, wenn ich mir auch (manchmal mit Erfolg) zu erklären versuchte, sie leide unter Anwandlungen exaltierter Gefühle, übertriebener Skrupel und zu großer Treue. Gleichzeitig erhöhte sie natürlich den Wert von Verekers Geheimnis ins unendliche, wenn auch dieses Geheimnis mir schon immer kostbar erschienen war. Kleinlaut muß ich überdies gestehen, daß Mrs. Corvicks unerwartete Haltung der letzte Schlag auf jenen Nagel war, an dem meine unglückliche Idee hing und der sie für immer in eine Zwangsvorstellung verwandelte.

Dies bewog mich jedoch nur dazu, noch schlauer und geschickter vorzugehen und einige Zeit verstreichen zu lassen, ehe ich meine Bitte wiederholte. Bis dahin gab es schließlich genug nachzudenken; vor allem eine Frage war es, die mich stark beschäftigte: Corvick hatte seinerzeit sein Wissen vor seiner Freundin so lange verborgen, bis auch die letzte Schranke zwischen ihnen gefallen war – dann erst hatte er die Katze aus dem Sack gelassen. Dachte die von seiner Idee beeinflußte Gwendolen nun daran, dieses Tier ebenfalls nicht eher freizugeben, als eine solche Verbindung erneut zustande gekommen wäre? War das Muster des Teppichs nur für Eheleute, für endgültig vereinte Liebende aufzufinden und zu beschreiben? Dabei fiel mir zu meiner Verwirrung ein, daß Vereker damals am Kensington Square, als ich erwähnte, Corvick habe es dem von ihm geliebten Mädchen erzählt, etwas in dieser Richtung angedeutet hatte. Es mußte nicht unbedingt so sein, aber immerhin stellte ich mir die Frage, ob ich Mrs. Corvick heiraten müsse, um zu erfahren, was ich wollte. War ich bereit, für dieses Wissen einen solchen Preis zu zahlen? Es war zum Wahnsinnigwerden! – wenigstens meinte ich dies in den Stunden des Grübelns wieder und wieder. Inzwischen sah ich die Fackel, die weiterzureichen sie sich weigerte, in der Kammer ihrer Erinnerung glühen und in ihren Augen ein Licht reflektieren, das ihr einsames Haus erhellte. Nach sechs Monaten erst wurde mir klar, was dieses warme Licht für sie bedeutete. Wir hatten immer wieder von dem Mann gesprochen, durch den wir einander kennengelernt hatten: von seinem Talent, seinem Charakter, seinem Charme, seiner Karriere, seinem entsetzlichen Schicksal und sogar von der groß angelegten Studie, die er geplant und die ein einzigartiges literarisches Porträt hatte werden sollen, sozusagen ein Van Dyke oder Velasquez der Kritik. Sie hatte mir deutlich erklärt, sie sei nun einmal so merkwürdig und pietätvoll, daß sie sich zum Schweigen verpflichtet fühle, und sie könne dieses Schweigen auch niemals brechen, da dies schließlich nicht dem »richtigen Menschen« vergönnt gewesen sei. Dann aber kam meine Stunde: Eines Abends, da ich länger als sonst bei ihr gesessen hatte, legte ich meine Hand auf ihren Arm. »Also – was ist es?«

Sie hatte dies erwartet und war bereit. Langsam und wortlos schüttelte sie den Kopf – eine Geste, die nur darum nicht allzu grausam wirkte, weil sie stumm war. Und dennoch schleuderte sie mir in ihrer angedeuteten Barmherzigkeit das großmütigste, edelste, kälteste »Niemals!« entgegen. Ich hatte in meinem Leben schon manche Ablehnungen schlucken müssen. So nahm ich auch diesen Schlag hin, ob dessen Härte mir die Tränen in die Augen traten. Einige Zeit saßen wir uns gegenüber und blickten uns an; dann erhob ich mich langsam. Ich fragte mich, ob sie mich wohl eines Tages anerkennen würde. Doch ich sprach es nicht aus. Ich sagte vielmehr, während ich über meinen Hut strich: »Nun, jetzt weiß ich, was ich davon zu halten habe: nämlich nichts!«

Ein schwaches, verächtliches Mitleid wurde in ihrem matten Lächeln sichtbar. Dann sagte sie mit einer Stimme, die ich noch heute höre: »Es ist mein ganzes Leben!« Und als ich bereits an der Tür stand, fügte sie hinzu: »Sie haben ihn beleidigt!«

»Vereker?«

»Den Toten.«

Unten auf der Straße mußte ich erkennen, daß ihr Vorwurf gerecht war. Ja, es war ihr ganzes Leben – auch das mußte ich erkennen; und dennoch ließ ihr dieses Leben mit der Zeit noch Raum für etwas anderes. Eineinhalb Jahre nach Corvicks Tod veröffentlichte sie ihren einbändigen zweiten Roman, *Überwältigt*, auf den ich mich geradezu stürzte – in der Hoffnung, ein bedeutsames Echo oder versteckt ein Gesicht darin zu finden. Ich fand jedoch nur ein noch besseres Buch als das erste, dem man meiner Ansicht nach anmerkte, in welcher Gesellschaft sie verkehrt hatte. Der leicht geknüpfte Teppich besaß durchaus ein eigenes Muster, aber es war nicht das Muster, das ich suchte. Als ich eine Kritik darüber an die *Middle* schickte, erfuhr ich zu meinem Erstaunen von der Redaktion, daß bereits eine Rezension im Satz sei. Die Zeitschrift erschien, und ich erkannte in dem meines Erachtens reichlich übertriebenen Aufsatz sofort eine Arbeit von Drayton Deane, der früher einmal so etwas wie ein Freund von Corvick gewesen war, die Bekanntschaft seiner Witwe jedoch erst vor wenigen Wochen gemacht hatte. Obwohl ich ein Vorausexemplar des Buches bekommen hatte, mußte Deane offenbar noch früher eines erhalten haben als ich. Jedenfalls fehlte ihm die leichte Hand, mit der Corvick den Pfefferkuchen verziert hätte – er spritzte den Zuckerguß in riesigen Klecksen auf.

## X

Sechs Monate später erschien *Wegerecht*; die – wenn wir es auch noch nicht ahnten – letzte Gelegenheit, uns zu einigen. Vereker hatte das Buch während seiner Auslandsreise geschrieben, und in hundert Zeitungsnotizen war auf die übliche geschmacklose Weise schon darauf hingewiesen worden. Ich trug das, wie ich mir schmeichelte, allererste Vorausexemplar unverzüglich zu Mrs. Corvick. Eine andere Verwendung hatte ich nicht dafür; den unvermeidlichen Tribut an die *Middle* wollte ich diesmal einem erfindungsreicheren Geist und einem weniger gereizten Gemüt überlassen. »Aber ich habe es ja bereits«, sagte Gwendolen. »Drayton Deane war so freundlich, es mir gestern zu bringen, und ich habe es gerade ausgelesen.«

»Gestern? Wie konnte er es da schon haben?«

»Er bekommt alles als erster! Er muß es für die *Middle* rezensieren.«

»Drayton Deane soll Vereker rezensieren?« Ich traute meinen Ohren nicht.

»Warum nicht? Ein Ignorant ist so gut wie der andere.«

Ich zuckte zusammen, sagte dann aber: »*Sie* sollten ihn rezensieren.«

»Ich rezensiere nicht«, sagte sie und lachte, »ich werde rezensiert.«

In diesem Augenblick öffnete sich die Tür. »Ach, da ist ja Ihr Rezensent!« Vor uns stand, mit seinen langen Beinen und der hohen Stirn, Drayton Deane. Er war gekommen, um zu hören, was wir von *Wegerecht* hielten, und uns eine wichtige Mitteilung zu machen. In den Abendzeitungen stehe, daß ein Telegramm aus Rom eingetroffen sei: Der Autor dieses Romans liege dort seit einigen Tagen an Malaria erkrankt. Zuerst habe es nicht gefährlich ausgesehen, doch nun hätten sich Komplikationen eingestellt, die ernste Besorgnis erregten. Diese Besorgnis sei in den letzten Stunden gewachsen.

Ich war angesichts dieser Nachricht erstaunt über die völlige Gleichgültigkeit, die Mrs. Corvick trotz ihrer ehrlichen Teilnahme nicht verhehlen konnte; sie ließ mich das Maß ihrer Unabhängigkeit ahnen. Diese Unabhängigkeit beruhte auf ihrem Wissen – einem Wissen, das durch nichts mehr zerstört oder verändert werden konnte. Das Muster im Teppich mochte da und dort noch durch eine Arabeske ergänzt werden, aber als Ganzes war es längst festgelegt. Der Autor konnte getrost ins Grab steigen: sie war jener Mensch auf der Welt – als wäre sie seine Universalerbin –, der sein Weiterleben am wenigsten nötig hatte. Dabei entsann ich mich, was mir nach Corvicks Tod aufgefallen war: daß sie nie mehr den Wunsch verspürte, Vereker zu sehen. Sie hatte ohnedies bekommen, was sie wollte. Ich war überzeugt gewesen: hätte sie es nicht bekommen, hätte nichts sie zurückzuhalten vermocht, ihn selbst durch jene spitzfindigen Gedankengänge zu ergründen, die – obwohl man sie sich bei einem Mann besser vorstellen kann als bei einer Frau – in meinem Fall abschreckend gewirkt hatten. Ich möchte jedoch hinzufügen, daß mein Fall trotz dem gehässigen Vergleich keineswegs eindeutiger war. Beim Gedanken daran, daß Vereker in diesem Augenblick vielleicht starb, überlief mich eine Welle des Zorns – das bohrende Gefühl, daß ich, aller Logik zum Trotz, noch immer von ihm abhängig war. Die Einsicht, daß es die einzige Kompensation meines Leidens war, mich zu beherrschen, hatte Alpen und Apennin zwischen uns geschoben, aber angesichts der verlöschenden Chance dachte ich, daß ich in meiner Verzweiflung wenigstens hätte zu ihm gehen sollen. Natürlich hätte ich es nie getan. Ich blieb noch fünf Minuten, während meine Gesprächspartner sich über das neue Buch unterhielten, und als Drayton Deane mich um meine Meinung fragte, erhob ich mich und erwiderte, daß ich Hugh Vereker verabscheue und ihn einfach nicht mehr lesen könne. Ich verabschiedete mich in der Gewißheit, daß mich Deane, sobald sich die Tür hinter mir geschlossen hätte, als entsetzlich oberflächlich bezeichnen würde. Und darin würde ihm seine Gastgeberin zweifellos nicht widersprechen.

Auf die nun folgende Verkettung der Ereignisse möchte ich nur kurz eingehen. Drei Wochen später starb Vereker, und noch ehe das Jahr um war, auch seine Frau. Ich hatte die bedauernswerte Dame nie kennengelernt, mir aber immerhin vorgenommen, sie – sollte sie ihn lange genug überleben, daß man sich ihr ohne Verletzung des Taktgefühls nähern konnte – mit meiner noch schwach flackernden Bitte aufzusuchen. Wußte sie es, und wenn sie es wußte, würde sie reden? Man durfte wohl annehmen, daß sie aus mehr als einem Grunde nichts zu sagen haben würde; aber als sie, fern von mir, verschied, erkannte ich, daß der Verzicht das mir bestimmte Los war. Ich sollte für immer mit meiner Zwangsvorstellung eingeschlossen bleiben; meine Wärter waren mit dem Schlüssel auf und davon gegangen. Wie ein Gefangener im dunklen Kerker kam ich mir in jener Zeit vor, ehe Mrs. Corvick die Frau von Drayton Deane wurde. Ich hatte durch meine Gitter dieses Ende vorausgesehen, obwohl sie keinerlei unpassende Hast an den Tag legten und unsere Freundschaft ziemlich erlahmt war. Die Leute fanden, dies sei eine recht glückliche Verbindung, weil beide so »schrecklich intellektuell« seien, aber ich konnte besser als alle anderen ermessen, welches Vermögen von Wissen die Braut mit in die Ehe brachte. Noch nie, so schrieben die Zeitungen über diese Verbindung, sei bei einer Heirat in Literatenkreisen eine Dame damit so überreichlich ausgestattet gewesen. Mit verständlicher Eile hielt ich nach der Frucht dieser Verbindung Ausschau – jener Frucht, meine ich, deren Symptome an ihrem Mann sichtbar sein würden. Da ich von der glanzvollen Morgengabe der ersten Ehe überzeugt war, erwartete ich eine Interpretation, die seinen vermehrten Mitteln angemessen war. Was seine ursprünglichen Mittel gewesen waren, wußte ich – sein Aufsatz über *Wegerecht* hatte es klar bewiesen. Da er sich nun genau in der Lage befand, in der ich mich noch genauer nicht befand, wartete ich nun von Monat zu Monat in den in Frage kommenden Zeitschriften auf die gewichtige Botschaft, die der arme Corvick nicht mehr hatte übermitteln können und für welche die Verantwortung auf seinen Nachfolger gefallen sein mußte. Die Ehefrau und Witwe würde am wieder entzündeten Herd das Schweigen gebrochen haben, das nur eine Ehefrau und Witwe brechen konnte, und Deane würde von diesem Wissen ebenso entflammt sein wie Corvick zu seiner Stunde und Gwendolen zu der ihren. Und er war auch zweifellos entflammt, doch das Feuer sollte offenbar nicht die Öffentlichkeit erhellen. Ich durchsuchte die Zeitschriften vergeblich: Drayton Deane füllte sie zwar mit weitschweifigen Artikeln, doch jenen, den ich so fieberhaft erwartete, konnte ich nicht finden. Er schrieb über alles, nur nicht über Vereker. Er hatte eine Vorliebe dafür, Wahrheiten zu sagen, vor denen sich andere Leute entweder »drückten«, wie er es nannte, oder die sie übersahen; doch nie sprach er jene Wahrheit aus, die mir damals allein etwas bedeutete. Ich traf die beiden immer wieder in jenen literarischen Zirkeln, die in den Zeitungen erwähnt werden; ich sagte ja schon, daß wir uns nur noch in solchen Zirkeln zusammenfanden. Gwendolen verkehrte dort, seit sie ihren dritten Roman veröffentlicht hatte, immer häufiger; ich dagegen distanzierte mich ausdrücklich durch die Ansicht, daß dieses Buch seinen Vorgängern nicht ebenbürtig sei. War es schlechter, weil sie in schlechterer Gesellschaft verkehrte? Wenn ihr Geheimnis, wie sie mir anvertraut hatte, ihr ganzes Leben war – eine Tatsache, die in ihrer immer blühenderen Erscheinung, in ihrem bewußt zur Schau getragenen Stolz, der klugerweise durch bezaubernde Artigkeiten ausgeglichen wurde, erkennbar war und ihrem Auftreten Nachdruck verlieh –, dann übte dies keinerlei Einfluß auf ihre Arbeit aus. Dies jedoch, wie alles andere, erhöhte nur die Sehnsucht danach, umschloß es lediglich mit einem noch unfaßbareren und unbegreiflicheren Geheimnis.

## XI

Nun war es ihr Mann, von dem ich den Blick nicht mehr zu wenden vermochte; ich belagerte ihn in einer Weise, die ihm auf die Nerven gegangen sein muß. Ich wagte mich sogar so weit vor, ihn ins Gespräch zu ziehen. Wußte er es, hatte er es auf ganz natürlichem Wege erfahren? – diese Frage ließ mich nicht mehr los. Er mußte es einfach wissen; sonst hätte er meinen Blick nicht so eigentümlich erwidert. Bestimmt hatte seine Frau ihm alles erzählt, was ich wissen wollte, und nun machte er sich über mein Unwissen lustig. Er lachte nicht, denn ihm lag das Lachen nicht; seine Taktik war es vielmehr, meiner Gereiztheit – damit ich mich aufs äußerste entblöße – eine wortreiche Leere entgegenzusetzen, die so öde war wie seine hohe, kahle Stirn. Und jedesmal wandte ich mich von diesen unbevölkerten Ebenen, die einander geographisch zu entsprechen und Drayton Deanes Mangel an Gewicht, an Stil zu symbolisieren schienen, nur noch überzeugter ab: Er hatte einfach nicht die Gabe, sein Wissen auszuwerten; er war literarisch nicht kompetent, die Verpflichtung dort aufzunehmen, wo Corvick sie niedergelegt hatte. Ich ging sogar noch weiter – war dies doch der einzige Lichtschimmer, der mir verblieb –: Ich glaubte, er empfinde es nicht als Verpflichtung. Es beschäftige ihn nicht, es sei ihm gleichgültig. Ja, wahrhaftig, es tröstete mich, mir vorzustellen, er sei zu dumm, um sich für das zu begeistern, was mir so fehlte. Er sei *danach* genauso dumm wie *vorher* – und dies machte den goldenen Schein nur noch leuchtender, in den das Geheimnis gehüllt war. Dennoch mußte ich natürlich bedenken, daß seine Frau Bedingungen, Forderungen gestellt haben mochte. Vor allem durfte ich nicht vergessen, daß mit Verekers Tod der eigentliche Ansporn verlorengegangen war. Selbstverständlich konnte man ihn durch eine Arbeit noch ehren – aber seinen Segen vermochte er nicht mehr zu geben. Denn wer anders als er besaß dafür die Autorität?

Dem Ehepaar wurden zwei Kinder geboren; das zweite kostete die Mutter das Leben. Nach diesem traurigen Ereignis glaubte ich eine weitere Chance zu wittern. In Gedanken stürzte ich mich geradezu darauf, doch aus Anstandsgründen wartete ich noch eine gewisse Zeit, bis sich schließlich eine günstige Gelegenheit ergab. Seine Frau war ungefähr seit einem Jahr tot, als ich Drayton Deane im Rauchsalon eines kleinen Klubs traf, dessen Mitglieder wir beide waren, wo ich ihn jedoch schon seit Monaten – wahrscheinlich, weil ich nur selten hinging – nicht mehr gesehen hatte. Außer uns befand sich niemand in dem Raum, und so war die Gelegenheit günstig. Wohlüberlegt bot ich ihm, um die Geschichte ein für allemal aus der Welt zu schaffen, jene Möglichkeit, auf die er, wie ich glaubte, seit langem schon gewartet hatte.

»Da ich Ihre verstorbene Frau schon früher gekannt habe als sogar Sie«, begann ich, »möchte ich Ihnen etwas sagen, das mich beschäftigt. Ich bin mit allen Bedingungen einverstanden, die Sie mir für die Information auferlegen werden – jene Information, die sie von George Corvick empfangen und die der arme Kerl, wie Sie wohl wissen, in einer seiner glücklichsten Stunden von Hugh Vereker selbst bestätigt bekommen hat.«

Er starrte mich an wie ein rätselhaftes Gallsches Schädelmodell.

»Welche Information?«

»Verekers Geheimnis, mein Lieber – die Grundidee seiner Bü-

cher; die Schnur, an der seine Perlen aufgereiht sind, der vergrabene Schatz, das Muster im Teppich.«
Er errötete, und die Höcker seines Schädels traten hervor. »Verekers Bücher haben eine Grundidee?«
Jetzt war ich es, der ihn anstarrte. »Sie wollen doch nicht etwa sagen, daß Sie nichts davon wissen?« Einen Augenblick glaubte ich, er mache sich über mich lustig. »Mrs. Deane wußte es doch; sie wußte es, wie gesagt, dirckt von Corvick, der nach endloser Suche zu Verekers hellem Entzücken den Eingang zur Höhle gefunden hatte. Wo liegt dieser Eingang? Er erzählte es nach seiner Heirat – erzählte es niemandem sonst – dem Menschen, der es nach Wiederholung dieser Situation Ihnen erzählt haben muß. Sollte ich mich geirrt haben, wenn ich es für selbstverständlich hielt, daß sie Ihnen, als das höchste Privileg Ihrer Beziehung, jenes Wissen weitergab, dessen einzige Besitzerin sie nach Corvicks Tod war? Ich selbst weiß lediglich, daß dieses Wissen außerordentlich kostbar ist, und sie müssen daher verstehen, daß ich Ihnen ewig dankbar sein würde, wenn Sie mir die Güte erwiesen, es nun an mich weiterzugeben.«
Er war glührot geworden. Zweifellos hatte er anfangs geglaubt, ich hätte den Verstand verloren. Doch jetzt vermochte er mir nach und nach zu folgen; ich wiederum sah ihn immer erstaunter an. Dann schließlich fand er Worte. »Ich weiß nicht, wovon Sie sprechen.«
Er verstellte sich nicht – es war die absurde Wahrheit. »Sie hat es Ihnen also nicht erzählt –?«
»Sie hat mir nichts von Hugh Vereker erzählt.«
Ich war wie geschlagen; der ganze Raum drehte sich um mich. Selbst dafür also war es zu kostbar gewesen! »Auf Ehre?«
»Auf Ehre. Was zum Teufel ist eigentlich los mit Ihnen?« grollte er.
»Ich bin enttäuscht, ich kann es nicht fassen. Ich wollte es aus Ihnen herauspressen.«
»Es ist aber nicht in mir drin!« rief er verlegen lachend. »Und selbst wenn es so wäre –«
»Wenn es so wäre, würden Sie es mich wissen lassen, aus reiner Menschlichkeit. Aber ich glaube Ihnen. Ich verstehe – ich verstehe!« Jetzt, da alles vorbei war, wurde ich mir bewußt, wie verblendet ich gewesen war, wie falsch ich den armen Mann beurteilt hatte. Ich erkannte, wenn ich dies auch nicht aussprechen

mochte, daß seine Frau ihn der Erleuchtung nicht für wert gehalten hatte. Dies kam mir merkwürdig vor bei einer Frau, die ihn der Heirat für wert gehalten hatte. Schließlich erklärte ich es mir dadurch, daß sie ihn vielleicht nicht um seines Mitwissens willen geheiratet hatte. Sie mußte ihn wegen etwas anderen geheiratet haben.

Bis zu einem gewissen Grade begriff er nun, wurde dadurch aber immer erstaunter, verwirrter; er brauchte eine Weile, bis er meine Geschichte mit seinen Erinnerungen verglichen hatte. Das Ergebnis dieses Nachdenkens war, daß er mit einigermaßen geglückter, wenn auch schwacher Haltung sagte: »Was Sie da erwähnt haben, höre ich heute zum erstenmal. Aber ich glaube, Sie irren sich, wenn Sie annehmen, daß Mrs. Drayton Deane etwas Unausgesprochenes und noch weniger etwas Unaussprechliches von Hugh Vereker gewußt hat. Sie hätte – sollte es sich auf sein Werk bezogen haben – bestimmt gewollt, daß dieses Wissen ausgewertet wird.«

»Es ist ja ausgewertet worden. Sie selbst hat es ausgewertet. Sie selbst hat mir gesagt, daß sie davon ›lebe‹.«

Ich hatte dies kaum ausgesprochen, da bereute ich meine Worte schon. Er wurde so blaß, als hätte ich ihn geschlagen. »Lebe –!« murmelte er und wandte sich ab.

Meine Reue war aufrichtig; ich legte ihm die Hand auf die Schulter. »Sie müssen mir verzeihen – ich habe einen großen Fehler gemacht. Sie können ja nicht wissen, welches Wissen ich bei Ihnen vermutete. Hätte ich recht gehabt, hätten Sie mir einen großen Dienst erweisen können; und ich hatte meine Gründe, anzunehmen, daß Sie dazu in der Lage sein würden.«

»Ihre Gründe?« fragte er. »Was waren das für Gründe?«

Ich sah ihn an; ich zögerte; ich dachte nach. »Setzen Sie sich zu mir, dann will ich es Ihnen erzählen.« Ich zog ihn zu einem Sofa, zündete eine Zigarre an und berichtete: beginnend mit Verekers Heruntersteigen von seinem Thron, dann über die merkwürdige Verkettung von Ereignissen, die mich, trotz dem anfänglichen vielversprechenden Licht, bis zu dieser Stunde im Dunkel gehalten hatte. Ich erzählte ihm alles, was ich hier niedergeschrieben habe. Er lauschte mit zunehmender Aufmerksamkeit, und ich hörte zu meiner Überraschung aus seinen Ausrufen, seinen Fragen, daß er des Vertrauens seiner Frau doch nicht so unwürdig gewesen wäre. Die unerwartete Erkenntnis ihres mangelnden Vertrauens wirkte natürlich vernichtend auf ihn; aber dann sah ich, wie der unmittelbare Schock nach und nach verebbte und sich zu Wogen des Staunens und der Wißbegier sammelte: einer Wißbegier, die schließlich – das konnte ich nur zu gut beurteilen – in ihrer Stärke meiner eigenen nicht nachstehen würde. Ich darf noch hinzufügen, daß wir, die Opfer einer ungestillten Sehnsucht, heute unzertrennlich sind. Der Zustand des bedauernswerten Mannes ist mir fast ein Trost – ja, es gibt Augenblicke, in denen ich ihn geradezu als meine Rache empfinde.

# DER BAUM DER ERKENNTNIS
[1900]

I

Es war die geheime Überzeugung von Peter Brench – eine geheime Überzeugung, wie wir alle eine hegen –, es sei sein größter Erfolg im Leben gewesen, daß er sich nie über das sogenannte Werk seines Freundes Morgan Mallow geäußert hatte. Dies war ein Thema, bei dem man, wie er glaubte, ihn unmöglich wahrheitsgemäß zitieren konnte, und nirgends stand es verzeichnet, daß er bei irgendeiner Gelegenheit oder in irgendeiner Verlegenheit in diesem Zusammenhang entweder gelogen oder die Wahrheit gesagt hätte. Dieser Triumph fiel selbst für einen Mann ins Gewicht, der noch andere Triumphe zu verzeichnen hatte – einen Mann, der jetzt fünfzig Jahre alt und bisher der Ehe entgangen war, der von seinem Vermögen gelebt und Mrs. Mallow seit Jahren geliebt hatte, ohne ein Wort davon verlauten zu lassen, und der schließlich ein Urteil über sich gefällt hatte. Er hatte ein so endgültiges Urteil über sich gefällt, daß er es demütig hinnahm, genau das zu sein, was ihm zustand; dennoch ließ ihn nichts eine so hohe Meinung von seiner Klugheit haben wie das Geschick, mit dem er die eben erwähnte Klippe umsteuert hatte. Seltsam, die Freunde, denen er am meisten vertraute, waren gerade jene, denen er am wenigsten anvertraute. Er konnte Mrs. Mallow nicht sagen – oder wenigstens glaubte der ausgezeichnete Mann, es nicht zu können –, sie allein sei der schöne Anlaß dafür, daß er nie geheiratet hatte; ebensowenig wie er ihrem Mann sagen konnte, daß es eine Zumutung war, die zahlreichen Marmorfiguren in seinem Atelier anzusehen – eine Zumutung, die selbst die Zeit nicht hatte mildern können. Wie ich jedoch bereits erwähnt habe, bestand sein Sieg nicht nur darin, daß er sich nie darüber ausgelassen hatte, wie er sie verabscheute, sondern vielmehr darin, daß er dies nicht durch etwas anderes kaschiert hatte.

Wahrlich, die ganze Situation zwischen diesen guten Leuten war im höchsten Maße erstaunlich, und es ist wohl anzunehmen, daß Dinge, wie sie uns hier beschäftigen, sich dort, wo Hampstead sanft nach St. John's Wood hin abfällt, nicht so bald wieder ereignen werden. Peter Brench verabscheute Mallows Statuen und liebte Mallows Frau, und dennoch hatte er Mallow wirklich gern und war diesem wiederum ebenso lieb und wert. Mrs. Mallow dagegen liebte die Statuen – wenn sie auch, fragte man sie danach, die Büsten vorzog; und ihre sichtliche Zuneigung zu Peter Brench wiederum entsprang vornehmlich seiner Freundschaft für Morgan. Überdies liebte jeder den andern um seiner Liebe zu Lancelot willen, den die Mallows als ihr einziges Kind wie ihren Augapfel hüteten und den ihr Hausfreund sein drittes – und entschieden hübschestes – Patenkind nennen durfte. Von Anfang an schon war es so gewesen, daß niemand, nicht einmal das Baby, für diese Aufgabe einen anderen gewußt hätte als Peter. Zum Glück waren sie alle pekuniär unabhängig: der Meister hätte sonst niemals seine »Wanderjahre« in Florenz und Rom verbringen und, sowohl an der Themse als auch am Arno und am Tiber, damit fortfahren können, eine unverkaufbare Figur an die andere zu reihen und – was sich dann als reine Liebhaberei herausstellte – nach der Phantasie Köpfe von Berühmtheiten zu modellieren, die entweder zu beschäftigt oder zu eremitenhaft, zu alt oder noch nicht alt genug waren, um ihm Modell zu sitzen. Und auch Peter, der fast täglich bei ihnen war, hätte dann nicht die Zeit gefunden, ihr kompliziertes, traditionelles Zusammenleben durch seine Gegenwart lebendig zu erhalten. Er, der Tresor dieser Geheimnisse, war massiv, aber weichherzig, groß und schlaksig und rotbäckig, hatte lockiges Haar und eine tiefe Stimme, tiefe Augen und tiefe Taschen – ganz zu schweigen von seiner Vorliebe für lange Pfeifen, weiche Hüte und bräunliche oder gräuliche ausgeblichene Anzüge, die alle so aussahen, als trüge er immer denselben.

Jeder wußte, daß er einmal »geschrieben« hatte, obwohl er sich nie näher darüber ausließ, und deshalb verhielt er sich so (da man nun einmal von ihm glaubte, er schreibe immer noch), als täte er es auch weiterhin, um noch ein wenig mehr zu haben – als hätte er nicht schon genug gehabt! –, über das er sich ausschweigen konnte. Wie immer er sich verhalten mochte: Peters gelegentliche verschwiegene Prosa und Lyrik waren das ehrlich gewonnene Ergebnis seines Bedürfnisses, sich seinen unverdorbenen Geschmack dadurch zu bewahren, daß er die rechte Beziehung zwischen Ruhm und Versagen festigte. Die kleine grüne Tür zu seinem Reich befand sich in einer Gartenmauer, deren

Mörtel rissig und grau geworden war, aber auch in der kleinen, freistehenden Villa dahinter war alles alt: die Möbel, die Dienerschaft, die Bücher, die Stiche und Gewohnheiten, ja sogar die Neuerwerbungen. Die Mallows wohnten in der *Villa Carrara*, nur zehn Minuten entfernt, und das Atelier, das sie in ihrem glücklichen Glauben erbaut hatten, befand sich auf dem gleichen Grundstück, dessen Wert dadurch gestiegen war. Zu seinem Glück – wenn nicht seinem Pech – hatte sie ein so großes Vermögen in die Ehe mitgebracht, daß beide sorglos davon leben und ihren Standard aufrechterhalten konnten. Und sie hielten ihn aufrecht – hatten ihn immer aufrechterhalten –: der verblendete Bildhauer und seine Frau, denen die Natur alles möglich machte, indem sie ihnen das Empfinden für Schwierigkeiten genommen hatte. Jedenfalls besaß Morgan für einen Bildhauer alles, nur nicht den Geist des Phidias, besaß den braunen Samt, das schmeichelnde *beretto*, die imposante Figur, die schönen Hände, den herrlichen italienischen Akzent und das alte italienische Faktotum. Fast machte er alles wieder wett, wenn er Egidio mit *tu* anredete und ihm bedeutete, er möge eines der drehbaren Podeste, von denen es im Atelier reichlich genug gab, ein Stück weiterdrehen. Ja, man lebte sehr italienisch in *Villa Carrara*, und das Geheimnis der Rolle, die diese Tatsache in Peters Leben spielte, war, daß sie diesen standhaften Briten in solchem Maße mit »Ausländischem« umgab, wie er es gerade noch ertragen konnte. Die Mallows waren sein Italien, aber er liebte sie vornehmlich Italien zuliebe. Seine einzige Sorge war, daß Lance – so nannten sie seinen Patensohn abgekürzt – trotz einer *Public School* gar zu italienisch werden könnte. Morgan dagegen sah aus wie die schmeichelhafte Vorstellung, die sich einer von seiner eigenen Person gemacht und in jenem großen Saal der Uffizien zum Ausdruck gebracht hat, der den Selbstbildnissen der Künstler vorbehalten ist. Des Meisters Bedauern, nicht den Pinsel, sondern den Meißel zu führen, entsprang einzig und allein dem Wunsch, zu jener Sammlung beitragen zu können.

Immerhin hatte es mit der Zeit den Anschein, als wäre wenigstens Lance für den Pinsel geboren; denn eines Tages – der Junge war jetzt fast zwanzig – sagte Mrs. Mallow zu ihrem Freund, der bis zum letzten delikaten Bissen all ihre Sorgen und Schmerzen teilte, für ihn komme offenbar wirklich keine andere Laufbahn in Frage. Es sei unmöglich, länger die Augen davor zu verschließen, daß er in Cambridge keine Ruhmesblätter erwerbe – in Cambridge, wo Brenchs ehemaliges College Lance ein Jahr lang im Zaum gehalten hatte, so, als geschähe es Brench zuliebe. Warum also sich vergeblich weitermühen, das Unmögliche zu erreichen? Das Unmögliche lag für ihn endgültig und eindeutig darin, etwas anderes als ein Künstler zu werden.

»Ach du lieber Himmel!« rief der arme Peter.

»Glauben Sie denn nicht daran?« fragte Mrs. Mallow, die mit ihren mehr als vierzig Jahren immer noch veilchenblaue Augen, rosige samtene Haut und glänzendes braunes Haar hatte.

»Woran glauben?«

»An Lances Passion!«

»Ich weiß nicht, was Sie unter ›glauben‹ verstehen. Natürlich ist mir seine Begabung zum Klecksen und Zeichnen von Anfang an nicht entgangen; aber ich muß gestehen: Ich hatte gehofft, es würde sich legen.«

»Wie könnte es sich legen?« fragte sie lächelnd. »Bei solch einem Erbe? Passion ist Passion – wenn natürlich auch Sie, lieber Peter, nichts davon wissen. Außerdem, hat sich etwa die des Meisters je gelegt?«

Peter blickte ein wenig zur Seite und stieß vertraulich ungezwungen einen Ton aus, der halb ein gedämpftes Pfeifen, halb ein unterdrücktes Summen war. »Glauben Sie wirklich, daß er ebenfalls ein Meister wird?« Offenbar war sie nicht darauf vorbereitet, so weit vorauszudenken, doch hatte sie zweifellos großes Vertrauen. »Ich weiß schon, was Sie meinen: ob er eine Karriere machen wird, bei der er mit ebenso vielen Intrigen und Neidern rechnen muß wie sein Vater? Nun, nehmen wir es einmal an, da sich ja heutzutage anscheinend nur noch die Effekthascherei durchsetzt und man geradezu um sein Brot betteln muß, wenn man mit dem Fluch der Bildung und Zurückhaltung beladen ist. Nehmen wir sogar das Schlimmste an: er habe das Unglück, höher zu fliegen, als wohin ihm der plebejische Geschmack seiner Landsleute zu folgen vermag. Aber vergessen Sie dabei doch nicht das Glück – gerade das Glück, das der Meister erlebt hat! Er wird *erkennen*!«

Peter blickte sie kläglich an. »*Was* wird er erkennen?«

»Was stilles Glück ist!« rief Mrs. Mallow ungeduldig und wandte sich ab.

II

Schon bald sprach er mit dem Jungen selbst darüber und hörte von ihm, daß praktisch alles geregelt sei. Er werde nicht mehr nach Cambridge gehen, sondern nach Paris, wo er, da die Würfel nun einmal gefallen seien, die besten Studienmöglichkeiten habe. Peter hatte immer gemeint, man müsse den Jungen nehmen, wie er sei, noch nie aber hatte er ihn so sehr als das empfunden, was er war. »Du gibst also Cambridge ganz auf? Ist das nicht schade?«

Lance hätte nach Ansicht seines Freundes seinem Vater geglichen, hätte er weniger Humor gehabt – und seiner Mutter, wäre er schöner gewesen. So aber war er eine gute Mischung, und Peter fand es ganz angenehm, daß dieser moderne junge Mann eher wie ein Makler als wie ein Künstler aussah. Der Junge widersprach, das Ganze sei doch eine Zeitfrage – Cambridge sei eine wahre Tretmühle, und man müsse dort so entsetzlich viel büffeln. Er habe mit Freunden gesprochen und sich dann entschieden. »Es bleibt einem heutzutage gar nichts anderes übrig«, erklärte er, »als zu erkennen.«

Hier stöhnte sein Gesprächspartner auf. »Ach, laß das mit dem Erkennen lieber bleiben!«

Lance war erstaunt. »Bleibenlassen? Aber was hat es dann für einen Sinn –?«

»Was?«

»Eben alles. Oder findest du etwa nicht, daß ich Talent habe?«

Peter rauchte schweigend und meinte dann: »Uns hat man immer gelehrt, nicht die Erkenntnis, sondern die Unwissenheit sei der wahre Segen.«

»Findest du etwa nicht, daß ich Talent habe?« wiederholte Lance.

Peter legte mit ungeschickt-zärtlicher Geste den Arm um seinen Patensohn und drückte ihn kurz an sich. »Woher soll ich das wissen?«

»Ach«, sagte der Junge, »wenn es deine eigene Unwissenheit ist, die du da verteidigst –!«

Wieder schwieg sein Pate, der neben ihm rauchend auf dem Sofa saß. »Davon kann nicht die Rede sein. Ich bin nämlich leider allwissend.«

»Ja«, rief Lance lachend, »wenn du zu viel weißt –!«

»Das tue ich, und gerade deshalb bin ich ja so unglücklich.«

Lance wurde immer ausgelassener. »Unglücklich? Na hör mal!«
»Ich habe ganz vergessen«, fuhr sein Gefährte fort, »daß du das eigentlich gar nicht wissen solltest. Damit wüßtest nämlich auch du zuviel. – Nun will ich dir einmal etwas sagen.« Peter erhob sich. »Wenn du wieder zurückgehst, zahle ich dir die Fahrt nach Cambridge.«
Lance starrte beschämt vor sich hin, obwohl ihn dieser Vorschlag nur noch mehr amüsierte. »Peter! So sehr bist du dagegen, daß ich nach Paris gehe?«
»Ich habe Angst um dich.«
»Aha.«
»Nein, nein, du verstehst mich falsch. Aber du wirst mich noch verstehen, bestimmt. Und gerade das möchte ich verhindern.«
Der junge Mann dachte jetzt ernsthafter nach. »Ist meine Unschuld nicht schon –«
»Angeschlagen? Das macht nichts«, erklärte Peter. »Die leimen wir hier wieder zusammen.«
»Hier? Dann möchtest du also, daß ich zu Hause bleibe?«
Peter gab es mehr oder weniger zu. »Nun ja, wir sind so ungestört beisammen, wir vier. Nichts kann uns passieren. Komm, verdirb uns doch nicht alles.«
Der nun sehr ernst gewordene Junge wurde durch den dringlichen Ton des Freundes geradezu verwirrt. »Ja, was soll ich dann aber machen?«
»Mein Schützling sein. Komm, mein Lieber« – Peter sprach fast flehentlich – »ich passe schon auf dich auf!«
Lance, der, mit weit ausgestreckten Beinen, die Hände in den Taschen, auf dem Sofa sitzengeblieben war, beobachtete ihn mißtrauisch. Dann stand er auf. »Du glaubst, mit mir stimmt was nicht – glaubst nicht an meinen Erfolg.«
»Was nennst du Erfolg?«
Wieder überlegte Lance. »Ich meine, der schönste Erfolg ist, wenn man sich selbst gut findet. Ist das nicht ungefähr der Erfolg, den – trotz aller Intrigen und so – der Meister auf seine besondere Weise hat?«
In dieser Frage schwang so viel mit, das beantwortet hätte werden müssen, und gerade deshalb brachen sie die Diskussion ab; sie war jetzt sowieso ziemlich schwierig geworden angesichts des neuerlichen Beweises, daß die Unschuld des jungen Mannes während seines Studiums vielleicht, wie er zugegeben hatte,

etwas gelitten haben mochte, daß sie aber im Kern doch unversehrt geblieben war. Dies war es, was Peter vermutet hatte und was er sich vor allem für Lance erhoffte; und doch überlief ihn jetzt ein Schauder. Der Junge glaubte an die Intrigen, glaubte an die ganz besondere Weise, glaubte, kurz gesagt, an den Meister. Was dann schließlich wenige Monate später geschah, war nicht, daß er auf Kosten seines Paten nach Cambridge fuhr, sondern bereits vierzehn Tage nach seiner Ankunft in Paris von diesem fünfzig Pfund geschickt bekam.

Inzwischen machte sich Peter zu Hause auf das Schlimmste gefaßt; und es war ihm, was immer es auch sein mochte, nie zuvor so deutlich geworden wie an jenem Sonntagabend, da er wie stets zum Essen kam und die Herrin der *Villa Carrara* ihn ausgerechnet über den Wohlstand der Kanadier ausfragen wollte. Sie meinte es ganz ernst, ja war geradezu aufgeregt. »Sind sie wirklich alle derart reich?«

Er mußte gestehen, daß er darüber nichts wußte – aber an diesen Abend sollte er später noch oft denken. Das Zimmer, in dem sie saßen, war mit verschiedenen Plastiken von der Hand des Meisters geschmückt, die, wie Mrs. Mallow häufig versicherte, den großen Vorzug eines ungewöhnlich handlichen Formats hatten. Ihre Maße waren für Produkte des Meißels tatsächlich ungewöhnlich, und sie besaßen die Besonderheit, daß die Gegenstände und Figuren klein wirkten, wenn sie groß sein, und groß wirkten, wenn sie klein sein sollten. Die Absicht des Meisters war sowohl in dieser als auch in jeder anderen Beziehung für Peter Brench selbst nach so vielen Jahren undurchschaubar. Die Werke, die es nicht vermocht hatten, ihm diese Absicht zu enthüllen, standen auf Podesten und Konsolen, auf Tischen und Borden: ein starrendes weißes Volk, heroisch, idyllisch, allegorisch, mythisch, symbolisch – ein Volk, in dem sich jeder individuelle Zug so verloren hatte, daß der Marktplatz mit dem Kaminsims vertauscht und das Monumentale klein und das Kleine monumental schien; lauter Abkömmlinge einer Sippe, in der die Statur in groteskem Widerspruch zu Funktion, Alter und Geschlecht stand. Sie bildeten, wie die Mallows selber, die Familie des armen Brench und besaßen somit wenigstens bis zu einem gewissen Grade eine vertraute Note. Nun handelte es sich also wieder einmal um eine Gelegenheit, wie er sie längst kannte: kurzes Aufflackern der schwachen Flamme, sanftes Vorüberstreichen eines freundlicheren Windhauches. Regelmäßig zweimal im Jahr glaubte der Meister an sein Glück, während er außerdem das ganze Jahr hindurch an sein Genie glaubte. Diesmal sollte das Glück von einem Paar aus Toronto kommen, von trauernden Eltern, die ihm einen verlockenden Auftrag über ein Grabmal für ihre drei verstorbenen Kinder erteilt hatten und jedes der drei symbolisch und typisch zugleich dargestellt haben wollten. Und die Konsequenz von Mrs. Mallows Frage war: Wenn sie wirklich so reich wären, dann läge es doch nahe – was man aus ihrer Bewunderung und einigen mysteriösen Andeutungen (denn beide waren ein bißchen schrullig) ähnlicher Möglichkeiten im Bestattungswesen schließen durfte –, daß sie ihnen auch weiterhin Aufträge erteilen würden; und es läge nicht weniger nahe, daß, würde der Meister in jenen Breiten erst einmal bekannt sein, eine Flut von kanadischen Aufträgen nicht ausbleiben könnte. Peter hatte schon früher Auftragsfluten erlebt, koloniale und einheimische, die jedoch immer nur spärliche Lücken in die marmorne Gesellschaft ringsum gerissen hatten; aber es war in solchen Situationen nicht seine Art, die Blase im voraus aufzustechen. Solch eine herrliche Illusion linderte die Wunde nie gewonnener Lorbeeren, den Schmerz nie erhaltener Medaillen und Diplome, die bei jeder nur möglichen Gelegenheit von jedem davongetragen wurden, nur nicht vom Meister; überdies entzündete sie jene Lampe, die ihnen die nächste Finsternis erleuchten würde. Aber immerhin lebten sie – welch prächtiger Anblick! – auf einer Höhe, wo es kaum noch ein Auf und Ab gab. Zuweilen gingen sie auf eine charmante Weise zu weit in der Behauptung, da und dort sei das Publikum nicht zu schlecht zum Kaufen; aber nie gaben sie ihre Einstellung auf, daß der Meister in jedem Falle zu gut sei, um sich zu verkaufen. So waren sie also, wie sich Peter immer wieder sagen mußte, für ihr Schicksal wunderbar geeignet; der Meister war eitel, seine Frau war treu, und diesen Eigenschaften hätte der Erfolg, der solche Anlagen ihrer Unschuld beraubt, das Verdienst und den Charme genommen. Wer bezaubert war, konnte auch bezaubernd sein, und wenn Peter sich so die Welt des Wohlstands betrachtete, der in noch weit größerem Maße als dem Museum des Meisters die Proportionen fehlten, dann fragte er sich, ob es wohl noch irgendein anderes Paar gebe, das so bar jeder Gewöhnlichkeit sei wie dieses.

»Schade, daß Lance nicht hier ist, um sich mit uns zu freuen!« seufzte Mrs. Mallow beim Essen.
»Wir wollen ein Glas auf den Abwesenden trinken«, erwiderte ihr Mann, füllte sich und seinem Freund das Glas und goß auch ihrer Gefährtin ein paar Tropfen ein; »aber wir wollen hoffen, daß er sich dort auf ein Glück vorbereitet, das weniger dem unsrigen heute abend gleicht – wenn ich es auch für entschuldbar erklären muß –, sondern viel eher der Stärkung, die wir, was immer geschehen oder nicht geschehen sein mag, stets haben genießen dürfen. Die Stärkung«, erklärte der Meister, wobei er sich in dem warmen Lampenlicht und Feuerschein zurücklehnte, sein Glas hochhielt und seine marmorne Familie betrachtete, diese monströse Brut, die sich fast in allen Räumen ausgebreitet hatte, »die Stärkung durch die Kunst!«
Peter blickte verlegen in sein Glas. »Nun, ganz gleich wie du es nennen magst, wenn einer es nicht tut – aber Lance muß lernen zu verkaufen. Ich trinke daher darauf, daß er hinter das Geheimnis kommen möge, wie man es zu ganz gewöhnlicher Popularität bringt.«
»O ja, er muß lernen zu verkaufen!« bestätigte die Mutter des Jungen ungeschminkt, die dennoch, was sich nicht verbergen ließ, in erster Linie die Frau des Meisters war.
»O ja«, versicherte der Bildhauer nach einer Weile zuversichtlich, »das wird er auch. Hab keine Sorge. Lance wird es schon lernen.«
»Gerade davon wollte Peter, als er mit ihm darüber sprach, nichts wissen«, entgegnete Mrs. Mallow heiter. »Warum waren Sie eigentlich so komisch, Peter?«
Als die Dame den Freund mit anklagender Zärtlichkeit betrachtete – eine charmante Eigenheit, die bei ihr nicht selten war –, brachte er kein Wort mehr hervor, der Meister jedoch, umsichtig und taktvoll wie immer, half ihm auch jetzt wieder einmal aus der Verlegenheit. »Weißt du, das ist nun einmal sein alter Grundsatz, über den wir uns schon oft gestritten haben: seine Theorie, daß der Künstler nur aus der Intuition, dem Instinkt schaffen sollte. Ich dagegen bin mehr für eine gewisse Ausbildung. Nicht zu viel, aber doch wenigstens etwas. Und dagegen hat er protestiert«, erklärte er seiner Frau, »weil er fürchtet, es könnte Lance schaden.«
»Nun ja« – Mrs. Mallow richtete ihren veilchenblauen Blick

über den Tisch hinweg auf den Gegenstand ihrer Unterhaltung –, »er hat es zweifellos nur gut gemeint; aber das ändert doch nichts daran, daß er, hätte Lance seinen Rat angenommen, gar zu grausam mit ihm verfahren wäre.«

Sie hatten eine recht offenherzige Art, vor ihm über ihn zu sprechen – so als wäre er aus Ton oder Gips; und wie immer war der Meister sehr gütig. Es war ungefähr so, als hätte er Egidio gewinkt, eine der Scheiben zu drehen. »Der arme Peter hat jedoch gar nicht so unrecht, wenn man bedenkt, was der Junge nun vielleicht alles lernt.«

»Aber doch nichts Schlechtes für seine Kunst«, sagte sie schalkhaft, wie es dem armen Peter immer noch vorkam.

»Mag sein, aber immerhin die kleinen französischen Tricks«, erwiderte der Meister; und daraufhin mußte beider Freund, von dem Mrs. Mallow eine Antwort geheischt hatte, zugeben, daß eben diese ästhetischen Laster der Grund seiner Befürchtungen gewesen seien.

III

»Ich weiß jetzt«, sagte Lance im nächsten Jahr zu ihm, »warum du so sehr dagegen warst.« Angeblich war er nur zu einem kurzen Urlaub zurückgekommen und ließ es sich nun in der *Villa Carrara* wohl sein, wo er, seit er in Frankreich war, sich schon einige Male für kurze Zeit hatte wieder sehen lassen. Diesmal jedoch sollte es offenbar ein längerer Aufenthalt werden. »Mir ist etwas Schreckliches widerfahren. Es ist tatsächlich nicht gut, zu erkennen.«

Peter sah sich gezwungen, reuig zu antworten: »Ich muß sagen, du siehst auch nicht gerade vergnügt aus. Aber bist du dir sicher, daß du erkannt hast?«

»Jedenfalls habe ich so viel erkannt, wie ich gerade noch ertragen kann.« Diese Unterhaltung fand in Peters Zimmer statt, und der junge Mann, der eine Zigarette rauchte, stand vor dem Feuer, den Rücken gegen den Kaminsims gelehnt. Er schien wirklich etwas von seiner Frische eingebüßt zu haben.

Der arme Peter überlegte. »Du weißt also jetzt, aus welchem besonderen Grunde ich nicht wollte, daß du gehst?«

»Aus einem besonderen Grunde?« fragte Lance. »Ich habe den Eindruck, daß hier nur von *einem* Grunde die Rede sein kann.«

Eine Weile standen sie da und versuchten, sich zueinander vorzutasten.
»Bist du dessen sicher?«
»Sicher, daß ich ein entsetzlicher Dummkopf bin? Ja, dessen bin ich mir jetzt ganz sicher.«
»Ach so!« Peter wandte sich erleichtert ab.
»Das also war's, was herauszufinden dich so bedrückt hat?«
»Ach was, das kümmert mich nicht«, sagte Peter und nahm den Faden wieder auf. »Ich meine, mich persönlich nicht.«
»Hoffentlich verstehst du wenigstens, daß es mich kümmert!«
»Was willst du damit sagen?« fragte Peter skeptisch.
Darauf erklärte Lance es ihm: Seine Studien in Paris hätten ihm einen unausrottbaren Zweifel an seinem Talent eingepflanzt. Sie hätten ihn aufgeweckt, er sehe jetzt alles mit ganz anderen Augen; mit diesen Augen aber sehe er nun einfach zu viel. »Weißt du, was mit mir los ist? Ich bin zu intelligent. Paris war tatsächlich der letzte Ort, wo ich hätte hingehen dürfen. Ich habe gelernt, was ich nicht kann.«
Der arme Peter starrte ihn an – dies kam ihm überraschend; doch selbst nachdem sie sich über dieses Thema ausführlich unterhalten und der Junge ihm die volle, harte Wahrheit der gelernten Lektion gestanden hatte, verriet sein Freund längst nicht jenes helle Vergnügen, wie man es in seinem Gesicht zu der schadenfrohen Melodie von »Ich hab's dir ja gesagt« gemeinhin zu sehen bekommt. Ja, der arme Peter beharrte tatsächlich so wenig auf dem »Ich hab's dir ja gesagt«, daß Lance einige Tage später auf den Fall zurückkam. »Was war es denn, von dem du – ehe ich ging – fürchtetest, ich könnte es herausfinden?«
Dies zu gestehen jedoch weigerte sich Peter – und er begründete seine Weigerung damit, daß Lance es, wenn er es jetzt noch nicht erraten habe, nie erraten werde und daß es sowieso keinem von ihnen Vorteil bringe, das Ding bei Namen zu nennen. Lance betrachtete ihn darauf einen Augenblick mit der unverblümten Neugier der Jugend – und man konnte meinen, er habe tatsächlich einige Namen parat, von denen der eine oder andere der richtige sein könnte. Peter jedoch wandte ihm wieder den Rücken und ermutigte ihn auch jetzt nicht, und als sie sich dann trennten, geschah dies bei dem Jungen mit einer gewissen Ungeduld. Schon bei ihrem nächsten Zusammentreffen sah Peter auf den ersten Blick, daß Lance es in der Zwischenzeit

erraten hatte und daß er, um es ihm mitzuteilen, nur darauf wartete, mit ihm allein zu sein. Dies ließ sich bald einrichten, und Lance bestürmte ihn denn auch sofort: »Weißt du, daß dein Rätsel mich nicht hat schlafen lassen? Aber in den durchwachten Nächten habe ich die Lösung gefunden – ich muß schon sagen, ich habe laut aufgelacht. Hast du wirklich geglaubt, ich müßte erst nach Paris gehen, um das herauszufinden?« Auch jetzt mußte Peters junger Freund wieder lachen, als er den Paten noch immer auf der Hut sah. »Du willst mir also nicht eher ein Zeichen geben, als bis du deiner sicher bist? Lieber, guter Peter!« Dann endlich sprach Lance es aus. »Nun denn, ich meine natürlich die Wahrheit über den Meister.«

Einige Minuten gingen ihre Gedanken lebhaft hin und her, voller Fragen an sich selbst und den andern. »Seit wann weißt du –?«

»Was seine Arbeiten wert sind? Das weiß ich«, sagte Lance, »seit ich überhaupt etwas weiß. Allerdings muß ich zugeben, daß es mir in seinem vollen Ausmaß erst klargeworden ist, seitdem ich *là-bas* gegangen bin.«

»Mein Gott!« rief Peter noch nachträglich entsetzt.

»Wofür hast du mich eigentlich gehalten? Ich bin zwar ein hoffnungsloser Stümper – wie ich inzwischen eingesehen habe. Aber ich bin kein solcher Stümper wie der Meister!« erklärte Lance.

»Aber warum hast du mir dann nie gesagt –?«

»Daß ich«, sprach der Junge weiter, »kein solcher Narr geblieben bin? Weil ich mir nie hätte träumen lassen, daß du Bescheid wußtest. Also verzeih mir. Ich wollte dich lediglich schonen. Doch was ich immer noch nicht verstehe, ist, wie zum Teufel du so lange darüber schweigen konntest.«

Peter erklärte es ihm, wenn auch erst nach einigem Zögern und mit einem Ernst, in dem seine Verlegenheit mitschwang. »Deiner Mutter zuliebe.«

»Oh!« sagte Lance.

»Und deshalb – nachdem nun einmal die Katze aus dem Sack ist – möchte ich dir ein Versprechen abnehmen. Ich meine«, sagte Peter wie im Fieber, »einen Schwur, einen feierlichen Schwur, und zwar hier auf der Stelle: Du wirst eher etwas opfern als sie erraten lassen, daß –«

»Daß ich es weiß?« fragte Lance. »Ich verstehe.« Nach wenigen Sekunden schon hatte er offensichtlich begriffen. »Aber was meintest du damit, daß ich eher etwas opfern sollte?«

»Ach, es gibt immer etwas.«
Lance sah ihn scharf an. »Willst du damit sagen, daß auch du –?«
Der Blick, den er darauf empfing, beantwortete die Frage jedoch so, daß er gleich darauf eine andere fand. »Bist du denn sicher, daß meine Mutter nichts weiß?«
Nach erneutem Nachdenken bestätigte Peter, daß er dessen sicher sei. »Wüßte sie es, wäre sie einfach unübertrefflich.«
»Sind wir nicht alle unübertrefflich?«
»Ja«, bestätigte Peter – »aber auf verschiedene Art. Die ganze Geschichte ist überhaupt nur deshalb so entscheidend, weil die kleine Gemeinde deines Vaters dann nur noch aus – nun ja, wieviel Leuten bestünde?«
»In erster Linie«, wagte des Meisters Sohn zu sagen, »aus ihm selber. Und in letzter Linie auch. Wenigstens wüßte ich nicht, aus wem sonst.«
Peter wurde ungeduldig. »Aus deiner Mutter natürlich – wie von jeher.«
Lance kannte keine Rücksicht mehr. »Du bist also davon überzeugt?«
»Völlig überzeugt.«
»Nun, das macht mit dir zusammen immerhin drei!«
»Ach, ich –!« wehrte Peter bescheiden ab. »Die Gemeinde ist auf jeden Fall zu klein, als daß es sich einer von ihr leisten könnte, diesen Irrtum aufzugeben. Um es also ganz klar zu sagen: Paß auf, mein lieber Junge, daß du es nicht tust!«
»Ich muß also weiter schwindeln?« seufzte Lance.
»Ich habe die Gelegenheit zu diesem Gespräch nur ergriffen, um dich vor der Gefahr zu warnen, die entstünde, wenn du es nicht tätest.«
»Und was ist das für eine Gefahr?« fragte der junge Mann.
»Diese Gewißheit: In dem Augenblick, da deine so empfindsame Mutter dein Geheimnis erriete – nun ja«, fuhr Peter verzweifelt fort, »dann wäre es eben passiert.«
Lance faßte diese Möglichkeit ins Auge. »Sie würde mich aufgeben?«
»Sie würde *ihn* aufgeben.«
»Und zu uns überlaufen?«
Bevor Peter antwortete, wandte er sich ab. »Zu *dir* überlaufen.« Aber er hatte genug gesagt, um diese entsetzliche Möglichkeit anzudeuten – und, wie er zuversichtlich hoffte, abzuwenden.

## IV

Doch nach einem halben Jahr beherrschte ihn seine Angst bei mehr als einer Gelegenheit noch immer. Lance war wieder nach Paris gegangen, um sich einer weiteren Prüfung zu unterziehen, dann aber zurückgekommen und zum erstenmal in seinem Leben mit seinem Vater aneinandergeraten, daß die Funken nur so stoben. Höchst anschaulich schilderte er Peter die Szene, der darin – weil dies bisher nie vorgekommen war – ein Zeichen dafür sah, daß sich das Ehepaar in *Villa Carrara* mit dieser privaten Angelegenheit seinem besten Freund nicht anvertrauen mochte; wenn sie es schon nicht in Freude taten, hätten sie es wenigstens in Sorge tun können. Dies bewies sich in der Praxis durch eine gewisse Entfremdung zwischen den beiden Parteien und eine Unterbrechung ihres geselligen Verkehrs, was sich hauptsächlich darin bemerkbar machte, daß Lance, wenn er sich mit seinem alten Gefährten unterhalten wollte, ihn besuchen mußte. So entwickelten sich jetzt zwischen ihnen die innigsten, wenn auch vielleicht nicht heitersten Beziehungen, die sie beide je verbunden hatten. Die in der *Villa Carrara* dadurch entstandene Spannung, daß Lances Vater wünschte, er möge auf dieselbe Weise Erfolg haben wie er selber, lastete auf dem armen Jungen wie eine Bürde. Lance hatte Paris nicht aufgegeben – aber um so klarer war ihm, daß Paris ihn aufgegeben hatte. Natürlich wollte er wieder dorthin zurückkehren, allein schon um des Reizes willen, zu schauen, zu streben, Tiefen zu loten – kurz, seine Lektion zu lernen, selbst wenn diese Lektion auch nur darin bestand, angesichts seines erweiterten Gesichtsfeldes die eigene Ohnmacht zu erkennen. Was aber wußte der Meister, der in seiner fühllosen Höhe dahintrieb, von Ohnmacht, und welches Gesichtsfeld – das diesen Namen verdiente – hatte er in seinem blinden Leben je besessen? Diese Frage legte der erregte und zornige Lance seinem Paten freimütig vor.

Sein Vater hatte sich nämlich darüber empört, daß er nach so langer Zeit immer noch nichts vorzuweisen habe, und die Hoffnung ausgesprochen, dieser Mangel werde bei Lances nächster Heimkehr behoben sein. Das wesentlichste, hatte der Meister selbstgefällig behauptet, sei für jeden Künstler, möge er sich auch noch so gering schätzen, überhaupt etwas zu »tun«. »Was kann man schon ›tun‹? Das frage ich dich!« Der Meister freilich hatte genug »getan«, und über das Ergebnis konnte man nur einer Meinung sein. Tränen standen Lance in den Augen, als er seinem alten Freund anvertraute, was für eine Qual das von ihm verlangte »Opfer« bedeute. Schließlich gehörte schon einiges dazu, im Schwindeln fortzufahren – als Sohn zum Vater –, wenn man seinerseits angeklagt wurde, weil man sich nicht mit dem Mittelmaß begnügen wollte. Doch als sie die Situation vertraulich besprachen, forderte Peter auch weiterhin eine edelmütige Lüge von seinem jungen Freunde, und diesem gelang es abermals für einige Zeit, ihn mit seiner Treue, wenn auch verbittert und trostlos, zu beruhigen. Diese Treue belohnten mehr als einmal fünfzig Pfund, sowohl in London als auch in Paris – was im Augenblick zweifellos keine geringe Aufmerksamkeit darstellte, wenn auch dieses Geld sozusagen ein Vorschuß auf jene ansehnliche Summe war, für die Peter schon längst ihren endgültigen Verwendungszweck festgesetzt hatte. Immerhin wurden – sei es nun durch dieses Manöver oder andere – Lances Ressentiments für ein weiteres halbes Jahr beschwichtigt. Doch schließlich kam der Tag, da er seinen Gefährten warnen mußte, er halte es nun nicht mehr länger aus. *Villa Carrara* hatte abermals einer Vorlesung aus höchster Höhe zuhören müssen, und das war, wenn man nicht zurückschlagen oder dem Meister wenigstens in Andeutungen die Wahrheit sagen durfte, wirklich mehr, als man ertragen konnte.

»Und was ich schon gar nicht verstehe«, meinte Lance, gereizt über eine Haltung, die schließlich auch von ihm verlangt wurde, »was ich überhaupt nicht verstehe, ist, wie du immer noch dieses Spiel weitertreiben kannst.«

»Ach, für mich bedeutet dieses Spiel weiter nichts als den Mund zu halten«, sagte Peter offen. »Und dafür habe ich meine Gründe.«

»Meine Mutter?«

Peter zeigte wie schon oft zuvor – das heißt dadurch, daß er es abwandte – ein verwirrtes Gesicht. »Was willst du? Ich habe sie noch immer sehr gern.«

»Natürlich, sie ist schön, sie ist gut«, gab Lance zu; »aber was bedeutet sie schließlich für dich, und was bedeutet es für dich oder jeden andern, was sie tut oder nicht tut?«

Peter war rot geworden und zauderte. »Nun – eben das, was ich daraus mache.«

Doch jetzt bewies sein junger Freund eine merkwürdige, ungewohnte Hartnäckigkeit. »Und was bedeutest du für sie?«

»Nichts natürlich. Aber das ist etwas anderes.«

»Sie liebt nur meinen Vater«, sagte Lance, der Pariser.

»Ja – eben deswegen.«

»Eben deswegen willst du sie schonen?«

»Ja, weil sie ihn liebt.«

Lance ging im Zimmer umher, den Blick aber nach wie vor auf seinen Gastgeber gerichtet.

»Wie sehr mußt du sie von Anfang an geliebt haben!«

»Ja, sehr. Von Anfang an«, sagte Peter Brench.

Der junge Mann dachte wiederum nach – dann blieb er vor ihm stehen. »Weißt du eigentlich, wie sehr sie ihn liebt?« Ihre Blicke trafen sich, aber Peter, der in Lances Augen einen neuen Gedanken sich spiegeln sah, zögerte zum erstenmal, diese Frage zu bejahen. »Mir ist es erst jetzt aufgegangen«, sagte Lance. »Gestern abend ist sie in mein Zimmer gekommen, nachdem sie schweigend dabeigesessen hatte, als ich mir seine Vorwürfe anhören mußte; sie kam – und blieb für eine mir unvergeßliche Stunde.«

Er schwieg; einer horchte auf die Gedanken des andern. Dann begriff Peter etwas, über das er erblaßte. »Sie weiß –?«

»Sie weiß. Sie hat mir alles gestanden – sie wollte von mir nicht mehr verlangen als das, was auch sie fertiggebracht hat. Sie hat von Anbeginn alles gewußt«, sagte Lance unbarmherzig.

Peter verharrte lange in Schweigen; während dieser Zeit hätte ihn sein Gefährte leise atmen hören und bei einer Berührung fühlen können, daß ein langgezogenes, tiefes, unterdrücktes Schluchzen in ihm vibrierte. Als er endlich Worte fand, hatte er längst alles verstanden. »Dann allerdings weiß ich, wie sehr.«

»Ist das nicht herrlich?« fragte Lance.

»Herrlich, allerdings«, bestätigte Peter.

»So daß du also mit deinem Bemühen, mich von Paris fernzuhalten und damit von der Erkenntnis –!« rief Lance, als wollte er bezeugen, wie nützlich er gewesen war.

Vielleicht war es gerade diese Nützlichkeit, über die Peter nachdachte. »Ja, ich habe mich mit diesem Bemühen, ohne es damals zu wissen, selber von der Erkenntnis ferngehalten!« antwortete er schließlich und wandte sich ab.

# DAS WIRKLICH EINZIG WAHRE
[1900]

## I

Als man sich drei Monate nach dem Tode von Ashton Doyne wegen einer »Biographie«, wie es so heißt, an George Withermore wandte, kam dieser Vorschlag direkt von seinem Verleger, der noch weit mehr Doynes Verleger gewesen war; Withermore fand es jedoch nicht erstaunlich, als er bei ihrer nächsten Unterredung hörte, daß von der Witwe jenes Autors ein gewisser Druck bezüglich der baldigen Herausgabe einer Biographie ausgeübt werde. Soviel Withermore wußte, waren Doynes Beziehungen zu seiner Frau ein Kapitel für sich gewesen – wodurch nun auch der Biograph in eine heikle Situation geraten würde; doch schon in den ersten Tagen ihrer Trauer war der Armen die Erkenntnis aufgegangen, was sie verloren, ja, was sie versäumt hatte, und deshalb mußte ein hinreichend eingeweihter Beobachter darauf gefaßt sein, daß sie etwas wiedergutmachen, ja, in einem übertriebenen Maß sich für die Interessen eines berühmten Namens einsetzen wollte. Nun fühlte sich George Withermore zwar eingeweiht; aber er hatte doch nicht erwartet, daß sie ihn als denjenigen erwählen würde, dem sie so bald schon das Material für ein Buch anvertrauen könnte.
Dieses Material – Tagebücher, Briefe, Notizen, Aufzeichnungen, Dokumente aller Art – war ihr Eigentum, über das sie allein verfügen konnte, ohne daß an dieses Erbe irgendwelche Bedingungen geknüpft gewesen wären; so konnte sie im Augenblick tun, was sie wollte – vor allem: sie konnte, wenn sie wollte, auch gar nichts tun. Was Doyne getan haben würde, hätte er noch die Zeit gefunden, alles zu ordnen, ließ sich nur ahnen, mutmaßen. Der Tod hatte ihn zu früh und zu plötzlich dahingerafft, und es war ein Jammer, daß die einzigen Wünsche, die er, wie man allgemein wußte, ausgesprochen hatte, Wünsche waren, die sich nicht im geringsten auf diese Hinterlassenschaft bezogen. Sein Lebensfaden war jäh gerissen – ja, so konnte man wohl sagen; und das Ende war zerfasert und mußte geglättet werden. Withermore war sich nur allzu klar darüber, daß er ihm zwar nahegestanden hatte, aber verhältnismäßig wenig über

ihn wußte. Er selber war jung – Journalist, Kritiker, ein von der Hand in den Mund lebender Mann, der bis jetzt noch nicht viel vorzuweisen hatte. Seine wenigen Arbeiten waren klein an Umfang, seine Beziehungen unbedeutend und vage. Doyne dagegen hatte lange genug gelebt – und vor allem Talent genug besessen –, um berühmt zu werden, und unter seinen vielen, ebenfalls berühmten Freunden waren mehrere, die seine Frau kannten; an die hätte sie sich deshalb eher wenden können.

So gab die Gunst, die sie unserem jungen Mann gewährt hatte – überdies in einer sehr großzügigen, taktvollen Art, die ihm jede Freiheit einräumte –, diesem das Gefühl, Mrs. Doyne zumindest aufsuchen zu müssen, da es in jedem Fall eine Menge zu besprechen geben würde. Er schrieb ihr sofort, sie nannte ihm ebenso unverzüglich eine bestimmte Stunde, und sie führten ein eingehendes Gespräch. Als er sie verließ, war er in seiner besonderen Meinung von ihr nur noch bestärkt. Sie war eine merkwürdige Frau, die er nie gemocht hatte; aber es war etwas Rührendes in ihrem geschäftigen, ungeschickten Eifer. Sie wollte also das Buch herausbringen, und jener Bekannte aus dem Freundeskreis ihres Mannes, von dem sie glaubte, daß sie am besten mit ihm zurechtkommen würde, sollte sie dabei in jeder Weise unterstützen. Sie hatte Doyne im Leben nie ganz ernst genommen, aber seine Biographie sollte eine erschöpfende Antwort auf alle gegen sie erhobenen Anschuldigungen sein. Zwar hätte sie früher kaum gewußt, wie man solche Bücher zusammenstellte, hatte sich inzwischen jedoch erkundigt und einiges darüber erfahren. Withermore beunruhigte es ein wenig, als er gleich zu Anfang merkte, daß sie besonders auf den Umfang erpicht war. Sie sprach immer nur von »Bänden«, aber darüber hatte er seine eigene Meinung.

»Ich habe sofort an Sie gedacht, wie auch er es getan hätte«, sagte sie fast unmittelbar nachdem sie sich in ihrem Trauerstaat erhoben hatte und auf ihn zugekommen war – mit ihren großen schwarzen Augen, dem dichten schwarzen Haar, den schwarzen Handschuhen und dem großen schwarzen Fächer, eine düster-tragische, hagere, aber eindrucksvolle, wie man gewissermaßen sagen könnte »elegante« Erscheinung. »Sie sind's, den er am meisten liebte – oh, wie sehr!« – und dies hatte schon genügt, Withermore umzustimmen. Dabei machte es wenig aus, daß er sich später eigentlich hätte fragen müssen, ob sie Doyne überhaupt so gut gekannt habe, um dies mit solcher Sicherheit sagen zu können. Seine Antwort hätte dann nämlich gelautet, daß ihr Zeugnis in solch einem Punkt kaum ins Gewicht falle. Doch ohne Rauch kein Feuer; sie wußte zumindest, was sie wollte, und er war nicht der Mensch, dem zu schmeicheln sie ein Interesse haben konnte. So gingen sie ohne Zögern hinauf in das verlassene Arbeitszimmer des berühmten Mannes, von wo man den großen, grünen, für diese vornehme Wohngegend charakteristischen Garten hinter dem Haus überblickte – wie der arme Withermore fand, eine herrliche und anregende Aussicht.

»Hier könnten Sie wunderbar arbeiten«, sagte Mrs. Doyne. »Sie hätten das Zimmer ganz für sich – ich würde Ihnen alles überlassen; vor allem abends ist es hier völlig still, und Sie sind ungestört.«

Wahrhaftig, völlig ungestört, dachte der junge Mann, während er sich umsah – nachdem er übrigens erklärt hatte, daß er gegenwärtig an einer Abendzeitung arbeite und daher für längere Zeit in den Morgenstunden beansprucht sei, somit also nur abends hierherkommen könne. Der Raum war gesättigt von der Gegenwart des toten Freundes; alles hier hatte ihm gehört; alles, was sie berührten, war ein Teil seines Lebens gewesen. Für Withermore war es zuviel auf einmal – zuviel Ehre und auch zuviel Schmerz; die jüngsten Erinnerungen überfielen ihn, sein Herz schlug schneller, seine Augen füllten sich mit Tränen, und die Bürde seiner Freundschaft dünkte ihn schwerer, als er zu tragen vermochte. Angesichts seiner Tränen stieg auch Mrs. Doyne das Wasser in die Augen, und für eine Weile sahen sie einander schweigend an. Es würde ihn nicht gewundert haben, wenn sie ihn jetzt angefleht hätte: »Helfen Sie mir, das zu empfinden, was ich, wie Sie wohl wissen, empfinden möchte!« Und nach geraumer Zeit sagte der eine von ihnen – es spielt dabei keine Rolle, wer – in völliger Übereinstimmung mit dem anderen: »Hier sind wir bei ihm.« Es war jedoch der junge Mann, der, als sie das Zimmer verließen, feststellte, dort sei Doyne bei ihnen.

Withermore kam, sobald er es einrichten konnte, und als er dann in der verzauberten Stille im Schein der Lampe und des Kaminfeuers bei zugezogenen Vorhängen saß, spürte er immer stärker die Gegenwart des anderen. Er kehrte dem schwarzen Londoner November den Rücken, ging durch das große, stille

Haus und die mit roten Läufern belegte Treppe hinauf, wo höchstens ein zur Lautlosigkeit erzogenes Mädchen an ihm vorbeihuschte oder er durch eine offene Tür Mrs. Doynes königliche Witwentracht und ihr wohlwollendes tragisches Gesicht erblickte; und dann, durch nichts weiter als eine Berührung der gut schließenden Tür, die angenehm klickend ins Schloß fiel, zog er sich für einige vertraute Stunden mit dem Geist – wie er es nachdrücklich immer genannt hatte – seines Meisters zurück. Er war nicht im geringsten erstaunt, als ihm bereits am ersten Abend klar wurde, daß ihn an der ganzen Sache gerade die Aussicht, der Vorzug und der Luxus dieses Gefühls angezogen hatte. Er mußte sich jetzt eingestehen, daß er an das Buch, für das es doch viel zu bedenken galt, kaum gedacht hatte; seine Zuneigung und Bewunderung – ganz zu schweigen von seinem geschmeichelten Stolz – waren von der Versuchung überwältigt worden, in die ihn Mrs. Doyne geführt hatte.

Woher wußte er eigentlich – so konnte er sich fragen –, ob das Buch überhaupt erwünscht war? Welche Vollmacht hatte er je von Ashton Doyne für eine so direkte und intime Annäherung empfangen? Die Kunst der Biographie war etwas Großes, aber es gab nun einmal solche und solche Leben, solche und solche Themen. In seiner Verwirrung fielen ihm überdies Bemerkungen ein, die Doyne über zeitgenössische Kompilationen gemacht hatte – Andeutungen darüber, wie sehr er sich von anderen Helden und Panoramen unterscheide. Er erinnerte sich sogar daran, daß sich sein Freund in solchen Augenblicken zu dem Gedanken bekannt hatte, die »literarische Laufbahn« solle sich – abgesehen vom Fall eines Johnson und Scott, eines Boswell und Lockhart – darauf beschränken, im Werk sichtbar zu werden. Der Künstler sei, was er leiste – sonst nichts. Andererseits: Wie sollte er, George Withermore, der arme Teufel, sich nicht auf die Chance stürzen, den Winter in einer solchen Fülle von Vertraulichkeit zu verbringen? Es war einfach verwirrend – ja, das war's. Es waren nicht die »Bedingungen« des Verlegers – wie man im Verlag sagte, waren diese in Ordnung; vielmehr war es Doyne selbst, seine Gesellschaft, seine Nähe, seine Gegenwart; es war, wie sich herausstellte, die Möglichkeit zu einer innigeren Freundschaft als je im Leben. Wie merkwürdig, daß der Tod im Vergleich dazu weniger Mysteriöses und Geheimnisvolles hatte! Als der junge Mann seinen ersten einsamen Abend in jenem Zimmer verbrachte, vermeinte er, daß sein Meister und er zum erstenmal wirklich beisammen seien.

II

Mrs. Doyne ließ ihn meistens absichtlich allein, aber manchmal blickte sie doch zu ihm herein, ob er auch alles habe, was er brauche, und dabei fand er Gelegenheit, ihr an Ort und Stelle für die Weitsicht und den Eifer zu danken, mit dem sie ihm den Weg geebnet hatte. Bis zu einem gewissen Grade hatte sie das Material schon selber gesichtet und bereits einige Briefstöße sortiert; gleich zu Anfang hatte sie ihm überdies alle Schlüssel für Schubladen und Schränke anvertraut und ihn hilfreich darüber orientiert, wo er dies und jenes finden werde. Kurz: sie hatte ihm alles überantwortet, und mochte ihr Mann ihr nun vertraut haben oder nicht, so war es doch offensichtlich, daß sie zumindest dem Freund ihres Mannes vertraute. Dennoch gewann Withermore den Eindruck, daß sie, allen Hilfeleistungen zum Trotz, noch nicht zufrieden sei und eine unerklärliche, nicht zu beschwichtigende Unruhe mit ihrem Vertrauen Schritt halte. Trotz all ihrer Rücksichtnahmen war sie doch gleichzeitig immer spürbar *da:* er fühlte mit dem sechsten Sinn, den diese Bekanntschaft in ihm wachgerufen hatte, wie sie in den stillen Stunden auf Treppenabsätzen und hinter Türen lauerte; an dem lautlosen Vorbeifegen ihrer Röcke merkte er, daß sie stets wachte und wartete. Eines Abends, als er wieder am Schreibtisch seines Freundes saß und ganz in dessen Korrespondenz versunken war, fuhr er auf einmal erschrocken herum, weil er das Gefühl hatte, es stehe jemand hinter ihm. Tatsächlich war Mrs. Doyne eingetreten, ohne daß er die Tür gehört hatte, und als er jetzt aufsprang, lächelte sie gequält und meinte: »Ich habe Sie doch hoffentlich nicht erschreckt?«

»Nicht der Rede wert – ich war ganz vertieft. Eine Sekunde«, erklärte er, »hatte ich schon gedacht, er sei es selbst.«

Ihr Blick wurde vor Staunen noch seltsamer. »Ashton?«

»Es ist, als wäre er da«, sagte Withermore.

»Für Sie auch?«

Dies erregte ihn natürlich. »Für Sie etwa ebenfalls?«

Sie schwieg, ohne sich zu rühren, und spähte im Zimmer umher, als wollte sie noch den düstersten Winkel durchdringen.

Sie hatte eine ganz eigene Art, den großen schwarzen Fächer, den sie offenbar nie aus der Hand legte, bis zur Nase zu heben und so die untere Hälfte ihres Gesichtes zu verdecken, so daß ihre harten Augen nur noch abgründiger wirkten. »Manchmal.«

»Mir ist es«, fuhr Withermore fort, »als könnte er jeden Augenblick eintreten. Darum bin ich ja eben so erschrocken. Es ist noch gar zu kurze Zeit her, seit er hier war – es war ja erst gestern. Ich sitze in seinem Stuhl, arbeite mit seinen Büchern, seinen Federn, stochere in seinem Kaminfeuer – nicht anders, als hätte man mir ausgerichtet, er werde jeden Augenblick von einem Spaziergang zurück sein, und als wäre ich hier heraufgekommen, um auf ihn zu warten. Es ist herrlich – aber auch unheimlich.«

Mrs. Doyne, mit noch immer erhobenem Fächer, lauschte gespannt. »Beunruhigt es Sie?«

»Nein – im Gegenteil.«

Wieder zauderte sie. »Haben Sie manchmal das Gefühl, als wäre er – nun ja, als wäre er leibhaftig im Zimmer?«

»Ich sagte es ja schon«, erwiderte er lächelnd; »als ich Sie hinter mir hörte, glaubte ich es wirklich. Was wünschen wir schließlich anderes«, fragte er, »als daß er bei uns sei?«

»Ja, Sie erwähnten es bereits beim erstenmal.« Sie blickte ihn zustimmend an. »Er ist bei uns.«

Es klang ein wenig unheimlich, aber Withermore blieb trotzdem gelassen. »Dann müssen wir ihn festhalten. Wir dürfen nur das tun, was ihm recht wäre.«

»Aber natürlich, nur das – nichts anderes. Doch wenn er hier ist...?« Und ihre dunklen, schwermütigen Augen schienen dabei fragend über den Fächer hinweg zu blicken.

»Sie meinen, dann könne dies nur beweisen, daß es ihm recht ist und er uns beistehen möchte? Ja gewiß, das muß es beweisen.«

Sie seufzte und sah sich erneut im Zimmer um. »Vergessen Sie nicht«, sagte sie dann, als sie sich zum Gehen wandte, »auch ich möchte nichts weiter als Ihnen beistehen.« Nachdem sie gegangen war, hatte er das sichere Gefühl, daß sie nur hereingekommen sei, um zu sehen, ob es ihm an nichts fehle.

Später mußte er sich eingestehen, daß es ihm immer weniger an etwas fehlte, denn je mehr er sich in seine Arbeit vertiefte, desto überzeugter war er von Doynes persönlicher Gegenwart. Nachdem dieses Phantasiebild erst einmal um ihn zu sein begonnen hatte, begrüßte, unterstützte, ermutigte und hegte er es und wartete immer schon den ganzen Tag darauf, daß es am Abend wiederkehre – und wartete auf das Herannahen der Dämmerung wie zwei Liebende auf die Stunde ihrer Verabredung. Schon die geringsten Vorfälle bestätigten und festigten es, und bereits nach wenigen Wochen betrachtete er es geradezu als die Weihe seines Unterfangens. Lag in ihm nicht die Antwort auf die Frage, was Doyne von ihrer beider Plan gehalten hätte? Also entsprach ihr Plan genau seinen Wünschen, und so konnten sie ohne Skrupel oder Zweifel Schritt für Schritt vorangehen. Immer wieder labte sich Withermore an dieser Gewißheit; manchmal, wenn er zu einem von Doynes Geheimnissen vorstieß, fand er es besonders angenehm, glauben zu dürfen, daß Doyne ihn eingeweiht wissen wolle. Er erfuhr so manches, was er nicht vermutet hatte, zog Vorhänge beiseite, brach Türen auf, löste etliche Rätsel, kurz: kam hinter fast alles, wie sie es nannten. Bei einer scharfen Wegbiegung auf einer seiner tappenden Wanderungen »hinter die Dinge« hatte er plötzlich das Gefühl, seinem Freund von Angesicht zu Angesicht gegenüberzustehen; er hätte im Augenblick kaum sagen können, ob ihre Begegnung in dem schmalen Gang und in der engen Umklammerung der Vergangenheit oder zur jetzigen Stunde und an diesem Ort stattfinde. War es nun Anno 67? Oder jetzt und hier – ihm gegenüber am Tisch?

Wie dem auch sein mochte: es war ein Glück, daß selbst im ordinärsten Licht, das Veröffentlichungen je verbreiten können, es immer noch eine großartige Tatsache blieb, wie Doyne »herauskam«. Ja, er kam einfach wunderbar gut heraus – besser edenfalls, als ein Jünger wie Withermore es zu hoffen gewagt hätte. Und dennoch: Wie hätte dieser Jünger jemand anderem den Zustand seines eigenen Bewußtseins erklären können? Das war einfach nicht in Worte zu fassen – man konnte es nur fühlen. Es gab zum Beispiel Augenblicke, während er über seine Papiere gebeugt saß, da der Hauch seines toten Gastgebers ebenso deutlich fühlbar auf seinem Haar lag wie vor ihm auf dem Tisch seine eigenen Ellbogen. Es gab Augenblicke, da – hätte er nur aufzublicken vermocht – er auf der anderen Seite des Tisches den Gefährten so leibhaftig gesehen hätte, wie er im abgeschirmten Lampenlicht die Seite sah, an der er gerade schrieb. Daß er in solchen Momenten nicht aufzublicken vermochte, lag allein an ihm, denn die Situation wurde – was nur natürlich war – von zarten, schönen und scheuen Gefühlen beherrscht, von der Furcht, er könnte sich zu plötzlich oder zu rüde nähern. Was aber am eindeutigsten zutage lag, war, daß Doyne weit weniger um seiner selbst als um des an seinem Altar stehenden jungen Priesters willen hier weilte. Er war da, er kam und ging, ja, er hätte zwischen all diesen Büchern und Papieren geradezu ein stiller, diskreter Bibliothekar sein können, der sich seinen Aufgaben widmete, stumme Hilfsdienste leistete und von den Literaten sehr geschätzt wurde.

Auch Withermore kam und ging, nahm immer wieder einen anderen Platz ein und verfolgte bestimmte oder unbestimmte Fragen; und mehr als einmal, wenn er ein Buch aus dem Schrank nahm und Doynes mit Bleistift gemachte Anmerkungen darin fand und dadurch gefangen und gebannt war, hörte er, wie sich hinter ihm auf dem Tisch die Schriftstücke verschoben und raschelten, fand er nach seiner Rückkehr einen verlegten Brief plötzlich in Sichtweite oder das Dunkel gelichtet, weil sich ein altes Tagebuch eben bei dem gesuchten Datum geöffnet hatte. Wie anders hätte er auch sonst unter fünfzig verschiedenen gerade jene Schachtel oder Schublade finden sollen, die ihm weiterhalf, würde nicht sein geheimnisvoller Gehilfe den Deckel abgehoben oder die Lade halb aufgezogen haben, so, daß sein Blick darauf fallen mußte? – und dies trotz gelegentlicher Pausen und Perioden, während derer man, freilich nur bei genauem Hinsehen, ein wenig abseits und überaufrecht vor dem Feuer eine Gestalt hätte entdecken können, die einen kaum schärfer fixierte als im Leben.

## III

Daß diese aussichtsreiche Beziehung existiert, etliche Wochen hindurch angedauert hatte, ging deutlich genug aus der wachsenden Unruhe hervor, mit der unser junger Mann plötzlich merkte, daß er sie aus irgendwelchen Gründen von einem ganz bestimmten Tag an vermissen mußte. Das Zeichen dafür war, daß ihn jäh das Gefühl überfiel – als ein herrliches, noch nicht veröffentlichtes Blatt, das, wo er auch immer suchen mochte, unauffindbar blieb –, nicht mehr so beschützt und gefördert zu werden wie bisher. Doyne und er waren aus Freude an dieser Arbeit von Anfang an zusammen gewesen, doch schon wenige Tage nach seinem ersten Verdacht hatte sich die Situation seltsam verändert und damit dieses Zusammensein gestört. Grübelnd erkannte er, daß das seit jenem Augenblick so war, da er den Eindruck gewonnen hatte, bei seiner freudigen Suche nach Material nur noch Berge vor sich zu haben, anstatt wie bisher die frohe Gewißheit zu besitzen, auf geradem Wege schnell vorwärtszukommen. Fünf Abende rang er; dann aber – er saß nie mehr ruhig am Tisch, sondern wanderte im Zimmer umher, nahm seine Notizen nur auf, um sie wieder beiseite zu legen, blickte aus dem Fenster, stocherte im Feuer, überließ sich abwegigen Gedanken und lauschte nach Zeichen und Lauten, nicht weil er sie vermutete oder sich einbildete, sondern weil er sie vielmehr erwünschte oder erhoffte – ergab er sich der Erkenntnis, daß er zumindest zunächst einmal im Stich gelassen sei.

Das außerordentliche jedoch war, daß er nicht nur traurig wurde, sondern sich wegen Doynes Abwesenheit im höchsten Maße unbehaglich fühlte. Daß er jetzt nicht da war, empfand Withemore merkwürdiger als vorher seine Anwesenheit – empfand es als so merkwürdig, daß es wider alle Logik an seinen Nerven zerrte. Diese hatten das Unerklärliche wie selbstverständlich hingenommen und ihren überreizten Zustand groteskerweise aufgespart, bis das Normale wiederkehren und das Unnormale sich verflüchtigt haben würde. Sie gerieten jedoch völlig außer Kontrolle, als er eines Abends nach stundenlangem Kampf aus dem Zimmer floh. Zum erstenmal war es ihm einfach unmöglich gewesen zu bleiben. Ziellos, leise keuchend und von Entsetzen geschüttelt, eilte er den Gang hinunter bis zum Treppenabsatz. Da entdeckte er Mrs. Doyne, die zu ihm emporblickte – als hätte sie gewußt, daß er kommen würde; und das seltsamste war – obwohl er nicht bewußt daran gedacht hatte, sich zu ihr zu flüchten, sondern sich durch die Flucht nur befreien wollte –, daß ihr Anblick es ihm als richtig bestätigte, es ihn sogleich als Teil einer übermächtigen, sie beide beherrschenden Zwangsvorstellung empfinden ließ. Es war wundervoll, wie – in der ganz modernen Londoner Halle, umgeben von Tottenham-Court-Road-Teppichen und elektrischem

Licht – zwischen der großen schwarzen Dame und ihm der Gedanke hin- und herschwang, daß er wußte, was sie meinte, wenn sie ihn ansah, als wüßte er es. Geradenwegs ging er hinunter und trat mit ihr in ihr kleines, zu ebener Erde liegendes Zimmer, und als sich die Tür hinter ihnen geschlossen hatte, standen sie sich schweigend, sich sonderbar anblickend gegenüber, Geständnissen ausgesetzt, die allein von diesen wenigen Schritten plötzlich zum Leben erweckt worden waren. Withermore rang nach Atem, als er endlich begriff, warum er seinen Freund verloren hatte. »Er war bei *Ihnen?*«

Damit war es heraus – wenigstens so weit, daß nichts mehr zu erklären blieb und daß, als ein »Was dachten Sie denn?« zwischen ihnen geäußert wurde, es ebensogut der eine wie der andere hätte gesagt haben können. Withermore sah sich in dem kleinen hellen Raum um, in dem sie Abend für Abend ihr Leben zubrachte wie er das seine im Stock darüber. Es war ein hübscher, lauschiger, rosenfarbener Raum; und doch hatte sie darin gespürt, was er gespürt, und gehört, was er gehört hatte. Vor dem tiefroten Hintergrund wirkte sie – phantastisch schwarz, pompös und extravagant – wie ein symbolistischer kolorierter Stich, ein Reklamebild der neuesten Schule. »Sie haben gewußt, daß er mich verlassen hat?« fragte er.

Sie wollte nichts ungeklärt lassen. »Heute abend, ja. Mir ist manches klargeworden.«

»Sie haben schon vorher gewußt, daß er bei mir war?«

Und abermals zauderte sie. »Jedenfalls, daß er nicht bei *mir* war. Aber auf der Treppe –«

»Ja?«

»Da ist er an mir vorbeigegangen. Mehr als einmal. Er war im Haus. Und an Ihrer Tür –«

»Nun?« ermutigte er sie, als sie wiederum stockte.

»Wenn ich dort stehenblieb, spürte ich es manchmal geradezu. Und an Ihrem Gesicht«, setzte sie hinzu, »sah ich, zumindest heute abend, wie es um Sie stand.«

»Und darum sind Sie herausgekommen?«

»Ich dachte mir, daß Sie zu mir kommen würden.«

Daraufhin streckte er ihr die Hand entgegen, und so hielten sie einander für eine Minute des Schweigens fest. Beide sahen sie jetzt keine seltsame Erscheinung mehr – keine, die seltsamer war, als sie einander erschienen. Doch auf einmal war der Raum wie geweiht, und abermals äußerte Withermore seine Besorgnis. »Was ist denn geschehen?«

»Ich möchte nur das wirklich einzig Wahre tun«, gab sie nach einigem Schweigen zurück.

»Und tun wir das nicht?«

»Das frage ich mich. Tun Sie es denn?«

Nun fragte er es sich auch. »Nach meinem besten Wissen und Gewissen jedenfalls. Aber wir müssen nachdenken.«

»Wir müssen nachdenken«, wiederholte sie. Und sie dachten nach – dachten den ganzen restlichen Abend intensiv nach und dachten unabhängig voneinander (Withermore wenigstens konnte für sich selbst antworten) auch während der folgenden Tage nach. Für kurze Zeit unterbrach er seine Besuche und seine Arbeit, versuchte, sich selbst kritisch bei einem Fehler zu ertappen, der jene Störung verursacht haben könnte. Hatte er an einem einschneidenden Punkt einen falschen Weg eingeschlagen, ein falsches Ziel ins Auge gefaßt – oder hatte er zumindest den Eindruck erweckt, daß er dies vorhabe –, hatte er irgendwo wider besseres Wissen etwas entstellt oder unpassenderweise auf etwas beharrt? Schließlich kehrte er mit der Überzeugung zurück, einiges herausgefunden zu haben, das er vielleicht falsch gemacht hatte; danach erlebte er im oberen Stock abermals eine erregende Zeit, der dann ein weiteres Gespräch mit der immer noch verwirrten und erregten Mrs. Doyne folgte.

»Ist er da?«

»Er ist da.«

»Ich wußte es!« entgegnete sie, glühend von unerklärlichem Triumph. Dann, als wollte sie es begründen: »Er ist nie wieder bei mir gewesen.«

»Und auch bei mir nicht – um mir wie sonst zu helfen«, sagte Withermore.

Sie überlegte. »Nicht, um wie sonst zu helfen?«

»Ich verstehe das einfach nicht, ich tappe völlig im dunkeln. Alles, was ich tue, kommt mir falsch vor.«

Für einen Augenblick hüllte sie ihn in ihren übersteigerten Schmerz ein. »Woran merken Sie das?«

»An dem, was geschieht. Es geschehen die merkwürdigsten Dinge. Ich kann es nicht schildern – und Sie würden mir auch kaum glauben.«

»O doch!« rief Mrs. Doyne.

»Nun ja, er mischt sich ein«, versuchte Withermore zu erklären. »Wo immer ich mich hinwende, begegne ich ihm.«

Sie bemühte sich, ihm zu folgen. »Begegnen Sie ihm?«

»Ich stoße auf ihn. Es ist, als erhöbe er sich vor mir.«

Sie blickte ihn groß an. »Wollen Sie etwa sagen, daß Sie ihn sehen?«

»Jedenfalls ist mir, als könnte ich ihn jeden Moment sehen. Ich bin verstört. Ich schrecke zurück.« Und dann fügte er hinzu: »Ich habe Angst.«

»Vor ihm?« fragte Mrs. Doyne.

Er sann nach. »Nein – vor dem, was ich tue.«

»Was tun Sie denn so Schreckliches?«

»Das, um was Sie mich gebeten haben. Ich dringe in sein Leben ein.«

Ihr augenfälliger Ernst wurde von einem neuen Schrecken überschattet. »Aber ist Ihnen das denn nicht recht?«

»Ist es *ihm* recht? Das ist hier die Frage. Wir entblößen ihn. Wir präsentieren ihn. Wie nennt man es doch? Wir geben ihn der Welt preis.«

Die arme Mrs. Doyne, deren harte Buße bedroht war, sah ihn einen Augenblick abgründiger denn je an. »Und warum sollten wir das nicht?«

»Weil wir es nicht wissen. Es gibt Naturen, gibt Lebensläufe, die sich uns entziehen. Womöglich ist er dagegen«, sagte Withermore. »Wir haben ihn nie gefragt.«

»Wie hätten wir das gekonnt?«

Er schwieg. »Nun, wir fragen ihn jetzt. Dies wenigstens hat unser Unternehmen bewirkt. Wir haben es ihm überlassen.«

»Wenn er also bei uns war, haben wir seine Antwort gehört.«

Withermore sprach jetzt mit voller Überzeugung. »Er war nicht bei uns – er war gegen uns.«

»Warum haben Sie dann zuerst –«

»– geglaubt, er wolle uns seine Sympathie bezeigen? Weil ich mich in meiner Einfalt geirrt habe. Ich war – wie soll ich's nennen? – so aufgeregt und fasziniert, daß ich einfach nichts zu begreifen vermochte. Jetzt aber begreife ich. Er wollte sich uns lediglich mitteilen. Er streckt die Arme aus dem Dunkel, greift aus seiner geheimnisvollen Welt nach uns, gibt uns verschwommene Zeichen seines Widerwillens.«

»Widerwillens?« entsetzte sich Mrs. Doyne, mit vor den Mund gehaltenem Fächer.
»Vor dem, was wir tun.« Und dann reihte er eins ans andere.
»Jetzt verstehe ich auch, daß man zuerst –«
»Was?«
»– einfach fühlen mußte, daß er da war und deshalb keinesfalls gleichgültig sein konnte. Die Freude darüber hat mich in die Irre geführt. Er ist hier, um zu protestieren.«
»Gegen meine Biographie?« jammerte Mrs. Doyne.
»Gegen jede Biographie. Er ist hier, um seine Lebensgeschichte zu retten. Er ist hier, um seine Ruhe zu fordern.«
»So geben Sie die Arbeit also auf?« rief sie schrill.
Er konnte ihr nicht ausweichen. »Er ist gekommen, um zu warnen.«
Einen Augenblick sahen sie einander fest an. »Sie haben Angst!« brachte sie schließlich hervor.
Er war erregt, blieb jedoch hart. »Er ist gekommen, um uns zu verfluchen!«
Damit trennten sie sich, aber nur für wenige Tage; ihre letzten Worte hallten ihm so in den Ohren, daß er – zwischen dem Bedürfnis, ihr zu willfahren, und einem noch zu erklärenden anderen Bedürfnis – den Eindruck gewann, er dürfe noch nicht alles aufs Spiel setzen. Endlich kehrte er zur üblichen Stunde zurück und fand sie am üblichen Platz. »Ja, ich habe Angst«, verkündete er in einem Ton, als hätte er lange darüber nachgedacht und wüßte nun, was dies bedeute. »Aber Sie offenbar nicht.«
Sie zuckte zurück, hielt ihn mit der Antwort hin. »Wovor haben Sie Angst?«
»Daß ich, wenn ich fortfahre, ihn sehen werde.«
»Und dann?«
»Oh, dann«, sagte George Withermore, »dann müßte ich es aufgeben.«
Sie erwog es, mit stolzem und zugleich ernstem Gesicht. »Wissen Sie, ich glaube, wir müssen ein ganz klares Zeichen haben.«
»Ich soll es also noch einmal versuchen?«
»Sie müssen doch verstehen«, drängte sie, »was es für mich bedeuten würde, es aufzugeben.«
»Aber *Sie* brauchten es doch gar nicht aufzugeben«, meinte Withermore.
Anscheinend dachte sie nach, fuhr dann aber sogleich fort: »Es

würde bedeuten, daß er von mir –« Verzweifelt hielt sie inne.
»Was?«
»– überhaupt nichts annehmen würde«, sagte die bedauernswerte Mrs. Doyne.
Wieder sah er sie an. »Auch ich habe schon an ein klares Zeichen gedacht. Ich will es noch einmal versuchen.«
Er wollte bereits hinaufgehen, als ihr noch etwas einfiel: »Leider ist heute abend gar nichts bereit – keine Lampe und kein Feuer.«
»Macht nichts«, sagte er unten an der Treppe. »Ich finde mich schon zurecht.«
Darauf antwortete sie, die Tür zu jenem Zimmer werde wohl offen sein, und zog sich dann zurück, um auf ihn zu warten. Aber sie brauchte nicht lange zu warten, wenn sie vielleicht auch, bei offener Tür und mit gespannter Aufmerksamkeit, das Verstreichen der Zeit nicht so empfunden haben mochte wie ihr Gast. Nach einer Weile hörte sie ihn auf der Treppe, und gleich darauf kam er, wenn auch nicht gerade kopflos, sondern eher widerwillig in Schritt und Ton, bleich und fahl an ihre Tür.
»Ich gebe es auf.«
»Sie haben ihn also gesehen?«
»Auf der Schwelle – er bewacht sie.«
»Bewacht sie?« Ihre Augen hinter dem Fächer glühten. »Deutlich?«
»Riesig. Aber verschwommen. Düster. Schrecklich«, sagte der arme George Withermore.
Sie forschte weiter. »Sie sind nicht hineingegangen?«
Der junge Mann wandte sich ab. »Er hat es mir verboten.«
»Sie sagten, ich brauchte nicht«, fuhr sie nach einer Weile fort. »Nun muß ich also doch?«
»Ihn sehen?« fragte George Withermore.
Sie zauderte nur kurz. »Es aufgeben.«
»Sie müssen sich entscheiden.« Er für sein Teil konnte bloß noch aufs Sofa sinken und das Gesicht in den Händen vergraben. Er wußte später nicht mehr zu sagen, wie lange er so gesessen hatte; es genügte die Tatsache, die ihm auf einmal zum Bewußtsein kam: daß er mit den ihr vertrauten Dingen allein war. Gerade als er sich wieder aufgerafft hatte, mit dieser Erkenntnis und der Wahrnehmung, daß die Tür zur Halle offen-

stand, fand er sich in der Helle und Wärme des rosenfarbenen Raumes erneut ihrer großen, schwarzen, von Parfüm duftenden Erscheinung gegenüber. Er sah auf den ersten Blick, während sie ihn noch größer und tragischer denn je über die Maske ihres Fächers hinweg anschaute, daß sie oben gewesen war; und so standen sie zum letztenmal gemeinsam vor ihrem ungewöhnlichen Problem.

»Sie haben ihn gesehen?« fragte Withermore.

Später folgerte er aus der charakteristischen Art, mit der sie die Augen schloß und sie, als wollte sie ihre Fassung zurückgewinnen, lange und schweigend fest geschlossen hielt, daß außer der sich jeder Darstellung entziehenden Vision von Ashton Doynes Frau auch seine eigene Vision einer Chance zur Flucht gleichkam. Noch ehe sie es sagen konnte, wußte er, daß alles aus war.

»Ich gebe es auf.«

# DAS TIER IM DSCHUNGEL
[1903]

## I

Was im Verlaufe ihrer Begegnung den bestürzenden Ausspruch herausgefordert hatte, ist nicht weiter wichtig: wahrscheinlich waren es lediglich ein paar belanglose Worte – nur so ins Gespräch geworfen, als sie nach der Erneuerung ihrer Bekanntschaft nebeneinander einhergewandelt waren. Vor wenigen Stunden erst hatten ihn seine Freunde in dieses Haus mitgenommen, in dem auch sie wohnte; man hatte die Gäste des anderen Hauses, zu denen er sich zählen durfte und dank denen er sich wie immer in der Menge verlieren konnte, zum Lunch herübergebeten. Nach dem Essen hatten sie sich weithin verstreut, um den eigentlichen Zweck ihres Besuches zu erfüllen; sie wollten sich Weatherend und seine Kostbarkeiten ansehen – seine unvergängliche Eigenart, all seine Bilder und Erbstücke und Kunstschätze, die Ruhm und Ruf dieses Anwesens begründet hatten; da das Haus unzählige große Räume umschloß, konnten die Gäste umherschweifen, wie und wo sie wollten, sich von den größeren Gruppen absondern und sich, sofern sie an derlei Dingen aufrichtig interessiert waren, geheimer Bewunderung und Würdigung hingeben. Man sah sie, einzeln oder in Paaren, sich in entlegenen Ecken, die Hände auf die Knie gestützt, über irgend etwas beugen und anerkennend nicken, als atmeten sie berauscht einen erregenden Duft. Waren sie zu zweit, ließen sie entweder ihre ekstatischen Ausrufe ineinanderklingen oder versanken in Grübeln und Schweigen, so daß John Marcher lauter Posen vor Augen hatte, die auffallend an eine Vorbesichtigung zu einer lebhaft angekündigten Auktion erinnerten, einer Vorbesichtigung, die den Wunsch, etwas zu erwerben, anstachelt oder abschreckt – je nachdem. Dieser Wunsch mußte in Weatherend wahrlich sehr groß sein, und John Marcher wurde angesichts solcher Betrachtungen ebenso beunruhigt durch jene, die zuviel wußten, wie durch jene, die nichts wußten. Die weitläufigen Räume erdrückten ihn mit ihrer Poesie und Geschichte derart, daß er sich ein wenig absondern mußte, um wieder das rechte Verhältnis zu ihnen zu gewinnen – wenn dieser Drang auch in keiner Weise dem Lustgefühl mancher seiner Bekannten glich; ein Gefühl, das den Empfindungen eines Hundes ähnelt, der an einem Schrank schnüffelt. Wie dem auch sei: dieser Drang führte ihn sehr schnell in eine Richtung, die nicht vorauszusehen gewesen war.

Er führte, um es kurz zu machen, im Verlauf des Oktobernachmittags zu einer näheren Bekanntschaft mit May Bartram, deren Gesicht ihn über den langen Tisch hinweg höchst angenehm verwirrt hatte: Ahnung erst, noch keine Erinnerung. Es erschien ihm als Teil von etwas, dessen Beginn ihm entglitten war. Er glaubte sich seiner sicher und begrüßte es vorderhand als eine Fortsetzung, ohne zu wissen, was es fortsetzte: eine Spannung, ein Vergnügen, das um so größer war, als er, wenn auch ohne ein Zeichen ihrerseits, deutlich merkte, daß die junge Frau selbst den Faden keineswegs verloren hatte. Nein, sie hatte ihn nicht verloren, aber sie würde ihn auch nicht aushändigen, ohne, wie er bald spürte, etwas über ihn selbst vorzubringen; und nicht nur dies war ihm klar, sondern auch noch vieles andere, lauter Dinge, die sich recht merkwürdig ausnahmen im Lichte folgender Tatsache: daß er in dem Augenblick, als sie durch einen Zufall einander gegenüberstanden, noch immer die vage Vorstellung hegte, ihr weit zurückliegendes Verhältnis, ganz gleich, wie es geartet gewesen sein mochte, dürfte wohl keinerlei Bedeutung gehabt haben. Wenn es aber keine Bedeutung gehabt hatte, dann war nicht einzusehen, warum sie ihn auf einmal dermaßen beschäftigte; die Antwort darauf konnte lediglich lauten, daß man bei solch einem Leben, wie es hier ein jeder führte, die Dinge nur nehmen konnte, wie sie gerade kamen. Er war, ohne im geringsten sagen zu können warum, darüber befriedigt, daß diese junge Dame im Hause des Gastgebers offenbar die arme Verwandte darstellte; befriedigt aber auch darüber, daß sie nicht nur kurz zu Besuch hier weilte, sondern gewissermaßen zum Inventar gehörte – mehr oder weniger also ein arbeitendes, Lohn empfangendes Familienmitglied. Denn genoß sie hier nicht, vorübergehend zumindest, einen Schutz, für den sie durch ihre Hilfeleistungen bezahlte, durch kleine Dienste wie etwa jene, Gäste durch das Anwesen zu führen und es zu erklären, mit lästigen Fragern fertig zu werden, über die Daten des Gebäudes, den Stil der Möbel, die Maler der Bilder, die Lieblingsplätze des Gespenstes Auskunft zu geben? Nicht daß sie aussah, als müßte man ihr einen Schilling schenken – niemand konnte weniger danach aussehen als sie! Als sie schließlich auf ihn zukam – zweifellos schön, wenn auch sichtlich älter als damals, da er sie zuletzt gesehen –, mochte dies darauf zurückzuführen sein, daß sie gespürt hatte, wie sehr er sich seit Stunden mit ihr beschäftigte, mehr als mit allen anderen zusammen, und daß er dadurch zu einer Erkenntnis gelangt war, für die die andern zu beschränkt schienen. Er war fest davon überzeugt, daß sie sich hier unter härteren Bedingungen befand als alle übrigen; daß sie sich hier infolge eines Leides befand – irgendeines Leides, das ihr in der Zwischenzeit widerfahren war; und auch sie erinnerte sich an ihn, so wie er sich an sie erinnerte, nur viel deutlicher.

Als sie dann ins Gespräch kamen, waren sie allein in jenem Zimmer, das sich durch ein besonders schönes Porträt über dem Kamin auszeichnete und aus dem sich ihre Bekannten entfernt hatten; das Beglückende daran war, daß beide, ohne auch nur ein einziges Wort zu wechseln, es einzurichten wußten, gemeinsam zurückzubleiben. Das Beglückende lag aber auch in vielem anderem – vor allem darin, daß es in Weatherend kaum einen Ort gab, an dem man nicht ohne weiteres zurückbleiben konnte. Es lag in dem Herbsttag, der verglühend zu den hohen Fenstern hereinblickte; in dem roten Licht, das sich unter dem tiefhängenden, schwermütigen Himmel brach und mit langem Strahlenarm hereingriff und über alte Täfelungen, alte Tapeten, altes Gold, alte Farben fingerte. Besonders aber lag es in der Art, wie sie ihm entgegenkam; so, als wollte er, da sie nun einmal für die weniger Gescheiten da war, lediglich ihre gütige, zu ihren Pflichten gehörende Aufmerksamkeit in Anspruch nehmen – für den Fall, daß er sich entschlossen haben sollte, den Unwissenden zu spielen.

Sobald er ihre Stimme hörte, war die Lücke gefüllt und das fehlende Glied in die Kette eingefügt; und da verlor sie auch die leichte Ironie, die er aus ihrer Haltung herausgelesen hatte: ihre Überlegenheit. Er beeilte sich, um noch vor ihr zur Sache zu kommen. »Ich habe Sie vor vielen Jahren in Rom kennengelernt. Ich erinnere mich genau.« Sie gestand, enttäuscht zu sein – sie sei sicher gewesen, daß er sich nicht mehr erinnere. Um ihr zu beweisen, wie gut er sich erinnerte, beschwor er all die Bilder herauf, die sich sogleich der Reihe nach einstellten. Dieses

Wunder bewirkten, ganz zu seinen Diensten bereit, ihr Gesicht und ihre Stimme – wie das Flämmchen eines Laternenanzünders, der eine Allee von Gaslampen nacheinander ansteckt. Wenn auch Marcher diese Beleuchtung bereits märchenhaft fand, so entzückte ihn doch noch viel mehr, daß er, wie sie ihm erklärte, vor lauter Eifer, sich an alles richtig zu erinnern, sich an das meiste falsch erinnert hatte. Es war nicht Rom gewesen, sondern Neapel; es war nicht vor acht Jahren gewesen, sondern vor nahezu zehn. Sie war auch nicht mit ihrem Onkel und ihrer Tante dort gewesen, sondern mit ihrer Mutter und ihrem Bruder; und außerdem war er nicht mit den Pembles, sondern mit den Boyers gereist und bereits mit ihnen von Rom gekommen – eine Tatsache, auf der sie zu seiner Verwirrung fest beharrte und die sie auch beweisen konnte. Die Boyers hatte sie nämlich gekannt, die Pembles dagegen nicht, wenn sie auch schon von ihnen gehört hatte, und die Leute, mit denen er gereist war, hatten sie schließlich miteinander bekannt gemacht. Und die Geschichte mit dem Gewitter, das mit einer solchen Gewalt getobt hatte, daß sie in einer Höhle Schutz suchen mußten – diese Geschichte hatte sich nicht beim Cäsarenpalast ereignet, sondern in Pompeji, wohin sie wegen einer bedeutsamen Ausgrabung gefahren waren.

Er nahm ihre Verbesserungen hin, genoß ihre Korrekturen, wenn auch alles, wie sie betonte, darauf hinauslief, daß er sich wirklich an nicht das geringste erinnerte. Und er empfand es lediglich als Rückschlag, daß nach der Richtigstellung der Vergangenheit eigentlich nichts mehr zu tun übrigblieb. Doch noch immer standen sie beieinander. Sie vernachlässigte ihr Amt – denn von dem Augenblick an, da er alles wußte, hatte sie keine rechtmäßigen Ansprüche mehr auf ihn –, und beide vernachlässigten das Haus und warteten, ob nicht doch noch ein paar Erinnerungen sie anwehen würden. Es hatte schließlich nur wenige Minuten gedauert, die Erinnerungen wie ein Kartenspiel auf den Tisch zu legen – wobei sich allerdings herausstellte, daß das Kartenspiel leider nicht vollständig war und daß die heraufbeschworene, eingeladene, ermutigte Vergangenheit ihnen einfach nicht mehr zu geben vermochte, als sie besaß. Sie hatte ihnen vor langer Zeit eine Begegnung geschenkt – das Mädchen war damals zwanzig, er fünfundzwanzig; aber, so dachte jeder für sich, war es nicht merkwürdig, daß diese Vergangenheit, da sie doch schon so viel in Bewegung gesetzt, nicht noch ein wenig mehr für sie getan hatte? Sie sahen einander an mit dem Gefühl, eine Gelegenheit verpaßt zu haben; die Gegenwart wäre um so vieles reicher gewesen, wenn sich die Vergangenheit in jenem fernen Land nicht so kläglich und unergiebig erwiesen hätte. Offenbar waren alles in allem zwischen ihnen nicht mehr als ein Dutzend recht geringfügige Dinge vorgefallen; Trivialitäten der Jugend, Vereinfachungen der Unreife, Dummheiten des Unwissens, zarte Keime womöglich, doch zu tief liegend, um (schien es etwa nicht so?) nach so vielen Jahren noch einmal sprossen zu können. Marcher fand, er hätte ihr damals irgendeinen Dienst erweisen sollen: sie samt ihrem gekenterten Boot aus der Bucht retten oder wenigstens dem *lazzarone* mit *stiletta* ihr Toilettenkästchen entreißen, das ihr in den Straßen Neapels aus der Droschke gestohlen worden war. Ganz hübsch wäre es auch gewesen, wenn er mit Fieber einsam in seinem Hotel gelegen und sie ihn besucht, seinen Angehörigen geschrieben und ihn als Rekonvaleszenten spazierengefahren hätte. Dann besäßen sie jetzt wenigstens etwas, das ihnen im Augenblick so sehr fehlte. Und doch erwies sich der Augenblick zu schön, als daß man ihn hätte zerstören dürfen; daher beschränkten sie sich in den nächsten Minuten darauf, sich hilflos und verwundert zu fragen, warum sie – da sie doch offenbar viele gemeinsame Bekannte hatten – sich erst jetzt wiederbegegnet seien. Natürlich drückten sie es nicht so aus, doch ihr minutenlanges Warten, bis sie sich wieder den andern anschlossen, kam immerhin dem Bekenntnis gleich, daß ihre Wiederbegegnung wenigstens kein Mißerfolg werden sollte. Ihr Bemühen, zu ergründen, warum sie sich nie getroffen hatten, bewies nur, wie wenig sie einander kannten. Es kam sogar der Augenblick, da Marcher einen Stich verspürte. Es war sinnlos, so zu tun, als wäre sie eine alte Freundin; dazu fehlte es einfach an gemeinsamen Erlebnissen. Dabei hätte gerade sie sich so gut für die Rolle einer alten Freundin geeignet. Neue hatte er übergenug; in dem andern Haus war er von solchen geradezu umringt; wäre sie eine neue Freundin gewesen, hätte er sie wahrscheinlich nicht einmal bemerkt. Zu gern hätte er eine Geschichte erfunden, ihr eingeredet, daß zwischen ihnen irgend etwas Romantisches oder Abenteuerliches vorgefallen sei. Er tastete in seiner Phantasie – im Widerspruch zu aller zeitlich begrenzten Erfahrung – nach etwas, das ihm Genüge tun könnte, und dabei sagte er sich: Wenn mir nichts einfällt, beweist dieser Versuch eines Neubeginns nur, was für ein entsetzlicher Stümper ich bin. Sie würden sich trennen, diesmal jedoch ohne eine zweite oder dritte Chance. Sie hätten es versucht und kläglich versagt. Aber gerade da und – wie er sich später klarmachte – genau am kritischen Punkt, als alle Möglichkeiten erschöpft waren, beschloß *sie*, die Sache in die Hand zu nehmen und die Situation zu retten. Sobald sie sprach, merkte er, daß sie bewußt mit dem zurückgehalten hatte, was sie jetzt sagte, und gehofft hatte, es nicht sagen zu müssen – eine Vorsicht, die ihn ungemein rührte, als er nach ein paar weiteren Minuten in der Lage war, sie zu verstehen. Was sie nun hervorbrachte, reinigte die Luft und fügte das verlorene Glied in die Kette ein – jenes Glied, das er so leichtsinnig gewesen war zu verlieren.

»Sie haben mir damals etwas gesagt, das ich nie mehr vergessen konnte und das mich seither oft an Sie erinnerte; es war an jenem entsetzlich heißen Tag, als wir uns nach ein bißchen kühlem Wind sehnten und über die Bucht nach Sorrento fuhren. Ich meine das, was Sie auf der Rückfahrt zu mir gesagt haben, als wir unter der Plane des Bootes saßen und die Kühle genossen. Sie haben es wohl vergessen?«

Er hatte es vergessen und war darob mehr erstaunt als beschämt. Das Wunderbare aber war, daß er in ihren Worten keine plumpe Anspielung auf ein romantisches Geflüster zu sehen brauchte. Die Eitelkeit der Frauen hat erfahrungsgemäß ein gutes Gedächtnis, aber diese Frau hier vor ihm bezichtigte ihn weder eines Kompliments noch eines Irrtums. Bei einer anderen Frau mit einer völlig anderen Wesensart hätte er jetzt fürchten müssen, sie wolle ihn an irgendeinen albernen »Antrag« erinnern. Als er ihr daher sagen mußte, daß er es vergessen habe, empfand er dies eher als Verlust denn als Gewinn; er ahnte bereits, daß jenes von ihr erwähnte Gespräch recht bedeutungsvoll gewesen sein müßte. »Ich bemühe mich verzweifelt, mich zu erinnern – doch ich muß es aufgeben. Ich erinnere mich aber noch genau an den Tag in Sorrento.«

»Das glaube ich kaum«, meinte May Bartram kurz darauf. »Und ich weiß nicht einmal, ob es mir recht wäre, wenn Sie sich daran erinnerten. Es ist nicht gerade schön, jemand an das zu erinnern, was vor zehn Jahren war. Falls Sie das, was Sie damals waren,

überwunden haben – nun, um so besser«, sagte sie lächelnd.
»Aber wenn Sie es nicht überwunden haben, warum dann ich?« fragte er.
»Sie meinen, was ich damals war?«
»Nein, nein, das, was ich war. Ich war natürlich ein junger Narr«, fuhr Marcher fort. »Nur wüßte ich gern von Ihnen, inwiefern ich ein junger Narr war. Das wäre mir – da Sie sich schon einmal erinnern – lieber, als gar nichts zu wissen.«
Sie jedoch zögerte noch immer. »Aber wenn Sie sich doch völlig verändert haben – ?«
»Dann werde ich Ihre Eröffnungen desto leichter ertragen. Außerdem könnte auch das Gegenteil der Fall sein.«
»Mag sein. Wenn dem jedoch so wäre«, setzte sie hinzu, »würden Sie sich bestimmt erinnern. Natürlich nicht daran, daß ich auch nur im entferntesten zu solch einem unfreundlichen Urteil gekommen wäre, wie Sie es soeben formuliert haben. Hätte ich Sie lediglich für einen jungen Narren gehalten«, erklärte sie, »wäre mir dies alles nicht so haftengeblieben. Sie sprachen damals über sich selbst.« Sie wartete, ob es ihm vielleicht einfalle; als er jedoch fragend ihren Blick suchte und kein Zeichen der Erinnerung gab, hielt sie mit nichts mehr zurück. »Ist es je soweit gekommen?«
Und da, während er sie noch immer ansah, ging ihm plötzlich ein Licht auf, und das Blut stieg ihm ins Gesicht. »Wollen Sie etwa sagen, ich hätte Ihnen je erzählt –« Aber dann stockte er, aus Angst, sich womöglich zu irren – und sich nun zu verraten.
»Sie haben etwas über sich selbst erzählt, das man unmöglich vergessen kann – vorausgesetzt, daß man sich überhaupt an Sie erinnert. Darum fragte ich Sie«, meinte sie lächelnd, »ob das, wovon Sie damals gesprochen haben, je eingetreten ist.«
Nun sah er völlig klar, war bestürzt und tödlich verlegen. Darum also war sie mit ihrer Anspielung so vorsichtig gewesen – als könnte es sich um einen Irrtum handeln. Er brauchte jedoch nur einen Augenblick, um gestehen zu müssen, daß diese Anspielung kein Irrtum gewesen war – wenn auch eine große Überraschung. Nach dem ersten Schock aber war ihm ihre Mitwisserschaft merkwürdigerweise nur angenehm. Sie war also der einzige Mensch auf der Welt, der darum gewußt, all die Jahre darum gewußt hatte, während ihm völlig entglitten war, daß er sein Geheimnis jemandem anvertraut hatte. Kein Wunder, daß

sie sich jetzt nicht so begegnen konnten, als wäre nichts geschehen. »Ich glaube«, sagte er schließlich, »ich weiß, was Sie meinen. Das seltsame ist nur, daß ich vergessen konnte, Sie so weit in mein Vertrauen gezogen zu haben.«
»Vielleicht deshalb, weil Sie noch viele andere in Ihr Vertrauen gezogen haben.«
»O nein! Nie auch nur eine Menschenseele.«
»So bin ich also die einzige, die darum weiß?«
»Die einzige auf der ganzen Welt.«
»Aber auch ich habe nie darüber gesprochen«, erwiderte sie schnell. »Ich habe nie, niemals auch nur ein einziges Wort von alldem weitergetragen.« Sie sah ihn offen an, und er mußte ihr glauben. Ihre sich begegnenden Blicke ließen keinen Zweifel aufkommen. »Und ich werde es auch nie tun.«
Sie sprach mit einem solchen fast schon übertriebenen Ernst, daß er von ihrer Seite keinerlei Spott zu befürchten brauchte. In gewisser Hinsicht war dies jetzt ein neues Erlebnis für ihn – wenigstens seit dem Augenblick, da sie daran teilhatte. Wenn sie die Sache nicht ironisch betrachtete, dann zweifellos mitfühlend, und gerade Mitgefühl hatte er in all den Jahren von niemand erfahren. Im Augenblick hätte er es zwar nicht fertiggebracht, sich ihr anzuvertrauen, aber womöglich konnte er dadurch, daß er es seinerzeit getan hatte, außerordentlich viel gewinnen.
»Bitte, tun Sie es auch weiterhin nicht. Lassen wir alles, wie es ist.«
»Das kann mir nur recht sein«, sagte sie lachend, »wenn es auch Ihnen recht ist!« Und gleich darauf setzte sie hinzu: »Dann hat sich also Ihre Situation noch nicht geändert?«
Es war unmöglich, es anders aufzufassen, als daß sie aufrichtig daran interessiert war, wenn ihm dies alles auch höchst überraschend kam. So lange hatte er sich vereinsamt gefühlt, und auf einmal war alles anders geworden. Ja, jetzt meinte er sogar, er sei überhaupt nie einsam gewesen – wenigstens nicht mehr seit jenen Stunden auf dem Boot in Sorrento. Die Einsame war vielmehr sie gewesen, so jedenfalls kam es ihm vor, als er sie ansah – war es geworden durch seine grausame Treulosigkeit. Daß er sich ihr damals anvertraut hatte – was war es anderes gewesen als eine Forderung? Eine Forderung, der sie in ihrer Güte entsprochen hatte, ohne daß er, der sich an nichts erinnert und eine Wiederbegegnung versäumt hatte, ihr auch nur gedankt hätte.

Diese Forderung hatte anfangs aus nichts weiter bestanden, als daß sie ihn nicht auslachen sollte. Sie hatte es gütigerweise zehn Jahre lang nicht getan, und sie tat es auch jetzt nicht. Er hatte unendlich viel Dank nachzuholen. Allein schon deswegen mußte er wissen, wie er sich seinerzeit ausgedrückt hatte. »Was habe ich Ihnen damals eigentlich –?«

»Über Ihre Gefühle erzählt? Ach, das war ganz einfach. Sie sagten, Sie hätten seit frühester Jugend im tiefsten Innern das Gefühl, für etwas Ungewöhnliches und Merkwürdiges bestimmt zu sein, für etwas Ungeheuerliches und Schreckliches womöglich, das Ihnen früher oder später widerfahren werde, das Sie vorausahnten und von dem Sie mit Sicherheit glaubten, daß es Sie überwältigen werde.«

»Nennen Sie das ›ganz einfach‹?« fragte John Marcher.

Sie überlegte einen Augenblick. »Vielleicht deshalb, weil ich Sie so gut verstanden habe.«

»Sie verstehen es?« fragte er erregt.

Wieder ruhte ihr gütiger Blick auf ihm. »Sie glauben also immer noch daran?«

»Ach!« rief er hilflos. Dazu war so viel zu sagen.

»Was immer es sein mag«, meinte sie, »es ist also noch nicht eingetroffen?«

Da erst ergab er sich kopfschüttelnd. »Noch nicht. Aber, wissen Sie, es ist nichts, was ich *tun*, in der Welt erreichen könnte und wodurch ich zu Würde und Ehre gelangte. Solch ein Narr bin ich nicht. Doch wahrscheinlich wäre es besser, ich wäre es.«

»Es ist also etwas, das Sie werden erleiden müssen?«

»Jedenfalls etwas, auf das ich warten, dem ich begegnen muß von Angesicht zu Angesicht, dem ich zusehen muß, wie es in mein Leben einbricht, wie es vielleicht all meine Vernunft zerstört, mich auslöscht – vielleicht aber auch nur alles verändert, an den Wurzeln meiner Welt zerrt und mich den Folgen überläßt, wie immer sie auch sein mögen.«

Sie lauschte ihm, und der Glanz in ihren Augen war auch weiterhin frei von jedem Spott. »Ist das, was Sie da beschreiben, nicht vielleicht nur die Erwartung – oder wenigstens die so vielen Menschen vertraute Ahnung der nahen Gefahr –, sich verlieben zu müssen?«

John Marcher überlegte. »Haben Sie mich das schon einmal gefragt?«

»Nein – damals hätte ich dazu gar nicht den Mut gefunden –, aber jetzt kommt es mir so vor.«

»Natürlich«, sagte er nach einer Weile, »kommt es Ihnen so vor. Mir kommt es übrigens auch so vor. Es mag sehr wohl sein, daß mich nichts anderes erwartet als dies. Nur bin ich eben der Meinung«, fuhr er fort, »daß ich es, wenn es an dem wäre, heute bereits wissen müßte.«

»Sie waren also schon einmal verliebt?« Und dann, als er sie immer noch wortlos ansah: »Sie waren verliebt, aber es bedeutete keine Umwälzung für sie, es war nicht das große Erlebnis?«

»Genauso. Es war keineswegs überwältigend.«

»Dann war es keine Liebe«, sagte May Bartram.

»Nun, jedenfalls habe ich es dafür gehalten, habe es für Liebe genommen – bis heute übrigens. Es war angenehm, köstlich und entsetzlich zugleich«, erklärte er. »Aber es war nicht unheimlich. Es war nicht das, was mein großes Erlebnis sein wird.«

»Sie wollen also ein ganz individuelles Erlebnis – etwas, das niemand kennt oder je gekannt hat?«

»Es handelt sich nicht darum, was ich möchte – der Himmel weiß, daß ich am liebsten nichts möchte. Es geht lediglich um die Ahnung, die mich verfolgt, mit der ich Tag für Tag leben muß.«

Er sagte dies so klar und nachdrücklich, daß sich dieser Gedanke nur noch mehr in ihm festigte. Wenn sie sich bisher nicht dafür interessiert hätte, so würde sie es jetzt getan haben.

»Ist es eine Ahnung von drohender Gewalt?«

Offenbar sprach nun auch er gern darüber. »Ich denke an das Kommende eigentlich nie als an etwas Gewaltsames. Ich halte es vielmehr für organisch und vor allem für unverwechselbar. In meinen Gedanken existiert es lediglich als ›das Ereignis‹. Und das Ereignis wird ganz organisch erscheinen.«

»Wie kann es dann unheimlich erscheinen?«

Auch Marcher mußte sich dies fragen. »Das wird es nicht – wenigstens nicht für mich.«

»Für wen dann?«

»Nun«, antwortete er und lächelte endlich, »sagen wir, für Sie.«

»Oh, ich bin also mit dabei?«

»Natürlich sind Sie das – nun Sie einmal davon wissen.«

»Ich verstehe.« Sie erwog es eine Weile. »Aber ich meinte: bei der Katastrophe dabei.«

In diesem Moment wich ihre Leichtigkeit dem Ernst; der lange Blick, den sie tauschten, schien sie aneinander zu fesseln. »Das hängt von Ihnen ab – wenn Sie mit mir zusammen warten.«

»Haben Sie Angst?« fragte sie.

»Sie dürfen mich jetzt nicht verlassen«, bat er sie.

»Haben Sie Angst?« wiederholte sie.

»Halten Sie mich etwa für verrückt?« sprach er weiter, anstatt zu antworten. »Bin ich für Sie nur ein harmloser Irrer?«

»Nein«, sagte May Bartram. »Ich verstehe Sie. Ich glaube Ihnen.«

»Sie haben also das Gefühl, daß sich meine fixe Idee – dieser erbärmliche, alte Spleen – unter Umständen verwirklichen könnte?«

»Sich unter Umständen verwirklichen könnte.«

»Dann werden Sie also mit mir warten?«

Sie zögerte und stellte schließlich zum drittenmal ihre Frage: »Haben Sie Angst?«

»Habe ich das behauptet – damals in Neapel?«

»Nein, davon sagten Sie nichts.«

»Dann weiß ich es selber nicht. Aber ich möchte es gern wissen«, gestand John Marcher. »Sie müssen mir sagen, ob Sie es glauben. Wenn Sie mit mir warten, werden Sie es ja sehen.«

»Also gut.« Sie waren durch den großen Raum auf die Tür zugegangen, und ehe sie hinaustraten, hielten sie noch einmal inne, als wollten sie ihr gegenseitiges Verstehen besiegeln. »Ich werde mit Ihnen warten«, sagte May Bartram.

## II

Die Tatsache, daß sie »wußte« – wußte und ihn dennoch weder neckte noch verriet –, schmiedete binnen kurzer Zeit ein Band zwischen ihnen, das fester und fester wurde, da sich seit dem Nachmittag in Weatherend die Gelegenheit zu einem Wiedersehen immer öfter ergab. Das Ereignis, das diese Gelegenheit herbeiführte, war der Tod einer bejahrten Dame, ihrer Großtante, unter deren Fittichen sie seit dem Tod ihrer Mutter Schutz gefunden hatte und die sich, obwohl sie lediglich die verwitwete Mutter des neuen Hausherrn war, kraft ihrer Persönlichkeit und ihres Temperaments die Schlüsselposition des Anwesens nicht hatte aus der Hand nehmen lassen. Erst der Tod hatte diese Frau entthronen können – ihr Tod, der, abgesehen von mancherlei anderen Veränderungen, einschneidende Folgen für die junge Dame nach sich zog und sie aus ihrer, von Marcher schon damals klarsichtig erkannten Abhängigkeit erlöste, einer Abhängigkeit, die sie vielleicht mit traurigem Stolz, aber ohne Gegenwehr ertragen hatte. Marcher war selten zuvor durch einen Gedanken so beruhigt worden wie durch den, daß der Schmerz von Miß Bartram durch die Möglichkeit, ein kleines eigenes Heim in London gründen zu können, weitgehend gelindert sein müsse. Sie hatte nach dem höchst komplizierten Testament ihrer Tante gerade so viel geerbt, daß sie sich diesen Luxus leisten konnte, und als die neuen Regelungen schließlich getroffen wurden, was geraume Zeit in Anspruch nahm, ließ sie ihn wissen, das glückliche Ende sei nun nicht mehr fern. Er hatte sie schon vor dem Todesfall mehrmals wiedergesehen, wenn die alte Dame von ihr zur Stadt begleitet worden war oder wenn er bei jenen Freunden zu Besuch weilte, die Weatherend zu einem der Glanzpunkte ihrer Gastfreundschaft zu machen pflegten. Von diesen Freunden war er erneut dorthin mitgenommen worden und hatte abermals mit Miß Bartram ein ungestörtes Gespräch führen können. Außerdem hatte er sie in London zu überreden vermocht, sich für ein paar Stunden von ihrer Tante frei zu machen. Bei diesen Gelegenheiten gingen sie in die Nationalgalerie und das South-Kensington-Museum, wo sie angesichts all der erinnerungsschweren Bilder von Italien sprachen – freilich nur ganz allgemein und ohne diesmal ihre Jugend und Unwissenheit heraufzubeschwören. Jenes Heraufbeschwören an dem ersten Tag in Weatherend hatte seinen Zweck völlig erfüllt, ihnen genügt; schon längst steckten sie, jedenfalls für Marchers Empfinden, nicht mehr in den Quellflüssen ihres Stroms: das kräftig abgestoßene Boot sauste nun mit der Strömung dahin.

Ja, sie glitten wahrhaftig gemeinsam dahin; für unseren Gentleman gab es daran keinen Zweifel, genausowenig wie daran, daß die Ursache dafür der vergrabene Schatz ihres geheimen Wissens war. Er hatte seinen kleinen Hort mit eigenen Händen ausgegraben und ans Licht gehalten – das heißt in Reichweite jener nebelfernen Jugendzeit, die von ihrer beider Diskretion und Vertraulichkeit bestimmt worden war –, diesen Schatz, dessen Versteck er, nachdem er ihn doch selbst verborgen, merkwürdigerweise lange Zeit völlig vergessen gehabt hatte. Das seltene Glück, am selben Fleck wieder gestolpert zu sein, machte ihn jeder anderen Frage gegenüber gleichgültig; zweifellos hätte er dem sonderbaren Vorkommnis seines Gedächtnisschwundes mehr Zeit gewidmet, wenn er sich nicht lieber mit der Süße und Tröstung der Zukunft beschäftigt haben würde, Köstlichkeiten, die durch dieses Vorkommnis, wie er spürte, ihre Frische bewahrt hatten. Nie wäre es ihm in den Sinn gekommen, daß jemand davon »wissen« könnte – allein schon aus dem Grund, daß es ihm nicht lag, darüber zu reden. Überdies wäre es ihm einfach nicht möglich gewesen, weil er ja doch immer nur den Spott einer herzlosen Welt dafür geerntet hätte. Da aber das unergründliche Schicksal ihm trotz alledem den Mund geöffnet hatte, wollte er dies, so gut es ging, als Trost und Gewinn betrachten. Daß überdies genau der richtige Mensch »wußte«, milderte das Schreckliche seines Geheimnisses weit stärker, als er es sich in seiner Scheu vorzustellen erlaubt hatte; und May Bartram war genau die richtige, weil – nun, weil sie eben da war. Ihr Wissen allein schon bewies es; wäre sie die falsche gewesen, hätte er es längst gemerkt. Und so kam es, daß er sich geneigt fühlte, sie als Vertraute zu betrachten, alles, was sie ihm entgegenbrachte, aus der Tatsache abzuleiten – allein aus dieser Tatsache –, daß sie sich für sein Schicksal interessierte; abzuleiten aus ihrer Güte, Sympathie, aus ihrem Ernst, ihrer Bereitschaft, ihn nicht komisch zu finden. Kurz: in dem Bewußtsein, daß sie ihm unablässig das Gefühl schenkte, auf eine erstaunliche Weise vorherbestimmt zu sein, bemühte er sich immer wieder, nicht zu vergessen, daß auch sie ein Eigenleben führte, daß auch ihr manches widerfahren könnte, manches, das man in einer Freundschaft nicht übersehen durfte. In diesem Zusammenhang geschah etwas Merkwürdiges mit ihm: ein unerwarteter Wechsel seines Wesens von einem Extrem ins andere.

Er hatte sich, solange niemand davon wußte, für den uninteressantesten Menschen der Welt gehalten und seine schwere Last, seine ständige Furcht, stumm getragen und darüber geschwiegen, ja, er hatte nicht einmal etwas von dieser Last und ihrer Bedeutung für sein Leben ahnen lassen, hatte niemand um eine Gunst gebeten, sondern nur jede gewährt, um die man ihn anging. Er hatte niemand behelligt mit dem lästigen Wissen, daß er ein gejagter Mensch war, wenn er auch manche Augenblicke der Versuchung kannte, in denen er gern von ihnen gehört hätte, sie befänden sich im »Ungewissen«. Wenn sie ebenso im Ungewissen lebten wie er – er, der noch keine Stunde seines Lebens in der Gewißheit gelebt hatte –, dann würden sie auch verstehen, was dies bedeutete. Aber es lag nicht bei ihm, sie dazu zu bewegen, und so hörte er ihnen, wie es die Höflichkeit gebot, immer nur zu. Gerade dadurch wirkte sein Auftreten stets untadelig, wenn auch ziemlich farblos; und darum vor allem konnte er sich schmeicheln, in dieser habgierigen Welt ein anständiger, vielleicht ein wenig überfeinerter, jedenfalls aber selbstloser Mensch zu sein. Es darf deshalb gesagt werden, daß er seinen Charakter hinreichend schätzte, um die augenblickliche Bedrohung eben dieses Charakters zu ermessen, und so nahm er sich vor, auf der Hut zu sein. Dennoch war er bereit, wenigstens ein bißchen selbstsüchtig zu sein, denn dazu hatte sich ihm noch nie eine so charmante Gelegenheit geboten. »Wenigstens ein bißchen« war, mit einem Wort, genau das, was Miß Bartram als Äußerstes erlaubte. Er würde niemals auch nur den geringsten Zwang ausüben und sich immer jenen Weg vor Augen halten, den er in seiner Fürsorge um sie, und zwar in der alleredelsten, einzuschlagen hatte. Er würde sämtliche Bedingungen festlegen, unter denen ihrer beider Angelegenheiten, Wünsche und Eigenheiten ihr Verhältnis bestimmen sollten – ein vieldeutiger Begriff, den er sich nicht scheute hier anzuwenden. All dies war natürlich nur ein Zeichen dafür, daß er dieses Verhältnis bereits für selbstverständlich hielt. Daran ließ sich für ihn nichts mehr ändern. Es bestand nun einmal, war zum Leben erwacht durch jene erste, offene Frage, die sich ihm im Herbstlicht von Weatherend gestellt hatte. Die einzig wahre Form, zu der dieses Verhältnis unter den gegebenen Umständen hätte führen müssen, wäre die Heirat gewesen. Aber das Verteufelte daran war, daß gerade die Basis dieses Verhältnisses eine Heirat ausschloß. Seine Überzeugung, seine Ahnung, seine fixe Idee gehörte nicht zu den Vorzügen, die man einer Frau als Lebensgrundlage anbieten konnte; und diese Konsequenz war genau das, was ihn beschäftigte. Irgend etwas wartete auf ihn inmitten der Windungen und Verschlingungen all der Monate und Jahre wie ein Raubtier im Dschungel. Dabei blieb es belanglos, ob dieses lauernde Tier dazu bestimmt war, ihn zu töten oder getötet zu werden. Entscheidend vielmehr war, daß das Tier so oder so losschnellen würde; und daraus ergab sich unumgänglich, daß sich ein rücksichtsvoller Mann nicht von einer Dame zur Tigerjagd begleiten lassen darf. Mit diesem Ergebnis hatte er alle Zukunftspläne begraben.

Anfangs hatten sie, in den gelegentlichen Stunden, die sie miteinander verbrachten, auf diese Möglichkeit überhaupt nicht angespielt; dies bewies eindeutig, wie sehr er klarzustellen wünschte, er erwarte nicht, halte es auch nicht für nötig, daß man dauernd darüber rede. Solch eine Aussicht für die Zukunft war wie ein Höcker auf dem Rücken. Die Ausnahmestellung, in die einen diese Aussicht jede Minute des Tages versetzte, existierte, ob man nun darüber redete oder nicht. Man redete ja sowieso wie ein Buckliger, weil man, wenn schon nichts anderes, so doch immer die Fratze eines Buckligen besaß. Sie blieb an ihm haften, und sie überwachte ihn; und da die Leute im allgemeinen schweigend am besten wachen, war dies charakteristisch für ihre Wächterstunden. Zu gleicher Zeit aber wollte er keinesfalls ernst und feierlich erscheinen; denn seiner Meinung nach zeigte er sich anderen Menschen gegenüber viel zu ernst und feierlich. Und darum wollte er wenigstens zu dem einzigen Menschen, der »wußte«, ungezwungen und natürlich sein, mußte er die Anspielung eher machen als zu vermeiden scheinen, sie eher vermeiden als zu machen scheinen und sie auf jeden Fall harmlos, ja fast scherzend abtun – und nicht pedantisch und gewichtig. Solcherlei Überlegungen gingen ihm wohl durch den Kopf, als er Miß Bartram herzlich schrieb, das große Ereignis, das er so lange schlummernd im Schoße der Götter geglaubt habe, sei womöglich nichts weiter als die ihn außerordentlich erfreuende Tatsache, daß sie in London ein Haus erworben habe. Es war die erste Anspielung, die er seitdem darauf gemacht, da er dies bisher nicht nötig gehabt hatte. Nachdem sie ihm das Neueste mitgeteilt, schrieb sie ihm, daß sie diese Bagatelle niemals als Höhepunkt einer so außerordentlichen Vorahnung gelten lassen könne, und dadurch weckte sie in ihm die Frage, ob sie nicht eine weit anspruchsvollere Vorstellung vom Einmaligen habe als er. Und so wurde er im Laufe der Zeit nach und nach gewahr, daß sie sein Leben ständig im Auge behielt und es angesichts dessen, was sie wußte und was unter der Weihe der Jahre zwischen ihnen nie anders genannt wurde als »die einzige Wahrheit«, beurteilte und abwog. Dies war schon immer seine Formulierung gewesen, die sie widerspruchslos hinnahm, und so konnte er nach einer gewissen Zeit rückblickend sagen, es habe keinen Augenblick gegeben, in dem sie nicht völlig in seiner Idee gelebt oder ihre Haltung edler Billigung oder noch edleren Glaubens an ihn geändert habe.

Es stand ihm jederzeit frei, ihr vorzuwerfen, sie halte ihn für einen harmlosen Irren, und auf lange Sicht war dies auch – da es doch vieles erklärte – die für ihn einfachste Definition ihrer Freundschaft. Für sie war er einfach ein bißchen verdreht, aber sie mochte ihn trotzdem gern und war gegenüber der Außenwelt seine gütige, weise Beschützerin, unbelohnt, wenn auch erheitert und mangels anderer Bande nicht über Gebühr beansprucht. Die Außenwelt hielt ihn natürlich für verrückt, aber sie, sie allein wußte, inwiefern und vor allem warum er verrückt war; und gerade dies ermöglichte es ihr, den verhüllenden Schleier in die richtigen Falten zu legen. Sie nahm seine Maskierung hin – da bei ihnen nun einmal nur die Maske in Frage kam –, wie sie alles andere hinnahm; aber sie rechtfertigte mit ihrem niemals irrenden Gespür seine Ahnung, bis zu welchem Punkt er sie hatte überzeugen können. Jedenfalls sprach sie von dem Geheimnis seines Lebens nie anders als von der »einzigen Wahrheit«, und es gelang ihr auf geradezu bewundernswürdige Weise, es auch als das Geheimnis ihres Lebens erscheinen zu lassen. Dadurch wiegte er sich ständig in dem Gefühl, sie nehme auf ihn Rücksicht; anders hätte er es nicht nennen mögen. Doch auch er nahm auf sich Rücksicht, obgleich sie in dieser Beziehung eigentlich viel mehr tat als er; der Grund dafür lag vielleicht darin, daß sie von ihrem Standort aus einen besseren Überblick hatte und dadurch seine unglückliche Veranlagung über Entfernungen, denen er kaum gewachsen war, verfolgen konnte. Wenn er auch wußte, was er empfand, so wußte sie doch nicht nur dies, sondern wußte auch, was ihm fehlte; er wußte zwar, daß er tückischerweise so vieles Wichtige nicht tun durfte, sie jedoch vermochte, auch dessen Menge zu bestimmen, vermochte zu verstehen, wieviel er davon, wäre er leichtblütiger gewesen, hätte tun können, und dadurch wiederum konnte sie in ihrer Klugheit beurteilen, wie sehr er zu kurz gekommen war. Vor allem aber war sie in die Geheimnisse seiner verschiedenen Lebensumstände eingeweiht – in die seiner kleinen Regierungskanzlei, seiner Verwaltung des bescheidenen väterlichen Erbes, seiner Bibliothek, seines Gartens auf dem Lande, seiner Londoner Bekannten, deren Einladungen erannahm und erwiderte – und in das Geheimnis ihrer Bindung, die aus beider Verhaltensweise – wenigstens aus allem, was auch nur im geringsten als Verhaltensweise bezeichnet werden konnte – eine einzige Heuchelei machte. Schließlich trug er nur noch eine Maske konventionellen, albernen Lächelns, aus deren Augenschlitzen ein nicht im entferntesten zu den übrigen Zügen passender Blick funkelte. Doch davon hatte seine abgestumpfte Umwelt nicht einmal nach Jahren etwas bemerkt. Nur May Bartram war es durch eine unbeschreibliche Geschicklichkeit gelungen – gleichzeitig, vielleicht auch abwechselnd –, diesem Blick direkt zu begegnen und ihren eigenen Blick, gleichsam über seine Schulter hinweg, mit seinem Blick durch die Augenschlitze zu vereinen.

Während sie so miteinander älter wurden, wartete sie mit ihm und gewährte, daß diese Bindung auch ihrem Leben Form und Farbe verlieh. In ihrem Innern hatten alle Äußerlichkeiten und auch ihre Absonderung aufgehört zu bestehen, und jegliche Verhaltensweise im konventionellen Sinn war zu einer verzerrten Darstellung ihrer selbst geworden. Es gab nur eine einzige Darstellung ihrer selbst, die echt gewesen wäre; doch diese konnte sie niemand, am wenigstens John Marcher, offenbaren. Genaugenommen legte sie mit ihrer ganzen Haltung Zeugnis ab für etwas, dessen Wahrnehmung jedoch für John Marcher zu den zwangsläufig aus seinem Bewußtsein verbannten Dingen gehörte. Wenn sie überdies, gleich ihm, ihrer einzigen Wahrheit Opfer zu bringen hatte, so konnte nicht daran gezweifelt werden, daß sie der festen Überzeugung war, einen schnelleren und natürlicheren Ausgleich dafür zu erhalten. In dieser ihrer Londoner Zeit gab es Perioden, in denen ihnen ein Fremder, der die beiden zusammen sah, wohl kaum gelauscht hätte; andererseits konnte die einzige Wahrheit jede Sekunde an die Oberfläche dringen, und dann hätte sich der Lauscher über ihre Unterhaltung wahrscheinlich sehr gewundert. Sie hatten schon früh erkannt, daß die Gesellschaft zum Glück nicht gerade hellsichtig war, und der Bereich, über den sie dadurch verfügen durften, war bald zu einem ihrer ständigen Aufenthaltsorte geworden. Dennoch gab es immer wieder Augenblicke, in denen ihre Situation ihnen geradezu neu erschien – und dies war meistens auf eine Äußerung von ihr zurückzuführen. Wenn sich auch ihre Äußerungen wiederholten, so doch nur in größeren Zeitabschnitten. »Unsere Rettung ist, daß wir völlig dem allgemeinen Erscheinungsbild entsprechen: dem des Mannes und der Frau, deren Freundschaft – wenigstens beinahe – zur täglichen Gewohnheit und daher unentbehrlich geworden ist.« Zu dieser Bemerkung hatte sie häufig Gelegenheit, wenn sie ihr auch zu verschiedenen Zeiten verschiedenen Nachdruck verlieh. Was hier besonders interessieren dürfte, ist die Wendung, die diese Bemerkung nahm, als er eines Nachmittags May Bartram anläßlich ihres Geburtstages besuchte. Dieses Fest fiel auf einen Sonntag, zu einer Jahreszeit dichten Nebels und ständigen Dämmers. Er hatte ihr das übliche Geschenk gebracht, denn er kannte sie nun schon ziemlich lange, wodurch viele traditionelle Gewohnheiten zwischen ihnen entstanden waren. Mit diesem Geburtstagsgeschenk wollte er sich beweisen, daß er nicht gänzlich der Eigensucht verfallen sei. Meist war es nur ein kleines Schmuckstück, aber es war immer schön in seiner Art, und er war stets sorgfältig darauf bedacht, mehr dafür auszugeben, als er sich eigentlich leisten konnte. »Unsere Gewohnheiten sind zumindest Ihre Rettung. Sie unterscheiden Sie nämlich, was das Alltägliche betrifft, in keiner Weise von anderen Männern. Was charakterisiert schließlich den Mann im allgemeinen? Doch die Begabung, endlose Zeit mit törichten Frauen zu verbringen, sie mit ihnen zu verbringen, ohne – ich will nicht gerade sagen, ohne sich zu langweilen, aber wenigstens, ohne ihnen übelzunehmen, daß sie töricht sind, und ohne sich dadurch bis zum Rand des Wahnsinns treiben zu lassen; doch das kommt ja wohl auf dasselbe hinaus. In diesem Fall bin ich nun Ihre törichte Frau, bin ein Teil des täglichen Brotes, um das Sie in der Kirche beten. Und dadurch verwischen Sie Ihre Spuren nachhaltiger als durch alles andere.«

»Und was verwischt die Ihren?« fragte Marcher. »Ich verstehe Sie durchaus, wenn Sie sagen, daß Sie mich, wenigstens was die Umwelt angeht, in mancherlei Hinsicht retten – ich habe es schon immer verstanden. Aber was rettet Sie? Darüber habe ich mir oft Gedanken gemacht.«

Man hatte jetzt den Eindruck, als dächte sie ebenfalls oft darüber nach, wenn auch auf andere Weise. »Sie meinen, was die Umwelt angeht?«

»Nun ja, weil Sie auf mich eingestellt sind – natürlich deshalb, weil ich auf Sie eingestellt bin. Ich meine, weil Sie zu wichtig für mich sind, weil ich mir nur zu bewußt bin, was Sie für mich getan haben. Ich frage mich oft, ob das ganz fair ist. Ich meine fair, daß ich Sie derart beansprucht und an mich gefesselt habe. Manchmal denke ich, Sie können doch kaum zu etwas anderem Zeit gehabt haben.«

»Zu etwas anderem, als gefesselt zu sein?« fragte sie. »Aber will man denn überhaupt etwas anderes? Wenn ich mit Ihnen ›gewartet‹ habe, wie ich Ihnen vor langer Zeit versprach, so ist man ja allein schon durch das Warten aneinandergefesselt.«

»Jaja«, sagte John Marcher, »wären Sie nicht so neugierig gewesen –! Aber haben Sie nicht manchmal das Gefühl, Ihre Neugier sei nicht genügend belohnt worden?«

May Bartram überlegte. »Fragen Sie das etwa, weil Sie finden, die Ihre sei nicht genügend belohnt worden? Ich meine, weil Sie so lange warten müssen?«

Oh, wie gut er sie verstand! »Auf das, was geschehen soll und nie geschieht? Auf das Losschnellen des Raubtiers? Nein, ich stehe noch immer da, wo ich von Anfang an gestanden habe. Hier gibt es nichts zu wählen, keine Änderung zu beschließen. Hier kann es überhaupt keine Änderung geben. Es liegt im Schoß der Götter. Man befindet sich in der Hand des Schicksals – das ist es. In welcher Form sich dieses Schicksal jedoch auswirken, wie es vorgehen wird, das ist seine eigene Sache.«

»Ja«, erwiderte Miß Bartram, »natürlich kommt das Schicksal auf einen zu, natürlich kommt es auf seine eigene Art. Nur würde doch die Art in Ihrem Fall – ja, irgendwie außergewöhnlich und, wenn man so sagen darf, ganz individuell sein.«

Etwas an dieser Feststellung machte ihn argwöhnisch. »Sie sagen ›würde‹, als wären Ihnen Zweifel gekommen.«

»Aber hören Sie –!« protestierte sie schwach.

»Als glaubten Sie«, fuhr er fort, »daß nichts geschehen wird.«

Sie schüttelte langsam den Kopf. »Weit entfernt davon«, erwiderte sie ziemlich unergründlich.

Er sah sie immer noch an. »Was ist mit Ihnen los?«

»Was mit mir los ist?« sagte sie nach einer Weile. »Ich bin lediglich sicherer denn je, daß meine Neugier, wie Sie es nennen, nur zu gut belohnt werden wird.«

Sie waren ernst geworden; er hatte sich erhoben und war in dem kleinen Salon, in dem er nun Jahr um Jahr sein unvermeidliches Thema zur Sprache gebracht hatte, auf- und abgegangen; in dem er, wie man sagen könnte, ihre vertraute Gemeinschaft in jeder Form genossen hatte und wo ihm jedes Ding nicht weniger vertraut war als all die Dinge bei ihm zu Hause und wo die Teppiche abgenützt waren von seinen Schritten – wie die Schreibtische in alten Rathäusern abgenützt sind durch Generationen von Ratsschreiberellbogen. Hier waren die Generationen seiner Launen am Werk gewesen, und die Wohnung war gleichsam die Chronik seiner mittleren Mannesjahre. Unter dem Eindruck dessen, was seine Freundin soeben gesagt hatte, widmete er all diesen Dingen auf einmal weit mehr Aufmerksamkeit denn je; und dies veranlaßte ihn, nach kurzer Zeit erneut vor ihr stehenzubleiben. »Haben Sie etwa Angst?«

»Angst?« Als sie das Wort wiederholte, schien es ihm, als wechselte sie die Farbe; und da er hier offenbar auf die Wahrheit gestoßen war, erklärte er vorsichtig: »Sie erinnern sich doch, daß Sie mich genau dasselbe gefragt haben – damals, am ersten Tag in Weatherend.«

»Aber natürlich, und Sie sagten, Sie wüßten es nicht – ich solle selbst sehen. Wir haben seitdem kaum mehr darüber gesprochen, all die Jahre nicht.«

»Allerdings«, bestätigte Marcher, »als wäre die Angelegenheit viel zu delikat, um offen darüber sprechen zu können. Als könnten wir bei näherem Nachforschen dahinterkommen, daß ich wirklich Angst habe. Denn dann«, sagte er, »wüßten wir wohl kaum – oder? –, was tun.«

Darauf wußte sie keine Antwort. »An manchen Tagen habe ich tatsächlich geglaubt, Sie hätten Angst. Aber natürlich«, setzte sie hinzu, »hat es Tage gegeben, da wir alles für möglich hielten.«

»Alles – oh!« Marcher stöhnte leise, erschöpft nach Luft ringend, ob des Phantasiegebildes, das immer vor ihnen stand und sich ihm jetzt unverhüllter darbot denn je. Stets hatte es seine unberechenbaren Augenblicke gehabt, in denen es ihm aus dem Dschungel entgegenstarrte wie die Augen des oft erwähnten Raubtiers; und mochte er an sie auch gewöhnt sein; sie entlockten ihm doch immer noch einen abgrundtiefen Seufzer. Alles, was sie von Anfang bis heute gedacht hatten, überwältigte ihn; die Vergangenheit schien zu bloßer sinnloser Spekulation zusammengeschmolzen zu sein. Genau dies hatte ihm die Wohnung eben noch bezeugt: die Vereinfachung aller Dinge außer dem Argwohn. Dieser verblieb allein dadurch, daß er in der ihn umgebenden Leere zu schweben schien. Selbst Marchers anfängliche Angst – falls es überhaupt Angst gewesen war – hatte sich in dieser Wüste verloren. »Sie werden aber doch wohl sehen«, meinte er, »daß ich keine Angst habe.«

»Was ich sehe, was ich erkenne, ist, daß Sie eine unerwartete Eigenschaft erworben haben: Sie haben sich an die Gefahr gewöhnt. Sie leben nun schon so lange und eng mit ihr zusammen, daß sie das Gefühl für sie verloren haben; Sie wissen, daß sie da ist, und doch ist es Ihnen gleichgültig, ja, Sie haben sogar aufgehört, im Dunkeln zu pfeifen. Bedenkt man, um welche Gefahr es geht«, schloß May Bartram, »muß ich schon sagen, daß Ihre Haltung wohl kaum zu übertreffen ist.«

John Marcher lächelte schwach. »Sie halten sie also für heroisch?«

»Wenn Sie es so nennen wollen – gewiß.«

Genauso wollte er sie auch genannt wissen. »Dann bin ich also ein mutiger Mensch?«

»So jedenfalls zeigen Sie sich mir.«

Er forschte jedoch weiter. »Aber weiß ein mutiger Mensch nicht immer, wovor er Angst hat – oder vielmehr nicht Angst hat? Und ich weiß es doch nicht. Ich erkenne es nicht. Ich kann es nicht bei Namen nennen. Ich weiß nur, daß ich verdammt bin.«

»Ja, aber – wie soll ich sagen? – so unmittelbar verdammt. So persönlich. Das genügt doch wahrhaftig.«

»Genügt also, um Ihnen das Gefühl zu geben – in bezug auf das, was wir das Ende und den Gipfel unseres Wartens nennen könnten –, ich hätte keine Angst?«

»Sie haben keine Angst. Aber nicht dies ist das Ende unseres Wartens«, erwiderte sie. »Ist nicht Ihr Ende. Sie haben noch alles vor sich.«

»Und warum Sie nicht?« fragte er. Er hatte an diesem Tag dauernd das Gefühl gehabt, daß sie etwas vor ihm verberge, und er hatte dieses Gefühl immer noch. Da er diesen Eindruck zum erstenmal hatte, fand er dies doppelt bedeutsam. Die Geschichte wurde ihm um so verdächtiger, als sie nicht sogleich antwortete, und so bohrte er weiter. »Sie wissen doch etwas, was ich nicht weiß.« Für einen Mann von Mut zitterte seine Stimme bedenklich. »Sie wissen, was geschehen wird.« Ihr Schweigen und ihr Blick kamen einem Geständnis gleich – er war seiner Sache

sicher. »Sie wissen es, haben aber Angst, es mir zu sagen. Es ist so grauenvoll, daß Sie fürchten, ich könnte es herausfinden.«
All dies mochte wahr sein, denn jetzt sah sie ihn an, als hätte er – und dies zu ihrer Verwunderung – eine geheimnisvolle Linie überschritten, die sie um sich gezogen hatte. Doch darüber hätte sie sich keine Sorgen zu machen brauchen; es lief nämlich darauf hinaus, daß er es auch nicht brauchte. »Sie werden es nie herausfinden.«

III

Dennoch war es, wie ich schon sagte, eine bedeutsame Stunde gewesen. Dies ging allein schon aus der Tatsache hervor, daß, selbst nach langer Zeit noch, andere Themen, die sie untereinander besprachen, im Vergleich dazu lediglich den Charakter von Erinnerungen besaßen. Die unmittelbare Wirkung jenes Gesprächs lag darin, daß es gezielte Anspielungen erleichterte, wenn nicht gar zur Reaktion herausforderte – so, als wäre ihrer beider Lieblingsthema durch sein eigenes Gewicht zur Sprache gekommen und Marcher überdies von gelegentlichen Warnungen einer inneren Stimme, nicht egoistisch zu sein, heimgesucht worden. Er hatte seiner Ansicht nach niemals vergessen, wie wichtig es war, nicht egoistisch zu sein, und er glaubte auch, daß es ihm gelungen sei; wenigstens hatte er in dieser Hinsicht nie gesündigt, ohne nicht gleich darauf die Waage nach der andern Seite hinunterzudrücken. Oft machte er, wenn die Saison es erlaubte, seinen Fehler dadurch wieder wett, daß er seine Freundin in die Oper einlud; es geschah keineswegs selten, daß er, um ihr zu zeigen, er habe auch noch andere geistige Kost für sie bereit, dort bis zu zehnmal im Monat mit ihr erschien. Es kam sogar vor, daß er, wenn er sie bei solchen Gelegenheiten nach Hause begleitete, noch mit ihr hineinging, um, wie er sagte, den Abend abzurunden, und sich, in Betonung dieser Absicht, zu dem frugalen, aber stets liebevoll zusammengestellten kleinen Souper niedersetzte, das ihn dort bereits erwartete. Er tat ihr, wie er fand, dadurch Genüge, daß er nicht immer und ewig nur von sich redete – dadurch zum Beispiel, daß sie sich, sofern sich dies ergab, ans Klavier setzten, das zu spielen sie beide gleichermaßen verstanden, und einige Partien der eben gehörten Oper durchgingen.

Bei einer dieser Gelegenheiten war es, daß er sie daran erinnerte, sie habe die an ihrem Geburtstag von ihm gestellte Frage immer noch nicht beantwortet. »Was rettet Sie?« – rettete sie davor, so meinte er, eben nicht anders zu erscheinen als die gewöhnlichen Sterblichen. Wenn er, wie sie behauptete, den Argusaugen der Gesellschaft entgangen war, weil er im entscheidenden Punkt das getan hatte, was die meisten Männer tun – die richtige Antwort auf das Leben darin zu finden, daß sie irgendeine Bindung mit irgendeiner Frau eingehen, die nicht besser ist als sie selbst –, wie hatte dann sie entkommen können, und wie kam es, daß ihr Verhältnis, von dem man doch annehmen mußte, es sei nicht unbemerkt geblieben, sie anscheinend nicht ins Gerede brachte?

»Ich habe nie behauptet«, sagte May Bartram, »daß es mich nicht ins Gerede gebracht hat.«

»Oh – dann sind Sie aber nicht gerettet.«

»Das war für mich auch nie entscheidend. Wenn Sie ›Ihre Frau‹ gefunden haben«, sagte sie, »so habe ich ›meinen Mann‹ gefunden.«

»Und Sie meinen, das genügt?«

Es war immer das gleiche: es hätte dazu unendlich viel zu sagen gegeben! »Ich wüßte nicht, warum es mir nicht – menschlich gesehen, und davon sprechen wir doch – genügen sollte, genauso wie Ihnen.«

»Ich verstehe«, gab Marcher zurück. »›Menschlich gesehen‹, weil es Ihnen beweist, daß Sie für etwas leben. Nicht nur für mich und mein Geheimnis.«

May Bertram lächelte. »Ich möchte nicht behaupten, es beweise, daß ich nicht für Sie lebe. Es geht hier um meine vertraute Beziehung zu Ihnen.«

Als er begriff, was sie meinte, lachte er. »Ja, aber wenn ich, wie Sie sagen, in den Augen der Leute ein ganz alltäglicher Mensch bin, sind auch Sie nichts anderes als alltäglich, oder etwa nicht? Sie helfen mir, daß man in mir einen Mann sieht, der sich von keinem anderen unterscheidet. Wenn ich also wirklich einer bin, sind Sie – falls ich Sie recht verstanden habe – nicht kompromittiert. So ist es doch?«

Wieder einmal schwieg sie kurze Zeit, gab dann aber eine unmißverständliche Antwort. »So ist es. Das ist alles, was mich interessiert – Ihnen zu helfen, daß man in Ihnen einen Mann sieht, der sich von keinem anderen unterscheidet.«

Er war darauf bedacht, ihr für dieses Bekenntnis möglichst freundlich zu danken.

»Wie lieb, wie schön von Ihnen! Wie soll ich Ihnen das je vergelten?«

Noch einmal schwieg sie voller Ernst, als gäbe es dafür die verschiedenartigsten Vergeltungen. Dann schließlich entschied sie sich. »Indem Sie bleiben, wie Sie sind.«

Auf dieses »Bleiben-wie-er-war« kamen sie immer wieder zurück, so daß dieser Tag unvermeidlich zu einem weiteren Ausloten ihrer Abgründe führte. Diese Abgründe – überbrückt von einer Konstruktion, die, trotz ihrer Leichtigkeit und ihrer gelegentlichen Schwingungen in der nicht gerade beständigen Luft, doch recht fest war – verlockten sie immer wieder dazu, ihren Mut dadurch zu beweisen, daß sie mit dem Senkblei die Tiefe ausmaßen. Es hatte sich jetzt ein für allemal dadurch etwas geändert, daß sie bisher offenbar nie das Bedürfnis gekannt hatte, die Last eines aus Hemmung unausgesprochenen Gedankens zurückzuweisen – eine Last, die von ihr zum Abschluß eines ihrer bedeutsamsten Gespräche angedeutet worden war. Er hatte damals begriffen, daß sie etwas »wußte« und daß das, was sie wußte, für ihn schlecht war – so schlecht, daß sie es ihm nicht zu sagen wagte. Als er seinerzeit gemeint hatte, es sei wohl so schlecht, daß sie fürchte, er könne es herausfinden, war ihre Antwort zu doppelsinnig gewesen, um überhört zu werden – und war doch andererseits für den äußerst sensiblen Marcher viel zu schön, um noch einmal aufgenommen zu werden. Er umkreiste diese Frage in einer abwechselnd näheren und weiteren Entfernung, ohne sich dabei von seinem Gefühl beeinflussen zu lassen, May könne doch niemals etwas besser wissen als er. Sie besaß keine Quelle des Wissens, die er nicht ebenfalls besaß, wenn es auch sein konnte, daß sie ein feineres Gespür hatte. Das war es, was die Frauen auszeichnete, wenn sie sich zu etwas hingezogen fühlten; sie erkannten manches bei anderen Menschen, das diese selbst niemals herausgefunden hätten. Ihr Gespür, ihre Empfindsamkeit, ihre Phantasie waren ihnen Führer und Offenbarer, und das Schöne an May Bartram war vornehmlich, daß sie sich ausschließlich seinem Fall widmete. Merkwürdig, er spürte in diesen Tagen eine Furcht, die er nie zuvor gekannt hatte: er könnte sie durch irgendeine Katastrophe verlieren – eine Katastrophe, die aber nicht seine Katastrophe sein würde. Dieses Empfinden rührte einerseits daher, daß sie ihm auf einmal notwendiger erschien als je, andererseits daher, daß ihre Gesundheit zu seiner Überraschung neuerdings recht schwankend war. Es war bezeichnend für seine innere Freiheit, die er bisher erfolgreich gewahrt hatte und auf die sich dieser ganze Bericht bezieht, daß sich die Komplikationen noch nie so wie in der jetzigen Krise um ihn gehäuft hatten: so hoch gehäuft, daß er sich fragen mußte, ob er sich nicht bereits innerhalb Sicht- oder Hörweite, Fassungs- oder Reichweite, innerhalb des unmittelbaren Bezirkes des von ihm erwarteten Ereignisses befinde.

Als der unausweichliche Tag kam, da ihm seine Freundin gestand, sie müsse eine schwere Blutkrankheit befürchten, überfiel ihn der Schatten einer Vorahnung, der Schauer des Entsetzens. Sogleich stellte er sich vor, wie sich ihr Zustand verschlimmerte und zu unheilvollem Ende führte, und zu allem sah er in der über ihr schwebenden Gefahr auch noch eine unmittelbare Bedrohung seiner selbst. Dies riß ihn immerhin ein wenig aus seinem Gleichmut, was ihm nur gelegen kam – bewies es ihm doch, daß er vornehmlich an jenen Verlust dachte, den *sie* dadurch erleiden könnte. Was, wenn sie stürbe, ohne erfahren, ohne gesehen zu haben –? Ihr diese Frage in dem augenblicklichen Anfangsstadium ihrer Befürchtungen laut zu stellen wäre einfach brutal gewesen; aber sie bedrängte ihn doch von Stund an, und allein die Möglichkeit rang ihm tiefes Mitleid ab. Sollte sie überdies durch eine – wie durfte er es nennen? – geheimnisvolle, unabweisbare Erleuchtung etwas »wissen«, würde dies die Situation nur verschlimmern, insofern als seine eigene Erwartung, die sie sich von Anfang an zu eigen gemacht hatte, ihr ganzer Lebensinhalt geworden war. Sie hatte gelebt, um zu sehen, was zu sehen sein würde, und es mußte sie unendlich quälen, daß sie dahingehen sollte, ehe sich ihre Vision bestätigt hätte. Wie gesagt: derlei Überlegungen beflügelten seine Großmut; doch je mehr er sich ihnen überließ, desto verstörter wurde er. Die Zeit flog auf eine merkwürdige Weise unaufhaltsam dahin, und das sonderbarste daran war, daß dies – unabhängig von den drohenden Unannehmlichkeiten – fast die einzige Überraschung war, die ihm seine Laufbahn, sofern man sie überhaupt eine Laufbahn nennen konnte, geboten hatte. Sie hütete jetzt das Haus wie nie zuvor; wenn er sie sehen wollte, mußte er sie besuchen – sie konnte sich nirgends mehr mit ihm treffen, obwohl es doch kaum einen Winkel in ihrem guten alten London gab, in dem sie sich nicht irgendwann einmal getroffen hatten; und stets fand er sie nun am Feuer sitzen in dem tiefen, altmodischen Sessel, den sie fast nie mehr zu verlassen vermochte. Als er sie eines Tages nach einer ungewöhnlich langen Pause wieder besuchte, erschrak er darüber, daß sie ihm auf einmal viel älter erschien als bisher; dann jedoch mußte er einsehen, daß dies allein an ihm lag – er hatte es einfach erst jetzt bemerkt. Sie sah älter aus, weil sie nach all den Jahren natürlich alt *war* – wenigstens ziemlich alt –, was selbstverständlich noch weit mehr für ihren Gefährten galt. Wenn sie alt, ziemlich alt war, dann war es John Marcher schon lange, und doch war es ihr und nicht sein Anblick, der ihn davon überzeugte. Hier begannen die Überraschungen: nachdem sie erst einmal eingesetzt hatten, vervielfachten sie sich, überfielen ihn wie ein Sturzbach – als wären sie bisher auf die merkwürdigste Weise zurückgehalten worden, umklammert von dichtem Gestrüpp, um jetzt, an ihrer beider Lebensabend, zu einer Zeit, da für andere Menschen das Unerwartete längst dahin ist, hervorzubrechen.

Zu diesen Überraschungen gehörte, daß er sich tatsächlich bei dem Gedanken ertappt hatte, ob das große Ereignis womöglich nichts weiter sein sollte, als daß er dazu verurteilt war, diese charmante Frau, diese bewundernswerte Freundin sterben zu sehen. Noch nie hatte er sich so rückhaltlos eingestanden, was sie ihm war, wie bei dem Gedanken an solch eine Möglichkeit; dennoch gab es für ihn kaum einen Zweifel, daß das einfache Verlöschen selbst eines so subtilen Zuges in seinem Leben als Antwort auf das lange Rätselraten nur ein verachtenswerter Rückschritt sein konnte. Es müßte, gemessen an seiner bisherigen Haltung, seine Würde herabmindern, wodurch sich seine Existenz als der groteskeste aller Fehlschläge erwiese. Bis heute hatte er keine Minute daran gedacht, seine Existenz als Fehlschlag zu betrachten; denn er hatte ja immer nur auf jenes Ereignis gewartet, das aus ihr einen Erfolg machen sollte. Er hatte auf etwas ganz anderes gewartet, jedenfalls nicht auf so etwas. Der Atem seines guten Glaubens jedoch stockte ihm, als er begriff, wie lange er – oder wenigstens seine Gefährtin – gewartet hatte. Daß man von ihr nun würde sagen müssen, sie habe vergeblich gewartet, dies bedrückte ihn sehr, vor allem, weil er zuerst nicht viel mehr getan hatte, als sich über diese Vorstellung zu amüsieren. Die Situation wurde ernster, je deutlicher der Ernst ihres Zustands zutage trat, und die Verfassung, in die er dadurch geriet – und die er betrachtete, als handelte es sich um eine körperliche Entstellung –, war nur eine weitere seiner Überraschungen. Zu dieser kam noch eine andere: daß er sich zu seiner Verblüffung einer Frage bewußt wurde, die er auch ausgesprochen haben würde, hätte er dazu nur den Mut gehabt. Was bedeutete dies – nämlich *sie* und ihr vergebliches Warten und ihr wahrscheinlicher Tod und die stumme Warnung vor alldem –, was bedeutete dies anderes, als daß es jetzt unabänderlicher- und unbegreiflicherweise zu spät war! Niemals hatte er, in keinem Stadium seiner sonderbaren Ahnung, gewagt, zu einer solchen Kritik auch nur anzusetzen; bis zu diesen letzten Monaten war er seiner Überzeugung gegenüber nie so unehrlich gewesen, um nicht immer wieder zu betonen, daß das, was kommen sollte, Zeit hatte – ob er selber nun glaubte, diese Zeit zu haben, oder nicht. Daß er sie wirklich nicht hatte, wenigstens nicht in nennenswertem Maße, dies wurde ihm im Verlauf der Ereignisse zur Erkenntnis, mit der seine alte Zwangsvorstellung zu rechnen hatte: und daran änderte auch jene ständig wachsende Gewißheit nichts, daß die große Unsicherheit, in deren Schatten er bisher gelebt hatte, ihm jetzt, um sich zu behaupten, fast keinen Raum mehr ließ. Da er seinem Schicksal rechtzeitig begegnen mußte, mußte auch sein Schicksal rechtzeitig handeln, und als ihm klar wurde, daß er nicht mehr jung war – verbraucht und damit kraftlos –, wurde ihm auch noch etwas anderes klar. Alles hing miteinander zusammen; beide – er und die große Unsicherheit – waren Gegenstand ein und desselben unteilbaren Gesetzes. Wenn also die Möglichkeiten verbraucht waren, wenn das Geheimnis der Götter verblaßt, ja vielleicht gänzlich dahingeschwunden war, dann war dies, dies allein, das Versagen. Es wäre kein Versagen gewesen, bankerott, entehrt, angeprangert, aufgehängt zu sein; das Versagen war vielmehr, nichts zu sein. Nur deshalb stellte er keine Fragen, als er sich in dem dunklen Tal dahintastete, in dem sein Weg eine so unvorhergesehene Wendung genommen hatte. Er kümmerte sich nicht darum, welch entsetzliche Katastrophe ihn wohl überfallen, mit welcher Schmach oder sonstigen Grausamkeit er beladen werden könnte – denn schließlich war er noch nicht zu alt zum Leiden –, wenn sie nur zu der Haltung, die er ein Leben lang in ihrer drohenden Gegenwart eingenommen hatte, im richtigen Verhältnis stünde. Er kannte bloß noch den einen Wunsch: er möge nicht um sie »betrogen« werden.

IV

Eines Nachmittags schließlich, im noch jungen Frühling, antwortete sie in der ihr eigenen Art auf das offene Geständnis seiner Befürchtungen. Er hatte sie ziemlich spät aufgesucht, wenn es auch noch nicht Abend war, und so sah er sie in dem lange währenden, reinen Licht der ersten Apriltage, das uns oft trauriger zu stimmen vermag als die trübsten Stunden des Herbstes. Die ganze Woche über war es sehr warm gewesen – der Frühling hatte zeitig eingesetzt –, und May Bartram saß zum erstenmal in diesem Jahr, ohne daß ein Feuer im Kamin brannte, im Zimmer; dies gab, wie Marcher fand, der Szene, deren zarten und bestimmenden Mittelpunkt die Gefährtin bildete, in ihrer untadeligen Ordnung und kühlen, gleichgültig freundlichen Stimmung die Ahnung, daß dieses Zimmer nie wieder ein Feuer sehen würde. May Bartrams Erscheinung – er hätte kaum sagen können warum –, verstärkte diesen Eindruck nur noch. Wachsbleich, mit zahlreichen und nadelfein gezeichneten Linien im Gesicht, in weichen weißen Hüllen, die durch einen verschossenen grünen Schal auf die seit Jahren zunehmende zarte Blässe abgestimmt waren, kam sie dem Abbild einer gelassenen und empfindsamen, aber unergründlichen Sphinx gleich, deren Kopf, ja ganze Gestalt von Silber überstäubt zu sein schien. Sie war eine Sphinx, doch mit ihrer weißen Blüte und den grünen Blättern hätte sie ebensogut eine Lilie sein können – eine künstliche Lilie allerdings, liebevoll imitiert und stets geschützt von einer Glasglocke: unerreichbar für Staub und Schmutz, wenn auch mehr und mehr mit hängendem Kopf und von feinen Rissen durchzogen. Schon immer hatte man von ihrer Wohnung den Eindruck eines überaus gepflegten Haushalts, des Glanzes und der Vollkommenheit gehabt; jetzt jedoch wirkte sie, als wäre alles verpackt und verschnürt und weggeräumt worden, so daß May Bartram nur noch mit den Händen im Schoß dasitzen konnte. Für Marcher war sie über all dies hinaus, ihr Werk war getan; sie sprach mit ihm wie über einen Abgrund hinweg oder von einer vor ihm erreichten einsamen Insel aus, und dadurch fühlte er sich zu seinem Erstaunen verlassen. Kam es – oder vielmehr: kam es nicht – daher, daß während der langen mit ihm verbrachten Wartezeit die Antwort auf ihre Frage in May Bartrams Hörweite gelangt war und Gestalt angenommen hatte – und daß ihre Anteilnahme somit erloschen war? Noch vor einigen Monaten hatte er ihr vorgeworfen, sie wisse etwas, das sie vor ihm verberge. Diesen Punkt hatte er seither nie mehr zu erwähnen gewagt, weil er aus unerklärlichen Gründen fürchtete, es könnte eine Unstimmigkeit, ein Mißklang zwischen ihnen entstehen. Dies hatte ihn in letzter Zeit nervös gemacht; und das Seltsame an dieser Nervosität, die er all die Jahre nie gekannt, war, daß sie ihn so lange verschont hatte, bis er zu zweifeln begonnen, sich so lange ferngehalten hatte, als er noch seiner sicher war. Er hatte das Gefühl, es gebe da etwas, das schon bei einem einzigen falschen Wort auf sein Haupt herniederkäme und so wenigstens die unerträgliche Spannung mildern würde. Aber er wollte dieses falsche Wort nicht aussprechen – das hätte alles verdorben. Er wollte, daß jene ihm fehlende Erkenntnis durch ihr eigenes erlauchtes Gewicht auf ihn herunterfalle – sofern sie überhaupt zu fallen vermochte. Wenn sie ihn im Stich lassen wollte, dann war es an ihr, Abschied zu nehmen. Darum also fragte er sie nie mehr direkt danach, was sie wisse; darum aber auch fragte er sie, wobei er sich dem Thema von einer andern Seite näherte, im Laufe seines Besuches: »Was halten Sie für das Schlimmste, das mir noch passieren kann?«

In der Vergangenheit hatte er sie dies oft genug gefragt; in dem seltsamen, unregelmäßigen Rhythmus des gegenseitigen Sichnäherns und Sichzurückziehens hatten sie ihre Gedanken darüber ausgetauscht und dann zusehen müssen, wie diese Gedanken von kühlen Intervallen weggewaschen wurden gleich in den Meeressand gezeichneten Figuren. Es war stets bezeichnend für ihre Gespräche gewesen, daß ihre ältesten Anspielungen nur einen kleinen Anstoß brauchten: sofort waren sie wieder da und klangen in der augenblicklichen Stunde wie neu. So konnte sie auch jetzt seine Frage neu und voller Geduld beantworten. »O ja, ich habe wiederholt darüber nachgedacht, aber ich bin mir nie schlüssig geworden. Ich habe an alle möglichen entsetzlichen Dinge gedacht, und die Wahl ist mir dabei recht schwergefallen – sicherlich ist es Ihnen nicht anders ergangen.«

»Allerdings! Ich habe manchmal das Gefühl, ich hätte kaum je

etwas anderes getan. Ich komme mir vor, als hätte ich mein Leben damit verbracht, an nichts anderes als an entsetzliche Dinge zu denken. Von vielen habe ich Ihnen immer wieder erzählt, aber es gab auch manche, von denen ich nichts erzählen konnte.«
»Weil sie zu entsetzlich waren?«
»Zu entsetzlich – wenigstens einige davon.«
Sie blickte ihn kurz an, und da kam ihm der abwegige Gedanke, daß ihre Augen, wenn man direkt in sie hineinblickte, noch immer so schön waren wie in ihrer Jugend, wenn auch schön durch ein merkwürdig kaltes Licht – ein Licht, das die Folge der fahlen, harten Süße dieser Jahreszeit und Stunde zu sein schien, falls es nicht überhaupt ihre Ursache war. »Und doch«, sagte sie, »gab es auch Entsetzliches, über das wir gesprochen haben.«
Zwar betonte es das Sonderbare dieser Situation, sie – diese Gestalt in diesem Rahmen – von »Entsetzlichem« sprechen zu hören, aber nach wenigen Minuten tat sie etwas noch viel Sonderbareres – wenn ihm auch dies in seinem vollen Umfang erst hinterher aufging –, und das kündigte sich bereits jetzt durch ein leichtes Beben an. Daß ihre Augen wieder so stark flackerten wie schon in der Jugend, war jedenfalls ein sicheres Anzeichen dafür. Vorerst jedoch mußte er ihr recht geben. »Gewiß, zuzeiten sind wir ziemlich weit gegangen.« Er ertappte sich, daß er darüber sprach, als wäre bereits alles vorbei. Er hätte gewünscht, es wäre so; und er sah ganz deutlich, wie die Klärung mehr und mehr von seiner Freundin abhing.
Sie aber mußte lächeln. »Ach, weit – !«
Es klang seltsam ironisch. »Wollen Sie damit sagen, daß Sie gern noch weiter gehen möchten?«
Ihr zartes, gealtertes Gesicht blickte ihn liebevoll an, doch offenbar hatte sie den Faden verloren. »Finden Sie wirklich, daß wir je ›weit gegangen‹ sind?«
»Haben Sie denn das nicht eben gemeint – daß wir den meisten Dingen ins Auge gesehen haben?«
»Auch einander?« Sie lächelte noch immer. »Aber Sie haben recht. Wir haben uns großen Träumen hingegeben, oft auch großen Ängsten – doch es gab stets noch einige, die unausgesprochen blieben.«
»Und dem Schlimmsten – dem haben wir schon gar nicht ins Auge gesehen. Ich könnte es, bestimmt, wenn ich nur wüßte, was Sie sich darunter vorstellen. Mir ist«, erklärte er, »als hätte

ich die Kraft verloren, solche Dinge zu begreifen.« Er überlegte, ob er jetzt wohl ebenso leer aussähe, wie seine Worte klangen. »Ich bin verbraucht.«

»Woraus schließen Sie dann«, fragte sie, »daß ich es nicht bin?«

»Weil Sie mir immer wieder das Gegenteil beweisen. Für Sie ist es keine Frage des Begreifens, Erträumens, Vergleichens. Für Sie ist es keine Frage der Wahl mehr.« Endlich kam er darauf zu sprechen. »Sie wissen etwas, das ich nicht weiß. Das haben Sie mich einmal deutlich merken lassen.«

Er spürte sofort, daß er sie damit bis ins Mark getroffen hatte, und sie antwortete sehr energisch: »Ich habe Sie gar nichts merken lassen, mein Lieber.«

Er schüttelte den Kopf. »Sie können es nicht verbergen.«

»Oh, oh!« rief May Bartram ob dem, was sie nicht verbergen konnte. Es war nahezu ein gedämpftes Stöhnen.

»Sie haben es schon vor Monaten zugegeben, als ich sagte, Sie fürchteten sich davor, ich könnte es herausfinden. Sie erwiderten damals, daß ich es nicht herausfinden könne und werde, und ich muß gestehen, daß Sie recht hatten. Aber Sie hatten an etwas Bestimmtes gedacht, und ich verstehe jetzt, daß es für Sie die einzige von allen Möglichkeiten war und immer noch ist, die Ihnen als die schlimmste erscheint. Eben deshalb«, fuhr er fort, »frage ich Sie. Ich habe heute nur noch Angst vor dem Nichtwissen – vor dem Wissen habe ich keine Angst mehr.« Und dann, als sie nichts darauf antwortete: »Ich bin meiner Sache ganz sicher, einfach weil ich in Ihrem Gesicht lese und aus der Atmosphäre hier und aus all den Dingen um Sie herum spüre, daß Sie es hinter sich haben. Sie sind fertig damit. Sie haben Ihre Erfahrung gemacht. Sie überlassen mich meinem Schicksal.«

Starr und blaß lauschte sie in ihrem Sessel, als sollte eine Entscheidung gefällt werden, und so legte sie allein schon mit ihrer Haltung gewissermaßen ein Bekenntnis ab, wenn auch ihr Geständnis durch ein letztes Zögern unvollkommen blieb. »Ja, es wäre das Schlimmste«, wagte sie schließlich zu gestehen. »Ich meine das, was ich nie gesagt habe.«

Für einige Sekunden benahm ihm dies den Atem. »Noch ungeheuerlicher als all die Ungeheuerlichkeiten, die wir uns ausgedacht haben?«

»Noch ungeheuerlicher. Aber sagt das nicht schon hinreichend die Bezeichnung ›das Schlimmste‹?«

Marcher überlegte. »Gewiß – falls Sie, wie ich, etwas meinen, das allen Schaden und alle nur denkbare Schande einschließt.«

»Das würde es – sofern es geschähe«, sagte May Bartram. »Sie dürfen nicht vergessen, daß wir nur von dem sprechen, was ich mir vorstelle.«

»Von dem, was Sie glauben«, erwiderte Marcher. »Das genügt mir. Ich weiß, daß Sie immer das Richtige glauben. Wenn Sie also etwas wissen und es mir nicht sagen, lassen Sie mich im Stich.«

»Nein, nein!« widersprach sie. »Sehen Sie denn nicht, daß ich immer noch bei Ihnen bin?« Uns als wollte sie ihm dies beweisen, erhob sie sich aus ihrem Sessel – eine Bewegung, die sie in letzter Zeit kaum mehr gewagt hatte – und zeigte ihm ihre zarte und eingehüllte, zerbrechliche und schlanke Gestalt. »Ich habe Sie nicht im Stich gelassen.«

Dies war eine großherzige Geste des Kampfes gegen die Schwäche, und wäre diese körperliche Anstrengung nicht zum Glück so erfolgreich gewesen, dann würde es Marcher mehr Schmerz als Freude bereitet haben. Als sie leicht schwankend vor ihm stand, breitete sich der kühle Zauber ihres Blicks über ihre ganze Gestalt aus, so daß man für Sekunden fast von einer wiedergeschenkten Jugend hätte sprechen können. Daher vermochte er nicht, sie zu bemitleiden, sondern konnte sie nur nehmen, wie sie sich darbot: als immer noch fähig, ihm zu helfen. Und doch mußte er gleichzeitig befürchten, ihr Licht könnte jeden Augenblick verlöschen; darum mußte er sich beeilen. In seinem Kopf drängten sich die Fragen, auf die er so sehnlich eine Antwort begehrte; aber was er schließlich aussprach, schob alles andere beiseite. »Dann sagen Sie mir, ob ich in vollem Bewußtsein leiden werde.«

Sie schüttelte spontan den Kopf. »Niemals!«

Dies bestätigte ihm die Autorität, die er ihr zubilligte, und überdies hatte es eine unerwartete Wirkung. »Nun also, was kann mir Besseres passieren? Und das nennen Sie das Schlimmste?«

»Sie finden es so am besten?« fragte sie.

Offenbar meinte sie etwas ganz Bestimmtes, und deshalb überlegte er wieder angestrengt, wenn auch immer noch in der vagen Hoffnung auf Erleichterung. »Warum nicht – wenn man es doch nicht merkt?« Als sich ihre Blicke über dieser Frage schweigend trafen, lichtete sich das Dunkel, und aus ihrem Gesicht sprach unaufhörlich eine Botschaft für ihn. Als er sie aufzunehmen versuchte, schoß ihm die Röte in die Stirn, und der Atem stockte ihm ob der Gewalt eines Gedankens, zu dem sogleich alles andere nahtlos paßte. Noch war nichts zu hören als sein erregtes Atmen; schließlich fand er seine Sprache wieder. »Wenn das so ist, daß ich nicht bewußt leide, ist mir alles klar.«

In ihrem Blick jedoch lag Zweifel. »Was ist Ihnen klar?«

»Nun ja, was Sie meinten – was Sie immer gemeint haben.«

Wieder schüttelte sie den Kopf. »Was ich jetzt meine, ist nicht das, was ich immer gemeint habe. Es ist etwas anderes.«

»Etwas Neues?«

Sie zögerte. »Etwas Neues. Nicht das, was Sie denken. Ich sehe Ihnen an, was Sie denken.«

Und so verblaßte seine Erleuchtung; aber immerhin konnte ihre Korrektur ja auch falsch sein. »Sie meinen nicht, daß ich ein Narr bin?« fragte er, schwankend zwischen Schwäche und Verbissenheit. »Nicht, daß alles ein Irrtum war?«

»Ein Irrtum?« wiederholte sie mitleidig. Diese Möglichkeit wäre, wie er sofort erkannte, für sie in der Tat ungeheuerlich gewesen; und da sie ihm die Immunität gegen den Schmerz verbürgt hatte, konnte sie diese Möglichkeit wohl kaum gemeint haben. »O nein«, erklärte sie, »nichts dergleichen. Sie haben sich nicht geirrt.«

Und doch konnte er noch immer nicht umhin, sich zu fragen, ob sie, die sich jetzt in die Enge getrieben fühlte, nur so spreche, um ihm etwas zu ersparen. Er meinte, in einen Abgrund versinken zu müssen, wenn sich sein Schicksal nur als eine Platitüde erwiese. »Sagen Sie mir die Wahrheit? Bin ich wirklich kein größerer Idiot, als ich ertragen kann? Ich habe also nicht in einer vergeblichen Erwartung gelebt, in der betrogensten aller Illusionen? Ich habe nicht bloß darauf gewartet, daß mir die Tür vor der Nase zugeschlagen wird?«

Wieder schüttelte sie den Kopf. »Ganz gleich, was es ist – das ist nicht die Wahrheit. Ganz gleich welche – es *ist* eine Wirklichkeit. Die Tür ist nicht zu. Die Tür steht offen«, sagte May Bartram.

»Dann wird also etwas kommen?«

Sie schwieg abermals, noch immer die kühlen, gütigen Augen auf ihn gerichtet. »Es ist noch nicht zu spät.« Sie hatte mit schleppenden Schritten den Abstand zwischen ihnen verringert und stand nun dicht vor ihm, stand ganz nahe, eine Minute fast, wie beladen von dem auf ihr lastenden Gewicht des Unausgesprochenen. Ihre Bewegung mochte der feinere Ausdruck dessen sein, was sie zögernd und entschlossen zugleich sagen wollte. Er stand immer noch am Kamin, in dem kein Feuer brannte und dessen einziger Schmuck eine schöne kleine französische Uhr und zwei Figuren aus zartrosa Dresdner Porzellan bildeten; ihre Hand umklammerte den Sims, während sie ihn warten ließ, umklammerte ihn, als suchte sie Halt und Ermutigung. Sie ließ ihn jedoch nur warten; das heißt, er wartete lediglich. Aus ihrer Bewegung und Haltung war mit einem Male klargeworden, und zwar auf das schönste und eindringlichste, daß sie ihm noch mehr zu geben hatte; ihr leidendes Gesicht leuchtete geradezu davon, und in ihren Zügen glitzerte gleißender Silberglanz. Sie konnte sich nicht irren, keinesfalls, denn was er in ihrem Gesicht las, war die Wahrheit, und das Merkwürdige und Widersinnige war, daß sie diese Wahrheit, noch während ihr Gespräch über das Schreckliche nachhallte, als etwas ungewöhnlich Köstliches darbot. Dies verwirrte ihn, und er atmete nur noch dankbarer ob ihrer Enthüllung, und so standen sie schweigend voreinander, ihr Gesicht strahlte ihn an, und er war unter dem fühlbaren Druck ihrer Gegenwart zurückhaltend, aber voller Erwartung. Es endete jedoch damit, daß das, was er erwartete, ausblieb. Statt dessen geschah etwas anderes, das sich vorerst nur dadurch ankündigte, daß sie die Augen schloß. Gleichzeitig durchlief sie ein leichter, kaum merklicher Schauer, und obwohl er sie weiterhin ansah – ja, nur noch intensiver ansah –, wandte sie sich ab und schleppte sich zu ihrem Sessel. Damit war das, was sie vorgehabt hatte, zu keinem Ende gebracht worden, und doch konnte er an nichts anderes denken.

»Sie können es also nicht sagen?«

Auf dem Weg zum Sessel hatte sie auf einen Klingelknopf neben dem Kamin gedrückt und sank nun aschfahl zurück. »Ich glaube, ich bin zu krank dazu.«

»Zu krank, um es mir zu sagen?« Beinahe hätte er die ihn überfallende Befürchtung ausgesprochen, sie könnte sterben, ohne ihm alles erklärt zu haben. Er hielt sich noch rechtzeitig zurück, aber sie beantwortete seine Frage, als hätte sie die unausgesprochenen Worte gehört.

»Wissen Sie es jetzt denn immer noch nicht?«

»›Jetzt‹ – ?« Sie hatte es gefragt, als wäre auf einmal alles anders geworden. Aber da war bereits das Mädchen auf das Klingelzeichen herbeigeeilt und stand im Zimmer. »Ich weiß gar nichts.« Später mußte er sich eingestehen, daß er wohl eine taktlose Ungeduld verraten hatte, die zeigen sollte, daß er, der völlig verstört war, seine Hände in Unschuld wasche.
»Oh!« sagte May Bartram.
»Haben Sie Schmerzen?« fragte er, als das Mädchen auf sie zuging.
»Nein«, sagte May Bartram.
Das Mädchen, das den Arm um sie gelegt hatte und sie aus dem Zimmer führen wollte, warf ihm einen Blick zu, der dem deutlich widersprach; dennoch äußerte er noch einmal seine Betroffenheit. »Was ist denn geschehen?«
Wieder stand sie, mit Hilfe ihres Mädchens, auf den Beinen, und da er spürte, daß es an der Zeit war, sich zurückzuziehen, griff er nach Hut und Handschuhen und ging zur Tür. Dort jedoch wartete er auf ihre Antwort. »Was geschehen mußte«, sagte sie.

## V

Am nächsten Tag besuchte er sie wieder, aber sie konnte ihn nicht empfangen, und zum erstenmal während ihrer langjährigen Bekanntschaft kehrte er niedergeschlagen und verletzt, wenn nicht gar verärgert um – irgendwie fühlend, daß ein solcher Bruch ihrer Gepflogenheiten nur das nahe Ende ankündigen konnte – und wanderte allein und voller Gedanken dahin: vor allem in jenem Gedanken, den er am wenigsten zu verdrängen vermochte. Sie würde sterben, er würde sie verlieren; sie würde sterben, und damit würde sein Leben enden. Im Park, den er schließlich erreicht hatte, blieb er stehen und starrte zweifelnd vor sich hin. Fern von ihr überfiel ihn erneut die Unsicherheit; in ihrer Gegenwart hatte er ihr geglaubt, doch nun, unter der Last der Einsamkeit, stürzte er sich auf jene Erklärung, die am nächsten lag und noch am ehesten kümmerliche Wärme und am wenigsten qualvolle Kälte für ihn bereithielt: Sie hatte ihn getäuscht, um ihm etwas zu ersparen, hatte ihm etwas eingeredet, das ihm den inneren Frieden schenken sollte. Wie konnte das, was ihm geschehen würde, etwas anderes sein als das, was jetzt geschah? Ihr Sterben, ihr Tod und seine darauf folgende Einsamkeit – das war es doch wohl, was er sich als Tier im Dschungel vorgestellt, das war es, was im Schoße der Götter geruht hatte. Dies hatte sie ihm, als er sie verließ, mit ihren eigenen Worten bestätigt – was konnte sie sonst gemeint haben? Es war nichts Ungeheuerliches, kein seltenes und erlesenes Schicksal, kein Schlag, der einen überwältigte und unsterblich machte – es war nichts als ein ganz alltägliches Schicksal. Aber im Augenblick reichte dem armen Marcher ein alltägliches Schicksal vollauf. Es würde ihm genügen, und selbst wenn es der einzige Lohn für sein endloses Warten bliebe, würde er es mit gebeugtem Stolz hinnehmen. Als es dämmerte, setzte er sich auf eine Bank. Er war also kein Narr gewesen. Es war etwas geschehen – genau wie sie gesagt hatte. Und ehe er aufstand, kam ihm der Gedanke, daß dieses letzte Ereignis wahrhaftig dem langen Weg entspreche, den er bis hierher hatte gehen müssen. Um sein Warten zu teilen und in Aufopferung ihrer selbst und ihres Lebens, war sie Schritt für Schritt bis zum Ende mit ihm gegangen. Dank ihrer Hilfe hatte er gelebt, und es wäre einfach grausam von ihm, sie jetzt im Stich zu lassen, verachtenswert, sie aufzugeben. Was also konnte überwältigender sein?

Er sollte es noch in dieser Woche erfahren; zwar ließ sie ihn noch eine Weile im ungewissen, machte ihn für einige Tage unglücklich und rastlos; denn ständig fragte er nach ihr, mußte aber immer wieder unverrichteterdinge umkehren – bis sie schließlich seine Prüfung beendete, indem sie ihn dort empfing, wo sie ihn von jeher empfangen hatte. Sie war auf eigene Gefahr hin in dieses Zimmer gebracht worden, in dem jedes einzelne Ding deutlich und sinnlos zugleich ihrer beider halbes Leben darstellte, und sie konnte mit ihrem nur allzu sichtbaren Wunsch, seine fixe Idee einzudämmen und ihn von seinen Sorgen zu befreien, bloß noch einen unzulänglichen Dienst leisten. Dies war es offensichtlich, was sie wollte, solange sie noch die Hand ausstrecken konnte – vornehmlich um ihres eigenen Friedens willen. Er war von ihrem Zustand so erschüttert, daß er, als er neben ihrem Sessel saß, geneigt war, alles offenzulassen; sie selbst war es, die ihn, bevor sie ihn verabschiedete, auf das hinlenkte, was sie beim letztenmal gesprochen hatten. Damit bewies sie ihm, daß sie alle ihre Angelegenheiten geordnet zurücklassen wollte. »Sie haben mich neulich nicht verstanden. Sie brauchen nicht mehr zu warten. Es ist bereits geschehen.«

Wie er sie anblickte! »Bestimmt?«

»Bestimmt.«

»Das Ereignis, das Ihrer Ansicht nach geschehen mußte?«

»Das Ereignis, auf das wir seit unserer Jugend gewartet haben.«

Jetzt, da er ihr gegenüberstand, glaubte er ihr wieder; dieser ihrer Behauptung konnte er wenig entgegensetzen.

»Das heißt also, es ist etwas Bestimmtes, Endgültiges vorgefallen, ein Ereignis mit Namen und Datum?«

»Etwas Bestimmtes, Endgültiges – ja. Den Namen weiß ich nicht, aber dafür das Datum um so besser.«

Wieder war er hilflos verwirrt. »Aber sollte es einfach so gekommen sein wie der Dieb in der Nacht – gekommen und an mir vorübergegangen?«

May Bartram lächelte ihr seltsames, schwaches Lächeln. »O nein, es ist nicht an Ihnen vorübergegangen.«

»Aber wenn ich es doch nicht gemerkt habe und es mich nicht berührt hat –?«

»Daß Sie es nicht gemerkt haben« – offenbar mußte sie einen Augenblick überlegen –, »daß Sie es nicht gemerkt haben, ist ja gerade das Merkwürdige des Merkwürdigen, ist ja das Wunder des Wunders.« Sie hatte so leise wie ein krankes Kind gesprochen, und doch klangen ihre letzten Worte prophetisch gleich denen einer Sibylle. Sie wußte, daß sie »wußte«, und diese Größe wollte ihm durchaus ebenbürtig erscheinen mit dem Gesetz, das sein Leben regiert hatte. Es war die authentische Stimme des Gesetzes; so hätte von ihren Lippen, wenn sie es verkündet hätte, das Gesetz selbst geklungen. »Es *hat* Sie berührt«, fuhr sie fort. »Es hat seine Aufgabe erfüllt. Es hat sich Ihrer bemächtigt.«

»Und das alles, ohne daß ich es gemerkt habe?«

»Und das alles, ohne daß Sie es gemerkt haben.« Als er sich vorbeugte, lag seine Hand auf der Lehne ihres Sessels, und sie legte ihre Hand matt lächelnd auf die seine. »Es genügt, wenn ich es weiß.«

»Oh!« flüsterte er ratlos – was auch sie in letzter Zeit so oft getan hatte.

»Was ich vor langem einmal gesagt habe, stimmt auch heute noch. Sie werden es nie wissen, und es dürfte das beste sein, wenn Sie sich damit zufriedengeben. Sie haben es ja gehabt«, sagte May Bartram.

»Was gehabt?«

»Nun ja, das, wofür Sie bestimmt waren. Den Beweis Ihres Schicksals. Es hat sich vollzogen. Ich bin froh«, fügte sie tapfer hinzu, »daß ich noch sehen durfte, was es *nicht* war.«
Er sah sie immer noch an, und in dem Gefühl, daß alles, auch sie, hinter ihm liege, hätte er sie weiter unerbittlich ausgefragt, wenn er nicht der Ansicht gewesen wäre, daß er sie in ihrer Schwäche damit zu sehr belastet haben würde; statt dessen wollte er demütig hinnehmen, was sie ihm gab, es stumm hinnehmen, als wäre es eine Enthüllung. Wenn er jetzt sprach, dann nur aus der Vorahnung, welche Einsamkeit über ihn kommen würde.
»Es hätte also schlimmer kommen können – da Sie doch so froh sind, zu wissen, was es *nicht* ist?«
Sie wandte den Blick ab und sah vor sich hin; dann meinte sie: »Sie wissen ja selbst, was wir alles befürchtet haben.«
Er dachte nach. »Es ist also etwas, das wir nie befürchtet haben?«
Langsam kehrte sie sich ihm zu. »Hätten wir uns in all unseren Träumen je träumen lassen, daß wir so nebeneinander sitzen und darüber reden würden?«
Er versuchte, sich zu erinnern, ob sie dies getan hätten; aber es war, als ob sich ihre Träume, ihre zahllosen Träume in einem dichten, kalten Nebel aufgelöst hätten, in dem sich sogar die Gedanken verloren. »Es wäre doch möglich gewesen, daß wir gar nicht mehr hätten reden können.«
»Wenigstens« – sie tat ihr Bestes für ihn – »nicht auf dieser Seite. Denn jetzt«, erklärte sie, »sind wir ja auf der anderen Seite.«
»Ich finde«, erwiderte der arme Marcher, »für mich sind alle Seiten gleich.« Dann jedoch, als sie korrigierend den Kopf schüttelte: »Sie meinen, wir hätten vielleicht gar nicht dahin gelangen können –?«
»Dahin, wo wir jetzt sind – ja. Wir sind *hier*«, betonte sie schwach.
»Was haben wir schon davon!« rief er freiheraus.
»Wir haben so viel davon, wie nur möglich ist. Wir haben davon, daß *es* nicht hier ist. *Es* liegt hinter uns«, sagte May Bartram. »Vorher –« Ihre Stimme verklang.
Er erhob sich, um sie nicht zu ermüden, wenn es ihm auch nicht leichtfiel, seine Wißbegier zu dämpfen. Denn schließlich hatte sie ihm nichts anderes gesagt, als daß er nichts begriffen habe – was er auch ohne sie wußte. »Vorher –?« fragte er verständnislos.

»Vorher lag es immer vor uns, verstehen Sie? Und damit war es ständig gegenwärtig.«

»Ach, mich kümmert es nicht, was nun kommt! Außerdem«, setzte Marcher hinzu, »fühlte ich mich wohler, als es noch gegenwärtig war, wohler zumindest, als ich mich ohne es fühlen werde, wenn Sie mir fehlen.«

»Ach, ich –« Sie wehrte mit den blassen Händen ab. »Und mir damit alles fehlt.« Er hatte das entsetzliche Gefühl, das letzte Mal in ihrem Leben vor ihr zu stehen – wenigstens jenseits dieses erwiesenen, bodenlosen Abgrunds. Dieses Bewußtsein erdrückte ihn nahezu, und vermutlich war es diese Last, die aus ihm herauspreßte, was an Protest noch in ihm war. »Ich glaube Ihnen, aber ich möchte nicht behaupten, daß ich Sie verstehe. Für mich ist nichts vergangen; und für mich wird nichts vergehen, ehe ich nicht selber vergehe, was, wie ich von Herzen wünsche, sobald als möglich der Fall sein wird. Aber so sagen Sie mir doch«, setzte er hinzu, »nun ich meinen Kuchen, wie Sie behaupten, bis zum letzten Krümel aufgegessen habe – wie kann die Sache, die ich niemals erlebt habe, jene Sache sein, die zu erleben ich ausersehen war?« Darauf antwortete sie ihm zwar nicht direkt, aber doch in aller Ruhe. »Sie halten Ihr ›Erleben‹ für selbstverständlich. Sie hatten Ihr Schicksal zu erleiden. Das heißt nicht unbedingt, daß Sie es wissen mußten.«

»Aber ist das Wissen, es nicht gewußt zu haben, nicht Leiden genug?«

Lange blickte sie ihn schweigend an. »Nein – Sie verstehen mich nicht.«

»Ich leide aber«, sagte John Marcher.

»Tun Sie das nicht – bitte nicht!«

»Wie soll ich auch das noch vermeiden?«

»Tun Sie es nicht!« wiederholte May Bartram.

Sie sagte es trotz ihrer Schwäche in einem so sonderbaren Ton, daß er sie einen Augenblick groß ansah – als ob ein ihm bisher verborgen gebliebenes Licht plötzlich seine Sicht erhellte. Dann umschloß ihn abermals das Dunkel, doch der Lichtschimmer hatte sich in ihm bereits zu einem Gedanken geformt. »Weil ich nicht das Recht habe –?«

»Versuchen Sie doch nicht, dahinterzukommen, wenn Sie es nicht müssen«, bat sie ihn barmherzig. »Und Sie müssen wirklich nicht – denn wir durften es nicht.«

»Durften nicht?« Hätte er doch nur geahnt, was sie meinte!
»Nein – das wäre zu viel gewesen.«
»Zu viel?« fragte er, noch immer im Dunkel tappend – wenn sich dieses Dunkel auch im nächsten Augenblick schon lichtete. Ihre Worte, falls sie überhaupt etwas bedeuteten, schienen ihm in diesem Licht – dem Licht ihres leidenden Gesichts – alles zu bedeuten, und die Erkenntnis, was das Wissen für sie gewesen sein mochte, überfiel ihn unversehens und drängte ihn zu der Frage: »Dies also ist an Ihrem Sterben schuld?«
Sie blickte ihn nur an, blickte ihn sehr ernst an, um zu ergründen, was er meine, und sie mochte dabei etwas gesehen oder befürchtet haben, das sie nun rührte. »Ich würde nur zu gern für Sie weiterleben – wenn ich könnte.« Ihre Augen schlossen sich, als versuchte sie es, ganz in sich zurückgezogen, zum letztenmal. »Aber ich kann nicht!« sagte sie, als sie die Augen wieder aufschlug, um Abschied von ihm zu nehmen.
Es sollte sich nur zu schnell und schmerzhaft erweisen, daß sie es nicht konnte: denn danach vermochte er sie sich nur noch in Tod und Finsternis vorzustellen. Dieses denkwürdige Gespräch war ihr Abschied gewesen; der Zugang zu ihrem streng bewachten Sterbezimmer wurde ihm mehr oder weniger untersagt; er las in den Gesichtern der Ärzte, Schwestern und der paar Verwandten – die zweifellos von der Hoffnung auf das angezogen wurden, was sie »hinterlassen« würde –, wie gering seine sogenannten Rechte waren und wie verdächtig es aussehen mochte, daß ihre Freundschaft ihm nicht mehr Rechte verliehen hatte. Noch die dümmste Cousine vierten Grades besaß mehr – selbst wenn May Bartram im Leben dieser Frau nichts bedeutet hatte. Sein Leben jedoch hatte sie entscheidend mitbestimmt, denn wie sonst hätte sie ihm jetzt so unersetzlich sein können? Welch merkwürdiges Dasein, daß es ihm nun das Fehlen eines rechtmäßigen Anspruches vor Augen hielt. Schließlich konnte diese Frau alles für ihn bedeutet haben, wie sie es ja auch getan hatte, und dennoch mußte er in jeder Beziehung erleben, daß dies niemand zur Kenntnis nahm. Wenn es so schon in den letzten Wochen gewesen war, dann noch augenfälliger bei dem letzten Gang, als auf dem großen grauen Londoner Friedhof das, was an seiner Freundin sterblich und köstlich gewesen war, der Erde übergeben wurde. Obwohl das Trauergeleit nur klein war, nahm man ihn nicht wichtiger, als wären noch Tausende dage-

wesen. Kurz: er mußte sich von diesem Augenblick an mit der Tatsache vertraut machen, daß ihm das Interesse, das May Bartram an ihm gehabt hatte, jetzt außerordentlich wenig nützte. Er hätte nicht sagen können, was er eigentlich erwartet hatte – jedenfalls nicht diese zwiefache Vereinsamung. Nicht nur, daß ihr Interesse an ihm erloschen war, man verweigerte ihm auch – aus einem ihm unerklärlichen Grunde – die Ehrung und Würdigung und den Takt, die man sonst einem aufrichtig trauernden Mann zubilligt. Man konnte meinen, er sei in den Augen der Gesellschaft kein Trauernder, es fehle ihm Siegel und Zeichen, und sein Charakter könne keinesfalls bejaht und seine Unzulänglichkeit niemals behoben werden. Im Verlaufe der nächsten Wochen kam es immer wieder vor, daß er am liebsten mit Gewalt Anspruch auf seinen Verlust erhoben hätte, damit dieser wirklich in Frage gestellt worden wäre und er sich zur Erleichterung seiner Seele hätte rechtfertigen können; doch diesen Augenblicken folgten auf dem Fuße solche hilfloser Verwirrung, Augenblicke, in denen er alles mit gutem Gewissen, wenn auch ohne Ergebnis, bedachte und sich fragte, ob er damit nicht schon viel früher hätte beginnen sollen.

Er fragte sich wahrlich noch vieles, und zu dieser eben gestellten Frage gesellte sich noch manche andere. Was hätte er schließlich während ihres Lebens tun können, wodurch sie beide nicht gewissermaßen preisgegeben worden wären? Er hätte nicht verraten können, daß sie mit ihm »wartete«, denn damit wäre seine abergläubische Vorstellung von dem wilden Tier bekanntgeworden. Und dies verschloß ihm selbst jetzt noch den Mund – nun der Dschungel gelichtet worden war und das wilde Tier sich davongeschlichen hatte. Es klang zu närrisch, gar zu simpel: die Veränderung, die sich für ihn aus dieser Befreiung von der Angst ergab, überraschte ihn. Er hätte diese Auswirkung kaum beschreiben können; am ehesten glich sie dem abrupten Aufhören, der gewaltsamen Unterbrechung einer Musik, deren Wohlklang man an einer bestimmten Stelle gewöhnt war und Aufmerksamkeit geschenkt hatte. Wenn er sich doch nur hätte vorstellen können, er, der in der Vergangenheit den Schleier von seinen Träumen gehoben hatte (was hatte er schließlich anderes getan, als ihn vor ihr gehoben?), daß er ihn auch jetzt höbe, daß er den Leuten von dem gelichteten Dschungel erzählte und ihnen anvertraute, erst nun fühle er sich sicher, und daß sie ihm dabei nicht nur zuhörten, als ob er ein Ammenmärchen erzählte, sondern daß auch er selbst es für nichts anderes hielte. Kurz und gut: Der arme Marcher schritt durch das niedergetretene Gras, in dem sich kein Leben rührte, kein Atem zu vernehmen war, kein funkelnder Blick aus einem gewähnten Versteck lauerte, und hielt insgeheim nach dem wilden Tier Ausschau, als ob er es tatsächlich vermißte. Er schritt durch ein Dasein, das auf einmal ungewohnt weit geworden war; und da, wo das Unterholz des Lebens dichter stand, verharrte er und fragte sich verschämt, sehnsüchtig und traurig, ob es wohl hier gelauert haben würde; auf alle Fälle hätte es ihn angesprungen. Am unsichersten war sein Glaube an die Wahrheit der ihm gegebenen Zusicherung. Der Wechsel von seinem ehemaligen Lebensgefühl zu seinem jetzigen war absolut und endgültig: was geschehen mußte, war so absolut und endgültig geschehen, daß er für die Zukunft ebensowenig zu bangen wie zu hoffen vermochte; so ausgeschlossen erschien es ihm, daß noch irgend etwas geschehen könne. Er lebte vielmehr ganz in dem Gedanken an seine ungeklärte Vergangenheit, an sein Schicksal, das ihm unerkenntlich vermummt und maskiert begegnet war.

Er beschäftigte sich fast nur noch mit dieser quälenden Vorstellung; er hätte ohne diese Möglichkeit zum Grübeln gar nicht mehr leben mögen. Seine Freundin hatte ihn gebeten, nicht zu grübeln; sie hatte ihm mehr oder weniger untersagt, zu erkennen, und sie hatte ihm sogar die Fähigkeit abgesprochen, »es« zu begreifen: lauter Dinge, die ihm die Ruhe raubten. Es war keineswegs so, wie er um der Gerechtigkeit willen argumentierte, daß er etwas Vergangenes zu wiederholen wünschte; nur hätte er nicht so tief in Schlaf versinken mögen, daß er nachher nicht einmal mehr fähig war, gewaltsam sein verlorenes Bewußtsein wiederzugewinnen. Manchmal vermeinte er, es entweder zurückzugewinnen oder für immer bewußtlos zu bleiben; dieser Gedanke wurde für ihn zum einzigen Motiv, zur einzigen Leidenschaft, mit der verglichen er bisher keine andere gekannt hatte. Das verlorene Bewußtsein wurde für ihn zu dem entlaufenen oder entführten Kind eines untröstlichen Vaters; er jagte ihm überall nach, gleichsam als fragte er an allen Türen und bei der Polizei. In dieser Verfassung ging er auf Reisen; er wollte solange wie möglich fortbleiben; er spielte mit der Hoffnung, die andere Seite des Globus könnte unmöglich noch weniger enthüllen als diese, vielleicht jedoch mehr. Aber bevor er London verließ, pilgerte er noch einmal zu May Bartrams Grab, wanderte über die endlosen Wege des trostlosen Vorstadtfriedhofes, suchte es im Gewirr der Gräber, und obwohl er nur noch einmal hatte Abschied nehmen wollen, fühlte er sich, als er schließlich davorstand, in Abgründe geschleudert. Eine ganze Stunde stand er davor, unfähig wegzugehen und doch auch unfähig, das Dunkel des Todes zu durchdringen; er starrte auf ihren eingravierten Namen und das Datum, schlug förmlich mit der Stirn gegen das von ihnen behütete Geheimnis, ja hielt sogar wartend den Atem an, als könnten ihm die Steine voll Mitleid eine Erklärung geben. Er kniete jedoch vergeblich auf den Steinen; sie behielten, was sie verbargen; und wenn die Grabplatte sich für ihn zum Gesicht wandelte, dann nur, weil er die beiden Namen darauf als zwei Augen sah, die ihn nicht wiedererkannten. Er schenkte ihnen einen letzten langen Blick, aber kein Licht zeigte sich.

## VI

Danach blieb er für ein Jahr im Ausland; er drang bis in das Innere Asiens vor, erlebte Szenen höchster Romantik und tiefster Religiosität; doch überall war ihm gegenwärtig, daß für einen Mann, der erkannt, was er erkannt hatte, die Welt vulgär und sinnlos sein mußte. Wenn er nachdachte, leuchtete der Zustand, in dem er all die Jahre gelebt hatte, ihm wie ein feines, farbiges Licht entgegen, ein Licht, neben dem das Glühen des Ostens grell und gewöhnlich und stechend war. Es wurde ihm die grausame Wahrheit bewußt, daß er – mit allem anderen – auch seine Besonderheit eingebüßt hatte; alles, was er sah, mußte ja gewöhnlich sein, da er so gewöhnlich geworden war, es anzusehen. Er gehörte jetzt einfach dazu – er war Staub im Staub, ohne auch nur den bescheidensten Anhaltspunkt dafür zu besitzen, daß er sich unterschied; und so manches Mal beschwor er vor Göttertempeln und Königsgrüften auf der Suche nach einer würdigen Gedankenverbindung die unauffällige Grabplatte in einer Londoner Vorstadt. Sie war für ihn durch Zeit und Entfernung immer mehr zur einzigen Zeugin einer glorreichen Vergangenheit geworden. Sie war alles, was ihm an Stolz und als Beweis verblieben war, und so verblichen in seinen Gedanken sogar die einstigen Siege der Pharaonen davor. Kein Wunder also, daß er sie bereits am Morgen nach seiner Rückkehr aufsuchte. Er fühlte sich unwiderstehlich hingezogen, genauso wie damals, jetzt jedoch mit einer Zuversicht, die zweifellos die Frucht der vielen dazwischenliegenden Monate war. Er hatte sich wider Willen in seine veränderte Gefühlswelt hineingelebt und war bei seiner Wanderung um die Erde von der Peripherie zur Mitte seiner Wüste vorgedrungen. Er hatte sich an seine Sicherheit gewöhnt und die Vernichtung notgedrungen hingenommen; und nun verglich er sich phantasievoll mit gewissen alten Männern, die er irgendwann einmal kennengelernt hatte und die, stets dürr und verhutzelt, angeblich in ihrer Jugend zwanzig Duelle gefochten oder von zehn Prinzessinnen geliebt worden waren. Jene hatten ihre Umwelt in Erstaunen gesetzt, während er nur sich selbst in Erstaunen setzte; und allein deswegen hatte er es so eilig, das Staunen zu erneuern durch, wie man hätte sagen können, seine Rückkehr in die eigene Gegenwart. Dies hatte seine Schritte beflügelt und jedes Zögern im Keim erstickt. Nur weil er so lange von jenem Teil seines Selbst getrennt gewesen war, den allein er noch schätzte, unternahm er seinen Besuch dort sogleich.

Es ist daher nicht falsch, wenn man sagt, daß er sein Ziel mit einem gewissen Hochgefühl erreichte und mit einem gewissen Vertrauen davorstand. Das Wesen unter der Erde »wußte« von seiner einzigartigen Erfahrung, weshalb dieser Ort hier merkwürdigerweise seine Leere verloren hatte. Er begegnete ihm zärtlich – nicht, wie ehedem, spöttisch; er schien ihn bewußt zu grüßen, wie wir es manchmal nach längerer Abwesenheit an Dingen erleben, die uns einmal nahegestanden haben und die sich nun ebenfalls zu dieser Bindung zu bekennen scheinen. Das Fleckchen Erde, die gravierte Tafel, die gepflegten Blumen kamen ihm vor, als gehörten sie ihm, so daß er in dieser Stunde einem Gutsherrn glich, der wohlgefällig eines seiner Felder besichtigt. Was immer auch geschehen sein mochte – es war geschehen. Er war nicht mit der sinnlosen Frage »Was nun?« zurückgekehrt, jener Frage, die ihn früher beunruhigt hatte und die jetzt hinfällig geworden war. Nun würde er sich nie wieder so weit von diesem Fleckchen Erde entfernen; er würde jeden Monat zu ihm zurückkommen; und wenn es ihm auch zu nichts anderem verhalf, dann wenigstens dazu, daß er den Kopf oben behielt. Es bildete seltsamerweise mit der Zeit eine Quelle des Trostes; und er blieb seinem Vorsatz, regelmäßig wiederzukehren, auch treu, und dieser Gang wurde ihm zur eingefleischten Gewohnheit. Und was noch seltsamer war: In seiner jetzt so vereinfachten Welt schenkte ihm dieser Garten des Todes endlich die paar Fuß Erde, auf denen er im wahrsten Sinne zu leben vermochte. Es war, als könnte er, der nirgendwo und niemandem etwas bedeutete, nicht einmal sich selbst, hier alles sein, und wenn dies auch nicht vor einer Zeugenschar stattfand, sondern nur vor dem einen Zeugen John Marcher, dann doch jedenfalls kraft eines Registers, das er einsehen konnte wie eine aufgeschlagene Seite. Die aufgeschlagene Seite war das Grab seiner Freundin, und hier lagen die Fakten der Vergangenheit, die Wahrheiten seines Lebens, die Erinnerungen, in die er sich verlieren durfte. Er tat dies von Zeit zu Zeit mit solchem Gewinn, daß er Arm in Arm mit seiner Gefährtin, die auf wunderbare Weise sein anderes, sein jüngeres Selbst zu sein schien, durch die vergangenen Jahre zu wandern glaubte, zu wandern – und das war noch wunderbarer – durch eine dritte Gegenwart; in Wahrheit wanderte sie gar nicht, sondern verharrte still und folgte ihm unaufhörlich mit den Augen, wobei ihr Standort sozusagen seinen Orientierungspunkt bildete. Kurz, er vermochte dadurch zu leben, daß er sich nur noch von dem Wissen nährte, einst gelebt zu haben, und daß er von diesem Wissen abhängig war, nicht nur als Stütze, sondern auch als Zeugnis seines Selbst.

Und so war er es monatelang zufrieden, und das Jahr ging zur Neige; zweifellos hätte er auf diese Weise weitergelebt, wäre nicht etwas geschehen, das, oberflächlich gesehen, ganz unerheblich war, ihn jedoch in eine völlig andere Richtung lenkte, und zwar mit einer Gewalt, die bei weitem alle Eindrücke in Ägypten oder Indien übertraf. Es war nichts weiter als ein Zufall, ein Windhauch nur, wenn John Marcher auch fest an seine Erleuchtung glaubte; wäre sie ihm nicht auf diese Weise gekommen, dann eben auf eine andere. Er lebte also für diesen Glauben, da er, wie ich nicht weniger nachdrücklich versichern möchte, für nichts anderes lebte. Es sei ihm daher zum guten Schluß die tröstende Überzeugung gestattet: Was immer auch hatte geschehen oder nicht geschehen mögen – er wäre von selbst zur Erkenntnis gekommen. Das Erlebnis dieses Herbsttages hatte jene Zündschnur angesteckt, die schon vor langer Zeit von seinem Elend gelegt worden war. Bei dem folgenden Feuerschein sah er, daß sein Schmerz bis zu diesem Augenblick nur gedämpft gewesen war. Er war merkwürdig betäubt, dieser Schmerz, aber er pochte noch; und bei der geringsten Berührung begann die Wunde zu bluten. Und diese Berührung war in diesem Fall das Gesicht eines seiner sterblichen Mitbrüder. An einem grauen Nachmittag, als die Blätter schon dicht auf den Friedhofswegen lagen, blickte dieses Gesicht Marcher an, und der Blick durchfuhr ihn wie eine Klinge. Er drang so tief ins Herz, daß Marchers Züge sich verzerrten. Der Mensch, der ihn auf solch stumme Art angriff, war ein Mann, den er, als er sein Ziel erreicht hatte, vor einem in der Nähe gelegenen Grab bemerkte, einem offensichtlich ganz frischen Grab – womit die freimütig zur Schau getragene Trauer des Besuchers erklärt war. Diese Tatsache allein schon verbot jede weitere Neugier, und doch wurde Marcher die ganze Zeit, während er dort verweilte, den Gedanken an seinen Nachbarn nicht los – einen Mann mittleren Alters in Trauerkleidung, der mit gebeugtem Rücken zwischen den unzähligen Grabmälern und Eibenkränzen stand. Marchers Überzeugung, daß hier der einzige Ort sei, an dem er aufleben könne, wurde bei dieser Gelegenheit beträchtlich erschüttert. Er empfand diesen Herbsttag als so bedrückend wie schon lange keinen mehr, und er blieb mit einer ihm selbst fremden Schwermut auf der niedrigen Steinplatte sitzen, die May Bartrams Namen trug. Er blieb sitzen, weil er nicht die Kraft aufbrachte, sich zu rühren – als ob eine Feder in ihm gesprungen, ein bisher gnädig gewährter Zauber für immer gebrochen wäre. Wenn er in diesem Augenblick hätte tun können, wie er wollte, hätte er sich auf dem Grab ausgestreckt, das bereit war, ihn aufzunehmen: der Ort, der seinen letzten Schlaf umfangen sollte. Wofür in aller Welt sollte er jetzt noch wach bleiben? Mit dieser Frage starrte er vor sich hin – und da traf ihn von einem der an ihm vorbeiführenden Friedhofswege wie ein Stich der Blick jenes Gesichts.

Sein Nachbar an dem andern Grab hatte sich zurückgezogen, wie auch er, wenn er die Kraft dazu besessen hätte, es jetzt getan haben würde, und schritt auf dem Wege zum Tor auf ihn zu. Er kam näher und näher, ging aber so langsam, daß sich die beiden Männer – um so mehr, als in seinem Blick ein verzweifeltes Suchen lag – für einige Sekunden genau einander gegenüber sahen. Marcher erkannte sofort, daß dieser Mann bis ins Tiefste getroffen war – eine Wahrnehmung von solcher Schärfe, daß nichts von dem Bild sonst haftenblieb: weder die Kleidung noch das Alter noch der mutmaßliche Charakter oder gesellschaftliche Stand; nichts blieb als die grausame Verwüstung der entblößten Züge. Denn er *hatte* sie entblößt – das war es ja gerade; der Vorübergehende war offensichtlich von einem Gefühl bewegt, das entweder um Sympathie bat oder – noch wahrscheinlicher – an einen Leidensgenossen appellierte. Vielleicht hatte er unseren Freund bereits entdeckt, hatte womöglich schon früher einmal die zur Gewohnheit gewordene stille Szene beobachtet, mit der seine eigene Verfassung nur wenig übereinstimmte, und war wohl dadurch gestört worden wie durch einen schrillen Mißton. Vor allem jedoch war sich Marcher bewußt, daß diesem Abbild einer verwundeten Leidenschaft ebenfalls bewußt sein mußte, wie sehr hier etwas die Atmosphäre entheiligte; und zweitens, daß er – aufgestört, erschreckt und erstaunt – ihm doch schon im nächsten Augenblick voller Neid nachsah. Etwas Außerordentliches, wie ihm noch nie widerfahren war – mochte er dies auch schon des öfteren gesagt haben –, ereignete sich nach diesem kurzen, unbestimmten Blick, war eine Folge seines tiefen Eindrucks. Der Fremde ging vorbei, aber der durchdringende Blick seines Grams blieb und ließ unseren Freund mit der Frage zurück, welches Unrecht, welche Verletzung, welche nie geheilte Wunde er wohl ausdrücke. Was hatte dieser Mann besessen, den sein Verlust derart bluten und doch weiterleben ließ?

Jäh wie ein Schlag traf ihn die Erkenntnis: Etwas, das er, John Marcher, nie besessen hatte; der Beweis dafür war gerade John Marchers kümmerliches Ende. Keine Leidenschaft hatte ihn je aufgerührt, denn sie sah, wie er nun wußte, anders aus; er hatte überlebt, hatte gejammert und geschmachtet – wo aber war sein wirklicher Gram gewesen? Das Außerordentliche, von dem ich sprach, war eben die blitzartige Antwort auf diese Frage. Das Bild, das er eben noch vor Augen gehabt hatte, zeigte ihm wie mit Flammenschrift etwas, das er von Anfang an ganz und gar versäumt hatte, und was er versäumt hatte, riß alles in einem Feuerschweif mit sich und ließ sein Herz rasend pochen. Er hatte an einem andern, nicht an sich selbst, erfahren, wie man eine Frau betrauert, die man um ihrer selbst willen geliebt hat: dies war die übermächtige Erkenntnis, die ihm das Gesicht des Fremden geschenkt hatte – jenes Gesicht, das immer noch vor ihm glomm wie eine rauchende Fackel. Diese Erkenntnis war ihm nicht auf den Flügeln der Erfahrung zugeflogen, vielmehr hatte sie ihn mit dem mangelnden Respekt, mit der unverschämten Gleichgültigkeit des Zufalls gestreift, gestoßen, aufgerührt. Jetzt, da ihm dieses Licht aufgegangen war, erhellte es alles bis zum Zenit, und plötzlich sah er vor sich die ganze Leere seines Lebens. Schmerzerfüllt starrte er sie an, holte tief Atem; verzweifelt wandte er sich ab, und während er sich abwandte, sah er das offene Buch seines Lebens noch viel deutlicher vor sich. Der Name auf der Tafel erregte ihn, wie vorhin schon der vorübergehende Nachbar, und nun schrie ihm dieser Name ins Gesicht, daß *sie* es war, die er versäumt hatte. Dies war der entsetzliche Gedanke, die Antwort auf die Vergangenheit, der Blick in die gefürchtete Klarheit: Er erschauerte und wurde so kalt wie die Grabplatte zu seinen Füßen. Alles stürzte in sich zusammen, gestand, erklärte, überwältigte; und er blieb entsetzt ob der Blindheit, der er sich hingegeben hatte, allein zurück. Das Schicksal, zu dem er ausersehen gewesen, hatte ihn jetzt erst mit aller Macht getroffen – er hatte den Becher bis zur Neige geleert; er war der Mann seiner Zeit gewesen, jener Mann also, dem nichts auf der Welt widerfahren sollte. Dies war der erwartete Schlag, war seine Heimsuchung. Bleich und bestürzt erkannte er es endlich, und eins fügte sich ins andere. Sie hatte es gesehen, während er blind geblieben war, und so half sie ihm in dieser Stunde, die Wahrheit zu begreifen. Es war die nackte, ungeheuerliche Wahrheit, daß während seiner ganzen Wartezeit das Warten sein Schicksal gewesen war. Dies hatte die Gefährtin seiner Wachen in einem begnadeten Augenblick erkannt und ihm die Chance geboten, sein Schicksal zu überlisten. Doch das Schicksal ließ sich nicht überlisten, und an jenem Tag, da sie ihm verkündet hatte, seine Stunde sei gekommen, hatte sie mitansehen müssen, wie er verständnislos auf den Ausweg starrte, den sie ihm bot.

Der Ausweg, die Rettung wäre gewesen, sie zu lieben; dann, dann erst hätte er gelebt. Sie dagegen hatte gelebt – wer konnte jetzt noch sagen, mit welcher Leidenschaft? –, denn sie hatte ihn um seiner selbst willen geliebt; er aber hatte nie an sie gedacht (ach, wie überwältigend ihm das jetzt aufging!) außer im eisigen Egoismus und im Hinblick darauf, daß er sie brauchte. Alles, was sie gesagt hatte, hallte jetzt in ihm wider – die Kette der Zusammenhänge wurde länger und länger. Das Raubtier hatte ihm tatsächlich aufgelauert und war zu seiner Stunde losgeschnellt: im Zwielicht des kühlen April, als sie blaß und krank und erschöpft, aber schön und womöglich noch heilbar, sich von ihrem Sessel erhoben und vor ihm gestanden und ihn hatte raten lassen. Es war losgeschnellt, weil er nichts erraten hatte, und in dem Augenblick, da er gegangen war, hatte sein Schicksal zugeschlagen, wo es zuschlagen mußte. Seine Furcht war gerechtfertigt, sein Ziel erreicht gewesen; er hatte versagt, hatte mit letzter Exaktheit in allem versagt, in dem er nur versagen konnte. Ein Stöhnen entrang sich seinen Lippen, als er sich erinnerte, daß sie ihn gebeten hatte, gar nicht erst zu versuchen, dahinterzukommen. Dieses entsetzliche Erwachen – dies war die Erkenntnis, eine Erkenntnis, unter deren Eishauch seine Tränen zu gefrieren schienen. Dennoch bemühte er sich, diese Erkenntnis zu fixieren und festzuhalten; er behielt sie vor Augen, um den Schmerz stärker fühlen zu können. Nun endlich, wenn auch verspätet und bitter, verspürte er den wahren Geschmack des Lebens. Aber dann wurde ihm von so viel Bitternis übel, und es war ihm, als sähe er in der enthüllenden, grausamen Vision all das, was sich ereignet hatte. Er sah den Dschungel seines Lebens, sah das lauernde Raubtier; und dann, noch während er es anstarrte, sah er, wie es durch einen Lufthauch aufgestört wurde, sich riesig und böse erhob und zu dem Sprung ansetzte, der ihn vernichten sollte. Sein Blick verdunkelte sich – es war ganz nah; in seiner Halluzination kehrte er sich instinktiv ab und warf sich, um ihm auszuweichen, mit dem Gesicht nach unten über das Grab.

# DIE ZWEI GESICHTER
## [1903]

### I

Der Diener, der trotz seinem gefrorenen, starren Ausdruck Hintergedanken zu haben schien, stand, den Befehl erwartend, in einer Haltung da, die nach Anmeldung eines Gastes nicht gerade üblich ist. Mrs. Grantham jedoch reagierte darauf mit einem überraschten »Lord Gwyther?« und verbarg ihm nicht einmal das Aufblitzen in ihrem dem Gefährten zugeworfenen Blick, das die gleiche Bedeutung gehabt haben könnte wie das Zögern des Butlers. Dieser Gefährte, ein untersetzter, noch ziemlich junger Mann, glattrasiert und mit hellen Augen, erhob sich darauf mit einer Hast, die jedem Beobachter aufgefallen wäre – zumindest dem Butler auffallen mußte –, und trat zum Kamin, während es seiner Gastgeberin gelang, Ruhe zu bewahren.
»Nun?« sagte sie, als spräche sie bereits mit dem Erwarteten, und setzte gleich darauf schärfer hinzu: »Ist er denn nicht draußen?«
»Soll ich ihn heraufführen, Madam?«
»Aber natürlich!« Sein ausdrücklicher Zweifel gab ihr endlich Gelegenheit, Ungeduld zu zeigen, und Bates hätte vor Verlassen des Zimmers die nicht zu leugnende Ironie ihres stummen Appells an den Herrn erkennen können, in dessen Tête-à-tête mit ihr er eingebrochen war. »Warum um alle Welt nicht? So etwas –!« rief sie, und Sutton spürte, wie ihr Blick an seiner Wange vorbei zu dem Spiegel hinter seinem Rücken glitt.
»Er war sich nicht sicher, ob Sie jetzt jemand empfangen wollten.«
»Ich empfange nicht ›jemand‹, sondern bestimmte Leute.«
»Eben deswegen – und manchmal nicht einmal diese.«
»Bilden Sie sich etwa ein, Ihretwegen?« fragte sie und schob eine Haarlocke zurecht. »Das ist bloß wieder seine Impertinenz, ich werde ihn zur Rede stellen.«
»Tun Sie das nicht!« sagte Shirley Sutton. »Das beste ist, man tut, als merkte man nichts.«
»Ein reizender Rat.« Sie lachte. »Ausgerechnet von Ihnen, der alles merkt!«
»Das schon, aber ich spreche nicht darüber.«

Sie sah ihn kurz an. »Sie sind noch viel impertinenter als Bates. Bitte«, setzte sie dann hinzu, »bleiben Sie jetzt hier.«
»Muß das sein? Muß ich ihn wirklich über mich ergehen lassen?« fuhr er fort, als sie keine Antwort gab, sondern umherblickte und den Platz wechselte, einerseits, um noch einmal in den Spiegel zu sehen, andererseits, um einen günstigen Sitz einzunehmen. Doch sie fühlte mehr, als sie bei all ihrer charmanten Klugheit verbergen konnte. »Falls Sie sich fragen, wie Sie jetzt wirken, kann ich es Ihnen sagen: aufreizend kühl und ungezwungen.« Wieder sah sie zu ihm herüber. Sie war schön und wachsam. »Und wenn Sie wissen wollen, wie Sie wirken –!«
»Will ich gar nicht«, sagte er lachend vom Kamin her. »Das weiß ich sowieso.«
»Sie wirken aber so«, entgegnete sie, »als wüßten Sie es nicht.«
Er betrachtete sie. »Er wird Sie reizend finden, einfach reizend – innerhalb der Ihnen gesetzten Grenzen. Aber das genügt. Seien Sie nicht auch noch gescheit.«
»Wer soll es dann sein?«
»Da haben wir es!« rief er und seufzte belustigt.
»Kennen Sie ihn eigentlich?« fragte sie, als sie durch die von Bates offengelassene Türe Schritte von der Treppe her hörten.
Sutton mußte einen Augenblick nachdenken und brachte gerade noch ein Nein hervor, als Lord Gwyther zum zweitenmal angemeldet wurde, was den Gruß, den dieser ihm eine Sekunde später entbot, überraschend erscheinen ließ – den Gruß eines jungen Mannes, stämmig und rosig und frisch, der ohne die geringste Verlegenheit nach einem kurzen Blickwechsel mit Mrs. Grantham ungezwungen die Hand ausstreckte und sagte: »Wie geht's?«
»Mr. Shirley Sutton«, stellte Mrs. Grantham vor.
»Ach ja«, sagte ihr zweiter Besucher, als wüßte er Bescheid; dies bestätigte ihr, da er ja nicht Bescheid wissen konnte, die Ahnung, daß Seine Lordschaft – nein, nicht verlegen, sondern außerordentlich und ungewöhnlich erregt war. Da wir uns hier vor allem und fast ausschließlich mit Suttons Gesamteindruck befassen müssen, sei noch erwähnt, daß er sich nicht weniger klar war über die wirklich charmante Art, mit der sich der junge Mann zusammenriß und nach und nach – wenn auch durch eine gewisse Hilfestellung – wieder Boden unter die Füße bekam. Noch manches ging Sutton in den folgenden zwanzig Minuten

durch den Kopf – nur das eine nicht: daß es besser gewesen wäre, sich zu verabschieden. Einer seiner Gedanken war, daß ihre Gastgeberin sich ausgezeichnet zu helfen wußte; sie gab sich natürlich, freundlich und doch mit einem rätselhaften Schimmer in den schönen Augen; ein anderer: Wenn er ohne den geringsten Anlaß durchschaut würde, dann nur durch die innere Spannung des zweiten Gastes, bei dem man auf unberechenbare Regungen gefaßt sein mußte; und ein weiterer Gedanke war: Selbst wenn eine Verabschiedung angezeigt gewesen wäre, hätte er sich durch die vielversprechende Szene doch davon abhalten lassen. Dieser Gedanke bewegte ihn vor allem, nachdem Lord Gwyther verkündet hatte, er sei jetzt verheiratet und hätte seine Frau gern Mrs. Grantham vorgestellt, da er ihr so viel verdanke. Die Stimmung, die diese Mitteilung hervorrief, verstärkte in Sutton das Gefühl, bleiben zu müssen. Genauso wie Mrs. Grantham wußte er bereits von dieser Heirat – wußte es genauso, wie er vieles andere wußte; und so konnte er wohl ermessen, was hier vorging und was der schnelle Blick bedeuten sollte, den ihn Mrs. Grantham in einem gespannten Moment erhaschen ließ – ein Blick, der allerdings weder ihm noch dem andern galt.

Sie lächelte, doch mit einem gewissen Ernst. »Ich finde, das hätten Sie mir eher sagen sollen.«

»Sie meinen, als ich mich verlobte? Nun ja, aber wir waren so weit weg, und wir haben es nur ganz wenigen Leuten zu Hause mitgeteilt.«

Natürlich, er habe zweifellos seine Gründe dafür gehabt – trotzdem sei es nicht richtig gewesen. »Sie haben in Stuttgart geheiratet? Das war nicht so weit weg, daß ich daran nicht hätte Anteil nehmen können.«

»Wie gütig von Ihnen – und wir haben natürlich auch gewußt, wie gütig Sie sein würden. Doch wir haben nicht in Stuttgart selbst geheiratet; es war zwar dort in der Gegend, aber auf dem Lande. Die Hochzeit sollte eigentlich in England stattfinden, doch ihre Mutter wollte unbedingt dabeisein und fühlte sich nicht wohl genug für die weite Reise. So wurde also eine ganz intime Feier in Deutschland daraus.«

Dies besänftigte Mrs. Grantham nicht im geringsten, sondern versetzte sie in eine leichte Unruhe. »Ist sie denn – ich meine, ist sie eine Deutsche?«

Sutton wußte genau, daß sie wußte, was Lady Gwyther »war«, und darum konnte er, während der Besucher erzählte, einem ganz anderen Gedanken nachgehen. »Aber nein! Mein Schwiegervater hat seine englische Staatsbürgerschaft, auf die er so stolz ist, nie aufgegeben. Seine Frau besitzt jedoch ein in Württemberg liegendes, von ihrer Mutter, der Gräfin Kremnitz, geerbtes Gut, wo sie, angesichts des unglückseligen Verlustes seines englischen Vermögens, die ganzen Jahre äußerst sparsam zu leben vermochten. So hat Valda, die zum Glück hier geboren ist, praktisch ihr ganzes Leben in Deutschland verbracht.«
»Ich verstehe.« Dann, nach einer kurzen Pause: »Sie heißt Valda?«
»Nun ja«, erklärte der junge Mann, der offensichtlich ausgefragt werden wollte, »sie hat, wie das bei der Familie ihrer Mutter so üblich ist, mindestens dreizehn Vornahmen. Aber Valda ist ihr Rufname.«
Mrs. Grantham schwieg nur kurz. »Dann darf auch ich so sagen?«
»Das wäre reizend, nichts würde ihr – genauso wie mir, wie ich Ihnen versichern darf – größere Freude bereiten.« Lord Gwyther errötete geradezu vor Vergnügen ob dieses Gedankens.
»Dann hätten Sie sie aber mitbringen sollen, anstatt allein zu kommen.«
»Um eben diese Erlaubnis«, erwiderte er rasch, »wollte ich Sie bitten.« Er erklärte, Lady Gwyther befinde sich im Augenblick nicht in London, sie sei vielmehr sofort nach ihrer Ankunft nach Torquay gefahren, um dort einige Tage bei ihrer Patentante zu verbringen, die sie sehr liebe. Sie habe noch niemand kennengelernt; sie kenne London überhaupt nicht und schrecke vor der Vorstellung zurück, was man (und sei es noch so wenig) wohl von ihr erwarte. »Sie sehnt sich nach jemand«, sagte er, »der hier mit allem vertraut ist, verstehen Sie? Jemand, der es ehrlich mit ihr meint, klug ist wie Sie und – wenn ich so sagen darf – sie an der Hand nimmt.« Bei diesen Worten trafen sich unvermeidlich die Blicke von Lord Gwythers Zuhörern. Doch dieser sprach ruhig weiter, so daß nichts die Vermutung aufkommen ließ, er habe etwas gemerkt. »Sie möchte, wenn ich so sagen darf, in diesem großen Labyrinth eine wahre Freundin haben; sie hat mich gefragt, ob ich ihr dabei helfen könne und wer dafür wohl die beste Frau in London sei –«
»Und da haben Sie natürlich an mich gedacht?« Mrs. Grantham hatte unbeweglich zugehört – bis auf jenen besagten Blickwech-

sel; nun aber zeigte sie ihm ihr ganzes beredtes Gesicht – was Shirley Sutton sofort zur Uhr blicken und aufspringen ließ.

»*Sie* ist die beste Frau in London!« Er sagte dies lachend zu dem anderen Besucher, reichte dabei aber gleichzeitig seiner Gastgeberin die Hand.

»Sie gehen?«

»Ich muß«, sagte er skrupellos.

»Dann sehen wir uns also beim Dinner?«

»Ich hoffe es.« Daraufhin erwiderte er, sich verabschiedend, den freundlichen Händedruck, den er selber erst vor kurzem von Lord Gwyther empfangen hatte.

II

Sie trafen sich also beim Dinner, und wenn sie auch nicht nebeneinander saßen, so fanden sie sich doch anschließend in dem gemütlichen Winkel eines Salons, der sowohl Licht als auch Schatten bot und der von dem hier versammelten Kreis ganz besonders geschätzt wurde wegen seiner von der boshaften Gastgeberin geschaffenen »lauschigen Ecken«. Mrs. Granthams Gesicht, in dem noch die Spuren von Lord Gwythers Besuch zu lesen waren, hatte all die vorhergehenden Stunden so eindringlich vor ihm geschwebt, daß er, als sie ihn wegen seiner »schlechten Behandlung« am Nachmittag anklagte, nahe daran war, eben dieses Gesicht als Grund seiner Flucht zu nennen. In ihrer Schönheit lag ein unerwartet neuer Zug; noch hätte er nicht sagen können, wieso, und auch nicht, ob es ihr zum Vor- oder Nachteil gereichte. Ehe er nicht klarer sah, wollte er nicht darüber sprechen; so flüchtete er sich einigermaßen geistesgegenwärtig in eine bessere Ausrede: Wenn er sie trotz ihrer Bitte mit Lord Gwyther allein gelassen habe, dann nur, weil die Situation plötzlich so gespannt geworden sei, daß er habe fürchten müssen, angesteckt zu werden und in Versuchung zu geraten, recht unpassend das Wort zu ergreifen.

Sie konnten jetzt ganz ungezwungen über alles reden. Andere Paare, die sich ebenfalls vereinzelt niedergelassen hatten, genossen das gleiche Privileg, und Sutton hatte mehr und mehr das Gefühl, daß seine Neigung zu Mrs. Grantham – ein Vorteil der Sitten in der großen Gesellschaft – zu einer anerkannten und sanktionierten Beziehung geworden war. Er kannte London gut genug, um zu wissen, daß man in ihm immer mehr den Tröster sah – nach dem Streich, den Lord Gwyther ihr vor einigen Monaten in aller Öffentlichkeit gespielt hatte. Manch einer hätte es nie für möglich gehalten – angesichts des Kodex der großen Gesellschaft –, daß Seine Lordschaft sich »das Recht herausnehmen« würde, sich von einem Tag zum andern zu verloben und als Ehemann wieder aufzutauchen. Sutton jedoch wunderte bei der Londoner Schnellebigkeit und seiner primitiven Psychologie nichts mehr. Für sein Gefühl war er keines andern »Nachfolger« – konnte es, so wie die Dinge lagen, gar nicht sein. Was die anderen Männer zu Vorgängern gemacht hatte, war offenbar nichts weiter gewesen, als daß sie sich hatten entschließen können. Er jedoch hing zu seinem Unglück von der Gnade ihres Gesichtes ab – und zwar jetzt mehr denn je –, was aber nicht bedeutete, daß es ihn zum Sklaven, sondern, daß es ihn auf verwirrende Weise zum Skeptiker gemacht hatte. Es war in seiner Schönheit einfach vollkommen, und doch vermochten sich alle möglichen Dinge darin zu spiegeln. »Ich glaubte«, sagte er, »daß Sie beide an einem Punkt angelangt waren, bei dem Sie das Recht auf jene Ungezwungenheit hatten, die erst die Abwesenheit eines Dritten erlaubt. Ich zweifelte nicht daran, daß Sie, als Sie mich zum Bleiben aufgefordert hatten, gar nicht ahnten –«

»Er könnte mit einer so ausgefallenen Bitte zu mir kommen? Nein, das hatte ich natürlich nicht geahnt. Wie sollte ich auch? Aber haben Sie denn nicht gemerkt, daß mich diese Bitte ganz kaltgelassen hat?«

Sutton sann nach und meinte dann lächelnd: »Jedenfalls hat *er* es gemerkt.«

»Und Sie wirklich nicht?«

Wieder zögerte er, doch nicht, um eine Antwort auf diese Frage zu finden. »War er nicht großartig?«

»Doch, ja«, gab sie bedächtig zu. Dann sagte sie: »Warum hat er eigentlich so getan, als kennte er Sie bereits?«

»Er hat nicht so getan. Er hat eben sofort gespürt, daß ich ›derjenige‹ war.« Sutton hatte dies nachträglich erkannt und bestätigt gefunden. »Er gab damit lediglich seiner Freude und Hoffnung Ausdruck. Er war froh, mich zu sehen und Sie glücklich zu finden.«

»Glücklich?«

»Glücklich. Sind Sie es etwa nicht?«

»Ihretwegen?«

»Nun ja – wegen des Eindrucks, den er bei seinem Hereinkommen empfangen haben mußte.«

»Es kam ihm also plötzlich und unerwartet?« fragte sie.

Ihr Gefährte dachte nach. »Bis zu einem gewissen Grade vielleicht erwartet, aber erst bestätigt durch den Anblick, den wir ihm, so munter und vertraulich vor Ihrem Feuer sitzend, geboten haben.«

Mrs. Grantham überlegte. »Wenn er also wußte, daß ich ›glücklich‹ war – was übrigens weder ihn noch Sie etwas angeht –, warum in aller Welt ist er dann gekommen?«

»Weil es sich so gehörte – und wegen seiner Bitte«, erklärte Sutton.

Sie nahm seine Worte hin; jedenfalls schien sie keine derartigen Ressentiments zu hegen, daß sie diese Unterhaltung hätte abbrechen müssen. »Sie meinen, wegen dieser Idee, ich solle seine Frau bemuttern? Haben Sie ihn etwa darum großartig genannt?«

Sutton lachte. »Warum haben Sie es denn getan?« Da dies eine Frage war, für deren Beantwortung oder Nichtbeantwortung sie sich Zeit ließ – wobei sie so tat, als gälte ihr ganzes Augenmerk einer Gruppe, die sich ihnen gegenüber gebildet hatte –, sprach er sofort weiter. »Was für einen Grund hatte er? Das ist hier doch die Frage. Was für einen Grund, meine ich, zu dem außergewöhnlichen Schritt, seine kleine Frau mit gebundenen Händen und Füßen gerade Ihnen in die Arme zu werfen. Sie sind doch so klug und haben nun außerdem einige Stunden Zeit gehabt, darüber nachzudenken – ich verstehe wirklich nicht, wie Sie immer noch im Zweifel sein können.«

Sie beobachtete weiterhin die anderen Gäste. »›Klein‹, sagten Sie? Ist sie das?«

»Winzig – muß sie ja sein; sie muß zwangsläufig in jeder Beziehung anders sein als Sie. Sie sind nämlich immer genau das Gegenteil«, sagte Shirley Sutton.

Da erst blickte sie ihn offen an. »Sie sind von einer Frechheit –!«

»Keineswegs. Ich liebe nur klare Verhältnisse.«

Und abermals sah sie beiseite und sagte nach einer Weile: »Sicherlich ist sie bezaubernd, und ich kann nur hoffen, daß man nun nicht meint, er habe sie bereits satt.«

»Weit davon entfernt! Er ist maßlos verliebt und wird es auch bleiben.«

»Um so besser. Und sofern es überhaupt eine Frage ist«, erklärte

Mrs. Grantham, »daß man tut, was man kann, braucht er mir, wie ich ihm schon beim Abschied gesagt habe, lediglich eine Chance zu geben.«

»Gut! Er wird sie also Ihnen überantworten?«

»Sie drücken sich ja höchst sonderbar aus. Ja, er wird sie mir vorstellen.«

»Und Sie werden ihr wirklich und wahrhaftig helfen?«

»Wirklich und wahrhaftig?« wiederholte Mrs. Grantham, den Blick auf ihn gerichtet. »Warum denn nicht? Wofür halten Sie mich eigentlich?«

»Ach, das ist es ja gerade, was ich mich zu meiner Qual jeden Tag meines Lebens fragen muß.«

Noch während er dies sagte, machte sie eine Bewegung, als wollte sie aufstehen, als hätten seine Worte sie dazu veranlaßt. Doch daraufhin erhob er sich und hielt sie zurück, damit sie auch noch den Rest dessen anhöre, was er ihr zu sagen hatte: »Wenn Sie ihr helfen, dann zeigen Sie ihm dadurch, daß Sie verstanden haben.«

»Was verstanden?«

»Nun, eben seine Idee – diese tiefgründige, scharfsinnige Erwägung, die ihn dazu geführt hat, sozusagen den Stier bei den Hörnern zu fassen; in dem Gedanken, Sie könnten – was ja durchaus möglich wäre – auf sie losgehen, spielt er ein kluges, wenn auch allzu offenkundiges Spiel; er nimmt Sie bei Ihrer Güte und stellt sich öffentlich unter Ihren Schutz.«

Mrs. Grantham zeigte nicht nur, daß sie verstanden, sondern auch, daß sie für einen Augenblick nachgedacht hatte. »Was wollen Sie mit der eleganten Formulierung ›auf sie losgehen‹ sagen?«

»Er unternimmt ein Wagnis, packt Sie aber bei Ihrer Ehre «

Wieder dachte sie nach. »Ach, was für Tiefgründeleien wegen solch einer Lappalie! Und wenn Sie glauben«, fuhr sie fort, »ich könnte ihm durch meine Hilfe zeigen, daß ich ihn verstanden habe, so ist dies ein Grund, sie ihm nicht –«

»Sie werden ihm also zeigen«, unterbrach Sutton sie, »daß Sie nicht verstanden haben? Gut. Aber selbst wenn Sie sich den Anschein geben, nicht allzuviel verstanden zu haben –«

»Wird man darauf bauen, daß ich tue, was ich kann? Gewiß. Sie werden schon noch sehen, worauf man bei mir bauen darf.« Und damit schritt sie davon.

III

Es war keinesfalls so, daß in ihrem abrupten Abschied etwas lag, das ihre Trennung hinausgezögert hätte; doch verschiedene Umstände brachten es mit sich, daß sie sich vor der großen Party in Burbeck nicht mehr sahen. Dort fanden sich von Freitag bis Montag etwa dreißig Personen ein, und so fuhr auch Sutton am Freitag dorthin. Es war ihm schon vorher bekannt gewesen, daß auch Mrs. Grantham kommen würde, was ihm über die hindernisreiche Zwischenzeit hinweggeholfen hatte. Es lag sozusagen die sichere Aussicht eines vollen Bechers vor ihm: zwei Tage, randvoll von ihrem Anblick. Bei seiner Ankunft mußte er jedoch feststellen, daß sie noch nicht eingetroffen war und zu einer kleineren Gruppe gehörte, die erst am nächsten Tag ankommen sollte. Dies erfuhr er von Miß Banker, die so ziemlich bei jeder Gesellschaft, die sich ihrer Anwesenheit erfreuen durfte, die erste war und von der sich – vielleicht gerade deswegen – sowohl die Vorsichtigen als auch die Berechnenden so schnell wie möglich genauestens informieren ließen. Sie war korpulent, rot, üppig, reif und allwissend – ein umfangreiches, fleißig benütztes Lexikon mit einem schönen, alphabetischen Register, das sich ganz von selbst an der richtigen Stelle öffnete. So schlug sie sich für Sutton instinktiv beim Buchstaben G auf, was sich auch als durchaus angebracht erwies.

»Sie wartet nur noch auf Lady Gwyther, um sie gleich mitbringen zu können.«

»Ach, die Gwythers kommen auch?«

»Ja, Mrs. Grantham hat sie noch rechtzeitig aufgetan. Sie wird die Sensation sein – alle sind gespannt.«

Berechnend und vorsichtig zugleich fragte Shirley Sutton: »Sie meinen – Mrs. Grantham?«

»Um Gottes willen, nein! Die arme kleine Lady Gwyther, die eben erst in England angekommen ist, buchstäblich zum erstenmal in ihrem Leben in der Gesellschaft auftritt und von ihr (kennen Sie denn die unglaubliche Geschichte nicht? Sie müßten sie doch kennen – gerade Sie!), ja, ausgerechnet von ihr so herzlich aufgenommen worden ist. Es ist also etwa so, als führte Mrs. Grantham sie in die Gesellschaft ein.«

Sutton hörte genauer zu, als es den Anschein hatte. »Ich weiß wahrhaftig nie, was ich eigentlich wissen müßte. Ich weiß leider immer nur, was ich nicht wissen dürfte. Was ist denn das für eine unglaubliche Geschichte?«

»Sie haben wirklich noch nichts gehört –?«

»Wirklich nicht«, antwortete er, ohne mit der Wimper zu zucken.

»Es ist zwar erst wenige Tage her«, erzählte Miß Banker, »aber alle reden bereits darüber. Gwyther hat seine Frau ihrer Gnade ausgeliefert – doch wenn Sie jetzt tun, als fänden Sie das selbstverständlich, glaube ich Ihnen kein Wort mehr.«

Sutton fragte sich, wie er denn tun sollte. »Sie meinen, weil sie erbarmungslos ist?«

Sie zögerte. »Wenn Sie es nicht wissen, sollte ich es Ihnen vielleicht nicht sagen.«

Er mochte Miß Banker gern und fand daher auch den richtigen bittenden Ton. »Sagen Sie es mir doch!«

»Nun denn«, seufzte sie, »Sie sind selbst schuld –! Die beiden waren ja so befreundet gewesen, daß es für die Brutalität seines *procédé* nur eine Bezeichnung gab. Als ich noch ein Mädchen war, nannte man so etwas ›Sitzenlassen‹. Die Franzosen sagen dafür *lâcher*. Aber ich meine damit nicht sosehr die Sache selbst wie die Form, wenn Sie vielleicht auch einwenden mögen, daß es in solchen Fällen nur eine Form gebe. ›Je weniger Worte, desto besser.‹« Sutton überlegte. »Hat er denn zuviel gesagt?«

»Er hat gar nichts gesagt. Das war's ja eben.«

Sutton ging darauf ein. »*Was* war es?«

»Nun, daß sie gerade darin – wie es jede andre Frau in ihrer Lage getan hätte – seine Bosheit sah. Er ging einfach und handelte – nahm sich dieses Kind, ohne vorher einen Skandal oder einen Bruch zu inszenieren –, ehe es ihr zum Bewußtsein kam.«

»Ich verstehe. Aber aus Ihren Worten darf ich doch schließen, daß es ihr inzwischen zum Bewußtsein gekommen ist.«

»Ja«, sagte Miß Banker lachend, »wir werden's bald wissen. Das ist es ja, was sie hier alle wissen wollen.«

»Na, dann haben wir ja genügend zu tun!« Dies empfand Sutton zumindest für sich selbst – ein Eindruck, der nichts einbüßte durch ein weiteres Gespräch mit Miß Banker, als sie am nächsten Tag einen kurzen Spaziergang durch den Garten machten. Er sprach wie einer, der vieles bedacht hat.

»Habe ich Sie gestern recht verstanden: Lady Gwyther ist ein Kind?«

»Das weiß kein Mensch. Es ist unglaublich, wie ihr das gelungen ist.«

»Lady Gwyther? Was gelungen ist?«

»Nein – wie es May Grantham gelungen ist, sie bis zur Stunde verborgen zu halten.«

Er war auf der Hut. »Soll das heißen, daß sie jeden Augenblick erwartet werden?«

»Erst zum Tee. Bis dahin sollen die noch fehlenden Gäste hier eintreffen.« Miß Banker hatte seit dem Vortag sichtlich alle Lücken aufgefüllt, ihr Wissen revidiert und erweitert. »Nicht einmal der Katze hat sie die junge Frau gezeigt, nur um sie selber präsentieren zu können.«

»Nun ja«, meinte Sutton, »das ist doch eine recht großmütige Vergeltung –«

»Für Gwythers Benehmen? Mag sein. Aber mir ist unheimlich zumute.«

»Unheimlich?«

»Weil so viel für das Mädchen davon abhängt – von einem richtigen oder falschen Start, von den Zeichen und Omen bei ihrem ersten Auftreten. Es ist ein großes Haus hier und ein großer Anlaß, und ich habe das Gefühl, wir sind hier versammelt wie der römische Pöbel, der darauf wartet, daß das nächste Christenmädchen den Tigern vorgeworfen wird.«

»Nun, wenn sie ein Christenmädchen ist –!« sagte Sutton. Aber dann schwieg er ob des Bildes, das seine Phantasie beschwor. Dabei unterstrich es diesen Vergleich nur noch, daß Miß Banker den Anschein zu wecken vermochte, Mrs. Grantham sei so etwas wie eine römische Matrone. »Sie hat sie im Dunkel gehalten, damit wir sie nur aus ihrer Hand empfangen können. Sie hat sie für uns geformt.«

»In diesen paar Tagen?«

»Nun, sie wird sie vorbereitet – wird sie für das Opfer mit Blumen und Bändern geschmückt haben.«

»Ach, wenn Sie damit lediglich meinen, daß sie das Christenmädchen zu ihrem Schneider mitgenommen hat –!« Und dabei kam Sutton wie eine neue Erkenntnis und zugleich Verdrängung seiner Besorgnisse die Vermutung, dies sei womöglich alles gewesen, was der arme Gwyther – mißtrauisch vielleicht gegen den Stuttgarter Geschmack – von ihrer Freundin erbeten haben mochte.

In Burbeck fanden immer mehrere Dinge gleichzeitig statt; so daß, wo immer sonst bei solchen Gelegenheiten der Tee serviert werden mochte, dieser – falls es das Wetter erlaubte – mit unvergleichlichem Aufwand vor einer herrlichen Aussicht auf einer der schattigen Terrassen eingenommen wurde. Shirley Sutton, der, je mehr sich der Nachmittag neigte, immer rastloser umherging und sich immer wieder unter eine andere Gruppe mischte, um doch nichts anderes festzustellen, als daß ihn nichts zu beunruhigen vermochte, stieß auf diese Terrasse, als er um eine Hausecke bog: in aller Pracht breitete sich die Szene vor ihm aus. Man darf sagen, daß aus dieser Mahlzeit in Burbeck wie stets das Beste gemacht wurde. Dieses Bild – mit den vielen Tischen und glitzernden Tellern, mit Teppichen und Kissen und Eis und Früchten und herrlichem Porzellan und schönen Frauen – hätte in seiner Pracht aus einer großen Oper stammen können. Man wäre kaum überrascht gewesen, wenn sich eine der Damen mit goldenem Becher und einem berühmten Lied auf den Lippen erhoben hätte.

Als Sutton nähertrat, erhob sich tatsächlich eine der Damen, und schon Sekunden später sah er nichts und niemand mehr außer Mrs. Grantham. Sie trafen ein wenig abseits auf der Terrasse zusammen, und die Bewegung, mit der er sie festhielt, glich fast einem Rückzug. Er sah jedoch sogleich, daß sie nur ins Haus gehen wollte, um etwas zu erledigen – etwas zu holen oder jemand zu rufen –, und er fühlte mehr denn je, wenn dieser Eindruck auch nicht neu war, daß sie sich als Figur im Vordergrund der Bühne sah und von jedermann auf den ersten Blick als die *prima donna assoluta* erkannt worden wäre. Während der paar Minuten, die sie im Gespräch beisammenstanden, überrollten eine ganze Reihe von Wogen sein Bewußtsein, und es war bezeichnend, daß die Sache mit dem gleichen Eindruck endete, mit dem sie begonnen hatte. »Dieses Gesicht – dieses Gesicht«, konnte er nur dumpf wiederholen; dies war am Anfang und am Ende alles, was er klar zu sehen vermochte. Sie war von einer strahlenden Vollkommenheit, aber hatte diese Vollkommenheit ihre Schönheit überhaupt beeinflußt? Zweifellos war es ihre Schönheit, die ihn anblickte, aber als sich ihre Augen begegneten, war es merkwürdigerweise etwas anderes, in das er hineinblickte.

Ihn dünkte, es müsse etwas geschehen sein, was sie verändert hatte, und bei diesem blitzartigen Eindruck sah er sich sofort nach Lady Gwyther um. Aber als er die hier versammelte Gruppe überblickte – die neuangekommenen Gäste, die sich zu denen vom Vortag gesellt hatten –, sah er unter den Bekannten zwar den Mann der vermißten Person, nicht aber Lady Gwyther selbst. Nichts war ihm nun bewußter als die Tatsache, daß seine Gesprächspartnerin – als er sich ihr nach all dem Nicken und Lächeln und Winken wieder zuwandte – wußte, was er gedacht hatte. Sie wußte, nach wem er erfolglos Ausschau gehalten hatte; warum aber sollte dieses Wissen sie derart verhärtet und gereizt haben, in einem Augenblick zudem, da sie so strahlend war wie nie zuvor? Das undefinierbare Vorgefühl, das nach dem zweiten Gespräch mit Miß Banker ein wenig in den Hintergrund getreten war, um sich dann unerklärlicherweise wieder vorzudrängen – diese nicht näher zu bezeichnende Besorgnis weckte plötzlich mit einem schmerzhaften Stich einen großen Verdacht in ihm. Dies wiederum bewies ihm, daß er bisher nicht gewußt hatte, wieviel für ihn auf dem Spiel stand. Er erkannte jetzt zum erstenmal, daß es wirklich für ihn wichtig war, zu wissen, ob Mrs. Grantham ein vertrauenswürdiger Mensch sei. Es war ja zu lächerlich, an welcher Lappalie dies hing, aber er spürte, es lag etwas in der Luft, das ihm die Antwort geben würde.

Was in der Luft lag, sank schon im nächsten Augenblick zur Erde herunter. Mrs. Grantham heftete den Blick auf jemanden, der näher kam, und er wandte sich um. Eine kleine Gestalt, sehr jung und sehr aufgeputzt, war aus dem Haus getreten, und in Mrs. Granthams Blick erschien der Ausdruck eines Künstlers, der seinem Werk gegenübersteht und nun begierig auf das Urteil der anderen wartet. Die kleine Gestalt kam näher, und obwohl Suttons Gefährtin, ohne ihn anzusehen, einen Namen nannte und ihn vorstellte, wußte er bereits alles. Er sah vieles, zu vieles – und es schienen Federn und Fransen, ein Geriesel von Seide und Spitzen, zu sein –, das aufeinandergehäuft war und miteinander stritt, und nach einigen Sekunden tauchte aus ihnen ein kleines Gesicht auf, das ihm angstverkrampft oder krank vorkam. Dann, als er wieder auf Mrs. Grantham blickte, sah er ein anderes.

Er sprach erst am späten Abend wieder mit Miß Banker – einem Abend, an dem er zunächst auffällig schweigsam gewesen war;

und doch waren zwischen Eßtisch und Salon ihre Gedanken zueinander gegangen, und als sie schließlich Worte fanden, war es in der ersehnten Ruhe der stillen, langen, erleuchteten Galerie, wo sie sich wiederum beim richtigen Paragraphen aufschlug.

»Sie hatten recht – das war's. Sie hat das einzige getan, was sie nach so kurzer Zeit tun konnte. Sie hat sie zu ihrem Schneider mitgenommen.«

Sutton, der den Rücken der Galerie zugewandt und das Gesicht, wie um ein Bild zu verscheuchen, in den Händen vergraben hatte, sagte: »Und das Gesicht – dieses Gesicht!«

»Welches?« fragte Miß Banker.

»Ganz gleich welches.«

»Das von May Grantham ist unvergleichlich. Sie hat sich herausgemacht –«

»Mit einem prächtigen Geschmack und einem untrüglichen Gefühl für Wirkung, nicht wahr? Ja, ja.« Sutton bewies, daß er Bescheid wußte.

»Sie hat ein Gefühl für Wirkung. Schon das Gefühl für Wirkung, das sich in Lady Gwythers Kleidern zeigt –!« Miß Banker fehlten die Worte, um sich auszudrücken. »Alle sind überwältigt. Sie wissen, hier wird so etwas ernst genommen. Das arme Wesen ist verloren.«

»Verloren?«

»Weil hier, wie gesagt, vom ersten Eindruck alles abhängt. Der erste Eindruck aber ist da – und wie! Sie wird ihn nie wiedergutmachen können. Ihr Mann, der so stolz ist, wird sie deswegen wohl kaum *mehr* lieben. Ich verstehe auch nicht«, fuhr Miß Banker fort, »daß ihr hübsches Gesichtchen genügt hat – so ein bißchen fiebrige, ängstliche Frische; was hat er bloß in ihr gesehen? –, ihn den Kopf verlieren zu lassen. Das ist ja mit einer derart grausamen Kunstfertigkeit gemacht –«

»Die beweist, daß der Schneider ebenfalls ein Teufel ist?«

»Ach, Ihre Londoner Frauen und deren Schneider!« sagte Miß Banker lachend.

»Aber das Gesicht – das Gesicht!« erwiderte Sutton wehmütig.

»Das Mays?«

»Das des kleinen Mädchens. Es ist unvergleichlich.«

»Unvergleichlich?«

»In seinem unvorstellbaren Pathos.«

»Oh!« sagte Miß Banker nur,

»Sie fängt endlich an zu begreifen.« Sutton bewies abermals, daß er Bescheid wußte. »Es dämmert ihrer Unschuld, sie erkennt ganz vage, was man mit ihr gemacht hat. Heute abend war es fast noch schlimmer als bei ihrer Ankunft – allein wie sie beim Dinner aussah! Jawohl« – er war seiner Sache jetzt sicher – »es hat ihr gedämmert (wie sollte es auch nicht, angesichts von Ihnen allen!), und sie weiß Bescheid.«

»Sie hätte vorher Bescheid wissen müssen!« seufzte Miß Banker.

»Nein; dann wäre sie nicht so schön gewesen.«

»Schön?« rief Miß Banker. »Aufgeputzt wie ein Affe im Zirkus!«

»Aber das Gesicht. Das greift ans Herz. Und das macht es«, sagte Shirley Sutton. »Und das«, schloß er, »macht auch das andere.«

»Ich verstehe. Selbstbewußt?«

»Abscheulich.«

»Sie urteilen sehr hart«, sagte Miß Banker.

Gerade als sie dies sagte, kam Lord Gwyther in Sicht und näherte sich ihnen. Sutton, der ihm ausweichen wollte, trat, noch ehe er auf diese Bemerkung seiner Gefährtin antwortete, zu einer nahen Tür. »So hart«, antwortete er rasch, »daß ich morgen früh abfahren werde.«

»Wollen Sie nicht noch den Rest sehen?« rief sie ihm nach.

Aber er war bereits gegangen, und Lord Gwyther, der auf sie zugekommen war, nahm heiter ihre Frage auf. »Den Rest wovon?«

Miß Banker blickte ihm offen in die Augen. »Den Rest von Mrs. Granthams Kleidern.«

# GEBROCHENE SCHWINGEN
## [1903]

### 1

Obwohl er sich dessen bewußt war, was zwischen ihnen stand – wenn auch vielleicht weniger bewußt als je, warum jetzt überhaupt noch etwas zwischen ihnen stehen sollte –, so hätte er es doch kaum für möglich gehalten, sie könnten so lange unter einem Dach weilen, ohne ein Wort oder einen Blick zu wechseln. Sie waren nun schon seit Samstagnachmittag zusammen, also seit vierundzwanzig Stunden. Die Gesellschaft war so groß – fünfunddreißig Leute, darunter einige hochgestellte Persönlichkeiten –, daß Worte oder Blicke von den anderen Gästen wohl kaum bemerkt worden wären. Aber gerade deswegen, mußte er annehmen, wäre ein Laut oder Zeichen weder von ihr noch von ihm aufgefangen worden. Sie hatten sowohl beim Dinner als auch beim Lunch so gesessen, daß sie sich nicht über den Tisch ansehen – oder gar anlächeln – konnten; und in der übrigen Zeit war es bei so vielen Menschen ringsum ein leichtes für sie, in der allgemeinen Ungezwungenheit entweder einem Zusammentreffen oder einem Ausweichen nachzuhelfen. Eine Möglichkeit allerdings entzog sich ihrer Kontrolle. Es hatte ihn am Abend zuvor wahrhaftig erstaunt, daß sie nicht sein »Schicksal« geworden war, als sie sich vor dem Speisesaal zu einer langen, feierlichen Prozession geordnet hatten. Er hätte eigentlich angenommen – da dies für Mundham charakteristisch gewesen wäre –, daß im Falle der Anwesenheit einer Literatin diese Literatin um der Harmonie willen dem Arm (falls es sich hier überhaupt um Arme handelte) jenes Herrn anvertraut würde, welcher der Literatur am nächsten stünde. Der arme Straith vertrat die Kunst und wäre damit der Literatur zweifellos nahe genug gewesen, hätte nicht die Gesellschaft einen leichten Überschuß an Männern aufgewiesen. So war also der Vertreter der Kunst einer jener Herren gewesen, die allein den Saal betreten hatten, während Mrs. Harvey von einem Vertreter des Bankwesens geführt worden war.

Man konnte jedoch damit rechnen, daß sie nicht noch einmal Lord Belgrove zum Partner bekäme, und es war ebenso möglich, daß er nicht noch einmal allein gehen würde. Sie war die geeignetste Abhilfe gegen seinen Stand der Ungnade; und das Frappante ihrer Situation lag darin: Sie waren die einzigen der Anwesenden, die sich den andern gegenüber nicht im Vorteil befanden. Sie besaßen überhaupt keinen Vorteil; sie hatten nichts aufzuweisen als ihre Klugheit; sie standen auf der untersten Stufe der gesellschaftlichen Rangordnung. Die gesellschaftliche Rangordnung mußte selbst in Mundham – wie man ihnen hätte sagen können, ja, wie man ihnen mehr oder weniger auch sagte – irgendwo aufhören; woraus hervorgeht, daß Stuart Straith, als er umherwandelte und über alles mögliche nachdachte, das untrügliche Gefühl hatte, dazu beizutragen, sie aufrechtzuerhalten. Zu jenen Dingen, über die er nachdachte, gehörte der Zufall – denn mehr war es wirklich nicht –, daß er, entgegen allen seinen Gewohnheiten, überhaupt hier war. Über Mrs. Harveys Gewohnheiten allerdings wußte er nichts. Vielleicht war sie hier durchaus in ihrem Element; ihn aber hatten diese von Samstag bis Montag dauernden Einladungen bisher immer an vergoldete Käfige erinnert, bei denen man vornehmlich darauf achtete, daß die Vögel darin alle das gleiche Gefieder besaßen.

Am Nachmittag hatten sie innerhalb des Anwesens einen herrlichen Spaziergang zu einem entlegenen Pavillon gemacht, und er war dabei trotz den wechselnden Konstellationen der Szene ständig der Notwendigkeit entgangen, sich oder seine alte Freundin auf die Probe zu stellen. Und dies war ihm, wie er sich schmeichelte, ohne den kleinlichen Versuch, sie zu meiden, auch gelungen. In solch großzügigen Verhältnissen verstand man wahrhaftig zu leben; die Verhältnisse schufen durch ihre Großzügigkeit eine alles durchdringende Leichtigkeit, sorgten für eine allgemeine Freiheit und tränkten jede Stunde mit milder Atmosphäre, so daß sich selbst die peinlichsten Beziehungen aufs glücklichste lösten. Es war zum Beispiel höchst angenehm, daß er, falls Mrs. Harvey ein Zusammentreffen mit ihm unter diesen vielen Menschen absichtlich verhindert haben sollte, sich dessen keineswegs sicher sein konnte. Auf manchen Landsitzen hätte er nicht daran gezweifelt, doch diese Landsitze waren ganz anders als Mundham. Und dennoch fühlte er ohne Ressentiment, daß jene mehr zu ihm paßten – mochte sie vielleicht auch nicht finden, daß sie mehr zu *ihr* paßten. Es war ein schöner, warmer Tag gewesen, und jetzt, da er zur Neige ging – das

Dinner war bereits in Aussicht, aber so wie jenseits eines Platzes aus glänzendem roten Marmor, der zu besagen schien, daß in einem solchen Haus überall, wo Raum war, natürlich auch Zeit war –, nahte für unseren Freund die ihm liebste Stunde; wann immer er konnte, legte er dann eine Pause ein zwischen jenen vielen Eindrücken, die soeben geendet hatten, und jenen, die mit dem »Umziehen« begannen. Die großen Terrassen und Gärten lagen jetzt einsam; die Gäste hatten sich zerstreut, wenn auch wohl noch nicht zum Umkleiden. Die ganze Atmosphäre hier, das riesige Haus, das sich mächtig auf einer Anhöhe erhob, vom Sommer eingehüllt und vom Erfolg gekrönt – all das steigerte noch die Poesie dieser frühen Abendstunde. Dieser eine Gast jedenfalls sah und fühlte dies durch den zarten Augustschleier, der einen – zumindest ihn – an die kunstvoll über die Bühne gespannte Gaze erinnerte, die wiederum eine geheimnisvolle Wirkung erzielen oder einen pantomimischen Effekt unterstreichen soll.

Wenn er tatsächlich Mrs. Harvey zum Dinner führen dürfte, dann wäre es peinlich, sie nicht eher angesprochen zu haben; und würde sie von einem andern geführt werden, dann wäre all die verlorene Zeit fast noch mehr zu beklagen. Hörte er nicht gerade Damen im unteren Garten, deren Stimmen leise, aber, wie immer in der Luft von Mundham, ungemein zärtlich zu ihm heraufdrangen? Vielleicht war sie unter ihnen, und wenn er sie finden würde, wollte er ihr sagen, daß er sie gesucht hatte. Er würde ganz offen sein, auch dann, wenn er ihr erklärte, daß das, was zwischen ihnen vorgefallen – oder genauer: nicht vorgefallen –, doch gar zu lächerlich sei. Aber als er sie nun suchte, fand er sie an einer Wegbiegung, nur wenige Schritte entfernt, mit dem Gesandten in einer Laube sitzen. Darauf blieb er stehen, schlug einen anderen Weg ein und tat so, als ob er sie nicht sähe. Schon dreimal hatte er sie an diesem Nachmittag mit dem Gesandten zusammen beobachtet. Daher war er um so mehr verwirrt, als er, immer noch allein und im Stand der Ungnade, sie eine Stunde später beim Dinner neben der Exzellenz sitzen sah. Dieser Platz stand ihr in Mundham keineswegs zu, und so konnte sie ihn nur auf die direkte Bitte Seiner Exzellenz erhalten haben. Das durfte man wahrlich Erfolg nennen! Diesmal saß Straith in ihrem Blickfeld, und er fand, daß sie – betrachtete man die Frauen ihres Alters – im Kerzenlicht des prächtigen Saales, in dem auch die Lüster wie die Gedecke aus Kristall und Silber waren, so schön sei wie keine zweite, so »apart« wie am Abend zuvor, und daß diese Apartheit, die sich von der aller andern deutlich abhob, so echt war, wie sie nur sein konnte. Wenn ihre bezaubernde Haltung – denn sie war wirklich bezaubernd – vor allem von dem herrührte, was sie in ihrem Beruf leistete, dann mußte sich unser Beobachter sagen, daß das, was er in seinem Beruf nicht leistete, seine Haltung demnach in entgegengesetzter Richtung beeinflußte. Sie sagten sich weder mit dem gefürchteten Blick noch mit dem gefürchteten Lächeln etwas. Dennoch begegneten sich ihre Augen, und er dachte dabei, daß sie ihn recht merkwürdig ansehe.

II

Auch sie war sich all dessen bewußt, und zweifellos im selben Maße wie er, doch war sie ihm darin voraus, daß sie, als sich die Gesellschaft zur Nacht zurückzog, nicht wie ihr Freund einer ungestörten Ruhe entgegensah. Oben an der Treppe hatte Lady Claude zu ihr gesagt: »Darf ich in fünf Minuten noch zu Ihnen hineinschauen?«, und war dann auch gekommen: in einem neuen, eleganten, bändergeschmückten Gewand, das solchen Gelegenheiten genau angemessen war. Lady Claude war jung und ernst und bezaubernd verwirrt und verwirrend, und mochte sie auch durch ihre nicht ganz alltägliche Situation für eine Literatin höchst interessant sein, so war es doch ihre eigene Bewunderung und Neugierde, die von Anfang an diese nächtliche Stunde bestimmte. Sie hatte Mrs. Harvey bereits ihren fundierten Enthusiasmus mitgeteilt. Sie liebte nicht nur deren zahlreiche Bücher, eine Schmeichelei, die der Autorin auch schon von andern Leuten gesagt worden war, sondern sie schien sie auch gelesen zu haben – eine Tatsache, die Mrs. Harvey bisher nur selten erlebt hatte. Noch bedeutsamer aber war, daß Lady Claude selber schreiben wollte und nun in ihrem neuesten Staat vor ihr stand, nicht nur um dieses Geheimnis zu enthüllen und um Anleitung und Beistand zu bitten, sondern auch, um ein noch viel ungewöhnlicheres Vertrauen zu äußern, für das die verschwiegene Mitternachtsstunde gerade gelegen kam. Wie sich die Dinge entwickelten, war Mitternacht längst vorbei, ehe sie sich ihr ganz anvertraut hatte, denn die Unterhaltung geriet schließlich in einen Strudel, der mit allem, was Lady Claudes Leben ausmachte, auch so vieles aus dem Leben ihrer Ratgeberin mit sich riß. Mrs. Harvey jedenfalls war belustigt, gerührt und hellwach; und so erreichten sie nach einer halben Stunde gewissermaßen die zweite Welle ihrer Offenheit, die sie dazu benutzten, sich über die Leute im Haus zu unterhalten. Zuerst hatten sie sich in einem Gespräch über den materiellen Ertrag der Literatur gefunden, über den die Schöpferin so vieler bewunderter Bücher die angehende Schriftstellerin aufzuklären vermochte. Da sich Lady Claude in finanziellen Schwierigkeiten befand, wollte sie sich die Geldquelle der Literatur erschließen. Um dieses atemlos vorgebrachten Geständnisses willen war sie über einen meilenlangen, mit rotem Samt belegten Gang geeilt.

»Nichts?« fragte sie drei Minuten später ungläubig. »Man kann nichts dabei verdienen?« Doch dieser Schrecken war unbedeutend, verglichen mit der Verblüffung, die auf einige weitere Worte folgte, mit denen Mrs. Harvey nach kurzem Zögern ebenfalls ein Geständnis machte. »Eine so große Schriftstellerin wie Sie verdient so wenig?« Und als die Schöpferin der bewunderten Bücher, die im Morgenrock vor ihr saß, nur noch traurig den Kopf zu schütteln vermochte und auf einmal viel zu blaß aussah, als daß sie sich noch Gedanken über die Enthüllung ihres Geheimnisses machen konnte, fuhr Lady Claude fort: »Was nützt dann überhaupt Erfolg und Berühmtheit und Genie? Sie haben wirklich keinen Erfolg?« Nach dem folgenden weiteren Bekenntnis ihrer Freundin blickte sie diese geradezu entsetzt an. Sie saßen einander in einem sich anbahnenden menschlichen Verstehen gegenüber, das schnell zu einer spontanen Umarmung führte. »Sie haben ihn gehabt und verloren? Kann man einen so großen Erfolg, wie Sie ihn hatten, tatsächlich verlieren?«

»Leichter, als man ihn gewinnt.«

Lady Claude konnte es noch immer nicht recht glauben. »Aber Sie schreiben doch so viel – und so schön!« Abermals lächelte Mrs. Harvey nur bezaubernd in all ihrer Verzweiflung und fand sich gleich darauf wieder in den Armen ihrer Besucherin. So verharrte die junge Frau still und stumm und ließ voll Mitgefühl und Charme angesichts solch wahrlich erhabener Erkenntnisse sofort ihre eigenen kleinen Sorgen beiseite. Doch zu solchen Nachtstunden gibt es Abkürzungswege, die der Morgen nicht kennt, und es bedurfte lediglich des Atems der Wirklichkeit, um

Lady Claude weit mehr Fragen in den Mund zu legen, als sie selbst in diesem Zusammenhang beantworten konnte.
»Aber wenn Sie kein Vermögen haben, wie kommen Sie dann durch?«
»Ich komme ja nicht durch.«
Lady Claude sah sich um. In dem schönen, altfranzösischen Zimmer lagen einige Dinge verstreut. »Sie haben aber hübsche Sachen.«
»Zwei.«
»Zwei?«
»Zwei Kleider. Ich könnte nicht einen Tag länger bleiben.«
»Nun wenn schon! Ich auch nicht«, tröstete Lady Claude.
»Und dann haben Sie doch«, fuhr sie in derselben Absicht fort, »so eine reizende Zofe –«
»Ja, reizend ist sie schon, aber sie ist weiter nichts als meine verkleidete Köchin!« gestand Mrs. Harvey.
»Wie klug Sie sind!« rief ihre Freundin mit einem Lachen, das der Höhepunkt des Trostes war.
»Allerdings. Aber glauben Sie ja nicht«, beeilte sich Mrs. Harvey zu versichern, »daß ich deswegen hier bin.«
Ihre Gefährtin dachte ernsthaft nach. »Warum sind Sie dann hier?«
»Ich habe keine Ahnung. Ich frage mich das schon die ganze Zeit, wie ich es mich bei solchen Anlässen so oft gefragt habe – ohne doch zu einem anderen Schluß zu kommen als zu dem, daß London so entsetzlich hektisch ist.«
Lady Claude war erstaunt. »Hektisch?«
»Hektisch!« wiederholte ihre Freundin ungeduldig. »Anders kann man es doch nicht nennen.«
»Aber finden Sie denn, daß eine solche Einladung ein Unglück ist?«
»Und was für eines! Doch wie dem auch sei«, fügte Mrs. Harvey hinzu, »jedenfalls könnte Ihnen niemand sagen, warum ich hier bin.«
Lady Claudes Gabe, etwas in sich einzusaugen (vielleicht ihre anziehendste Eigenschaft), war, wenn ihr Gefühl mitsprach, noch größer als die, etwas von sich zu geben.
»Aber wie können Sie so etwas sagen, da Sie sich doch bloß umzuschauen brauchen, um zu sehen, wie sehr Sie jeder liebt und bewundert! Denken Sie nur einmal an den Gesandten!« beharrte

sie. Und eben diese Bemerkung war es, die ihr Gespräch, wie schon erwähnt, ein gutes Stück von seinem eigentlichen Anlaß wegführte. Es dauerte nun nicht mehr lange, bis auch der Name Stuart Straith fiel, für den Lady Claude ihr Interesse bekannte und den sie einen gutaussehenden, distinguierten, »sympathischen« Mann nannte; sie erklärte, sie hasse ihn schon fast – weil er so gar nichts getan habe, um sie zu ermutigen. Kein einziges Mal habe er mit ihr gesprochen.

»Aber meine Liebe, wenn er nicht einmal mit mir gesprochen hat –!«

Lady Claude schien dabei nicht allzuviel zu finden, denn sie deutete an, daß da doch ein gewisser Unterschied bestehe. »Hätte er das denn überhaupt gekonnt?«

»Ohne daß ich das Wort an ihn gerichtet hätte?« Mrs. Harvey überlegte. »Vielleicht nicht; aber das wiederum konnte ich nicht.« Und nun mußte sie mit der Sprache herausrücken, nicht nur, weil Lady Claude im dunkeln tappte, sondern auch, weil sie offenbar von ihrem Recht überzeugt war, aufgeklärt zu werden. »Nicht, daß wir uns nicht kennten.«

»Sie kennen ihn?«

»Nur zu gut.«

»Sie meinen, Sie mögen ihn nicht?«

»Im Gegenteil: ich liebe ihn geradezu abgöttisch!«

»Was ist dann also mit Ihnen beiden?« fragte Lady Claude ungeduldig.

Ihre Freundin zögerte, aber nur einen Augenblick. »Er wollte mich nicht haben.«

»Nicht haben?«

»Vor zehn Jahren, nach Mr. Harveys Tod, hätte er bloß mit dem Finger zu winken brauchen, und ich hätte ihn geheiratet.«

»Und er hat nicht gewinkt?«

»Er war zu hochmütig. Ich war ihm zu gering – bei seinen Ansprüchen. Er wollte sich bewahren. Er glaubte an seine große Zukunft.«

Lady Claude lauschte aufmerksam. »An das, was er jetzt erreicht hat?«

»Ja – an alles, was vor ihm lag; an seine stetig steigende Bedeutung.«

»Ist diese Zukunft wirklich so groß geworden?«

»O doch – sowohl sein Rang als auch sein Name. Kennen Sie

denn nicht sein Werk, und wissen Sie nicht, was man davon hält?«

»O ja, natürlich. Eben deswegen –« Aber Lady Claude stockte und meinte dann: »Wenn er sich nun immer noch bewahrt?«

»Dann jedenfalls nicht für mich«, sagte Mrs. Harvey.

»Und für mich offenbar auch nicht. Wen wird er dann noch für gut genug halten?« fragte die Besucherin weiter.

»Nun ja, irgendwelche großen Persönlichkeiten!« erwiderte Mrs. Harvey lächelnd.

»Aber wir sind doch große Persönlichkeiten! Sie und ich!« Und Lady Claude gab ihr den Gutenachtkuß.

»Auf jeden Fall«, bat die Ältere, »dürfen Sie die Hintergründe *meiner* Persönlichkeit niemand verraten; ich habe es Ihnen wirklich nur ganz im Vertrauen gesagt.«

In ihrem Ton lag eine stille Bitterkeit, die ihre Freundin noch einen Augenblick zurückhielt, bis Lady Claude schließlich auf den glücklichen Gedanken kam, mit charmantem, heiterem Lächeln zu antworten: »Es ist bestimmt nur gut, daß Mr. Straith Sie nicht haben wollte. Dadurch haben Sie sich auch bewahrt. Sie werden bestimmt noch einen Gesandten heiraten!« Und nach einem weiteren Gutenachtkuß ging sie zur Tür. »Wenn Sie auch behaupten, Sie kämen nicht durch – Sie kommen schon durch.«

»Ach!« winkte Mrs. Harvey unbestimmt ab.

»Ganz gewiß, glauben Sie es mir«, beharrte Lady Claude, und die zufallende Tür betonte diese Behauptung mit einem dumpfen Schlag, der durch das stille Haus hallte.

## III

Die Premiere von *Das neue Mädchen* fand, wie sich jeder erinnern wird, vor drei Jahren statt, und das Stück läuft immer noch – eine Tatsache, die auf merkwürdige Weise die mangelnde Aufmerksamkeit vergilt, deren sich zwei Zuschauer schuldig gemacht hatten. Denn sowohl Mrs. Harvey als auch Stuart Straith wurde es erst später bewußt, daß *Das neue Mädchen* einer der größten zeitgenössischen Erfolge war. Wenn man sie gleich nach der Vorstellung über das Stück befragt hätte, wären sie in peinliche Verlegenheit geraten. Dies aber beruhte, was ich wohl gleich sagen darf, auf dem Zufall, daß sie sich Seite an Seite im Parkett gefunden und daher ihrer eigenen Situation mehr Interesse geschenkt hatten. Straith fühlte sich gedrängt, dieser Situation sofort zu begegnen, und wandte sich, sobald er sie nach seinem Eintreten erkannt hatte, an die bereits auf ihrem Platz sitzende Nachbarin. »Jetzt bleibt Ihnen wohl nichts anderes übrig, als mit mir zu sprechen.«

Er las in ihrem Gesicht, daß sie ihn bereits beim Näherkommen beobachtet hatte. »Der Klang Ihrer Stimme macht es mir tatsächlich so leicht, wie ich es mir nur wünschen kann.«

Er blickte um sich, über die langen Reihen, die überfüllten Ränge und Logen, erkannte da und dort ein Gesicht und nickte ihm zu; so entstand in ihrem Gespräch eine Pause, in der sie – während die Instrumente gestimmt wurden und jene Geräusche aufklangen, die bei einem Londoner Publikum die zunehmende Konzentration verraten – eindringlich spürten, wie eng sie in dieser dichtgedrängten, hingegebenen Menge beieinandersaßen.

»An jenem zweiten Nachmittag in Mundham, kurz vor dem Dinner, war ich nahe daran, mir eine Gelegenheit zu erzwingen. Aber ich wurde davon abgehalten. Sie sind wirklich unerreichbar für mich.«

»Ach!« flüsterte sie.

»Gesandte und so«, sagte Stuart Straith.

»Ach!« wiederholte sie. Und bevor sie noch mehr sagen konnte, ging der Vorhang auf. Nach einiger Zeit fiel er wieder und vollendete schließlich nach mehreren Intervallen seine letzte Bewegung, ohne den Eindruck unserer Freunde zu stören, sie verbrächten einen Abend im Gespräch miteinander. Als er endgültig gefallen war, sagten sie kaum ein Wort über das Stück, aber auch schon gegen Ende der Aufführung, als der eine den andern gleichgültig gefragt hatte: »Wird das Ding Erfolg haben?«, war diesen Worten keinerlei Bedeutung zuzumessen gewesen. Immerhin merkten sie deutlich genug, daß die Leute um sie herum in Anspruch genommen waren und sie daher nicht beachteten – doch wovon sie in Anspruch genommen waren, merkten die beiden kaum. Immerhin hatte Mrs. Harvey gleich zu Anfang erwähnt, daß sie aus einem bestimmten Grunde hier sei und eigentlich aufpassen müßte, und einmal hatte ihr Begleiter sie bei einer Szene gefragt, wie ihr das »Bild« gefalle; er sei gespannt, wie es »ankomme« – nur deshalb sei er überhaupt hier. Diese Gedanken jedoch verflüchtigten sich schnell – verflüchtigten sich zum Beispiel (denn nur so kamen sie weiter) angesichts der Bemerkung, daß, wie immer das Stück auch sein möge, das »einzig Wahre«, wie sie es in Mundham erlebt hätten, jedes Stück um vieles übertreffe: Mundham sei nun einmal, als Theater, das »einzig Wahre«; es sei besser in der Dekoration, den Kostümen, der Musik, den schönen Frauen, den bloßen Schultern, einfach in allem – selbst in den Dialogen; es sei eine größere und gewaltigere Schau, die zudem bestimmt einen weit höheren Kostenaufwand erfordere. Beim Thema Mundham verweilten sie lange genug, um beide zu ihrem Erstaunen darin übereinzustimmen, wie komisch es doch sei, daß sie sich gerade dort wiedergesehen hätten. Straith entgegnete darauf, er müsse es wohl so verstehen, daß sie meine, es sei komisch gewesen, *ihn* dort zu finden; worauf sie erwiderte, sie habe damit im Gegenteil ihre eigene Anwesenheit charakterisieren wollen.

»Aber warum sollten Sie denn nicht dort gewesen sein?« fragte er. »Ist das etwa nicht Ihr Milieu? Sind Sie nicht – wie jene Leute in Mundham – ein Kind des Glücks und der großen Welt?«

Er bekam lange keine Antwort, als hätte er sie tief verletzt. Ja, er bekam an diesem Abend überhaupt keine direkte Antwort mehr darauf. Doch während des nächsten Szenenwechsels sagte sie unvermittelt, ohne auf das einzugehen, was er inzwischen erwähnt hatte: »Aber wissen Sie wirklich nicht –?« Sie zögerte.

»Was?«

Ungestüm ergänzte sie: »Ein Ort wie Mundham ist für mich ein überlebter Rest aus vergangenen Tagen, wenn auch das arme Mundham, für mich wenigstens, diesen Besuch nicht mehr überlebt hat – was man bedauern muß, nicht wahr? Es war für mich nichts weiter als ein flimmerndes, aber abgetakeltes Gespenst aus alten Zeiten.«

Straith zuckte sichtlich zusammen. »Leben Sie denn jetzt in einer neuen Zeit?«

»Sie etwa nicht?«

»Nun«, erwiderte Straith, »die meine könnte man eine Zeit mittleren Alters nennen. Ich meine, es kommt mir so lange vor, seit ich meine Uhr darauf eingestellt habe.«

»Ich habe nicht einmal eine Uhr!« gab sie lachend zurück. »Ich bin jenseits aller Uhren.« Und dann: »Wir hätten uns öfters sehen sollen – oder, besser gesagt, wir hätten, wenn wir zusammen waren, mehr daraus machen sollen.«

»Ja, es war zu wenig. Aber ich habe es mir dann jedesmal damit erklärt, daß wir in verschiedenen Welten lebten.«

Jetzt durfte Mrs. Harvey eine offene Frage wagen. »Sind Sie unglücklich?«

Er blickte sie gelassen an. »Sie haben eben gesagt, Sie seien jenseits aller Uhren. Ich bin jenseits allen Unglücklichseins.«

Sie wandte sich ab und brachte schließlich hervor: »Ich müßte unbedingt etwas von dieser Aufführung mit heimnehmen.«

»Natürlich. Ich jedenfalls werde etwas mit heimnehmen.«

»Oh, dann müssen Sie mir helfen – müssen es mir geben.«

»Von Herzen gern«, sagte Straith, »sofern Sie etwas damit anfangen können. Es ist mein Gefühl, daß wir heute etwas erneuert haben.«

Sie schüttelte langsam und traurig den Kopf, womit sie bereits in Mundham Lady Claude beeindruckt hatte. »Damit kann ich in diesem Fall nichts anfangen.«

»Dann müssen Sie mir jetzt die Frage gestatten, die ich Ihnen schon damals gestellt haben würde, wenn ich nicht solche Angst vor dem Gesandten gehabt hätte: Woran lag es, daß so lange alles für uns unmöglich war?«

»Da kann ich nur für mich antworten. Mein Eindruck war von Anfang an der, daß Sie Mitleid mit mir hätten, aber gewisse Skrupel Ihnen nicht erlaubten, mir zu zeigen, daß Sie mir nicht mehr als Mitleid zu geben vermöchten.«

»Darf ich Sie einmal besuchen?« fragte Straith wenige Minuten später.

Ihre Worte, auf die er kurze Zeit warten mußte, klangen ebensowenig nach einer Antwort wie die seinen. »Sind Sie wirklich unglücklich? Haben Sie denn nicht alles?«

»Sie sind herrlich«, sagte er statt einer Erwiderung. »Darf ich kommen?«

Sie zögerte. »Wo haben Sie Ihr Atelier?«

»Nicht so weit, als daß ich nicht überall hingelangen könnte. Sorgen Sie sich nicht. Ich kann zu Fuß gehen – oder den Bus nehmen.«

Wieder zögerte Mrs. Harvey. Dann sagte sie: »Kann ich Sie nicht dort aufsuchen?«

»Es wäre mir ein Vergnügen.«

Er sagte es schnell, fast übereifrig; doch ihrer beider Übereinkunft machte sie gleich darauf verlegen, und wie um das Thema zu wechseln und die Situation zu erleichtern, kam sie auf etwas zurück, das er am Anfang des Abends erwähnt hatte. »Sie müssen mir noch sagen, warum Sie heute hier sein müssen.«

»Ach, ja. Um meine Kostüme zu sehen.«

»Ihre?« fragte sie erstaunt.

»Im zweiten Akt. Ich habe sie gemacht – ich meine, entworfen.« Ehe sie sich's versah, war es ihr entschlüpft: »Sie?«

»Ja, ich.« Er blickte zu Boden. »Des Geldes wegen. Und wir haben sie nicht einmal bemerkt.«

»Ich jedenfalls nicht«, gab sie zu. Doch sie bekannte sich zu dieser Tatsache mit ihrer ganzen Zuneigung, und sichtlich war es eben diese Zuneigung, die sie zu dem bewegte, was sie in der zugigen Vorhalle nach der Vorstellung erwähnte, während der Lakai ihrer Freundin – einer korpulenten, reichen, schrecklich lustigen Dame, die sie hier hergefahren hatte und jetzt von ihrem Balkonplatz heruntergekommen war – nach dem Brougham sah. »Darf ich etwas über Ihre Arbeiten schreiben?«

»Schreiben?«

»Wenn ich Sie besucht habe. Etwas über Ihre Bilder. Ich bin Korrespondentin«, sagte Mrs. Harvey.

Jetzt war er mindestens ebenso erstaunt wie vorhin sie im Parkett. »Für eine Zeitung?«

»Für *The Blackport Banner*. Ich mache den *Londoner Brief*. Die neuesten Bücher, die neuesten Stücke, das neueste Geschwätz irgendwelcher Art – ein bißchen Musik, ein bißchen Klatsch, ein bißchen ›Kunst‹. Bei der Kunst müssen Sie mir helfen – ich brauche Sie dringend. Ich schreibe drei solcher ›Briefe‹ im Monat.«

»Eine so große Schriftstellerin wie Sie?« Er sprach jetzt wie seinerzeit Lady Claude und konnte es doch ebensowenig ändern, wie es Mrs. Harvey vorhin im Parkett hatte ändern können.

»Wie gesagt: des Geldes wegen!« Da winkte der Lakai, und die alte Dame schob sich durch die Menge.

## IV

Als sie ihn im Laufe der Woche in seinem Atelier besuchte, äußerte sie als erstes ihr Entzücken über die Fülle seiner Arbeiten. Sie sah gebannt um sich – sie war, um mit ihren eigenen Worten zu sprechen, »völlig geschlagen«. »So viele Bilder!«

»Ja, viele Bilder«, sagte Stuart Straith.

»Darin sind Sie uns überlegen!«

»Ich glaube«, erwiderte er, »darin bin ich fast jedem andern überlegen.«

»Sind sie alle neu?«

Er schaute sich mit ihr um. »Viele davon sind schon ziemlich alt. Aber ich muß zugeben: Meine Bilder haben es an sich, ziemlich schnell zu altern. Manchmal kommt es mir fast so vor, als würden sie bereits alt geboren!«

Nach einiger Zeit kam sie auf etwas zurück. »Sie sind unglücklich. Sie sind nicht jenseits davon. Sie sitzen vielmehr eindeutig und unzweifelhaft mitten drin!«

»Nun ja«, meinte Straith, »wenn mich das Unglück wie eine Wüste umgibt, in der ich ganz verloren bin, so kommt das wohl auf dasselbe heraus. Aber nun müssen Sie mir von sich erzählen.«

Sie war, sich erneut umsehend, herumgegangen, zog nun ein Notizbuch heraus und hielt es hoch. »Diesmal muß ich darauf bestehen, daß ich mir etwas aufschreiben darf. Sie sind schuld daran, daß ich neulich über das ganze Theaterstück nichts wußte, und so etwas können wir uns nicht leisten. Hätte ich nicht meine gute, dicke alte Dame und die Tageszeitungen gehabt...« Und wieder sah sie sich um, trat auf einige Bilder zu und sagte: »Wie schön!« und »Ganz Ihre Hand!«, und dann blieb sie um des reizvollen Gesamteindrucks willen stehen. In dem hohen, klaren, sauberen Raum, mit einigen verblichenen Wandteppichen und wertvollen alten Möbeln darin, war es so ordentlich, lag nicht das geringste herum, daß man hätte meinen können, er sei extra für diesen Anlaß gefegt und aufgeräumt worden, wodurch er fast zu untadelig wirkte. Er glänzte geradezu – und war kalt, fast zu kalt für die Witterung und Jahreszeit; Stuart Straith, zugeknöpft und geschniegelt, ebenso schön und adrett wie sein Zimmer, hätte sie bei ihrem Kommen an einen Kapitän erinnern können, der auf einem sauberen, aufgeräumten Schiffsdeck steht und eine Ladung erwartet. »Darf ich mir alles ansehen? Darf ich alles ›auswerten‹?«

»O nein – auf keinen Fall dürfen Sie alles auswerten! Sie dürfen nicht einmal die Hälfte auswerten. – Habe ich nun Ihren *Londoner Brief* verdorben?« fragte er nach einer Weile.

»Noch mehr als ich kann den gar keiner verderben. Ich bringe ihn einfach nicht fertig – ich bekomme den Kniff nicht heraus, und ich will ihn auch gar nicht herausbekommen. Alles mache ich falsch, und die Leute wollen ja auch nur Gefasel hören. Man wird mich bestimmt entlassen.«

Sie stand in der Mitte des Zimmers, während er voll Unrast und ohne Ziel in großen Kreisen langsam um sie herumging. »Machen Sie das schon lange?«

»Seit ein paar Monaten. Aber ich habe früher schon Ähnliches gemacht und weiß, was mich erwartet. Ach, mein Lieber, ich habe schon die merkwürdigsten Dinge gemacht!«

»Ist es eine lohnende Arbeit?«

Sie zögerte, dann seufzte sie bezaubernd. »Drei Pfund, neun Pence. Ist das lohnend?« Er blieb vor ihr stehen und betrachtete sie von oben bis unten. »Was bekommen denn Sie«, fuhr sie fort, »wenn Sie etwas fürs Theater machen?«

»Wohl ein wenig mehr als Sie. Vier Pfund, sechs Pence. Aber ich habe so etwas erst einmal gemacht. Wenigstens liegt noch kein zweiter Auftrag vor.«

»Ach so. Aber Sie werden doch einen bekommen?«

Der arme Straith lenkte ab. »Haben sie Ihnen gefallen – in den Farben?« Abermals blieb er stehen. »Ach, ich vergaß: Wir haben ja gar nicht darauf geachtet!«

Einen Augeblick vermochten sie darüber zu lachen. »Sie müssen mir glauben, im *Banner* habe ich darauf geachtet! ›Die Kostüme im zweiten Akt waren von unvergleichlicher Schönheit.‹ So habe ich geschrieben.«

»Das wird den Intendanten bestechen!« Wieder schien er sie von Kopf bis Fuß zu mustern. »Sie sprachen vorhin von ›auswerten‹. Mir wäre es lieber, Sie würden sich selber auswerten – damit ich endlich klarer sehe. Sie müssen mir alles erzählen.«

»Sie sehen mich an«, sagte Mrs. Harvey, »als fragten Sie sich, wer wohl meine Kostüme entwirft. Wie ich mich davon anziehe, wie ich selbst das noch fertigbringe – von den drei Pfund und neun Pence –, wollten Sie das wissen?«

»Was ist mit Ihnen?« fragte Straith.

»Wie ich durchhalte?« fuhr sie fort, als hätte sie seine Frage nicht gehört. »Ich halte ja nicht durch. *Sie* schon«, sagte sie und ließ ihre Blicke von neuem umherschweifen.

Wieder stockte er, doch nur sehr kurz. »Wie lange sind Sie schon –?«

»Was?« fragte sie, als er verstummte.

»Unglücklich.«

Voller Nachsicht lächelte sie. »Seitdem Sie so ahnungslos waren – ahnungslos darüber, daß ich ja gerade Ihr Mitleid wollte. Ach, es war entsetzlich, Sie in dem Glauben zu wähnen, Sie könnten mich damit verletzen, und nicht in der Lage zu sein, Ihnen die Augen darüber zu öffnen, daß das Mitleid das einzige war, was mir hätte helfen können! Schenken Sie mir wenigstens jetzt Ihr Mitleid! Mehr brauche ich nicht. Ich brauche sonst gar nichts. Aber schenken Sie mir wenigstens dies!«

Doch ehe er diese große, sonderbare Bitte erfüllen konnte, mußte er sich mit einer kleineren, alltäglicheren Angelegenheit befassen. Der junge Mann, den er sich als Diener hielt, erschien mit einem Tablett und deckte den Tisch, und bis Mrs. Harvey Platz genommen, er ihr eingeschenkt und dafür gesorgt hatte, daß der junge Mann wieder verschwand, vergingen einige Minuten. »Wie hätte ich an Mitleid für Sie denken können«, fragte er schließlich, als er sich neben ihr niederließ, »da ich doch selbst so tief verwundet war?«

»Sie?« fragte sie erstaunt. »Waren Sie damals denn nicht glücklich?«

»Glücklich darüber, nicht für gut genug befunden worden zu sein? Denn so war es doch«, fuhr er eindringlich fort. »Sie hatten Ihren Erfolg, einen riesigen Erfolg. Sie hatten Ihr Talent, Ihre Zukunft, Ihre großen Chancen; ich verstand es sehr gut, daß Sie in Anbetracht alles dessen und in Anbetracht meiner viel unbedeutenderen Situation sich bewahren wollten.«

»Oh!« stöhnte sie, als wäre sie verletzt worden.

»Wie gesagt – ich verstehe Sie. Aber wie sollte ich da glücklich gewesen sein?«

Sie wandte sich ihm zu, als ob sie die Hand auf eine alte Wunde hielte, die sie jetzt zu ertragen vermöchte. »Wollen Sie etwa sagen, daß Sie all die Jahre nicht gewußt haben –«

»Was habe ich nicht gewußt?« Seine Stimme klang so verständnislos, und sein Blick war so fern jedes Begreifens, daß sie nur noch einmal ein »Oh!« hervorbrachte und im nächsten Augenblick schon weinte.

## V

Anfangs war sie nicht so recht damit einverstanden gewesen, ihn bei sich zu Hause zu empfangen; nachdem sie ihn verlassen hatte und er immer wieder über ihre Begegnung nachdachte, konnte er sie schließlich verstehen, denn er hatte nun immerhin einiges ans Licht gebracht und Erinnerungen aneinandergefügt, die, so verschwommen sie auch waren, einen gewissen Sinn ergaben. Aber dann hatten sie verabredet, er solle sie zum Wochenende besuchen – da habe sie nämlich den Umzug hinter sich; sie hatte gerade die Wohnung gewechselt; inzwischen mußte er, während er in der kalten Kammer seiner eigenen vergangenen Hoffnungen ein- und ausging, über vieles nachdenken, und dabei kam ihm diese Kammer vor wie ein nach dem Tode des Künstlers aufgeräumtes Atelier, das das Publikum besichtigen darf. Und dabei erkannte er deutlich, daß sie vor zehn Jahren beide einem grausamen Mißverständnis erlegen waren und sich, um es sich leichter zu machen, vom Schmerz in einen falschen Stolz geflüchtet hatten. Er fand jedoch, daß hauptsächlich er der Schuldige sei, denn Frauen mußten schließlich zu leben versuchen, so gut sie konnten, und für den Irrtum dieser Frau gab es außerdem Gründe, die er, wenn auch mit wehem Herzen, anzuerkennen hatte. Sie glaubte damals, im Gepränge seiner ersten Erfolge – zu der Zeit, als sie sich kennen und schätzen lernten – die Ursache für ihr Gefühl des Abgewiesenseins sehen zu müssen, die er wiederum in ihrer unbestreitbaren Popularität gefunden hatte und woraus er dann zu schließen meinte, sie halte ihn für unbedeutend. Jeder von ihnen war – wie es nur sensiblen »Künstlerseelen« möglich ist – auf die Haltung und die offensichtlichen materiellen Erfolge des andern hereingefallen, und so hatten sich beide in eine törichte Heimlichtuerei verrannt, in der ihre Entfremdung wie ein gemeines Nachtschattengewächs gewuchert war. Er hatte tatsächlich geglaubt, sie habe auch weiterhin die fünftausend im Jahr verdient, die sie mit ihren ersten acht bis zehn erfolgreichen Romanen verdient hatte – genauso, wie sie nach dem glücklichen Auftakt seiner ersten, von verschiedenen Akademien als »Bilder des Jahres« bezeichneten Werke die absurde Theorie entwickelt hatte, daß seine Einnahmen dank geschickten Kunsthändlern und verständnisvollen Käufern nur noch gewachsen seien. Jetzt muteten diese Schlüsse sie geradezu primitiv an, aber damals war es ihnen ernst damit gewesen. Seine langjährige, hartnäckige Vorstellung von ihren »Preisen« jedenfalls paßte haargenau zu den merkwürdigen Geschichten, die ihr über seine »Preise« zugetragen worden waren und die sie nur noch mehr dazu gebracht hatten, sich in sich zurückzuziehen.

Doch ihrer beider Lage hatte sich verändert – ja, alles hatte sich verändert, nur nicht ihr verbissenes Bemühen, diese Veränderung vor dem andern geheimzuhalten. Wenn sie jahrelang die Wunde, nicht »gut genug« für ihn zu sein, mit sich herumgetragen hatte, so war es gerade dies gewesen, was sie am meisten in ihrem unablässigen Streben bestärkt hatte, wenigstens so gut zu sein wie er. Was wiederum ihn betraf, so war London groß und blind und unwissend, und nie hatte sich etwas ereignet, das ihm den Glauben an ihren Wohlstand hätte nehmen können. Vorhin jedoch, vor seinen Augen, hatte sie eine Hülle nach der andern weggezogen, mit denen sie, wie sie gestand – und dabei stets den Blick auf ihn gerichtet –, erfolgreich versucht hatte, ihren Zustand zu verbergen. Während er ihr zugehört hatte, war er fast erstarrt ob der Ähnlichkeit mit seiner eigenen Lage. Wie gut verstand er ihre Erklärungen, und wie sehr mußte er bei dieser Erkenntnis stöhnen! Endlich begriff er alles, was ihm bisher unklar geblieben war. Und doch hätte er in ihrem gemeinsamen Abgrund am liebsten aufgelacht über diese sonderbaren Zufälle und Ähnlichkeiten. Wirklich, die Künste waren, wie man so oft sagt, Geschwister; denn glich nicht die Erfahrung der einen hier ganz der Erfahrung des andern? Und sie ersparte ihm so vieles damit. Er spürte es, während er ihr bewies, daß er mit ihr fühlte, und so nahm er sich vor, vorerst die Lippen über seiner eigenen traurigen Geschichte zu verschließen. Sie hatte denn auch eine wunderbare Einfühlung dadurch verraten, daß sie nicht weiter in ihn gedrungen war. Schließlich war sie zusammengebrochen, weil sie erkannt hatte, daß er nicht glücklich war, und diese Niederlage hatte er als eine ihrer Eigenarten – die erste, die sich ihm offenbart hatte – aufgefaßt, mit der sie sich seiner Sorgen annahm. Jedenfalls hatte sie ihm beim Abschied die volle Kenntnis all der Phasen hinterlassen, die anerkannte Größen in »literarischen Kreisen« auf ihrem Weg zur Eklipse und Extinktion durchlaufen müssen. Nur ein einziges Mal hatte man seine große Stunde, und wenn man sie früh hatte – man durfte es sich beinahe aussuchen –, dann konnte man sie eben nicht spät haben. Dabei brauchte man nicht einmal von fern an das heranzukommen, was in lächerlichen Gerüchten getuschelt wurde. Straith begriff langsam, daß er nur wenig über »literarische Kreise« und überhaupt irgendwelche Geheimnisse außer seinem eigenen gewußt hatte – ein Geheimnis, das von ihm bis zum schließlichen Zusammenbruch ängstlich gehütet worden war.

Als er sie am Freitag besuchte, erlebte er die jüngste der schon erwähnten Phasen mit – man konnte sie allerdings genausogut die letzte nennen; dies war immerhin ein gewisser Trost. Sie hatte sich gerade erst in einer kleinen Mietwohnung niedergelassen, wo er am beschlossenen Verkauf einiger Dinge, von denen sie sich noch nicht hatte trennen können, erkannte, warum sie ihn hatte warten lassen. Hier erlebten diese beiden verwirrten und erschöpften, schwer arbeitenden Menschen eine herrliche Stunde – heiter trotz ihrer verlorenen Schlacht und ihrer verlorenen Jugend; denn erst als Stuart Straith ebenfalls die undurchdringliche Maske abgenommen und neben die ihre auf den Tisch gelegt hatte, fühlten sie, daß sie einen Teil jener Chancen wiedergewannen, die sie so töricht verschwendet hatten. Und dennoch kam sie nicht darüber hinweg, daß es ihm wie ihr erging und daß ihr auf drei oder vier Räume zusammengeschrumpftes, schlichtes Heim sein genaues Gegenstück in dem trügerischen Anblick seines ordentlichen Ateliers mit den sich dort häufenden Bildern besaß. Er erzählte ihr jetzt alles, hielt ebensowenig zurück wie sie bei ihrer letzten Begegnung, und unablässig wiederholte sie: »Ein so herrlicher Maler wie Sie?« – als machte dieses Wissen das Schicksal noch dunkler, als erstickte der Schmerz darüber, daß er so hatte herunterkommen können, beinahe die Freude darüber, daß er ihr damit nähergekommen war. Als sie hörte, daß er vor drei Jahren das letztemal ein Bild verkauft hatte – »Ein so herrlicher Maler wie Sie?« –, drang in ihre eigene Verzweiflung ein neuer Eiseshauch. Enttäuschung und Sorgen wirkten in einer solchen menschlichen Beziehung ansteckend, und offensichtlich war ihr ebensowenig geblieben wie ihm. Und er zeigte ihr, wobei er über die lange Entfremdung lachte, wie schrecklich wenig das Wenige war. Überhaupt zeigte er ihr alles, aber eher heiter als traurig und mit der völligen Aufgabe jedes Stolzes, die dem Vertauschen von zu engen mit bequemen Schuhen nach einem langen, qualvollen Tage gleichkam. In manchen Augenblicken glichen sie einem Paar, das eine Untat verübt und sich dann getroffen hat, um verzweifelt einen Ausweg zu suchen; so sehr gaben sie sich dem

Galgenhumor – dem Anblick der gegenseitigen Komik – hin, der jeder Übergabe und Vernichtung vorausgeht.
Sie erinnerten sich noch einmal an alles, fuhren noch einmal den reißenden Strom hinauf, rekonstruierten, erklärten, verstanden einander – kurz: erkannten an, daß sie wahrlich, ohne voneinander zu ahnen, Seite an Seite ein Beispiel gegeben hatten. »Wir gehören einfach zu jenen Fällen«, meinte Straith unumwunden, »von denen man genug hat. Es mag ja sein, daß es keinen alltäglicheren Fall gibt – aber schließlich hat es für Sie wie für mich, für jeden in seiner Weise, in jenen Tagen so ausgesehen, als könnte man von uns nie genug bekommen.« Und dann verfolgten sie, so grausam dies auch sein mochte, die Symptome der Übersättigung bis zu ihrem ersten Auftreten zurück, durchlebten noch einmal zusammen die unvergeßlichen Stunden, die längst in weiter Ferne lagen – jene Stunden, in denen es ihnen gedämmert hatte, daß sie der Wahrheit ins Gesicht sehen und die Dinge beim Namen nennen mußten. Sie lachten über ihre einstigen Erklärungen und sogar über ihre ersten unbedeutenden Befürchtungen; sie verglichen ihre Reaktionen auf all die fehlgeschlagenen Tröstungen und Hoffnungen und erkannten, stärker denn je vereint in der Identität ihrer Prüfung, daß es, mochte es auch vielerlei Arten des Erfolgs geben, stets nur eine Art des Fehlschlags gab. Und doch war bei diesem langwährenden Spiel des Bluffs, wie Straith es nannte, nicht der Mißerfolg das Schlimmste gewesen, sondern das So-Tun-als-ob. Sie waren ihr ganz hingegeben, dieser Erleichterung, sich nicht länger etwas vormachen zu müssen. Nun erst ermaßen sie ihren Mut, den sie sich beide stumm und verbissen abgerungen hatten.
»Aber haben wir dazu nun noch einen Grund?« fragte Straith.
Sie überlegte. »Einen Grund, mutig zu sein?«
»Ja – so zu tun, als ob.«
»Und beispielsweise wieder nach Mundham zu gehen? Gottlob werden wir nie mehr nach Mundham gehen. Die Zeiten der Mundhams sind vorbei.«

»*Nous n'irons plus au bois;*
*Les lauriers sont coupés*«,

sang Straith. »Es kostet zuviel.«
»Wie alles, was man für die Reichen tut. Die armen Verwandten kosten uns am wenigsten.«

»Ja, man muß Geld haben, um die andern anerkennen zu können. Wir können uns den Wohlstand nicht leisten. Aber es ist ja nicht nur Geld, das sie einen kosten.«
»Nein, auch Phantasie«, bestätigte Mrs. Harvey. »Weil sie selber keine haben –«
»– müssen wir sie beisteuern? Wir werden jedenfalls viel Phantasie aufbringen müssen, wenn wir uns vor ihnen schützen wollen«, gab Straith zu. »Das merkwürdige ist nämlich, daß sie uns gernhaben.«
Sie überlegte abermals. »Das erleichtert die Trennung. Sie werden uns verzeihen.«
»Ja«, sagte ihr Gefährte lachend, »wenn sie einen nicht gut genug kennen –«
»– behandeln sie einen wie alte Freunde. Aber was verlangen wir jetzt von unserem Mut?« fragte sie.
Er dachte nach. »Ja, was wohl?«
»Ich meine, zum Durchhalten. Warum sollten wir weiterhin so tun als ob?«
Dies überzeugte ihn. »Ich verstehe. Ja, warum eigentlich? Also der Mut, nicht so zu tun –!«
»Den wenigstens haben wir!« rief sie. Während sie nebeneinander an dem kleinen, hochgelegenen Fenster saßen, von dem man über graue Dächer schaute, schwang dieser Gedanke in einem tiefen Blick und in einem Schweigen zwischen ihnen hin und her, dessen Intensität ihm angemessen war. »Wenn wir schon geschlagen sind –« begann sie endlich.
»Dann wollen wir wenigstens gemeinsam geschlagen sein!« Er nahm sie in die Arme, sie ließ es geschehen, und er hielt sie lange und fest umschlossen. Doch als sie so weit zu sich gekommen waren, daß sie ihre Abmachung vernünftiger anzusehen vermochten, bestätigten beide gleichzeitig, bestätigten es ebenso heiter wie traurig: »Und nun ans Werk!«

# DAS GLÜCKLICHE ECK
[1908]

## I

»Jeder fragt mich, was ich von allem ›halte‹«, meinte Spencer Brydon, »und ich antworte, so gut ich kann – weiche der Frage aus oder lenke mit irgendeinem Unsinn ab. Es würde ihnen ja auch gar nichts sagen«, erklärte er, »denn selbst wenn es möglich wäre, eine derart alberne Frage über ein solch wichtiges Thema wie aus der Pistole geschossen zu beantworten, bezöge sich alles, was ich von einer Sache ›halte‹, immer nur auf mich selber.« Er sprach mit Miß Staverton, bei der er nun schon seit Monaten jede nur mögliche Gelegenheit zu einer Unterhaltung wahrnahm; diese Gelegenheit, die ihm Stütze, Trost und Beistand war, hatte sich nach seiner so unbegründet verspäteten Rückkehr nach Amerika als die erste aller Überraschungen erwiesen. Denn eigentlich hatte sich alles als Überraschung erwiesen; aber dies war wohl ganz natürlich, wenn man alles so lange und hartnäckig vernachlässigt und den Überraschungen so viel Spielraum zur Vorbereitung gelassen hatte. Er hatte ihnen mehr als dreißig Jahre Zeit gegeben – dreiunddreißig, um genau zu sein; und nun kam es ihm vor, als hätten sie ihre Darbietung dementsprechend vorbereitet. Als er New York den Rücken gekehrt hatte, war er dreiundzwanzig gewesen – heute war er sechsundfünfzig; dies kam noch zu der Tatsache hinzu, daß er, wie schon oft seit seiner Rückkehr, dem Gefühl nachhing, er hätte eigentlich länger leben müssen, als es dem Menschen im allgemeinen verstattet ist. Er hätte ein ganzes Jahrhundert gebraucht, sagte er sich wieder und wieder und sagte es auch zu Alice Staverton – er hätte viel länger fort sein und sich im Geist viel weiter abkehren müssen, als er es schuldhafterweise getan hatte, um all die Unterschiede, das Neue und Ungewohnte, ob es nun besser oder schlechter war, und vornehmlich das Gewaltige, das ihm bei jedem Blick ins Auge fiel, aufzeigen zu können. Das überraschendste jedoch war die Unberechenbarkeit gewesen; er hatte nämlich von einem Jahrzehnt zum andern geglaubt, sich so großzügig und weitschauend wie möglich auf die Faszination der Veränderung einzustellen. Jetzt aber mußte er erkennen, daß er sich auf nichts eingestellt hatte; er vermißte, was er bestimmt zu finden geglaubt hatte, und fand, was er sich nie erträumt hätte. Alle Proportionen und Werte standen auf dem Kopf; die häßlichen Dinge, die er erwartet hatte – all die häßlichen Dinge seiner weit zurückliegenden Jugend, da er gar zu gewaltsam zum Gefühl für das Häßliche erwacht war –, diese unheimlichen Phänomene wirkten auf ihn jetzt eher anziehend; die »protzigen«, die modernen, ungeheuerlichen, berühmten Dinge hingegen, jene Dinge, um derentwillen er vor allem – wie Jahr für Jahr viele Tausende von arglosen Neugierigen – herübergekommen war, wurden ihm jetzt eher zur Quelle des Mißvergnügens. Sie glichen lauter abschreckenden, ja abwehrenden Fallen, deren Feder von seinem rastlosen Schritt unaufhörlich gespannt wurde. Zweifellos war diese Schau wirklich sehenswert, aber sie wäre gar zu verwirrend gewesen, hätte nicht eine erfreuliche Tatsache seine Situation gerettet. Er war in Wahrheit überhaupt nicht der Sehenswürdigkeiten wegen herübergekommen; er war vielmehr – und dies nicht unbewußt, sondern durchaus bewußt – in einer Absicht gekommen, mit dem sie nicht das geringste zu tun hatten. Er war (um es hochmütig auszudrücken) gekommen, um nach seinem »Besitz« zu sehen, dem er seit drei Jahrzehnten sich nie mehr als auf viertausend Meilen genähert hatte; oder, um es weniger habsüchtig auszudrücken: er hatte dem Bedürfnis nachgegeben, wieder einmal sein Haus am Glücklichen Eck zu sehen – wie er es zärtlich zu nennen pflegte –, jenes Haus, in dem er das Licht der Welt erblickte, in dem verschiedene Mitglieder seiner Familie gelebt hatten und gestorben waren, in dem er die Ferien seiner in Internaten verbrachten Knabenzeit genossen und die wenigen gesellschaftlichen Blüten seiner öden Jünglingsjahre gepflückt hatte und das – nachdem es ihm so lange fremd gewesen – durch den kurz aufeinanderfolgenden Tod seiner zwei Brüder und das Erlöschen alter Vereinbarungen schließlich ganz in seinen Besitz übergegangen war. Er besaß auch noch ein anderes, nicht ganz so »gutes« Haus – das Glückliche Eck hatte er von jeher weit über alles gestellt und verehrt –, und der Wert dieser beiden Häuser bildete sein Kapital; sein Einkommen bestand nun aus den eingehenden Mieten, die (dank der luxuriösen, ausgezeichneten Bauart dieser Häuser) nie niedrig gewesen waren. Von dem Ertrag dieser reichlichen New Yorker Mieten ließ sich durchaus leben – und dies noch besser, seitdem das zweite Haus, eine bloße Nummer in einer langen Reihe, innerhalb eines Jahres baufällig geworden war und seine Renovierung sich als im höchsten Maße günstig erwiesen hatte.

Diese beiden Häuser bedeuteten tatsächlich Besitz, aber schon seit seiner Ankunft machte er mehr denn je zwischen ihnen einen Unterschied. Das Haus innerhalb der Straße, das ein Stück weiter westlich lag, wurde bereits zu einem großen Mietshaus umgebaut; schon vor einiger Zeit hatte er den zu einem solchen Umbau nötigen Änderungen zugestimmt – und nun die Sache vorwärtsschritt, erstaunte es ihn nicht wenig, sich von heute auf morgen und ohne auch nur die geringste Erfahrung in der Lage zu sehen, mit einer gewissen Intelligenz, ja fast einer gewissen Kompetenz an den Arbeiten teilzunehmen. Er hatte sich in seinem Leben so wenig mit derlei Dingen befaßt und sich so völlig anderen Interessen hingegeben, daß er höchst verwundert war über dieses lebhafte Erwachen seines kaufmännischen Talents und seines Sinns für Konstruktion, über diesen Bezirk seines Geistes, in den er bisher nie eingedrungen war. Diese Tugenden, die in seiner Umgebung etwas ganz Alltägliches waren, hatten in ihm bisher geschlafen; man kann wohl sagen, sie hatten den Schlaf der Gerechten geschlafen. In diesen schönen Herbsttagen – der Herbst war wirklich ein Segen in solch einer gräßlichen Stadt – machte er sich, im stillen leicht erregt, unerschrocken an seine »Arbeit«; es war ihm dabei einerlei, daß die Leute sagten, dieses Projekt sei ordinär und ein Zeichen von Habgier; stets war er bereit, auf Leitern zu klettern, über Bretter zu balancieren, Material zuzureichen, gescheit dreinzusehen und Fragen zu stellen, Erklärungen zu fordern und sich ernsthaft mit Zahlen »zu befassen«.

Es war eine amüsante, ja geradezu charmante Tätigkeit; auch Alice Staverton fand sie amüsant, vielleicht noch mehr als er, wenn auch wohl nicht so charmant. Sie würde dadurch jedoch nicht ihre Lage verbessern, wie er es in so erstaunlichem Maße tat: durch nichts konnte sie, wie er wußte, ihre Lage verbessern, in der sie sich jetzt befand – am Nachmittag ihres Lebens als die feine, schlichte Besitzerin und Bewohnerin des kleines Hauses am Irving Place, das sich zu erhalten ihr in ihrer New Yorker Karriere unauffällig gelungen war. Er kannte den Weg dorthin jetzt besser als zu irgendeiner andern Adresse unter den unzähligen schrecklichen Nummern, die ihn die ganze Stadt wie die riesige Seite eines Hauptbuches erscheinen ließen: übergroß, exzentrisch, voller Linien und Karos und Zahlen; und wenn ihm dieser Gang zur Gewohnheit, zum Trost geworden war, dann vor allem wegen des Glücks, in dieser weiten Wildnis des Engroshandels, diesem Dschungel des allgemeinen Wohlstands, Erfolgs und der Gewalt, ein stilles Plätzchen gefunden zu haben, wo jedes Ding und jeder Schatten in seiner Zartheit die klare, hohe, geschulte Stimme festhielten und wo die Sparsamkeit wie der Duft über einem Garten schwebte. Seine alte Freundin hatte nur ein Hausmädchen und wischte selber Staub, putzte die Lampen und polierte das Silber. Sie hielt sich, wo sie nur konnte, dem entsetzlichen modernen Gedränge fern, trat aber aus ihrer Zurückgezogenheit heraus und kämpfte, wenn es um den »Geist« ging – jenen Geist, zu dem sie sich stolz und ein wenig scheu als zu dem einer besseren Zeit bekannte: der Zeit ihrer gemeinsamen, weit zurückliegenden, ja vorsintflutlichen gesellschaftlichen Epoche und Ordnung. Zwar benützte sie, wenn es sein mußte, die Straßenbahnen: diese scheußlichen Kästen, an die sich die Leute klammerten wie in Panik geratene Schiffbrüchige an Rettungsboote; sie hielt erstaunlicherweise allen öffentlichen Püffen und Stößen stand; und doch war sie – mit ihrer schlanken, verwirrend graziösen Erscheinung, die einen zu dem Vergleich herausforderte, sie sehe aus wie eine schöne junge Frau, die durch großes Leid älter wirkt, oder wie eine schöne, zarte ältere Dame, die durch die Gabe der Gleichgültigkeit jünger wirkt, mit ihren einmaligen Erinnerungen und Geschichten, an denen auch er teilhaben konnte – für ihn so etwas wie eine verblaßte gepreßte Blume (eine Seltenheit natürlich) und, da ihm andere Köstlichkeiten fehlten, eine hinreichende Belohnung für seine Anstrengungen. Sie besaßen ein gemeinsames Wissen, »ihr« Wissen (dieses bezeichnende Possessivpronomen lag ständig auf ihren Lippen) von einem Dasein in einem andern Zeitalter, einem Dasein, das bei ihm überdeckt war von der Erfahrung des Mannes und der Freiheit des Wanderers, überdeckt von Vergnügen, Untreue und Lebensphasen, die ihr fremd und undurchsichtig erschienen: kurz, überdeckt von Europa; aber doch nicht völlig verdunkelt, immer noch geschätzt und vorhanden unter dieser zärtlichen Heimsuchung des Geistes, von der *sie* nie abgelenkt worden war.

Eines Tages begleitete sie ihn, weil sie einmal sehen wollte, wie sein »Apartment-Haus« in die Höhe wachse; er half ihr über Abgründe weg, erklärte ihr die Pläne und hatte während ihres Besuches eine kurze, aber lebhafte Debatte mit dem Bauführer der Firma, die den Auftrag übernommen hatte. Er stellte sich energisch auf die »Hinterbeine«, weil diesem Menschen ein Fehler in einem Punkt ihrer Vereinbarungen unterlaufen war, und er vertrat seine Ansicht so temperamentvoll, daß sie – die während des Gespräches vor Freude über seinen Triumph charmant errötet war – nachher zu ihm sagte (wenn auch um eine gewisse Ironie bemüht), er habe offensichtlich jahrelang ein beachtliches Talent brachliegen lassen. Wäre er zu Hause geblieben, wäre er zweifellos der Erfinder des Wolkenkratzers geworden. Wäre er zu Hause geblieben, hätte er sein Genie beizeiten entdeckt, hätte ganze Straßen gebaut und ein Vermögen gescheffelt. Diese Worte hallten, während die Wochen vergingen, in ihm wider wie ein helles, silbernes Geläut, das ihm immer wieder zum Bewußtsein brachte, daß eben jene Worte in der merkwürdigsten und tiefsten seiner eigenen, in letzter Zeit gedämpften, ja erstickten Schwingungen verklungen waren.
Dies dämmerte ihm bereits nach den ersten vierzehn Tagen, war seltsam jäh über ihn hereingebrochen: dieses maßlose Staunen; hier begegnete es ihm – in diesem Bild sah er den Fall, zumindest erregte er sich und errötete er nicht wenig dabei –, gleich einem Fremden, einem unerwarteten Bewohner an der Ecke eines dunklen Ganges in einem leeren Haus. Dieser abwegige Vergleich verfolgte ihn geradezu, sofern er ihn nicht durch einen noch einprägsameren ersetzte: daß er eine Tür öffne, hinter der nichts zu finden er überzeugt war, eine Tür in einen verdunkelten und leeren Raum, wo er, innerlich zusammenschreckend, auf ein ihm aufrecht gegenüberstehendes Wesen stoße, das sich mitten in den Raum gestellt habe und ihn durchs Dämmer anstarre. Nach diesem Besuch des im Umbau befindlichen Hauses ging er mit seiner Gefährtin zu dem andern, weit schöneren, das in östlicher Richtung die Ecke einer recht konservativen Avenue und einer Straße bildete, die nach Westen zu jetzt übel geschändet und entstellt war. Die Avenue erhob, wie Miß Staverton sagte, noch immer einen gewissen Anspruch auf Achtbarkeit; die einstigen Bewohner waren fast alle nicht mehr da, die alten Namen jetzt unbekannt, und nur hier und dort schien eine Re-

miniszenz ziellos umherzuschweifen wie ein Greis, der noch spät unterwegs ist und dem man am liebsten hilfreich folgen möchte, um ihn sicher nach Hause zu bringen.

Sie traten zusammen ein, unsere Freunde; er schloß selber auf, da, wie er erklärte, niemand hier wohne: aus bestimmten Gründen zog er es vor, das Haus leerstehen und nur eine Frau aus der Nachbarschaft kommen zu lassen, die täglich eine Stunde lüftete und fegte und Staub wischte. Ja, Spencer Brydon hatte seine Gründe, und er wurde sich ihrer immer stärker bewußt; jedesmal, wenn er hier war, überzeugten sie ihn noch mehr, obgleich er sie seiner Begleiterin nicht alle nannte – genausowenig wie er ihr erzählte, daß er oft, ja lächerlich oft hierherkam. Jetzt zeigte er ihr nur, als sie durch die großen unbewohnten Räume schritten, daß hier die absolute Leere herrsche und daß vom Speicher bis zum Keller außer Mrs. Muldoodys Besen nichts weiter zu finden sei, was einen Einbrecher in Versuchung hätte führen können. Mrs. Muldoody war auch gerade da und begleitete die Gäste geschwätzig durchs Haus, führte sie von Zimmer zu Zimmer, stieß die Läden zurück und schob die Fenster hoch – alles, um ihnen, wie sie sagte, zu beweisen, daß hier »rein nichts« zu sehen sei. Es war tatsächlich nicht viel zu sehen in dieser großen, dunklen Muschel, die in ihren Perspektiven, ihrer Raumeinteilung und ihrem Stil eines großzügigeren Zeitalters dennoch eine aufrichtige, flehende Botschaft für ihren Herrn bereithielt, wobei sie ihm vorkam wie ein guter alter Diener, wie ein lebenslänglicher Lehnsmann, der um eine Stellung, wenn nicht gar eine Alterspension bittet. Mrs. Muldoody erwähnte jedoch außerdem, daß sie zwar froh sei, hier ihre mittägliche Runde machen zu dürfen, daß es aber etwas gebe, von dem sie hoffe, es möge ihr nie zugemutet werden. Sollte er aus irgendeinem Grunde von ihr verlangen, nach Dunkelwerden hierherzukommen, dann müßte sie ihm sagen, er möge doch die »Güte« haben, jemand anders darum zu bitten.

Die Tatsache, daß es hier nichts zu sehen gab, widerlegte für die gute Frau keineswegs das, was man sehen *könnte*, und sie sagte freiheraus zu Miß Staverton, man dürfe von keiner Dame erwarten, daß sie »in den Stunden des Teufels zu einem finsteren Speicher hinaufklettere«. Gas und elektrisches Licht waren im Haus abgeschaltet. Mrs. Muldoody beschwor ein gespenstisches Bild herauf, wie sie mit glimmendem Span durch die großen, grauen Räume wanderte, die kein Ende nehmen wollten. Miß Staverton lächelte ihr zu und bekannte offen, vor solchem Abenteuer würde zweifellos auch sie zurückschrecken. Spencer Brydon schwieg – wenigstens im Augenblick; die »Stunden des Teufels« in seinem alten Heim waren bereits ein zu ernstes Problem für ihn geworden. Er »kletterte« hier schon seit einiger Zeit herum, und er wußte genau, warum er vor drei Wochen ein Paket Kerzen zuhinterst in eine Schublade des schönen alten, in einer tiefen Eßzimmernische eingebauten Büfetts versteckt hatte. Er lachte zwar über seine Begleiterinnen, wechselte dann aber schnell das Thema: erstens, weil ihn sein Lachen selbst in diesem Moment an das sonderbare Echo, den menschenähnlichen Widerhall (er wußte kaum, wie er es anders nennen sollte) erinnerte, den, wenn er allein hier war, jedes Geräusch in seinem Ohr oder seiner Phantasie weckte; und zweitens, weil er befürchtete, Alice Staverton könne ihn jeden Augenblick in einer plötzlichen Erleuchtung fragen, ob *er* denn manchmal hier herumschleiche. Es gab Erleuchtungen, auf die er jetzt nicht vorbereitet war, aber noch bevor Mrs. Muldoody sie verließ, gelang es ihm, alle weiteren Fragen dadurch zu verhindern, daß er gänzlich andere Themen anschnitt.

Zum Glück gab es genug, das man an einem so hochgeschätzten Ort frei und offen aussprechen konnte; und so folgte eine ganze Kette von Erklärungen, als seine Freundin sehnsüchtig umhergespäht und gerufen hatte: »Aber ich hoffe doch, Sie werden dies hier nicht auch noch abreißen wollen!« In wiedererwachtem Zorn schleuderte er ihr die Antwort entgegen: Genau das verlange man von ihm, genau deswegen belästige man ihn Tag für Tag mit der Hartnäckigkeit von Leuten, die es nicht verstehen könnten, wenn ein Mann Pietät besitze. Er empfinde das Haus so, wie es sei, und mehr, als er in Worten auszudrücken vermöge, voll Bedeutung und als eine wahre Freude. Es gebe doch auch noch andere Werte als Mietzinsen – kurz, kurz... Hier unterbrach ihn Miß Staverton: »Kurz: Sie wollen Ihren Wolkenkratzer so raffiniert ausbauen, daß Sie von dem Wuchergeld behaglich leben und es sich leisten können, hier noch eine Weile sentimental zu sein.« In ihrem Lächeln und ihren Worten schwang jene feine Ironie mit, die ihm nie bei ihr entging; es war eine Ironie ohne Bitterkeit, die einfach ihrer starken Phantasie entsprang, eine Ironie ohne jenen billigen Sarkasmus, mit

dem die meisten Menschen über die »Gesellschaft« herziehen, womit sie einen Anspruch auf Überlegenheit erheben möchten, obwohl davon bei ihnen wirklich nicht die Rede sein kann. Es beglückte ihn, im selben Augenblick – als er nach kurzem Zögern geantwortet hatte: »Ja, genauso könnte man es ausdrükken!« – sicher zu wissen, daß ihre Phantasie ihm immer noch gerecht wurde. Er erklärte, daß er dieses Haus, selbst wenn ihm das andere nie einen Dollar einbrächte, nach wie vor hochschätzen würde; und er erzählte, während sie umhergingen und wieder stehenblieben, von der Verblüffung, die er damit stets erregte, von der völligen Verwirrung, die er überall schuf.
Er sprach von dem Wert, den er in alles hineinlegte: in das Gesicht der Wände, den Umriß der Räume, den Widerhall der Böden, das Gefühl, wenn man die alten, silberbeschlagenen Knöpfe an den Mahagonitüren berührte, ein Gefühl, als berührte man die Hände von Toten; kurz, in die siebzig Jahre Vergangenheit, die diese Dinge repräsentierten, die Annalen von fast drei Generationen, eingeschlossen die seines Großvaters, die hier geendet, und die feine Asche seiner längst erloschenen Jugend, die in der Luft schwebte wie mikroskopisch kleine Stäubchen. Sie hörte sich alles an; sie war eine Frau, die Antwort gab, aber nicht schwatzte. Und deshalb verbreitete sie auch nicht eine Wolke von Worten; sie konnte ohnedies beipflichten, zustimmen und vor allem ermutigen. Erst ganz zum Schluß ging sie ein wenig weiter als er: »Wer weiß, vielleicht möchten Sie doch noch einmal hier wohnen.« Dies rüttelte ihn auf; daran hatte er noch nicht gedacht, wenigstens nicht so, wie sie es meinte. »Sie glauben, ich könnte mich um des Hauses willen zum Bleiben entschließen?«
»Nun ja, mit solch einem Heim –!« Sie besaß jedoch so viel Taktgefühl, das Thema nicht breitzutreten – und das war einer der zahlreichen Beweise dafür, daß sie nicht sinnloses Zeug plapperte. Im übrigen: Wie konnte ein vernünftiger Mensch auf die Idee kommen, daß jemand den Wunsch habe, in New York zu leben?
»Ja«, sagte er. »Ich hätte natürlich hier wohnen können (dazu wurde mir schon früh Gelegenheit geboten); ich hätte all die Jahre hier verbringen können. Dann wäre alles ganz anders gewesen – ich darf wohl sagen, komisch. Aber das ist eine andere Sache. Im übrigen ist ja gerade das schöne daran – ich meine an

meiner Schrulle, meiner Weigerung, ein Geschäft zu machen –, daß mir jeder vernünftige Grund fehlt. Sie verstehen doch: Wenn ich einen Grund hätte, dann wäre es genau umgekehrt; dann wäre dies unvermeidlich ein Grund, bei dem es um Dollars ginge! Hier gibt es keine anderen Gründe als die der Dollars. Verzichten wir lieber auf alle Gründe – selbst auf das Gespenst eines Grundes.« Sie standen bereits wieder in der Halle, zum Gehen bereit. Von dort hatte man einen weiten Ausblick durch eine offene Tür in den riesigen, quadratischen Salon mit der geradezu ehrwürdigen Schönheit großer Flächen zwischen den einzelnen Fenstern; schließlich wandte sie den Blick davon ab, und ihre Augen begegneten sich. »Sind Sie sicher, daß auch nicht das Gespenst eines solchen –?«

Er fühlte, wie er erblaßte. Weiter jedoch vermochten sie jetzt nicht vorzudringen. Denn er antwortete, wie er glaubte, leicht grinsend: »Gespenster? Bestimmt wimmelt es hier von Gespenstern. Ich würde mich schämen, wenn es nicht so wäre. Die arme Mrs. Muldoody hat ganz recht, und deshalb habe ich sie ja auch nicht gebeten, mehr zu tun als jeden Tag hereinzusehen.«

Abermals verlor sich Miß Stavertons Blick, und man ahnte, daß ihr manch unausgesprochener Gedanke durch den Kopf ging. Vielleicht sah sie sogar drüben in dem herrlichen Raum irgendeine dunkle Gestalt sich erheben. Schlicht wie die Totenmaske eines schönen Antlitzes mochte diese auf sie wirken, gleich dem bewegten Ausdruck in dem »starren«, von Erinnerungen schweren Stuck. Doch was immer sie auch empfand – sie sprach lediglich ein paar unverbindliche Worte: »Nun ja, wenn es möbliert und bewohnt wäre –«

Sie schien damit andeuten zu wollen, daß er, wenn es noch möbliert wäre, der Rückkehr wohl nicht so abgeneigt sein würde. Dann aber ging sie schnell in den Flur, als wollte sie ihre Worte zurücklassen, und gleich darauf hatte er die Haustür geöffnet und stand mit ihr draußen auf der Treppe. Er verschloß die Tür, und während er den Schlüssel in die Tasche steckte, blickten sie umher und betrachteten die plötzlich so harte Realität der Avenue, die ihn an den Zusammenprall der Wüstensonne mit dem einem ägyptischen Grab entsteigenden Touristen erinnerte. Doch noch ehe sie auf die Straße traten, wagte er eine abschließende Antwort: »Für mich ist es bewohnt. Für mich ist es möbliert.« Daraufhin war es für sie ein leichtes, vage und diskret »ja, ja« zu flüstern, wußte sie doch, daß seine Eltern und seine Lieblingsschwester, ganz zu schweigen von den unzähligen anderen Verwandten, hier gelebt und ihren irdischen Lauf vollendet hatten. In solchen Mauern bedeutete dies unauslöschliches Leben.

Wenige Tage danach, als er wieder einmal eine Stunde mit ihr verbrachte, äußerte er seinen Unwillen über die aufdringliche Neugier jener Leute, denen er dauernd begegnete und die alle wissen wollten, wie ihm New York gefalle. Er hatte nicht das geringste erreicht, mit dem er in der Gesellschaft prunken konnte, und was sein »Von-einer-Sache-Halten« betraf (sei es nun bejahend oder ablehnend), war er ausschließlich von einem einzigen Thema in Anspruch genommen. Es sei reiner Egoismus, erklärte er ihr – wenn sie wolle, könne sie es auch eine krankhafte, fixe Idee nennen. Für ihn laufe einfach alles auf die Frage hinaus, was aus ihm geworden wäre, was für ein Leben er geführt und wie er sich »herausgemacht« hätte, würde er es nicht schon gleich zu Beginn aufgegeben haben. Zum ersten Male bekannte er ihr, wie sehr ihn diese absurde Spekulation beschäftige – die ja auch nur beweise, daß er gewohnt sei, egoistisch zu denken –, und erklärte ihr, daß ihn hier sonst »rein nichts« interessiere, daß er sich von der Stadt in keiner anderen Weise angesprochen fühle. »Was wäre wohl dann aus mir geworden, was wäre aus mir geworden? Wie ein Idiot frage ich mich das wieder und wieder – als könnte ich es je ergründen! Ich sehe bloß, was aus vielen anderen geworden ist, denen ich begegnet bin, und es schmerzt mich bis zur Verzweiflung, daß dann auch aus mir etwas geworden wäre. Und doch bekomme ich einfach nicht heraus, *was*, und wenn ich mich darüber in unstillbarer Neugierde zermartere, dann befällt mich immer wieder jenes Gefühl, das mich ein paarmal überkam, als ich aus bestimmten Gründen und nach bestem Ermessen einen wichtigen Brief ungeöffnet verbrannte. Ich fand es schrecklich, es tat mir leid – und nie habe ich erfahren, was in dem Brief stand. Sie werden natürlich sagen, das sei eine Bagatelle –!«

»Ich sage nicht, es sei eine Bagatelle«, unterbrach ihn Miß Staverton ernst.

Sie saß am Feuer, während er rastlos vor ihr auf- und abschritt und sich in diesen Gedanken vertiefte oder durch sein Monokel mit blindem Blick die hübschen alten kleinen Dinge auf ihrem

Kaminsims betrachtete. Bei dieser Unterbrechung nun sah er sie für einen Moment scharf an. »Es wäre mir auch gleichgültig, wenn Sie es täten!« sagte er dann jedoch und lachte. »Es ist ja nur ein Beispiel für das, was ich jetzt empfinde: daß ich den mir unnatürlich erscheinenden Weg meiner Jugend nicht weiterverfolgt habe – fast dem Zorn meines Vaters zum Trotz; daß ich ihn ›drüben‹ nicht, von jenem Tage bis heute, unbeirrt und ohne Angst weitergegangen bin; und vor allem, daß ich ihn nicht mochte, nicht liebte, nicht über alles liebte und mir in meiner Maßlosigkeit einbildete, etwas Besonderes zu sein – etwas davon ist wohl schuld an diesem so ganz anderen Verlauf meines Lebens und meiner Entwicklung gewesen. Ich hätte hierbleiben sollen – wenn es möglich gewesen wäre; aber mit dreiundzwanzig war ich zu jung, um *pour deux sous* zu beurteilen, ob es überhaupt möglich wäre. Hätte ich abgewartet, dann hätte ich auch gesehen, daß es möglich war, und wäre ich hiergeblieben, wäre ich vielleicht einer jener Typen geworden, die durch die Lebensbedingungen hartgeschmiedet und tüchtig werden. Nicht, daß ich sie sehr bewundere – aber die Frage, ob sie Charme besitzen, irgendeinen Charme über die ihnen durch die Umstände aufgezwungene, widerliche Geldleidenschaft hinaus, hat damit nichts zu tun. Es geht lediglich darum, ob ich nicht eine phantastische und doch durchaus mögliche Entwicklung meiner Anlagen versäumt habe. Und dann sage ich mir, daß ich damals vielleicht ein *alter ego* in mir getragen – so wie in der kleinsten Knospe bereits die volle Blüte ruht – und mit ihm jenen Weg eingeschlagen, jenes Klima aufgesucht habe, das diese Blüte ein für allemal vernichtet hat.«

»Sie denken also an die Blüte«, sagte Miß Staverton. »Ich auch, wenn Sie es wissen wollen. Ich denke schon seit Wochen daran. Und ich glaube an die Blüte«, fuhr sie fort. »Ich weiß, sie wäre herrlich und groß und phantastisch geworden.«

»Vor allem phantastisch!« rief ihr Besucher. »Und vermutlich auch häßlich und abstoßend.«

»Das glauben Sie ja selber nicht«, entgegnete sie. »Wenn Sie es glaubten, würden Sie sich keine Gedanken mehr machen. Sie würden es wissen, das würde Ihnen genügen. Was ich jedoch fühle – und auch Sie fühlen –, ist, daß Sie ein einflußreicher Mann geworden wären.«

»Und das hätte Ihnen gefallen?« fragte er.

Sie zauderte kaum. »Warum nicht?«
»Ich verstehe. Als Billionär hätten Sie mich gemocht, ja vorgezogen.«
»Warum hätte ich Sie auch nicht mögen sollen?« fragte sie schlicht.
Starr ob ihrer Worte stand er vor ihr. Er saugte alles in sich ein – was schon allein bewies, daß er nicht weiter darauf einging.
»Nun weiß ich wenigstens, was ich bin«, sagte er schließlich.
»Die Kehrseite der Medaille liegt klar vor mir. Ich habe kein erbauliches Leben geführt – ja, ich bin überzeugt, viele glauben sogar, es sei nicht einmal anständig gewesen. Ich bin fremde Wege gegangen und habe fremden Göttern gedient. Sie selbst müssen doch wieder und wieder gedacht haben – Sie haben es ja schon mehr oder weniger zugegeben –, daß mein Leben in diesen dreißig Jahren nur selbstsüchtig, frivol und skandalös gewesen sein kann. Und Sie sehen ja, was es aus mir gemacht hat.«
Sie lächelte ihm zu. »Sie sehen, was es aus *mir* gemacht hat.«
»Sie sind doch ein Mensch, den nichts zu ändern vermag. Sie sind dazu geschaffen, das zu sein, was Sie sind, immer und überall. Sie sind von einer Vollkommenheit, an die nichts rühren kann. Und verstehen Sie denn nicht, daß ich, wäre ich nicht ins Exil gegangen, nicht bis heute gewartet hätte –?« Er verstummte, weil ihn plötzlich eine seltsame Angst überkam.
»Das Wunderbare an allem«, erwiderte sie, »scheint mir zu sein, daß Ihr Exil nichts verdorben hat. Es hat Ihre schließliche Rückkehr nicht verdorben. Diese hat es nicht verdorben. Und es hat auch Ihre Worte nicht verdorben –« Aber nun stockte sie ebenfalls.
Er fragte sich, was sich wohl hinter ihrer verhaltenen Erregung verbergen mochte. »Meinen Sie wirklich – das wäre ja kaum zu glauben –, daß ich heute noch so gut bin wie eh und je?«
»O nein! Weit entfernt davon!« Damit stand sie auf und trat auf ihn zu. »Doch das macht nichts«, sagte sie lächelnd.
»Sie finden also, ich bin gut genug?«
Sie dachte ein wenig nach. »Werden Sie es mir glauben, wenn ich ja sage? Ich meine, wird damit die Frage für Sie erledigt sein?« Und dann, als läse sie in seinem Gesicht, daß er auswich, daß ihm ein, wenn auch absurder, Gedanke gekommen war, den er nicht mehr zu verdrängen vermochte: »Ach, für Sie macht es auch nichts – allerdings aus einem anderen Grund –, Sie kümmern sich doch um nichts anderes als um sich selbst.«

Spencer Brydon dachte darüber nach: Tatsächlich, genau dies maßte er sich an. Er machte jedoch eine wesentliche Einschränkung. »Er ist aber nicht ich. Er ist ein ganz anderer. Und doch, ich möchte ihn einmal sehen«, setzte er hinzu. »Und man kann ihn sehen. Und ich werde ihn sehen.«
Ihre Blicke kreuzten sich, und er erriet aus dem ihren, daß sie den Hintersinn seiner Worte ahnte. Aber keiner von beiden sprach ihn laut aus, und ihr offensichtliches Ahnen, das frei war von jedem schockierten Protest, jedem leichtfertigen Spott, berührte ihn tiefer als alles bisher und umgab seinen unterdrückten, absonderlichen Gedanken unversehens mit einem Element, das der Luft zum Atmen glich. Was sie jedoch schließlich sagte, kam ihm recht unerwartet. »Nun, *ich* habe ihn gesehen.«
»Sie –?«
»Ich habe ihn im Traum gesehen.«
»Ach, im Traum –« Sein Interesse erlosch.
»Aber gleich zweimal hintereinander«, betonte sie. »Ich habe ihn vor mir gesehen wie jetzt Sie.«
»Sie haben denselben Traum –«
»Zweimal hintereinander gehabt«, wiederholte sie. »Genau denselben.«
Dies rührte ihn, ja schmeichelte ihm sogar. »Sie träumen also von mir?«
»Von ihm!« rief sie lächelnd.
Wieder forschten seine Augen in den ihren. »Dann wissen Sie also alles über ihn?« Und als sie nichts darauf erwiderte: »Wie sieht der Kerl denn aus?«
Sie zögerte, und man hätte meinen können, er bedränge sie so sehr, daß sie, die aus nur ihr bekannten Gründen widerstand, sich abwenden mußte. »Ich erzähle es Ihnen ein andermal.«

## II

Von da an lag für ihn das größte Vergnügen, der kultivierteste Reiz, die absurdeste Erregung darin, sich in einer ganz bestimmten Form seiner fixen Idee zu überlassen und sich dem zu widmen, was ihn mehr und mehr sein Recht dünkte. Dafür allein lebte er in diesen Wochen; wenn Mrs. Muldoody von der Szene abgetreten war, fühlte er, wie das Leben für ihn begann: er durchstreifte das riesige Haus vom Speicher bis zum Keller, vergewisserte sich, daß er allein war, genoß den unangefochtenen Besitz und ließ sich, wie er es diskret nannte, gehen. Oft kam er sogar innerhalb von vierundzwanzig Stunden zweimal; vor allem liebte er die aufkommende Dämmerung, das kurze, herbstliche Zwielicht; dies war die Zeit, von der er sich immer wieder am meisten erhoffte. Dann vermochte er, wie ihm schien, am ungestörtesten umherzuwandern und zu warten, zu verweilen und zu lauschen und zu fühlen, daß sich seine gespannte Aufmerksamkeit – nie zuvor im Leben war sie so gespannt gewesen – auf den Puls des großen, leeren Hauses konzentrierte. Diese Stunde ohne Licht war ihm die liebste, und er wünschte jeden Tag, den Zauber des Dämmers verlängern zu können. Später – selten vor Mitternacht, dann aber für geraume Zeit – streifte er mit der flackernden Kerze umher, schritt langsam dahin, hielt das Licht hoch, ließ es spielen, freute sich von Herzen über die weiten Durchblicke und die verbindenden Linien zwischen den einzelnen Räumen und den langen Fluren, freute sich über die geradlinige Perspektive oder Aussicht, wie er es genannt haben würde, auf die Offenbarung, die herauszufordern er vorgab. Es war dies eine Gewohnheit, der er seiner Ansicht nach, ohne Aufsehen zu erregen, nachgehen konnte; niemand ahnte auch nur etwas davon; und selbst Alice Staverton, die überdies ein Muster an Diskretion war, vermochte sich sein heimliches Treiben nicht ganz vorzustellen.

Mit der Sicherheit des selbstbewußten Eigentümers schloß er auf und zu; und der Zufall kam ihm dabei soweit entgegen, daß er, falls ihn überhaupt einer dieser feisten patroullierenden Polizisten um halb zwölf eintreten sah, bei seinem Herauskommen um zwei Uhr seines Wissens noch nie ertappt worden war. So wanderte er an den kalten Novemberabenden zu seinem Haus und kam stets gegen Mitternacht dort an; dies war für ihn, nachdem er auswärts gegessen hatte, genauso einfach, wie wenn er zum Klub oder zu seinem Hotel gegangen wäre. Wenn er nicht auswärts gegessen hatte und später seinen Klub verließ, mußte man annehmen, daß er ins Hotel gehe; und wenn er das Hotel verließ, nachdem er den Abend dort zugebracht hatte, mußte man annehmen, daß er in den Klub gehe. So war also alles ganz leicht; alles verschwor sich zu seinen Gunsten, kam ihm entgegen; selbst in der Art seines Abenteuers lag etwas, das sein Bewußtsein bis ins letzte beschwichtigte, beruhigte. Er

schweifte umher und redete und erneuerte zwanglos und freundlich alte Bekanntschaften, nährte sogar, soweit dies möglich war, neue Hoffnungen und erkannte, daß man ihn, alles in allem, trotz seinem Werdegang, trotz den andersartigen Begegnungen, die manchen Zeugen wenig erbaulich erscheinen mochten, eher gern als nicht gern mochte. Er war, gesellschaftlich gesehen, nicht völlig erfolglos – in den Augen von Leuten, die ihn nicht im geringsten kannten. Das ganze Willkommgeschrei und Knallen der Korken, das war doch nur oberflächlich – genauso wie seine erwiedernden, übertriebenen Gesten nicht mehr bedeuteten als die verzerrten Schatten eines *Ombres-chinoises*-Spiels. Den ganzen Tag über sprang er in Gedanken über die mit harten, geistlosen Schädeln gespickte Mauer, sprang er hinein in das wirkliche wartende Leben, in jenes Leben, das für ihn – sobald er die riesige Haustür hinter sich ins Schloß fallen hörte – stets ebenso faszinierend begann, wie wenn die langsamen Eröffnungstakte einer großen Symphonie dem Klopfen des Dirigentenstabes folgen.
Die erste Freude bereitete ihm die Stahlspitze seines Spazierstocks auf dem alten Marmorboden der Halle: auf den großen schwarzen und weißen Quadraten, die er, wie er sich erinnerte, schon als Kind bewundert hatte, worin sich bereits damals sein früherwachtes Stilgefühl verraten haben mußte. Diese Freude war der dünne, widerhallende Klang, der dem einer fernen Glocke glich, einer Glocke, die irgendwo tief im Innern des Hauses hing, in jener vergangenen, geheimnisvollen Welt, die sein eigen gewesen wäre, hätte er sie nicht, ob nun zu seinem Wohl oder Wehe, aufgegeben. Unter diesem Eindruck tat er stets das gleiche: er stellte seinen Stock behutsam in eine Ecke, wobei er das Haus erneut als eine große muschelförmige Schale aus kostbarem, geschliffenem Kristall empfand, eine Schale, der man mit dem an ihrem Rand entlangfahrenden Finger zarte Töne zu entlocken vermochte. Diese geschliffene Kristallschale umschloß jene geheimnisvolle andere Welt, und das unbeschreiblich schöne Summen ihres Randes war für sein gespannt lauschendes Ohr der Seufzer, die kaum hörbare, pathetische Klage all der alten, verleugneten, vereitelten Chancen. Durch seine stumme Gegenwart erweckte er sie gerade so weit zu einem gespenstischen Leben, wie sie es noch zu genießen vermochten. Sie waren scheu, fast unüberwindbar scheu, aber doch nicht unheimlich; wenig-

stens waren sie es bisher nicht gewesen – ehe sie jene Form angenommen hatten, von der er sich so sehr gewünscht hatte, daß sie sie annehmen möchten: die Form, die er manchmal vor sich sah, wenn er in seinen Abendschuhen auf Zehenspitzen behutsam von Raum zu Raum und von Stockwerk zu Stockwerk auf Jagd ging.

Dies ungefähr war das Wesentliche seiner Vision – eine, wenn man wollte, offenkundige Narrheit, solange er außerhalb des Hauses und anderweitig beschäftigt war, die jedoch der letzten Wahrheit gleichkam, sobald er sich allein sah. Er wußte, was er meinte und was er wollte; dies war so klar wie die Zahl auf einem Scheck, den man einlöst. Sein *alter ego* »ging umher« – so jedenfalls in seiner Vorstellung; seine Vorstellung vom Motiv seines eigenen merkwürdigen Zeitvertreibs dagegen war der dringliche Wunsch, ihm den Weg zu versperren und entgegenzutreten. Er streifte bedacht, umsichtig und doch ruhelos umher – Mrs. Muldoody hatte ganz recht gehabt mit ihrem »Herumschleichen«; und das zweite Ich, nach dem er Ausschau hielt, streifte wohl ebenfalls ruhelos umher. Aber sicherlich ging es genauso vorsichtig und raffiniert zu Werke wie er; die Überzeugung, daß dieses andere Ich wahrscheinlich, wenn nicht gar sichtbar und hörbar, der Verfolgung auszuweichen versuchte, wurde für ihn von Nacht zu Nacht größer und umschloß ihn schließlich mit einem Zauber, dem nichts in seinem bisherigen Leben gleichkam. Manche oberflächlich urteilenden Leute waren der Meinung gewesen, er verschwende dieses Leben an lauter Sensationen; und doch hatte er noch nie ein Vergnügen gekostet, das so köstlich gewesen war wie seine augenblickliche Hochspannung, keinem Sport gehuldigt, der solche Geduld und auch solche Nerven erforderte, wie er sie bei seiner Pirsch auf ein Geschöpf brauchte, das listiger, doch in seiner Bedrängnis vielleicht herrlicher war als jedes Tier des Waldes. Es herrschten nun wieder die alten Bedingungen, Verhältnisse und Praktiken der Jagd; es gab sogar Augenblicke, da seine geringen Erfahrungen als Sportler wieder wach wurden und die Erinnerungen an seine Jugend in Moor, Gebirge und Wüste in einer sich steigernden Kühnheit auflebten, und das alles durch die zwingende Kraft des Vergleiches. Manchmal ertappte er sich dabei, wie er – nachdem er sein Licht auf einen Kaminsims oder in eine Nische gestellt hatte – ins Dunkel oder in den Schatten trat und sich hinter einer Tür oder einem Vorsprung verbarg, so wie er früher den Schutz eines Felsens oder Baumes gesucht hatte; und er ertappte sich dabei, wie er den Atem anhielt und ganz dem Augenblick hingegeben war, dieser äußersten Spannung, die man nur auf einer großen Jagd erlebt.

Er hatte keine Angst (wenn er sich auch die gleiche Frage stellte, die sich seiner Ansicht nach jene Herren gestellt hatten, die Bengaltiger gejagt oder in den Rockies den großen Bären gegenübergetreten waren), und dies vornehmlich deshalb – was er doch wohl offen zugeben durfte –, weil er den gewohnten und doch so fremden Eindruck hatte, daß er eine Furcht, zumindest eine Beklommenheit verbreitete, die seine eigene bei weitem übertraf. Die Anzeichen des Schreckens, der von seiner Gegenwart und Wachsamkeit ausging, häuften sich und wurden ihm bereits vertraut; und zu seiner Freude gaben sie ihm auch zu bedenken, daß er vielleicht eine Beziehung geschaffen habe und ein Wissen genieße, das in der Erfahrung des Menschen einmalig sei. Schon immer hatten sich die Leute vor Erscheinungen gefürchtet, doch wer hatte je zuvor gleich ihm den Spieß umgedreht und war in der Welt der Erscheinungen selber zu einem unberechenbaren Schrecknis geworden? Er hätte dies vielleicht überwältigend gefunden, würde er nur gewagt haben, ernsthaft daran zu denken; aber er legte nicht allzuviel Gewicht auf diese Seite seines Privilegs. Durch die wiederholte Übung erlangte er bis zu einem ungewöhnlichen Grade die Macht, den Nebel der Entfernungen und das Dunkel in den Ecken zu durchdringen und den Trug des diffusen Lichtes und die schreckenerregenden Umrisse, die im Dämmer aus den Schatten, den Luftspiegelungen und den verzerrten Perspektiven entstanden, in ihre Unschuld zurückzuverwandeln. Wenn er seine flackernde Kerze abgestellt hatte, vermochte er ohne sie weiterzugehen, andere Räume zu betreten und im Bewußtsein, daß sie im Notfall ja irgendwo hinter ihm stehe, seinen Weg zu suchen und eine für seinen Zweck ausreichende Helle zu finden. Mit dieser neuerworbenen Eigenschaft kam er sich wie eine riesige schleichende Katze vor; und er fragte sich, ob man bei ihm in solchen Stunden vielleicht leuchtende, gelbe Augen entdeckt hätte und was es für das schwergeprüfte *alter ego* bedeute, sich einem derartigen Gesicht gegenüberzusehen. Dabei liebte er es trotz allem, wenn die Läden offen waren; alle, die Mrs. Muldoody geschlossen hatte, schlug er zurück (und machte sie nachher sorgfältig wieder zu, damit sie nichts merke); denn er liebte – und dies vor allem in den oberen Räumen – das harte Silber der herbstlichen Sterne, die durch die Fensterscheiben hereinfunkelten, und er liebte nicht weniger das Flimmern der Straßenlaternen, das weiße Strahlen der Glühlampen, das man nur durch Vorhänge hätte fernhalten können. *Dies* war menschlich, wirklich, gesellig; dies kam aus der Welt, in der er gelebt hatte, und der Schutz, den sie ihm, so kalt und gleichgültig und unpersönlich sie war und obwohl er sich von ihr getrennt hatte, gewährte, erleichterte ihm manches. Die größte Sicherheit fand er daher in den Zimmern an der Vorderfront und der Längsseite, während er sich in den hinteren Räumen ziemlich verlassen fühlte. Aber wenn er auch bei seinen Runden manchmal froh war über seine Sichtweite, so erschien ihm der rückwärtige Teil des Hauses doch oft als der eigentliche Dschungel seiner Jagd. Dort gab es mehr Einzelräume, besonders in jenem Teil des Hauses, wo sich die vielen Dienstbotenkammern, unzähligen Nischen und Ecken, Alkoven und Gänge und vor allem eine gewundene breite Hintertreppe befanden, über die er sich oft beugte, um hinunterzuschauen: ohne Angst vor seiner Schwerkraft und wohl wissend, daß ihn jeder, der ihn so gesehen, für einen Verstecken spielenden Narren hätte halten müssen. Außerhalb des Hauses hätte er dies ironische *rapprochement* sicherlich selber gemacht; innerhalb der Mauern jedoch war seine Logik trotz der hellen Fenster gegen das zynische Licht New Yorks gefeit.

Es gehörte zu jener Vorstellung von dem verzweifelten Bemühen, sein Opfer gewahr zu werden, daß er sie geradezu als Bewährungsprobe empfand; hatte er sich doch von Anfang an eingeredet, er könne – wie bezeichnend für ihn! – seine Wahrnehmungen »kultivieren«. Er hatte das Gefühl gehabt, daß sie für die Kultivierung besonders geeignet seien – was nur eine andere Charakterisierung für die Art war, in der er seine Zeit verschwendete. Er brachte es durch ständige Übung bis zur Perfektion darin, und durch seine Bemühungen erreichte er etwas so Einmaliges, daß er jetzt Eindrücke gewann und Bestätigungen all seiner Forderungen fand, die ihm sonst nicht so einfach zugefallen wären. Dies traf noch weit mehr auf ein Phänomen zu, das er in den oberen Räumen schließlich recht häufig erlebte: die Erkenntnis – ganz unmißverständlich und in einer bestimmten Stunde gewonnen, bei Wiederaufnahme seiner Kampagne nämlich nach einer diplomatischen Pause, nach einem absichtlichen Fernbleiben in drei Nächten –, daß ihm jemand in wohlüberlegter Entfernung folgte, und zwar allein zu dem Zweck, daß er sich weniger zuversichtlich, weniger arrogant als Verfolger vorkomme. Dies beunruhigte, ja zermürbte ihn, denn es bestätigte von allen faßbaren Eindrücken gerade den, der ihm am wenigsten gelegen kam. Man behielt ihn im Auge, während er – was den Grund seiner Situation betraf – nichts zu sehen vermochte, und das einzige, was ihm übrigblieb, waren unvermittelte Kehrtwendungen und schnelles Gewinnen an Boden. Er wirbelte herum und lief zurück, als könnte er dadurch wenigstens die von einer anderen schnellen Drehung bewegte Luft spüren. Es war tatsächlich so, daß diese verwirrende Vorstellung ihn an den Hanswurst im Weihnachtsspiel erinnerte, der vom allgegenwärtigen Harlekin hinterrücks gepufft und überlistet wird; doch dies beeinflußte die Umstände, denen er täglich ausgesetzt war, nicht nachteilig, so daß seine Assoziation, hätte er sie auf die Dauer anerkannt, in gewisser Weise seinen Ernst vertieft haben würde. Er war, wie gesagt, drei Nächte ferngeblieben, um an Ort und Stelle ein unheimliches Gefühl der Verzögerung aufkommen zu lassen; und das Ergebnis der dritten war, daß es die Nachwirkung der zweiten erfüllte.

Bei seiner Rückkehr an jenem Abend, der seiner letzten Unterbrechung folgte, stand er in der Halle und blickte mit einer stärkeren Gewißheit als je die Treppe empor. »Er ist da, steht dort oben und wartet, aber diesmal wird er nicht wie sonst verschwinden. Unerschütterlich steht er dort zum ersten Male, und dies beweist wohl, daß etwas mit ihm geschehen ist.« So argumentierte Brydon, der, die Hand auf dem Geländer, die unterste Stufe betrat; und in dieser Haltung spürte er wie nie vorher den Eiseshauch der Logik. Es wurde ihm ganz kalt: auf einmal glaubte er zu wissen, was dies bedeutete. »Schwer geprüft? – Ja, er nimmt es hin und macht sich klar, daß ich, wie man so sagt, gekommen bin, um zu bleiben. Und das mag er nicht: weil sein Zorn, seine bedrohten Interessen jetzt sicherlich seiner Furcht die Waage halten. Ich habe ihn gejagt, bis er umgekehrt ist: daß er da oben steht, ist das Ereignis – er ist das Tier mit dem scharfen Gebiß oder dem großen Geweih, das endlich gestellt werden konnte.« Wie unerschütterlich seine Gewißheit war, vermochte er, wie gesagt, nicht zu übersehen – und dennoch wurde sie durch etwas beeinflußt, das außerhalb meiner Beschreibung liegt. Und so brach ihm schon in den nächsten Minuten der Schweiß aus – ein Schweiß, den er ebensowenig geneigt gewesen wäre als Angstschweiß zu bezeichnen, wie er es gewagt hätte, auf dieses Zeichen der Exaltation hin unverzüglich zu handeln. Immerhin, er kennzeichnete eine starke Erregung, eine Erregung, die zweifellos ein plötzliches Erschrecken, aber in der gleichen Sekunde die beglückendste und seltsamste und in der nächsten Minute schon die kühnste Verdoppelung des Bewußtseins war.

»Bisher hat er sich geduckt, zurückgezogen, versteckt, jetzt aber wird er in seinem Zorn den Kampf aufnehmen!« – dieser zwingende Eindruck bedeutete Entsetzen und Beifall zugleich. Das eigentlich Wunderbare daran war jedoch, daß der Beifall so lebhaft einsetzte; denn wenn es wirklich sein zweites Ich war, das er da zu Tode hetzte, dann war diese unfaßbare Identität genaugenommen der seinen durchaus würdig. Da krümmte sie sich nun – irgendwo in nächster Nähe, aber noch nicht sichtbar – wie eine gejagte Kreatur, ja wie der getretene Wurm im Sprichwort sich schließlich krümmen *muß*. Und Brydon erlebte wohl in diesem Augenblick ein komplexeres Gefühl, als es mit einem gesunden Verstand je zu vereinbaren war. Fast beschämte es ihn, daß es einem so eng mit ihm verbundenen Charakter gelungen sein sollte, sich erfolgreich zu drücken, und daß er es nicht gewagt hätte, ihm entgegenzutreten. Daß diese Gefahr nun nicht mehr bestand, gab daher seiner Situation sofort einen ungeheuren Aufschwung. Doch durch eine weitere ungewöhnliche und ebenso spitzfindige List versuchte er bereits festzustellen, wieviel mehr er selbst jetzt vielleicht in der Gefahr der Furcht schwebe; und so genoß er es geradezu, daß er diese Furcht in anderer Gestalt aktiv erregen und gleichzeitig zittern konnte um jene Gestalt, in der er sie womöglich passiv erfahren würde.

Dieses Bewußtsein war offenbar nach und nach in ihm gewachsen, und wohl der merkwürdigste Augenblick seines Abenteuers, der denkwürdigste und vielleicht auch bedeutungsvollste seiner Krise war das Erlahmen eines krampfhaft konzentriert geführten Kampfes, war die zwingende Notwendigkeit, um jeden Preis durchzuhalten, wenn auch gleich einem Mann, der auf einer beängstigenden Schräge tiefer und tiefer gleitet, war vor allem der lebhafte Drang, sich zu bewegen, zu handeln, irgendwie und irgendwas anzugreifen – mit einem Wort: sich selbst zu beweisen, daß er keine Angst hatte. So war er also gegenwärtig auf das Stadium des Durchhaltens beschränkt; hätte es in der großen Leere irgend etwas Greifbares gegeben, würde er zweifellos sofort zugepackt haben – so wie er zu Hause in einem Wutanfall die nächste Stuhllehne gepackt hätte. Jedenfalls war er – das ließ sich nicht bestreiten –, seit er das Haus übernommen hatte, noch nie von etwas so Beispiellosem überrascht worden; er hatte die Augen geschlossen, sie eine Minute lang nicht geöffnet, aus instinktiver Angst vor diesem Bild. Als er sie wieder aufschlug, schienen ihm der Raum und die angrenzenden Zimmer wie durch ein Wunder heller geworden – so hell fast, daß er zuerst glaubte, es sei Tag. Er jedoch wich nicht von der Stelle, wo er stehengeblieben war; sein Widerstand hatte ihn gestärkt – es war, als hätte er bereits etwas überwunden. Bald schon wußte er auch, was es war: die drohende Gefahr der Flucht. Er hatte seinen ganzen Willen dagegen eingesetzt; ohne ihn wäre er zur Treppe gehastet; und er war überzeugt, daß er sie mit geschlossenen Augen hinuntergerannt wäre und daß er seinen Weg schnell und sicher gefunden hätte.

Nun aber, da er hier ausgehalten hatte, konnte er – der sich nach wie vor im Labyrinth der oberen Räume befand, herausgefordert von den anderen Zimmern, ja von dem ganzen übrigen Haus –, wenn es Zeit war, zu verschwinden, immer noch weglaufen. Er würde zu seiner Zeit verschwinden – erst zu seiner Zeit: verschwand er nicht jede Nacht etwa zur selben Stunde? Er zog seine Uhr heraus – dafür war es hell genug: es war knapp Viertel nach eins; so früh war er noch nie gegangen. Meist erreichte er gegen zwei sein Hotel, und für seinen Weg dahin brauchte er nur fünfzehn Minuten. Er würde bis Dreiviertel warten – eher wollte er sich nicht vom Fleck rühren; so hielt er den Blick auf seine Uhr gerichtet und sagte sich, daß dieses vorsätzliche Warten, ein Warten, dessen Anstrengung ihm durchaus bewußt war, völlig für den gewünschten Beweis genügen würde. Es würde seinen Mut beweisen – es sei denn, er bewiese noch mehr Mut darin, daß er sich schließlich doch noch von der Stelle rührte. Was ihn jedoch am stärksten beschäftigte, war, daß er, da er nicht gleich Reißaus genommen hatte, seine ganze Würde – die ihm noch nie im Leben so vielfältig erschienen war – wahren und wie eine Fahne hochhalten mußte. Dies stand fast wie ein greifbares Bild vor ihm – ein Bild, das in ein romantischeres Zeitalter gepaßt hätte. Diese Erkenntnis jedoch dämmerte erst schwach in ihm, aber schon im nächsten Augenblick erstrahlte sie im reinsten Licht; denn welches romantische Zeitalter wäre überhaupt seiner Verfassung oder – wie man so sagt: objektiv betrachtet – seiner wundersamen Situation angemessen gewesen? Der einzige Unterschied hätte darin gelegen, daß er, der seine Würde über dem Kopf schwang wie eine Pergamentrolle, in einem heroischen Zeitalter mit gezogenem Schwert in der anderen Hand die Treppe hinuntergestürmt wäre.

Für den Moment jedoch mußte die Kerze, die er auf den Kaminsims im Nebenzimmer gestellt hatte, das Schwert ersetzen; um sich dieses Requisits zu versichern, hatte er im Laufe einer Minute einige Schritte darauf zu getan. Die Tür zwischen den beiden Zimmern stand offen, und von dem zweiten führte eine Tür in ein drittes Zimmer. Diese drei Räume gingen, wie er sich erinnerte, alle auf denselben Flur, aber hinter ihnen lag noch ein viertes Zimmer, das man nur durch das davor liegende erreichen konnte. Sich bewegt, die eigenen Schritte gehört zu haben war bereits eine gewisse Hilfe. Als ihm dies aber klar wurde, blieb er geraume Zeit vor dem Kamin stehen, auf dem sein Licht gestanden hatte. Nun er sich wieder rührte und noch überlegte, wohin er sich wenden solle, entdeckte er etwas, das ihm nach der ersten und verhältnismäßig ungewissen Wahrnehmung einen Schock versetzte, wie man ihn oft bei wiederkehrenden Erinnerungen erlebt: die heftige Erschütterung, wenn man aufhört, sich in glücklichem Vergessen zu wiegen. Er hatte jene Tür erblickt, bei der die kurze Kette der Verbindungen endete und auf die er nun von der nächsten Schwelle aus, die nicht genau gegenüberlag, starrte. Hätte sie etwas weiter links gelegen, würde sie ihm Einblick in den vierten Raum gewährt haben, jenen Raum ohne zweiten Zu- oder Ausgang – wäre jene Tür nicht, wovon er fest überzeugt war, seit seinem letzten Gang vor einer Viertelstunde *geschlossen* worden. Er blickte entsetzt ob dieser mysteriösen Tatsache, stand wie festgenagelt, hielt den Atem an und überprüfte seine Sinne. Wahrhaftig, die Tür war geschlossen worden – denn vorhin erst, als er vorbeigegangen war, hatte sie bestimmt offengestanden.

Es war ihm ganz klar, daß etwas geschehen sein mußte – daß er vorher (während seiner ersten nächtlichen Runde durch alle Räume) nicht bemerkt haben konnte, was für ein Hindernis sich ihm hier entgegenstellte. Seit jenem Augenblick hatte er allerdings derart erregte Minuten durchlebt, daß sich seine Erinnerung getrübt haben mochte; und er versuchte sich einzureden, daß er dabei vielleicht in jenes Zimmer gegangen sei und beim Herauskommen unabsichtlich, automatisch die Tür hinter sich geschlossen habe. Doch die Sache war eben die, daß er dies niemals tat: dies entsprach so gar nicht seinem Verfahren, wie er es genannt hätte – einem Verfahren, bei dem es darum ging, den Durchblick nicht zu verdecken. Von Anfang an hatte er ständig nur an das eine gedacht: Die seltsame Erscheinung seiner verwirrten »Beute« (zu der durch eine scharfe Ironie dieses Wort auf einmal so gar nicht mehr paßte) am äußersten Ende des einen Durchblicks war eine Art des Triumphs gewesen, die seine Phantasie am meisten beglückt und in die sie eine noch verfeinerte Schönheit projiziert hatte. Wenigstens fünfzigmal hatte er eine erregende Wahrnehmung gemacht, die sich nachher als nichtig erwiesen, wenigstens fünfzigmal hatte er in beglückender, kurzer Halluzination »Halt« gerufen. Das Haus eignete sich dafür prächtig; er mochte manchmal zwar staunen über den Geschmack, die Architektur jener Epoche, die sich in der Vielzahl der Türen bekundete – ganz anders als die moderne Zeit, die Türen fast ganz verbot; aber diese Architektur hatte immerhin dazu beigetragen, jene beklemmende Erscheinung hervorzurufen, die er, auf den Ellbogen aufgestützt, sozusagen durch ein Teleskop verkleinert wahrgenommen hatte.

Mit solchen Betrachtungen befaßte er sich jetzt; sie unterstrichen das Außergewöhnliche seiner Situation geradezu vollkommen. Er konnte keinesfalls versehentlich jene Tür geschlossen haben; und wenn dem so war, wenn dies wirklich undenkbar war, dann konnte es doch gar nicht anders sein, als daß da ein anderer gewesen sein mußte. Ein anderer? – er versetzte sich zurück: er hatte buchstäblich dessen Atem auf sich gespürt; aber wann war er ihm je so nahe gewesen wie in diesem schlichten, diesem natürlichen, diesem ganz persönlichen Akt? Ich meine, es war so natürlich, daß man ihn für persönlich nehmen *mußte*; doch wofür nahm ihn Brydon, fragte er sich selbst, unterdrückt keuchend, wobei er das Gefühl hatte, die Augen müßten ihm aus den Höhlen springen. Nun also waren sie endlich anwesend, seine beiden Ichs; und damit erhob sich wirklich die Frage der Gefahr. Mit ihr erhob sich wie nie zuvor auch die Frage des Mutes – denn das nackte Gesicht der Tür sagte zu ihm: »Nun zeig uns, wie mutig du bist!« Mit dieser Herausforderung starrte es ihn an; es stellte ihm die Alternative, sie aufzustoßen oder nicht. Aber dieses Gefühl hieß *Denken* – und Denken bedeutete, wie Brydon während dieser verstrichenen Minuten wußte, nicht gehandelt haben. Nicht gehandelt zu haben – welch entsetzliches Bewußtsein –, bedeutete wiederum: nicht handeln; es bedeutete nichts anderes, als alles in neuer und schrecklicher Sicht zu erleben. Wie lange stand er nun schon hier, und wie lange debattierte er? An nichts ließ sich dies abmessen; denn auch sein Schwanken hatte sich, wie durch seine eigene Intensität, bereits verändert. Hier eingeschlossen, wankend und herausfordernd, in der Überzeugung, den andern greifbar vor sich zu haben, Zeichen gebend gleich einem riesigen Wegweiser – mit dieser Verschiebung des Akzents hatte sich auch die Situation selbst verändert; und Brydon machte sich schließlich klar, wozu sie sich verändert hatte.

Sie hatte sich zu einer Warnung ganz anderer Art verändert, zu einer deutlichen Anspielung auf den Wert der Besonnenheit. Es dämmerte ihm zweifellos nur langsam, es hatte ja auch Zeit; noch immer stand er starr auf der Schwelle, hatte sich weder vorgewagt noch zurückgezogen. Und das merkwürdigste war: wenn er jetzt zehn Schritte machte und die Hand auf die Klinke legte und notfalls sogar Schulter und Knie gegen die Türfüllung stemmte, dann würde all seine ursprüngliche Sehnsucht erfüllt, seine Neugier gekrönt, seine Unruhe gestillt werden – es war erstaunlich, aber es war auch ungeheuerlich und unglaublich, daß sein Verlangen durch eine einzige Bewegung plötzlich nichtig geworden wäre. Besonnenheit – darauf sprang er geradezu; aber nicht, weil sie seine Nerven oder seine Haut rettete, sondern weil sie, was viel wichtiger war, die Situation rettete. Wenn ich sage, er »sprang« darauf, dann denke ich dabei auch daran, daß er – ich weiß nicht, nach wie langer Zeit – sich von der Stelle rührte und geradenwegs auf die Tür zuging. Er wollte sie nicht berühren – wenn er jetzt auch meinte, daß er es wirklich könnte, so er nur wollte: aber er wollte lediglich ein wenig warten, um zu zeigen, zu beweisen, daß er nicht wollte. Er erlebte somit noch eine weitere Station nahe der dünnen Trennwand, durch die ihm die Enthüllung verborgen wurde – doch nun mit gesenktem Blick und die Hände in der vollkommenen Stille ausgestreckt. Er lauschte, als gäbe es etwas zu hören. Aber dies galt nur seinen eigenen Worten. »Wenn du also nicht willst – gut: ich verschone dich und gebe dich auf. Du rührst mich wahrhaftig, als bätest du um Mitleid; du überzeugst mich, daß wir beide aus was weiß ich für harten und undurchsichtigen Gründen hätten leiden sollen. Ich will sie respektieren, und obgleich ich im Schwung und im Vorteil bin wie wohl selten ein Mann zuvor, verzichte ich und werde es, auf Ehre, nie wieder versuchen. So ruhe also für immer – und laß mich gehen.«

Dies war für Brydon der tiefere Sinn seiner feierlichen und abgemessenen und richtungweisenden Geste. Er beendete sie, wandte sich ab; und jetzt erst spürte er, wie aufgewühlt er war. Er ging zurück, nahm seine Kerze auf, die nun fast bis zum Halter heruntergebrannt war und, als er sie wieder anzündete, erneut die feierliche Art, in der er sich bewegte, sichtbar machte; und gleich darauf merkte er, daß er im andern Teil des Hauses war. Er tat dort, was er zu dieser Stunde noch nie getan hatte: er öffnete eines der Vorderfenster und ließ die Nachtluft hereinströmen. Dies hätte er bisher stets als eine grobe Verletzung des Banns betrachtet. Aber jetzt war der Bann gebrochen, und das beunruhigte ihn nicht einmal – war gebrochen durch seine Ergebung und Übergabe, durch die es von nun an sinnlos wurde, daß er je wieder zurückkehrte. Die einsame Straße, deren ganz anderes Leben selbst in ihrer großen, von Lampen erhellten Leere überdeutlich war, lag unter ihm in Ruf- und Reichweite; er verharrte, als stünde er auf ihr, obwohl er in Wahrheit hoch über ihr stand; er suchte sie nach einer tröstlichen Gemeinsamkeit ab: nach einer Menschenstimme, nach einem vorübergehenden Straßenfeger oder Dieb oder Nachtschwärmer, mochte er auch noch so ordinär sein. Solch ein Lebenszeichen hätte er jetzt begrüßt; er hätte geradezu frohlockt über das langsame Heranschreiten seines Freundes, des Polizisten, den er bisher lediglich zu vermeiden gesucht hatte, und er war sich nicht sicher, ob er nicht, wäre der Polizist in Sichtweite gekommen, das Bedürfnis verspürt hätte, sich bemerkbar zu machen: unter irgendeinem Vorwand vom vierten Stock hinunterzurufen. Es war ihm allerdings keineswegs klar, unter welchem Vorwand – ein Vorwand, der in solch einem nicht in den Büchern stehenden Fall nicht gar zu albern oder kompromittierend gewesen wäre und der seine Würde und seinen Namen geschont hätte. Er war so beschäftigt mit dem Gedanken an seine Besonnenheit – als der Wirkung eines Schwurs, den er seinem intimen Gegenspieler geleistet hatte –, daß dessen Bedeutung alles überragte und ihm komischerweise auch jedes Gefühl für Proportionen raubte. Hätte an der Vorderfront eine Leiter gestanden – und wäre es nur eine jener senkrecht aufgestellten, schwindelerregenden Leitern gewesen, wie sie Maler und Dachdecker benützen und manchmal über Nacht stehenlassen –, dann hätte er sich über den Sims geschwungen und es auch sicherlich fertiggebracht, mit ausgestreckten Armen und Beinen diese ungewöhnliche Treppe zu erreichen. Und hätte es hier so etwas gegeben, wie er es in Hotelzimmern schon gefunden hatte: eine brauchbare Feuerleiter in Form eines geknüpften Seils oder einer Segeltuchgleitbahn – er hätte sich ihrer jetzt bedient als eines Beweises für seine, nun ja, seine jetzige Zurückhaltung. So wie die Dinge jedoch lagen, gab er sich mit dieser Frage vergeblich ab, und schließlich – er wußte wieder kaum, nach wie langer Zeit – geriet er, da die Außenwelt auf die Aktivität seines Geistes zu antworten versäumte, in eine unbegreifliche Wut. Er glaubte, eine Ewigkeit darauf gewartet zu haben, daß das große, grausame Schweigen gebrochen würde; doch selbst das Leben der Stadt lag unter einem Bann; auf all den vertrauten und recht häßlichen Dingen lastete eine unnatürliche Leere und Stille. Hatten sie je, fragte er sich, diese hartgesichtigen Häuser, die im aufkommenden Dämmer auffallend fahl aussahen, auch nur im geringsten seinem geistigen Bedürfnis entsprochen? Die große erbaute Leere und die große, überfüllte Stille legen im Herzen der Städte zu manchen Stunden düstere Masken an, und dieser riesigen, kollektiven Verneinung wurde sich Brydon plötzlich bewußt – um so mehr, als zu seinem Erstaunen auf einmal der Tag anbrach und ihm enthüllte, was für eine Nacht er hinter sich hatte. Wieder blickte er auf die Uhr und sah, wie er sich in der Zeit verschätzt hatte (ihm waren Stunden wie Minuten vorgekommen – nicht, wie sonst in spannungsreichen Situationen, Minuten wie Stunden), und die eigentümliche Atmosphäre auf der Straße beruhte auf nichts weiter als dem schwachen, schwermütigen Schein der Morgendämmerung, in der noch alles schlief. Sein erstickter Ruf aus dem offenen Fenster war der einzige von Leben kündende Ton gewesen, und er konnte nun nichts weiter tun, als verzweifelt aufbrechen. Und doch zwang er sich in seiner tiefsten Demütigung zu einer Entscheidung, die – wenigstens nach seinen augenblicklichen Maßstäben – ungemeine Entschlußkraft verlangte: seine Schritte dorthin zurückzulenken, wo er vorhin bis in den letzten Nerv erstarrt war in der Ahnung, daß hier noch ein anderer sei als er selbst. Dies verlangte einen solchen inneren Anlauf von ihm, daß ihm fast übel wurde; doch er hatte einen Grund, der im Augenblick alles andere überschattete. Er mußte noch durch das ganze Haus gehen; wie aber würde er sich dazu überwinden können, wenn die Tür, die er geschlossen gesehen hatte, plötzlich offenstünde? Er konnte sich natürlich einreden, daß das Schließen sozusagen ein Gnadenakt gewesen sei, eine Gelegenheit, die ihm geboten worden war, damit er hinunter- und weggehe, das Haus verlasse und es nie wieder entweihe. Diese Vorstellung überzeugte, hatte einen Sinn; aber was sie für ihn bedeutete, hing jetzt ganz davon ab, wieviel Nachsicht seinem letzten Tun – oder besser Nicht-Tun – entgegengebracht wurde. Das Bild des »Anwesenden«, wer immer er auch war, der da wartete, daß er gehe – dieses Bild war ihm noch nie so konkret erschienen wie in dem Augenblick, da er kurz vor jener Stelle haltmachte, an der ihm Gewißheit kommen sollte. Denn trotz all seiner Entschlossenheit, genauer gesagt, trotz all seiner Angst, hielt er inne, wich er der Gewißheit aus. Die Gefahr war zu groß und seine Furcht zu offensichtlich: schon im selben Moment nahm sie eine entsetzliche, sonderbare Form an.

Er wußte – wußte es, wie er nie zuvor etwas gewußt hatte –: Wenn er die Tür offen fände, würde dies ein jämmerliches Ende für ihn bedeuten. Es würde bedeuten, daß der Urheber seiner Schande – dieser jämmerlichen, abgrundtiefen Schande – wieder obenauf und Herr der Situation war; und die Konsequenz, die er daraus ziehen müßte, stand ihm grell vor Augen. Er würde direkt aufs Fenster zugehen müssen, das er offengelassen hatte; und schon sah er sich durch dieses Fenster, mochte die lange Leiter oder der baumelnde Strick vorhanden sein oder nicht, wie irre und ohne nachzudenken den Weg zur Straße nehmen. Diese gräßliche Aussicht wenigstens wollte er vermeiden; aber er konnte sie nur vermeiden, indem er rechtzeitig vor der Gewißheit zurückschreckte. Er hatte noch das ganze Haus zu durch-

wandern – noch immer stand ihm diese Tatsache vor Augen; nur wußte er jetzt wenigstens, daß allein die Ungewißheit ihn zum Gehen zu treiben vermochte. Er stahl sich fort von der Stelle, an der er innegehalten hatte – schon dies kam ihm nun der Sicherheit gleich –, tastete sich blind zu der breiten Treppe und ließ klaffende Räume und hallende Gänge hinter sich. Dann der Anfang der Treppe, das schöne hohe, düstere Treppenhaus, und schließlich drei breite Absätze, die es zu meistern galt. Sein Instinkt befahl ihm völlige Stille, seine Schritte aber hallten, und, so merkwürdig es war, als ihm dies nach einigen Minuten zum Bewußtsein kam, empfand er es sogar als Hilfe. Zu sprechen hätte er nicht vermocht; der Klang seiner Stimme würde ihn erschreckt haben, und die übliche Zuflucht und Stärke des »Pfeifens im Dunkeln« (ob nun wörtlich oder nur im übertragenen Sinn) wäre ihm einfach unwürdig und ordinär erschienen; immerhin hörte er gern seine Schritte, und als er den ersten Treppenabsatz erreicht hatte, den er ohne Hast, aber beharrlich hinter sich brachte, entlockte ihm sein Erfolg einen Seufzer der Erleichterung.
Wieder kam ihm das Haus riesig vor und die Ausdehnung der Räume grenzenlos; die offenstehenden Zimmer, zu denen sein Blick nicht hinschweifte, glichen mit den geschlossenen Läden Höhleneingängen. Nur das hohe Oberlicht, das den Treppenschacht überwölbte, schenkte ihm genug Helligkeit zum Weitergehen, wenn es auch in seiner seltsamen Farbe einer Unterwasserwelt hätte entstammen können. Er versuchte, an etwas Schönes zu denken, wie zum Beispiel, daß sein Besitz doch wahrlich großartig, ja geradezu feudal sei; aber auch dieses Schöne verwandelte sich schließlich in helles Entzücken – in dasselbe Entzücken, mit dem er das Haus opfern würde. Mochten sie also kommen, die Bauleute, die Zerstörer – mochten sie kommen, sobald sie Lust hatten. Nach zwei Treppenabsätzen hatte er eine andere Zone erreicht, und vom dritten Absatz aus, als ihm nur noch einer blieb, gewahrte er bereits den Einfluß der unteren Fenster, der zur Hälfte heruntergelassenen Jalousien, des gelegentlichen Aufleuchtens der Straßenlaternen und den schimmernden Glanz der Eingangshalle. Dies war der Meeresgrund mit der ihm eigenen Beleuchtung, den er – als er sich in einem begnadeten Augenblick aufraffte, einen langen Blick über das Geländer zu werfen – mit den Marmorquadraten seiner Kind-

heit belegt sah. In diesem Stadium fühlte er sich, wie er es bei einem alltäglichen Anlaß genannt hätte, bereits besser, durfte er doch stehenbleiben und Atem holen, und als er dann die alten schwarzen und weißen Platten sah, wurde ihm noch einmal leichter. Was er jedoch am stärksten empfand, war das Gefühl der Immunität, das ihn wie eine feste, sichere Hand geleitete, denn nun hatte sich entschieden, was er oben gesehen haben würde, wenn er jenen letzten Blick gewagt hätte. Die vorhin geschlossene Tür – jetzt wohltuend fern – war nach wie vor geschlossen, und er hatte nur noch eine kurze Strecke bis zur Haustür zurückzulegen.

Er ging weiter hinunter und überquerte den Gang, der zum ersten Treppenabsatz führte; und wenn er hier noch kurz stehenblieb, dann nur wegen der starken Erregung über die gelungene Flucht. Er mußte die Augen schließen – und öffnete sie erst, um das letzte Stück der Treppe hinunterzugehen. Hier war er wieder immun, wenn auch auf eine geradezu übertriebene Weise: die Seitenfenster und das hohe Fächergewölbe des Eingangs schimmerten herein in die Halle; dies war, wie er im nächsten Augenblick begriff, nur dadurch möglich, daß der Flur offen vor ihm klaffte und die Flügel der Innentür weit zurückgeschlagen waren. Und nun sprang ihn wieder die Frage an und ließ ihm die Augen fast aus dem Kopf springen – wie vorhin oben im Haus angesichts der anderen Tür. Wenn er jene offengelassen hatte, hatte er diese hier doch wohl geschlossen gehabt; befand er sich etwa im Bann einer unfaßlichen okkulten Macht? Diese Frage durchbohrte ihn wie ein Messer, aber noch blieb die Antwort aus und schien sich in dem diffusen Dunkel zu verlieren, das von der matten, nahenden Dämmerung, die in einem Bogen über der Außentür stand, halbkreisförmig begrenzt wurde: ein kaltes, silbriges Leuchten, das sich unter Brydons Blick zu bewegen, auszudehnen und zusammenzuziehen schien.

Es war, als umschlösse das Halbdunkel etwas, das in der Verschwommenheit Schutz suchte, und berührte in der Ferne das dahinterliegende Dunkel, die gestrichene Täfelung des letzten Hindernisses, das sich seiner Flucht entgegenstellte und zu dem er den Schlüssel in der Tasche trug. Diese Verschwommenheit spottete seiner, während er dastand und starrte, spottete seiner mit verhüllender oder anklagender Gewißheit, so daß er, nachdem er auf der letzten Stufe gezögert hatte, sich plötzlich dem

Gefühl überließ, hier endlich gebe es etwas zu treffen, zu berühren, hinzunehmen, zu erfahren – etwas Widernatürliches und Entsetzliches, dem sich zu nähern für ihn Befreiung oder Niederlage bedeute. Der dichte, dunkle Halbschatten war tatsächlich die Maskierung einer Gestalt, die so regungslos darin stand wie die aufrechte Figur in einer Nische oder wie die in einer Rüstung steckende Schildwache vor einem Schatz. Später erst wurde Brydon klar, erinnerte und erklärte er sich, was er während der letzten Schritte die Treppe hinunter gedacht hatte. Er sah in dem großen grauen Halbkreisschimmer die Undeutlichkeit von der Mitte her entschwinden und jene Form annehmen, nach der er sich in tagelanger leidenschaftlicher Neugier gesehnt hatte. Es flimmerte, es schwankte, es war etwas, war jemand: das Wunder einer plötzlichen Gegenwart.

Steif und gespannt, gespenstisch und doch menschlich, ein Mann aus seinem Stoff und von seiner Statur – so wartete er, um sich mit Brydons Macht, Angst zu erregen, zu messen. Es konnte nicht anders sein – nicht anders, vermeinte Brydon, bis er nach ein paar weiteren Schritten erkannte, daß das, was das Gesicht verdunkelt hatte, die erhobenen Hände waren, in denen es wie zur Abbitte vergraben lag, und daß der andere weit davon entfernt war, sich ihm trotzig entgegenzustellen. Jetzt erst nahm der vor ihm stehende Brydon seinen Anblick in dem nun besseren Licht klar und deutlich auf: die völlige Starre, die überzeugende Echtheit, der graumelierte, gesenkte Kopf und die weißen, das Gesicht verbergenden Hände, die kuriose Realität des Abendanzugs, des baumelnden Lorgnons, des seidenglänzenden Rockaufschlags und der weißen Hemdbrust, der Perle und der goldenen Uhrkette und der glänzenden Schuhe. Kein Porträt eines modernen Meisters hätte ihn mit größerer Genauigkeit wiedergegeben, ihn künstlerischer aus dem Rahmen heraustreten lassen können, so daß man hätte meinen mögen, jeder Schatten und jeder Zug sei in einem neuartigen »Malverfahren« erzielt worden. Die Umstellung war für unseren Freund, noch ehe er sich dessen bewußt wurde, ungeheuer: diese Erleichterung, als er das unergründliche Manöver seines Widersachers wahrnahm! So wenigstens mußte er, der immer noch starrte, die Sache ansehen; denn als er in diesem ganz anders gearteten Zorn auf sein zweites Ich blickte, mußte er es unwillkürlich voll Staunen anstarren, weil dieser da, der hier für das erfolgreiche, genossene, siegreiche Leben stand, nicht als Sieger betrachtet werden konnte. Lag der Beweis dafür nicht in den schönen, bedeckenden Händen, die er so kraftvoll und weit gespreizt hielt? – so bewußt gespreizt, daß trotz einer ganz bestimmten Übereinstimmung, die alle anderen übertraf – nämlich daß an der einen Hand zwei Finger fehlten, von denen, als wären sie zufällig weggeschossen worden, nur noch die Stummel dastanden –, das Gesicht gänzlich bedeckt und verborgen blieb.

Doch würde es wirklich verborgen bleiben? fragte sich Brydon keuchend, bis die Immunität seiner Haltung und die Hartnäckigkeit seines Blicks plötzlich eine Bewegung erzeugten, die schon im nächsten Moment zu einem bedeutsamen Vorzeichen wurde, und der Kopf sich hob und eine mutige Absicht verriet. Und während er noch starrte, rührten und öffneten sich die Hände, und dann, als hätten sie sich blitzartig entschieden, fielen sie herunter und boten das Gesicht frei und schutzlos dar. Bei diesem Anblick überlief Brydon eiskalter Schrecken, und er keuchte, weil er keinen Laut hervorbrachte: das entblößte Gesicht war zu scheußlich, um das seine zu sein, und sein Blick dokumentierte die Leidenschaft seines Protestes. Das Gesicht, dieses Gesicht sollte Spencer Brydon gehören? Noch immer suchte er darin, blickte jedoch voll Abscheu und Abwehr zur Seite und stürzte jählings von seinem Podest der Vornehmheit. Es war fremd, unfaßbar, schrecklich, weit entfernt von jeder Wahrscheinlichkeit –! Er war, stöhnte er innerlich, als er sich auf dieses Spiel eingelassen hatte, »verraten« worden, der Anwesende war anwesend, der Schrecken war schrecklich, aber die Verschwendung all der Nächte war lediglich eine Groteske und der Erfolg seines Abenteuers eine Ironie. Diese Identität paßte in keinem Punkt zu der seinen und machte seine Wahl zu etwas Ungeheuerlichem. Wohl tausendmal mußte er denken, während dieses Gesicht auf ihn zukam: Dies ist das Gesicht eines Fremden. Denn nun kam es auf ihn zu und glich einem dieser sich verzerrenden phantastischen Bilder, die in seiner Kindheit von der Laterna magica an die Wand projiziert worden waren; der Fremde, wer immer er auch sein mochte, dieser böse, gräßliche, widerliche, vulgäre Fremde, kam langsam und feindselig auf ihn zu, und Brydon spürte, wie er selbst zurückwich. Dann, als er immer weiter zurückgedrängt wurde, schwindlig ob des erlittenen Schocks und zurückweichend vor dem heißen Atem und der aufgerührten Leidenschaft eines Lebens, das größer war als das seine, einer Glut der Persönlichkeit, vor der die seine zusammenbrach, verdunkelte sich das ganze Bild auf einmal, und seine Beine gaben unter ihm nach. Der Kopf drehte sich ihm; er verlor das Bewußtsein; hatte das Bewußtsein verloren.

III

Was ihn wieder zu sich brachte – nach wie langer Zeit? –, war die in der Nähe erklingende Stimme von Mrs. Muldoody, so nah erklingend, daß er, der im Liegen zu ihr aufblickte, wahrhaftig meinte, sie kniee neben ihm; das heißt, er lag nicht ganz auf dem Boden, sondern halb aufgerichtet, wurde festgehalten und spürte eine zärtliche Stütze und merkte dann auch, daß sein Kopf in etwas außerordentlich Weichem und erfrischend Duftendem ruhte. Er grübelte und überlegte mühsam, da sein Gehirn noch nicht wieder arbeiten wollte; dann aber trat ein zweites Gesicht dazwischen, das sich noch tiefer über ihn beugte, und auf einmal wußte er, daß Alice Staverton ihren Schoß zu einem breiten und bequemen Kissen für ihn gemacht und sich zu diesem Zweck auf die unterste Treppenstufe gesetzt hatte, während seine lange Gestalt sich auf den alten schwarzen und weißen Quadraten ausstreckte. Sie waren kalt, diese Marmorplatten seiner Jugend; und doch fühlte er die Kälte nicht, als er nach und nach das Bewußtsein wiedererlangte, in der schönsten Stunde, die er je erlebt hatte und die ihn so dankbar und so unendlich träge machte und wobei ihm dennoch zumute war, als wartete ein wahrer Schatz von Neuigkeiten auf ihn und seine stille Billigung: wartete verstreut, wie er es hätte nennen können, in der szenischen Atmosphäre, und zauberte das goldene Glühen eines späten Herbstnachmittags hervor. Er war zurückgekehrt – jawohl, er war zurückgekehrt, und zwar von so weit her, wie vor ihm noch nie ein Mensch gereist war; und doch: das merkwürdigste war das Gefühl, er sei zurückgekehrt zu dem, was nun wirklich das Große zu sein schien, und daß er seine ganze wundersame Reise nur um dessentwillen unternommen habe. Langsam und stetig wuchs sein Bewußtsein und vervollständigte die Erkenntnis seines Zustands: er war auf geheimnisvolle Weise zurückgeholt, hochgehoben und weitergetragen worden von dort, wo man ihn aufgelesen hatte: dem äußersten Ende eines nicht enden wollenden grauen Ganges. Selbst dann noch hatte er weitergeschlummert, und was ihn nun wieder zur Erkenntnis brachte, war das Verebben der langen, sanften Bewegung. Es hatte ihn zur Erkenntnis gebracht, ja zur Erkenntnis – das war das Schöne an seinem Zustand: er glich mehr und mehr dem eines Mannes, der vor dem Schlafengehen von einer großen Erbschaft erfahren und der, nachdem er diese Nachricht im Traum mit Dingen, die nichts damit zu tun haben, profaniert hat, nun zur vollen, heiteren Gewißheit erwacht und jetzt nur noch dazuliegen braucht, um sie hell vor sich erstehen zu sehen. Das war der Zweck seiner Geduld: daß er sie nur vor sich hell erstehen zu lassen brauchte. Überdies mußte er in Abständen noch einmal hochgehoben und getragen worden sein; denn warum und wie hätte er sich sonst geraume Zeit später, als das Nachmittagslicht weiterhin zugenommen hatte, nicht mehr am Fuße der Treppe finden sollen – die ihm jetzt am andern Ende des dunklen, langen Tunnels gelegen schien –, sondern auf einer niedrigen Fensterbank des hohen Salons, über die wie ein Kissen ein weicher, mit grauem Pelz gefütterter Mantel gebreitet worden war, ein Mantel, der ihm bekannt vorkam und den seine Hand zärtlich betastete, als wäre es ein Unterpfand der Wahrheit. Mrs. Muldoodys Gesicht war verschwunden, aber das andere, das zweite, das er erkannt hatte, schwebte noch immer über ihm, und daran merkte er, daß er nach wie vor gestützt und in Kissen gebettet war. Er nahm alles in sich auf, und je intensiver er es in sich aufnahm, desto mehr genügte es ihm: er fühlte sich so wohl, als hätte er gegessen und getrunken. Die beiden Frauen hatten ihn gefunden, nachdem Mrs. Muldoody zur gewohnten Stunde das Schnappschloß geöffnet hatte und überdies zu einer Zeit gekommen war, da sich Miß Staverton noch in der Nähe des Hauses aufhielt. Sie war gerade, nachdem sie vergeblich die Glocke gezogen hatte, in großer Sorge weggegangen, denn eigentlich hatte sie zu dieser Stunde mit dem Besuch der braven Frau gerechnet, doch dann war diese ihr zum Glück entgegengekommen, um sie nicht zu verfehlen, worauf sie zusammen das Haus betreten hatten. Dort hatten sie ihn dann gefunden, gleich hinter der Vorhalle, fast genauso, wie er jetzt noch dalag – das heißt genauso, wie er offenbar gefallen war, und doch wie durch ein Wunder ohne jede Prellung oder Verletzung, nur eben in tiefer Ohnmacht. Was er nun jedoch, da sein

Blick klarer wurde, am stärksten in sich aufnahm, war, daß Alice Staverton für einen langen, unbeschreiblichen Moment geglaubt hatte, er sei tot.

»Und ich muß es auch gewesen sein«, sagte er mühsam, während sie ihn stützte. »Ja – ich kann nur tot gewesen sein. Und Sie haben mich im wahrsten Sinne des Wortes zum Leben erweckt. »Nur –« so fragte er und hob den Blick zu ihr, »im Namen aller Heiligen, warum?«

Unvermittelt neigte sie ihr Gesicht und küßte ihn, und irgend etwas in der Art, wie sie das tat und die Hände um seinen Kopf schlang, während er ihre kühlen, gütigen und reinen Lippen spürte, irgend etwas in all dieser Glückseligkeit war die Antwort auf jede Frage. »Und nun halte ich dich fest«, sagte sie.

»Halte mich! Halte mich!« bat er das über ihm schwebende Gesicht, das sich als Antwort darauf abermals neigte und ihm nahe blieb, ganz nahe. Dies war das Siegel ihres Schicksals, und für einen langen, gesegneten, stillen Augenblick spürte er seinen Druck. Doch dann fand er seine Stimme wieder. »Aber woher hast du gewußt –?«

»Ich war so unruhig. Du wolltest doch kommen... und du hattest keinerlei Nachricht geschickt.«

»Ja, ich entsinne mich. Ich wollte um eins bei dir sein.« Dies erinnerte an ihr »altes« Leben und Verhältnis – das so nah und doch schon so fern war. »Da war ich noch ganz in diesem fremden Dunkel – aber wo war das nur, was war es? Ich muß sehr lange dort gewesen sein.« Er konnte über die Tiefe und Dauer seiner Ohnmacht nur staunen.

»Schon seit gestern nacht?« fragte sie mit einem Anflug von Furcht, indiskret zu erscheinen.

»Seit heute morgen – ja, es muß Morgen gewesen sein, kalte, graue Morgendämmerung. Wo war ich nur?« sagte er leise, klagend, »wo war ich nur?« Er spürte ihre Hände, die ihn festhielten, und es war ihm, als vermöchte er dadurch befreit zu stöhnen. »Was für ein langer, dunkler Tag!«

Voll zärtlicher Rücksicht wartete sie einen Augenblick. »In der kalten, grauen Morgendämmerung?« fragte sie dann.

Aber er dachte bereits weiter, fügte die einzelnen Mosaiksteine des Wunders aneinander. »Als ich nicht kam, bist du direkt hierher –«

Diesmal zögerte sie nicht. »Zuerst bin ich in dein Hotel gegangen, aber dort sagte man mir, du seiest nicht da. Du habest gestern abend auswärts gegessen und seist seither nicht zurückgekehrt. Offenbar wußten sie jedoch, daß du im Klub gewesen bist.«

»Und dann hast du daran gedacht –?«

»An was?« fragte sie schnell.

»Nun – an das, was passiert ist.«

»Jedenfalls nahm ich an, du seiest hier. Ich wußte ja die ganze Zeit schon«, sagte sie, »daß du immer hierher gingst.«

»Du wußtest es?«

»Ich dachte es mir zumindest. Wenn ich auch seit unserem Gespräch vor einem Monat nichts mehr darüber gesagt habe, so war ich mir meiner Sache doch ziemlich sicher. Ich wußte, du würdest – « erklärte sie.

»Ich würde darauf bestehen, meinst du?«

»Ihn zu sehen.«

»Aber ich habe ihn ja nicht gesehen!« schrie Brydon auf. »Da war zwar einer, ein scheußliches Untier, das ich zu meinem eigenen Entsetzen gestellt habe. Aber es war nicht ich.«

Und wieder beugte sie sich über ihn, und ihre Augen blickten in seine Augen. »Nein – du warst es nicht.« Solange ihr Gesicht über ihm schwebte, war es ihm, als hätte er einen bestimmten, von einem Lächeln verwischten Sinn darin erkennen können – wäre es ihm nicht so nah gewesen. »Nein, dem Himmel sei Dank!« rief sie und wiederholte: »Du warst es nicht! Aber so sollte es doch auch gar nicht sein.«

»O doch«, beharrte er sanft. Und er starrte vor sich hin wie nun schon seit so vielen Wochen. »Ich wollte mich doch kennenlernen.«

»Das konntest du nicht«, entgegnete sie tröstend. Und dann griff sie wieder zurück, als wollte sie Rechenschaft über ihr Verhalten ablegen. »Aber es war nicht nur, daß du nicht daheim warst. – Ich habe bis zu der Stunde gewartet, zu der wir damals Mrs. Muldoody hier angetroffen hatten; und sie kam, wie ich dir erzählt habe, in genau dem Augenblick, da es mir nicht gelungen war, jemanden herauszuklingeln, und ich verzweifelt auf der Treppe stand. Wenn sie nicht zu meinem Glück doch noch gekommen wäre, hätte ich schon Wege gefunden, sie aufzutreiben. – Aber das war es nicht«, sagte Alice Staverton, wieder mit dieser bedeutsamen Anspielung, »das war es nicht.«

Im Liegen wandte er ihr den Blick zu. »Was war es dann?«
Nun endlich beantwortete sie die Frage, die sie aufgerührt hatte. »In der kalten, grauen Dämmerung, sagtest du? Nun, in genau derselben kalten, grauen Dämmerung dieses Morgens habe auch ich dich gesehen.«
»Du hast mich gesehen?«
»Ihn gesehen«, sagte Alice Staverton. »Es muß im selben Augenblick gewesen sein.«
Einen Moment lag er sinnend – als wollte er sich konzentrieren. »Im selben Augenblick?«
»Ja – abermals im Traum, dem gleichen, von dem ich dir schon erzählt habe. ›Er‹ ist wiedergekommen. Da wußte ich, daß dies ein Zeichen war – daß er auch zu dir gekommen war.«
Brydon richtete sich auf; er mußte sie deutlicher sehen.
Sie half ihm, da sie seine Absicht erriet, und er setzte sich, wobei er sich auf die Fensterbank stützte und mit der Rechten ihre Linke umklammerte. »Er ist nicht zu mir gekommen.«
»Du selbst bist zu dir gekommen«, sagte sie mit schönem Lächeln.
»Ja, ich bin zu mir gekommen – dank dir, Liebste. Aber dieses Ungeheuer, dieses entsetzliche Gesicht – dieses Untier ist nichts als ein Fremder. Er hat nichts mit mir zu tun und ist auch nicht so, wie ich hätte sein *können*«, beharrte Brydon weiter.
Sie jedoch behielt ihre Klarheit. »Geht es denn nicht nur darum, daß du anders gewesen sein würdest?«
Er knurrte unmutig. »So anders wie dieser –«
Ihr heller Blick wirkte wie Balsam. »Aber du hast doch genau wissen wollen, *wie* anders. Und so bist du mir heute morgen auch erschienen«, schloß sie.
»Wie er?«
»Ein Fremder!«
»Woher hast du dann gewußt, daß ich es bin?«
»Weil ich, wie ich dir schon vor Wochen erzählt habe, immer wieder im Geist, in der Phantasie überlegte, was du hättest werden und nicht werden können – dies nur, um dir zu zeigen, wie sehr ich an dich gedacht habe. Und mitten in diesen Überlegungen kamst du zu mir – und meine Frage war beantwortet. So wußte ich also Bescheid«, fuhr sie fort, »und glaubte, da die Frage auch dich so beschäftigte, wie du mir damals erzählt hast, daß du ebenfalls eine Antwort fändest. Und als ich ihn nun heute morgen abermals sah, da wußte ich, daß ich ihn sah, weil du ihn ge-

sehen hattest – und ich spürte auch augenblicklich, daß du mich brauchtest. Er selbst schien es mir zu sagen. Warum also«, meinte sie abgründig lächelnd, »sollte ich ihn nicht gernhaben?«
Spencer Brydon schnellte auf. »Du hast dieses Scheusal gern?«
»Ich hätte ihn gernhaben können. Und für mich«, erklärte sie, »war er kein Scheusal. Ich hätte ihn akzeptiert.«
»Akzeptiert?« fragte Brydon verstört.
»Vorher – aus Teilnahme an seinem Anderssein, ja. Und weil ich ihn nicht verleugnet habe, weil ich ihn erkannte – was du schließlich, als du seinem Anderssein gegenüberstandest, grausamerweise nicht getan hast, mein Lieber –, ja, siehst du, darum konnte er mir nicht so greulich erscheinen. Und vielleicht hat es ihm sogar gut getan, daß ich ihn bemitleidet habe.«
Sie stand neben ihm und hielt immer noch seine Hand, wobei sie ihn mit dem Arm stützte. Aber da ihm alles nur langsam dämmerte, grollte er: »Du hast ihn bemitleidet?«
»Er war so unglücklich, so entstellt«, sagte sie.
»War ich vielleicht nicht unglücklich? Bin ich nicht – sieh mich doch an! – entstellt?«
»Ich habe ja nicht gesagt, daß ich ihn lieber mag«, gab sie nach kurzem Nachdenken zu. »Aber er ist verbittert, erschöpft – er hat so viel mitmachen müssen. Er behilft sich, um besser sehen zu können, nicht wie du mit einem charmanten Monokel.«
»Nein«, rief Brydon einsichtig. »*Downtown*, im Geschäftsviertel, hätte ich das meine auch nicht tragen können. Sie hätten mich ausgelacht.«
»Seinen riesigen Zwicker mit den starken Gläsern – ich habe ihn gesehen –, braucht er für seine armen, ruinierten Augen. Und seine arme rechte Hand –«
»Ach!« stöhnte Brydon – ob seiner bewiesenen Identität oder seiner verlorenen Finger? Dann aber rief er heiter: »Er hat eine Million im Jahr. Aber er hat nicht dich.«
Und als er sie sanft an seine Brust zog, flüsterte sie: »Ja – und er ist nicht du!«

# NACHWORT

Henry James ist ein Ärgernis, ist für viele seiner erzürnten Leser der einfallslose Autor eines *Lady's-Home-Journal*, der mit der Überredungskunst eines Handelsvertreters zu überzeugen versucht, durch vielsagende Andeutungen Neugier erweckt (und es dabei beläßt), der sich in der Rolle eines Geheimbündlers gefällt und durch mysteriöse Anspielungen sein Opfer einzuschüchtern weiß, der es vorzieht, im »Zwielicht des Morgens« oder im »Dämmer des Abends« zu erscheinen und wieder zu verschwinden – nicht selten ohne einen Alptraum zu hinterlassen.

Dies sein Porträt, wie man es bereits vor achtzig Jahren entworfen hat, in den Salons und Gazetten, in New York und London, in Berlin und Genf, und dies sein Porträt, wie es auch in unserem Jahrhundert immer wieder gezeichnet wird. So William Faulkner in seinem Kurzroman *Soldatenlohn*, wenn er von einer Gestalt sagt: »...wie Henry James erzielte er durch weitschweifige Schilderungen den Anschein der Wahrscheinlichkeit.« So Thomas Hardy, der dem Geschmähten das Kunststück zuschrieb, »in endlosen Sätzen nichts zu sagen«. So Stephan Spender: Eine »Dampfwalze, die zartes Filigran spinnt«. So H. G. Wells: Ein »Leviathan, der Kieselsteine apportiert«.

Neben dem Superlativ des Tadels aber steht der Superlativ des Lobs, wenn Somerset Maugham erklärt: »Die hervorragendste literarische Persönlichkeit, die Amerika hervorgebracht hat.« Und Graham Greene gar: »Er ist so einsam in der Geschichte des Romans, wie es Shakespeare in der Geschichte der Dichtung ist.« Dem Widerspruch der Urteile entspricht der Widerspruch, entspricht zumindest das scheinbare Paradoxon, ohne das die Erzählungen und Romane von Henry James nicht denkbar sind.

Schon das Charakterbild ist nicht frei von Kennzeichen dieser Art. Er, der gebürtige Amerikaner, verbrachte die längste Zeit seines Lebens in Euopa – um von Amerika zu träumen. Er, der seiner Heimat, der Neuen Welt, den Rücken gekehrt hatte, pries bis zwölf Jahre vor seinem Tode dieses Land jenseits des Atlantiks, pries es seiner »Unschuld« wegen. Er, der ein leidenschaftlicher Verehrer der Frauen war, ließ sich niemals in eine »Affäre« ein und hat auch nicht geheiratet. Er, der sich zum Dramatiker berufen glaubte und nicht zum Epiker, schrieb Schauspiele, die nicht einmal eine drittklassige Wanderbühne zur Aufführung reif fand; und oft nur aus Enttäuschung darüber versuchte er es wieder mit dem »Geschichtenerzählen« – und erzählte Weltliteratur. Henry James, Enkel eines irischen Einwanderers und vermögenden Geschäftsmannes, Sohn eines angesehenen Theologen und Philosophen, Bruder eines berühmten Psychologen, dessen Name eng mit dem Begriff des Pragmatismus verbunden ist, verfocht die These des »Sowohl-Als-auch«. Er war sowohl ein Revolutionär als auch ein Traditionalist, er gehörte sowohl Amerika als auch Europa; er suchte nach einer neuen »Mitte« – und stand zwischen den Nationen, wie er zwischen den literarischen Stilepochen stand. Daß ihn das internationale Thema stärker beschäftigte als manches andere, ist leicht zu begreifen. Daß aber außer dieser Internationalität vornehmlich das Bekenntnis zum Sowohl-Als-auch, zum bewußten ständigen Wechsel der Perspektiven und damit zur neuartigen Durchdringung des Menschen bereits auf ein Charakteristikum der modernen Literatur hinweist, ist in England erst vor zwei Jahrzehnten und in Deutschland überhaupt erst jetzt begriffen worden. Denn als Moritz Busch, der Privatsekretär Bismarcks, 1878 für den deutschen Leser den drei Jahre zuvor in Amerika erschienenen Roman *Roderick Hudson* übersetzt hatte, nahm man von dem Buch nicht mehr Notiz als von der Nachricht einer Stammesfehde in Äquatorial-Afrika.

In jenem Jahr 1875, als die erste hier wiedergegebene Erzählung, *Die Madonna der Zukunft*, erschien, siedelte der damals zweiunddreißigjährige Henry James endgültig nach Europa über; erst nach Paris, wo er mit Zola, Maupassant, den Brüdern Goncourt und vor allem Turgenjew verkehrte, dann nach England, wo er 1897 einen Landsitz in Sussex erwarb, 1915 die Staatsbürgerschaft erhielt und bald darauf, am 28. Februar 1916, starb. Die letzte in diesem Band aufgenommene Erzählung, *Das glückliche Eck*, stammt aus dem Jahre 1908 und gehört zu den wenigen epischen Arbeiten, die Henry James im Jahrzehnt vor seinem Tode geschrieben hat. Die bewußt chronologische Anordnung erlaubt somit dem Leser, sich mit dem gesamten Zeitraum des künstlerischen Schaffens von Henry James vertraut zu machen und jene Profile zu erkennen, die sein Werk kennzeichnen.

Um diese Profile hervorzuheben, muß abermals von dem vermeintlichen Paradoxon bei Henry James gesprochen werden. So wird nicht selten die Ansicht vertreten, der Autor charakterisiere die Amerikaner als günstigenfalls mitleiderregende Geschöpfe, und man verweist dabei auf *Die Madonna der Zukunft*, wo das amerikanische »Vergnügen an klangvollen Superlativen« und das »angestammte Mißtrauen gegen alles Intellektuelle« angeprangert zu werden scheint. Und heißt es nicht von der jungen Neu-Engländerin *Daisy Miller*, sie habe keine Erziehung gehabt, und was sie »Freiheit« nenne, sei in Wahrheit Mangel an Takt und Pflichtbewußtsein? Und ist nicht das übersteigerte Selbstgefühl der Touristen aus Übersee hinreichend glossiert, wenn der kleine Bruder von Daisy Miller sagt: »Amerikanische Jungen sind die besten Jungen«, woraus der Erzähler folgert: Amerikanische Männer sind die besten Männer – ? Und die amerikanischen Mädchen? »Sie kamen und stellten sich genau vor einen hin, nur um zu beweisen, wie uneinnehmbar, wie unnahbar sie seien.« Und die amerikanische Gesellschaft? Braucht sie nicht einen pompös ausstaffierten Reisemarschall, wenn sie vor sich und den Europäern bestehen will – mag er ihnen auch »den Rauch seiner Zigarre ins Gesicht« blasen? Wahrhaftig, sie scheinen wirklich »erstaunlich unwissend... ziemlich beschränkt und völlig unzivilisiert« zu sein, diese Amerikaner. Was sind das nur für Leute, die alles »hinreißend« finden, sich etwas darauf einbilden, daß sie »furchtbar viele Italiener« kennen, sich mit der Bekanntschaft »schrecklich kluger Männer« brüsten, ihrer Sprache »mit tödlicher Sicherheit jeden Wohlklang« rauben, in den Salons freimütig über ihre »Darmstörungen« plaudern, das Kolosseum in Rom naserümpfend als »altmodisch« abtun und sich über die »steifen« Galanterien der jungen europäischen Herren mokieren?

Hierin beweist Henry James bereits seine Theorie vom Sowohl-Als-auch. Erst durch das »sowohl« nüchterne Studium seiner Landsleute »als auch« durch deren ironische Charakterisierung vom Standort Europas aus kann er die ersehnte Vollkommenheit seines »amerikanischen Porträts« gewinnen, dringt er in Tiefen, die mit den zu seiner Zeit üblichen naturalistischen Mitteln nicht zu erreichen waren. Der oberflächliche Widerspruch zwischen »Unschuld« und flegelhaftem, unzivilisiertem, unkultiviertem Auftreten wird nicht nur aufgehoben, sondern zugleich ins Tragische verwandelt: Daisy Miller scheitert an dem

sie nicht verstehenden Europa, von dem sie sich nur eines erhofft hatte: seine »Hochachtung« zu erringen.
Obwohl sich Henry James schon als junger Mann zum alten Kontinent bekannt und freiwillig das Exil auf sich genommen hat, ist er doch immer Amerikaner geblieben – genauso wie der Emigrant Ezra Pound oder wie T. S. Eliot. Ja, fast möchte man sagen: Erst durch Europa ist er Amerikaner geworden. So meint auch Rebecca West von ihm: »Er war ein Amerikaner. Das bedeutete für seinen Typ und für seine Generation, daß er sich erst zu Hause fühlen konnte, als er im Exil war.« Hierzu muß eine Aufzeichnung in seinen Tagebüchern notiert werden. »Ich sah meine Eltern immer heimwehkrank nach der alten Ordnung.« Die alte Ordnung heißt Europa, und wer sich dessen, wer sich als Amerikaner seines »Ursprungs wieder innegeworden ist« (T. S. Eliot), der erst wird ein »kompletter Amerikaner« sein. Beide Kontinente in sich zu vereinen – wie Henry James von Jahr zu Jahr immer intensiver danach strebte, Mensch und Künstler in sich zu vereinen –, war eine Aufgabe, die ihm teils das Leben, teils er sich selbst gestellt hatte und die überdies erklärt, warum er dem Leser gegenüber niemals durchblicken läßt, ob er ein europäischer oder ein amerikanischer Autor sei. Ihn den Chronisten des verebbenden *fin de Siécle* und dessen Gesellschaft zu nennen, einer Welt, die in Amerika das »mysteriöse Land der Dollars und sechsläufigen Revolver« sah, hieße die Problematik seiner Themen in unverantwortlicher Weise vereinfachen. (Trotzdem wird dies wieder und wieder getan.) Gewiß, sein literarischer Skizzenblock ist bis zum Rand mit Karikaturen und Studien von dieser Gesellschaft angefüllt: Dort die Amerikanerin, die in Florenz eine kleine Wohnung im vierten Stock gemietet hat und sich damit in den Augen der *»haute volée«* als *»incroyable«* erweist; hier die Künstler, die »auf der untersten Stufe der gesellschaftlichen Rangordnung« stehen; dort wiederum die Wochenendparties auf den Landsitzen nahe dem »hektischen« London, Parties, die »vergoldeten Käfigen« ähnelten und »bei denen man sorgsam darauf achtete, daß die Vögel darin alle das gleiche Gefieder besaßen« (Parties übrigens, die nichts weiter sind »als ein flimmerndes, aufgetakeltes Gespenst aus alten Zeiten«). Kurz, »man sieht sich da und dort« und spricht auch mit den Leuten, »aber um herauszufinden, was sie eigentlich machen«, warum sie ihre Berufe eher

»verbergen als erkennen« lassen und niemals auch nur eine einzige »gewagte Idee« äußern, »müßte man fürwahr ein Detektiv« sein. Und wenn sie Amerikaner sind, halten sie daran fest, daß der Mann sich allein in der Tat beweist und demnach ein »Erfolg« ist oder ein »Versager«.

Aber all dies ist doch immer nur Teil einer weiträumigen Szenerie, hinter deren so »natürlich« wirkenden Versatzstücken bereits *Das Tier im Dschungel* lauert, die ewige Dämonie des Bösen, des Schreckens und der Finsternis. Unter dem glatten Parkett der Salons, hinter den lächelnden Fassadengesichtern der Ladies und Gentlemen verbirgt sich das zeitlose Verhängnis des puritanischen Erbes, verbirgt sich zugleich das Unheil der neuen Zeit, und zwischen den konventionellen Dialogen schwingt der lähmende Unterton (noch) gebändigter Wildheit. Dies die erschreckende Vision des Henry James, der hellseherische Aspekt eines Mannes, der sich kaum um Politik kümmerte, von den Kräften eines sozialistischen Zeitalters mehr ahnte als wußte, und der dennoch – gleich Dostojewski – unser Jahrhundert klarer voraussah als jene, die sich dazu berufen glaubten.

»Wenn je eines Mannes Einbildungskraft durch den Abgrund der Hölle verdüstert wurde, so die des Henry James.« So der Katholik Graham Greene über den New Yorker Puritaner und dessen innerweltliche Askese, über den literarischen und geistigen Gegenpol von Walt Whitman, den rühmenden Sänger des jungen Amerikas, dessen »Mangel an Kultur« und dessen »literaturfeindliche Haltung« Henry James immer wieder beklagt hat, und der dennoch die Bürger der Neuen Welt als »die unschuldigen Kinder des Westens« pries. Aber diese Unschuld, was war sie schließlich anderes als eine jener zahlreichen Illusionen, die aufzugeben er lernen mußte? Als er 1904 das vorletztemal sein Geburtsland besuchte, nannte er dessen Anblick nicht nur »gespenstisch«, sondern geradezu »abstrakt« und »völlig beziehungslos«. Eine Welt wie jene jenseits des großen Meeres, in der »es keine Schatten gibt, keine Stätten des Altertums, kein Geheimnis, kein malerisches, dunkles Unrecht, sondern nichts weiter als einen ganz gewöhnlichen Wohlstand und helles simples Tageslicht« – eine solche Welt lebt nicht in der »Unschuld«, sondern in der »Arroganz des Nichts« (ein Gedanke, wie er in ähnlicher Weise auch von Gertrude Stein, William Faulkner und Thornton Wilder geäußert worden ist).

Es gibt nur wenige Arbeiten unter den mehr als hundert Titeln in der Gesamtbibliographie, in denen das ahnende Bewußtsein vom Ewig-Bösen, von der Tragik des Menschen außer acht gelassen wird. Hier macht sich der Einfluß Hawthornes geltend, des Freundes im Elternhaus von Henry James, der von ihm die Lehre übernahm, daß es ein »letztes volles Glück« niemals geben könne, die Sehnsucht danach sich aber niemals erfülle. Amerikanische Psychoanalytiker sprechen deshalb gern (und leichtfertig) von der Flucht des Henry James, von seiner Flucht in die Kunst und Kultur Europas, von seiner Angst vor dem Leben. Das sind Halbwahrheiten, die – wenn überhaupt – nur in einem einzigen Punkt bestätigt worden sind: in dem Verhältnis, das Henry James zu den Frauen gehabt hat. Aber auch davon wissen wir weniger, als wir ahnen. Zwar weisen einige Tagebuchnotizen und ein Brief an den Bruder William darauf hin, daß Henry James' Liebe zu einer seiner Cousinen nie erloschen sei, obwohl das Mädchen schon sehr jung gestorben war; zwar weisen einzelne Sätze in seiner Korrespondenz darauf hin, daß sein Junggesellentum auf eine in der Jugend erlittene Verletzung zurückgeführt werden könnte. Darf aber deshalb gleich der Schluß gezogen werden, Henry James habe das Leben geflohen? Wer so bewußt erlebt und gelebt hat, ja geradezu davon besessen war, bewußt zu erleben, den kann man nicht der Flucht aus der sinnenhaften Welt zeihen. Mit anderen Worten: Henry James ist – wie der junge Dichter Paul Overt in *Die Lehre des Meisters* – von der »Natur für die geistigen und nicht für die irdischen Leidenschaften auserwählt« gewesen.

Die »geistige Leidenschaft« ist der Pulsschlag, an dem Henry James die spirituelle Intensität seiner Gestalten mißt. Je größer die Leidenschaft desto größer der Gewinn an Vollkommenheit. Für den *Autor von ›Beltraffio‹* wie für ihn selbst, den Künstler, heißt das: »Leidenschaft für die Form« ist das einzige, was unserem Dasein Bedeutung verleiht. Wer nach ihr strebt, sehnt sich nach nichts Geringerem als dem »heiligen Gral«. Ihn zu finden, ist die elementare Aufgabe, vor die sich jeder Dichter, Maler oder Komponist gestellt sieht. Wird die Aufgabe gelöst, bei der es »um Tod und Leben« geht, offenbart sich auch das Geheimnis der Kunst, die sich dann als »blutvolles Leben« erweisen wird – »vorausgesetzt, daß es wirklich Kunst ist«. Ja, »ich halte sie überhaupt für das einzig wahre Leben – alles andere ist jedoch entsetzlich schal« *(Die Lehre des Meisters)*. Das könnte als dramatisch überspitzte Formulierung verstanden werden. Aber wenn Thesen dieser Art immer wieder vertreten werden, dann darf daraus gefolgert werden, daß es Henry James um ein Bekenntnis ging. »Vielleicht ist mir die Schönheit zu wichtig«, überlegt der umworbene Dichter in *Der Autor von ›Beltraffio‹* – »ich weiß es nicht. Ich genieße sie, bewundere sie, denke unablässig an sie, versuche, sie zu produzieren und zu reproduzieren. Meine Frau dagegen ist der Meinung, wir sollten sie nicht zu wichtig nehmen.« Sie hat »eine panische Angst vor den Dingen, wie sie sind«. Hier stellt sich der Puritaner Henry James gegen den Puritanismus, stellt sich vor die Schönheit – vor die Form der Kunst –, die das Maß aller Dinge zu sein habe. Vom Kunstwerk zu verlangen, daß es ein »höheres Ziel« vertreten müsse, sei ein Verrat am »Leben«, das wiederum für die Kunst stehe.

Das Ideal ist fixiert. Aber ist das Streben nach ihm nicht auch verwerflich? Henry James hat diese Frage immer wieder in die Diskussion geworfen und durch den Mund seiner Gestalten zu beantworten versucht. Denn wie soll ein Mensch, der künstlerisch nach dem Absoluten zielt, eine Ehe führen, Kinder erziehen, sich im Alltag beweisen? Die Antwort ist eindeutig. Für den Künstler darf es »nichts Relatives« geben. »Eine kleine liebe Familie wird aber immer etwas Relatives sein.« Er darf nur *eine* »Leidenschaft« kennen: seine Kunst. Um ihr dienen zu können, muß er »unabhängig« bleiben, »darf er keine Kinder haben – wenigstens nicht, wenn er etwas leisten will«. Wer da meint, Kinder seien doch auch eine »Anregung«, ein »Ansporn«, erhält darauf die Antwort: »Ja, ein Ansporn zur Verdammnis, künstlerisch gesehen.« Und weiter: »Ich wollte nur sagen, daß einem die Kinder bei der Vollkommenheit im Wege stehen. Ebenso die Frau. Und die Ehe.« Denn eine Frau habe nun einmal kein Verständnis für das Schaffen des Dichters – »kann sie gar nicht haben. Frauen fehlt jede Ader für solche Dinge« – und werde deshalb immer ein »Mühlstein« um den Hals des Künstlers sein. Daß diese sowohl gesellschaftliche als auch ästhetische Problematik wieder und wieder dramatische Verwirrungen stiftet, beweisen nicht wenige Erzählungen dieser Sammlung. Daß sie aber für manchen Künstler, wie für den Bildhauer Morgan Mallow in *Der Baum der Erkenntnis* und den Maler der

*Madonna der Zukunft*, eine Illusion bleibt, eine Theorie, die zu verwirklichen er nicht die Kraft hat, auch dies ist eine Erkenntnis, der sich Henry James keinesfalls verschließt.

Wenn jedoch Kunst das Streben nach Vollkommenheit ist, nach dem Absoluten, so heißt das nicht, daß der Nicht-Künstler von dieser Aufgabe befreit sei. Zwar kann er nicht »aus der Kunst Leben schaffen«, aber er kann das Leben mit solcher Intensität erleben, daß seine Sehnsucht nach dem Absoluten nahezu befriedigt wird. Freilich gelingt dies immer nur einzelnen. So muß John Marcher, auf den *Das Tier im Dschungel* lauert, schließlich erkennen, daß es sein Schicksal gewesen war, »nichts auf der Welt erlebt« zu haben. Und auch der Amerikaner Lambert Strether aus dem Roman *Die Gesandten* muß über sich das Urteil fällen, daß er den »Fehler« begangen hat, nicht »mit jeder Faser« gelebt zu haben. In diesen belanglos scheinenden Sätzen verbergen sich Erfahrungen, ohne die unsere moderne Literatur nicht denkbar wäre; Erfahrungen, wie sie nach ihm Marcel Proust, James Joyce, Virginia Woolf, aber auch Hermann Broch und Robert Musil gemacht haben und die sich im Ideal vom Sich-Bewußtsein manifestieren. Bei Henry James entspricht dieses Ideal seiner künstlerischen Moral und könnte fast seine Religion genannt werden. Das Bewußt-Sein ist die Arena, in der er seine Menschen um sich schart, sie konfrontiert und aus ihrem Verhältnis zueinander das geistige Profil der einzelnen Gestalt nachzeichnet. Alles, was bisher unter Handlung verstanden worden ist, wird nunmehr durch den Intellekt destilliert. Was bleibt, ist Unsagbares, das »auf dem Grunde des Seins« ruht, ist »das einzig Wahre«. Nicht das äußere Erscheinungsbild ist von Belang, sondern allein die Welt »hinter den Dingen«. Je tiefer Henry James in diese Welt dringt, desto deutlicher offenbart sich ihm das Über-Bewußte. Es geht ihm dabei um viel mehr – wenn nicht gar um etwas ganz anderes – als um sogenannte »literarische Psychologie«. Sagt er doch selbst in seinem Nachwort zu den *Gesandten:* »Kein Vorrecht des Geschichtenerzählers und des Puppenspielers ist entzückender oder bietet mehr an Spannung und Erregung des schwierigen, atemlos ausgeübten Spiels als gerade diese Tätigkeit, nach dem *Unsichtbaren und Okkulten* auszuschauen, in einem erst halb erfaßten Beziehungsgefüge, beim Lichte oder sozusagen beim haftenden Duft des Pfandes, das man bereits in der Hand hält.«

Schon diese Nachworte und Vorreden, mit denen er den Werkstattbericht in die Literatur einführt, zeigen, wie außerordentlich ihn alles Zergliedern und Analysieren gereizt, wie sehr ihn die Komplexität der menschlichen Natur beschäftigt haben muß. Das gesamte Werk des Henry James ist eine zerebrale Hymne an den Intellekt, mit dessen Hilfe er bis an die Schwelle des Irrationalen vordringt. Der Weg, den er nach Edgar Allan Poe als erster beschritten hat, führt fast unmittelbar zur Mathematik der Kunst, zu dem oft zitierten *Monsieur le Vivisecteur,* als den sich Robert Musil in seinen Tagebüchern bezeichnet hat. Das eindringlichste Beispiel dafür, welche hoher Verwandtschaftsgrad ihn mit diesem *Monsieur le Vivisecteur* verbindet, ist wohl die Erzählung vom *Glücklichen Eck. Ghostly Tales* dieser Art sind nicht etwa deswegen wertvoll, weil die gute alte Gespenstergeschichte wieder zu Ehren gebracht wird, sondern weil der Autor durch analytische Darstellungen und psychologische Beobachtungen den Leser in eine übernatürliche Welt führt und dabei den Eindruck eines sich anbahnenden Infernos zu erwecken weiß. Eine Zeile aus seinen Briefen bestätigt diese Empfindung unmißverständlich: »Ich male mir kommende Katastrophen aus – und das Laben, wie ich es sehe, hat wilde und finstere Aspekte.« Hätte diesen Satz nicht auch Henry Adams, Jacob Burckhardt, Herman Melville oder Dostojewski schreiben können? Das Gespenstische als Künder des aufsteigenden Unheils war ein Zeiterlebnis – scheint allerdings bei Henry James auch psychologisch bedingt gewesen zu sein. Denn gerade jene Geschichte vom *Glücklichen Eck* beruht auf einem Alptraum des Autors, der ihm nicht nur die Idee zu dieser Erzählung geschenkt, sondern über den er auch in *Small boy and others* auffallend ausführlich berichtet hat. Hinzu kommt, daß sein Vater und sein Bruder William lange Zeit von Angstzuständen gequält worden sind und dabei das Gefühl hatten, etwas im Halbdunkel wolle sie überfallen. Diese Furcht vor der »eigenen Existenz« wurde erst von jener Stunde an überwunden, da Vater und Bruder sich mit den religiösen Ideen eines Swedenborg vertraut machten und sich schließlich zu ihnen bekannten. Es ist vielleicht nicht einmal so entscheidend, daß die Familie James seelisch sehr labil war (auch die Schwester Alice sah sich oft von Grauen erregenden Phantasien heimgesucht und litt an hysterischen Anfällen). Aber um so entscheidender ist es für den

Autor dieser »Gespenstergeschichten«, daß er schon von früh an mit derartigen Erfahrungen in seinem Elternhaus vertraut war und sie von seinem äußerst bewußt erlebenden Vater wie auch von seinem Bruder immer wieder erzählt und interpretiert bekam.

Dem Eiseshauch des Okkulten entspricht der »Eiseshauch der Logik«, wie er nicht nur die Erzählung vom *Glücklichen Eck* beherrscht, sondern überhaupt den Charakter des Stils von Henry James bestimmt. Doch trotz diesem männlich logischen Element ist die Grundstimmung des Werkes lyrisch. Die Atmosphäre rangiert vor der Handlung, vor den Konflikten der Menschen, von denen jeder einzelne einem Reflektor gleicht. Zwar treten die Gestalten wie eh und je auf die Bühne, die Ereignisse jedoch bleiben dem Leser verborgen. Was man von diesen Ereignissen erfährt, sind lediglich Empfindungen, sind »Millionen von Aspekten«, mit denen sie anvisiert werden. Das Ergebnis: ein unentwegtes Aufdecken von vielfältigen und vielschichtigen Beziehungen der *dramatis personae*. Nicht das Drama an sich ist von Bedeutung, sondern die im Bewußtsein gespiegelten Reaktionen auf dieses Drama: eine Technik, die in der Literaturgeschichte mit dem Begriff des »psychologischen Realismus« gekennzeichnet wird. Nicht um einen Querschnitt des Lebens also geht es Henry James – wie vor ihm etwa Dickens oder Thakeray –, sondern allein um den Ausschnitt, bei dem der Autor als Erzähler nahezu ausgeschaltet ist und nicht mehr die Gelegenheit erhält, zwischen der Welt des Romans und der Welt des Lesers den Vermittler zu spielen.

Henry James ist ein »Ärgernis«; aber doch nur für jene, die nicht einsehen wollen, daß der ethische Wert eines Künstlers wie dieses Dichters nicht in seiner moralischen Idee gesucht werden darf, sondern in dem seelischen Volumen, das er für das mimosenhaft empfundene Leben bereitgehalten hat. Oder, um mit Henry James zu sprechen: »Der ›moralische‹ Sinn eines Kunstwerks« sollte davon abhängig gemacht werden, welche »Größe an erlebtem Leben« es hervorgebracht hat.

*Helmut M. Braem*

Bitte beachten Sie
die folgenden Seiten:

# Henry James

# Maisie

Roman

Ullstein Buch 20289

ein Ullstein Buch

Eine hintergründige Gesellschaftskomödie, die zu Henry James' meistdiskutierten Werken zählt. Seit der Scheidung ihrer Eltern hat die sechsjährige Maisie übergenug Gelegenheit, sich Gedanken um das seltsame Treiben der Erwachsenen zu machen. Für jeweils ein halbes Jahr dem Vater oder der Mutter überlassen, wird das Kind zur Waffe im Kleinkrieg der Geschiedenen, bald aber auch Vorwand für eine neue Beziehung des Vaters zu Maisies Gouvernante. Das Intrigenspiel der Erwachsenen, aus der Perspektive Maisies geschildert, zerstört die schützende Hülle der Ahnungslosigkeit und Unbefangenheit des Kindes: ein meisterhafter psychologischer Roman.

# Henry James

# Bildnis einer Dame

Roman

Ullstein Buch 30121

Die Frau
in der Literatur

In seinem Meisterroman »Bildnis einer Dame« (1880/81) hat Henry James (1843–1916) eine der klassischen Frauengestalten der Weltliteratur geschaffen. Er erzählt die Schicksals- und Charaktergeschichte einer jungen kapriziösen Amerikanerin, Isabel Archer, die zum erstenmal nach Europa kommt und die finanzielle Unabhängikeit, die sie einer unerwarteten Erbschaft verdankt, nutzen will, die »große Welt« zu erleben. In Florenz lernt sie Gilbert Osmond kennen, einen Amerikaner, der ihr all das zu verköpern scheint, was ihre romantische Vorstellung von europäischer Kultur umschließt. Sie heiratet ihn und wird unglücklich mit ihm. Obwohl sie ihren Irrtum bald einsieht, bleibt sie bei ihrem Mann: sie nimmt das Leid ihrer Ehe an und entsagt damit bewußt ihrem Traum von Selbstverwirklichung und Freiheit.